PLAN DE LA VILLE DE PARIS
divisé en 12 Arr. avec tous les Edifices publics
Par C.M.
GRAVÉ par PERRIER et GALLET
Écrit Par Lale
1852.

BELLEVILLE ●5

●13

rue Saint-Maur

●6

Vieille rue du Temple

rue Payenne

●13

place des Vosges
●7

●uarre
●15

Montagne-Sainte-Geneviève

●15

rue Neuve Sainte-Geneviève

●22

rue du Petit-Banquier
●3

LÉGENDE DE LA CARTE DES JARDINS

 Parcs, Marais, Plantations

1 *BEATRIX*
   rue de Courcelles (Béatrix)
   rue Blanche (F. du Ronceret -
   Madame Schontz)

2 *CATHERINE DE MEDICIS* (sur)
   rue St Honoré (Marie Touchet)

3 *COLONEL CHABERT* (Le)
   rue du Petit-Banquier (Vergniaud)

4 *COUSINE BETTE* (La)
   boulevard des Capucines (fils
   Hulot)
   rue de l'Université (Hôtel du baron
   Hulot)

5 *DEBUT DANS LA VIE* (Un)
   Belleville (Oncle Cardot)

6 *DOUBLE FAMILLE* (Une)
   Vieille rue du Temple - rue Neuve
   St François (Comte de Granville)

7 *EMPLOYES* (Les)
   place des Vosges (Saillard)
   rue du faubourg St Jacques

8 *ENTRE SAVANTS*
   rue Duguay-Trouin (Marmus)

9 *FAUSSE-MAITRESSE* (La)
   rue de la Pépinière

10 *FEMME AUTEUR* (La)
   rue Louis-le-Grand

11 *FEMME DE TRENTE ANS* (La)
   rue Plumet (parc d'Aiglemont)

12 *FILLE AUX YEUX D'OR* (La)
   rue St Lazare (Hôtel San Réal)

13 *HONORINE*
   rue St Maur (Honorine)
   rue Payenne (Comte Octave)

14 *INITIE* (L')
   rue de l'Ouest (Mûriers)
   rue Notre Dame des Champs (Godefroid)

15 *INTERDICTION* (L')
   104 rue du faubourg St Honoré
   (Hôtel d'Espard)
   rue du Fouarre (Juge Popinot)
   rue de la Montagne-Ste-Geneviève
   (Marquis d'Espard)

16 *MAISON DU CHAT QUI PELOTE*
   (La)
   Faubourg St Germain (Hôtel Cari-
   gliano)

17 *MAISON NUCINGEN* (La)
   rue du Cherche-Midi (Matifat)

18 *MELMOTH RECONCILIE*
   rue du faubourg Montmartre

19 *MEMOIRES DE DEUX JEUNES
   MARIEES* (Les)
   boulevard des Invalides (Hôtel de
   Chaulieu)

20 *MUSE DU DEPARTEMENT* (La)
   rue des Martyrs (Lousteau)

21 *PEAU DE CHAGRIN* (La)
   rue de Varennes (R. de Valentin)

22 *PERE GORIOT* (Le)
   rue St Lazare (Hôtel Nucingen)
   rue d'Artois, actuelle rue Laffitte
   (Rastignac)
   rue Neuve-Ste-Geneviève (Pension
   Vauquer)

23 *PETITS-BOURGEOIS* (Les)
   rue Honoré Chevalier (Poupillier)
   rue St Dominique (Thuillier)
   rue des Feuillantines (Phellion)

24 *SECRETS DE LA PRINCESSE DE
   CADIGNAN* (Les)
   rue du Fbg St Honoré (ancien hôtel
   de Cadignan)
   rue de Miromesnil

25 *SPLENDEURS ET MISERES DES
   COURTISANES*
   rue d'Antin (chez Madame de Sérizy)
   rue Cassette (Carlos et Lucien)
   boulevard des Invalides (Couvent
   d'Esther)

BALZAC
« ARCHÉOLOGUE »
DE PARIS

Jeannine GUICHARDET

Maître de Conférences
à l'Université de la Sorbonne-Nouvelle

BALZAC
« ARCHÉOLOGUE »
DE PARIS

OUVRAGE PUBLIÉ AVEC LE CONCOURS
DU CENTRE NATIONAL DES LETTRES

SEDES

88, boulevard Saint-Germain - PARIS Vᵉ

© 1986, C.D.U. et SEDES réunis
ISBN 2-7181-1136-4

A la mémoire de *Marcel Petit*, mon père

A *Marguerite Drevon*, qui, la première, m'a donné le goût de l'histoire et un « amour au cœur » pour le Paris de Balzac.

Références

— *La Comédie humaine*, préface de Pierre-Georges Castex. Présentation et notes de Pierre Citron. Éditions du Seuil 1965-1966. 7 volumes in 8⁰. Sauf indications contraires, c'est à cette édition que renvoient les références.

— *Correspondance*, édition de Roger Pierrot, 5 volumes, Garnier 1960-1969.

— *Lettres à Madame Hanska,* édition de Roger Pierrot, 4 volumes. Les Bibliophiles de l'Originale, 1967-1971.

Le *Plan de Paris* utilisé pour dresser la carte des maisons et des jardins, localiser les rues et monuments cités par Balzac, tracer les itinéraires des personnages est un plan de 1832 gravé par Perrier et Gallet. On peut le consulter à la *Bibliothèque historique de la Ville de Paris* (cote A 507, format 850 x 575 mm).

Cet ouvrage est né d'une thèse de doctorat d'État soutenue en Sorbonne en avril 1982. Au moment où il s'apprête, un peu remanié, à toucher un public élargi, je tiens à remercier chaleureusement mes premiers lecteurs : mon maître, Pierre-Georges Castex d'abord qui, durant des années, m'a éclairée de ses précieux conseils, a encouragé mes recherches et suivi mes travaux avec bienveillance et amitié.

Merci encore à tous ceux et celles, balzaciens avertis, parents, amis, collègues, étudiants qui m'ont aidée à poursuivre ma tâche.

Merci enfin à Françoise Dablanc-Canonne : devenue « fantassin de Paris », elle a inlassablement arpenté les rues à mes côtés, faisant accéder à l'existence photographique les modestes vestiges balzaciens qui nous faisaient signe au passage : témoignages peut-être « précieux pour un avenir qui talonne le siècle actuel ».

INTRODUCTION

« Vous qui tenez ce livre [...] vous qui vous enfoncez dans un moelleux fauteuil en vous disant : Peut-être ceci va-t-il m'amuser » (1), vous qui aimez Balzac et Paris, il vous faut dès maintenant auréoler le mot « archéologue » de guillemets de prudence. C'est en effet un chemin jalonné de surprises qui va nous conduire ensemble vers un Balzac-archéologue progressivement décentré. Archéologue-poète entraîné par son imagination bien au-delà d'une enquête scientifique, d'un inventaire scrupuleux.

Archéologue ou antiquaire ? Question subtile, mais décisive pour notre propos. Les deux mots semblent désigner indifféremment, dans *La Comédie humaine*, un estimable personnage de référence, évoqué à maintes reprises : Sommervieux observe la maison du Chat-qui-Pelote avec un « enthousiasme d'archéologue » (2) tandis que dans le sombre dédale des rues qui mène à celle du Tourniquet-Saint-Jean les « antiquaires peuvent encore admirer quelques singularités historiques » (3). « Ça et là, dans les vieux quartiers de Paris », il se rencontre « plusieurs bâtiments où l'archéologue reconnaît un certain désir d'orner la ville » (4), et en province, à Saumur aussi bien qu'à Guérande « l'œil de l'antiquaire » (5) déchiffre les vieilles façades des « habitations trois fois séculaires qui se recommand(ent) à l'attention des antiquaires et des artistes » (6). A Tours, archéologue et antiquaire se côtoient au fil de phrases juxtaposées qui semblent, toutefois, nous inviter à établir une légère distinction, une hiérarchie peut-être ?

« En examinant les arabesques et la forme des fenêtres, le cintre de la porte et l'extérieur de cette maison brunie par le temps, un *archéologue* (7) voit qu'elle a toujours fait partie du monument magnifique avec lequel elle est mariée. Un *antiquaire*, s'il y en avait à Tours, une des villes les moins littéraires de France, pourrait même reconnaître, à l'entrée du passage dans le cloître, quelques vestiges de l'arcade qui formait jadis le portail de ces habitations ecclésiastiques et qui devait s'harmoniser au caractère général de l'édifice. » (8)

Le contexte incline à penser que « l'œil de l'antiquaire » repère de plus « légers fragments » (9) que l'archéologue dont le regard embrasse le monument dans son ensemble et dont la lecture est plus ample (10). Distinction confirmée une douzaine d'années plus tard, en 1844, par Charles Lenormant dans la *Revue archéologique* :

1. *Le Père Goriot*, II, 217.
2. *La Maison du Chat-qui-Pelote*, I,60 (1829).
3. *Une Double famille*, I,411 (1830).
4. *L'Interdiction*, II,369 (1836).
5. *Béatrix*, II,II (1839).
6. *Eugénie Grandet*, II,542 (1833).
7. C'est nous qui soulignons.
8. *Le Curé de Tours*, III,61 (1832).
9. *L'Interdiction*, II,310.
10. Le mot « antiquaire » peut aussi garder ici quelques traces du « nom donné à des recueils contenant la description d'antiquités locales » tel l'*Antiquaire de la ville d'Alençon*, publié dès 1685 (cf. l'article *Antiquaire* du *Dictionnaire Universel du XIXe siècle* de Pierre Larousse). Ajoutons qu'il existait des Sociétés d'antiquaires « nom sous lequel on désigne des réunions de savants qui s'adonnent à l'étude du passé, histoire et archéologie » comme le précise Pierre Larousse, et que la Société Nationale des Antiquaires de France a été fondée dès 1805.

« Un archéologue est ce qu'on aurait appelé autrefois un antiquaire, si les antiquaires d'autrefois eussent été tout ce que sont aujourd'hui les vrais archéologues. Les deux mots d'antiquaire et d'archéologue sont encore employés concurremment, mais avec une nuance assez délicate dans le sens. Un antiquaire est plutôt celui qui recueille les monuments de l'Antiquité que celui qui les comprend ; un antiquaire avec du goût, du tact, de l'habitude, peut se passer d'érudition : M.E. Durand, connu par la richesse et le choix des collections qu'il avait formées, pouvait être considéré comme un excellent antiquaire, mais il n'avait pas les mêmes droits au titre d'archéologue. » (11)

Balzac a bien droit à ce titre. Chez lui, le véritable archéologue, dépassant de loin « la secte littéraire des moyen-âgistes » (12), se double toujours d'un historien capable de comprendre, d'interpréter des vestiges qu'un simple « antiquaire » se contenterait de rassembler. Le chercheur d'Absolu qui médite sur la science et sur la société a, dès 1834, donné une haute et ferme définition de l'archéologie qui veut tout éclairer, le passé, le présent et l'avenir :

« Les événements de la vie humaine, soit publique, soit privée, sont si intimement liés à l'architecture que la plupart des observateurs peuvent reconstruire les nations ou les individus dans toute la vérité de leurs habitudes, d'après les restes de leurs monuments publics ou par l'examen de leurs reliques domestiques. L'archéologie est à la nature sociale ce que l'anatomie comparée est à la nature organisée. Une mosaïque révèle toute une société, comme un squelette d'ichthyosaure sous-entend toute une création. De part et d'autre, tout se déduit, tout s'enchaîne. La cause fait deviner un effet, comme chaque effet permet de remonter à une cause. Le savant ressuscite ainsi jusqu'aux verrues des vieux âges. De là vient sans doute le prodigieux intérêt qu'inspire une description architecturale quand la fantaisie de l'écrivain n'en dénature point les éléments ; chacun ne peut-il pas la rattacher au passé par de sévères déductions ; et pour l'homme, le passé ressemble singulièrement à l'avenir : lui raconter ce qui fut, n'est-ce pas presque toujours lui dire ce qui sera ? » (13)

Ces propos célèbres font écho, semble-t-il, à ceux de Champollion-Figeac qui, l'année précédente, en 1833, a rédigé l'article *Archéologie* pour le *Dictionnaire de la conversation et de la lecture* (14) :

« [...] elle n'a pas pour motif une simple satisfaction de la curiosité : elle cherche dans la longue expérience des peuples anciens des exemples ou des avertissements utiles aux nations modernes. [...] C'est aussi sur elle que l'histoire fonde ses plus positives certitudes : l'archéologie lui explique les monuments des hommes, et l'histoire y retrouve les princes et les peuples dont elle a à parler, l'époque, la place et les actions de chacun d'eux. Le plus obscur monument se rapporte à un fait de l'ancienne civilisation, et le philosophe qui travaille pour l'humanité n'a pas tout fait pour accomplir sa mission tant qu'il ne combine pas avec les temps présents les notions positives qui sont empreintes sur les débris des temps passés. [...] Considérée de cette hauteur, l'archéologie mérite le nom de science. » (15)

Ne nous y trompons pas : c'est bien de cette hauteur-là que l'historien des mœurs Balzac entend la considérer, laissant loin en contrebas des archéologues fossiles tels que « monsieur de Faucombe, vieillard de soixante ans » qui ne « s'occupait plus que d'archéologie, une passion ou, pour parler plus correctement une de ces manies qui aident les vieillards à se croire vivants » (16), ou encore le « juge-suppléant nommé

---

11. *Revue archéologique*, tome I, p.3.
12. *Sur Catherine de Médicis*, VII, 107.
13. *La Recherche de l'Absolu*, VI, 613.
14. Balzac lui-même a collaboré à ce dictionnaire.
15. *Dictionnaire de la lecture et de la conversation*, second volume, pp.483, 484, 485.
16. *Béatrix*, II, 28 (1839).

Desfondrilles, plus archéologue que magistrat » enlisé dans les commérages et « petits bruits de Provins » (17). A ceux-là jamais Balzac ne délègue ses dons de « flâneur instruit », d'« observateur de génie », d'« observateur-poète » ; ce ne sont que des « bourgeois à prétentions archéologiques ».

« Observateur-poète » (18) : l'expression mérite qu'on s'y arrête si l'on veut saisir dans toutes ses dimensions l'archéologue de Paris. Jamais, chez lui, la science n'exclut l'imagination, « reine des facultés » au sens où l'entend Baudelaire. Imagination au service d'une puissante intuition qui, à partir des quelques vestiges d'un Paris morcelé, mutilé, lui fait retrouver, « reconstruire par analogie » le vieux Paris. Tout comme Cuvier, « le plus grand poète de notre siècle » (19), reconstruit des mondes avec des os blanchis ; poète avec des chiffres, réveilleur de néant. « Échauffés par son regard rétrospectif » nous planons, nous, nés d'hier, sur « l'abîme sans borne du passé » ; Cuvier, auquel Balzac rend un hommage inspiré au début de La Peau de Chagrin, lui fait pressentir les pouvoirs de l'archéologie. Elle nous immerge dans la substance de « cet infini sans nom, commun à toutes les sphères et que nous avons nommé Le Temps » (20). Le Temps, acteur principal, peut-être, de La Comédie humaine. Temps, fleuve reparaissant qui traverse toute l'œuvre, charriant les destinées humaines et les ruines du passé. Temps à l'intersection de l'Histoire collective et des histoires individuelles. Temps qui anime la pierre et pétrifie l'homme. Temps de l'archéologue-voyant : Balzac. Temps en fusion où il est difficile de distinguer nettement passé, présent, avenir. Ce passé « devenu si vite l'antiquité » (21) pour Balzac et ses contemporains, nés d'une grande cassure de l'Histoire, où commence-t-il ? où s'arrête-t-il ? « Le moment où je parle est déjà loin de moi » disait le poète, et le nouvel historien affirme : « Tout est histoire, ce qui a été dit hier est histoire, ce qui a été dit il y a une minute est histoire. » (22)

Nous voici au seuil d'un choix difficile.

*
* *

Un mot et des choses sous le signe du Temps. Lesquelles retenir ? Où commence et où finit l'archéologie parisienne selon Balzac ?

En fait, bien peu de romans se déroulent dans un autrefois parisien. Pas d'équivalent à Notre-Dame de Paris, et même une certaine méfiance à l'égard de ces « poètes modernes » auxquels le « Paris chétif et pauvre » de Philippe-Auguste suggère tant de « fausses merveilles » (23). De tous les textes de La Comédie humaine, ce sont Les Proscrits qui plongent dans le plus lointain passé de Paris, le début du XIVe siècle, mais Balzac n'y cède pas à la tentation du pittoresque ; la maison de Tirechair « sem-

---

17. Pierrette, II,21 (1839).

18. Les Petits Bourgeois, V, 296.

19. La Peau de Chagrin, VI, 437.

20. Ibid.

21. Cf. Complaintes satiriques sur les mœurs du temps présent (20 février 1830) : « Ce temps devenu si vite l'Antiquité pour nous. »

22. Claude Lévi-Strauss cité par Fernand Braudel dans Écrits sur l'Histoire, Flammarion, 1969, p.104.

23. Cf. Les Proscrits, VII,273 (1831). Au nombre de ces « poètes modernes », sans doute Victor Hugo dont le grand roman Notre-Dame de Paris paraît cette même année 1831 (trois mois avant Les Proscrits).

blable à toutes les maisons du temps » ne fait pas même l'objet d'une « peinture archéologique » (24) originale. C'est tout au plus, avec le vieux quartier de la cité pour cadre, une sorte de tableau de genre rétrospectif. Mais, dira-t-on, il ne s'agit là — Balzac le précise lui-même — que d'une « esquisse historique », et l'admirateur de Walter Scott, celui qui longtemps rêva d'un cycle de romans historiques, d'une *Histoire de France pittoresque*, a bien cédé à la tentation ? Oui, parfois (25), témoin le laborieux ouvrage *Sur Catherine de Médicis* plusieurs fois remis sur le métier (26). Fait-il, ici, œuvre d'archéologue de Paris au sens où nous avons tenté de définir le mot ? Non, il s'agit plutôt d'un travail de compilation qui aboutit le plus souvent, hélas ! à de pesants commentaires (27). En vérité, il ne sait guère ressusciter des « maisons qui n'existent plus » et des « rues qui n'existent plus » dans « un Paris qui n'existe plus » (28).

Les *Antiquités de Paris*, de Sauval, et les « anciens plans » sont, certes, de précieuses sources de documentation, mais jamais elles n'alimentent la création balzacienne avec la même vigueur que les choses vues. D'instinct, le romancier a senti que son génie de l'observation et son imagination puissante, c'est au présent qu'ils se conjuguent le mieux. Présent qu'il faut tenter de définir. Un don de seconde vue lui permet en quelque sorte d'inscrire en « nouvel historien » avant la lettre, le « temps court » dans la « longue durée » (29). « Chaque actualité », dit Fernand Braudel « rassemble des mouvements d'origine, de rythme différents : « le temps d'aujourd'hui date à la fois d'hier, d'avant-hier, de jadis » (30). Balzac, « enquêteur sur le temps présent » (31) aurait souscrit aux propos souvent répétés de Lucien Febvre : « histoire, science du passé, science du présent ».

« L'histoire, dialectique de la durée, n'est-elle pas à sa façon explication du social dans toute sa réalité ? Et donc de l'actuel ? Sa leçon valant en ce domaine comme une mise en garde contre l'événement : ne pas penser dans le seul temps court, ne pas croire que les seuls acteurs qui font du bruit soient les plus authentiques ; il en est d'autres et silencieux — mais qui ne le savait déjà. » (32)

Déjà, c'est du côté de ce qu'on appellera plus tard les sciences de l'homme que Balzac se dirige en voulant « écrire l'histoire oubliée par tant d'historiens, celle des mœurs » (33), en cherchant « à surprendre le sens caché dans cet immense assemblage de figures, de passions et d'événements » (34) qui s'offre à « l'archéologue du mobilier social » (35).

Le passé balzacien et les traces archéologiques qui en subsistent sont au service

24. L'expression est employée dans *Une fille d'Eve*.
25. Voir, à ce propos, l'intéressant article de René Guise : « Balzac et le roman historique », publié dans la *Revue d'histoire littéraire de la France*, mars-juin 1975.
26. Cf. l'édition critique donnée par Nicole Cazauran dans la nouvelle édition Pléiade (au tome XI) et son ouvrage sur *Catherine de Médicis et son temps dans La Comédie humaine*, Genève, Droz, 1976.
27. Voir Nicole Cazauran, édition citée, p.150.
28. Cf. le titre du premier chapitre du *Martyr calviniste* dans l'édition Souverain : « Une maison qui n'existe plus, la rue de la Vieille Pelleterie qui n'existe plus, dans un Paris qui n'existe plus ».
29. Nous empruntons ces expressions à Fernand Braudel : cf. *Écrits sur l'Histoire*, chapitre *Histoire et Durées*, p.47.
30. *Ibid.*, p.56.
31. *Ibid.*, p.58.
32. *Ibid.*, p.61.
33. Avant-propos de 1842, I, 52.
34. *Ibid.*
35. *Ibid.*

d'une explication du présent et donc de l'avenir, cet avenir qui apparaît souvent à l'horizon de *La Comédie humaine*. Le « devenu » et le « devenir » sont inséparables. En travaillant sur le présent, Balzac a conscience de faire, d'une certaine manière, œuvre d'archéologue.

Une éclairante comparaison avec les villes de l'Antiquité s'impose à lui dans l'*Avant-Propos* de 1842 :

> « Avec beaucoup de patience et de courage, je réaliserais sur la France au XIXe siècle, ce livre que nous regrettons tous, que Rome, Athènes, Tyr, Memphis, la Perse, l'Inde ne nous ont malheureusement pas laissé sur leurs civilisations. »

Il a puissamment contribué à donner droit de cité archéologique aux choses d'hier. Si, de nos jours encore, tous les dictionnaires entendent l'archéologie au sens premier du terme, comme « la science des choses anciennes et particulièrement des arts et monuments antiques » (36), des nuances significatives interviennent :

> « On n'use pas de ce mot pour un passé plus proche de nous. Cependant si l'archéologie est l'explication du passé par les monuments figurés, il n'y a aucune raison pour ne pas parler d'archéologie du XVIIe et même du XIXe siècle. » (37)

Il ne faut pas s'étonner, dès lors, de la matière archéologique de cet ouvrage : matière si souvent *présente* qu'il aurait pu s'intituler, peut-être, *Balzac témoin de Paris*. Si Balzac « archéologue » de Paris m'a semblé préférable, à la fois plus séduisant et plus juste, c'est qu'il rend mieux compte de ce phénomène si particulier que Balzac nous donne à voir : *le présent en train de devenir du passé*. Il travaille sur une ville vivante, non sur une ville morte réduite à un champ de fouilles. Son Paris est dynamique, et « l'existence de ces débris du Moyen Âge » ou du « seizième siècle » qui subsistent encore « sont incompatibles avec les grandeurs du Paris moderne » (38) : il le sait et il le dit. Ce n'est pas un « passéiste » au cœur étroit, mais un poète-historien fasciné par « ces dernières preuves vivantes, près de tomber en poussière », et soucieux de les métamorphoser en « descriptions précieuses » pour l'avenir.

Le choix de ces vestiges privilégiés mérite quelqu'attention. Choix original, il témoigne de la « modernité » (39) de Balzac archéologue de Paris. Chez lui, peu de monuments ; souvent leur présence n'est qu'allusive et c'est tant mieux, car les morceaux de bravoure qui s'ordonnent autour du Louvre ou de la Conciergerie en « histoire historique, archéologique, biographique, anecdotique et physiologique »(40) ne sont pas les plus réussis. Leur didactisme pesant rappelle celui des nombreux « guides de l'étranger à Paris » qui fleurissent sous la Restauration. Assez peu aussi, et en fin de compte, de ces « vieilles maisons » types et témoins, dont il dresse lui-même l'inventaire au premier chapitre des *Petits Bourgeois* (intitulé précisément *Le Paris qui s'en va*) :

> « Hélas ! le vieux Paris disparaît avec une effrayante rapidité. Ça et là dans cette œuvre, il en

---

36. Début de la définition que le *Dictionnaire de la langue française* de Robert consacre au nom archéologie.
37. Cf. Louis Réau, *Dictionnaire d'art et d'archéologie*.
38. *Sur Catherine de Médicis*, VII, 158.
39. En conservant au mot sa résonance baudelairienne.
40. Titre du chapitre 6 de la troisième partie de *Splendeurs et misères des courtisanes* (cf. IV, 380).

restera tantôt un type d'habitation du Moyen Age (41) comme celle qui fut décrite au commencement du Chat-qui-pelote, et dont un ou deux modèles subsistent encore : tantôt la maison habitée par le juge Popinot, rue du Fouarre, spécimen de vieille bourgeoisie. Ici les restes de la maison de Fulbert ; là tout le bassin de la Seine sous Charles IX » (41 bis).

Ajoutons-y quelques vestiges « au caractère à la fois élégant et noble du règne de Louis XIII » telle la maison échue aux Minard rue des Maçons-Sorbonne (42), le bel hôtel Duperron et son « calembour sculpté » (43), rue de la Montagne Sainte-Geneviève ; quelques « grandeurs Louis-quatorziennes » rue Saint-Dominique d'Enfer (44) et la charmante maison de Racine « oubliée par la spéculation » (45) rue des Marais, nous serons alors en chemin d'exhaustivité.

Cette liste ne saurait, à elle seule, justifier un travail sur Balzac archéologue de Paris. Non, décidément, son champ d'exploration principal est ailleurs. Ce qu'il a l'art de repérer, c'est ce que Marc Bloch appelle la « trace involontaire », la meilleure selon l'historien, celle que « sans préméditation le passé laisse tomber le long de sa route » (46) et que l'œil averti de l'observateur relève et interprète. La maison à allée, le cabajoutis, la niche du portier, la cour intérieure, la porte à claire-voie, le porche, le réverbère sont plus révélateurs, à ses yeux, d'un individu et d'une société que le monument « volontaire », église ou palais (au demeurant moins menacé). Les beaux hôtels « où se respire l'air du faubourg Saint-Germain » ne sont pas décrits mais seulement évoqués par quelques adjectifs abstraits, alors que les maisons de dernière catégorie font l'objet d'une enquête minutieuse et passionnée. Plus on s'enfonce dans les cercles de l'enfer parisien, plus l'observateur est fasciné, plus l'entrelacs serré du réel et du fantastique contribue à faire de Balzac le poète épique d'une ville « féconde en sujets poétiques et merveilleux » (47) à qui sait « voir » et promouvoir le banal, le quotidien, le sordide même, au rang de la poésie.

Saisir l'étrange beauté, la qualité épique d'un présent en marche, riche de passé et lourd d'avenir, c'est peut-être s'élever au dessus des modèles de l'Antiquité même :

« Car les héros de l'Illiade ne vont qu'à votre cheville ô Vautrin, ô Rastignac, ô Birotteau [...] et vous ô Honoré de Balzac, vous le plus héroïque, le plus singulier, le plus romantique et le plus poétique parmi tous les personnages que vous avez tirés de votre sein. » (48)

Ce vibrant hommage du poète Baudelaire au poète Balzac nous entraîne vers un nouveau seuil redoutable à franchir. « Tu m'as donné ta boue et j'en ai fait de l'or » (49) : nous voici au seuil mystérieux de la création.

*
* *

41. Moyen Age bien tardif puisqu'il s'agit d'un « débris de la bourgeoisie du XVIe siècle » (cf. I,60).

41bis. *Les Petits Bourgeois*, V,294.

42. *Ibid.*, p.323.

43. *L'Interdiction*, II,370.

44. *Les Petits Bourgeois*, V,295.

45. *Valentine et Valentin*, II,452.

46. Cf. Marc Bloch, *Métier d'historien*, Armand Colin, 1949.

47. Cf. Baudelaire, *Salon de 1846*.

48. Baudelaire, *Salon de 1846*, chapitre XVIII : *De l'Héroïsme de la vie moderne*.

49. Baudelaire, *Les Fleurs du Mal* (Projet d'épilogue pour la seconde édition).

L'illusion réaliste (maintes fois dénoncée à juste titre par la critique) se dégage si puissamment du texte balzacien, qu'on est tenté bien souvent de partir en quête du référent. Illusion perdue et quête égarée par une multiplicité d'indices trompeurs. Qui peut se vanter d'avoir identifié la pension Vauquer, pourtant si précisément décrite et située ? Comme le dit Pierre-Georges Castex :

« Les érudits se sont fourvoyés en cherchant à faire cadrer leurs observations sur le terrain avec le texte balzacien ; ils ont cru retrouver les demeures, tantôt sur les lieux désignés, tantôt dans des parages plus ou moins proches : l'échec, aujourd'hui évident, de leurs identifications prouve que *La Comédie humaine* ne saurait être lue comme un guide touristique. » (50)

Pas davantage comme un manuel d'histoire, en dépit d'évidentes qualités d'historien. Non, Balzac est avant tout romancier ; son univers, c'est celui du langage créateur, et le Paris qu'il nous offre est une ville-texte, traversée d'images, de métaphores qui étoilent à l'infini le sens premier des mots. Le langage ici n'est pas seulement instrument d'analyse, mais de révélation ; au fur et à mesure qu'on avance dans l'œuvre, le faux semblant envahit les maisons aussi bien que l'âme des « comédiens sans le savoir » abrités derrière leurs façades de carton-pierre. « Le million d'acteurs qui compose la grande troupe de Paris » (51) à force de vouloir paraître, finit par confondre le masque et le visage, perdant peu à peu toute identité profonde dans cette ville-labyrinthe, maléfique jeu de l'oie qui ramène inexorablement ses victimes à leur point de départ et entraîne ses gagnants vers la double servitude de l'or et du plaisir, avant de les rassembler tous dans la mort qui les attend.

Mais, ne sommes-nous pas égarés, bien loin de l'archéologie ? Non : chez Balzac, les êtres sont inséparables des choses, les choses expriment les êtres et il a tout naturellement étendu son champ d'exploration archéologique jusqu'à l'homme (cet homme dont les rides sont parfois comparées aux crevasses d'un vieux mur ou la silhouette à une tour démantelée, comme si les frontières entre l'humain et le minéral tendaient à s'abolir en d'inquiétantes anamorphoses...). Il est le premier, à notre connaissance, à employer l'expression révélatrice d'« archéologue moral » (52) :

« Qui voudrait voyager en archéologue moral et observer les hommes au lieu d'observer les pierres pourrait retrouver une image du siècle de Louis XV dans quelque village de la Provence, celle du siècle de Louis XIV au fond du Poitou, celle de siècles encore plus anciens au fond de la Bretagne. » (53)

Et à Paris ? Là aussi, le passé a semé sans préméditation des « bonshommes » à « valeur archéologique » (54) tels Chabert exhumé de la fosse d'Eylau, ou Pons, « homme-Empire comme on dit un meuble-Empire » (55). Nous nous efforcerons de déchiffrer le sens de ces vivants hiéroglyphes que Balzac nous a transmis. « Lire,

---

50. Cf. *L'Univers de la Comédie humaine*. Introduction à la nouvelle édition Pléiade, tome I, p. XXV.
51. *Le Cousin Pons*, V, 165.
52. Que Pierre Larousse cite dans son *Dictionnaire universel*, contribuant ainsi à l'élargissement de la notion d'archéologie.
53. *Béatrix*, II, 8.
54. Cf. *Le Cousin Pons*, V, 165 : « Un mot fera comprendre et la valeur archéologique de ce bonhomme et la raison du sourire qui se répétait comme un écho dans tous les yeux ».
55. *Ibid.*

c'est peut-être créer à deux » disait-il (56). Création continuée, dirigée ici, par le texte, vers l'espace symbolique qui s'ouvre au-delà de l'espace topographique.

Archéologues du Paris textuel de *La Comédie humaine*, nous regrouperons de menus fragments, des indices disséminés, essayant, après être demeurés un moment au ras du texte et des quelques évidences qu'il propose, de prendre de la hauteur pour tenter d'apercevoir ce qu'il dissimule. Une comparaison me fera sans doute mieux comprendre : l'archéologie aérienne, de nos jours, révèle en d'étonnantes photographies les contours de villes depuis longtemps disparues. On survole seulement des champs, mais par delà le blé qui lève, la terre, au plus profond d'elle-même a gardé des « traces involontaires » qui surgissent parfois aux yeux étonnés de l'observateur :

« Dans les plaines fertiles, les labours profonds arrachent les pierres des substructions dont le tracé apparaît clairement dans les sillons. [...] Une fusion brutale de la neige sur sol fortement gelé donne, en blanc et en noir, l'image des bâtiments disparus [...] Quelques heures peuvent suffire pour que tout s'efface. Les plans ne sont souvent que fragmentaires : le prolongement d'une ville découverte une année dans un champ n'est retrouvé dans les parcelles voisines qu'après plusieurs campagnes de prospection. Aussi l'archéologie aérienne peut être comparée à l'art du mosaïste. » (57)

Mon propre travail de mosaïste m'a peu à peu menée vers ces « Pensées, Sujets, Fragments » d'un discours balzacien que je soumets aujourd'hui au lecteur. Libre à lui de les agencer selon d'autres perspectives pour aboutir à d'autres figures.

*
* *

Il est un seuil enfin où s'arrêtent les mots pour dire Balzac et son Paris : celui où l'espace romanesque a fini par s'inscrire dans l'espace vécu. Là, s'effacent les frontières entre Réalité et Imaginaire. Seule une gerbe d'images silencieuses, glanées au fil du temps et des rues, tentera d'évoquer cette magie du « réel passé » (58) au cœur de notre présent qui passe.

---

56. Cf. *La Physiologie du mariage*.
57. Extrait d'un article de René Goguey intitulé *Vingt ans d'archéologie aérienne* et publié dans la revue *Archéologia* n° 132 (juillet 1979).
58. L'expression est de Roland Barthes dans son ultime ouvrage, consacré à la photographie : « La Chambre claire », *Cahiers du Cinéma*, Gallimard-Seuil, 1980.

TABLEAU des Arrondissemens ET DES QUARTIERS de la Ville de PARIS

PETIT ATLAS PITTORESQUE DES 48 QUARTIERS DE LA VILLE DE PARIS

à 2 sous la feuille coloriée, chez A. AUBERT, rue de la Harpe, 2. dans la cour, au 1er.

Arrondissements (numbered 1–12):

- No 1. Q. du Roule
- No 2. Q. des Champs Elisées
- No 3. Q. de la Pl. Vendome
- No 4. Q. des Tuileries
- No 5. Q. de la Chaussée d'Antin
- No 6. Q. du Palais Royal
- No 7. Q. St Honoré
- No 8. Q. du Fg Montmartre
- No 9. Q. du Fg Poissonnière
- No 10. Q. Feydeau
- No 11. Q. du Mail
- No 12. Q. Vivienne
- No 13. Q. Bque de France
- No 14. Q. St Eustache
- No 15. Q. des Halles
- No 16. Q. St Honoré
- No 17. Q. du Louvre
- No 18. Q. Nouvelle Marché St Jean
- No 19. Q. Montorgueil
- No 20. Q. Mauconseil
- No 21. Q. de la Cité
- No 22. Q. des Lombards
- No 23. Q. des Arcis
- No 24. Q. de la Verrerie
- No 25. Q. St Avoie
- No 26. Q. du Mont de Piété
- No 27. Q. Ste Avoie
- No 28. Q. de la Porte St Martin
- No 29. Q. du Marais
- No 30. Q. Popincourt
- No 31. Q. du Faubg St Antoine
- No 32. Q. des Quinze-Vingts
- No 33. Q. St Denis
- No 34. Q. du Fbg St Denis
- No 35. Q. St Martin
- No 36. Q. de l'Ile St Louis
- No 37. Q. de la Monnaie
- No 38. Q. St Thomas d'Aquin
- No 39. Q. des Invalides
- No 40. Q. du Faubg St Germain
- No 41. Q. du Luxembourg
- No 42. Q. St Jacques
- No 43. Q. de la Sorbonne
- No 44. Q. de l'Ecole de Médecine
- No 45. Q. de l'Hotel de Ville
- No 46. Q. St Marcel
- No 47. Q. du Jardin du Roi
- No 48. Q. de l'Observatoire

Barrières (Bres): Bre de la Villette, Bre de Pantin, Bre des Vertus, Bre Poissonnière, Bre de la Chapelle, Bre de Belleville, Bre de Romainville, Bre de la Chopinette, Bre du Combat, Bre de la Roquette, Bre de Ménilmontant, Bre des Amandiers, Bre d'Aunay, Bre des Rats, Bre de Fontarabie, Bre de Montreuil, Bre du Trône, Bre St Mandé, Bre de Reuilly, Bre de Bercy, Bre de la Rapée, Bre de Charenton, Bre de la bière, Bre du Jour ou des 3 Moulins, Bre de Rubis, Bre d'Ivry, Bre de la Gare, Bre de Croulebarbe, Bre de l'Oursine, Bre St Jacques, Bre de la Santé, Bre d'Enfer, Bre de Vaugirard, Bre du Maine, Bre Mt Parnasse, Bre de Sèvres, Bre de Vaugirard, Bre des Fourneaux, Bre de la Motte Piquet, Bre de l'Ecole Militaire, Bre des Paillassons, Bre de la Cunette, Bre de Grenelle, Bre St Martin, Bre Franklin, Bre de Passy, Bre de la Rochefoucauld, Bre de Longchamp, Bre du Bel Air, Bre de Neuilly, Bre du Roule, Bre de Chartres, Bre de Courcelles, Bre de Monceaux, Bre Blanche, Bre Montmartre, Bre d'Enfer, Bre Marbeuf, Bre Rochechouart, Bre des Martyrs, Bre des Fermes

Armes de la Ville de Paris.

> *« Mon ouvrage a sa géographie comme il a sa généalogie et ses familles, ses lieux et ses choses, ses personnes et ses faits ; comme il a son armorial, ses nobles et ses bourgeois, ses artisans et ses paysans, ses politiques et ses dandies, son armée, tout son monde enfin ! »*

Extrait de l'*Avant-Propos* de 1842.

PREMIÈRE PARTIE

ÉTUDIER LES « LIEUX » ET LES « CHOSES »

I. LE CHAMP D'EXPLORATION DE L'ARCHÉOLOGUE : DEUX PERSPECTIVES SUR L'ESPACE PARISIEN

LA VILLE DES DOUZE ARRONDISSEMENTS

> « *Mon ouvrage a sa géographie comme il a sa généalogie et ses familles* » *(1)*

LE SITE DE PARIS

Il est, chez Balzac, des panoramas parisiens qui permettent de situer Paris avec une précision toute géographique. Ainsi, du Père-Lachaise « Jules aperçut à ses pieds, dans la longue vallée de la Seine, entre les côteaux de Vaugirard, de Meudon, entre ceux de Belleville et de Montmartre, le véritable Paris enveloppé d'un voile bleuâtre produit par ses fumées, et que la lumière du soleil rendait alors diaphane », tandis qu'à quatre lieues de là, « sur les bords de la Seine, dans un modeste village assis au penchant de l'une des collines qui dépendent de cette longue enceinte montueuse au milieu de laquelle le grand Paris se remue comme un enfant dans son berceau, il se passait une scène de mort et de deuil » (2).

Des détails topographiques définissent ainsi l'espace parisien « tel que la nature l'a fait » : c'est une grande vallée cernée d'une « enceinte montueuse ». Dans cet espace, la barrière dite des Fermiers Généraux et les boulevards « extérieurs » séparent la ville proprement dite des « lieux nommés environs de Paris » : la « banlieue » (le terme apparaît rarement chez Balzac) « comporte un rayon de quarante lieues » (3) distance considérable (4), si l'on tient compte de l'étendue alors relativement restreinte de la ville et du caractère encore primitif des moyens de transport. Dulaure (5) confirme cette donnée puisque, dans la liste des « voitures des environs de Paris », sont cités parmi les points extrêmes desservis, et par ordre alphabétique : Corbeil, Clermont et Creil, Coulommiers, Dreux, Étampes, Fontainebleau, Montargis, Nemours, etc. Toutes villes qui, aujourd'hui encore, malgré les progrès du « chancre parisien », marquent la limite de la banlieue et le point terminus des cartes hebdomadaires de travail.

Les « environs de Paris » sont formés d'un relief d'encadrement où reparaissent, souvent cités, au nord et à l'est : les hauteurs de Montmartre, de Belleville, Charonne, Ménilmontant ; au sud : la Butte aux Cailles, non nommée mais présente dans *La*

---

1. *Avant-Propos* de 1842.
2. *Ferragus*, IV, 51.
3. *Le Cousin Pons*, V, 203.
4. Invraisemblable même (une lieue égalant quatre km). Dans *Le Constitutionnel* le mot quarante, rayé, est remplacé par vingt. Il est probable que l'édition Furne n'a pas tenu compte de cette correction pour nous décisive : cette distance de vingt lieues pour définir la grande banlieue est à peu de chose près la même qu'aujourd'hui (évaluation de la S.N.C.F. et du Guide Michelin).
5. Cf. *Histoire de Paris*, édition de 1839, tome IV, p.93.

Femme de trente ans, les collines de Montrouge, de Vaugirard (6) ; à l'ouest : Chaillot (7), le Mont Valérien, les côteaux de Ville d'Avray, de Saint-Cloud, de Saint-Germain (8).

Ces hauteurs modestes ne sont que le rebord de plateaux, « aux lignes sans fin, grises ou jaunâtres, [...] désert de craie, de marnes et de sables où la gaîté meurt » (9). La Brie de *Pierrette* est, elle aussi, « un vrai désert, mais productif, un désert de froment » (10) où fleurit le genêt. Grandes plaines monotones, mais « les Parisiens au sortir des abîmes de moellons où ils sont ensevelis, seraient disposés à admirer les déserts de la Beauce » (11).

Les vallées sont le charme de ces mornes étendues « Voulzie et Durtain [...] menues, lentes et profondes » (12) ; coulées de verdure de l'Oise, « séjour délicieux » où s'élève, près de l'Isle-Adam, le château de Presles, propriété des Serizy (13) ; « vallée de Montmorency » où la comtesse Ferraud essaie (à Groslay) de séduire Chabert ; vallée du Loing, où est situé le château du Rouvre, « entre Bourron et Nemours, l'un des merveilleux paysages qui abondent dans la forêt de Fontainebleau » (14) ; vallée de la Bièvre qui conduit « aux collines d'Antony », étangs de Ville-d'Avray avec leurs bois admirables où Louise de Chaulieu abrite de nouvelles amours conjugales « au milieu d'une vingtaine d'arpents de prairies » (15).

L'Isle-Adam, Aulnay, Ville d'Avray : tous lieux où séjourna Balzac. Cette grande banlieue abrite les châteaux des gens du « Faubourg » (Serizy, d'Aiglemont), de la Chaussée-d'Antin, ou de très riches commerçants (Lebas à Corbeil, Crevel en Brie). L'entretien de ces « résidences secondaires » est ruineux et les fruits de leurs vergers coûtent plus chers que ceux de chez Chevet (16). Souvenir des Jardies... (17)

Assez différente, apparaît l'auréole qui entoure immédiatement la ville, où se trouvent « de petits bourgs qui en précèdent l'entrée » (18) et dont beaucoup sont des lieux de divertissement populaire, en raison des guinguettes établies hors des barrières (19). « A Saint-Cloud, Meudon, Belleville, Vincennes », le frère et la sœur Rogron dînant hors de Paris trouvent « des divertissements économiques » (20). Madame Vauquer rêve de petites parties le dimanche à Choisy, Gentilly (21). A Vincennes se recrutent les nourrices (22). Il existe des « marais à Auteuil » (23), une plaine affreuse à Nanterre où l'on extrait cette « horrible pierre » qu'est le moellon (24) ; une autre plaine à Saint-Denis, voie de passage vers l'Angleterre.

----

6. Cf. *Ferragus*, IV, 51.
7. Cf. *Une fille d'Eve*, I, 518.
8. Cf. *Splendeurs et misères des courtisanes*, IV, 303.
9. *La Femme de trente ans*, II, 173-174.
10. *Pierrette*, III, 15.
11. *Le Bal de Sceaux*, I, 90.
12. *Pierrette*, III, 15.
13. Cf. *Un début dans la vie*, I, 290.
14. *Les Méfaits d'un procureur du Roi*, III, 617.
15. *Les mémoires de deux jeunes mariées*, I, 163.
16. *Petites misères de la vie conjugale*, VII, 522 (Nosographie de la villa).
17. Cf. tome II, p.125 des *Lettres à Madame Hanska*.
18. *La modiste*, VI, 395.
19. Cf. *La Maison Nucingen*, IV, 251, où il est question d'« un dandy d'estaminet, un de ces farceurs qui font le désespoir des sergents de ville dans les bals champêtres, aux Barrières ».
20. *Pierrette*, III, 13.
21. Cf. *Le Père Goriot*.
22. Cf. *Les Paysans*.
23. *Les Petits Bourgeois*, V, 299.
24. Cf. *Splendeurs et misères des courtisanes*.

Certains petits bourgs ont grandi, telle « l'affreuse ville des Batignolles » vers laquelle « remontent les courtisanes pauvres » (25). Là, rêve de se retirer madame Cibot : « N'a Batignolles, n'une belle maison, n'un beau jardin... » (26).

Le policier Corentin se cache « rue des Vignes », une « des plus riantes de la petite ville de Passy » (27). L'oncle Cardot, qui dispose de rentes ignorées et confortables, demeure à Belleville dans « une des premières maisons situées au-dessus de la Courtille ». Il y occupe au premier étage d'où l'on plane sur la vallée de la Seine, un appartement « avec la jouissance exclusive d'un grand jardin ». Il en descend parfois pour rejoindre une Florentine ou une Malaga (28). Vues de loin, « les vaporeuses collines de Belleville, chargées de maisons et de moulins » semblent gagner en altitude et « confondent leurs accidents avec ceux des nuages » (29). Il arrive même que « la bise » souffle des hauteurs de Belleville et l'on sent alors passer le grand vent des cimes (30). Les hauteurs de Charonne sont le « séjour des morts » (Père-Lachaise) et sur les « collines de Vaugirard » voisinent les marchands de vin et le cimetière du midi où se dirigent les « chétifs convois du faubourg Saint-Marceau ».

Cette banlieue immédiate est peu décrite ; outre les « cimes bellevilloises », Balzac semble avoir été séduit par la Butte Montmartre (malgré ses carrières de plâtre, « matériau ignoble » où Cuvier, toutefois, trouve ses animaux, objets de savantes recherches). Elle apparaît dans *César Birotteau* : Molineux, de sa fenêtre de la cour Batave, jouit de « l'aspect enchanteur des moulins de Montmartre ». Par ailleurs, l'atelier du peintre Pierre Grassou, rue de Navarin, regarde Montmartre (31).

Agrément de cette banlieue immédiate et souvent triste : « les charmants bois qui sont autour de Paris, à Boulogne, Vincennes, Romainville », lieux de promenade d'Esther et de Lucien (32). « Les bouleaux, les saules, les peupliers montraient leur premier, leur tendre feuillage encore diaphane », à Marie de Vandenesse et à Nathan « sur le chemin d'Auteuil à Boulogne » (33), et c'est dans une clairière du Bois de Vincennes, au clair de lune, que Nucingen est frappé d'un coup de foudre pour Esther.

Cette zone hors les murs est encore largement rurale : à Auteuil « les champs du vieux cultivateur », père de madame Lemprun « vendus par parties, produisirent trente mille francs » (34). « De Vincennes à Saint-Maur, de Saint-Maur à Charenton [...] vous revenez par la rive gauche de la Seine, au milieu d'une poussière olympique très noirâtre. » (35) Toutefois, l'industrialisation qui fera d'Aubervilliers, Pantin, Montreuil, Courbevoie, des villes importantes, est déjà commencée et ici, Balzac pèche par omission : cette banlieue-là n'est pas citée. Il a pourtant pu voir « les cheminées d'usine (qui) se dressent à Aubervilliers, parmi les champs d'artichauts et de choux... » et « à Passy même, les manufactures ne manquent pas » (36). Balzac, on le sait, ne

---

25. *Béatrix*, II,107.
26. *Le Cousin Pons*, V,205.
27. *Splendeurs et misères des courtisanes*, IV,372.
28. *Un début dans la vie*, I,323.
29. *La Femme de trente ans*, II,189.
30. *Un épisode sous la Terreur*, V,484.
31. *Pierre Grassou*, II,335.
32. *Splendeurs et misères des courtisanes*, IV,302.
33. *Une fille d'Eve*, I,150.
34. *Les Petits Bourgeois*, V,299.
35. *Petites misères de la vie conjugale*, VII,508.
36. D'après Delessert : « Par ailleurs Balzac lui-même, dans une lettre à Mme Hanska (cf. *4 août 1844*, tome II, 489) écrit : « deux heures viennent de sonner, les cloches des fabriques de gaz ont appelé leurs ouvriers ».

décrit guère les milieux ouvriers et c'est peut-être là qu'il faut chercher le sens de cette omission.

Le relief d'encadrement, « l'enceinte montueuse » correspond donc à la banlieue. La ville elle-même occupe « l'illustre vallée de plâtre », la vallée de la Seine ; on peut la contempler du haut de deux promontoires, le Père-Lachaise et l'esplanade de l'Observatoire ; le premier hors de Paris, le second proche de la rue Cassini « entre la grille sud du Luxembourg et la grille nord de l'Observatoire, espace sans genre, espace neutre dans Paris. En effet là Paris n'est plus, et là Paris est encore » (37).

Si le Père-Lachaise, promenade favorite de Balzac au temps de la rue Lesdiguière, garde de toute évidence une vue imprenable, il faut réfléchir, voire se rendre sur les lieux pour découvrir les « sommets du Luxembourg » (38). A côté de ces sommets reparaissants, trois autres belvédères, la barrière d'Enfer (39) proche de l'Observatoire, la barrière Croulebarbe, et Montmartre, déjà cité, d'où le Général Blücher prévoit en 1814 la fin du « grand chancre » qui périra de sa propre pourriture (40). De ces hauts lieux, la contemplation de Paris n'est jamais sereine, sauf dans La Femme de trente ans (41), où elle est interrompue par le drame que nous savons. En état de crise passionnelle, madame de Langeais, Rastignac, Rubempré, Lousteau, qui « crie comme un aigle blessé » (42) s'en exagèrent sans doute les splendeurs et les misères. Ils lui portent un défi, ou s'enfuient loin d'elle, vaincus.

Cette vue cavalière, la « perspective » telle qu'elle apparaît des Gobelins (43) montre Paris comme « un amphithéâtre » dont les « gradins bizarrement dessinés » sont formés non par des déclivités naturelles, mais par « les rues tortueuses », les lignes sont « architecturales » et le regard s'accroche aux édifices qui, à défaut d'un Mont Palatin ou d'un Quirinal, « meublent les airs ». Le pic de la colonne Vendôme, les coupoles du Val de Grâce ou du Panthéon (nommé quelquefois Sainte-Geneviève) le campanile des Invalides, les « constructions vraiment romaines des greniers d'abondance » : tels sont les reliefs de Paris perçus par l'œil du poète archéologue. Avec les mêmes monuments reparaissent les mêmes notations de formes et de couleurs : les horizons « fluides » sont brumeux, bleuâtres, rougeâtres, fumeux et menaçants. En vue plongeante, de loin et de haut, la topographie de Paris est donc aussi une topographie morale ; contours indécis, aspect sinistre, « rouge atmosphère » (44). « Physiquement », il s'agit naturellement d'une topographie architecturale : à l'intérieur de la ville, ni replis du sol, ni mouvements de terrain assez vigoureux pour être aperçus, mais des édifices « gigantesques ».

Du Père-Lachaise, Paris apparaît « tortueusement couché le long des deux rives de la Seine » dont il semble épouser les méandres : vision de poète. Sur un plan, la forme de la ville se dessine autrement, forme « globulaire » comme disent les géographes, que lui impose l'enceinte des Fermiers Généraux.

Si Guérande, Provins, Sancerre, apparaissent corsetées dans leurs remparts, Balzac, en revanche, ne décrit pas le « mur murant Paris », petite barrière d'octroi de trois mètres de haut, mais jalonnée à distances très rapprochées par les beaux pavillons de Ledoux qui auraient dû tout particulièrement retenir l'attention de l'archéologue ;

---

37. *Ferragus*, IV,53.
38. *Illusions perdues*, III,477.
39. Cf. *La duchesse de Langeais*, IV,100.
40. *Illusions perdues*, III,491.
41. II,188 (nous y reviendrons).
42. *Illusions perdues*, III,477.
43. *La Femme de trente ans*, II,188.
44. *La duchesse de Langeais*, IV,100.

d'autant qu'au cours de leurs déambulations parisiennes, ses personnages n'ont pas pu ne pas les voir : un jour de pluie, Foedora et Raphaël vont en fiacre du Luxembourg au Jardin des Plantes, par les « boulevards extérieurs » (45). Sur le boulevard des Gobelins (46) a lieu le rendez-vous de madame d'Aiglemont et de Charles de Vandenesse. Le jeune Auguste de Mergi revient du Roule, où il est allé voir sa mère, à la rue Notre-Dame des Champs « par les Boulevards » (47). Or ils n'accordent pas un regard aux rotondes, tours et propylées de Ledoux : de l'architecte « maudit », aucun souvenir ne subsiste dans *La Comédie humaine*, conservatoire du vieux Paris. Étrange omission qu'on peut tenter d'interpréter : au moment où écrit Balzac, les mauvais souvenirs qui s'attachent à ces pavillons d'octroi, ne sont pas oubliés. Manifestations et émeutes pré-révolutionnaires expliquent peut-être que Dulaure trouve leur magnificence « intempestive » et « très déplacée » (48). D'autre part ils ne sont pas appréciés, au point de vue architectural, comme des œuvres de valeur (49) : « Toutes ces constructions, tantôt élégantes, tantôt excessivement solides, tantôt bizarres et quelquefois ridicules, diffèrent de caractère, quoi qu'elles ne diffèrent point d'objet. L'architecte Ledoux, en voulant donner des preuves de la fécondité de son imagination, n'en a souvent prouvé que les écarts. » (50) En restant insensible à l'architecture de Ledoux, peut-être Balzac a-t-il sacrifié aux goûts et réprobations de son époque(51); son regard d'archéologue n'a pas su ou voulu dissocier, ici, la beauté architecturale et les méchantes fonctions auxquelles elle est liée. Par contre, ses personnages savent aussi bien que leur créateur goûter le charme agreste des « cours » (52) lentement tracés et plantés d'arbres, achevés à la fin du règne de Louis XV.

Par une belle matinée de printemps, appuyé sur un gros orme qui livre au vent ses fleurs jaunes, le narrateur de *La Femme de trente ans*, admire « entre la barrière d'Italie et celle de la Santé, sur le boulevard intérieur qui mène au Jardin des Plantes (53) [...] une perspective digne de ravir l'artiste. [...] Si vous atteignez une légère éminence, à partir de laquelle le boulevard, ombragé par de grands arbres touffus, tourne avec la grâce d'une allée forestière, verte et silencieuse, vous voyez devant vous, à vos pieds, une vallée profonde... » (54). Cette allée forestière qui tourne avec grâce, c'est l'actuel boulevard Blanqui, à la hauteur de la station de métro Corvisart ! Plus reconnaissable est le boulevard des Invalides, dont l'hôtel de Chaulieu n'est séparé que par un mur et par « une magnifique allée d'arbres qui mêlent leurs touffes à celles des ormeaux de la contre-allée du boulevard » (55). Dulaure rappelle en effet que les cours du midi sont formées d'une allée, de deux contre-allées, et de quatre rangées d'arbres.

Les « sombres boulevards extérieurs » de la rive droite apparaissent rarement. Les clercs de l'étude Desroches vont y prendre l'air après un repas trop copieux au

---

45. C'est-à-dire les boulevards Saint-Jacques, des Gobelins, de l'Hôpital (boulevards du sud).

46. Boulevard extérieur du sud, terminé tardivement en 1813-1814, avec ses quatre rangées d'arbres (cf. Dulaure, *Histoire de Paris*).

47. Cf. *L'Envers de l'histoire contemporaine.*

48. Cf. *Histoire de Paris*, édition de 1839, p.56.

49. Ledoux a subi un long purgatoire avant d'être « redécouvert » assez récemment.

50. Dulaure, *op.cit.*, p.240.

51. On trouve dans *La Cousine Bette* une allusion aux droits d'octroi qui frappent les marchandises (cf. V,64).

52. Boulevards des Invalides, du Montparnasse, aval du boulevard de l'Hôpital : ces boulevards extérieurs correspondent aux cours du midi.

53. Il s'agit du chemin de ronde du boulevard extérieur.

54. *La Femme de trente ans*, II,188.

55. *Les Mémoires de deux jeunes mariées*, I,105.

Rocher de Cancale : pendant une heure, ils roulent en calèche de Montmartre à la barrière du Trône et reviennent par Bercy, les quais et les boulevards, jusqu'à la rue de Vendôme (56).

Quand le comte Octave surveille son épouse Honorine, réfugiée rue Saint-Maur, il attend « sur le boulevard » (57), le retour de son « indicateur ». Le boulevard des Filles du Calvaire apparaît aussi : c'est le Pont-aux-Choux évoqué dans *Facino Cane* (58).

Grands voyageurs, les personnages de Balzac entrent et sortent par des barrières reparaissantes : barrière d'Ivry, barrière du Trône, barrière de Passy ou des Bonshommes en direction de Ville d'Avray ou de Guérande, barrière Saint-Denis vers l'Isle-Adam (59). Les désespérés (monsieur Jules, la duchesse de Langeais, Lucien de Rubempré) s'enfuient par la barrière d'Enfer (60) au nom prédestiné.

L'enceinte des Fermiers Généraux laisse militairement Paris ville ouverte. En 1836 une commission présidée par le Général Maison propose la construction d'une fortification bastionnée, projet qui fut adopté en 1841 (61) et dont nous trouvons, cette fois, des échos chez Balzac. Nous apprenons dans *La Cousine Bette* que le Contentieux de la guerre « se trouve surchargé d'affaires litigieuses à cause des fortifications de Paris » (62). D'autre part, une lettre à Madame Hanska, datée du 17 juin 1844 (63) exprime l'admiration de Balzac devant « ces travaux-là » qu'il a vu commencer et achever en un temps record : « je l'ai menée hier (64) se promener jusqu'aux fortifications, elle est restée frappée comme de stupeur en voyant 88 contrescarpes, une muraille de 40 pieds de hauteur, bâtie comme d'un seul bloc et deux routes superbes, plantées d'arbres, en dedans et en dehors des fortifications. C'est joli comme un miroir, les pierres sont comme serties dans le ciment romain ».

Le regard de l'archéologue, soulignons-le, n'est pas seulement tourné vers les vestiges du passé. Paris, « reine coiffée » de ses murailles récentes (65), l'émeut tout autant que les vestiges du Paris médiéval que la mode littéraire exalte, surtout depuis la magistrale évocation de Victor Hugo dans *Notre-Dame de Paris* en 1831.

La reconstitution ne le tente pas. Ce qui l'intéresse, c'est le Paris que le « flâneur attentif » a sous les yeux, celui qui s'est élaboré, développé au cours des siècles et qui lui est transmis riche de son passé et des promesses de son avenir.

Michel Butor, l'un des grands lecteurs de *La Comédie humaine*, s'intéresse aussi à l'archéologie et pense que

« ce que nous cherchons dans l'archéologie, ce n'est pas tant notre passé que notre avenir, car ce qui fait naître une telle vocation c'est le fait que des œuvres anciennes nous apparaissent comme des modèles précieux, riches d'un enseignement actuel, et il ne s'agit naturellement pas d'œuvres isolées la plupart du temps, mais de façons de vivre qui, par rapport à notre façon de vivre présente, ouvrent de nouvelles possibilités » (66).

56. *Un début dans la vie*, I,334.
57. Boulevard de la Villette, de Belleville, ou de Ménilmontant ? La rue Saint-Maur est longue...
58. Cf. IV,257. En fait il s'agit d'une rue ainsi nommée qui aboutit sur le boulevard des Filles du Calvaire.
59. *Un début dans la vie*, I,301.
60. *La duchesse de Langeais*, IV,100 ; *Illusions perdues*, III,547.
61. Loi Thiers.
62. V,129.
63. Cf. tome II, p.451.
64. Il s'agit de Lirette, l'institutrice polonaise d'Anna Hanska.
65. Cf. *Lettres à Madame Hanska*, tome II, p.451.
66. Cf. *Répertoires III. Sur l'archéologie*, pp.21 et suivantes.

Telle semble bien être la conception archéologique de « l'historien des mœurs » que fut Balzac. Ne l'oublions pas en abordant maintenant la ville des douze arrondissements proprement dite, telle qu'elle apparaît dans *La Comédie humaine.*

LA VILLE ELLE-MEME

L'emprise du milieu naturel

La topographie

L'enceinte militaire et toute une ligne de collines entourent donc Paris, « l'illustre vallée de plâtras » (67), enfermée pour une vingtaine d'années encore, jusqu'en 1860, dans un mur d'octroi.

L'accident en creux, bien visible, élément essentiel de la structure de Paris, c'est la Seine, vers laquelle descendent au nord et au sud deux plans inclinés, aux reliefs peu sensibles : le Paris de Louis-Philippe est une ville plate, et s'ils marchent beaucoup (on ne les voit guère emprunter omnibus ou favorites !), du moins les héros de *La Comédie humaine* n'ont-ils pas à gravir de rudes pentes. Les « monts » qui définissent aujourd'hui le site parisien sont encore maintenus sur le pourtour comme de petits bastions naturels. De la Seine vers les barrières du nord, l'altitude s'élève : Béatrix avait « grimpé le sommet de la colline où s'étale le parc de Monceaux » (68). Cette colline que nous appelons la « plaine Monceau » n'apparaît telle que par rapport au fond de la vallée, aux bords de Seine. C'est sous cet angle aussi qu'on peut parler des « côteaux de Vaugirard » (69), situés aux portes de la ville. Sans doute les termes de « plateaux » conviendraient-ils mieux pour définir ces horizons monotones, que ceux de collines et de côteaux. Peu de notation de relief et pour cause, dans les parcours parisiens. Pierre Grassou « descend de la rue des Martyrs » vers le boulevard Bonne-Nouvelle (70). « Deux promeneurs remontaient vers l'Arc de Triomphe de l'Étoile la grande avenue de Neuilly, pendant qu'un troisième la descendait. » (71) Louise de Chaulieu, en somptueux équipage, « monte » l'avenue des Champs-Élysées en direction de la barrière de Chaillot (72) : illustre montée où tant de beaux équipages « improvisent des Longchamps ». Plus modestement, le « coucou de Pierrotin » s'élance en flèche, partant de la rue d'Enghien, dans le faubourg Saint-Denis. Mais Bichette et Rougeot ralentissent bientôt le pas dans « la rude montée » qui précède la rue de la Fidélité et les voyageurs devront descendre pour « soulager les chevaux » (73). Quelques années plus tard, les quatre chevaux de l'*Hirondelle de l'Oise,* qui appartiennent à ce même Pierrotin franchissent l'obstacle « à petit trot » : on n'arrête pas le progrès ! La « vieille dame » d'*Un épisode sous la Terreur* (74) descend, dans le faubourg Saint-Martin, « l'éminence rapide qui finit devant l'Église Saint-Laurent » et qui fut rasée pour la construction de la gare de l'Est.

La rive gauche, plus accidentée, présente « une de ces éminences que nous autres,

---

67. *Le Père Goriot*, II,217.
68. *Béatrix*, II,95.
69. *Ferragus*, I,1.
70. *Pierre Grassou*, II,337.
71. *Un caractère de Femme*, VI,408.
72. *Les Mémoires de deux jeunes mariées*, I,129.
73. *Un début dans la vie*, I,301.
74. V, 483.

Français, nommons assez vaniteusement une montagne » (75) : c'est la Montagne Sainte-Geneviève, dont le nom de la rue principale « indique la pente rapide » (76). C'est sur cette pente qu'est située la pension Vauquer, « dans le bas de la rue Neuve Sainte-Geneviève, à l'endroit où le terrain s'abaisse vers la rue de l'Arbalète par une pente si brusque et si rude, que les chevaux la montent ou la descendent rarement » (77). Nous l'avons vu, le pays latin compte d'autres promontoires : les sommets du Luxembourg (78) et « l'esplanade de l'Observatoire » qui domine Paris (79), mais Sainte-Geneviève reste par excellence « la montagne du pays latin » (80). De ce bastion partent les dandies conquérants : Raphaël, Rastignac, Lucien. Comme celui-ci qui « descen(d) la rue de la Harpe » (81), ils iront vers la Seine et passeront les ponts. Donc un Paris plat, hormis cet éperon de Sainte-Geneviève et ces rues qui descendent en pente insensible vers le fond de la vallée. Si nous repassons sur la rive droite, nous voyons que Balzac, s'il décrit la maison où s'est réfugiée Coralie, rue de la Lune, ne mentionne pas la vieille Butte aux Gravois, très visible aujourd'hui encore, et que couronne la « chétive église de Bonne-Nouvelle ». Près de là demeure la Gonore, qui gère une « maison », rue Sainte-Barbe. Si la Butte aux Gravois n'apparaît pas, Balzac, sans la nommer, consacre à la Butte Saint-Roch une longue parenthèse : le « quartier mal famé » de la rue de Langlade « conservera longtemps encore la souillure qu'y ont laissée les monticules produits par les immondices du vieux Paris et sur lesquels il y eut autrefois des moulins » (82). Longtemps, non, car le percement de l'avenue de l'Opéra a fait disparaître totalement ce qui restait de cette Butte Saint-Roch où demeurèrent Esther, le futur banquier Mongenod, rue des Moineaux (83), le policier Peyrade-Canquoëlle, au coin de la rue des Moineaux et de la rue Saint-Roch (84), et le parfumeur Rogron entre Saint-Roch et la rue des Frondeurs (85).

Le climat

Si les fatalités de la géographie pèsent lourdement sur les parisiens, elles ne viennent donc pas de « chemins montants » ou de rues déclives, mais bien du climat, dans une ville où Haussmann n'est pas encore passé. Plus que tel détail architectural, telle vieille enseigne pittoresque, l'archéologue de Paris ressuscite le milieu parisien par un rappel constant du flot de boue où s'engloutit la cité. Le Paris de Balzac baigne dans la boue, repoussante, obsédante, « cinquième élément de la création » comme disait Napoléon, qui l'avait connue dans sa capitale avant de s'enliser en Pologne. Pour de jeunes élégants, qui, à défaut d'un fiacre trop coûteux, ne condescendent pas aux transports en commun, une tache de boue peut faire manquer une carrière. La rue de Suresnes, près du chantier de la Madeleine, est un cloaque (86) et si le

75. *Les Paysans*, VI,9.
76. *L'Interdiction*, II,370.
77. *Le Père Goriot*, II,217.
78. *Illusions perdues*, III,477.
79. *Ferragus*, IV,53. Deux promontoires qui n'en font qu'un, l'esplanade de l'Observatoire touchant aux grilles sud du Luxembourg.
80. *L'Interdiction*, II,471.
81. *Illusions perdues*, III,453.
82. *Splendeurs et misères des courtisanes*, IV,285. La Butte Saint-Roch, aplanie et reconstruite au début du XVIIe siècle, fut formée à l'origine des débris de l'ancienne enceinte de Charles V.
83. *L'Envers de l'histoire contemporaine*, V,423.
84. *Splendeurs et misères des courtisanes*, IV,320.
85. *Un épisode sous la Terreur*, V,488.
86. *La Bourse*, I,179.

« pavé de la rue Saint-Denis » est boueux (87), que dire des rues qui « en ce temps-là » n'étaient pas encore pavées ? La rue Dugay-Trouin, par exemple, « une rue non pavée où l'on arrivait par la rue de l'Ouest, qui ne fut pavée qu'en 1829 » (88). Cette rue de l'Ouest est elle-même un « long bourbier » bordée de planches et de marais (89). Derville n'ose hasarder son cabriolet dans les ornières « trop profondes » de la rue du Petit-Banquier (90).

« Traverser Paris sans se laisser éclabousser » : difficulté majeure pour Raphaël de Valentin (91), pour Wenceslas qui réussit par miracle à ne pas « souiller ses bottes » dans le trajet, très court il est vrai, de la rue Vaneau à la rue Saint-Dominique (92) ; pour Eugène qui « marchait avec mille précautions pour ne pas se crotter » lorsqu'il parcourait le long chemin de la rue Neuve Sainte-Geneviève à la rue du Helder, en allant chez madame de Restaud (93). Pour atteindre « les longitudes les plus propres de Paris », il faut aller « entre la 10ème et la 110ème arcade de la rue de Rivoli » (cette belle rue couverte à l'italienne, qu'admire Balzac) et « les contrées les moins crottées de la bourgeoisie » hantées par « la femme comme il faut » se situent « entre le 30ème et le 150ème numéro de la rue du Faubourg Saint-Honoré » (94).

Paris est boueux au moral comme au physique. On pourait multiplier les exemples qui le prouvent : « les cabarets constituent une enceinte de boue » autour de la ville (95). « Votre Paris est donc un bourbier » s'étonne Rastignac encore naïf (96) et Gobseck avoue : « j'aime à crotter les tapis de l'homme riche » (97). « Tu éclabousse-ras la pauvre femme en la rencontrant à pied dans les rues », dit Roguin à sa femme en parlant de madame Birotteau (98).

« Le pavé sec », autant que les lilas en fleurs des jardins, marque « la grande fête printanière ». Le commencement d'avril 1813 se signale par le « pavé sans boue » pour la première fois de l'année (99). Le mois de mars 1840, date mémorable, « fut presque sec à Paris » (100). Le « pavé sec » permet à Rastignac et à Bianchon une promenade à pied, propice aux confidences, du faubourg Saint-Honoré au Boule-vard (101). « Pavé sec », heureuse exception ! Et pourtant, dans la dédicace de *Splendeurs et misères des courtisanes* (102) adressée à un noble italien, Balzac n'avoue-t-il pas le « crime » d'avoir « aspiré à nos rues si boueuses, sur les dalles si propres et si élégantes de Porta Renza »...

Nostalgie de la boue de Paris, comme pour Germaine de Staël celle du petit ruisseau de la rue du Bac, qui pour l'un et pour l'autre, résument la ville bien plus que ne le font le Louvre et Notre-Dame.

La pluie, ainsi qu'au temps de Corinne, continue à grossir en torrents les ruisseaux :

87. Cf. *Pierrette*, III,15 et *Autre étude de femme*, II,437.
88. *Entre savants*, IV,513.
89. Cf. *L'Envers de l'histoire contemporaine*.
90. *Le Colonel Chabert*, II,319.
91. Cf. *La Peau de chagrin*.
92. *La Cousine Bette*, V,91.
93. Cf. *Le Père Goriot*, II,234.
94. *Autre étude de femme*, II,437.
95. *La Fille aux yeux d'or*, IV,105.
96. *Le Père Goriot*, II,282.
97. *Gobseck*, II,130.
98. *César Birotteau*, IV,181.
99. *La Femme de trente ans*, II,149.
100. *Les Petits Bourgeois*, V,321.
101. *L'Interdiction*, II,351.
102. *Splendeurs et misères des courtisanes*, IV, 279.

le vrai bourgeois de Paris est un homme à parapluie « expert en averse » (103). Chaque goutte fait cloche en tombant sur les flaques de la voie publique et « un fantassin de Paris » est alors obligé de s'arrêter tout court et de se réfugier dans une boutique ou dans un café, moins à cause de l'eau qui tombe du ciel qu'en raison des « capricieux dégorgements des tuyaux pétillants, écumeux » (104). On ne trouve pas chez Balzac la scène de la passerelle volante et du « passez, payer » (105) mais, moins banale que cette gravure de genre, la description des « plombs et conduits » qui, telles « les cascatelles de Saint-Cloud » déversent leur eau dans « une cour qui ressembl(e) à un grand tuyau de cheminée. » (106)

« L'eau ruisselait de toutes parts, elle bouillonnait, sautillait, murmurait, elle était noire, blanche, bleue, verte. Elle criait, elle foisonnait sous le balai de la portière, vieille femme édentée, faite aux orages, qui semblait les bénir et qui poussait dans la rue mille débris dont l'inventaire curieux révélait la vie et les habitudes de chaque locataire de la maison. C'était des découpures d'indienne, des feuilles de thé, des pétales de fleurs artificielles, décolorées, manquées, des épluchures de légumes, des papiers, des fragments de métal. A chaque coup de balai, la vieille femme mettait à nu l'âme du ruisseau, cette fente noire, découpée en cases de damier après laquelle s'acharnent les portiers. » (107)

« L'âme du ruisseau » (108) qui présente des cases en damier, c'est la grille de fer posée sur la chaussée, la bouche d'égoût qui s'ouvre au fond de la rigole centrale.

Cette épopée de la vidange est peut-être inspirée (l'œuvre est de février 1833) par l'épidémie de choléra qui se termine à peine (1832) et qui attire l'attention du public sur la Bièvre ignoble (109) ou les eaux noires de la rue du Fouarre (110). A ces ruisseaux « noirs de boue » (111), à ces « plombs » qui apportent leur « quote part de puanteur » (112) et qui sont « une des plus horribles particularités de Paris » (113), s'ajoute la pestilence des égoûts (114) ; beaucoup d'entre eux sont encore à ciel ouvert, par exemple celui de la rue de Bourgogne « en face de la Chambre des Députés » devant lequel l'essieu de cabriolet de Maulincour se casse net à la suite de certaines manipulations (115).

De trop rares trottoirs bordant les chaussées bombées font peu à peu disparaître

---

103. *Ferragus*, IV,21.

104. *Ferragus*, IV,21. Malgré la récente « ordonnance de police sur les tuyaux de descente ». Balzac signale que vers 1836-37, principalement au cœur du quartier Saint-Antoine, l'eau tombe « encore » directement du toit par « ces longues gouttières taillées en forme d'animaux fantastiques à gueules béantes ou gargouilles » (cf. *Sur Catherine de Médicis*, VII,220).

105. Notons toutefois l'allusion dans *Gambara* (VI,589) à « une bourgeoise endimanchée, allongeant le cou devant un ruisseau grossi par une averse » mais elle ne le franchit pas.

106. *Ferragus*, IV,21.

107. *Ibid.*

108. C'est-à-dire le trou de l'égoût, comme on dit « l'âme du canon » : il ne faut pas prendre l'expression au sens moral du terme.

109. Cf. *La Femme de trente ans.*

110. *L'Interdiction*, II,353.

111. *Le Père Goriot*, II,217.

112. *Le Cousin Pons*, V,226.

113. *Splendeurs et misères des courtisanes*, IV,286.

114. En 1824 il y a à Paris, 36 km d'égoûts souterrains (on dit couverts) et 3 km encore d'égoûts à découvert. 36 km dont 27 sur la rive droite, 9 km sur la rive gauche. En 1840 : 96 km. En 1878 après les travaux de l'ingénieur Belgrand ordonnés par Haussmann, 620 km. Actuellement 2 000 km (cf. Dulaure, IV,187 et pour la période postérieure : Ch. Kunstler, *Paris souterrain*, Flammarion, 1953).

115. *Ferragus*, IV,24.

les rigoles centrales : un « trottoir en bitume » longe la terrasse des Feuillants (116) et dans les nouveaux quartiers on « bâtit de belles et d'élégantes maisons à concierges, les bordant de trottoirs » (117). Malgré de si remarquables innovations, il reste qu'en 1840, le réseau des égoûts n'atteint pas 100 km...

Les eaux non canalisées remontent dans les murs des maisons, et cette humidité, oubliée aujourd'hui dans les maisons des villes, est un des traits caractéristiques des gîtes misérables. Il existe des maisons « dévorées » par le salpêtre (118), des murs « salpêtrés, verdâtres » (119). Le bon juge Popinot s'inquiète pour son neveu : « les murs me paraissent humides, élève des nattes de paille à l'endroit de ton lit » (120). La pierre de taille est « avariée » (121). Les « vieilles briques et les vieilles pierres (sont) rongées » (122) et les « solides assises » de l'antique demeure du juge Popinot « offrent la teinte jaunâtre et l'imperceptible suintement que l'humidité donne à la pierre » ; « murs verdâtres » rue des Quatre-Vents (123) ; « humidité permanente » rue du Tourniquet-Saint-Jean (124) ; fait exceptionnel digne d'être noté : grâce à la « pente rapide », le rez-de-chaussée du marquis d'Espard, rue de la Montagne Sainte-Geneviève présentait « une assez grande élévation pour qu'il n'y eût jamais d'humidité » (125).

Boue, humidité sont souvent la conséquence de l'exposition au nord, maléfice de la géographie qui pèse lourdement sur le pauvre parisien de 1830, mal éclairé et mal chauffé ! Balzac, frileux et dépourvu de chauffage central, remarque que la rue des Marais « étant parallèle à la Seine, les maisons à numéros impairs sont exposées au nord » (126) ; « la bise du Nord » souffle tout près de là, rue Mazarine (127). Non loin de là encore « la rue Férou, ouverte au Nord comme toutes celles qui tombent perpendiculairement sur la rive gauche de la Seine est une des plus tristes de Paris » (128). Des lecteurs à qui manque le sens de l'orientation peuvent être surpris de telles remarques (d'ailleurs scrupuleusement exactes) mais une fois de plus, le cadre physique est en harmonie avec la « topographie morale ». Des murs de prison ne sauraient être situés ailleurs qu'au nord : « les tours du Palais de Justice sont revêtues de ce suaire noirâtre que prennent à Paris toutes les façades à l'exposition du Nord » (129) ; inversement, la maison de l'honnête Phellion, aux Feuillantines, est « garantie du nord par l'énorme mur mitoyen auquel elle est adossée » (130). On sait que « l'exposition au midi » est l'exigence impérieuse qui préside pour Balzac au choix de son futur logis (131).

Ces rues exposées au nord sont naturellement obscures, et les parisiens d'aujourd'hui qui n'ont pas vécu l'occupation allemande, imaginent difficilement le Paris de Balzac, mal éclairé et tôt plongé dans les ténèbres. Dans « une ville lumière » où

116. *Autre étude de femme*, II,437.
117. *La Cousine Bette*, V,157.
118. *Les Petits Bourgeois*, V,332.
119. *Ferragus*, IV,21.
120. *César Birotteau*, IV,177.
121. *Les Petits Bourgeois*, V,295.
122. *L'Interdiction*, II,353.
123. *La Messe de l'athée*, II,347.
124. *Une double famille*, I,411.
125. *L'Interdiction*, II,370.
126. *Valentine et Valentin*, II,452.
127. *La Rabouilleuse*, III,92.
128. *Melmoth réconcilié*, VI,541.
129. *Splendeurs et misères des courtisanes*, IV,384.
130. *Les Petits Bourgeois*, V,320.
131. Cf. *Lettres à Madame Hanska*.

le néon s'allume à cinq heures, bien des « effets de nuit, singuliers, bizarres, inconce-vables » (132) ont cessé d'être perceptibles.

L'amoureux Rastignac revient à pied par un beau clair de lune du Pont-Neuf à la pension Vauquer (133). La place de la Bourse « par un clair de lune à deux heures du matin est une rêverie de la Grèce » (134) ; d'un style moins classique, voici la « chute de reins » d'une jeune femme « précisément éclairée » par la lueur vacillante que projette le vitrage d'une boutique (135). *La Peau de chagrin* apparaît dans *La Comédie humaine* comme le roman le plus riche en effets lumineux particulièrement évocateurs parce qu'ils contrastent avec les ténèbres qui enveloppent la ville : « Les volets mal fermés nuançaient et animaient les noires profondeurs de raies lumineuses ou de taches en forme de cœur. » (136) Dans un horizon plus vaste, voici les « eaux mugissantes de la Seine reflé(tant) les lumières de Paris » (137) et les « lueurs pâles des réverbères » projetant « des reflets jaunâtres à travers le brouillard » (138). La lumière du jour elle-même peut être de sinistre augure quand les teintes grises du ciel et « ses rares clartés prêtent un air menaçant à Paris » (139). Les crépuscules sont souvent inquiétants : « la grande ville fume au déclin du jour » (140), et c'est un Paris « fumeux, bruyant, couvert de la rouge atmosphère produite par ses lumières » qui apparaît pour la dernière fois à la duchesse de Langeais (141).

L'électricité uniformise les paysages urbains et fait perdre « les poétiques et fugitifs effets du jour » (142). Si, dans une rue étroite, elle avait déjà remplacé le soleil absent, l'archéologue de Paris aurait-il été aussi attentif à la « faible portion d'un ciel sans nuages entre les deux lignes noires des maisons » (143), à la « nappe d'or aussi tran-chante que la lame d'un sabre illumin(ant) momentanément les ténèbres » de la rue du Tourniquet-Saint-Jean (144) ou encore aux « mystères de l'aurore » (145) ?

Ce même Balzac nostalgique, qui, avant Carco ou Simenon, crée une « atmosphè-re » à partir d'un ciel gris ou de la lueur d'un réverbère tamisée par le brouillard, est aussi l'amateur de nouveautés qui reproche à « nos édiles », à « la ville », de réaliser avec tant de lenteur l'éclairage au gaz (bien que le gaz soit une menace pour les yeux) (146) :

« L'historien des mœurs ne doit-il pas faire observer que Londres fut éclairée au gaz en dix-huit mois et qu'après quinze ans (147) une seule moitié de la ville est éclairée par ce procédé miraculeux ?

---

132. *Ferragus*, IV,14.
133. *Le Père Goriot*, II,264.
134. *Ferragus*, IV,13.
135. *Ibid.*, p.15.
136. *La Peau de chagrin*, VI,460.
137. *Ibid.*, p.443.
138. *Ibid.*, p.460.
139. *Ibid.*, p.434.
140. *Illusions perdues*, II,470.
141. *La duchesse de Langeais*, IV,100.
142. *La Peau de chagrin*, VI,460.
143. *Une double famille*, I,414.
144. *Ibid.*, p.411.
145. *La Peau de chagrin*, VI,460.
146. Cf. *Un homme d'affaires*, IV,501 : « le gaz vous abîmera la vue ».
147. Après quinze ans : *Valentine et Valentin* (d'où le passage est extrait) est de 1845. Dès 1826 le passage Véro-Dodat était éclairé au gaz. La cause du « retard » est le contrat non venu à expiration, qui liait la ville à la Société d'exploitation des réverbères. Dulaure note (tome IV, édition de 1839) qu'il serait difficile d'établir une statistique de l'éclairage de Paris « parce qu'on s'occupe de remplacer l'ancien système par celui de l'éclairage au gaz ».

La rue des Marais fait partie de la moitié qui conserve le 'hideux réverbère' » (148).

Plus dépourvue encore que la rue des Marais, voici la rue Duguay-Trouin, dans le onzième arrondissement, quartier du Luxembourg : elle n'est éclairée « ni à son angle rentrant ni à ses bouts » (149). La zone d'ombre la plus caractéristique est celle qui, en plein cœur du Paris de la rive droite, s'oppose brutalement aux « torrents de gaz », aux « endroits lumineux » des rues Saint-Honoré, Neuve-des-Petits-Champs, Richelieu, dont la « lueur est reflétée jusque dans le ciel » (150). Autour de ces foyers de lumière, un « lacis de petites rues », dont la rue de Langlade, où « de loin en loin un pâle réverbère jette sa lueur incertaine et fumeuse qui n'éclaire plus certaines impasses noires » (151). Ce contraste inspire aux nouveaux venus une « terreur triste » ; mais si Balzac déplore les lenteurs de la ville et le sous-équipement, il paraît mieux inspiré lorsqu'il décrit l'ombre et les mystères que les brutales clartés de l'éclairage « miraculeux ».

La boue, le froid, l'humidité, les ténèbres, le milieu physique en un mot, imparfaitement dominé, soumet le parisien à ses dures lois. Les pauvres gens ne peuvent échapper à la fatalité de la géographie, qui fait suinter leurs murs et les plonge dans le froid et la nuit. En ces temps de « révolution industrielle », de « confort » et d'innombrables progrès techniques (gaz, trottoirs, égoûts plus nombreux, calorifères et robinets) le contraste se marque davantage entre les beaux quartiers et le vieux Paris. Ces quartiers anciens sont, au centre de la ville, les « passages obscurs », « secteurs humides », « cloaques industriels », qui convergent sur la cour Batave entre la rue Saint-Denis et la rue Saint-Martin (152). Il existe aussi au centre de Paris, rive gauche, un quartier reparaissant, humide et froid : rue des Marais, rue Mazarine, rue de Seine, rue Férou, rue des Quatre-vents, où vivent des ouvriers, des veuves ruinées, des étudiants, des pauvres. Pauvreté décente aussi dans le sombre Marais ; rue des Enfants-rouges où habite la veuve Gruget, rue du Tourniquet-Saint-Jean. Ces rues insalubres sont « meurtrières impunément », elles sont « assassines », certaines enquêtes prouvent qu'on « y meurt deux fois plus qu'ailleurs » (153) et Balzac n'ignore pas ce grave problème social. La mère de Caroline que l'humidité des murs voue à une bronchite chronique, deviendrait inévitablement phtisique si elle ne réussissait pas à caser sa fille (154). La rue Mazarine est « un de ces endroits d'où certains hommes sortent nécessairement fous ou criminels » (155). Ainsi perdus dans leurs bourbiers, les miséreux deviennent-ils facilement des misérables, et la limite est incertaine qui sépare les « classes laborieuses » des « classes dangereuses » menaçant l'ordre établi. Si le « dégoût de la vie ou le crime sont rares dans les villes bien plantées, d'agréable aspect, et où l'air circule de manière à balayer ces mauvaises odeurs qui flétrissent les sens » (156), les rues « meurtrières » physiquement, sont inévitablement « de mauvaise vie » : telles la rue Fromenteau (157), « rue sale, obscure et mal hantée » (158), la

---

148. *Valentine et Valentin*, IV,158.
149. *Ferragus*, IV,13.
150. *Splendeurs et misères des courtisanes*, IV,285.
151. *Ibid.*
152. Cf. *César Birotteau*, IV,158.
153. *Ferragus*, IV,13.
154. *Une double famille*.
155. *Sœur Marie des Anges*, II,451.
156. *Ibid.*, p.451.
157. *Ferragus*, IV,13.
158. *Gambara*, VI,489.

La Petite Pologne vers 1850 (B.N. Cab. des Estampes)

Tour du Pet du diable
(B.N. Cab. des Estampes)

rue Traversière-Saint-Honoré, la rue Soly, la rue Pagevin « qui n'avait pas un mur qui ne répétât un mot infâme » (159) ; telle la rue de Langlade « grande léproserie », quartier général de la prostitution à « l'aspect ordurier » (160). Ces rues décriées, proches du Palais Royal et de l'actuel Opéra vivent leurs dernières années. Elles baignent dans l'obscurité, les « immondices », la « boue fétide », « les exhalaisons putrides des cours » (161). Verdâtres, jaunâtres, elles sont le lieu de toutes les déchéances, le théâtre de drames « effroyablement terribles » (162). Là se déroulent les balzaciens « mystères de Paris ». A ces quartiers du vieux Paris s'ajoutent avec « leurs ombres et boue épaisse » les faubourgs méridionaux : le faubourg Saint-Jacques, tout le faubourg Saint-Marcel « entre la Bourbe et la Salpêtrière » (163) ; en fait, tout le vaste secteur du douzième arrondissement. Si l'on excepte le dangereux voisinage de la barrière, leur pauvreté paraît moins crapuleuse que celle du centre, moins aussi que celle de la Petite Pologne avec ses terrains vagues, présentée, dans *La Cousine Bette*, comme un faubourg Saint-Marceau de la rive droite. Le peuplement des quartiers de Paris est largement déterminé par des influences naturelles, climatiques surtout, non maîtrisées par le « progrès » ; « la nature » est encore perceptible à Paris et, même romanesque, elle peut « conspirer » à la perte d'un personnage (164) ou d'un groupe social tout entier.

La géologie

Poursuivant cette analyse, on peut ajouter, à l'influence du climat, celle de la géologie. Paris, comme le pélican de la fable, a donné sa propre substance pour édifier ses « quarante mille maisons » ; il s'y est épuisé et quelquefois s'écroule, ses propres enfants s'engloutissent dans de gigantesques fondrières. Les parisiens redoutent ces inquiétants « fontis » et désertent les rues creuses qui surmontent les catacombes et carrières anciennes fermées par l'Administration (165). Si la pierre noble, le calcaire bien taillé (la plus belle est la pierre de liais) ne s'extrait plus dans Paris, Nogent et Parmain près de l'Isle-Adam, sont « remarquables par de magnifiques carrières qui ont fourni les plus beaux édifices du Paris moderne » (166). La belle pierre tout naturellement s'extrait dans une vallée gracieuse ; les matériaux de catégorie inférieure, les moellons, le plâtre, la terre elle-même, sont, eux, en bas de la hiérarchie. Dans les faubourgs, la terre est utilisée comme matériau de construction : ainsi chez le nourrisseur Vergniaud, près de la barrière d'Italie où l'on voit « deux murs bâtis avec des ossements et de la terre » (167), ainsi dans le haut du faubourg Saint-Martin où « les clôtures sont en murailles faites avec de la terre et des os » (168). Sinistre pisé, ce pisé parisien où l'ossement remplace la paille, mais qui n'est pas le seul « matériau de récupération » : chez la veuve de Nanterre (169) « les fenêtres, les grilles, les portes, les volets, la menuiserie, tout était provenu des déprédations autori-

159. *Ferragus*, IV,13.
160. *Splendeurs et misères des courtisanes*, IV,185.
161. *La Fille aux yeux d'or*, IV,108.
162. *Ferragus*, IV,14.
163. *Le Père Goriot*, II,220.
164. *La Peau de chagrin*, VI,434.
165. *Entre savants*, IV,503.
166. *Un début dans la vie*, I,286.
167. *Le Colonel Chabert*, II,319.
168. *Un épisode sous la Terreur*, V,485.
169. *Splendeurs et misères des courtisanes*, IV,440.

sées » (170). Ainsi « les démolitions qui se font journellement à Paris » fournissent-elles, avec les carrières de la ville hier, et aujourd'hui de la proche banlieue, la matière première de nouveaux édifices ; la ville construit la ville, c'est un circuit révélateur d'une économie encore à demi-fermée.

Le moellon, de calcaire, de silex ou de meulière (Balzac ne le précise pas) est aussi très utilisé. On l'extrait à Nanterre « dont le territoire est couvert de carrières exploitées à ciel ouvert » (171). La demeure de la veuve ci-dessus mentionnée est celle d'un « carrier », et le gros œuvre est fait de moellons et de plâtre. Innombrables sont, dans La Comédie humaine, les maisons de moellons badigeonnées de plâtre ; de mauvais augure, elles annoncent la pauvreté ou la médiocrité petite bourgeoise et se trouvent dans les bas quartiers déjà accablés par la boue, le froid, l'humidité. La bicoque d'Un épisode sous la Terreur est construite en moellons revêtus d'une couche de plâtre et elle appartient à un « plâtrier » comme celle de Nanterre à un « carrier » (172). On pourrait multiplier les exemples : « Moellons revêtus d'une robe de plâtre badigeonnée de couleur jaune » rue des Marais (173), « moellons enduits de plâtre » et badigeonnés de jaune aux Feuillantines, chez Phellion (174) ; la pension Vauquer est, elle aussi, « bâtie en moellons, badigeonnée avec cette couleur jaune qui donne un caractère ignoble à presque toutes les maisons de Paris » (175) ; « murs plâtreux à végétations sinistres » (176), « maisons mal plâtrées » (177) abondent dans le Paris de Balzac. Même l'élégant refuge de Béatrix, rue de Courcelles dans le beau quartier de la Plaine Monceau, présente « des murs ondés par des lignes noires et jaunes que produisent les pluies sur les plâtres de Paris » (178) (il est vrai que l'héroïne du roman s'est déclassée socialement !). Le plâtre permet toutes les impostures : les bourgeois vaniteux dissimulent les moellons de leurs façades sous un ravalement en plâtre rayé par « le crochet du maçon de manière à figurer des pierres de taille » (179). Le plâtre est la providence des « architectes prétentieux » qui fabriquent des « sottises en carton-pierre » et « de fausses sculptures » pour des Crevels enrichis (180). Conclusion : « la ville devrait donner des primes aux propriétaires qui bâtissent en pierre » (181). Pour Balzac, accoutumé sans doute au beau tufeau de Touraine qui blanchit en vieillissant, le plâtre, toujours « ondé par le temps », verdâtre, ou aggravé d'un enduit jaune, apparaît comme un nouveau symbole de misère ou de faux luxe et s'il existe, pour l'archéologue de Paris, une fatalité du milieu géographique, c'est bien celle qui « dans l'illustre vallée de plâtras incessamment près de tomber » (182) voue la ville au gypse de Montmartre (183) ou des carrières des « Buttes Saint-Chaumont » (184). Transposition morale : les joueurs malheureux

170. De même, la masure du nourrisseur Vergniaud est faite de matériaux de démolition.
171. Splendeurs et misères des courtisanes, IV,440.
172. Un épisode sous la Terreur, V,488.
173. Valentine et Valentin, II,453.
174. Les Petits Bourgeois, V,320.
175. Le Père Goriot, II,218.
176. La Cousine Bette, IV,157.
177. Splendeurs et misères des courtisanes, IV,286.
178. Béatrix, II,95.
179. Les Petits Bourgeois, V,295.
180. La Cousine Bette, V,49.
181. Les Petits Bourgeois, V,295.
182. Le Père Goriot, II,217.
183. Voir les allusions aux plâtrières de Montmartre dans Un début dans la vie (I,280) et La Peau de chagrin (VI,437).
184. Un épisode sous la Terreur, V,484 (le plâtrier du haut faubourg Saint-Martin travaille de toute évidence dans les plâtrières des Buttes Chaumont, non citées).

des tripots du Palais-Royal ont un « visage de plâtre » (185) et les duchesses un « cœur de stuc ».

Au déterminisme climatique s'ajoute donc le déterminisme géologique : s'il existe une correspondance entre l'homme et le ciel menaçant, la boue, la pluie et la « fête printanière » des jardins, Paris apparaît souvent aussi comme un monde minéral, totalement indifférent aux destinées de ceux qui y vivent et s'agitent en vain. On pourrait presque, au Paris de Balzac, attribuer les paroles que Vigny prête à la nature :

> « Je suis l'impassible théâtre
> Que ne peut remuer le pied de ses acteurs ;
> Mes marches d'émeraude et mes parvis d'albâtre
> Mes colonnes de marbre ont les dieux pour sculpteurs
> Je n'entends ni vos cris ni vos soupirs, à peine
> Je sens passer sur moi la Comédie humaine
> Qui cherche en vain au ciel ses muets spectateurs » (186)

Dans ce Paris de Balzac, certes, ni « colonnes de marbre », ni « parvis d'albâtre », mais « des abîmes de moellons » (187), des « solitudes de moellons sculptés », « des steppes architecturales » (188), des « monceaux de pavés moutonnants », des « steppes de pierre de taille » (189), des « falaises de pierre » (190), des toits « nivelés comme une plaine », pressés comme des « océans de vagues immobiles » (191). Un monde vide et figé, avec des steppes pierreuses, des déserts glacés comme les plaines de Russie (192), tel apparaît parfois « l'impassible théâtre » des romans parisiens de *La Comédie humaine*. Cette vision paradoxale d'un univers surpeuplé et turbulent, c'est un aspect de la réalité que perçoivent, à un moment ou l'autre de leur vie, tous les vrais Parisiens et sans doute tous les habitants des grandes villes.

Les jardins parisiens (193)

L'« Illustre vallée de plâtras », la « ville de boue » et de « ruisseaux malodorants », est toute ponctuée d'espaces verts et de jardins privés, très nombreux encore ; une quarantaine au moins, décrits ou cités dans *La Comédie humaine*, montrent à quel point le tissu urbain, dans la ville de Louis-Philippe, est encore lâche. Entre ses larges mailles s'insèrent des arbres, du gazon, et des grappes de lilas, au printemps, surgissent au-dessus de petits murs percés de portes vertes.

Toutes les sortes de jardins

Près des barrières, mais à l'intérieur de la ville, de vastes terrains restent voués à l'exploitation des fleurs et des légumes. Cette activité rurale est présente dans *L'Initié* (194) : Le « Sieur Cartier » met en valeur trois arpents « derrière le jardin de la

---

185. *La Peau de chagrin*, VI,431.
186. *La Maison du Berger*.
187. *Le bal de Sceaux*, I,90.
188. *Béatrix*, II,107.
189. *La Cousine Bette*, V,27.
190. *Ibid.*, p.131.
191. *La Peau de chagrin*, VI,460.
192. Cf. *Illusions perdues*, III,458.
193. Il s'agit ici des jardins privés parisiens.
194. Deuxième épisode de *L'Envers de l'histoire contemporaine* (cf. V,456).

Grande-Chaumière, sur le boulevard Montparnasse. » Il fournit au baron Bourlac, qui ne le paie pas, les fleurs créatrices de rêve pour sa chère malade. Il vend aussi des « œufs frais » et de la « bonne crème » ; l'une de ses pratiques est peut-être ce rond-de-cuir (195) dyspepsique qui se rend au boulevard Montparnasse pour des cures de laitages et préfère l'étable des nourrisseurs aux « vilains cafés » proches de la Grande-Chaumière. Le jardinier Cartier est riche (il est lieutenant dans sa compagnie) et il faut croire que ces « marais » intérieurs à la ville sont d'un bon rapport. Sur les hauteurs du nord-est, près de la barrière de Belleville, rue Saint-Maur, vit Honorine, l'épouse infidèle surveillée de loin par son mari toujours épris et qui rêve de réconciliation. Le narrateur de l'histoire est chargé par le comte Octave, l'homme abandonné, de cette mission délicate. Il s'installe dans un « marais » (196) séparé par un simple palis de la folie « style Pompadour » où Honorine se console d'une vie gâchée en soignant des narcisses. Il se fait jardinier pour plaire à la jardinière : « je me fis fleuriste jusqu'à la manie, je m'occupais furieusement, en homme que rien ne pouvait distraire, de défoncer le marais et d'en approprier le terrain à la culture des fleurs. [...] Je me donnai pour monofleuriste » (197). Le futur consul général cherche le « dahlia bleu » comme d'autres la tulipe noire. Sans doute, quand Honorine aura réintégré le domicile conjugal, ses gardiens gagneront-ils la récompense de plusieurs années « d'affectueux espionnage ». Ce « marais » qui leur a été promis par Octave les enrichira (ces jardins maraîchers aux portes de la ville, n'ont pas totalement disparu. Ils ont été repoussés hors des fortifications après l'annexion de 1860, mais il en reste des parcelles, réduites, il est vrai, de plus en plus, par des constructions récentes, cubes de béton et tours d'acier).

Les jardins seigneuriaux qui subsistent dans le Paris du XIXe siècle n'ont en commun, avec les précédents, que leur surface considérable. Balzac dans une brillante et solide étude sur le faubourg Saint-Germain (198) rappelle « ses grands jardins en harmonie avec la magnificence de ses fortunes territoriales ». Deux d'entre eux sont plus précisément décrits : ceux des hôtels de Chaulieu et d'Aiglemont. Le premier « n'est séparé du boulevard (des Invalides) que par un mur couvert de plantes grimpantes et par une magnifique allée d'arbres qui mêlent leurs touffes à celle des ormeaux de la contre-allée du boulevard. Sans le Dôme or et bleu, sans les masses grises des Invalides, on se croirait dans une forêt » (199). L'hôtel d'Aiglemont, rue Plumet, est dominé aussi par « l'admirable dôme des Invalides qui élève sa tête d'or parmi les têtes d'un millier d'ormes » ; le jardin se termine par « la façade grise d'un des plus beaux hôtels du faubourg Saint-Germain » (200). On en retiendra une allée sinueuse, une allée sablée où s'inscrivent des empreintes qui dénoncent à la « mère coupable » les amours (incestueuses ?) de sa fille Moïra. Très vaste aussi et dans le même quartier, le jardin du couvent où Carlos Herrera fait éduquer Esther avant de la vendre (sans doute le pensionnat des Oiseaux, comme le suggère Pierre Citron (201), au coin du boulevard des Invalides et de la rue de Sèvres). Il abrite les rêveries de la courtisane repentie : la « pauvre fille était poussée à courir dans les magnifiques jardins du couvent, elle allait affairée, d'arbre en arbre, [...] elle coquetait avec les arbres ».

_____

195. *Les Employés,* IV,542.
196. *Honorine,* I, 572-573-574-575.
197. *Ibid.,* p.574.
198. Cf. *La duchesse de Langeais,* IV,62.
199. *Les Mémoires de deux jeunes mariées,* I,205.
200. *La Femme de trente ans,* II,210.
201. *Splendeurs et misères des courtisanes,* IV,294 (cf. note 15, p.291).

Au Marais, le « vaste jardin » du comte Octave, rue Payenne (202), s'apparente à ceux du faubourg Saint-Germain, comme la noblesse de robe s'apparente à la noblesse d'épée.

Beaucoup plus nombreux naturellement que les parcs seigneuriaux, les petits jardins particuliers sont, dans *La Comédie humaine*, tout comme les maisons qu'ils entourent, « la coquille où se moule l'âme des personnages » (203), mais cette âme est modelée par leur condition sociale. Ainsi le « jardinet carré » de la rue du Fouarre, en plein cœur de Paris, entre la Seine et la place Maubert, peint le monde de la pauvreté et du désespoir : « jardin à terre noire où il existe des treillages sans pampres, où, à défaut de végétation, il vient à l'ombre de deux arbres, des papiers, de vieux linges, des tessons, des gravats tombés du toit ; terre infertile où le temps a jeté sur les murs, sur le tronc des arbres et sur les branches une poudreuse empreinte semblable à de la suie fruide » (204) : la note est déjà « populiste » ainsi que dans la description du jardin-cour du nourrisseur Vergniaud, rue du Petit-Banquier (205), donc situé également au fond de l'arrondissement « le plus pauvre de Paris », le douzième (206). La présence d'une chèvre, de vaches, d'une « vigne grêle et poudreuse » ne réussissent pas à donner à ce coin sordide un peu de charme campagnard. Des « jardins aériens » garnissent les mansardes des quartiers populeux mais aggravent par contraste la vétusté et la laideur du cadre. Ils sont l'œuvre, non de jolies Mimis Pinson à la Murger, mais de vieilles femmes aussi décrépites que leurs maisons : « Parmi les fleurs de quelques jardins aériens, j'entrevoyais le profil anguleux et crochu d'une vieille femme arrosant ses capucines », dit Raphaël contemplant de son perchoir de la rue de Cluny « les toits nivelés comme une plaine » du quartier Latin (207). La veuve Gruget, dans son « cabajoutis » de la rue des Enfants-Rouges, cultive des « géroflées » sur l'appui extérieur d'une croisée à coulisse entre deux plombs empestés » (208). Rue Mazarine, « un des plus horribles coins de Paris » selon Balzac, la vertueuse madame Bridau, ruinée, « finit par mettre sur ses fenêtres trois caisses pleines de terre où elle cultiva un de ces jardins aériens que menacent les ordonnances de police et dont les végétations raréfient le jour et l'air » (209). « Misère sans poésie »...

Plus élevés dans la hiérarchie sociale sont les jardins petits bourgeois. Madame Vauquer, à deux pas du Panthéon, rue Neuve Sainte-Geneviève, fait pousser l'artichaut, l'oseille, la laitue, le persil (210). Jardin potager, mais aussi jardin d'agrément avec « son couvert de tilleuls » (« tieuilles ») ses arbres fruitiers en quenouille, « ses grenadiers plantés dans de grands vases en faïence bleue et blanche », il semble bien joli, le jardin de madame Vauquer, et cela, comme en dépit de la volonté du romancier ! Autre jardin petit bourgeois, celui des Saillard : « d'abord infligée par la nécessité, l'avarice des Saillard était devenue une habitude. Au retour du bureau, le caissier mettait habit bas, il faisait lui-même le beau jardin fermé d'une grille » (211). On se souvient que ce beau jardin fermé d'une grille (une de celles, peut-être, qu'on aperçoit

202. *Honorine*, I,566.
203. Taine, cité par P. Abraham.
204. *L'Interdiction*, II,353.
205. *Le Colonel Chabert*, II,318-319.
206. *L'Interdiction*, II,353.
207. *La Peau de chagrin*, VI,460.
208. *Ferragus*, IV,40.
209. *La Rabouilleuse*, III,92.
210. *Le Père Goriot*, II,218.
211. *Les Employés*, IV,531.

en passant sous les arcades) est situé Place Royale. Des traces de la vocation primitive de ce « marais » voué aux « coutures » subsistent donc en plein XIXe siècle, et si Balzac s'étonne, ce n'est pas de cette présence maraîchère en un si noble lieu, c'est que le riche Saillard bêche lui-même ses plates-bandes ! Signe de promotion sociale, le bourgeois enrichi abandonne le potager pour la pelouse, suivant une démarche signalée dans *Pierrette* : l'ex-mercier Rogron, fortune faite rue Saint-Denis, rêvait à sa maison de Provins et « au jardin potager dont il faisait un jardin anglais » (212). Ainsi Matifat, le riche droguiste, se repose-t-il d'une vie laborieuse (et dissolue), se levant de bon matin « pour voir si ses fleurs (ont) poussé » (213) dans sa campagne de la rue du Cherche-Midi. Dans la rue Duguay-Trouin, qui figure si exactement une équerre, le jardin du sympathique et distrait professeur Marmus présente « un aspect agréable » grâce aux soins du jeune Victorin Beauregard, « un peu jardinier en sa qualité de botaniste » : « tous les genres de plantes grimpantes déguisaient les murs et pendaient en festons » (214). Du jardin de « l'illustre Planchette » nous savons seulement qu'il présente des arbres fruitiers sur un sol argileux (215).

Si de la moyenne bourgeoisie du commerce et des professions libérales on passe à la grande bourgeoisie, on arrive aux jardins du Roule et de la Chaussée-d'Antin. A l'ouest, rue du faubourg Saint-Honoré, la noblesse peut vivre sans déroger, et l'hôtel d'Espard s'orne d'un jardin dont on peut supposer qu'il n'est pas indigne des magnificences intérieures de cette demeure et de celles du faubourg Saint-Germain (216). Plus loin, vers les nouveaux quartiers de la rive droite, des sommes considérables sont consacrées à l'aménagement de jardins qui reflètent les goûts de catégories sociales assez mêlées, des nobles encore, riches et « dans le vent », mais surtout des gens de finance (dont Nucingen est le plus célèbre) et les « lorettes » qu'ils font vivre. La princesse de Cadignan, on le sait, n'appartient pas à ce milieu de parvenus : ruinée, la belle Diane de Maufrigneuse s'est réfugiée rue de Miromesnil dans « un rez de chaussée à jardin » et si sa retraite est modeste, tout encore y respire l'aristocratie. A deux pas de son ancien hôtel, du haut du faubourg Saint-Honoré, elle « jouissait d'un joli petit jardin plein d'arbustes » avec un gazon toujours vert (217). Un peu déclassée, un peu « marginale », Béatrix de Rochefide dispose d'un « charmant petit jardin » sur les hauteurs de Monceau, rue de Courcelles (218). Elle « vit sa vie » mais tient aux apparences et se maintient dans les bons quartiers. Le luxe se manifeste avec ostentation chez le comte Laginski dont le Faubourg se demande s'il est un noble authentique ou un aventurier mais qui, rue de la Pépinière, a pu faire les frais « du velours vert d'une pelouse anglaise, ombragée au fond par un élégant massif d'arbres exotiques » (219). Le comte Laginski (ou l'architecte), a fabriqué à prix d'or « un simulacre de forêt » : « au milieu de ce silence obtenu dans Paris, on entend le chant des fauvettes et des bouvreuils ». Du jardin de Nucingen, rue Saint-Lazare, nous savons qu'il « touche par le haut à celui de l'hôtel de San Real » où « le silence était si profond qu'il (de Marsay) pouvait distinguer le bruit que faisaient quelques gouttes d'eau en tombant sur les feuilles humides » (220). Laginski, San Real, noblesses un peu

212. *Pierrette*, III,15.
213. *La Maison Nucingen*, IV,247.
214. *Entre savants*, IV,512.
215. *La Peau de chagrin*, VI,502.
216. *L'Interdiction*, II,364.
217. *Les secrets de la princesse de Cadignan*, IV, 475-476.
218. *Béatrix*, II,95.
219. *La Fausse Maîtresse*, I,466.
220. *La Fille aux yeux d'or*, IV,115.

suspectes aux yeux du Faubourg : le Polonais supplée à la surface qui lui manque par le décor, un pavillon chinois avec des clochettes d'or muettes, et des œufs dorés immobiles. En direction du nord, en allant vers les boulevards extérieurs et les hauteurs de Montmartre, le goût se dégrade nettement. Rue Blanche, arrangé pour la lorette Cadine, voici un jardin chargé d'accessoires dont le plus étonnant est « une galerie de bois rustique garnie de nattes indiennes et ornée de poteries pour gagner le kiosque par temps de pluie » (221). Tels sont les principaux jardins décrits. D'autres sont mentionnés mais servent seulement à définir certains types de résidences, ainsi les très nombreux hôtels « entre cour et jardin » (222) et des catégories d'appartements : « rez de chaussée à jardin » (223), logements qui donnent sur un jardin, par exemple la garçonnière de Rastignac, rue d'Artois (224). La présence du parc reste sous-entendue pour la plupart des hôtels du Faubourg : on sait qu'ils existent mais ils ne sont pas décrits, pas même celui de l'hôtel de Beauséant dont Rastignac est cependant l'hôte assidu. Un seul mot pour celui de l'hôtel d'Espard, déjà cité, 104 rue du faubourg Saint-Honoré (225) ; mais le jardin du marquis d'Espard qui s'est exilé rue de la Montagne Sainte-Geneviève rappelle sa présence en répandant au salon des « senteurs végétales » (226).

De cette revue sommaire, est-il possible de tirer quelques constatations générales ?

La localisation des jardins dans *La Comédie humaine* permet de vérifier une hypothèse facile à formuler quand on connaît dans ses grandes lignes l'histoire de la ville. Les jardins sont nombreux sur la rive gauche qui apparaît comme très aérée et presque semi-rurale : ils y sont dispersés dans tous les quartiers ; à l'ouest, au faubourg Saint-Germain ; au sud, au faubourg Saint-Marceau ; ils sont même présents en plein cœur de la vieille ville, au Quartier Latin, sur la Montagne Sainte-Geneviève et près de la Place Maubert (rue du Fouarre). La situation est différente pour la rive droite, d'un peuplement plus dense, où les jardins, si l'on excepte le Marais, n'apparaissent nombreux que dans les anciens faubourgs : le Roule, la Chaussée d'Antin, le faubourg Montmartre ; la carte* montre des zones que Balzac prive d'espaces verts. C'est d'abord, sur la rive droite, toute la partie orientale de la ville : du faubourg Poissonnière au quartier des Quinze-Vingts, en passant par le faubourg Saint-Denis, le quartier de la Porte Saint-Martin, le faubourg du Temple, le faubourg Saint-Antoine, aucun jardin, semble-t-il, n'est signalé. Un examen rapide des plans (227) et des tableaux statistiques de la population (228) montre qu'à nombre d'habitants à peu près équivalent, ces quartiers périphériques très étendus par rapport à ceux du centre, présentaient donc de faibles densités. Des « régions supérieures » du faubourg Saint-Martin, Balzac remarque que « ce lieu est encore aujourd'hui un des plus déserts de tout Paris » (229). Très peu de rues tracées, des couvents, des hospices (230), des casernes, des prisons.

---

221. *Béatrix*, II,111.

222. Voir, par exemple, *Le Cousin Pons*, V,190 ; *Un prince de la Bohême*, VI,288 ; *Valentine et Valentin*, II,453 ; *La Muse du département*, III,252, etc.

223. Voir *Béatrix*, II,111 ; *La Muse du département*, III,250 ; *Les Secrets de la princesse de Cadignan*, IV,475, etc.

224. Voir aussi *Melmoth réconcilié*, VI,533 ; *Les Employés*, IV,543.

225. *L'Interdiction*, II,364.

226. *Ibid.*, p.375.

(*) Voir au début de l'ouvrage.

227. Cf. *Atlas* de Perrot, planches n° 30 (quartier Popincourt), 31 (faubourg Saint-Antoine), 32 (quartier des Quinze-Vingts).

228. Cf. Dulaure, *op.cit.*, édition de 1839, p.271.

229. *Un épisode sous la Terreur*, V,484.

230. Par exemple la Maison de Santé du docteur Dubois, faubourg Saint-Denis (cf. *La Rabouilleuse*, III,188).

Il y avait donc là des jardins, mais si l'on excepte le petit domaine d'Honorine, rue Saint-Maur, et les terrains de Birotteau, faubourg du Temple (encore que des « terrains » voués à l'industrie ne soient pas des jardins), Balzac ne les a pas signalés, car les héros de *La Comédie humaine* ne fréquentent guère ces quartiers qui ne l'intéressent guère, qu'il n'aime pas, qui lui paraissent sans avenir ; son extrême-orient parisien est le Marais, du moins en ce qui concerne jardins et jardiniers, et la Place des Vosges « c'est au diable » (231)...

Second pôle répulsif pour l'arbre et la plante : le centre de la ville sur la rive droite, c'est-à-dire la « grande croisée » et la zone qui l'entoure jusqu'aux grands boulevards. Les quartiers des marchés (Saint-Honoré, des Lombards, des Arcis, de l'Hôtel de Ville) sont les plus densément peuplés : aucune place pour les jardins, et les fleurs n'y apparaissent que dans l'enseigne de *La Reine des Roses*. Il est significatif que Matifat, droguiste dans la bruyante rue des Lombards, se soit retiré sur la rive gauche, rue du Cherche-Midi (232). Pour trouver un peu d'air frais et de verdure, Birotteau se promène aux Tuileries. De tous les romans parisiens, *Ferragus* et *César Birotteau* (233) sont ceux qui sentent le plus la poussière et l'asphalte. C'est le Paris des affaires, de la Bourse, des Halles, du commerce de gros et de détail. Pas un brin d'herbe, on pouvait s'y attendre, dans cette partie de la ville (« La Ville » proprement dite) consacrée, depuis les Rois Capétiens, à tous les genres de trafics. Exceptés ces deux vastes secteurs, l'est et le centre, la carte révèle, à l'ouest de la ville, d'autres zones qui, dans *La Comédie humaine*, sont également vides de jardins. Telle est l'enclave de la Petite Pologne, bizarre « succursale du faubourg Saint-Marceau » (234) insérée entre l'élégante « plaine Monceau » (les « hauteurs » de Monceau), la rue de la Pépinière et la rue d'Amsterdam : seule la vertueuse madame Hulot se risque dans ces régions dangereuses où des « gens sans aveu » hantent des terrains vagues en voie de lotissement. Plus étonnante, l'absence de jardins dans le quartier des Champs-Élysées, dans cette partie du nord-ouest de la ville promise avec raison par le prophète Balzac à une formidable expansion. Sous Louis-Philippe il se construit à peine et paraît même un peu diffamé : on excuse le jeune poète Victor Hugo, impécunieux et chargé de famille, de s'être installé Allée des Veuves (future avenue Montaigne), mais Balzac ne s'y résout qu'en dernier recours (235) et n'y loge aucun de ses aristocrates, lions, « gants jaunes » ou lorettes de haut vol. Seulement le docteur Halperson, spécialiste de la plique, dont on ne sait s'il possède un jardin (236). Les Champs-Élysées n'ont pas encore conquis leurs lettres de noblesse et l'on n'en aperçoit guère, dans *La Comédie humaine*, que l'avenue triomphale : « la grande allée », avec ses défilés de voitures. Les marais et prairies qui subsistent aux Champs-Élysées et qui sont promis à brève échéance à « la truelle civilisatrice », Balzac n'en dit mot. Revenant une fois encore à la carte, on constate la présence d'une dernière zone vide de jardins, dans le quartier des Invalides. Il est vrai que le faubourg Saint-Germain (avec ses parcs) se prolonge un peu socialement, sinon administrativement par les rues de Grenelle, Saint-Dominique, de l'Université, au-delà de l'esplanade, vers l'ouest. Ailleurs, c'est l'École Militaire, le Champ de Mars, les casernes, la plaine populeuse qui annonce Grenelle. Pas de jardin signalé, semble-t-il.

---

231. *Lettres à Madame Hanska*, tome III, p.85.
232. Cf. *La Maison Nucingen*.
233. On pourrait citer, à un degré moindre, la partie parisienne d'*Illusions perdues*.
234. *La Cousine Bette*, V,157.
235. *Lettres à Madame Hanska*, tome II, pp.506-510, novembre 1844 ; tome III, p.91, décembre 1845.
236. Rue Basse Saint-Pierre (cf. *L'Envers de l'histoire contemporaine*, V,474).

Quelle conclusion peut-on tirer de cette tentative de localisation des jardins privés parisiens ? Ils existent, et certainement nombreux, là où ils sont présents dans *La Comédie humaine*, dispersés sur toute la rive gauche, groupés sur la rive droite, dans les quartiers neufs du nord (Monceau, la Chaussée-d'Antin), présents encore dans le vieux Marais ; mais « l'archéologue » Balzac est au service de ses personnages : si leur destin les éloigne de certains quartiers, s'ils ignorent, à quelques exceptions près, Popincourt ou les Quinze-Vingts (237), s'ils ne fréquentent, dans le quartier des Invalides que les marges du faubourg Saint-Germain et au quartier des Champs-Élysées que la « Grande Allée », nous ne saurons rien des jardins qui s'y trouvent, non plus que du reste évidemment. Le romancier l'emporte sur l'historien.

Étendue et description des jardins

Si beaucoup de Parisiens, au temps du roi citoyen, peuvent encore s'offrir un jardin privé, Balzac précise à plusieurs reprises que le jardin est souvent un jardinet. Tel celui de l'hôtel de Jarente, rue Louis-le-grand, près du boulevard, « petit comme tous les jardins qui subsistent dans Paris » (238) ; celui de Lousteau, rue des Martyrs, est « grand comme une table à manger » (239) ; l'affreux carré de terre noire de la rue du Fouarre, déjà cité, ne permet pas de faire plus de quatre enjambées en tous sens (240) ; « petit espace », le jardin du professeur Marmus (241) ; « petit espace » celui de madame de Cadignan (242). On sait qu'il existe au Faubourg de beaux restes de grandes fortunes territoriales, mais aucune précision chiffrée ne permet d'évaluer l'étendue des parcs de Chaulieu, d'Aiglemont, de Carigliano (243). Le jardin du comte Octave, rue Payenne est « vaste » (244), celui du comte Granville, dans le même quartier, « assez vaste » (245), celui du marquis d'Espard, rue de la Montagne Sainte-Geneviève « passe dans ce quartier, pour spacieux » (246) : noblesse oblige. Le Sieur Cartier possède un des plus beaux marais de Paris : trois arpents (neuf mille mètres carrés) ; trois arpents aussi la plantation de mûriers qu'un spéculateur créa rue de l'Ouest (247).

Le jardin à la mode du comte Laginski, rue de la Pépinière, se développe sur vingt-cinq perches carrées (mille trois cents mètres carrés) « espace restreint » qui, pour Balzac, est typique d'une époque sans grandeur (248). Relisant *Les Misérables* (1862), nous constatons que le célèbre jardin de la rue Plumet (il doit être voisin de l'hôtel d'Aiglemont) qui est défini par Victor Hugo comme « un méchant petit jardin », mesure un arpent (trois mille mètres carrés) ce qui est l'équivalent actuel d'une belle propriété de banlieue. Des jardins privés qui semblaient de « proportions mesquines » au début du XIXe siècle apparaîtront donc très grands aujourd'hui, car l'échelle des évaluations a changé à mesure que « le chancre » urbain s'étendait. Lors-

237. Un bal populaire est signalé rue de Charenton, mais sans charmilles ou guinguettes (*Facino Cane*, IV,258).
238. *La femme auteur*, VI,404.
239. *La Muse du département*, III,251.
240. *L'Interdiction*, II,353.
241. *Entre savants*, IV,512.
242. *Les secrets de la princesse de Cadignan*, IV,476.
243. Cf. *La Maison du chat-qui-pelote*, I,77.
244. *Honorine*, I,564.
245. *Une double famille*, I,425.
246. *L'Interdiction*, II,370.
247. *L'Envers de l'histoire contemporaine*, V,449.
248. *La Fausse Maîtresse*, I, 465-466.

que Balzac lui-même, parmi tant de projets avortés, songe, en 1845, à une maison perchée « sur un rocher », rue Franklin, il décrit un jardin « de plus d'un arpent »(249) qu'il juge très beau ; mais les projets immobiliers de Balzac sont toujours beaux...

Petits ou grands ces jardins ne sont pas longuement décrits et rien ne rappelle, pour Paris au moins, la prestigieuse présentation, sur tout un chapitre, de la « colossale brouissaille » où s'aimèrent Marius et Cosette.

Les « jardins paysans » qui « ont de tout » ne sont pas rares dans la ville et nous pouvons nous permettre d'adapter au cadre parisien le tableau pour une fois assez précis d'un « petit terrain » bourguignon, « favorable à la culture des choux, des oignons, de l'ail, les légumes favoris de la classe ouvrière » (250). On y voit pour décor toutes les fleurs qui ne coûtent rien : « roses, giroflées, violettes ». Le jardin de l'avare Saillard, place des Vosges, peut ressembler à celui-ci, tandis que celui de madame Vauquer, nous l'avons vu, est cultivé à des fins moins étroitement utilitaires. Pour les jardins d'agrément, quelques détails significatifs les fixent dans leur banalité et leur luxe un peu prétentieux, à l'exception naturellement des parcs du Faubourg qui ont le privilège des grands arbres. Balzac nomme les tilleuls de l'hôtel de Chaulieu, les acacias sont plusieurs fois cités, aussi les ormes. Bien tenus et ordonnés, ils forment un contraste frappant avec le parc provincial de Montcornet, décrit avec complaisance par Blondet à Nathan et qui, lui, apparaît bien comme une préfiguration du jardin de la rue Plumet (celui de Victor Hugo). « On dirait d'une forêt redevenue vierge, [...] les troncs sont enveloppés de liane qui vont de l'un à l'autre [...] Ce mystère enivre, [...] les odeurs forestières senteurs adorées par les âmes friandes de poésie à qui plaisent les mousses les plus innocentes, les cryptogames les plus vénéneux, les terres mouillées, les saules, les baumes, le serpolet, les eaux vertes d'une mare, l'étoile arrondie des nénuphars jaunes ; toutes ces vigoureuses fécondations se livrent à vos narines [...] L'allée finit brusquement par un dernier bouquet où tremblent les bouleaux, les peupliers et tous les arbres frémissants, famille intelligente, à tiges gracieuses » (251). Visiblement Blondet « aime fort les jardins qui sentent le sauvage » mais, ajoute-t-il : « l'art ainsi compris veut beaucoup de terrain » (252) et plus de surface encore que les plus grands jardins du Faubourg n'en peuvent offrir. Ces derniers se trouvent ainsi en quelque sorte négativement décrits. Du moins ne sont-ils pas « peignés », « le râteau ne (s'y) sent pas » (253) et l'épouse trahie du peintre Sommervieux admire chez sa rivale, la duchesse de Carigliano, cette élégance incomparable parce que spontanée, qui est le privilège de la haute aristocratie : la disposition des appartements, « les pelouses d'un jardin planté d'arbres verts », « tout était séduction et le calcul ne s'y sentait pas » (254). Le calcul se sent au contraire lourdement dans les cinq arpents d'un marchand de bouteilles du Marais, qui, à Ville d'Avray, promène son futur gendre, Pierre Grassou, « dans les allées couleur nankin qui avaient été ratissées comme elles devaient l'être pour un grand homme. Les arbres eux-mêmes avaient un air peigné, les gazons étaient fauchés » (255). Malgré ses quinze mille mètres carrés, un marchand de bouteilles ne saurait avoir le goût des Montcornet et Carigliano. Un laborieux effort décoratif pèse plus encore sur les petits jardins de la rive gauche et des hauteurs des nouveaux quartiers du nord. Sur ces « petits

249. *Lettres à Madame Hanska*, tome III, pp.19 et 20.
250. *Les paysans*, VI,20.
251. *Les Paysans*, VI,10.
252. *Ibid.*
253. *Ibid.*
254. *La Maison du chat-qui-pelote*, I,77.
255. *Pierre Grassou*, II,341.

espaces », on chercherait en vain, et pour cause, les magnifiques allées d'arbres de l'hôtel de Chaulieu. L'arbre se fait arbuste, il y a des cyprès, des troènes. L'élément fondamental en est le gazon, qui est « toujours vert » et qui se nomme aussi « pelouse ». Ajoutons-y une allée « sinueuse et sablée » et voici l'esquisse d'un jardin « à l'anglaise », très différent du jardin provincial habituel, jardin de notaire (ou « de curé ») divisé en plates-bandes avec bordures de buis (256). Chez Laginski on a planté des arbres exotiques précieux, mais la pelouse reste la base du décor, tandis que la personnalité beaucoup plus originale d'Honorine, qui pratique l'horticulture en quasi-professionnelle, se marque dans la disposition « de masses de fleurs étagées avec une science de fleuriste, ou disposées en bouquets produisant des effets doux à l'âme » (257). L'époux délaissé, le comte Octave, contemple longuement ses fleurs « en amphithéâtre » et l'association d'idées est facile à percevoir, qui relie les fleurs de la rue Payenne à celles de la rue Saint-Maur.

Chez le sympathique professeur Marmus, « des massifs offraient des corbeilles de fleurs qui embaumaient ce petit espace » (258). Mais la flore parisienne est assez pauvre dans *La Comédie humaine* : des géraniums, des lauriers-roses, des grenadiers (259), du réséda (dans le jardin San Real), des dahlias, des narcisses (260). Le jardin de fleurs est surtout le domaine des femmes et l'on peut supposer qu'Honorine, rue Saint-Maur, cultive les mêmes variétés qu'une autre solitaire, la demoiselle Cormon, d'Alençon : « rosiers des quatre saisons, giroflées, scabieuses, lis et genêts d'Espagne » (261), toutes plantes rustiques dédaignées d'une madame de Sérizy qui rêve, rue de la Chaussée-d'Antin, « couchée sur un divan, dans un chalet miniature, au milieu d'un jardin embaumé par les plantes les plus rares » (262).

« Un chalet miniature » : l'humanité moyenne se satisfait rarement en effet d'un simple cadre végétal, ce qui explique la création de décors extra-floraux, fausses ruines, accessoires divers, notés par Balzac avec plus de précision que l'arbre et la plante. Lui-même, lorsqu'entre autres occasions manquées il faillit acquérir une partie de « la Folie-Monceaux », s'est plu à décrire les gracieuses « fabriques » des Orléans : « j'ai, du moins jusqu'à présent dans mon jardin, une magnifique ruine de temple grec au bas duquel est un petit lac, avec rochers, etc. d'une magnificence royale »(263). Les ornements varient selon les classes sociales, mais ce sont variations sur le même thème. La pièce d'eau est faite du « marbre le plus rare » chez le comte Octave, d'un matériau grossier chez Matifat, mais il s'agit toujours d'un bassin à poissons rouges ! Le prototype du jardin bourgeois, on le trouve à Provins, où Rogron rêve « jardin anglais avec boulingrins, grottes, jets d'eau, statues » (264). Dès 1834, dans *La Maison Nucingen*, Balzac avait campé un Matifat « en extase » (a-t-il donc oublié Florine ?) devant « un jet d'eau, mince et long comme un épi, qui allait perpétuellement et s'élançait d'une petite table ronde en pierre de liais, située au milieu d'un bassin de

256. *Le Cabinet des Antiques*, III,356.
257. Dans *Le Cabinet des Antiques*, le juge Blondet pousse jusqu'à la manie la passion des fleurs (III,370) mais Blondet semble ridicule alors qu'Honorine est noble et touchante.
258. *Entre savants*, IV,512.
259. Cf. *Le Père Goriot*, II,218.
260. Cf. *Honorine*, passage cité.
261. *La Vieille Fille*, III,296.
262. *Splendeurs et misères des courtisanes*, IV,398.
263. *Lettres à Madame Hanska*, tome II, p.558, janvier 1845 ; voir aussi dans la *Physiologie du mariage* le parc de l'Isle-Adam construit pour le fermier général Bergeret, sur le modèle des Iles Borromées (VII,408).
264. *Pierrette*, III,15.

six pieds de diamètre » (265). La fontaine du mercier Rogron est décrite exactement dans les mêmes termes et Balzac a transporté « textuellement » à Provins la table de liais de la rue du Cherche-midi : seule différence, le jet d'eau n'est plus « un épi » mais un « bout de fil », tout aussi chétif, tout aussi médiocre. Un déterminisme social plus que géographique pèse sur les jardins des boutiquiers enrichis, et tel jardin de la banlieue se retrouve à Paris, et vice versa. Rogron paysagiste souhaite « une grotte », souvenir inconscient des décors italiens de la Renaissance dont *La Comédie humaine* offre un exemple charmant avec la villa florentine de Marie Touchet (266), située « dans la rue de l'Autruche du côté de la rue Saint-Honoré ». On y trouve gazon, pin argenté, ifs taillés, et comme à la villa Boboli, des « murs revêtus de mosaïques composées de différents cailloux assortis (qui) offraient à l'œil des dessins grossiers, il est vrai, mais qui plaisaient par la richesse des couleurs en harmonie avec celles des fleurs ». Aucune grotte n'est signalée, semble-t-il, dans un jardin parisien et il faut aller à Nerville, en bordure de la forêt de l'Isle-Adam pour rencontrer « des grottes habilement ménagées » (267). Quant aux statues, autre point de programme décoratif, voici chez Rogron (268) un Spartacus « peint en bronze » ; chez le doux Phellion, impasse des Feuillantines, une statue « coloriée » qui faisait croire à un passant qu'une nourrice allaitait un enfant (269) ; à la pension Vauquer, un « A-mour » dans une niche en trompe-l'œil (270). Et voici, aujourd'hui dans des parcs cachés de la rue de la Tour-des-Dames et de la rue La Rochefoucauld, derrière la rue Saint-Lazare, de jolies Dianes et Pomones qui se dressent encore, bien patinées, là où furent les hôtels de San Real et de Nucingen. Fabrication de série, visages inexpressifs et draperies maladroites, ne sont-elles pas, malgré tout, de charmants vestiges ? Sur la pelouse ou sous les arbres, des meubles légers, simples, « table verte » (271) chez madame Vauquer ; « fauteuils à demi-champêtres » d'une rusticité savante, fabriqués « avec de jeunes branches d'arbres garnies de leur écorce », dans le parc d'Aiglemont (272). Cependant, plus que grotte, statue, jet d'eau, banc rustique (273), le kiosque se présente comme la pièce maîtresse du jardin parisien dans *La Comédie humaine*. Il classe socialement le propriétaire et Rogron, semble-t-il, n'accède au kiosque qu'après avoir franchi les étapes du boulingrin, du jet d'eau, de la statue. Kiosque chez le baron Hulot, rue de l'Université, mais kiosque en ruine, signe de déchéance (274), kiosque chez le fils Hulot, sur le Boulevard, près de la rue de la Paix (275) ; kiosque en forme de pagode, d'une richesse extravagante, déjà signalé chez le comte Laginski (276) ; chalet miniature Chaussée-d'Antin, chez madame de Sérizy (276) ; kiosque rue Blanche édifié pour Cadine (276) et puisque nous nous

265. *La Maison Nucingen*, IV,247.

266. *Sur Catherine de Médicis*, VII,233.

267. *Adieu*, VII,45 : signalons, en province, une grotte à Besançon ; le miracle de Lourdes entraînera, à la fin du siècle, un renouveau des grottes dans les enclos de couvents et même chez de pieux laïcs.

268. *Pierrette*, III,19.

269. *Les Petits Bourgeois*, V,320.

270. *Le Père Goriot*, II,218.

271. *Ibid.*

272. *La Femme de trente ans*, II,1210.

273. C'est volontairement que nous avons exclu de cette revue des accessoires la serre, élément décoratif plutôt extérieur. La plus somptueuse, rappelons-le, est celle de Raphaël, rue de Varennes (cf. *La Peau de chagrin*, VI,498).

274. *La Cousine Bette*, V,10 et V,131.

275. *Ibid.*, p.131.

276. Cf. passages cités de *La Fausse Maîtresse*, *Splendeurs et misères des courtisanes, Béatrix*.

permettons des incursions en banlieue, joli « cabinet aérien » de la comtesse Ferraud à Groslay, éclairé par des « rosaces de verre » (277).

En résumé, on peut se demander quel est le style des jardins parisiens et même s'ils ont un style défini. Jets d'eau disciplinés à la française, allées sinueuses et pelouses à l'anglaise, avec quelques éléments exotiques (le kiosque « chinois » de la rue de la Pépinière, les nattes « indiennes » sous galerie couverte de la rue Blanche) goût du trompe-l'œil, tout cela donne le style « Restauration », c'est-à-dire éclectique, fait d'emprunts qu'on peut aujourd'hui juger amusants, « baroques » ou de mauvais goût. Les « styles sont confusément employés » (278) : c'est vrai des bâtiments, exact aussi pour les jardins de *La Comédie humaine*. Ils ne présentent pas une couleur locale ou temporelle très précise, sinon par le fait même, et il est important, de leur existence dans Paris. On en retient surtout la présence nombreuse des jardins bourgeois, immuables à quelques détails près, presque aussi interchangeables que ceux de Rogron et de Matifat et, comme leurs propriétaires, figés dans leur dignité de parvenus. Balzac en sourit un peu, mais avec indulgence, et nous le surprenons même à imaginer, pour le (futur) « paradis de la rue Franklin » (279) « des pelouses toujours vertes et des jets d'eau », coûteuses folies à la Matifat que permettra, sur ces bords de Seine, le prix très bas de l'eau (« 40 francs par an le pouce fontainier »), heureusement ce jardin de la rue Franklin est « vaste, il est plein d'arbres » et avec ses « deux potagers », il échappera au léger ridicule des jardins bourgeois.

L'amateur des jardins

Pourquoi tant de jardins dans *La Comédie humaine* ? Qu'ils existent, qu'un observateur soucieux de vérité n'ait pu se dispenser de les introduire dans son œuvre, cet argument n'est qu'à demi-convaincant ; très juste, au contraire, cette remarque de Claude-Edmonde Magny dont l'ouvrage récemment réédité (280) souligne « ce riche, anecdotique et gratuit rembourrage de renseignements, adventices en apparence, dont un Balzac sait si bien user pour doter ses personnages de cette épaisseur qui est celle même de la vie ». Le jardin reparaissant est l'un de ces ingrédients qui contribuent à donner « un effet de réel » aux personnages, qui les dote d'un corps, au même titre que « les inventaires » innombrables des objets meublant leurs intérieurs ; et si Balzac choisit souvent, pour leur donner cette « épaisseur », le cadre d'un jardin, c'est qu'il est lui-même amateur de jardins, comme il est amateur d'objets rares et de « curiosités ». Ce goût très vif, les *Lettres à Madame Hanska* (281) en révèlent la force. Le 10 novembre 1841, meurt le comte Hanski et Balzac, rêvant mariage, commence à s'enquérir dès 1842 d'un logis digne de l'Étrangère. Singulière correspondance dans laquelle, pendant des mois, il n'est question que de bâtisses, de coûts et de plus-values sur les terrains, où les projets se font et se défont, plus ou moins réalisables, plus ou moins chimériques. Rappelons pour mémoire les échecs de l'année 1844 : en janvier, il convoite une maison dans les nouveaux quartiers, rue Neuve-des-Mathurins, après avoir songé à la rue de la Pépinière ; en mars il visite une maison rue Fontaine, avec « cour et jardin » ; l'été venant, les ambitions grandissent, il ne lui faut rien moins que l'ancienne maison de campagne de la princesse de Lamballe, qu'il estime un peu dévaluée cependant par sa situation en banlieue, à Auteuil ; puis

277. *Le Colonel Chabert*, II,330.
278. *La Fausse Maîtresse*, I,465.
279. *Lettres à Madame Hanska*, 4, 7 septembre 1845, tome III, pp.19-20-25.
280. *Histoire du roman français depuis 1918*, édition du Seuil, p.73.
281. Cf. *Lettres à Madame Hanska* (édition des Bibliophiles de l'originale, tomes I, II, III).

il jette son dévolu sur une parcelle de la Folie Monceau, lotie par le roi Louis-Philippe. Vient l'automne, il se rabat en novembre sur l'Allée des Veuves (1844) où il fera construire « un châlet » ; peut-être le « châlet de Louise de Chaulieu » comme aux Jardies ; l'intérêt de ces projets sans cesse recommencés et si divers, qui vont de la maison rustique aux parcs royaux (Folie-Monceau, hôtel de Lamballe), c'est qu'ils révèlent chez Balzac des besoins très profonds qui, en matière de vie quotidienne et « d'environnement », se résument dans la présence indispensable d'un jardin. Il ne saurait être question de chercher un gîte dans « une maison de produit » et ce sont bien ses goûts personnels qu'il exprime dans une lettre du 1er janvier 1845 : « on n'est pas chez soi quand on loge dans ce qu'on appelle les maisons de produit, où il y a cinquante locataires [...] Je connais ma Linette, elle ne restera pas un mois dans un appartement en communauté, avec cinquante personnes habitant la maison » et il ajoute : « il me faut le midi, le silence, l'air et l'espace ». La maison de la rue Neuve-des-Mathurins, dès janvier 1844, offrait un jardin, une vue étendue et de l'air « qu'on ne lui ôtera pas » (282) ; en avril 1844 encore : « je tiens à une maison calme, entre cour et jardin, car c'est le nid, la coque, l'enveloppe certaine de ma vie » ; le 1er mars 1845, reprise du même thème : « je ne tiens qu'à deux choses, pas de bruit, entre cour et jardin, et l'exposition au midi », « deux choses » qui en font trois si l'on compte bien ! Le 17 janvier 1846 « (nous) aurons tous les deux et l'air et la retraite et le jardin et les arbres et le silence » (283) ; en juillet suivant, « un jardin, de l'aube et du silence » (284), avec cette constatation désenchantée « il n'y a pas de jardin possible à Paris, sans un prix fou » (285) ; peut-être Madame Hanska a-t-elle contribué à développer ce goût chez son ami, en aristocrate qui se veut « terrienne », comme le sera madame de Guermantes. Les amants « causent » jardin, ils échangent des conseils (« ainsi il faut planter des arbres aux Jardies ? ») (286) et des graines (« je t'apporterai des graines de la rue Basse ») (287) selon un processus bien connu des amateurs, lesquels reconnaîtront aussi Balzac pour l'un des leurs à quelques brèves remarques témoignant de l'expérience vécue. Par exemple, du parc Montcornet (288), « le râteau ne s'y sentait pas » : l'outil est bien choisi ; ou bien dans *Honorine*, les fleurs « étagées » des massifs, les hautes tiges en arrière, les plus courtes en avant : c'est l'enfance de l'art, encore faut-il le savoir ; dans le même ouvrage, la recherche du dahlia bleu confirme ce qu'enseignent les traités d'horticulture : le dahlia fut précisément introduit en Europe sous la Restauration ; notons enfin cette observation si judicieuse sur les arbres d'agrément qui se démodent (et ils se démodent très vite) même si nous ne goûtons pas cette comparaison entre les « héros » et les arbres qui sont « tour à tour à la mode puis oubliés comme tous les héros » (289). Ces détails peuvent paraître un peu minces, mais ils révèlent le connaisseur, et tant pis si le connaisseur, victime de son imagination, s'égare jusqu'à planter des ananas aux Jardies et des « mûriers » rue de l'Ouest ! (290) : le jardinage est « une douce habitude »,

---

282. Parce qu'elle est adossée au monument expiatoire édifié à la mémoire de Louis XVI, ce qui ne peut guère séduire Madame Hanska ! Cf. tome II, p.329, 1er janvier 1844.
283. Tome III, p.184.
284. *Ibid.*, p.253.
285. *Ibid.*, p.255.
286. *Lettres à Madame Hanska*, 14 novembre 1842, tome II, p.125.
287. *Ibid.*, 30 septembre, tome III, p.49.
288. *Les Paysans*, VI,10.
289. *Ibid.*, p.11.
290. Cf. *L'Initié*, passage cité.

une « charmante passion » (291). De nombreuses lettres montrent l'amant de Madame Hanska tournant dans le jardin de la rue Basse ; « une gelée a emporté mes fleurs, voici la dernière fleurie dans les vases de ma cheminée », écrit-il le 13 décembre 1843, et quelques jours après, le 30 décembre : « n'est-il pas bizarre qu'il ait fleuri en décembre, l'œillet que je vous envoie, il a fleuri hier, dans la jardinière, et il est rouge, et il sent bon ! » ; le 22 janvier 1844 : « la gelée a fauché mes fleurs, je n'ai plus qu'une espèce de bruyère qui ressemble à une immortelle et je vais en cueillir un brin » ; en mars, il salue la première violette : « je vous envoie la première violette de mon jardin, venue au soleil de Paris, dans cette atmosphère de gaz carbonique où les fleurs et les livres poussent comme des champignons ». « L'air, l'espace, une adorable tranquillité comme à la campagne » (292), tels sont les avantages du jardin, avec l'agrément des fleurs et des fruits. Un autre charme s'y ajoute, plus puissant encore : la mystérieuse chaîne invisible qui relie le jardin de Passy à d'autres lieux où se nouèrent ses amours. Souvenir d'un jardin de Villeparisis (293), souvenir de Neufchâtel ; « je revois le sentier de Déodati ou les cailloux de l'allée au milieu du jardin de la maison Mirabaud où nous nous promenions », souvenir du jardin de l'hôtel de Bellevue (294), souvenir enfin d'un jardin d'Ukraine : « comme je voudrais me promener dans ce jardinet qu'on élève à la brochette au bout du parc de Troïsk et où il n'y a encore que des manches à balai sous prétexte d'y mettre des arbres ; pour moi c'est le plus joli jardin d'Europe » (295), évocation de la bien-aimée dans son cadre familier : « vous vous promenez dans votre parc, entre vos fleurs » (296) « dans ce jardin où nous causions ménage » (297). Le jardin de la rue Basse lui est plus cher depuis que l'Étrangère est passée par là : « je vais te mettre un volubilis et du réséda de mon jardin, pris dans cette allée où nous nous promenions » (298). Le souvenir peut être déchirant : « j'ai écouté la pluie qui tombe dans les feuilles. Deux heures viennent de sonner, les cloches des fabriques de gaz ont appelé leurs ouvriers et j'ai gémi à mon aise » (299). Que les projets bâtisseurs agacent à la longue Madame Hanska, il trouve pour les défendre des accents à la Jean-Jacques : « ma vue intérieure où se mirent les maisons que je bâtis, les paysages que je crée, est tout entière au service de ces souvenirs » (300) : souvenirs d'amour, inséparables des jardins de Suisse, d'Ukraine et de Passy, de tous les jardins présents et futurs que Balzac décrit avec plus de sensibilité vraie que les montagnes du *Médecin de campagne.*

Dans ces descriptions qui restent assez sommaires apparaissent cependant des détails plusieurs fois répétés, liés peut-être à ce passé qui lui est cher. Des jardins, on connaît surtout les allées, qui sont « sablées » (allée sablée du jardin d'Honorine, du parc d'Aiglemont, du jardin Vauquer, etc. ce qui pourrait apparaître comme une banalité si quelque part (301), Balzac ne précisait qu'il s'agit de « cette espèce de terre jaunâtre par laquelle on remplace le gravier de rivière ». Le « sable » des allées est bien une précision méditée, non un automatisme d'écriture. Autre aspect qui

291. *Le Cabinet des Antiques*, III,370-372.
292. *Lettres à Madame Hanska*, 26 juin 1844.
293. Où il aima Madame de Berny.
294. *Lettres à Madame Hanska*, 21 décembre 1845, tome III, p.111.
295. *Ibid.*, 17 janvier 1844, tome II, p.345.
296. *Ibid.*, 1844, tome II, p.482.
297. *Ibid.*, p.495.
298. *Lettres à Madame Hanska*, 14 septembre 1845, tome III, p.45.
299. *Ibid.*, 4 août 1844, tome II.
300. *Ibid.*, 21 janvier 1844, tome II, p.349.
301. *Le Colonel Chabert*, II,330.

l'obsède, les murs des jardins qui sont toujours enclos : mauvaises palissades à Nanterre (302), « mur au chaperon duquel brillent des ronds de bouteilles et des pointes de fer prises dans le plâtre » (303). Ces murs sont percés de portes complaisamment décrites : portes « à claire-voie » de la pension Vauquer, deux portes chez Phellion (304), dont l'une en bois « figurant une grille », « porte peinte en gros vert à serrure invisible » (305) rue Duguay-Trouin ; « doubles portes garnies de tôle qui se replient le jour et se ferment la nuit » (306), « petite porte » (307) du parc de San Real dont un cinéaste tira naguère parti : « c'est la fameuse petite porte du jardin » (308). Les jardins de Balzac sont donc des jardins clos ; par exception, un simple « palis » sépare le jardin d'Honorine de celui de son voisin, le futur consul. Après avoir enjoint à celui-ci de rester « sur le mur mitoyen », elle l'autorise à franchir « la haie » (309) et mademoiselle des Touches conclut, commentant le geste douze ans après cette aventure : « il n'a pas encore deviné qu'Honorine l'aurait aimé » (310). Ces murs de clôture sont toujours couverts de « plantes grimpantes » et Balzac semble avoir horreur des surfaces nues. Voici le « pampre » et le lierre souvent poussiéreux, dans les cours de Valentine et de Valentin (311) et du nourrisseur de la rue du Petit-Banquier (312), dans les jardins Vauquer et Marmus, dans le parc de Chaulieu, chez Laginski où les plantes s'enroulent sur des mâts pleins en vert et réunis par des traverses formant « portique » (313). Faut-il voir, dans ces détails reparaissants, l'allée, la clôture, le manteau de plantes grimpantes, des signes révélateurs du caché, des indices permettant de sonder les profondeurs d'une âme ? Faut-il chercher, comme dit Proust, « le chiffre des choses » ? Sans doute. Rappelons les « cailloux » de « l'allée du jardin Mirabaud », restés si nets dans la mémoire de Balzac... A d'autres allées sablées ou non, s'accroche, reminiscence plus ou moins consciente, tout un monde d'images. Le lierre des « murailles de verdure » n'est-ce pas un peu le lierre de Wierzchownia ? : « j'ai souvent regardé la feuille de lierre que j'ai gardée de votre salon [...] le lierre est une de mes plantes favorites » (314). Quant aux murs de clôture, nous laisserons à la psychanalyse le soin de les interpréter plus subtilement encore que mademoiselle des Touches (315), nous bornant à voir en eux la défense de la propriété « inviolable et sacrée ».

En effet, si l'interprétation des « signes » est une hypothèse, l'intérêt porté par Balzac à toute espèce de transaction immobilière est une certitude. Cette passion spéculative un peu naïve apparaît, dans les *Lettres à Madame Hanska*, à propos de chacun des innombrables projets dont il l'entretient. De ces considérations financières, qui seraient fastidieuses si elles n'étaient relevées quelquefois d'une pointe d'extravagance, nous parlerons peu, car elles envisagent moins le jardin en tant que tel, que l'éventuel terrain à bâtir. Citons seulement, à titre d'exemples, les propos sur le quartier de Monceau : « dans 6 à 7 ans d'ici, les 700 toises réservées vaudront 3 à 400 000

302. *Splendeurs et misères des courtisanes*, IV,440.
303. *Entre savants*, IV,503.
304. *Les Petits Bourgeois*, V,319.
305. *Entre savants*, IV,503.
306. *Les Petits Bourgeois*, V,319.
307. *La Fille aux yeux d'or*, IV,128.
308. *Entre savants*, IV,503 ; *Une fille d'Eve*, I,520.
309. *Honorine*, I,576-577.
310. *Ibid.*, p.589.
311. *Valentine et Valentin*, II,453.
312. *Le Colonel Chabert*, passage cité.
313. *La Fausse Maîtresse*, I,466.
314. *Lettres à Madame Hanska*, 4 mars 1844, tome II, p.399.
315. Cf. *Honorine*, passage cité, I,589.

francs. Monceau sera alors la même chose que le quartier Notre-Dame-de-Lorette, c'est forcé d'après la marche du Paris actuel. Il y a une cause d'activité [...] c'est le débarcadère des chemins (de fer) de Versailles, de Saint-Germain » (316) ; quant à la maison de madame de Lamballe, « quand l'enceinte de Paris sera reportée à l'enceinte continue, ce qui se fera d'ici à dix ans, cette belle campagne vaudra plusieurs millions » (317). L'amère expérience des Jardies lui a du moins prouvé l'avantage de la résidence en ville, mais lorsqu'il cherche à Paris, inlassablement « l'entre cour et jardin » dont il rêve, le charme d'une propriété est inséparable, pour Balzac, de la « plus-value » rapide qu'elle peut acquérir dans les « quartiers d'avenir », les hauteurs du nord, de l'ouest ; « Paris est en marche et ne rétrogradera pas » (318).

La séduction qu'exercent les jardins sur Balzac est double : irremplaçable cadre de vie, ils peuvent en outre constituer un bon placement d'argent ; ce goût très vif, plus spontané peut-être que celui qui l'incline vers la peinture ou l'objet d'art, La Comédie humaine en porte-t-elle témoignage ? La spéculation foncière, nous le verrons, est un des thèmes importants de l'œuvre, elle est responsable de l'exiguïté des jardins parisiens, de plus en plus réduits à de « petits espaces » par la truelle ou le marteau de la spéculation. Quand Godefroid s'installe rue Notre-Dame-des-Champs, les trois arpents de la rue de l'Ouest sont déjà « convertis en maisons » (319). Mêlant vérité et fiction, Balzac rappelle la disparition récente de trois hôtels, celui du surintendant Fouquet au Marais, celui de la famille de Cadignan rue du faubourg Saint-Honoré (320), celui de Verneuil sur le Boulevard (321) où un « jardinet de cent pieds carrés » a été respecté « par un caprice » du démolisseur. Ces hôtels, mais surtout les parcs qui les entourent excitent la convoitise d'un du Tillet, voire d'un Birotteau, peut-être celle d'un Balzac même, qui regrette le lotissement des anciens jardins mais se résigne à l'inévitable et essaie d'en profiter.

Mais la fonction romanesque du jardin n'est pas seulement d'ordre spéculatif. Il joue un rôle dans « l'envers de l'histoire contemporaine » en abritant de redoutables secrets ; celui de la rue Cassette, près Saint-Sulpice, dissimule sous ses « grands arbres touffus » (322) Lucien de Rubempré et Carlos Herrera ; le parc aux tilleuls odorants de l'hôtel de San Real (323) défend les abords d'un certain salon rouge où vit « la prisonnière ». Conduite par Delphine, madame de Vandenesse sort clandestinement de l'hôtel de Nucingen en traversant le jardin pour gagner la fameuse « petite porte » (324). Si le jardin prodigue « silence et discrétion » (325) il peut aussi trahir les amants quand des empreintes se dessinent sur les allées sablées, rôle policier qu'il assume dans la Physiologie du mariage (326) repris, nous l'avons vu, dans La Femme de trente ans (327).

De façon beaucoup plus banale, le jardin sert le plus souvent à doter les person-

316. Tome II, 3 avril 1845, p.606.
317. Tome II, 24 juin 1844.
318. Tome III, 27 novembre 1845, p.76.
319. L'Envers de l'histoire contemporaine, V,449.
320. Cf. Les Secrets de la princesse de Cadignan.
321. La Cousine Bette, V,130. Dès la fin du XVIe siècle, cette disparition inéluctable est en marche, avec le partage de « vastes espaces » autrefois occupés par « les jardins de nos rois », au Marais : cf. Un début dans la vie, I,295.
322. Splendeurs et misères des courtisanes, IV,295.
323. La Fille aux yeux d'or, IV,121.
324. Une fille d'Ève, I,520.
325. Splendeurs et misères des courtisanes, IV,295.
326. Physiologie du mariage, VII,464.
327. Cf. passage cité.

nages d'une annexe familière. Le « beau Thuillier », tel Balzac lui-même, constate tristement les effets de la gelée (328). Phellion et Saillard mettent l'habit bas, bêchent et sarclent (329), Célestine et Hortense, sous leur kiosque « jouiss(ent) de ces premières pousses des lilas, fête printanière » (330) qu'elles apprécient en vraies parisiennes, comme Balzac la première violette de la rue Basse. On va au jardin pour raconter ce qui ne doit pas être entendu des familiers ou des domestiques, on tourne en rond, et on tourne encore : telle est bien l'habitude de tous les gens à jardins : ainsi Jacqueline et son rude époux dans un jardinet du bord de Seine, en l'an 1308 (331). Ainsi madame de Cadignan et madame d'Espard, rue de Miromesnil (332) ; ainsi Lousteau, Nathan et Bixiou, rue des Martyrs. Lousteau « jette son bout de cigare sur le gazon », vilain geste d'un vilain personnage (333). « Au milieu du jardin » se préparent les manigances matrimoniales de La Peyrade (334). Inversement, la baronne Hulot envoie sa fille au jardin pour recevoir l'importun Crevel : « va au jardin avec ta cousine Bette » (335). Les amoureux s'y rencontrent, Louise et son Espagnol, « sous les beaux tilleuls de l'hôtel de Chaulieu criblés par les mille lueurs de la lune » (336) ; Victorin et Félicie « tournent autour du gazon, par un beau coucher de soleil » (337). Nous avons vu de Marsay, tel Balzac encore, attentif « aux gouttes d'eau qui tombent des feuilles humides » (338). Les femmes rêvent au jardin : Honorine et madame d'Aiglemont « à l'ombre grêle d'un acacia, l'ombre d'un acacia à midi » (339), songent aux fautes et aux bonheurs passés et, préfigurations de madame Bovary, sont, elles aussi, un peu de Balzac elle-même : « les rayons du soleil, en passant à travers le feuillage grêle des acacias, environnaient Honorine de ce nimbe jaune et fluide que Raphaël et Titien seuls [...] ont su peindre » (340), tandis que madame d'Aiglemont fait penser à une Mater Dolorosa de Murillo. Héroïnes mélancoliques, malgré le soleil qui baigne le décor : l'exposition au midi est une des exigences du romancier (341), et ses jardins sont presque toujours ensoleillés.

Ainsi mettent-ils une note claire dans la dure *Comédie humaine*. Ils donnent à la ville un parfum provincial et, autant que tel détail d'architecture ou description de rue, rendent compte de l'aspect général d'une cité dont les maisons laissent entre elles tant de place à l'arbre, à l'espace vert. La rive gauche est encore agreste avec ses marais, ses parcs du Faubourg et, partout, ses petits jardins clos ; le jardin garde sa place dans ces « nouveaux quartiers » dont le prototype est la Chaussée-d'Antin. Seul le centre de la rive droite, à l'intérieur des grands boulevards, se présente vraiment comme une steppe de pierre, sans oasis. La présence des jardins ne paraît pas seulement inspirée par un souci de romancier « réaliste » ou d'historien fidèle : s'ils sont là, éléments reparaissants du décor, c'est moins en raison d'un souci objectif de vérité que parce que l'attente vigilante de Balzac, son regard aigu se portent d'abord

---

328. Cf. *Les Petits Bourgeois*, V,311.
329. *Ibid*., p.320 et *Les Employés*, IV,531.
330. *La Cousine Bette*, V,131.
331. *Les Proscrits*, VII,274.
332. *Les secrets de la princesse de Cadignan*, IV,476.
333. *La Muse du département*, III,251-264.
334. *Les Petits Bourgeois*, V,319.
335. *La Cousine Bette*, V,11.
336. *Les Mémoires de deux jeunes mariées*, I,134.
337. *Entre savants*, IV,513.
338. *La Fille aux yeux d'or*, II,212.
339. *La Femme de trente ans*, II,212.
340. *Honorine*, I,575.
341. *Lettres à Madame Hanska*, janvier 1845, mars 1845, etc., tome II.

sur ce qui l'intéresse, sur ce qu'il connaît bien. Or, il aime les jardins, même sous leur aspect un peu comique de jardinets bourgeois à jet d'eau. Le jardin est lié à de chers souvenirs, il tient une place importante dans ses projets d'avenir, et les jardins parisiens sont plus nombreux, semble-t-il, dans les romans postérieurs à 1842, date à laquelle commence la recherche d'une « coque » (342).

La Comédie humaine révèle un Paris qui est encore un peu la campagne ; un Paris où les parisiens peuvent se promener sans sortir de chez eux, dans une allée sablée, autour d'un gazon, accomplissant gestes et rites qui leur confèrent, dans un jardin intégré à leur vie, comme une troisième dimension romanesque. Enfin, La Comédie humaine éclairée par les lettres à madame Hanska révèle un Balzac inattendu, qui cueille le dernier œillet, interprète le langage des fleurs, lierre, bruyères et violettes, manie peut-être le râteau, se plaît à envoyer au fond de l'Ukraine des graines et des brins de réséda. Bref, un « amateur de jardins »...

La Seine, les quais, les ponts

Le trait le plus caractéristique de cette « illustre vallée de plâtras » est un relief en creux : la Seine.

Balzac n'aime guère la Seine, semble-t-il. Elle forme avec la verte Loire scintillante au soleil, un contraste absolu. Très souvent définie par le romancier comme une rivière et bien rarement comme un fleuve, elle est « sale » et « froide » (343), « bourbeuse ». Elle est le collecteur des égoûts de Paris, des ruisseaux « verts et noirs » empuantis par les teinturiers de la rue du Fouarre (344) et les droguistes de la rue des Cinq Diamants (345). Elle roule « les boues noires » de la Bièvre menaçante (346). Sa fonction dans La Comédie humaine semble surtout d'assurer, concurremment avec le poêle à charbon (347), une fin aux désespérés qu'elle attire comme un recours suprême. Nombreuses sont les « misères que les eaux de la Seine attendent » (348) et comme l'apprend Lucien de Rubempré à ses dépens « le poète va loin à moins qu'il n'aille à la Seine ». Il est vrai qu'il s'agit surtout de tentations redoutables dont les héros triomphent généralement, le hasard, l'imagination ou la sagesse reconquise aidant.

Raphaël frissonne tout à coup « en voyant de loin, sur le port des Tuileries, la barque surmontée d'un écriteau où ces paroles sont tracées en lettres hautes d'un pied : Secours aux asphyxiés (349) » et malgré « le délire de son courage » il décide

---

342. Plus nombreux et jouant un rôle plus important peut-être dans l'action. Dans les œuvres citées (et suivant l'ordre des citations) nous avons :
I — avant 1842 : *Le Colonel Chabert* (1832), *La Maison du chat-qui-pelote* (1829), *La Fille aux yeux d'or* (1834), *Les Secrets de la princesse de Cadignan* (1839), *Les Employés* (1836-37), *La Femme de trente ans* (1831-32), *L'Interdiction* (1836), *Le Père Goriot* (1834-35), *La Maison Nucingen* (1837) ;
II — après 1842 : *La Cousine Bette* (1846), *La Fausse Maîtresse* (1842), *Splendeurs et misères des courtisanes* (1844-47), *Béatrix* (deuxième volet 1844), *L'Envers de l'histoire contemporaine* (1842-44), *Entre savants* (1845), *Les Petits Bourgeois* (1843), *Honorine* (1843), *Valentine et Valentin* (1842), *La Muse du département* (1843), *Les Mémoires de deux jeunes mariées* (1841-42), *La femme auteur* (1847), *Les Paysans* (1845) (les références les plus fréquentes ont porté sur *La Fausse Maîtresse, Entre savants, Les Petits Bourgeois, Honorine*).
343. *La Peau de chagrin*, VI,433.
344. *L'Interdiction*, II,353.
345. Cf. *César Birotteau*, IV,174.
346. Cf. *La Femme de trente ans*, II,190.
347. Cf. Esther et Steinbock.
348. *Gobseck*, II,132.
349. *La Peau de chagrin*, VI,433.

de différer son suicide, marchant ainsi sans le savoir vers un destin non moins redoutable.

César Birotteau, dès ses débuts difficiles, « en ce temps de désespoir où la tête lui bouillait comme une marmite » avait déjà songé au suicide et « plusieurs fois, n'étaient ses sentiments religieux, il se serait jeté dans la Seine ». Contraint de déposer son bilan, la tentation sera si forte qu'il ira jusqu'à Sèvres « insensé de douleur », mais tandis que Constance songe déjà à l'aller chercher à la Morgue, il a triomphé de la violence de son désespoir et s'en revient vers les luttes héroïques de la réhabilitation.

Vendue à Nucingen, Esther souhaite « plutôt finir dans la Seine » (350) et quand les temps seront venus, Vautrin y songera à son tour : « quand Lucien sortira de Saint-Thomas-d'Aquin, gendre du duc de Grandlieu, si vous voulez entrer dans la Seine [...] je vous offre la main pour faire le plongeon ensemble » (351). Seule l'humble Ida Gruget ira jusqu'au bout, descendant vers l'aval de Paris pour échapper à l'horreur de la Morgue, « j'irai jusqu'au dessous de Neuilly pour n'être point mise à la Morgue » écrit-elle dans sa lettre d'adieu (352).

Parfois, face à la Seine maléfique, la tentation du suicide se double de celle du crime, « un mot qui a toute la hauteur d'une potence et toute la profondeur de la Seine » dit d'ailleurs Balzac (353). C'est ainsi que passant sur le Pont Royal l'infortuné Hulot « vit son existence si vide, si bien finie, si embrouillée par ses affaires financières qu'il fut sur le point de céder à la mauvaise pensée qui lui vint de jeter Crevel à la rivière, et de s'y jeter après lui ».

Mieux vaut tenter d'y naviguer métaphoriquement et sans scrupules, comme le cynique de Marsay y invite Paul de Manerville : « au lieu d'aller te mariner dans les Indes, il est beaucoup plus simple de naviguer de conserve avec moi dans les eaux de la Seine ; crois-moi ! » (354) Certains figurants malhonnêtes s'y emploient, tel le Sieur Mitral, « homme à perruque sinistre, à visage de la couleur de la Seine et où brillaient deux yeux tabac d'Espagne » (355). Pour qui connaît un peu la symbolique des couleurs balzaciennes, il ne s'agit certes pas là d'un hommage !

Le regard balzacien est si sévère pour la Seine, qu'il la rapetisse parfois curieusement. Nous signalions l'emploi peu fréquent du mot fleuve pour désigner la Seine : elle n'est pour le romancier qu'une « rivière » ; la cousine Bette, en longeant le parapet du quai Voltaire, pourra reconnaître Wenceslas débouchant par le guichet des Tuileries pour gagner le Pont-Royal : elle a de bons yeux ! Il est vrai qu'elle « marche en idée sur l'autre rive » en « dévorant la rivière » (356).

Il est aussi des péchés par omission commis par Balzac et non moins curieusement révélateurs : cette rivière si proche, si intimement mêlée à la vie des Parisiens qu'ils boivent encore de son eau (357) apparaît comme étrangement vide : on n'y trouve ni bateau à vapeur (358), ni péniches chargées de bois et de vin, ni chevaux

350. *Splendeurs et misères des courtisanes*, IV,342.
351. *Ibid*., p.348.
352. *Ferragus*, IV,44.
353. *La Peau de chagrin*, IV,444.
354. *Le Contrat de mariage*, II,425.
355. *Les Employés*, IV,532.
356. *La Cousine Bette*, V,49.
357. Cf. *Entre savants* et *Oeuvres Diverses*, édition Conard, tome III, p.616 : « on ne s'appelle pas Préfet de la Seine pour rien, il faut en vendre l'eau partout »).
358. En 1825, un bateau à vapeur fait trois fois par jour le voyage de Paris à Saint-Cloud. On embarque au quai d'Orsay.

à l'abreuvoir, ni lavandières, rien qui rappelle, de ce point de vue, tant de gravures romantiques (359). Ni description pittoresque de port fluvial.

Rivière morte qui charrie des morts ? non, pas seulement. Il est un autre regard balzacien qui sait restituer à cette laide héroïne de *La Comédie humaine* (360) sa poésie et sa vraie grandeur ; c'est précisément le regard transfigurateur de « l'archéologue » qui n'embrasse pas seulement Espace et Temps présents, mais aussi Espace et Temps passés. Lorsque la Seine reflète les lumières et les monuments de Paris qui la jalonnent, alors elle prend vie et voix, se hausse aux dimensions d'un fleuve mugissant, fascinant, qui appelle la méditation.

« En ce moment Raphaël passait avec ses amis sur le Pont-des-Arts, d'où, sans les écouter, il regardait la Seine dont les eaux mugissantes répétaient les lumières de Paris. Au-dessus de ce fleuve, dans lequel il voulait se précipiter naguère, les prédictions du vieillard étaient accomplies, l'heure de sa mort se trouvait déjà fatalement retardée. » (361)

Ce regard transfigurateur intervient généralement lorsque les héros traversent une crise grave qui les entraîne aux frontières de la vie et de la mort, à ce point précis où arrivé « insensiblement aux phénomènes de la *fluidité* » (362), on peut embrasser le passé d'un homme et le passé d'une ville en une grandiose harmonie finale.

Lors de son ultime promenade, Raphaël « marche d'un pas mélancolique le long des magasins, en examinant sans beaucoup d'intérêt les échantillons de marchandises » mais, « quand les boutiques lui manquèrent, il étudia le Louvre, l'Institut, les tours de Notre-Dame, celles du Palais, le Pont-des-Arts. Ces monuments paraissaient prendre une physionomie triste en reflétant les teintes grises du ciel dont les rares clartés prêtaient un air menaçant à Paris » (363). Paris, qui sans la Seine ne serait pas. La Seine, qui sans le reflet de ces monuments qui résument son histoire ne serait rien. Raphaël, à qui les tourments de son agonie spirituelle « imprimaient un mouvement *semblable à celui des vagues* et lui faisaient voir les bâtiments, les hommes, à travers un brouillard où tout ondoyait » (364). C'est ainsi qu'il se dirige vers le fameux magasin d'antiquités, où son âme de poète « rencontre fortuitement une immense pâture ». Fortuitement ? Peut-être, mais cette promenade au bord de la Seine tout aussi « gorgée » de « civilisation » que les salles du vieil antiquaire, n'a-t-elle pas singulièrement favorisé « ses dernières méditations, qui furent terribles » (365) ?

Mise en parallèle, l'hallucination finale de Lucien de Rubempré est une grâce d'état ! Enfermé sous le préau de la Conciergerie il n'en est pas moins, lui aussi, d'une certaine manière, au bord de la Seine. « A la hauteur où Lucien se trouvait, son regard prenait en écharpe cette galerie (« dite de Saint-Louis ») et les détails du corps de logis qui réunit la tour d'Argent à la tour Bonbec, il voyait les toits pointus des deux

---

359. Consulter par exemple *Les promenades pittoresques et lithographiques dans Paris* (B. d'Albe, 1822).

360. Çà et là nous trouvons bien quelques exceptions, par exemple dans *Une fille d'Eve*, I,518 : « Le vieux maître de chapelle demeurait au quatrième étage et jouissait du bel aspect de la Seine depuis le Pont-Neuf jusqu'à la colline de Chaillot ». Il est à remarquer qu'il s'agit ici d'un regard surplombant. On sait le goût de Balzac pour les panoramas qui exaltent la beauté des paysages urbains (cf. par exemple, l'ouverture célèbre de la quatrième partie de *La Femme de trente ans : Le Doigt de Dieu*) et font disparaître les laideurs que la vision à « ras-du-sol » enregistre impitoyablement.

361. *La Peau de chagrin*, VI,443.

362. *La Peau de chagrin*, VI,434.

363. *Ibid.*

364. *Ibid.*, c'est nous qui soulignons.

365. *Ibid.*, p.435.

tours. Il resta tout ébahi, son suicide fut retardé par son admiration. » (366) Sous la pression d'un sentiment arrivé à son paroxysme, ce qui « dans le cerveau n'était qu'une idée, devient une créature animée ou une création vivante ». C'est ainsi que « Lucien vit le Palais dans toute sa beauté primitive ». « La demeure de saint Louis reparut telle qu'elle fut » et notre « poète en *promenade dans le Moyen Age* » (367) « accepta cette vue sublime comme un poétique adieu de la création civilisée ».

Ce regard-là ressemble étrangement à celui de Balzac archéologue de Paris, qui ne se contente pas d'un simple inventaire des richesses du passé, mais les ressuscite à nos yeux apesantis par le quotidien, les recrée par la magie des mots.

Le pouvoir d'attraction de la rivière transfigurée par l'archéologie et l'histoire est peut-être résumé dans la rêverie de l'Initié. Godefroid, accoudé « au parapet de ce quai d'où l'on peut voir à la fois la Seine en amont depuis le Jardin des Plantes jusqu'à Notre-Dame, et en aval la vaste perspective de la rivière jusqu'au Louvre » (368) y revit le prestigieux destin de la ville en contemplant Sainte-Geneviève qui « couvre de sa coupole le quartier latin », Notre-Dame, le Louvre, les Tuileries, l'Hôtel de Ville qui « parle de toutes les Révolutions et l'Hôtel-Dieu de toutes les misères de Paris ». La pierre s'anime et « l'âme embrasse le passé comme le présent de la ville de Paris ». Nous sommes ici au cœur de l'ancien Paris. « Les eaux de la Seine s'y brisent à grand bruit » et « la Cathédrale y jette ses ombres au coucher du soleil ». Le héros, « âme sans boussole » à « la poupe de ce vaisseau devenu gigantesque » est séduit par l'harmonie qui règne entre « ses idées du moment et celles qui naissent à la vue de scènes si diverses », entre « Paris et lui ». La Seine est alors ennoblie de tout le passé qu'elle reflète. Les ombres grandissent, les lumières s'allument et le personnage est « *emporté au courant* (369) d'une de ces méditations grosses de notre avenir et que le passé rend solennelles ». Le courant du fleuve et celui de la rêverie sont, une fois de plus, harmonieusement parallèles.

Rivière chétive et sale dont les eaux attendent les désespérés de la vie parisienne, fleuve mugissant paré de tous les prestiges d'un passé qui invite au recueillement : deux visages d'une héroïne reparaissante de *La Comédie humaine* dont, peut-être, on a trop mésestimé les pouvoirs.

Elle est d'autant plus familière au romancier qu'elle n'était pas encore entièrement enfermée entre ses quais de pierre au moment où le jeune Balzac se promenait au long de ses rives : « Avant 1830, le nom de la grève avait un sens, aujourd'hui perdu. Toute la partie du quai depuis le Pont d'Arcole jusqu'au Pont Louis-Philippe, était alors telle que la nature l'avait faite. » (370) Ici, l'archéologue parle de « choses vues ». Comme c'est souvent le cas au fur et à mesure que l'auteur avance en âge et en œuvre, il fait de l'archéologie avec ses propres souvenirs. Il a vu progresser l'aménagement de la vallée de la Seine, et des quais l'endiguer sur la plus grande partie de son tracé (371). Ils forment, presque parallèlement aux boulevards (que Balzac désigne comme une « seconde Seine sèche ») (372), le grand axe de circulation est-ouest de la ville, axe double : rive gauche, rive droite, percée naturelle aménagée par les bâtis-

366. *Splendeurs et misères des courtisanes*, IV,418.
367. *Splendeurs et misères des courtisanes,* IV,418. C'est nous qui soulignons.
368. *L'Envers de l'histoire contemporaine*, V,404.
369. *Ibid*. C'est nous qui soulignons.
370. *Splendeurs et misères des courtisanes*, IV,395.
371. « En ce moment on achevait l'agrandissement du quai Pelletier » (cf. *Splendeurs et misères des courtisanes*, IV,395).
372. *Histoire et physiologie des boulevards de Paris (Oeuvres Diverses,* Édition Conard, p.613).

seurs, où circulent incessamment les piétons, et dont l'espace reflète celui des quartiers auxquels ils appartiennent. Comme les grands boulevards, populaires et populeux à l'est, ils deviennent de plus en plus élégants vers l'ouest. Mais le plus souvent Balzac ne les décrit pas, il se contente de les nommer en péchant par omission. Ce sont surtout les quais de la rive gauche qui retiennent son attention ; d'amont en aval : quai Saint-Bernard et Halle aux Vins, quai Saint-Michel et quai des Augustins au « pays latin », fiefs des éditeurs et des libraires (373). Lucien essaie de placer l'*Archer de Charles IX* chez Vidal et Porchon, quai des Augustins, et Lousteau l'avertit que son recueil de sonnets, *Les Marguerites*, risque de connaître le destin des recueils invendus : « ces élégants rossignols [...] viennent presque tous s'abattre sur les rives de la Seine où vous pouvez aller étudier leur chant [...] sur les quais de Paris, depuis l'étalage du Père Jérôme, au pont Notre-Dame, jusqu'au Pont-Royal » (374). Sans doute Balzac fut-il souvent attiré vers le pont Royal, comme le touchant professeur Marmus, par « la curiosité qui nous fait perdre plus de temps à Paris que partout ailleurs. Comment marcher sans donner un regard à ces petites caisses oblongues, larges comme la pierre du parapet, et qui tout le long du quai stimulent les bibliophiles ? » (375)

Quand Raphaël descend les marches qui terminent le trottoir du pont Royal, son attention est également « excitée par les bouquins étalés sur le parapet » : vieux réflexe qui le fait sourire devant la mort imminente. Sur le quai Voltaire l'attendent les magasins d'antiquités, où l'on peut marchander des objets d'art et parfois rencontrer le destin...

Le quai Malaquais a déjà l'élégance du Faubourg, et Lucien y succède à Beaudenord, dans une garçonnière « proche de l'hôtel de Grandlieu » (376), simple notation, comme c'est souvent le cas : ainsi nous apprenons que la Rousse, quincaillère, est « établie quai aux Fleurs » (377), qu'Anselme Popinot et Gaudissart peuvent s'entretenir tout à loisir après minuit quai de l'Horloge car « à cette heure il n'y a personne » (378).

Les quais de la rive droite semblent, eux, curieusement absents. Le romancier y situe parfois ses personnages, mais sans s'y attarder. Un matin, Agathe aperçut « du quai de l'École, où elle longeait le parapet, un homme portant la livrée de la misère » (379). Le quai des Tuileries n'apparaît pas comme une promenade mais comme un point stratégique défendu par le prince de Cadignan lors de l'attaque du château par les insurgés de 1830 (380). Lors de leur promenade en fiacre, les clercs de l'étude Desroches s'en reviennent « par Bercy, les quais et les boulevards jusqu'à la rue de Vendôme » (381) ; le quai de la Rapée n'est pas cité. Ne sont pas cités non plus les quais de la Mégisserie, de Gesvres que dut presque certainement emprunter l'un des plus gaillards « fantassins de Paris », César Birotteau, lorsque, « pendant huit jours », il alla tous les soirs faire faction devant le *Petit Matelot* (382). Partant des environs

---

373. *La Peau de chagrin*, et *Illusions perdues*.
374. *Illusions perdues*, III,468.
375. *Entre savants*, IV,505.
376. Cf. *Splendeurs et misères des courtisanes*.
377. *Ibid.*, IV,461.
378. *César Birotteau*, IV.
379. *La Rabouilleuse*, III,118.
380. Cf. *Les Secrets de la princesse de Cadignan*, IV,478 : « Le prince a, comme vous le savez, défendu les Tuileries du côté des quais dans les journées de Juillet ».
381. *Un début dans la vie*, I,334.
382. *César Birotteau*, IV,140.

de Saint-Roch pour se rendre au quai d'Anjou, dans l'Ile Saint-Louis, par le pont Marie, il ne peut guère éviter semble-t-il, la longue ligne des quais de la rive droite.

Le chemin familier qui conduit Bette de la rue du Doyenné à la rue de l'Université chez les Hulot, passe nécessairement par le quai du Louvre, soit qu'elle prenne par le pont du Carrousel (à péage) ou plus vraisemblablement par le pont Royal comme Wenceslas. Lorsqu'à la poursuite du baron Hulot, elle se rend en fiacre quai de la Tournelle, à l'angle de la rue de Poissy, son cocher suit-il le quai de la rive gauche ou celui de la rive droite ? (383) Là encore, aucune précision n'est fournie sur ce parcours. Le petit Popinot donne ses rendez-vous quai de l'Horloge (384) dans la Cité, et non sur les rives de la Seine proches de chez lui (quai de Gesvres par exemple).

Au fond, les rives de la Seine à l'état « naturel » intéressent davantage Balzac que les quais, et il semble parfois que leur achèvement (385) ait nui au pittoresque : la seule véritable description des quais (rive droite et rive gauche) est le tableau de la grève *avant* que la rivière ne fût endiguée en cet endroit : « avant 1830, le nom de grève avait un sens aujourd'hui perdu. Toute la partie des quais depuis le Pont d'Arcole jusqu'au Pont Louis-Philippe était alors telle que la nature l'avait faite, à l'exception de la voie pavée qui d'ailleurs était disposée en talus. Aussi dans les grandes eaux, pouvait-on aller à pied le long des maisons et dans les rues en pente qui descendaient sur la rivière. [...] Quand l'eau battait le pied des maisons, les voitures prenaient par l'épouvantable rue de la Mortellerie, abattue tout entière aujourd'hui pour agrandir l'Hôtel de Ville » (386). Ces « rues en pente qui descendaient sur la rivière » étaient chevauchées par des arches (où les barques s'arrêtaient) telle l'arche Popin (ou Pépin). Le dictionnaire des frères Lazare nous apprend qu'une ordonnance royale du 16 août 1836 « a autorisé l'acquisition de la maison bâtie sur l'arche Pépin et dont la démolition était nécessaire pour procurer à la rue (de l'arche Pépin) un débouché sur le quai de la Mégisserie » (387). Balzac a donc pu connaître cette arche toute proche du Châtelet et qui prolongeait la rue des Lavandières-Sainte-Opportune (388). En tout cas, en bon archéologue, c'est elle qu'il choisit pour cadre à la rêverie technologique de Lamblerville, jeune héros des *Aventures administratives d'une idée heureuse* qui, un jour de l'heureuse année 1605 « en arrivant à l'Arche Pépin, d'où il pouvait découvrir la Seine [...] s'appuya sur le parapet de l'arche et regarda tour à tour cette rivière et le ciel brillant d'étoiles » (389) avant d'être « dévoré » par l'Idée.

Que les quais rive droite soient si rarement évoqués par Balzac suggère quelques remarques. Participant à l'activité des quartiers qu'ils bordent et dont ils sont le débouché sur la Seine, les quais de la rive droite sont voués au commerce beaucoup plus que ceux de la rive gauche. Bien que la vie portuaire qui anime la Seine ne soit jamais décrite par Balzac, on peut supposer que Popinot, Matifat, Pillerault vont recevoir de l'huile, de la cochenille, des ferrailles, par exemple à ce « Port des Tuileries » que Raphaël aperçoit du pont Royal sans y prêter autrement attention (390) mais que Dulaure décrit assez longuement ; il nous apprend qu'à ce Port Saint-Nicolas (391) « arrivent et sont déposées les marchandises venant de Dieppe, du Havre,

383. *La Cousine Bette*, C,139.
384. Ou des Lunettes.
385. Sous Louis-Philippe et Napoléon III.
386. *Splendeurs et misères des courtisanes*, IV,395.
387. *Dictionnaire administratif et historique des rues de Paris*, édition de 1844.
388. Il en existe par ailleurs plusieurs lithographies.
389. *Aventures administratives d'une idée heureuse*, VII,269.
390. Trop fasciné par le « poste de secours aux asphyxiées » ! (cf. *La Peau de chagrin*, VI,433).
391. Ainsi se nomme le Port des Tuileries.

de Rouen, de Provence, de Hollande, telles que les huiles, savons, café... » (392) et que la Grève est le « port du charbon de terre, de bois, du sel ». C'est peut-être à cause de cette activité commerciale que les quais rive droite sont des pôles répulsifs pour les flâneurs de *La Comédie humaine*. Seuls les boutiquiers et revendeurs des marchés doivent fréquenter ces rives pour des raisons professionnelles.

Une autre raison explique sans doute qu'elles apparaissent si peu : sur la rive gauche, la ligne des quais se présente comme une seule percée continue d'est en ouest ; sur la rive droite, la Seine est doublée par le grand axe est-ouest que forment, presque parallèlement à son cours, la rue Saint-Antoine et la rue Saint-Honoré avec les faubourgs qui les prolongent : c'est le bras est-ouest de la « grande croisée », voie de circulation intense qui concurrence les bords de Seine. Ajoutons qu'à l'ouest, le quai des Tuileries est, comme aujourd'hui, déserté par les promeneurs au profit de la « grande allée des Tuileries » ou de la Terrasse des Feuillants (393).

Spécialisation économique et nature du peuplement, localisation des grandes percées font que, des bords de cette Seine sans vie, les quais rive gauche sont au moins cités (394) tandis que les quais rive droite, peu propices à la promenade et voués à un trafic fluvial auquel Balzac, si « réaliste » qu'il soit, ne s'intéresse pas, sont presque délibérément absents de *La Comédie humaine*.

Pour passer la rivière qui sépare les mondes opposés de la rive droite et de la rive gauche, nombreux sont les ponts dans *La Comédie humaine*. Leur étude, toutefois, nous réserve quelques surprises : là encore Balzac nomme, mais ne décrit pas, et les omissions de l'archéologue méritent quelque attention.

D'amont en aval nous trouvons :

— Le *Pont Marie* : c'est celui qu'emprunte César Birotteau « par un beau jour de juin » pour se rendre dans l'Ile Saint-Louis où, à « l'encoignure du quai d'Anjou », le « magasin de nouveautés, nommé le Petit Matelot » abrite Constance (395). Nous ne saurons rien d'autre de ce pont, construit sous Louis XIII, contemporain du lotissement de l'Ile Saint-Louis. En revanche les mille séductions du magasin de nouveautés, « poème commercial », sont complaisamment exposées.

— Le *Pont de l'Archevêché*, pont à péage construit sur ordonnance royale de Charles X (en 1827) est désigné par une périphrase : c'est, dans *L'Envers de l'histoire contemporaine*, « le pont en pierre qui réunit l'Ile de la Cité au quai de la Tournelle » (396) ; Balzac ignore-t-il le nom de ce pont trop récent ? De même le quai de l'Archevêché est « ce quai d'où l'on peut voir à la fois, la Seine en amont depuis le Jardin des Plantes jusqu'à Notre-Dame, et en aval, la vaste perspective de la rivière jusqu'au Louvre ».

Peu importent les noms précis, quand on rêve Paris depuis les Romains jusqu'à Louis-Philippe, « à la poupe de ce vaisseau devenu gigantesque » (397). Le poète du passé l'emporte ici sur l'archéologue, la vision épique se suffit à elle-même.

— Comment expliquer par contre l'absence du Pont Louis-Philippe (398), pont à la mode : sa « modernité » rebute-t-elle l'archéologue ? Construit sur ordonnance du 13 août 1833, il mérite cependant l'attention. Ce n'est pas l'ouvrage que nous

---

392. *Histoire de Paris*, tome IV, p.241, édition de 1839.
393. Cf. par exemple *La Fille aux yeux d'or*, *La femme comme il faut*.
394. Souvent comme parcours reparaissants des amateurs de livres.
395. *César Birotteau*, IV,140.
396. V, 405.
397. V, 404.
398. Une seule allusion, sauf erreur, dans *Splendeurs et misères des courtisanes*, IV,395.

connaissons, mais un pont suspendu, en fil de fer dit « à la cathédrale », en raison du retour au « gothique » (de même qu'il y a la reliure « à la cathédrale », il y a le « pont à la cathédrale » et les lacis de câbles évoquent assez bien ici des arcs et ogives (399). Balzac l'a vu construire ainsi que beaucoup d'autres, mais cette « fièvre de construction »-là ie laisse, semble-t-il, indifférent (400).

— Le *Pont d'Arcole* n'est lui aussi que mentionné, à la faveur de cette même allusion historique au nom de la Grève (401).

— Le célèbre *Pont-Neuf* commencé sous Henri III (la première pierre fut posée en 1578), terminé sous Henri IV, enjambe la Seine, mais en prenant appui sur l'Ile de la Cité. Il est l'un des figurants de *La Comédie humaine.* Au sortir des Bouffons « Madame de Nucingen voulut reconduire Eugène jusqu'au Pont-Neuf en lui disputant, pendant tout le trajet, un des baisers qu'elle lui avait si chaleureusement prodigués au Palais-Royal » (402).

Agathe Bridau, qui en allant à son bureau de loterie « prenait par le Pont-Neuf, pour éviter de donner le sou du Pont des Arts, aperçut un jour de juillet, le long du quai de l'École, un homme portant la livrée de la misère » : c'était son fils Philippe (403).

En sortant de chez Vidal et Porchon « Lucien traversa le Pont-Neuf en proie à mille réflexions » avant d'aviser rue du Coq, une boutique modeste : celle de Doguereau (404).

— Le *Pont des Arts* est, lui, une vedette reparaissante. C'est le pont le plus souvent cité dans *La Comédie humaine.* Il est vrai qu'il est très fréquenté sous la Restauration. Ce pont métallique à péage, ouvert en 1803, est interdit aux voitures. Ses orangers en caisses, ses bancs accueillants en font, au dire des historiens, un lieu de promenade et de rendez-vous très apprécié. Parfois cependant, c'est d'un rendez-vous avec la mort qu'il s'agit : « où trouvez-vous, dans l'océan des littératures, un livre surnageant, qui puisse lutter de génie avec cet entrefilet :

« *Hier, à quatre heures, une jeune femme s'est jetée dans la Seine, du haut du Pont des Arts.* Devant ce laconisme parisien, les drames, les romans, tout pâlit » (405).

Il est aussi, rappelons-le, le lieu des sombres méditations de Raphaël. Au moment où il franchit le Pont des Arts avec ses amis, il réalise que l'heure de sa mort se trouve « déjà fatalement retardée » (406). Plus tard il tournera « sous les guichets de l'Institut » à jeun, sans un denier, et sous la pluie qui déforme son chapeau : « comment pouvoir aborder, désormais, une femme élégante ? » (407)

399. C. Marcel Poete, *Une vie de cité,* tome IV (gravure de Martial, 1842).
400. Ponts construits sous la Restauration et la Monarchie de Juillet : pont suspendu des Invalides : 1825, pour grosses voitures ; passerelle d'Arcole, reconstruite après 1830, pour piétons ; pont de l'Archevêché, 1827 ; pont suspendu de Bercy dont la première pierre fut posée le 28 juillet 1831, inauguré le 29 janvier suivant ; pont de fer du Carrousel, 1832-34, pour voitures ; pont suspendu Louis-Philippe, 1833, pour voitures légères seulement ; pont de la Cité (passerelle en fer) reconstruit à la même époque ; passerelles suspendues de Constantine et Damiette, 1836-38, à l'emplacement de l'actuel Pont Sully.
401. Cf. note 398 ci-dessus.
402. *Le Père Goriot,* II,264 (dans ce roman pourtant « à cheval » sur les deux rives, un seul pont est cité).
403. *La Rabouilleuse,* III,118.
404. *Illusions perdues,* III,454.
405. *La Peau de chagrin,* VI,433.
406. *Ibid.,* p.443.
407. *Ibid.,* p.469 ; les guichets de l'Institut étaient situés à l'entrée du pont des Arts.

Le « grand vieillard en cheveux blancs », vieux prêtre apostat que le narrateur de *Sœur Marie des Anges* croise en 1827 « dans les environs de la rue de Seine, de la rue des Marais, de la rue des Petits Augustins et sur le pont des Arts » ne donne guère envie non plus d'emprunter ce dernier (408). Mieux vaudrait y rencontrer un autre vieillard, le brave professeur Marmus qui, malgré ses bonnes résolutions : « je prendrai le Luxembourg, la rue de Seine, le pont des Arts, le Louvre, la rue du Coq... », dut brusquement retourner sur ses pas « quand il arriva devant le pont des Arts » et se souvint du péage : il avait en effet donné les deux sous qu'il possédait à un petit enfant sans se soucier des recommandations de madame Adolphe : « si vous prenez le pont des Arts, il vous faut un sou » (409). Mais non, celui qui nous y attend, c'est le sinistre Carlos : « A minuit, Paccard, le chasseur d'Esther, trouva Carlos sur le pont des Arts, l'endroit le plus favorable à Paris pour se dire deux mots qui ne doivent pas être entendus » (410). Ce lieu tranquille réservé aux piétons plaît décidément à Jacques Collin : « Détalez mes enfants [...] et ne faites pas de sottises ! Trouvez-vous ce soir sur le pont des Arts, à cinq heures, et là ma tante vous dira s'il n'y a pas contre-ordre. Il faut tout prévoir », dit-il à Prudence et Paccard (411).

A travers ces quelques exemples, nous pouvons constater que le pont des Arts apparaît chez Balzac dans un contexte souvent maléfique. Point de couples amoureux entre les bordures d'orangers, point de détails pittoresques, mais d'inquiétants personnages auxiliaires du destin : comme c'est souvent le cas, c'est l'envers du décor que perçoit ici Balzac.

— Le *Pont Royal* construit sous Louis XIV (1680), est le premier qui ait enjambé la Seine dans toute sa largeur (412). C'est le pont élégant de l'ouest qui a contribué à l'essor du faubourg Saint-Germain. Cependant, là non plus, nous n'avons pas d'historique, tout au plus quelques éléments descriptifs ! Raphaël « s'achemine vers le Pont Royal » en songeant aux dernières fantaisies de ses prédécesseurs candidats au suicide et, arrivé « au point culminant de la voûte » regarde « l'eau d'un air sinistre » en se serrant « contre le parapet » ; un peu plus tard, il descend « les marches qui terminent le pont » à l'angle du quai Voltaire, attiré, nous l'avons vu, comme le professeur Marmus par « les bouquins étalés sur le parapet » (413).

— Le *Pont Louis XVI* (414) commencé en 1787, achevé en 1790, est le « bond te la jambre » comme dit Nucingen (415). Il apparaît fort peu dans *La Comédie humaine*. Tout au plus savons-nous que Calyste, s'échappant de chez lui « comme s'échappent les prisonniers (est) heureux d'aller à pied, de marcher par le Pont Louis XVI et les Champs-Élysées, vers un café du boulevard » (416).

— Le *Pont d'Iéna*, construit sous Napoléon Ier (en 1812) est le dernier que nous trouvons au fil de notre promenade d'amont en aval. Il est emprunté par la jolie voiture de voyage qui, au sortir de la messe de mariage à Saint-Thomas d'Aquin, emporte Calyste et Sabine vers « le grand chemin de la Bretagne » : « en quelques secondes le gai convoi atteignit à l'esplanade des Invalides, gagna par le quai le pont d'Iéna, la barrière de Passy, la route de Versailles... » (417)

---

408. *Sœur Marie des Anges*, II,451.
409. *Entre savants*, IV,504, 505.
410. *Splendeurs et misères des courtisanes*, IV,323.
411. *Ibid.*, p.462.
412. Les ponts antérieurs s'appuyaient sur les îles.
413. *La Peau de chagrin*, VI,433-434.
414. Ou Pont de la Concorde.
415. *Splendeurs et misères des courtisanes*, IV,322.
416. *Béatrix*, II,94.
417. *Ibid.*, p.85.

Au terme de cette énumération un peu lassante, que constatons-nous ? Non seulement les ponts de Paris ne sont pas décrits, mais ils sont relativement peu cités et parfois leur absence étonne. Par exemple, pas de ponts dans *Ferragus* et cependant cette « ténébreuse affaire » touche, par la demeure de Maulincour, au faubourg Saint-Germain : Maulincour et monsieur Jules doivent emprunter le pont Royal. Pas de ponts dans *La duchesse de Langeais* : roman du Faubourg, soit ; mais très peu de ponts dans *Le Père Goriot*, alors que Rastignac passe sa vie « en parcours » entre la rue Neuve-Sainte-Geneviève et la rue Saint-Lazare. Sans doute emprunte-t-il le pont des Arts quand il va à pied et le Pont-Neuf en fiacre ? Guère de ponts dans *César Birotteau*, roman affairiste de la rive droite (le pont Marie n'est qu'un souvenir de jeunesse de Birotteau). Pas de ponts dans *Les Employés*, ni *Le Cousin Pons* (roman du Marais, il est vrai), pas de ponts dans *Les Petits Bourgeois*.

L'archéologue, c'est un fait, s'y intéresse peu. Peut-être l'aspect spéculatif de l'expansion urbaine (plus-value des terrains, maisons de profit) le retient-il davantage que les travaux d'art d'intérêt public (il a vu construire avec une rapidité record au moins huit ponts sans les mentionner) ou militaire ? (l'œuvre vraiment remarquable que sont les remparts ne retient pas non plus son attention, si l'on excepte quelques allusions). Et puis enfin, Balzac n'éprouve pas, semble-t-il, le goût des *nouveautés techniques*, le bateau à vapeur ne l'intéresse pas plus que les ponts suspendus ou la prouesse technique qu'ils représentent. De même, seul l'aspect spéculatif des chemins de fer requiert son attention. Mais il s'intéresse à l'éclairage au gaz ! dira-t-on : c'est vrai, mais cette nouveauté-là crée la féerie, la beauté, et c'est ce qui fascine Balzac (418).

L'archéologue est historien mais aussi et surtout poète, ne l'oublions pas. Il opère un choix révélateur et ne passe pas en revue toutes les nouveautés de son époque ; c'est heureusement son droit. Le mythe des ponts de Paris, donc, ne lui doit rien (419). D'autres poètes présideront à sa naissance, ô Apollinaire, et une rengaine célèbre le rendra populaire (420).

---

418. Un passage des *Lettres à Madame Hanska* est très révélateur à cet égard : cf. tome II, pp.484-485, 29-30 juillet 1844 : « Je vais, pour la première fois depuis 14 ans, aller voir la fête et l'effet de l'illumination des Champs-Élysées [...] l'illumination s'est opérée avec des milliers de verres cannelés et façonnés [...] Vraiment si jamais vous venez à Paris, tâchez que ce soit dans le temps d'une de ces fêtes [...] Il y avait une ville [...] pour des spectacles qui luttaient de musiques et d'annonces contre la magique illumination et le feu d'artifice. C'était un de ces coups d'œil étranges et au-dessus de toute description. »

419. Notons cependant un emploi symbolique intéressant : « passer les ponts » peut signifier aller à la conquête de la ville. Exemple : « il se mit dans sa tenue la plus distinguée et passa les ponts... » Cf. *Illusions perdues*, III,464.

420. « Sous les ponts de Paris, lorsque descend la nuit, etc. » (1912-13).

ITINÉRAIRES DE QUELQUES PIÉTONS DE PARIS

Cette ville qui n'a pas encore échappé à l'emprise du milieu naturel, qui écoute encore le bruissement des feuilles et les chants d'oiseaux dans ses nombreux jardins, où, dans certains quartiers, les cloches retentissent dans un silence « quasi-provincial », est un espace privilégié pour les piétons de Paris. Ils sont très nombreux dans *La Comédie humaine* et apparaissent même dès les romans de jeunesse. Les déambulations picaresques de *Jean-Louis* (1), par exemple, nous entraînent déjà dans des rues du vieux Paris dont certaines seront des rues « reparaissantes » (2) : rue Saint-Honoré, rues Thibodoté (3) et des Bourdonnais, rue Saint-Denis, rue de la Verrerie. Rues nommées, non décrites, mais dont les noms seuls tracent une esquisse de ce qui sera le cœur du Paris de Balzac. Rue Saint-Germain l'Auxerrois, passage du Châtelet, rue Ogniard (qui commence à la rue Saint-Martin et finit à la rue des Cinq-Diamants où s'établira plus tard Anselme Popinot), rue des Nonandières, place Maubert, vieille rue des Postes à l'orée du faubourg Saint-Marceau, pour ne citer que les principales.

La fidèle Marianine (4) sillonne également des quartiers de Paris chers au futur Balzac, de la barrière des Bonshommes au Luxembourg et à l'Observatoire, de la rue du faubourg Saint-Jacques à la rue de l'Ouest (5). Elle parcourt aussi l'espace souterrain de Paris, hantant les Catacombes « archives de la mort » et, « à deux cents pieds du sol sur lequel marchent les hommes d'un jour », les galeries situées sous le Louvre, « dessous la Seine » où l'étrange vieillard centenaire qui préfigure quelque peu l'Antiquaire de *La Peau de chagrin* lui montre les débris témoins des siècles passés.

Cette vision dynamique de la ville incessamment parcourue, nous nous proposons de la faire connaître au lecteur en lui présentant quelques localisations et itinéraires sans doute plus éclairants que de longs développements.

---

1. Cf. *Jean-Louis ou la Fille trouvée*, 1822.
2. Cf. itinéraires ci-joints.
3. Ou Thibault aux Dez, l'une des plus vieilles rues de Paris au temps de Balzac (c'est la rue des Bourdonnais en aval de l'actuelle rue de Rivoli, qui a coupé, en deux sections, celle-ci).
4. Cf. *Le Centenaire*, 1822.
5. Que nous retrouverons dans *Entre savants* et ailleurs.

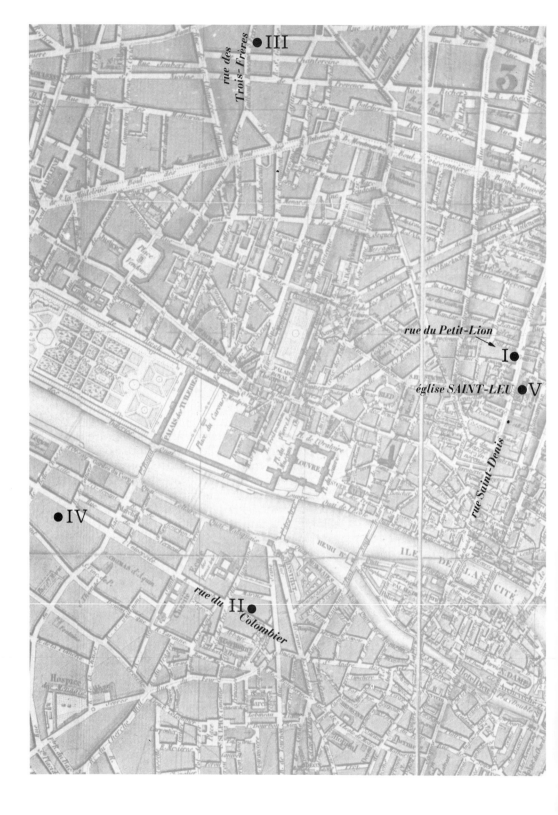

LA MAISON DU CHAT-QUI-PELOTE

1829

I — La maison du *Chat-qui-pelote* (angle de la rue Saint-Denis et de la rue du Petit Lion).

II — Hôtel de la *rue du Colombier*, où se retirent monsieur et madame Guillaume.

III — Appartement de monsieur et madame de Sommervieux (*rue des Trois frères*).

IV — L'hôtel Carigliano, « l'un des plus somptueux du faubourg Saint-Germain », non précisément localisé.

V — *Église Saint-Leu*, paroisse des Guillaume (intrigue amoureuse et messe de mariage).

REMARQUES

Dans *La Maison du chat-qui-pelote,* les déplacements sont limités. Il y a une espèce d'unité de lieu du drame : la maison elle-même, située dans une rue vedette, la rue Saint-Denis.

Le bondissant coupé qui emporte les jeunes époux Sommervieux vers la rue des Trois-Frères emprunte un itinéraire non précisé. Il s'agit plutôt d'un itinéraire symbolique : celui qui mène Augustine vers les lumières de la Chaussée-d'Antin dans « un appartement que tous les arts avaient embelli » tandis que sa sœur et son calme époux retournent dans leur « *remise* » à la vieille maison de la rue Saint-Denis et que monsieur et madame Guillaume « *restent* » dans leur hôtel de la rue du Colombier (6).

Plus tard, le désenchantement venu, « la timide Augustine armée d'un courage surnaturel » se rendra en voiture au faubourg Saint-Germain, à l'hôtel Carigliano. Là non plus, l'itinéraire n'est pas précisé : Augustine n'a pas de regard pour le monde extérieur. Seule la fascine sa rivale « posée comme une statue antique » sous une espèce de dais aux ornements de bronze doré.

---

6. *La Maison du chat-qui-pelote*, I, 72 : c'est nous qui soulignons.

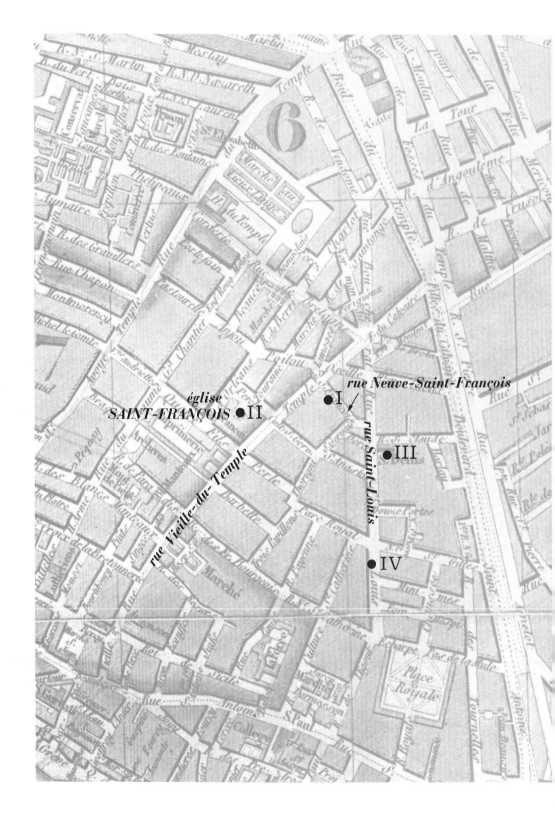

église
SAINT-FRANÇOIS ●II

●I

rue Neuve-Saint-François

●III

●IV

rue Vieille-du-Temple

rue Saint-Louis

UNE DOUBLE FAMILLE

1830

I —   Demeure de monsieur de Granville, à l'angle de la *rue Vieille-du-Temple* et de la *rue Neuve-Saint-François* : « Un sombre hôtel du Marais ».

II —   L'église Saint-François à « deux pas de la rue d'Orléans » (rue Charlot).

III —   Une petite chapelle sise *rue Saint-Louis* (rue de Turenne).

IV —   Madame Crochard, mère de Caroline, après l'installation de celle-ci rue Taitbout, a quitté la *rue du Tourniquet-Saint-Jean* pour la *rue Saint-Louis*.

REMARQUES

Une double famille (7), autre scène de la vie privée, se déroule dans un espace parisien bien délimité. Triangle exigu jalonné de clochers, situé au cœur du Marais familier à Balzac dès le temps de la rue Lesdiguières.

« Angélique employa l'influence que la lune de miel prête à toutes les femmes pour déterminer Granville à prendre un grand appartement situé au rez-de-chaussée d'un hôtel qui faisait le coin de la rue Vieille-du-Temple et de la rue Neuve-Saint-François. La principale raison de son choix fut que cette maison se trouvait à deux pas de la rue d'Orléans, où il y avait une église, et voisine d'une petite chapelle sise rue Saint-Louis » (8).

De ce monde pieux et étriqué on ne s'échappe pas impunément. L'aventure de Caroline et de Roger commencée dans la sombre rue du Tourniquet-Saint-Jean se transporte « au milieu du Paris moderne », dans la rue Taitbout sillonnée par une multitude de voitures élégantes. C'est le temps du bonheur, pleinement vécu dans un *espace extérieur* à celui du drame qui se joue à l'ombre des clochers du Marais, *espace intérieur* celui-là, lieu clos par destination. Le comte de Granville passe de l'un à l'autre impunément semble-t-il, jusqu'au jour où la comtesse, alertée par le redoutable abbé Fontanon, sort du champ clos où elle livrait de silencieuses batailles, pour affronter sa rivale à visage découvert. « Que le diable l'emporte ! s'écria le valet en voyant partir sa maîtresse qui dit au cocher « Rue Taitbout » (9).

C'est le prologue au châtiment immérité. Au « monsieur noir », piéton de Paris encore jeune qui arpentait naguère la rue du Tourniquet-Saint-Jean l'espoir au cœur, répond maintenant le vieillard désabusé et meurtri qui erre à minuit rue de Gaillon, le visage levé vers une fenêtre du troisième étage, avant de regagner à pied son lointain petit hôtel de la rue Saint-Lazare.

Les pas de l'impénitent promeneur solitaire rythment ses sombres méditations. De ce qu'il voit sur son parcours nous ne saurons rien. C'est « l'œil de l'esprit » (10) qui contemple les ravages du passé.

---

7. Publiée en avril 1830.
8. I,425.
9. I,431.
10. L'expression est de Victor Hugo dans *Les Contemplations*.

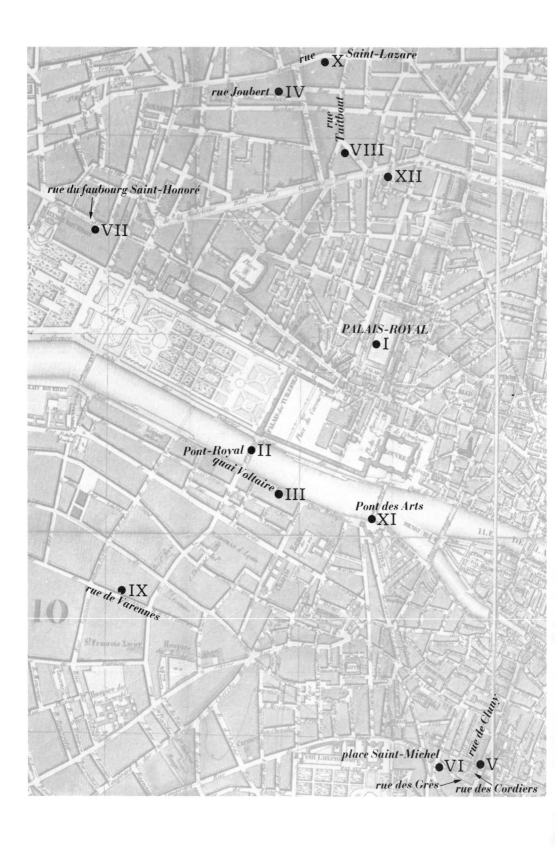

LA PEAU DE CHAGRIN (I)

1831

I —   Le tripot du *Palais-Royal* où commence l'action (octobre 1829).

II —   Sur le « *Pont-Royal* » au « point culminant de la voûte » Raphaël regarde la Seine. Il descend les marches qui terminent le trottoir du pont à l'angle du quai Voltaire et regarde les bouquinistes. Il attend la nuit pour se tuer.

III —   *Quai Voltaire* où se trouve l'antiquaire. Il reçoit le talisman.

IV —   *Rue Joubert*, le restaurant où a lieu l'orgie à l'issue de laquelle il apprend la nouvelle de l'héritage fabuleux.

V —   Retour dans le passé de 1826 (mort de son père) à 1829. Raphaël demeure à *l'angle de la rue des Cordiers et de la rue de Cluny* dans un hôtel où vécut J.-J. Rousseau (hôtel Saint-Quentin). Venant de l'Estrapade, il a vu Pauline jouant au volant dans la rue.

VI —   Avant de décrire l'hôtel Saint-Quentin, il évoque l'étudiant misérable allant chercher de l'eau à la *fontaine à l'angle de la rue des Grès et de la place Saint-Michel* (cette fontaine ne figure pas dans l'atlas de Perrot).

VII —   Foedora, « la femme sans cœur », demeure au *faubourg Saint-Honoré* (boudoir gothique).

VIII —   Après la rupture avec Foedora (mai 1829) le jeu l'ayant favorisé, Raphaël abandonne la rue des Cordiers pour la Chaussée-d'Antin (*rue Taitbout*).

IX —   En décembre 1830 Raphaël demeure *rue de Varennes* (quartier Saint-Thomas d'Aquin).

X —   Pauline demeure *rue Saint-Lazare*.

XI —   Les *Guichets de l'Institut* et le *Pont des Arts* sur le chemin de Raphaël allant du quartier Latin à la rive droite pour rejoindre Foedora.

XII —   Un soir *aux Italiens* (salle Favart) il rencontre à la fois le vieillard centenaire, Foedora, Pauline.

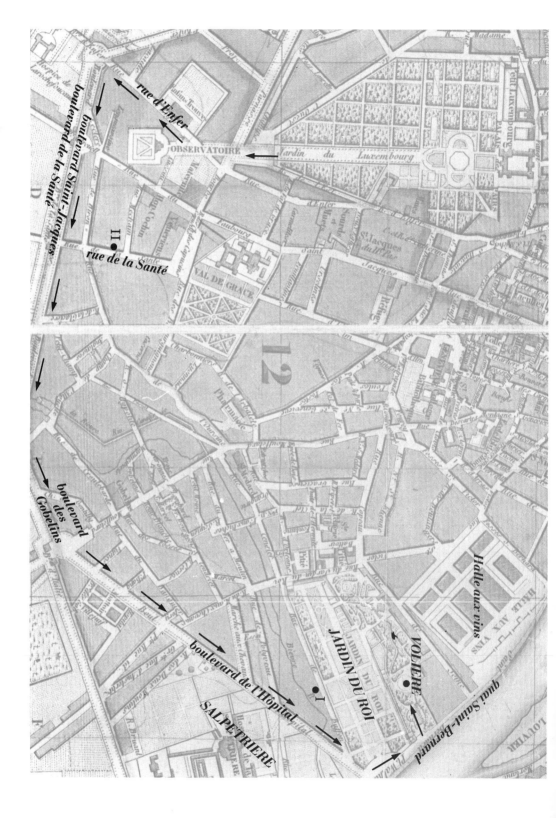

rue d'Enfer

boulevard Saint-Jacques

boulevard de la Santé

OBSERVATOIRE

Jardin du Luxembourg

II

rue de la Santé

VAL DE GRÂCE

12

boulevard
des
Gobelins

boulevard de l'Hôpital

SALPÊTRIÈRE

JARDIN DU ROI

I

VOLIÈRE

Halle aux vins

quai Saint-Bernard

LA PEAU DE CHAGRIN (II)

1831

LA PROMENADE AVEC FOEDORA

Raphaël et Foedora se rendent au Jardin des Plantes, alors très à la mode. Promenade dans la « partie bocagère » aménagée pendant la Restauration et contrastant avec le « jardin à la française » situé au sud.

I —   Raphaël se rend au *jardin du roi* « entre la Halle aux Vins et la Salpêtrière » pour demander son avis au zoologiste Lavrille. Il le rencontre à la *volière* et l'accompagne chez lui rue Buffon, où il habite une « jolie maison ».

II —   Avec Planchette le « mécanicien » il se rend à la forge de *la rue de la Santé*.

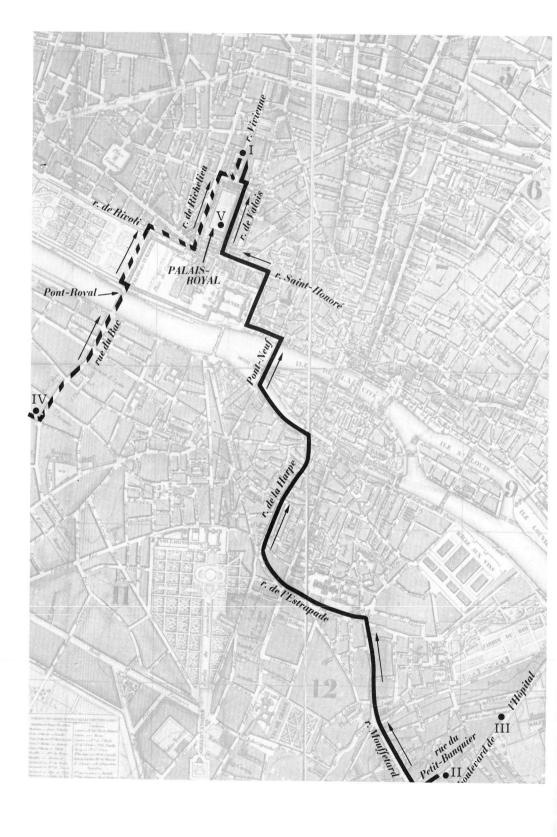

LE COLONEL CHABERT

1832

I —   *Rue Vivienne,* où demeure maître Derville.

II —   Le comte Chabert demeure dans le faubourg *Saint-Marceau,* chez le « nourriceur » Vergniaud, *rue du Petit-Banquier,* dans la partie de cette rue qui avoisine :

III —   *Boulevard de l'Hôpital* aménagé à partir de 1760 (faisant partie des boulevards du midi).

IV —   Le comte Ferraud demeure rue de Varennes au faubourg Saint-Germain (administrativement quartier Saint-Thomas d'Aquin).
      « Par une belle matinée du mois de juin, les époux désunis par un hasard presque surnaturel, partirent des deux points les plus opposés de Paris pour se rencontrer dans l'étude de leur avoué commun ».

▬ ▬ ▬ ▬ : parcours probable de la comtesse Ferraud,
▬▬▬▬▬ : parcours probable du colonel Chabert.

V —   « Je vous ai prise au Palais-Royal » dit Chabert à son épouse. (11)

---

11. Voir l'utilisation de l'espace parisien du *Colonel Chabert* à des fins symboliques dans notre étude consacrée aux *personnages archéologiques.*

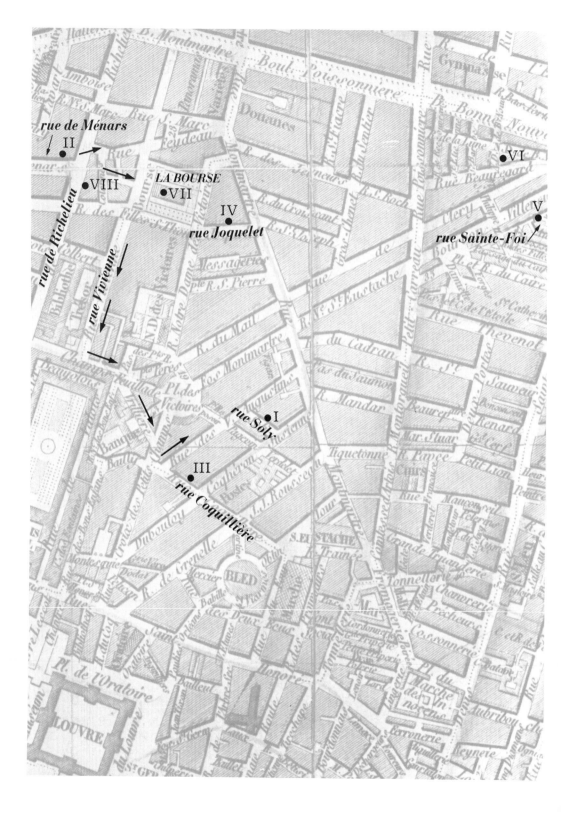

FERRAGUS (I)

1833

I —   *Rue Soly*, au coin de la rue des Vieux-Augustins, près de la rue Pagevin, se cache Ferragus. Clémence Desmarets va l'y rejoindre.

II —   *Rue de Ménars*, près de la Bourse, où demeure Clémence dans un bel hôtel où le luxe est tempéré par le goût des arts.

III —   A l'abri de l'averse, sous un porche de la *rue Coquillière*, Ferragus perd une lettre d'Ida Gruget qui met Maulincour sur ses traces.

IV —   *Rue Joquelet*, l'un des repaires de Ferragus.

V —   Sans doute Ferragus a-t-il un domicile rue *Sainte-Foi*, puisque la police fixe rendez-vous à Maulincour rue Sainte-Foi pour l'arrestation du bagnard.

VI —   Il a reçu l'extrême-onction du « respectable vicaire de l'église Bonne-Nouvelle ».

VII —   La Bourse où travaille l'agent de change Desmarets.

VIII — La boutique de la fleuriste où Clémence achète des marabouts, *rue de Richelieu*.
        ⟶ : parcours probable de Clémence se rendant rue Soly (elle passe par la rue Vivienne où son mari la mène en partant pour la Bourse).

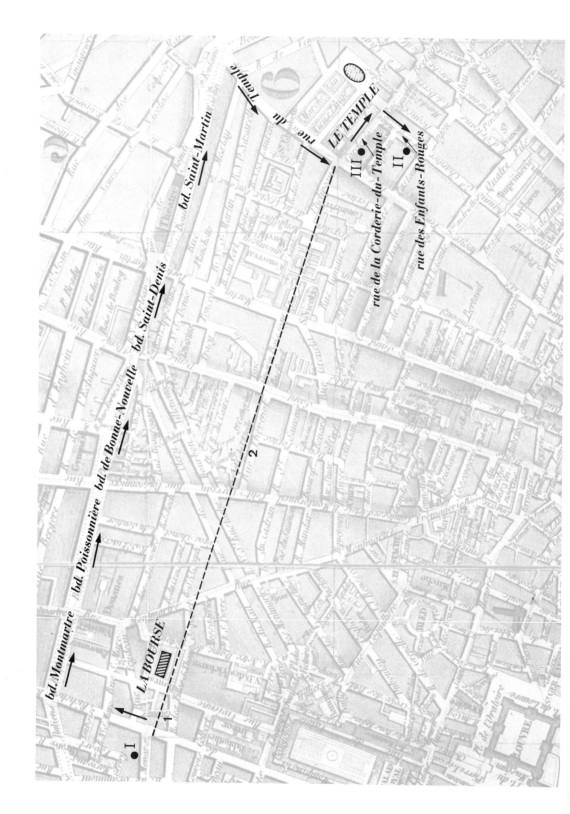

FERRAGUS (II)

I —   *Rue Ménars* chez Jules Desmarets.

II —   12, rue des Enfants-Rouges (partie nord de l'actuelle rue des Archives), madame Étienne Gruget habite une maison du type « cabajoutis » où se cache Ferragus.

III — *Rue de la Corderie du Temple* où demeure Ida Gruget, couturière en corsets, près de la maison de sa mère.

——→ : parcours de Clémence Desmarets lorsqu'elle va voir son père malade (il se fait appliquer des moxas) et de Jules Desmarets essayant de surprendre le secret de sa femme.

- - - - : la grande percée est-ouest n'était pas encore réalisée.
1. Rue du Quatre-Septembre.

2. Rue Réaumur.
Donc monsieur et madame Desmarets passent certainement par les boulevards.

Rotonde du Temple où Jules Desmarets laisse son coupé lorsqu'il se rend rue des Enfants-Rouges.

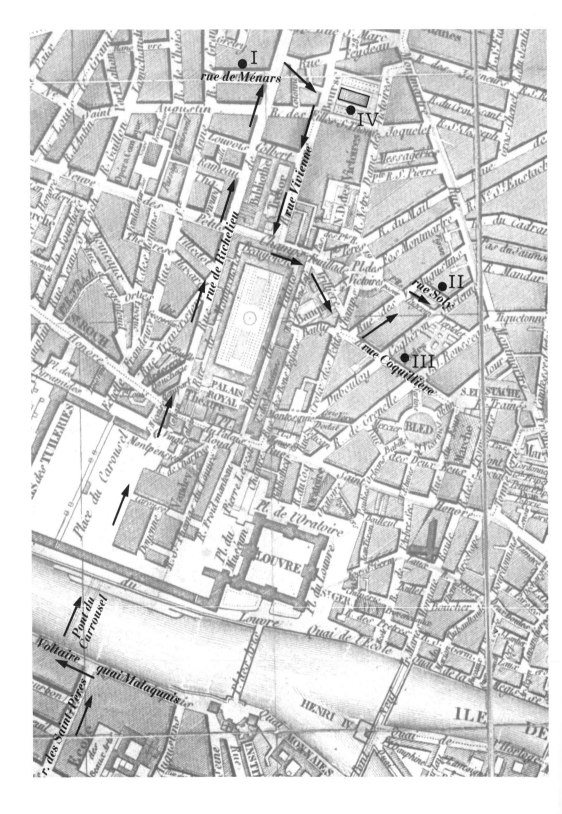

FERRAGUS (III)

⟶ : parcours habituel de monsieur de Maulincour lorsqu'il « court comme un chasseur de la rue de Ménars (I) à la rue Soly (II) et de la rue Soly à la rue de Ménars ». (La rue de Bourbon aboutit à la rue des Saints-Pères : il passe donc vraisemblablement par le pont du Carrousel et la rue de Richelieu).

III — La rue Coquillière où il s'abrite sous une porte cochère et ramasse la lettre tombée de la poche de Ferragus.

IV — Monsieur de Maulincour attend Jules Desmarets à la sortie de la Bourse pour dénoncer Clémence.

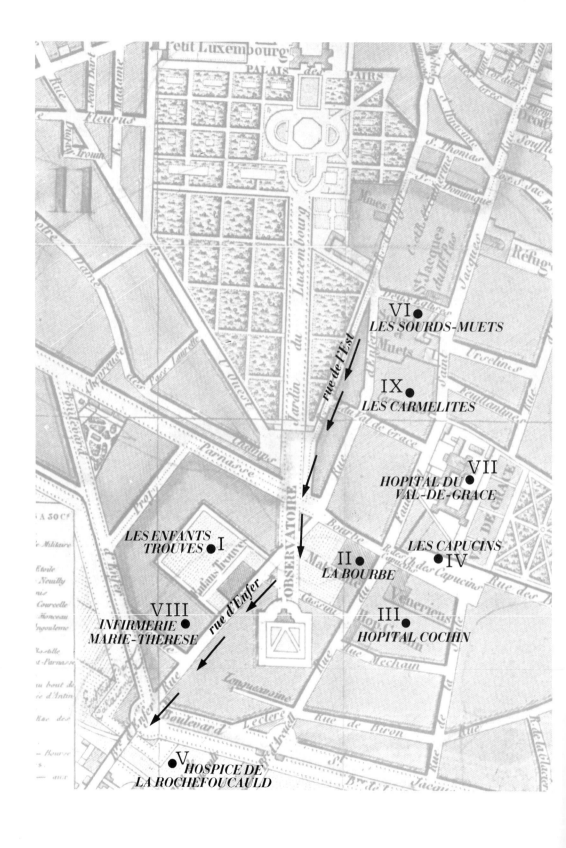

Petit Luxembourg

PALAIS des PAIRS

VI ●
LES SOURDS-MUETS

rue de l'Est

IX ●
LES CARMELITES

VII ●
HOPITAL DU
VAL-DE-GRACE

LES ENFANTS
TROUVES ● I

LES CAPUCINS
● IV

OBSERVATOIRE

II ●
LA BOURBE

VIII ●
INFIRMERIE
MARIE-THERESE

rue d'Enfer

III ●
HOPITAL COCHIN

V ●
HOSPICE DE
LA ROCHEFOUCAULD

FERRAGUS (IV)

Ci-contre « *l'enceinte philanthropique* »

Balzac cite :

I —   Les Enfants-Trouvés.

II —   La Bourbe.

III —   L'Hôpital Cochin.

IV —   Les Capucins.

V —   L'hospice de La Rochefoucauld (au-delà de la barrière).

VI —   Les Sourds-Muets.

VII —   L'hôpital du Val de Grâce.

VIII —   L'infirmerie Marie-Thérèse.

IX —   Les Carmélites.

⟶ : Jules Desmarets débouche par la rue de l'Est dans une calèche de voyage et il aperçoit Ferragus sur l'esplanade de l'Observatoire avant de poursuivre son chemin vers la barrière d'Enfer.

N.B. — Voir en outre, comme pour *Le Colonel Chabert*, notre étude sur Ferragus, personnage archéo-logique.

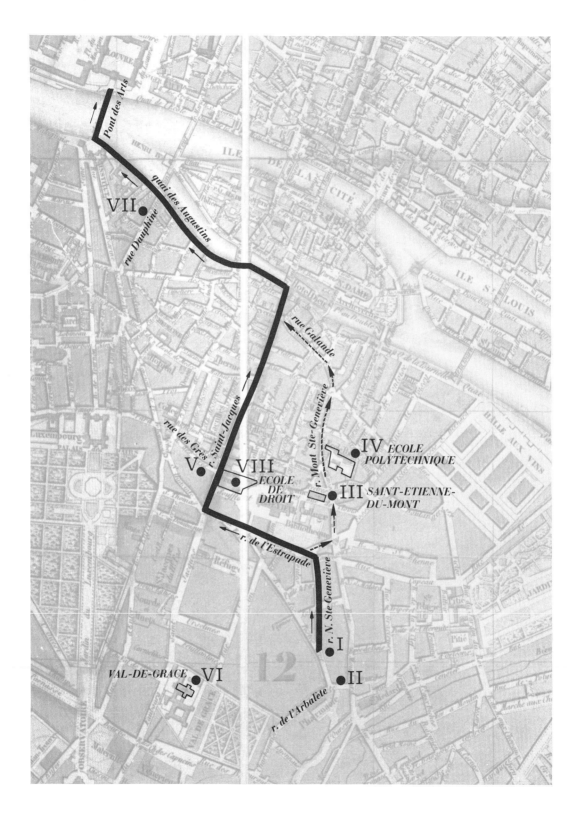

LE PERE GORIOT (I)

1834-1835

LA MAISON VAUQUER ET SON ENVIRONNEMENT

⇥ : Itinéraires possibles pour aller de la maison Vauquer à la rive droite.

I —   *Maison Vauquer*, rue Neuve-Sainte-Geneviève « au fond du faubourg Saint-Marceau » dit Rastignac (en fait, administrativement, quartier de l'Observatoire).

II —   *La rue de l'Arbalète*. La maison Vauquer est située dans le bas de la rue Neuve-Sainte-Geneviève « à l'endroit où le terrain s'abaisse vers la rue de l'Arbalète » (en fait la rue Neuve-Sainte-Geneviève ne donne pas dans la rue de l'Arbalète, mais dans la rue des Postes).

III —   L'église *Saint-Étienne-du-Mont*.

IV —   « Le coiffeur de l'École Polytechnique ».

V —   *Rue des Grès*, chez Gobseck.

VI —   *La cloche du Val de Grâce*.

VII —   *Rue Dauphine*, chez l'orfèvre.

VIII —   *L'École de Droit*.

III●
LES MESSAGERIES
ROYALES

II●
rue de
la Jussienne

HALLE AUX BLES ●I

LE PERE GORIOT (II)

LE PASSÉ DE GORIOT

I —   *La Halle aux Blés* où Goriot fait fortune en spéculant.

II —   *Rue de la Jussienne* (quartier Saint-Eustache). Goriot l'a habitée dans sa jeunesse et la cite trois fois pendant son agonie.

III —   Les *Messageries Royales.*

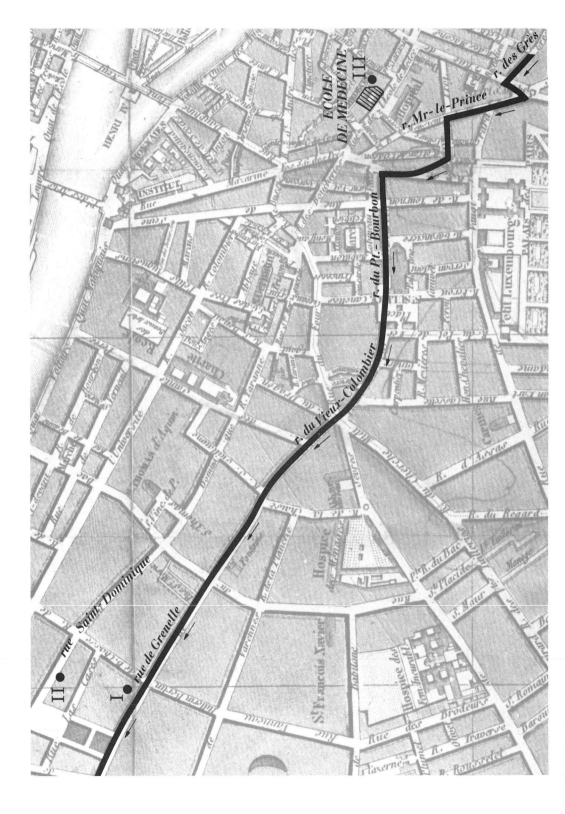

LE PERE GORIOT (III)

DU QUARTIER LATIN AU FAUBOURG SAINT-GERMAIN

I — Chez le vicomte de Beauséant, *rue de Grenelle* (numéro non précisé).

II — *Rue Saint-Dominique*, hôtels du comte et du marquis de Beauséant (l'hôtel de Rochefide, cité mais non situé précisément, est proche de l'hôtel de Beauséant).

III — L'*École de Médecine* (cf. Bianchon).

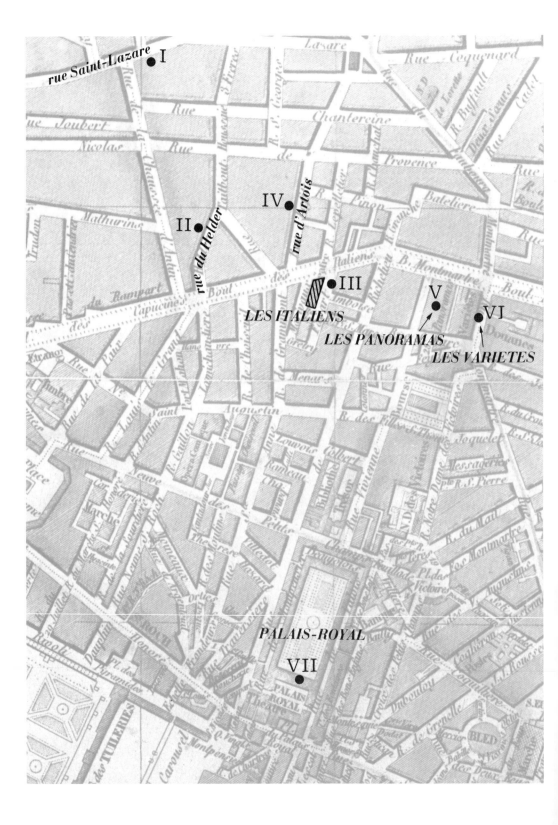

rue Saint-Lazare I

IV rue d'Artois

II rue du Helder

III

LES ITALIENS

V

LES PANORAMAS

VI

LES VARIETES

PALAIS-ROYAL

VII

LE PERE GORIOT (IV)

I — Chez Delphine, *rue Saint-Lazare*, dans une « de ces maisons légères, à colonnes minces, à portiques mesquins, qui constituent le *joli* à Paris, une véritable maison de banquier, pleine de recherches coûteuses, de stucs, des paliers d'escalier en mosaïque de marbre ».

II — L'hôtel de Restaud, *rue du Helder* (pas de description).

III — *Les Italiens ou Opéra Comique*, pôle de la vie mondaine. C'est aux Italiens, dans la loge de madame de Beauséant, que Rastignac fait ses débuts dans le monde. Il aperçoit Delphine de Nucingen. On joue ce soir-là *Le Barbier de Séville*.

IV — La garçonnière de la *rue d'Artois* (rue Laffitte), installée par Delphine pour Rastignac (la rue d'Artois ne figure pas dans l'atlas de Perrot (1834). Dulaure la cite, et la situe entre le boulevard des Italiens et la rue de Provence).

V — Les *Panoramas*.

VI — Les *Variétés*.

VII — La maison de jeu du *Palais-Royal*.

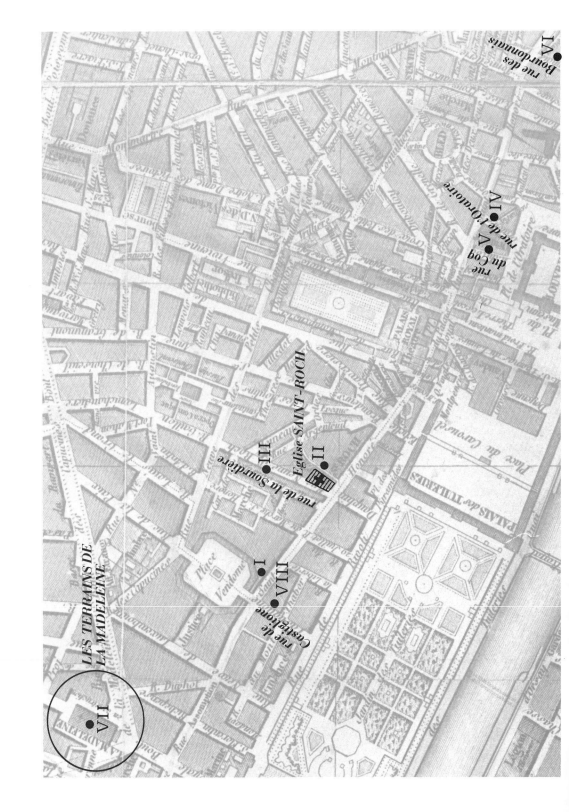

CÉSAR BIROTTEAU (I)

1837

I —   *La Reine des Roses,* 297 rue Saint-Honoré, près la place Vendôme, où César Birotteau a
        transféré la parfumerie des Roguin.

II —   *Église Saint-Roch*
        — où Birotteau a combattu en vendémiaire 1795 contre les soldats de Bonaparte (insurrec-
        tion royaliste où il fut blessé, leit-motiv qui revient au moins six fois) ;
        — où Birotteau prie avec ferveur pour que ses affaires s'arrangent ;
        — où madame Birotteau quête le dimanche ;
        — où mademoiselle Birotteau espère un jour quêter le dimanche.

III —   *Rue de la Sourdière* où habitait Birotteau lorsqu'il était encore premier commis.

IV —   *Rue de l'Oratoire* où Birotteau ruiné travaille dans un bureau.

V —   *Rue du Coq* où habite le chapelier, père de Finot.

VI —   *Rue des Bourdonnais* chez l'oncle Pillerault, ex-quincailler fortuné.

VII —   *Les terrains de la Madeleine* (spéculation).

VIII — *La rue de Castiglione* « que l'on construit ».

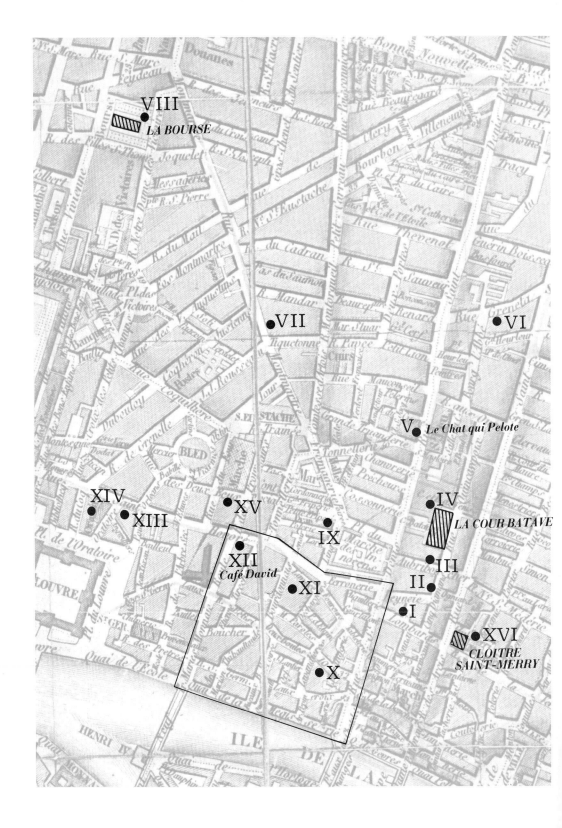

CESAR BIROTTEAU (II)

I —   *Rue des Lombards*, quartier de la « haute droguerie ».

II —   *Rue des Cinq Diamants*, atelier et magasins d'expédition d'Anselme Popinot, à deux maisons de la rue des Lombards. Rue très nettement localisée et décrite. Madame Birotteau y demeure après la faillite.

III — *Rue Aubry le Boucher* : un magasin de verrerie où Popinot découvre le flacon qui « lancera » l'huile Comagène.

IV —   *La Cour Batave,* « Palais-Royal » du quartier Saint-Denis. Maisons étranges et malsaines. C'est là qu'habite Molineux.

V —   *Le Chat-qui-pelote*, rue Saint-Denis, chez les Lebas, où se rend madame Birotteau.

VI —   *Rue Grenetat* où habite Gigonnet (ignoble malpropreté, aspect repoussant).

VII — *Rue Montmartre* où madame Derville avant son mariage était lingère et cousait des chemises.

VIII — *La Bourse* (« construction provisoire en planches et qui formait une salle ronde où l'on entrait par la rue Feydeau »).

IX —   *Rue de la Poterie des Halles* d'où proviennent les victuailles du banquet offert à Popinot et Finot par l'Illustre Gaudissart (une autre rue de la Poterie (des Arcis) existe près de Saint-Merry).

X —   *Rue Perrin Gasselin* où se tient madame Madou, la marchande de noisettes.

XI —   *Rue des Bourdonnais* où demeure l'oncle Pillerault et où demeurera Birotteau après la faillite.

XII — Le *Café David* au coin de la rue Saint-Honoré et de la rue de la Monnaie, où Pillerault va prendre son café le soir.

XIII — *Rue de l'Oratoire* où Birotteau travaille dans un bureau après la faillite.

XIV — *Rue du Coq* où le père de Finot est établi chapelier.

XV —   *Rue des Deux-Écus* où demeure Gaudissart.

XVI — Le *cloître Saint-Merry* où se trouve provisoirement situé « en ce temps-là » le Tribunal de Commerce qui doit prononcer sur la faillite de Birotteau.

Le « labyrinthe carrément enfermé par le quai, la rue de la Ferronnerie et la rue de la Monnaie et qui est comme les entrailles de la ville ».

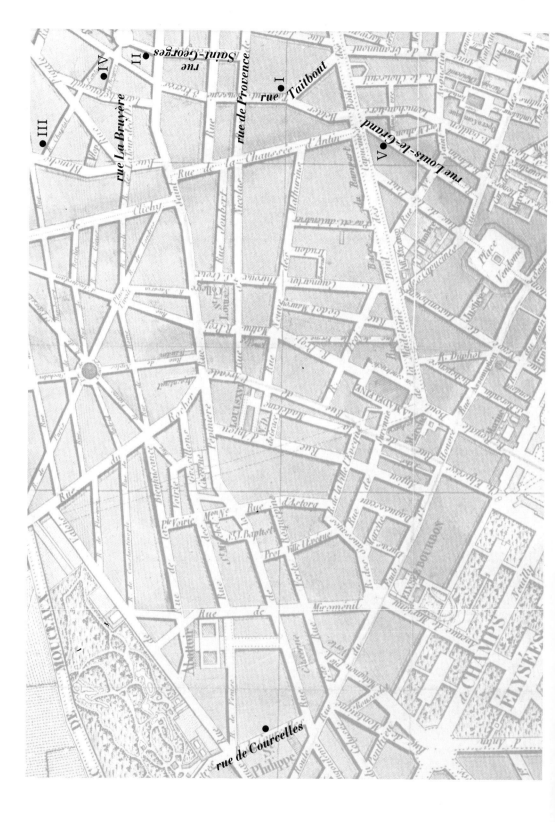

SPLENDEURS ET MISERES DES COURTISANES (I)

1838-1844-46-47

« IL EST DANS PARIS DES MAISONS DONT LES DESTINATIONS NE VARIENT PAS »
(cf. Les Comédiens sans le savoir, V,382).

I —   *Rue Taitbout*, Esther reprend, installée par Vautrin, un « appartement » donné à Mademoiselle de Bellefeuille par Granville (cf. *Une double famille*, I,417).

II —   *Rue Saint-Georges* le « bedid balai » meublé par Nucingen pour Esther (cf. *Splendeurs et
misères des courtisanes*, IV,350) :

> « Carabine [...] habitait alors une charmante maison de la rue Saint-Georges. Il est dans
> Paris des maisons dont les destinations ne varient pas et celle-ci avait déjà vu sept
> existences de courtisanes. Un agent de change y avait logé, vers 1827, Suzanne du Val
> Noble [...] La fameuse Esther y fit faire au baron de Nucingen les seules folies qu'il ait
> faites. Florine, puis celle qu'on nomma complaisamment feu Madame Schontz y
> avaient tour à tour brillé. » (cf. *Les Comédiens sans le savoir*, V,382).

III, IV —Autres demeures épisodiques de Jenny Cadine (III) et de madame Schontz (IV) : madame
Schontz est passée de la rue de Berlin, c'est-à-dire des « steppes architecturales » du quartier
de l'Europe (cf. *Béatrix*, II,107, au nord de la ligne de démarcation de la *rue de Provence*
qui marque la limite entre la haute galanterie et l'autre) dans un charmant petit appartement
de la *rue Neuve-Saint-Georges*, puis, nouvelle étape, dans l'hôtel de la rue La Bruyère, d'a-
bord loué, puis acheté à son nom par Rochefide (II,108,109). Ascension promotionnelle !

V —   Madame du Val Noble « à pied » *rue Louis-le-Grand*.

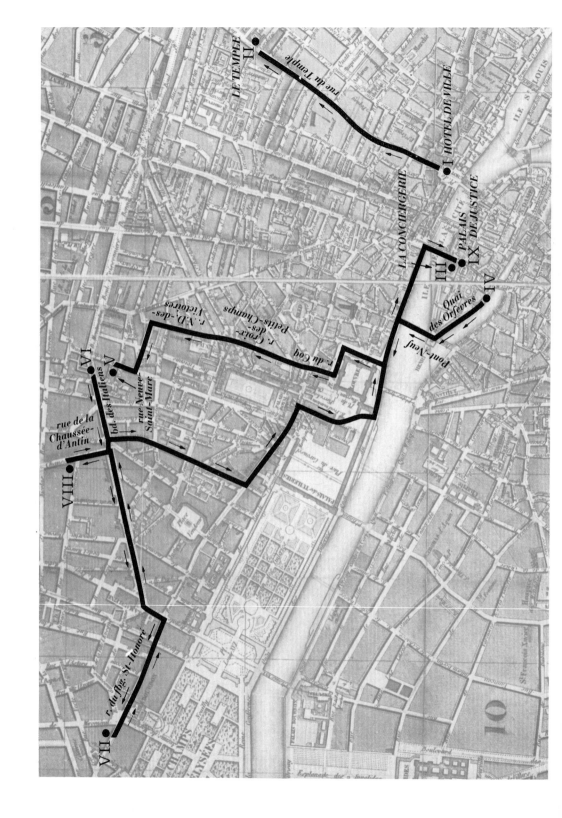

SPLENDEURS ET MISERES DES COURTISANES (II)

« MADEMOISELLE COLLIN ENTRE EN SCENE » POUR SAUVER LUCIEN

➤ : trajets probables d'Asie.

I —   A l'*arcade Saint-Jean*, déguisée en marchande des quatre-saisons, Asie prend contact avec Jacques Collin qui est transféré de la Force, par la rue Saint-Antoine, la rue du Martroi, l'arcade Saint-Jean sous laquelle on passe pour traverser la place de l'Hôtel de Ville et gagner les quais. (Il est 6h30 du matin environ, le départ de la Force ayant eu lieu à 6 heures en direction du Palais).

II —   Au *Temple* (elle a pris un fiacre place de l'Hôtel de Ville) elle se mue en madame de Saint-Estève (cf. IV,395).

III — A la *Conciergerie*, deuxième contact avec Vautrin qui lui jette un billet (cf. IV,397).

IV —   Prend un fiacre sur le quai des Orfèvres.

V —   Se rend *rue Neuve-Saint-Marc,* vraisemblablement par le Pont-Neuf, la rue du Coq, la rue Croix-des-Petits-Champs, la rue Notre-Dame des Victoires. Là, chez madame Nourrisson, elle dresse ses plans (durée deux heures, cf. IV,397).

VI —   Prend un fiacre boulevard des Italiens pour se rendre chez madame de Maufrigneuse, au haut du *Faubourg Saint-Honoré.*

VII — « Asie au mieux avec la duchesse » qui la fait cependant attendre une heure avant de la recevoir (cf. IV,397).

VIII — Madame de Maufrigneuse, escortée de madame de Saint-Estève, se rend en toute hâte chez madame de Sérizy *Chaussée d'Antin* : il est deux heures. Elles adressent, par un valet, une lettre à Camusot pour lui demander de surseoir à l'interrogatoire de Lucien. Prennent elles-mêmes, en fiacre, le chemin du Palais, mais l'interrogatoire a déjà eu lieu (cf. IV,413).

IX —   Au *Palais* madame de Sérizy est introduite dans le cabinet du procureur par le comte Octave, s'empare du procès-verbal de l'interrogatoire, mais il est trop tard : Lucien s'est suicidé, elle s'évanouit en apprenant cette mort (cf. IV,419).

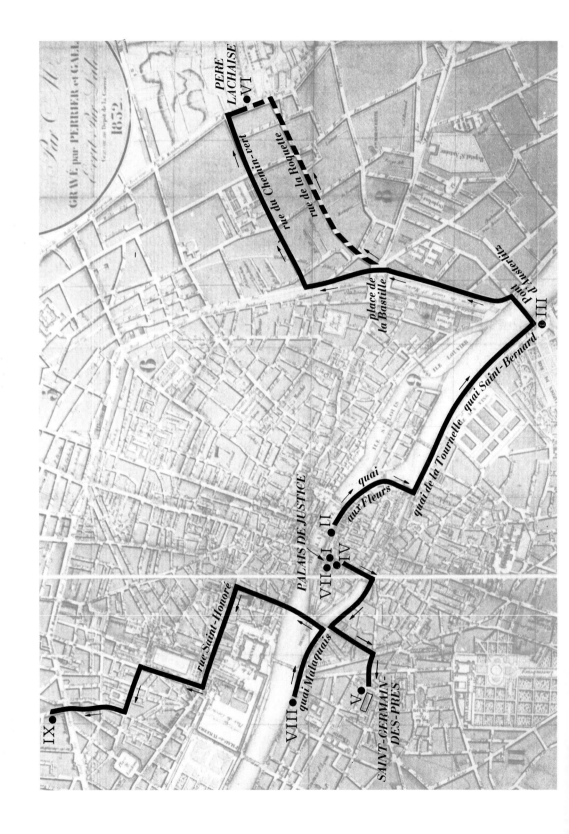

SPLENDEURS ET MISERES DES COURTISANES (III)

« VAUTRIN ABDIQUE LA ROYAUTÉ DU DAB » APRES LA MORT DE LUCIEN

⟶ : trajets probables de Vautrin.

I — Tenant en main « l'honneur de trois grandes familles », Vautrin est mis en liberté provisoire. Il rencontre sa tante Jacqueline Collin *rue de la Barillerie* devant le *Palais* (cf. IV,461).

II — *Quai aux fleurs*, chez la Rousse.

III — Avec Paccard, Europe et Asie, il prend en fiacre la direction de la barrière d'Ivry. En fait, arrêt sur la place des fiacres au jardin des Plantes. Durée de la course : « plus d'une demi-heure » (cf. IV,462). Ont-ils emprunté le pont de l'Archevêché, puis les quais rive gauche ? Comme d'habitude Balzac ne le précise pas.

IV — Retour au *Palais* où il remet au procureur un « échantillon » des lettres qu'il détient (cf. IV,463). Il est onze heures, il sort du Palais.

V — Arrive à pied à *Saint-Germain des Prés*, à la fin du service funèbre de Lucien. A pris vraisemblablement le pont Saint-Michel, le quai des Augustins, la rue Dauphine, la rue de Bussy, la rue de l'Abbaye ; mais Balzac ne le précise pas.

VI — Au *Père-Lachaise*, où il se rend en voiture. Grande incertitude sur l'itinéraire du convoi. Peut-être emprunte-t-il les quais de la rive gauche, moins encombrés ; le pont du jardin des Plantes, la rue de la Contrescarpe et, traversant la place Saint-Antoine, la rue de la Roquette ou celle du Chemin-Vert.

VII — Retour au *Palais*. Il est deux heures et demie. En son absence, le procureur a reçu les autres lettres qui lui ont été remises par Jacqueline Collin (cf. IV,470).

VIII — Jacques Collin *quai Malaquais,* chez Lucien, où il retrouve une lettre adressée à madame de Sérizy et non envoyée.

IX — Jacques Collin inaugure sa nouvelle carrière en jouant les bons génies : il sauve de la mort madame de Sérizy en lui remettant le message de Lucien (cf. IV,471).

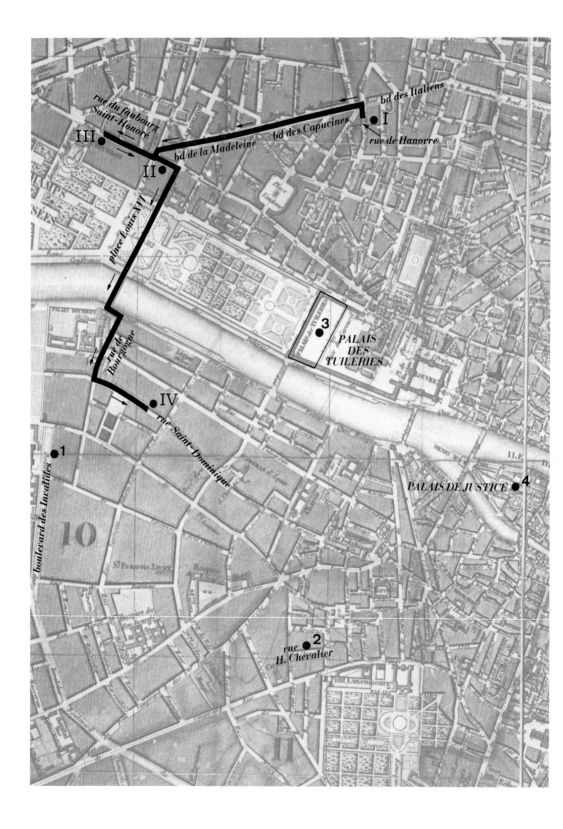

bd des Italiens

●I

rue de Hanovre

rue du faubourg
Saint-Honoré

III●

II●

bd de la Madeleine   bd des Capucines

place Louis XVI

PALAIS BOURBON

rue de
Bourgogne

●3

PALAIS
DES
TUILERIES

●IV

rue Saint-Dominique

●1

PALAIS DE JUSTICE ●4

boulevard des Invalides

10

St François Xavier

rue ●2
H. Chevalier

Petit Luxembourg

SPLENDEURS ET MISERES DES COURTISANES (IV)

APRES LA MORT DE LUCIEN ET « POUR SAUVER L'HONNEUR » DE TROIS FAMILLES COMPROMISES (MAUFRIGNEUSE, GRANDLIEU, SERIZY) PAR LA CORRESPONDANCE QUE DÉTIENT JACQUES COLLIN

Les intrigues de madame Camusot

I —   Elle quitte son logis « dès l'aurore » selon le témoignage de madame de Maufrigneuse (cf. IV,452). Elle demeure sans doute *rue de Hanovre* (cf. *Le Cousin Pons*, V,174).

II —   Se rend chez madame d'Espard *faubourg Saint-Honoré*, pour obtenir son appui éventuel après la fausse manœuvre de Camusot (il a interrogé Lucien trop tôt et obtenu des aveux indésirables, cf. IV,448).

III — Dix minutes après elle est chez madame de Maufrigneuse (la veille, elle avait mis vingt minutes pour faire le même parcours).

IV —   Madame de Maufrigneuse escortée de madame Camusot se rend à l'hôtel de Grandlieu *rue Saint Dominique* (cf. IV,450). Madame Camusot est discrètement congédiée par le duc de Grandlieu.

Conseil de guerre chez les Grandlieu

Le duc de Grandlieu convoque d'urgence :

1 —   son ami le duc de Chaulieu (*boulevard des Invalides*) qui a l'oreille du Roi (*aux Tuileries*)
et 3 —
2 —   « l'obscur et puissant Corentin » rue *Honoré Chevalier* ;
4 —   puis l'action se dénoue au *Palais de Justice* : Corentin (escorté de Des Lupeaulx qui représente « le prince ») accorde carte blanche au Procureur général pour étouffer le scandale. Le procureur, avant cette démarche, avait déjà décidé d'enrôler Jacques Collin parmi ses agents pour récupérer la correspondance.

LA VILLE EN MARCHE : L'EXPANSION URBAINE

LOCALISATION GÉNÉRALE ET TÉMOIGNAGES

Paris, la « monstrueuse merveille », ne reste pas immobile, tapie dans le creux de son méandre. C'est une « créature » dont le « tissu cellulaire » se développe à la manière d'une tumeur, « bouton », « verrue » (1), « chancre ». Cette formidable poussée urbaine, si caractéristique de l'histoire de Paris au XIXe siècle, apparaît comme l'un des thèmes originaux de *La Comédie humaine* ; soit que l'auteur explique le phénomène, en dégage les causes en historien qui se veut tel, soit que, poussé par une longue habitude, le piéton de Paris observe presque machinalement, au passage, les changements survenus dans une rue familière. Ces transformations de la « créature » urbaine, commentées ou simplement notées, font que le cadre des romans parisiens de *La Comédie humaine*, au lieu d'apparaître comme un décor figé, une toile peinte, semble participer, lui-même mouvant, au mouvement général de l'action.

Au départ, il y a le Paris de la jeunesse de Balzac, Paris consulaire, impérial, tel qu'il se présente avant la fièvre de croissance qui marquera le retour à la paix, après 1815.

« Temps mort pour la construction », écrit Jeanne Pronteau parlant de la période révolutionnaire ; cependant, la sécularisation des biens du clergé et des nobles émigrés donnera aux bâtisseurs de la génération suivante, celle de Balzac, la condition première de l'expansion : le terrain à bâtir. Le développement de la ville ne se fait pas, comme on s'y attendrait, en dehors des murs, en banlieue, mais, essentiellement, à l'intérieur des douze arrondissements. L'espace ne manque pas : les établissements religieux, les parcs d'hôtels nobles vendus nationalement ont libéré d'immenses terrains qui s'offrent à toutes les convoitises.

La Comédie humaine ne rappelle pas, sans doute parce que les Parisiens de l'époque s'en souviennent, que la Cour Batave, par exemple, a remplacé le couvent du Saint-Sépulcre, et que la Madeleine et la Bourse se dressent sur les ex-fiefs ecclésiastiques de la Ville-l'Évêque et des Filles Saint-Thomas (2). Le pieux César Birotteau spécule sur les biens qui furent, naguère, d'Église. Le romancier, qui fait profession de foi catholique et légitimiste, dénonce souvent les méfaits de la Bande Noire et des « Compagnons du Marteau » (3), mais sans s'indigner pour autant de la gigantesque spoliation révolutionnaire cependant remise en cause, après 1815, par les ultras.Il se contente

---

1. *Ferragus*, IV,13.
2. La Madeleine s'élève à l'emplacement du prieuré des Bénédictines de la Ville-l'Évêque, dépendant de l'Abbaye de Montmartre et démoli en 1790 par ses acquéreurs. Le prieuré occupait un grand rectangle délimité par les rues de l'Arcade, de Castellane, Tronchet et la place de la Madeleine. Là se trouvent les fameux « terrains de la Madeleine » de César Birotteau.
3. *Madame Firmiani*, I,453.

d'observer avec une espèce d'indifférence, que le duc de Chaulieu (4) et le duc de Verneuil (5) attendent ou ont touché leur part de ce qu'on a appelé le « milliard des émigrés ». Conservateur, mais non réactionnaire, il ne critique pas souvent le principe de la nationalisation, même s'il déplore certaines destructions qui ont pu en résulter (6).

Enfant, en visite chez les grands-parents Sallambier, ou adolescent à la pension Lepître, il a pu contempler les pavillons de Ledoux (7), lentement terminés, qui jalonnaient l'enceinte des Fermiers Généraux (1784-1791). L'agrandissement de Paris s'effectue à l'intérieur de ces « barrières », entre le « périmètre classique » et l'enceinte des Fermiers Généraux. Le périmètre classique, ce sont les grands boulevards dont la jolie courbure, à l'emplacement des vieux bastions de Charles V et de Louis XIII (8), marque encore, au début du XIXe siècle, la véritable limite du territoire parisien. Des exploitations agricoles, des marais, cernent la ville autour des grands boulevards. Ce paysage presque rural, attesté par les plans de la fin du XVIIIe siècle (9), subsistera pendant toute la Révolution et l'Empire, à quelques îlots de peuplement près, entre l'ancien rempart transformé en promenade sous Louis XIV et le mur des Fermiers Généraux.

Entre ces deux lignes nettement dessinées, existent en effet des villages et faubourgs qui forment des taches urbaines discontinues, par exemple Chaillot, Clichy, Le Roule. Malgré les bornages et les interdictions de bâtir, deux faubourgs du nord-ouest ou parties de faubourgs sont devenus des annexes importantes de la ville : le faubourg Saint-Honoré (10) et la Chaussée d'Antin.

Marcel Poète (11) dénombre, à la veille de la Révolution, quatorze fermiers généraux et cinquante-neuf receveurs généraux des finances « au-delà du boulevard, à partir du faubourg Montmartre jusque dans les parages de la Madeleine ». Ce n'est donc pas tout à fait dans un quartier neuf que demeurent Nucingen, rue Saint-Lazare, madame de Restaud, rue du Helder, Rastignac, rue d'Artois, et les autres. Le peuplement du faubourg Saint-Honoré « où se respire l'air du faubourg Saint-Germain » (12) est plus ancien encore et date de la Régence. L'hôtel d'Espard se trouve dans un quartier dont la vogue remonte à cent années déjà, tandis que l'hôtel de Cadignan, rue de Miromesnil, paraît plus excentrique. Peut-être est-il antérieur au percement de la rue (1776) ? et se présentait-il alors comme une belle résidence semi-champêtre tôt vouée à la démolition (13). L'est de Paris est moins dynamique que le nord-ouest de la ville. Au-delà des boulevards Saint-Martin et du Temple, ce sont encore des jardins « près du rempart » dont l'administration municipale vante le bon air et la salubrité (14). La rive gauche, quant à elle, semble véritablement arrêtée et atteint à peine

4. *Les Mémoires de deux jeunes mariées*, I,105.

5. *Modeste Mignon*, I,277.

6. Par exemple, l'église Saint-Paterne d'Issoudun « démolie par l'héritier de celui qui l'acheta de la Nation ». (*La Rabouilleuse*, III,123) L'héritier est coupable, non l'acheteur en tant que tel.

7. La Rotonde de la Villette, récemment restaurée, donne une idée de ce qu'étaient, alors, ces impopulaires édifices.

8. Louis XIII construisit une nouvelle fortification à l'ouest de la rive droite, allant de la Porte Saint-Denis à la Porte de la Conférence, et englobant de nouveaux quartiers, avec, notamment, le Palais Cardinal et la section ouest de la rue Saint-Honoré. Dès le règne de Louis XIV, la fortification est déclassée comme ouvrage militaire et devient promenade.

9. Parmi d'autres, le *Plan Deharme* dressé en 1763.

10. Dès 1718, on y construit l'hôtel d'Evreux (actuel Palais de l'Élysée).

11. Marcel Poète, *Une vie de Cité*, Paris, tome IV, p.234.

12. *La Duchesse de Langeais*, IV,61.

13. *Les secrets de la princesse de Cadignan*, IV,475.

14. Collection Lazare. Archives de la Ville de Paris, D Q 18.

la ligne des boulevards du Midi, sauf dans une zone de peuplement dense et pauvre, formée au sud-est par le saillant du faubourg Saint-Marceau, entre le boulevard de l'Hôpital et la rue Mouffetard.

Pour en revenir à « la Ville », nom ancien et caractéristique de la rive droite, n'existent donc, au-delà des grands boulevards, en ce début du XIXe siècle, que des maisons disséminées, de vastes enclos, des terrains vagues. On garde des troupeaux de chèvres rue de Clichy, on moissonne dans le futur quartier de l'Europe et dans la Plaine Monceau. C'est là que vont avoir lieu les grandes spéculations du XIXe siècle triomphant.

Balzac a constaté le fait : « En quinze ans, un deuxième Paris s'est construit entre les collines de Montmartre et la ligne du Midi », écrit-il en 1844 dans *Histoire et Physiologie des boulevards de Paris* (15), long article du *Diable à Paris*. La « ligne du Midi » est formée par les grands boulevards (16), des Capucines à la hauteur des Variétés, et cette ligne du Midi, véritable « Seine sèche », il faut la franchir pour passer du vieux Paris au Paris du XIXe siècle.

« Le Boulevard des Italiens est aujourd'hui ce qu'était le Pont-Neuf en 1650 : Tous les gens connus le traversent au moins une fois par jour. » (17) Pour ces « gens connus », les de Marsay, les Rastignac et tous les dandys qui, à leur suite, fréquentent les salons de la Chaussée d'Antin ou les lorettes du quartier Saint-Georges, les boulevards sont la « promenade enchantée » (18), l'« espalier de toutes les fructifications » (19), le support d'un Paris qui va s'élancer avec une rapidité foudroyante vers des horizons nouveaux.

L'« urbanisation » : maisons qu'on abat et qu'on édifie, terrains vagues et parcs « lotis », ne va pas sans remue-ménage et cet aspect de grand chantier que prendra la ville au temps d'Haussmann s'esquisse déjà sous la Restauration. « En ce temps-là tout Paris avait la fièvre des constructions [...] tout le monde bâtissait ou démolissait quelque chose [...] il y avait très peu de rues qui ne vissent l'échafaudage à longues perches » (20). Ce temps-là, c'est 1819-1820. A la même date, Birotteau tente sa chance sur les terrains de la Madeleine. En 1819 encore, nous savons par madame de Nucingen que son époux « achète des terrains nus sous son nom » (21). 1819 : cette date est-elle invention de romancier ou correspond-elle à la réalité historique ? Les travaux de Jean-Hervé Donnard (22) et ceux de Jeanne Pronteau (23) permettent, sur ce point, une critique d'exactitude. Leur travail rigoureux apporte la preuve que la vision du romancier n'est pas nécessairement déformante. Les années 1819-1820 furent en effet marquées par « d'énormes travaux immobiliers, après les temps morts de la Révolution et de l'Empire » (24). Un article du *Constitutionnel* daté de septembre 1824 décrit les rues et les chantiers en des termes qui rappellent le début de *Ferragus* : « On ne voit partout qu'échafaudages dressés, échelles suspendues et matériaux amoncelés, des armées d'ouvriers façonnent la pierre, des maisons élégantes et commodément distribuées s'élèvent comme par enchantement. »

---

15. *Oeuvres diverses*, Édition Conard, tome III, p.612.
16. Ou plus exactement, comme le précise Balzac, la rive sud des grands boulevards.
17. *Béatrix*, II,114.
18. *Splendeurs et misères des courtisanes*, IV,286.
19. *Ferragus*, IV,106.
20. *Ibid.*, pp.23-24.
21. *Le Père Goriot*, II,290.
22. *Les réalités économiques et sociales dans la Comédie humaine*, Paris, A. Colin, 1961.
23. *Construction et aménagement des nouveaux quartiers de Paris (1820-1825)*, Paris, 1958.
24. Jeanne Pronteau, *op.cit.*

Le préfet Chabrol, dans un rapport présenté au Conseil Général de la Seine en vue de la préparation du budget de 1822, s'exprime en termes quasi balzaciens : « De tous côtés les maisons s'élèvent avec une étonnante célérité, les rues nouvelles s'ouvrent dans des terrains vacants, des quartiers nouveaux vont agrandir cette noble cité. » (25) Concluons avec Balzac et le préfet Chabrol qu'à cette époque, celle de la Restauration (de 1819 à 1826, précise Jeanne Pronteau), Paris « le plus maniaque des monstres » « bâtit comme un grand seigneur qui aime la truelle » (26), c'est-à-dire avec frénésie.

Paris, créature vivante, traverse donc une crise de croissance et la transformation de la ville, qui mue en grandissant, est un spectacle d'un intérêt sans cesse renouvelé pour certains « comparses de la comédie sociale » (27), badauds prudhommesques, admirateurs de Louis-Philippe et partisans résolus de l'ordre établi. Balzac en présente au moins trois, d'une aimable « niaiserie carrée ». Le plus ancien, créé en 1837, est Poiret jeune, des *Employés* :

« Il s'intéressait à tout ce qui se faisait dans Paris et consacrait ses dimanches à surveiller les constructions nouvelles. Il questionnait l'invalide chargé d'empêcher le public d'entrer dans l'enceinte en planches, et s'inquiétait des retards qu'éprouvaient les bâtisses, du manque de matériaux et d'argent, des difficultés que rencontrait l'architecte. On lui entendait dire : « J'ai vu sortir le Louvre de ses décombres, j'ai vu naître la place du Châtelet, le quai aux Fleurs, les marchés. » (28)

Le passementier Rivet, apparaît, lui, en 1846 dans *La Cousine Bette* : « J'adore Louis-Philippe, c'est mon idole », dit-il ; il a aussi « un amour au cœur pour son Paris » et souhaite la démolition de ce « trou » qui « déshonore, j'ose le dire, oui, qui déshonore le Louvre et la place du Carrousel » (29). Quant au Phellion des *Petits Bourgeois*, roman inachevé et posthume, il semble un double de Poiret :

« Il avait admirablement résisté, pour son compte, au temps critique de la retraite, et voici comment [...] : il aimait la ville de Paris, il s'intéressait aux alignements, aux embellissements, il était homme à s'arrêter devant les maisons en démolition. On pouvait le surprendre intrépidement planté sur ses jambes, le nez en l'air, assistant à la chute d'une pierre qu'un maçon ébranle avec un levier en haut d'une muraille, et sans quitter la place que la pierre ne tombât ; et, quand la pierre était tombée, il s'en allait heureux comme un académicien le serait de la chute d'un drame romantique. » (30)

De Balzac, animant avec drôlerie ces amoureux de Paris, on peut dire comme Maurice Bardèche à propos de Marcel Proust (31) qui, en auteur comique, s'amuse à de véritables « imitations » ou « exhibitions » :

« non seulement il (les) entend parler mais il parle à leur place. Il est eux-mêmes, il se grime quand il leur donne la parole et entre dans leur peau, contrefaisant à la fois leur langage, leurs intonations, leurs gestes. L'impression est très forte et donne, mais par des procédés tout différents, un personnage aussi saisissant que les spécimens de Balzac, un Phellion, un Poiret, une Sophie Gamard. Mais chez Proust, c'est une « audition. » (32)

25. Jeanne Pronteau, *Recherches statistiques sur la ville de Paris 1823-26-29* (passage cité p.10).
26. *Ferragus*, IV,23 (le roman est de 1833, mais l'action se situe en 1819−20).
27. *Les Petits Bourgeois*, V,305.
28. *Les Employés*, IV,549.
29. *La Cousine Bette*, V,48 (il s'agit de la rue du Doyenné et de ses abords immédiats qui ne disparaîtront qu'en 1851).
30. *Les Petits Bourgeois*, V,305.
31. *Marcel Proust romancier*, p.338.
32. Si le personnage de Phellion consiste en un croquis, il y a bien aussi dans le cas de Poiret et de Rivet, une « audition » qui anime le récit.

Ces « amateurs qui dégustent leur Paris » (33) en figurants inspirés d'Henri Monnier expriment l'opinion du « juste milieu » devant les transformations de la ville. Fils de la Révolution de Juillet, gonflés de leur nouvelle dignité de citoyens responsables, ils se sentent comme personnellement concernés par la grande entreprise et se tournent sans nostalgie vers l'avenir et ce qu'ils estiment être le progrès.

A côté de ces personnages burlesques, Poiret, Rivet, les « personnages épiques » (34), tels Raphaël et Rubempré, sont réservés à un autre destin. Moins attentifs aux détails du spectacle : « verrues » « rougeurs », échafaudages et chutes de pierres, et sans qu'il soit dit jamais explicitement, comme pour Phellion ou Rivet, qu'ils ont « un amour au cœur » pour Paris, ils s'identifient si bien à leur ville qu'« apprêtant » leur suicide, c'est l'histoire de la cité qu'ils revivent et non leur propre passé. Il en résulte des fresques majestueuses dignes de l'importance des personnages (35). De même, Godefroid dans L'Envers de l'histoire contemporaine, à la veille d'une rupture complète avec sa vie d'autrefois, avant de tourner la page, rêve des antiquités de Paris « depuis les Romains jusqu'aux Francs » et non à sa propre jeunesse. Lucien, Raphaël, Godefroid, aristocrates poètes et dandys, sont hantés par le passé de la « créature » urbaine, tandis que les petits bourgeois matérialistes portent plus d'intérêt à la cité nouvelle.

Et Balzac lui-même ? Avouons qu'il n'est pas, en matière d'« urbanisme », sans présenter quelque ressemblance avec ses héros prudhommesques. Se référant précisément à Rivet, ne déplore-t-il pas, dans La Cousine Bette (36), que les riches bourgeois « attachés à leur ville » ne pensent même plus à « faire élever les clochers qui manquent aux tours de Notre-Dame » ! Observation digne d'une époque où sévit le faux gothique. Cependant il est, dans ses rapports avec Paris, beaucoup plus près de ses premiers rôles que des « comparses » ; comme eux, il s'identifie à la ville. Sans aller volontairement « à la recherche du temps perdu », sans que « des pavés mal équarris » déclenchent le mécanisme des souvenirs (37), il semble que l'écrivain mesure son propre vieillissement aux transformations des rues familières. Les formules « en ce temps », « à cette époque », ponctuent le récit : la rue Notre-Dame-des-Champs et la rue de l'Ouest n'étaient « pas encore pavées à cette époque » (38), « la rue du Dauphin, en ce temps-là, n'était pas encore élargie » (39).

L'époque est parfois fixée par une date : « en juin 1844, l'aspect de la place Delaborde et de ses environs était encore peu rassurant » (40), la rue de l'Ouest « ne fut pavée qu'en 1829 » ; « en 1827 la rue Duguay-Trouin n'était pavée ni d'un côté ni de l'autre » (41). Précisions étonnantes, sans doute puisées dans la mémoire du romancier qui a retenu ces pavés, ces trottoirs, ces rues plus étroites ou plus larges, comme autant de repères dans le temps écoulé. Il ne peut séparer Paris de sa vie et de son œuvre et le « grand édifice » qu'est La Comédie humaine lui inspire dès 1834, une étrange comparaison : « Quand tout sera fini, ma Madeleine grattée, mon fronton

33. Ferragus, IV,13.
34. Balzac distingue ainsi les héros des personnages secondaires (cf. préface du Cabinet des Antiques, III,627).
35. Cf. supra, la Seine, les quais, les ponts et les extraits cités de La Peau de chagrin et de Splendeurs et misères des courtisanes.
36. V,49.
37. Marcel Proust, Le Temps retrouvé, Paris, Gallimard, 1949, tome VI, p.7.
38. L'Envers de l'histoire contemporaine, V,448.
39. La Cousine Bette, V,77.
40. Ibid., V,157.
41. Entre savants, VI,502-503.

sculpté, mes planches débarrassées, [...] j'aurai eu raison ou j'aurai eu tort. » (42)
L'image révèle bien une sorte d'assimilation entre la construction de son œuvre et la
poussée conquérante de la ville.

S'ajoutant au badaud louis-philippard et au poète, il existe un troisième type
d'observateur qui, poussé par des motifs bien différents, « déguste son Paris », à
l'affût de terrains à vendre, de maisons à construire : c'est le spéculateur.

LA SPÉCULATION, MOTEUR DE L'EXPANSION URBAINE

Balzac suit avec passion le courant affairiste qui se développe et dans lequel il
voit le moteur même de la formidable poussée urbaine. A ces opérations foncières,
il souhaite participer, soit qu'il cherche pour sa future épouse une demeure digne
d'elle dans les nouveaux quartiers, soit de bons placements pour des capitaux qu'il
ne possède pas. Les *Lettres à Madame Hanska* sont, à cet égard, révélatrices et nous
avons déjà signalé que cette correspondance amoureuse, après la mort du comte
Hanski, prend parfois le caractère d'une publicité immobilière (43). Le charme de la
propriété « entre cour et jardin » qu'il cherche inlassablement est inséparable, pour
Balzac, de la « plus-value » rapide qu'elle peut acquérir dans un Paris qui « est en
marche et ne rétrogradera jamais » (44).

En un temps d'économie libérale cette forme de spéculation ne semble pas entachée d'immoralité sauf, peut-être, à la naïve madame Birotteau : « votre affaire me
fait l'effet d'un vol, à moi » (45) ; « ma conscience est bien intacte » rétorque César,
« les gens qui vendent, vendent par nécessité ; nous ne les volons pas plus qu'on ne
vole ceux à qui on achète des rentes à soixante-quinze. Aujourd'hui, nous acquérons
des terrains à leur prix d'aujourd'hui ; dans deux ans ce sera différent, comme pour
les rentes ». La « rigide probité » du parfumeur s'accommode donc de la perspective
de bénéfices exorbitants (46). Le profit est la juste récompense de l'esprit d'entreprise et les aristocrates eux-mêmes, tel le chevalier du Rouvre, ne dédaignent pas de
s'enrichir en « trafiquant sur les terres et sur les maisons », sans crainte de ternir
leur blason (47). La question du relogement des « expulsés » ne se pose ni aux pouvoirs publics, ni à l'opinion. Aucune pensée pitoyable pour les habitants de la Petite-
Pologne, « locataires insolvables » que les huissiers n'osent aller déloger, « indigents
livrés à des métiers périlleux », « gens sans aveu » (48), pour tout dire « classe dangereuse ». Socialement, la suppression de ces foyers d'indigence est donc une action
moralisatrice et la spéculation « plus civilisatrice qu'on ne pense » (49). Entité armée
d'outils allégoriques : un marteau, une truelle, elle commence à édifier le nouveau
Paris qu'achèvera Haussmann.

L'argent étend son empire pour modeler la ville, et la spéculation foncière est
pour Balzac la cause même de l'expansion urbaine. Dans *César Birotteau*, elle est la
véritable héroïne de l'histoire qui nous est contée, reflet de l'Histoire de Paris en

42. *Lettres à Madame Hanska*, 26 octobre 1834, tome I, p.270.
43. Voir par exemple, les passages de la lettre du 1er janvier 1845 relatifs à la Folie-Monceau et
aux bénéfices à réaliser sur « 5 arpents à 80 000 francs », « la spéculation du roi (étant) la garantie de
la bonté de la nôtre » (*Lettres à Madame Hanska*, tome II, pp.556-557).
44. *Lettres à Madame Hanska*, 27 novembre 1845, tome III, p.76.
45. *César Birotteau*, IV,137.
46. De même il fabrique sans scrupule des huiles capillaires qu'il sait être rigoureusement ineffi-
caces.
47. *La Fausse Maîtresse*, I,464.
48. *La Cousine Bette*, V,157.
49. *Ibid.*

train de se faire. Les conclusions d'Adeline Daumard (50), tirées de minutieuses confrontations statistiques, révèlent à quel point Birotteau correspond à une certaine réalité sociale de l'époque. Fait d'autant plus significatif que l'historienne ne cite jamais Balzac pour définir « l'âme de la bourgeoisie », mais s'appuie sur des séries diverses : cotes mobilières, contrats de mariage, enregistrements de succesions, montant des fortunes ; réalisant ainsi un important travail de comptabilité sociale qui nous permet de constater une fois de plus, l'exactitude de « l'observation intuitive » (51) de Balzac. L'ascension de César Birotteau, puis sa « décadence » reproduisent point par point la carrière de certaines catégories bourgeoises bien définies, étudiées avec la certitude plus forte que donnent le recul dans le temps et l'utilisation des statistiques. César Birotteau est donc un cas exemplaire de petit spéculateur victime du grand « affairisme », et c'est à ce titre qu'il intéresse notre étude, dans la mesure où l'expansion urbaine est liée au jeu capitaliste.

Birotteau est un de ces exemples de « promotion sociale » « plus fréquents chez les immigrés que chez les Parisiens de souche » (52). « Fils d'un closier des environs de Chinon » (53), il part à pied pour chercher fortune, riche d'un louis, d'une paire de souliers ferrés, avec un gilet à fleurs et un gourdin de route. Remarquons cependant qu'il sait lire, écrire et compter. Muni d'une lettre de recommandation, il devient garçon de magasin chez monsieur et madame Ragon, marchands parfumeurs, et sa carrière se dessine selon le modèle décrit par Adeline Daumard :

« Les hommes nouveaux sont en majorité des immigrés, généralement d'anciens salariés, qui presque tous ont travaillé à Paris, dans une position subalterne avant de s'installer à leur compte. A considérer l'ensemble, les ruraux dominent. Sans fortune, issus de milieux modestes, ils ont appris un métier manuel et ont réussi à devenir chefs d'entreprise. » (54)

Birotteau se marie, mariage d'amour certes, mais conforme aux habitudes de sa classe : « Bien que le mariage ne fût pas uniquement une affaire d'argent, les considérations de fortune jouaient un rôle important » (55) et « la bourgeoise parisienne avait bien souvent des ascendances plus parisiennes que celles de son mari » (56).

Ainsi de Constance, « fille de Paris », demoiselle de magasin au *Petit Matelot*, qui possède, outre sa grande beauté, onze mille francs de dot et un oncle à héritage, le quincaillier Pillerault (57). Mariage d'amour, mais union raisonnable qui permettra l'achat du fonds Ragon (58). Comme la majorité des boutiquiers, César est aidé par « les capitaux et les compétences de sa femme » (59), qui « au comptoir est une véritable associée » (60) : A *La Reine des Roses*, « Madame César apparut comme une merveille dans son comptoir » (61).

Quelle est la place de Birotteau dans la hiérarchie marchande ? Il est, dit Adeline

50. *La Bourgeoisie parisienne de 1815 à 1848*, Paris, 1963, et *Maisons de Paris et propriétaires parisiens au XIXe siècle*, Paris, 1965.
51. *Facino Cane*, IV,257.
52. Adeline Daumard, *Les Bourgeois de Paris au XIXe siècle*, Paris, Flammarion, 1970, p.216.
53. *César Birotteau*, IV,138.
54. Adeline Daumard, *op.cit.*, p.215.
55. *Op.cit.*, p.70.
56. *Op.cit.*, p.190.
57. *César Birotteau*, IV,141.
58. *César Birotteau*, IV,141.
59. Adeline Daumard, *op.cit.*, p.215.
60. *Ibid.*, p.215.
61. *César Birotteau*, IV,141.

Daumard, « difficile de marquer avec certitude la limite du négociant et du fabricant d'une part, et de l'artisan et du boutiquier de l'autre » (62). César rappelle lui-même qu'issu de la boutique, il s'est hissé, grâce à son « génie », au rang des « notables négociants » (63), mais sa « fabrique » n'est, à ses débuts du moins, qu'une « baraque » dans le faubourg du Temple (64) d'où sortiront la Pâte des Sultanes et l'Eau Carminative. Sa promotion d'artisan en fabricant est donc récente. Nous le voyons acheter lui-même la matière première de l'Huile Céphalique à la mère Madou : « petit artisanat de luxe destiné à la consommation locale et qui n'implique que des installations modestes » (65). Telle apparaît bien la fabrique de César Birotteau ; « nos fabriques », dit-il avec majesté (66).

A son apogée, au moment où il va se lancer dans l'aventure des terrains, on peut étudier les composantes de sa fortune. Il dispose de son fonds de parfumerie et de ses bâtiments et « jardins » du faubourg du Temple ; en avoir mobilier, de cent mille francs déposés chez le notaire Roguin et de vingt mille francs en portefeuille, donc de cent vingt mille francs. Le dépôt chez le notaire est conforme aux habitudes de la bourgeoisie sous la Restauration (67) (les établissements de crédit, un crédit étroit et coûteux, n'existent guère en dehors des études notariales, car si les banques s'ouvrent largement aux dépôts, elles consentent rarement des prêts : César l'apprendra à ses dépens). Notre héros est déjà un familier de la spéculation boursière sur laquelle, dès l'âge de dix-neuf ans, il a commencé précisément sa fortune : « En Vendémiaire 1794, César, qui possédait cent louis d'or, les échangea contre six mille francs d'assignats, acheta des rentes à trente francs, les paya la veille du jour où l'échelle de dépréciation eut cours à la Bourse et serra son inscription avec un indicible bonheur. » (68) Il semble que la fréquentation de la Bourse soit restée chez lui une habitude (69) et l'on peut remarquer que l'immobilier n'est plus pour Birotteau un investissement prudent dans une « maison de profit », comme c'est le cas pour mademoiselle Thuillier par exemple (70), mais un jeu audacieux sur des terrains à bâtir, qui comporte un pari, comme un achat en Bourse.

Le cas de Birotteau n'est pas exceptionnel. Adeline Daumard précise que le boutiquier, même quand il n'avait que des disponibilités très insuffisantes, n'hésitait pas à s'endetter pour devenir propriétaire, longtemps avant de se retirer des affaires « et, de préférence, propriétaire dans son quartier » (71). Ainsi de Birotteau : la Madeleine est proche de la place Vendôme, et quant à l'endettement, nous en suivons tous les détails et mécanismes : quarante mille francs empruntés sur les installations du faubourg du Temple et, surtout, cent quarante mille francs d'effets souscrits à l'ordre du « banquier » Claparon. Pour rassurer Constance, César se propose, en cas de difficultés, d'hypothéquer sa part des terrains de la Madeleine, pratique dangereuse mais courante à l'époque, signalée par Adeline Daumard (72) et consistant à hypothéquer des biens qui restent à acquérir. Comme ces boutiquiers aventureux dont elle cite le cas, Birotteau, commerçant aisé sinon riche, manque de « disponibilité », c'est-à-dire d'argent

---

62. *Op.cit.*, p.237.
63. *César Birotteau*, IV,136.
64. *Ibid.*, p.141.
65. Adeline Daumard, *op.cit.*, p.233.
66. *César Birotteau*, IV,135.
67. Cf. Adeline Daumard, *op.cit.*, p.265.
68. *César Birotteau*, IV,139.
69. *Ibid.*, p.138.
70. *Les Petits Bourgeois*, V,294-95.
71. Adeline Daumard, *op.cit.*, p.261.
72. *Op.cit.*, p.265.

liquide, et compte imprudemment sur le succès de son nouveau produit (l'huile céphalique) pour le tirer d'embarras. L'inventaire des dossiers de faillite effectué par notre auteur révèle le fait suivant : « Parmi les négociants qui durent déposer leur bilan après la Révolution de Juillet, un cinquième environ avait participé à des spéculations immobilières tout à fait étrangères à leur commerce. » (73) Birotteau est donc un cas parmi d'autres (encore qu'il ait pris les devants en 1820) et madame Birotteau pouvait soupirer avec raison : « Tu es parfumeur, sois parfumeur, et non revendeur de terrains. » (74)

Ces petits bourgeois sont évidemment conduits hors de leurs activités habituelles par le désir de faire rapidement fortune. Leurs motifs ? doter leurs enfants. César envisage d'établir sa fille en lui donnant « tout leur avoir liquide » (75) et Adeline Daumard confirme que « 15 % à 20 % de la fortune du ménage » sont couramment consacrés à cette fin (76). La richesse est, en outre, le moyen d'étaler leur luxe, de jouer un rôle ; César définit naïvement son propre cas : « les spéculations les plus sûres sont celles qui reposent sur la vanité, sur l'amour propre, l'envie de paraître » (77).

Étudiant « la participation à la vie collective » des bourgeois parisiens, Adeline Daumard, remarque encore que, pour eux, « la fortune n'était pas un but mais un moyen. Posséder, c'est avoir des moyens d'influence politique d'abord, grâce à la propriété foncière » (78). Ainsi l'achat d'un « immeuble loué quarante mille francs au moins » permettra à Thuillier de briguer la députation « lors du renouvellement de 1842 » (79), parce que l'impôt frappant la maison et son revenu atteindra le montant du cens requis pour l'éligibilité. Ainsi la Révolution de Juillet a peut-être contribué (conséquence imprévue !), en abaissant le cens, à la fièvre bâtisseuse qui fera le grand Paris. Birotteau, dès 1820, n'est pas sans songer à la députation (80). Déjà adjoint au maire du deuxième arrondissement, fonction qui fut la récompense attribuée en 1815 au combattant de Saint-Roch (81), nommé chevalier de la Légion d'Honneur en 1820, il rêve de créer ainsi une « dynastie bourgeoise » : « je puis faire une maison honorable dans la bourgeoisie de Paris [...] fonder les Birotteau, comme il y a des Keller, des Jules Desmarets, des Roguin, des Cochin, des Guillaume, des Lebas, des Nucingen, des Saillard, des Popinot, des Matifat qui marquent ou qui ont marqué dans leur quartier » (82). Il s'agit toujours de gloire locale et les dépenses somptuaires entreprises dans son appartement en vue du bal qui doit fêter sa décoration, contribueront pour beaucoup à déranger ses affaires.

Cet épisode capital de la vie de Birotteau, l'agrandissement de son logis pour la soirée qui marquera l'apogée de sa carrière, donne lieu à des tractations compliquées qui ne sont pas sans rapport avec notre sujet. La spéculation foncière engendre en effet l'augmentation des loyers parisiens, surtout dans les beaux quartiers, et Molineux est un échantillon de ce personnage décrié, le propriétaire, à qui la plus-value foncière

---

73. *Op.cit.*, p.264.
74. *César Birotteau*, IV,13.
75. *Ibid.*, p.135.
76. *Op.cit.*, p.176.
77. *César Birotteau*, IV,137.
78. *Op.cit.*, p.276.
79. *Les Petits Bourgeois*, V,337.
80. *César Birotteau*, V,337. — « Ah ! si j'arrive jamais à la Chambre des Députés ».
81. Les maires et les adjoints étaient nommés, non élus.
82. *César Birotteau*, IV,136. Voir dans *Les Petits Bourgeois* (V,304) l'énumération de quelques-uns de ces notables de la rive gauche : les Minard, les Popinot, les Cochin. On sait que la famille Cochin, encore représentée, est d'authentique bourgeoisie parisienne.

donne une importance sociale considérable. Le Code Civil le protège par tout un arsenal législatif. La propriété bâtie est « rentable » et aucun « blocage » des loyers ni réglementation limitative n'est à redouter. Pour « s'agrandir », César doit annexer deux pièces prises sur la maison voisine et occupées par un marchand de parapluies, Cayron, que le parfumeur dédommagera en lui escomptant à perte huit mille francs, composés de seize billets. Seconde péripétie, la démarche chez Molineux, le tout-puissant propriétaire de qui dépend le succès de l'affaire. Il demeure à la Cour Batave, dans un sixième d'une « nudité » (83) révélatrice.

« Sensible à l'honneur de posséder au sein de (ses) modestes pénates un membre du corps municipal de Paris » (84),

Molineux ne lui en impose pas moins de dures conditions car

« les loyers sont considérablement bas, ils se relèveront, la place Vendôme gagnera, elle gagne, la rue de Castiglione va se bâtir [...]. Dans sept ans, que ne vaudra pas mon premier étage [...] Que ne loue-rait-on pas deux chambres garnies dans ce quartier-là ? [...] Je me lie par un bail. Nous porterons donc le loyer à quinze cents francs » (85).

« Les transformations de bail représentent des frais énormes », remarque Adeline Daumard (86). Nous en avons ici la preuve. Quinze cents francs plus frais divers aux-quels vont s'ajouter six mille francs alloués à l'architecte Grindot pour refaire l'appar-tement « dans un grand style », avec un escalier à deux rampes orné d'un tapis rouge, sans compter une « chambre tendue de soie bleue » (87). Montant inattendu de ces magnificences : soixante mille francs de mémoires vers la fin de décembre (88) qui s'ajouteront au déficit final. Or de nombreux témoignages dénoncent « le luxe malen-tendu que les petits commerçants déploient dans leurs magasins » et bien des dossiers invoquent les dépenses d'aménagement et d'embellissement parmi les causes de fail-lite (89). C'est en vue d'embellir son appartement, non son magasin (la *Reine des Roses* n'est jamais décrite, hormis d'omniprésent « comptoir »), que Birotteau dissipe une petite fortune. Ces prodigalités, que ne justifie pas même un prétexte commercial, précipitent la décadence : tous en même temps, huit jours après le bal, Lourdois, Chevet, Grindot, avec Molineux en tête, présentent leurs factures. Ces « quelques éclairs » sont le prélude du coup de foudre : « Roguin est en fuite ! » Dans la mesure où la spéculation, les « affaires territoriales » (90) apparaissent dans *La Comédie humaine* comme le moteur principal de l'expansion urbaine, on peut se demander si cette catastrophe est une malédiction qui s'acharne contre le malheureux parfu-meur, se présentant alors comme un cas purement individuel ou si, au contraire, elle n'a pas valeur d'exemple, décrivant, parmi d'autres, une de ces opérations immo-bilières qui sont la « force mouvante » de la ville.

Certes, Birotteau est victime de deux fripons contre lui conjurés, Roguin et du Tillet. Cependant, au-delà de l'explication romanesque, une interprétation de portée plus générale se dessine :

83. *César Birotteau*, IV,158.
84. *Ibid.*, p.159.
85. *Ibid.*
86. Adeline Daumard, *op.cit.*, p.236.
87. *César Birotteau*, IV,180.
88. *Ibid.*, p.186.
89. Adeline Daumard, *op.cit.*, p.235.
90. *César Birotteau*, IV,195.

1 − Le cas Roguin est banal : selon la loi, « un notaire ne peut être dans une péculation » (91), mais il se dissimule derrière un prête-nom (Claparon), pratique qui doit être courante à l'époque, car le vertueux Birotteau ne s'en inquiète pas. Même cas pour un autre notaire malheureux des *Petits Bourgeois* (92) : il a spéculé « bien que les notaires ne doivent pas faire d'affaires ». La tentation est grande, pour eux, de « faire travailler » les dépôts de leur clientèle dans l'immobilier. Un placement hasardeux peut expliquer leur déconfiture sans qu'interviennent nécessairement, dans leur cas, de mauvaises femmes comme « la belle Hollandaise ».

2 − Le notaire, nous l'avons vu, fait souvent office de banquier. Le crédit (« la panacée ») est, à cette époque, rare et cher et on peut supposer que même sans l'intervention machiavélique de du Tillet, ni Keller, ni Claparon, ni Nucingen n'auraient consenti au prêt souhaité par Birotteau. Ajoutons que celui-ci, décidément plus boutiquier que négociant, « gardait (ses) effets en portefeuille ». « Peut-être est-ce une faute de ne pas se fonder un crédit, même inutile [...] Birotteau regrettait beaucoup de ne pas avoir émis sa signature. » (93)

L'historien Charles Morazé, disciple de Lucien Febvre, signale la rareté du crédit sous la Restauration et rappelle à ce sujet des détails typiques, à savoir, par exemple, que « le premier soin de la Banque de France, en 1815, fut de fermer ses succursales provinciales » (94). En France, « on dit d'un homme qu'il est de premier ou de troisième crédit et ce jugement décide de sa carrière sociale, de la chance qu'il a de persuader l'escompte ». Nous pourrions appliquer à Birotteau une formule de l'époque, citée par Charles Morazé : « il n'a pas su soigner son crédit » (95).

3 − Les Keller, Nucingen, du Tillet, Claparon, c'est-à-dire la « haute banque libérale », la banque juive, puis « les maisons secondaires, intermédiaires de la Banque » (du Tillet), puis les prête-noms (Claparon) constituent déjà, avec leur forte hiérarchisation, une sorte de cartel : « nous sommes réunis en conseil, une vraie Chambre » (96), à laquelle, remarquons-le, la grande banque catholique (Mongenod) ne participe pas, du moins dans les romans. Un « conseil », une « vraie Chambre » : est-ce vraiment un début de concentration capitaliste ? Il s'agit d'une *association*, non d'une société anonyme (pièce maîtresse du capitalisme), mais tout de même *association de capitaux* qui implique une certaine complicité dans des manœuvres plus ou moins licites ou marginales. Devant elle, un modeste parfumeur semble, quoi qu'il en soit, bien désarmé. Les « affaires territoriales » intéressent les financiers à l'affût. Nous avons vu que Nucingen « achète des terrains nus sous son nom puis y fait bâtir des maisons pour des hommes de paille » (97). Ténébreuse affaire que madame de Nucingen n'a pas très bien comprise. Le volubile Claparon, pour éblouir Birotteau, explique les gigantesques affaires du « trust » personnalisé par un « nous » majestueux : « les opérations de la Madeleine ne sont rien, nous opérons ailleurs [...] Si nous n'étions pas engagés dans les Champs-Élysées, autour de la Bourse qui va s'achever, dans le quartier Saint-Lazare et à Tivoli, nous ne serions pas, comme dit le gros Nucingen, dans les « îffîres » (98). Cette « petite souilloi d'affaire » de la Madeleine que tente de déprécier Claparon, Keller n'en méconnaît pas l'importance : « J'ai entendu parler

91. *Ibid.*, p.137.
92. *Les Petits Bourgeois*, V,337.
93. *César Birotteau*, IV,194.
94. Charles Morazé, *Les Bourgeois Conquérants*, A. Colin, 1959, p.149.
95. *Ibid.*
96. *César Birotteau*, IV,206.
97. *Le Père Goriot*, II,290 (l'action se déroule en 1819).
98. *César Birotteau*, IV,206.

chez Nucingen, de cette immense affaire » (99), et si du Tillet « coule » Birotteau c'est un peu pour assouvir sa rancune, certes, mais n'est-ce pas surtout pour faire main-basse sur les terrains qui finalement lui reviendront ? Il s'enrichira des « dé pouilles de son ancien patron » (100) et continuera sa brillante carrière aux côtés de Nucingen (101).

Les membres du « conseil », ou « Chambre » ou « trust », Keller, du Tillet, Nucin gen empruntent des traits à des banquiers et hommes d'affaires en vue à l'époque où se déroulent les faits : Laffitte, Fould, Ouvrard, Emile de Girardin, maître en publi cité (102). Ces financiers et « promoteurs » avant la lettre, ont, suivant des procédés que la morale n'approuve pas toujours, ébauché, au temps des préfets Chabrol et Rambuteau, le nouveau Paris qu'Haussmann achèvera. Balzac a perçu l'alliance nouvelle de la Banque et de l'entreprise immobilière. Et derrière le banquier Nucingen, un peu Rothschild, un peu Laffitte, se profile le ministre Rastignac-Thiers, c'est-à-dire l'allian ce de la Banque et d'une certaine classe politique. Comment ne pas penser au « pro moteur » Dosne, beau-père de Thiers et constructeur de la place Saint-Georges ' L'expansion urbaine, telle que la perçoit Balzac, est une conséquence de l'emprise capitaliste.

4 — Enfin, les malheurs de Birotteau sont imputables, encore plus qu'à Roguin et du Tillet, à cette idée simpliste que les terrains doivent quadrupler « d'ici à trois ans » (103), alors que le génie de l'immobilier est une longue patience et qu'il exige donc des fonds de réserve considérables, dont disposent les banques, mais non de simples commerçants. Nous assistons aujourd'hui (104) à l'ascension vertigineuse des prix dans ce domaine, au point qu'une loi sur les « plus-values » peut en frapper les bénéficiaires au titre de l'impôt sur le revenu ; mais sous la Restauration et la Monarchie de Juillet, le franc germinal reste solide, et l'achat immobilier ne représente pas une fuite devant une monnaie dépréciée. Qu'une crise de confiance survienne lors d'une menace de guerre, à propos de la question d'Orient en 1840, par exemple l'immobilier et la rente baissent parallèlement (105), alors qu'aujourd'hui le mouve ment serait inverse. Pendant toute la première moitié du XIXe siècle, période de déflation générale, et notamment de 1818 à 1826, en raison du retour à la paix et de la crise du logement, la plus-value se poursuit, mais lentement. Placement d'avenir certes, mais placement de « père de famille » plutôt que spéculation au sens agioteur du terme, telle apparaît l'opération de la Madeleine.

Balzac ne l'ignore pas : « Si les spéculations en maisons à Paris sont sûres, elles sont lentes et capricieuses car elles dépendent de circonstances imprévisibles » (106), écrit-il, non sans bon sens. Cependant le rêve, chez lui, reprend souvent ses droits et l'homme, en son privé, est moins clairvoyant que le romancier. A son tour, en avril 1844, il « regarde les maisons à vendre » (107) et souhaite « posséder une maison à Paris, payer le cens d'éligibilité, ce qui est la vie civile » (108). Son « rêve », nous

99. Ibid., p.195.
100. Ibid., p.226.
101. Une fille d'Eve, I,409.
102. Voir la notice de Pierre Citron pour La Maison Nucingen, IV,233.
103. « Dans trois ans d'ici nous serons riches d'un million. » (César Birotteau, IV,135).
104. 1976.
105. Les Petits Bourgeois, V,339. Voir aussi dans Béatrix (II,110) une allusion à la « fausse alerte de 1840 ».
106. La Cousine Bette, V,130.
107. Lettres à Madame Hanska, 9 avril 1844, tome II, p.418.
108. Lettres à Madame Hanska, 13 avril 1844, tome II, p.422.

l'avons dit, prend la forme d'une « belle maison, entre cour et jardin à Paris, dans un quartier tranquille (109). Il l'a trouvée, annoncée dans les *Débats* : elle est à vendre « rue de Ponthieu, 76 » ! Par ailleurs un terrain acheté trente mille francs dans « l'allée des Veuves » aux Champs-Élysées, « dans dix ans en vaudra cent mille », mais Madame Hanska n'est pas d'humeur spéculative et les arguments les plus convaincants la laisseront sourde aux projets d'Honoré (110). Pourtant « dans 6 à 7 ans d'ici, 700 toises réservées (à Monceau) vaudront 3 à 400 000 francs. Monceau sera alors la même chose que le quartier Notre-Dame-de-Lorette, c'est forcé d'après la marche du Paris actuel ». On pourrait citer bien d'autres exemples de spéculations imaginaires dans les « nouveaux quartiers » et certaines remarques sont lourdes du regret des occasions manquées (111).

A long terme, la spéculation de César Birotteau réussit : « peu de personnes savent aujourd'hui (112) combien peu valait à cette époque (113) une toise de terrain autour de la Madeleine ». Dès 1827, le prix en était devenu « exorbitant » (114). Mademoiselle des Touches « acheta, pour cent trente mille francs, un des plus beaux hôtels de la rue du Mont-Blanc où elle s'installa quand les Bourbons revinrent en 1815 et dont le jardin seul vaut aujourd'hui deux millions » (115). C'est le romancier qui parle et admire, ouvrant des parenthèses où, mû par une sorte d'habitude, il évalue le prix des parcelles et le bénéfice réalisé. Chanceux aussi, ce forban de Philippe Bridau qui acquiert, autour de 1822, un magnifique hôtel rue de Clichy « dans un moment où personne ne soupçonnait la valeur que le quartier devait un jour acquérir » (116).

Rien n'échappe à l'œil vigilant de Balzac ; il regrette, par exemple, que rue Honoré Chevalier, « une des rues les plus étroites du quartier Saint-Sulpice », un propriétaire, frappé par le « plan d'alignement » n'ait pu (tenu par un bail et faute de capitaux) profiter de la présence d'un jardin pour rebâtir une maison neuve (117) : c'est bien dommage ! Nous l'avons vu prendre une option à la Folie Monceau lotie par Louis-Philippe (118) et si cette option n'a pas été suivie d'achat, du moins est-ce sur ces « hauteurs » qu'il logera « l'ange déchu », Béatrix, au nord de la rue de Courcelles « sur le sommet de la colline où s'étale le parc de Monceau » (119). Le fils Hulot semble d'abord avoir effectué un mauvais placement en se fixant sur le boulevard, entre la rue Louis-le-Grand et la rue de la Paix : « Le Commerce ne vint étaler là qu'en 1840 ses splendides devantures, l'or des changeurs, les féeries de la mode, et le luxe effréné de ses boutiques » (120), remarque l'auteur à propos du boulevard des Capucines. Mais en 1840 ce fut un brusque départ et « la spéculation se réalisait à huit ans d'échéance » ; « les marchands proposaient eux-mêmes des loyers avantageux pour les boutiques, à condition de porter les baux à dix-huit années de jouissance » (121). Ils paient une année d'avance et ajoutent un pot-de-vin, précise Balzac toujours intéressé par ce genre de détail.

109. *Ibid.*, 30 août 1844, tome II, p.501.

110. Voir quelques-uns de ces projets dans *Lettres à Madame Hanska,* en date du 17 septembre 1844, tome II, p.510.

111. Voir notre étude sur *l'amateur des jardins.*

112. En 1837.

113. En 1820.

114. *César Birotteau,* IV,226.

115. *Béatrix*, II,29 ; première partie du roman, 1839.

116. *La Rabouilleuse*, III,182.

117. *Les Petits Bourgeois*, V,353.

118. *Lettres à Madame Hanska*, 3 avril 1845, tome II, p.606.

119. *Béatrix*, II,95 (deuxième partie du roman : 1844).

120. *La Cousine Bette*, V,130.

121. *Ibid.*

Au total, *La Comédie humaine* montre, le plus souvent, la spéculation triomphante et génératrice de grandes fortunes. Si Birotteau a échoué, c'est faute de moyens financiers et de capacité. Cependant, la voix de la raison rappelle à l'auteur que « l'opération territoriale » peut être « lente et capricieuse ». Au succès tardif mais brillant du boulevard des Capucines, s'oppose la lente stagnation du quartier de l'Europe qui offre ses « solitudes de moellons sculptés », ses « steppes architecturales où le vent fait mugir d'innombrables écriteaux qui en occupent le vide par ces mots : « Appartements à louer ! » (122) Mugissements sinistres qui semblent orchestrer de grandes catastrophes financières : le placement immobilier, décidément n'est pas de tout repos.

Jeanne Pronteau (123) confirme le témoignage de *La Comédie humaine* en ce qui concerne les principales zones d'expansion de la rive droite, leur succès et leurs vicissitudes. Le démarrage du quartier de l'Europe « sur le terrain de la Plaine des Errancis, entre la rue Saint-Lazare, la rue de Clichy, la rue du Rocher » au nord du premier arrondissement, fut très lent. Projetés en 1826 en vertu d'une ordonnance royale, le percement et l'aménagement des rues nouvelles sont confiés à des sociétés immobilières (124), subventionnées par la Ville (125). En 1848, le *Constitutionnel* offre, du quartier, la même vision pessimiste que Béatrix. Le véritable départ n'aura lieu que sous le Second Empire, soit « quarante ans après sa fondation » comme le remarque Jeanne Pronteau.

En ce qui concerne l'affaire la plus importante pour nous, Jean-Hervé Donnard (126) cite un article de la *Revue d'Histoire Littéraire* (avril-juin 1930) relatant la genèse de la spéculation sur les terrains de la Madeleine et leur aménagement par les deux frères Godot de Mauroy, avec le percement des rues autorisées par l'ordonnance royale du 18 novembre 1818. Les premières rues se construisent vite : rue Godot de Mauroy, rue Neuve-des-Mathurins (127) en 1823 (où demeure Eugène Sue et où Balzac, une fois de plus, projette l'achat d'une maison (128), rue Tronchet en 1824. Cependant, Jeanne Pronteau note qu'avant 1826, la société Habert-Comynet acquiert l'hôtel de Castellane entre la rue de l'Arcade et la rue Tronchet ; or le bâtiment est encore debout en 1856, ce qui semble indiquer que même dans ce quartier la « fructification » fut plus lente que ne l'imaginaient Birotteau et Balzac lui-même. Celui-ci nuance parfois ses témoignages : le héros de *La Bourse*, par exemple, est un jeune peintre qui installe son atelier « à l'endroit le plus obscur, partant le plus boueux de la rue de Suresne, presque devant l'église de la Madeleine » (129). Enfin, en 1835, si la Madeleine émerge de ses bourbiers (« la Madeleine est finie ») (130), la rue de la Ville-l'Évêque permet encore d'abriter des amours d'une « discrétion sans exemple

122. *Béatrix*, II,107.
123. *Construction et aménagement de nouveaux quartiers de Paris 1820-1825*, Paris, 1958.
124. Sociétés Hagermann, Riant et Sylvain Mignon.
125. Le préfet de la Seine est Chabrol (de 1812 à 1830).
126. *Op.cit.*, p.299.
127. Actuelle rue des Mathurins.
128. *Lettres à Madame Hanska*, 1er janvier 1844, tome II, p.329. « Cette maison est rue Neuve-des-Mathurins au bout de la rue de la Madeleine, au bout des boulevards, à cheval sur le quartier du faubourg Saint-Honoré, sur la Chaussée d'Antin, sur les nouveaux quartiers. »
129. *La Bourse*, I,179.
130. *Les Mémoires de deux jeunes mariées*, I,168 (La Madeleine, primitivement conçue comme l'église paroissiale du faubourg Saint-Honoré, fut fondée en 1764. Elle était inachevée en 1789 ; en 1806 elle fut affectée par Napoléon (décret de Posen) à la « gloire de la Grande Armée ». Elle ne sera terminée qu'en 1842).

à Paris » (131), ce qui prouve qu'elle est peu fréquentée. Quelques années plus tard, le quartier paraît définitivement lancé et monsieur de La Baudraye, en 1842, place deux cent mille francs dans « un charmant hôtel » de la rue de l'Arcade (132) dont son épouse Dinah, rentrée dans le devoir après sa fugue avec Lousteau, fera le plus bel ornement.

Les historiens de Paris nous révèlent que seuls, finalement, ont répondu aux espérances des « capitalistes » avides d'enrichissement immédiat, le quartier Notre-Dame-de-Lorette fondé en 1824-26, et son prolongement immédiat au nord, le quartier Saint-Georges (1823-26), œuvre de la Société Dosne (133). La place Saint-Georges est entreprise en 1824 et l'architecte Renaud édifie là une bizarre maison de style troubadour, « pesante fantaisie qui amusait les esthètes de ce temps, et qui, la bienveillance aidant, peut amuser ceux du nôtre » (134). Balzac ne s'en « amusait » pas mais l'admirait sincèrement, comme un chef-d'œuvre : « cette belle maison de la place Saint-Georges que vous avez vue dans *Le Musée des Familles*, est certes la plus belle de Paris », écrit-il à Madame Hanska le 20 janvier 1844. L'église Notre-Dame-de-Lorette fut construite par l'architecte Hippolyte Lebas de 1823 à 1836 et tout le quartier Notre Dame de Lorette-Saint-Georges se peuple avec une rapidité record de la fin de la Restauration au début de la Monarchie de Juillet. Le succès éblouit toute une génération d'entrepreneurs qui tentèrent en vain de renouveler l'opération dans le quartier de l'Europe. Balzac lui-même voit, à Monceau, la possibilité d'un autre Notre-Dame-de-Lorette (135).

Comment expliquer cette exceptionnelle réussite ? Sans doute par la contiguïté avec la Chaussée-d'Antin. Cette frange orientale d'un quartier élégant, située dans le même arrondissement que celui-ci (le deuxième), reparaît souvent dans *La Comédie humaine*. Elle y est présentée non comme une création nouvelle, comme c'est le cas pour les secteurs Madeleine et Europe, mais comme un quartier fini, ayant déjà ses traditions et son peuplement original (le mot « lorette » fut inventé en 1840).

La carrière de madame Schontz est révélatrice de l'évolution de ce coin du nouveau Paris : après avoir campé dans les « steppes » européennes, dans « la seule maison qui existât rue de Berlin » (136), elle est installée par Rochefide, d'abord dans un logement mesquin de la rue Coquenard (137), puis dans « un bel appartement rue Neuve-Saint-Georges » et enfin, non loin de là, dans un « petit hôtel, loué rue de La Bruyère » (138), puis acheté à son nom en 1839. Il y a translation de l'est (quartier du faubourg Montmartre) où se trouve la rue Coquenard, vers l'ouest (quartier Saint-Georges) en direction de la Chaussée d'Antin, et du secteur nord proche de « la ligne des boulevards extérieurs » (139) vers le sud où se trouve la fameuse frontière de la rue de Provence près de laquelle s'installent les « Aspasies » parvenues. Double courant migratoire qui, en latitude et en longitude, révèle la promotion sociale de « la Schontz » mais aussi la physionomie du quartier. « Il est, dans Paris, des maisons dont les destinations ne varient pas » (140), des appartements et des rues à « prédesti-

---

131. Cf. *Les Mémoires de deux jeunes mariées.*
132. *La Muse du département*, III,267.
133. Dosne était le beau-père de Thiers.
134. Yvan Christ, *L'Art au XIXe siècle.*
135. *Lettres à Madame Hanska*, 3 avril 1845, tome II, pp.591 et 606.
136. *Béatrix*, II,107.
137. L'actuelle rue Lamartine.
138. *Béatrix*, II,108-109.
139. *Ibid.*, p.107.
140. *Les Comédiens sans le savoir*, V,382.

nation » (141) : Du Ronceret occupe rue Blanche un charmant rez-de-chaussée qui fut meublé pour Cadine (142) et du Tillet a installé « l'illustre Carabine » dans le « bedid balai » qu'en 1829 Nucingen fit décorer pour Esther rue Saint-Georges (143) ; 1829 : un lustre à peine après la mise en place du lotissement ! Une certaine prostitution élégante fut bien le moteur de l'expansion de Paris dans ce quartier : « Sans les Aspasies du quartier Notre-Dame-de-Lorette, il ne se bâtirait pas tant de maisons à Paris. » (144) *La Comédie humaine* porte donc témoignage de la réussite foudroyante du quartier (mais sans en présenter la genèse). De même on y voit le succès à plus ou moins long terme du quartier de la Madeleine et l'échec relatif du quartier de l'Europe. Cependant la « spéculation » tend « à bâtir l'espace en friche qui sépare la rue d'Amsterdam de la rue du Faubourg-du-Roule » (145) et tous les espoirs sont permis, même pour l'affreux îlot de la Petite-Pologne. « Succursale du faubourg Saint-Marceau » (146), circonscrit par « la rue du Rocher, la rue de la Pépinière et la rue de Miromesnil », elle offre encore en juin 1844, note Balzac, un aspect « peu rassurant » (147). Pourquoi la stagnation de cette « zone » au double sens du terme ? La mise en chantier du quartier de l'Europe (1826) coïncide avec le début d'une crise de « récession » que signalent tous les historiens de l'économie (148) et Balzac lui-même qui la situe en 1827 (149). De plus, sous la Monarchie de Juillet, l'intérêt des « capitalistes », porteurs modestes comme Birotteau ou banquiers comme Nucingen, s'orientera vers les valeurs mobilières, valeurs d'État, chemins de fer ou actions industrielles qui arrivent en nombre sur le marché. L'immobilier sera un peu délaissé au profit de la Bourse, ce qui explique les difficultés du quartier de l'Europe. Jean-Hervé Donnard note avec raison que le grand financier de *La Comédie humaine*, Nucingen, s'intéressera peu aux « affaires territoriales ». Dans la chronique Nucingen, elles ne donnent lieu qu'à de brèves allusions (150), tandis que ses opérations boursières sont minutieusement analysées ; « tout ce qui donne matière à un gain quelconque l'intéresse », suit une énumération : la banque, les fournitures au gouvernement, les laines, les indigos... « son génie embrasse tout », mais dans cette énumération, l'immobilier est exclu (151).

Il en allait différemment sous la Restauration. Or, en 1820, en plein essor immobilier, le banquier Keller refuse au parfumeur une garantie sur les terrains de la Madeleine : « attendre cinq ans pour doubler ses fonds, il vaut mieux les faire valoir en banque » (152). Il raisonne alors comme un Laffite de 1837 (153) et sa réflexion, en quelque sorte anticipée, est inspirée par la crise de 1826 et le ralentissement de la construction. C'est Balzac qui parle plutôt que Keller.

Loin d'apparaître comme « un hors-d'œuvre », « une tartine » (154), le thème de la spéculation urbaine s'affirme comme étroitement mêlé à l'œuvre, car « l'opéra-

141. *Un début dans la vie*, I,331.
142. *Béatrix*, II,111.
143. *Splendeurs et misères des courtisanes*, IV,350.
144. *Béatrix*, II,107.
145. *La Cousine Bette*, V,157.
146. *Ibid.*
147. *Ibid.*
148. Voir notamment Charles Morazé, Jeanne Pronteau, Adeline Daumard, *op. cit.*
149. *La Maison Nucingen*, IV,250.
150. Déjà relevées dans *Le Père Goriot* (voir ci-dessus).
151. *La Maison Nucingen*, IV,237 (parue en 1838).
152. *César Birotteau*, IV,197.
153. Date de publication de *César Birotteau*.
154. *L'Hôpital et le Peuple*, V,385.

ion territoriale » fut, en imagination et en réalité, l'une des préoccupations constantes du romancier, et *La Comédie humaine*, dans ce domaine plus que dans aucun autre, est nourrie de l'expérience vécue. Formé au Code civil, écrivain qui se veut homme d'affaires (155), il rêve de bonnes occasions à saisir ou regrette d'en avoir laissé échapper à la Madeleine, à Monceau ou ailleurs. Cependant les projets grandioses et les illusions perdues (celles de Birotteau ou les siennes-mêmes aux Jardies, à Chaillot(156), le délire imaginatif, ne sont nullement incompatibles avec l'analyse minutieuse de la « conjoncture ». A propos des entreprises foncières surtout, une remarque faite naguère par S. Zweig semble très juste : « Les folies de Balzac ont une particularité typique : en leurs débuts, elles sont parfaitement raisonnables. Toutes ses spéculations se fondent sur des observations saines et nettes et sont régulièrement et exactement calculées. » (157) De la spéculation urbaine Balzac porte un témoignage vrai : vérité chronologique avec les dates capitales de 1819-1827, premiers signes de ralentissement ; vérités sociologiques avec le personnage de Birotteau. La claire vision du mécanisme financier, expliqué avec rigueur à propos de ce dernier, ne nuit en rien à la description de la « créature » parisienne et de son irrésistible poussée en dehors des vieux boulevards.

LE REGARD SÉLECTIF DE BALZAC

La ville en mouvement, qui se pousse en dehors des grands boulevards, vient donc d'occuper (à partir de ce bastion avancé que fut, dès la fin de l'Ancien Régime, la Chaussée d'Antin) le secteur Notre-Dame de Lorette-Saint-Georges sur le bord oriental de celle-ci, et, sur son flanc occidental, laborieusement enfanté, le quartier de l'Europe. Plus loin encore vers l'ouest, le quartier de la Madeleine, dont Birotteau fut le pionnier malheureux.

L'existence de ces nouveaux quartiers s'impose moins par la description matérielle qui en est faite, que par le nombre considérable d'acteurs de *La Comédie humaine* dont ils sont le support. Ils apparaissent quelquefois comme nettement circonscrits, nous l'avons vu, et les rues bordières peuvent être nommées, comme c'est le cas pour la Petite Pologne, par exemple, avec un souci remarquable de précision topographique. Nous savons qu'on y trouve des concierges : terme noble pour désigner les portiers des « belles et élégantes maisons » qui se bâtissent (158), des rues à trottoirs avec des boutiques. Sans doute peut-on y ajouter, sans que Balzac le rappelle expressément à propos des rues nouvelles, des « torrents de gaz » (comme ceux qui inondent la rue Saint-Honoré et la rue de Richelieu (159), symboles de tous les progrès techniques, et des « robinets par où jaillit de l'eau » (160). Mais si ces quartiers ont tant de « présence », ce n'est certes pas en raison du pittoresque d'une description qui reste très

---

155. « Il y a en moi plusieurs hommes, le *financier,* l'artiste... » (dans une lettre à Zulma Carraud).

156. Voir les projets d'aménagement du « rocher de Chaillot », par exemple, dans les *Lettres à Madame Hanska.*

157. S. Zweig, *Balzac, le roman de sa vie,* Albin Michel, p.324.

158. *La Cousine Bette,* V,157 (le « concierge » des « conciergeries » seigneuriales (ou royales) était un vassal noble).

159. *Splendeurs et misères des courtisanes,* IV,285 (la première usine à gaz de Paris, pour l'éclairage de la ville, fut construite en 1819, rue de Bellefond).

160. *Les Comédiens sans le savoir,* V,373.

vague (161) et en quelque sorte allégorique, à la différence de tant d'évocations du vieux Paris. Leur réalité vient de leur peuplement, c'est-à-dire de leur description « morale », pour reprendre une expression de Balzac lui-même (162). Les habitants de ces nouveaux secteurs (y compris la Chaussée d'Antin qui prend alors un nouveau départ, comme le boulevard lui-même) sont d'origines sociales diverses : aristocrates, financiers, artistes arrivés, dandys s'y coudoient, sans oublier leur sérail. Ils présentent un point commun : la richesse ; à défaut de fortune, du moins leur voit-on, promesse de réussite, cet esprit parisien qui ne peut être compris « que dans la zone décrite par le faubourg Montmartre et par la rue de la Chaussée d'Antin, entre les hauteurs de la rue de Navarin et la ligne des boulevards » (163).

La plupart des acteurs de *La Comédie humaine*, on le sait, appartiennent aux différentes classes de la noblesse et de la bourgeoisie. Sans mépriser la classe « mécanique », Balzac n'est en aucune manière « populiste ». Constatation banale, mais n'explique-t-elle pas que les quartiers neufs intégrés dans le récit (qui sont, il est vrai les plus importantes réalisations immobilières de l'époque par les capitaux engagés et les surfaces couvertes) soient ceux, précisément, où en raison du prix élevé des loyers, la sélection sociale a précocement joué ? (164) En consultant *Les recherches statistiques sur la ville de Paris* (165), on peut constater certaines excroissances du « chancre » urbain qui ne figurent pas dans *La Comédie humaine*. Le rôle du romancier n'est certes pas de dresser un répertoire d'agent voyer, mais il est intéressant de tenter de comprendre les raisons de certaines « lacunes » ou zones d'ombre, et il est évident que la topographie du Paris nouveau dans les quartiers populaires n'apparaît guère dans l'œuvre balzacienne. Or ils ont eux aussi évolué, quoique plus lentement.

Si l'on fait la revue des « beaux » quartiers, on constate que, même parmi ceux-ci deux omissions notables apparaissent : le quartier Beaujon et le quartier François Ier aux « Champs-Élysées », comme dit vaguement Claparon (166). Le premier, en 1825 ne comporte encore que trois avenues, dont l'avenue Fortunée, percée précisément en 1825 sur l'emplacement de l'ancien jardin Beaujon. En 1820, ce lotissement, proche de la barrière de l'Étoile, n'est pas encore commencé, et l'oncle Pillerault conduit sa famille dans les lieux enchanteurs des montagnes Beaujon, les jours de grand divertissement (167). La mise en chantier du « quartier François Ier », derrière le cours La Reine, commence en 1822, mais nous savons qu'en 1830 Victor Hugo louera l'unique maison bâtie rue Jean Goujon (à l'étonnement de ses amis car l'endroit, situé à deux pas de l'allée des Veuves (168), est de mauvaise réputation). En 1876, décrivant l'avenue Montaigne telle qu'elle se présentait environ vingt ans auparavant (en 1858),

---

161. Voir, par exemple, l'évocation de la Chaussée d'Antin dans *Une double famille* (I,425) c'est le quartier « où tout est jeune et vivant, où les modes apparaissent dans leur nouveauté, où la population des boulevards est élégante, d'où il y a moins de chemin à faire pour gagner les spectacles et rencontrer les distractions ». Cette description se fait plus précise, certes, dans « Histoire et Physiologie des boulevards de Paris », article paru en 1844 dans *Le Diable à Paris* (voir *œuvres diverses*, éditions Conard, tome III, pp.610 à 617) mais pas dans *La Comédie humaine*, même pour les boulevards.

162. *Les Petits Bourgeois*, V,331.

163. *Un homme d'affaires*, IV,496.

164. *La Cousine Bette*, V,157 : « La truelle est à Paris, plus civilisatrice qu'on ne le pense ! [...] la spéculation écarte par le prix du loyer, les gens sans aveu, les ménages sans mobilier et les mauvais locataires. »

165. 1823-26-29, trois volumes in 4°, Paris, 1829.

166. *César Birotteau*, IV,206.

167. *Ibid.*, p.162.

168. Notre actuelle avenue de Montaigne.

Alphonse Daudet évoque les aspects contrastés, quelquefois ignobles, que présentait encore ce coin de Paris plusieurs années après la mort de Balzac :

« On ne pouvait nier, en effet, que l'avenue Montaigne ne soit située dans un des plus beaux quartiers de Paris [...] horizonnée d'un bout par les quais de la Seine, et de l'autre par les jets d'eau bordés de fleurs du Rond-Point. Mais elle a l'aspect disparate, composite, d'une voie trouée à la hâte, et encore inachevée.

A côté des grands hôtels ornant leurs angles arrondis de glaces sans tain, de rideaux de soie claire [...] ce sont des logements d'ouvriers [...] il y a là tout un reste de faubourg, que les violons de Mabille animent, le soir, d'un bruit de riche guinguette. A cette époque, on voyait même [...] deux à trois passages sordides, vieux souvenir de l'ancienne allée des Veuves, et dont l'aspect misérable faisait un singulier contraste avec les splendeurs environnantes. » (169)

Le « nouveau quartier François Ier » n'apparaît donc pas comme un beau quartier et aucun des dandys de La Comédie humaine n'est aussi hardi que le jeune Victor Hugo pour oser s'y installer.

Omission plus importante : le vaste lotissement du Clos Saint-Lazare (ex-bien national), entrepris en 1821 par les banques André et Laffitte (170). C'est « le nouveau quartier du faubourg Poissonnière ». Il n'est présent, lui aussi, que par une allusion de Claparon dans le passage déjà cité à propos des Champs-Élysées (171). Suivant l'exemple balzacien, délimitons-le : il est situé entre les faubourgs Saint-Denis à l'est et Poissonnière à l'ouest, la rue de Paradis au sud, la rue de Dunkerque au nord (172). Au centre se dresse l'église Saint-Vincent de Paul, contemporaine de Notre-Dame de Lorette et dominant de sa masse une rue nouvelle dédiée au préfet Chabrol lui-même. En 1827, treize voies sont percées dans l'enclos Saint-Lazare. Cependant aucun héros ou comparse de La Comédie humaine ne demeure dans cette partie du troisième arrondissement (173) où l'auteur de cent projets immobiliers n'a jamais, si l'on en croit sa correspondance, été tenté par la réalisation d'une seule affaire. Quartier sans élégance, quartier de petites gens qui, lui aussi, démarre lentement (174).

A l'est extrême, les transformations du faubourg du Temple ne sont mentionnées qu'en liaison avec la faillite de Birotteau qui a installé là ses fabriques sur des terrains qui deviendront la propriété de du Tillet. Mais Popinot, en vertu d'un bail, a droit au maintien sur les lieux. Il les libérera moyennant une forte indemnité, parce que la construction d'un canal (175) va doter d'une vie nouvelle ce coin de Paris où du Tillet flaire de nouvelles « opérations territoriales » à réaliser. Cela dit, nous ne saurons rien des transformations de cette partie du vieux faubourg pourtant considérables (176), ni de ses habitants parmi lesquels ces ouvriers qui ont fait la fortune du parfumeur et qui émigreront, sans doute, au faubourg Saint-Marceau avec la fabrique de Popinot. Pas une note descriptive, mais une expression reparaissante : « les terrains du faubourg du Temple ».

169. Alphonse Daudet, Jack, édition Flammarion, pp.36-37.
170. Cf. Jeanne Pronteau, op.cit., p.19.
171. César Birotteau, IV,206 : « Si nous ne nous étions pas engagés dans les Champs-Élysées [...] dans le quartier Saint-Lazare et à Tivoli, nous ne serions pas [...] dans les iffîres. »
172. A l'époque, rue de l'Abattoir.
173. En dehors toutefois de Canalis, qui habite « rue de Paradis-Poissonnière n° 29 » (Modeste Mignon, I,208) mais c'est sans doute pour permettre le jeu de mots sur le poète « angélique ».
174. Pourtant, le « promoteur » banquier, Hagermann lui-même, demeure en 1823 rue d'Hauteville dans l'hôtel de Bourrienne (situé dans la partie ancienne de la rue d'Hauteville, c'est-à-dire en dehors du clos Saint-Lazare).
175. Le canal Saint-Martin, ouvert à la navigation en 1825.
176. La longue rue Bichat est ouverte en 1824 (première section) et prolongée en 1836 (deuxième section) cependant que les quais du canal s'aménagent : quai de Jemmapes et quai de Valmy.

D'autres omissions encore nous surprennent : pas d'allusion, par exemple à la Cité
Bergère ouverte en 1825 dans le quartier du faubourg Montmartre et cependant plus
proche de la ligne des grands boulevards que le quartier de l'Europe.

La Rive Gauche ne présente aucun équivalent des grandes entreprises d'urbanisation qu'ont été Notre-Dame de Lorette ou l'Europe. La ligne des boulevards du
Midi, qui sans avoir une origine identique à celle des grands boulevards, peut servir
de point de repère, montre encore à l'intérieur de l'espace qu'elle enferme, d'immenses
zones non bâties. Dans le faubourg Saint-Jacques surtout, des communautés religieuses
ont survécu à la Révolution et semblent borner la ville vers le sud comme une frontière
interdisant son expansion. Cet aspect, en quelque sorte arrêté ou figé, inspire à Balzac
quelques descriptions plus évocatrices que celles des quartiers neufs de la rive droite
avec leurs trottoirs et leurs concierges. Aux frontières de la ville, « Paris n'est plus
Paris » et un envoûtant décor reparaît, fait de bourbiers, d'eaux stagnantes, d'étroits
sentiers que la pluie transforme en ruisseaux : ainsi s'annonce le « roman d'atmosphère ».

Le Clos des Chartreux lui-même, ex-bien national, n'est pas encore complètement
intégré à la ville dont les digestions sont décidément lentes dans ce secteur pourtant
très proche des noyaux anciens du Quartier Latin et de la Montagne Sainte-Geneviève.
Il a la forme d'un triangle dont les bords tiennent encore du terrain vague : la rue
Duguay-Trouin qui, en 1827, « n'était pavée ni d'un côté ni de l'autre » (177) non
plus que la rue de l'Ouest « long bourbier, bordé de planches et de marais où les
maisons se trouvaient seulement vers la rue de Vaugirard » (178), cloaque où « l'on
ne marchait alors que le long des enceintes en planches qui bordaient des jardins
marécageux » (179). Détail imprévu : on y trouvait autrefois trois arpents plantés
en mûriers « convertis plus tard en maisons » (180). Balzac décrit ici plutôt les retards
d'« aménagement » que les réalisations urbaines. La partie orientale du Clos des Chartreux, qui est occupé en gros par l'actuelle avenue de l'Observatoire et l'École des
Mines, ne fut aménagée qu'en 1873 ; la partie méridionale de l'avenue, entre la rue
d'Assas et l'Observatoire, est plus ancienne et fut percée et aménagée de 1798 à 1811.
Balzac l'envisage dans son ensemble et décrit

« l'espace enfermé entre la grille sud du Luxembourg et la grille nord de l'Observatoire, espace sans
genre, espace neutre dans Paris. En effet, là, Paris n'est plus et là Paris est encore. Ce lieu tient à la
fois de la place, de la rue, du boulevard, de la fortification, du jardin, de l'avenue, de la route, de la
province, de la capitale [...]. Autour de ce lieu sans nom s'élèvent les Enfants-Trouvés (181), la
Bourbe (182), l'hôpital Cochin (183), les Capucins (184), l'hospice de La Rochefoucauld (185),
les Sourds-Muets, l'hôpital du Val-de-Grâce [...] l'infirmerie Marie-Thérèse (186) et les Carmélites

177. *Entre savants*, IV,503.
178. *Illusions perdues*, III,466 (l'action se passe en 1819-20).
179. *L'Envers de l'histoire contemporaine*, V,448 (action en 1836).
180. *Ibid.*, p.449 (la description est applicable aux deux rues de l'Ouest et Notre-Dame-des
Champs à leur confluent).
181. Hospice créé en 1814.
182. Hospice de la Maternité.
183. L'hôpital Cochin fut fondé à la fin du XVIIIe siècle (en 1794) par l'abbé Cochin, curé de
Saint-Jacques du Haut-Pas.
184. Il s'agit de l'hôpital des Vénériens, qui occupe au XIXe siècle leur ancien noviciat de la
Bourbe.
185. La Fondation de La Rochefoucauld date de la fin du XVIIIe siècle (1781). Elle subsiste
près de la place Denfert-Rochereau (c'est un hospice de vieillards).
186. Fondée en 1819 par Madame de Chateaubriand.

qui) y ont fondé un couvent (187). Les grandes situations de la vie sont représentées par les cloches qui sonnent incessamment dans ce désert [...] Puis, à deux pas, est le cimetière du Mont-Parnasse qui attire d'heure en heure les chétifs convois du faubourg Saint-Marceau. » (188)

Ce passage teinté de romantisme n'en est pas moins d'une remarquable exactitude (189). Ni place, ni rue, ni boulevard, ce « lieu sans nom » (190) est dénommé « Carrefour de l'Observatoire » par l'*Atlas* de Perrot (191) dans sa partie sud, tandis que sa partie nord apparaît comme une grande allée effectivement encore anonyme : « jardin » par ses arbres qui bordent l'ancienne pépinière des Chartreux, « route » coupant le chemin de la barrière d'Enfer, « fortification » entre deux grilles, bastion dominant Paris (192) et cerné d'ouvrages imprenables : ces fondations religieuses qui font obstacle à la poussée urbaine. Elles subsistent encore presque toutes aujourd'hui et l'avenue Denfert-Rochereau a conservé en partie son calme un peu flamand et ses carillons ou, du moins, ses sonneries d'horloges.

Certaines rues voisines du boulevard Montparnasse (un des boulevards du Midi, « une si magnifique promenade » dit Balzac (193) comme la rue de l'Ouest ou la rue Notre-Dame des Champs, n'ont pas encore attiré la spéculation. En revanche, le quartier, « désert comme les Marais-Pontins », s'égaie de quelques beaux jardins maraîchers et des bals de la Grande-Chaumière (194).

Plus loin à l'est, les limites de la ville ne sont plus des « espaces sans genre » ou des espaces « neutres », ni ville ni campagne, mais bien des « zones » au sens actuel et péjoratif du terme. L'avoué Derville manque s'enliser dans les ornières de la rue du Petit-Banquier, en haut du faubourg Saint-Marceau, à deux pas de la barrière d'Ivry (195). Ainsi la boue s'épaissit-elle de l'ouest vers l'est, en même temps que s'aggrave la misère : Bourlac, indigent à Montparnasse, reste un bourgeois comparé au « nouriceure » Vergniaud.

Les habitants de ces faubourgs du sud et de l'est de la ville sont présentés par des notations très générales et en quelque sorte collectives : ils sont « le peuple ». Le peuple du faubourg Saint-Jacques consacre « le dimanche et le lundi » à la « débauche » (196). Le faubourg Saint-Antoine est le « séminaire des révolutions » et ses habitants sont « tous comprimés par la misère, étouffés par la nécessité, noyés dans le vin, usés par les liqueurs fortes » (197). De temps en temps passent dans le récit un jardinier (198), un carrier (199), mais ils ne parlent guère et n'agissent pas, se

---

187. A l'angle nord-est des rues du Val de Grâce et d'Enfer (actuellement Henri Barbusse). Il fut désaffecté en 1908.

188. *Ferragus*, IV,53.

189. L'auteur a habité rue Cassini de 1828 à 1835 et fut sans doute souvent piéton dans ce quartier.

190. Balzac le définit parfois comme une « esplanade » (*Ferragus*, IV,53) ou le désigne comme la « grande allée de l'Observatoire » (*Illusions perdues*, III,466-469).

191. *Petit Atlas pittoresque des 48 quartiers de la ville de Paris*, par A.M. Perrot, 1834.

192. « Le pays que vous voyez à vos pieds », dit curieusement Lousteau en désignant Paris à Lucien qui se promène avec lui dans la « grande allée » de l'Observatoire » (*Illusions perdues*, III, 470).

193. *L'Envers de l'histoire contemporaine*, V,448.

194. *Ibid.*

195. *Le Colonel Chabert*, II,319 (le bon juge Popinot secourt aussi des « misérables » rue du Petit Banquier, cf. *L'Interdiction*, II,357).

196. *Les Petits Bourgeois*, V,331.

197. *Facino Cane*, IV,258.

198. Par exemple dans *L'Envers de l'histoire contemporaine*, V,454-455.

199. *Un épisode sous la Terreur*, V,488.

bornant à rehausser le discours romanesque d'une touche de couleur locale. Les vrais acteurs de *La Comédie humaine* demeurant dans ces quartiers inavouables, bourbeux et puants, ne sont pas des autochtones, mais des épaves venues d'ailleurs : Honorine, rue Saint-Maur, naufragée du mariage ; Bourlac, Chabert et son nourrisseur, vieilles ruines de l'Empire. Se risquant dans ces régions comme en terre inconnue, des amants qui se cachent, ou des sortes d'enquêteurs tels Godefroid (200) et l'avoué Derville (201). Dès qu'il recouvrera sa fortune, le premier geste du baron Bourlac sera de déménager sur la rive droite, allée d'Antin (202). Aussi la rive gauche est-elle décrite « physiquement » par ses retards d'aménagement qui l'opposent à l'expansion triomphale de la rive droite, plutôt que « moralement » par des habitants que Balzac ne connaît pas (203).

La *Comédie humaine* présente donc la rive gauche des XIe et XIIe arrondissements (204) croupissant dans la boue et le sous-développement. Ce sont les « quartiers les plus déserts de Paris » (205). Elle paraît même en voie de dépeuplement : « le mouvement progressif par lequel la population parisienne se porte sur les hauteurs de la rive droite de la Seine, abandonnant la rive gauche, nuisait depuis longtemps à la vente des propriétés dans le quartier dit latin » (206). Même observation de Dumas en 1854 dans *Les Mohicans de Paris* : « Le Paris de la rive gauche est naturellement stationnaire, et tend plutôt à se dépeupler qu'à se peupler ; au contraire de la civilisation qui marche d'orient en occident, Paris, cette capitale du monde civilisé, marche du sud au nord ; Montrouge envahit Montmartre. » (207)

Les statistiques paraissent d'emblée confirmer ces propos : le premier arrondissement (Roule, Champs-Élysées, quartier Vendôme, Tuileries) enregistre de 1817 à 1836 un accroissement de population de 58 %, le deuxième arrondissement (Chaussée d'Antin, faubourg Montmartre) de 54 %. Ils battent tous les records, tandis qu'à l'opposé le quartier Saint-Marcel (dans le XIIe arrondissement) stagne avec 2 % d'augmentation seulement.

Cherchant une explication à cet exode, Balzac écrit dans *Les Petits Bourgeois* : « On ne sait ni comment ni pourquoi les quartiers de Paris se dégradent et s'encanaillent » (208) ; « il est vrai », ironise-t-il, « que l'on n'a pas encore nommé de commission pour étudier ce phénomène ». *L'Interdiction* présente deux exemples de ces déchéances, rue du Fouarre et rue de la Montagne-Sainte-Geneviève, jadis hauts lieux universitaires, mais où, maintenant, seuls des originaux comme le juge Popinot à des fins charitables, ou le marquis d'Espard que son rang place au-dessus de l'opinion, peuvent se permettre de maintenir ou de fixer leurs pénates. Cependant, ce qui est vrai du faubourg Saint-Marceau ne l'est pas de toute la rive gauche, et le XIe arrondissement où demeurent précisément les Thuillier, accuse même une augmentation, en 1836, de 13 % par rapport à 1817, ce qui constitue une croissance appréciable.

Au vrai, une ségrégation s'établit, et la rive gauche des XIe et XIIe arrondissements

200. Cf. *L'Envers de l'histoire contemporaine*.
201. Cf. *Le Colonel Chabert*.
202. *L'Envers de l'histoire contemporaine*, V,478.
203. Alexandre Dumas, dans *Les Mohicans de Paris* fait au contraire du haut du faubourg Saint-Jacques une sorte de village fermé, avec son maître d'école, son médecin, son pharmacien et le chœur des petites gens qui commentent l'action.
204. Le faubourg Saint-Germain n'étant évidemment pas concerné.
205. *La Peau de chagrin*, VI,460.
206. *Les Petits Bourgeois*, V,294.
207. *Les Mohicans de Paris*, Livre de Poche (n° 3728), Paris, 1973, p.5.
208. *Les Petits Bourgeois*, V,331.

se dépeuple moins globalement qu'elle ne se vide des couches les plus aisées de ses habitants, que vient remplacer la masse anonyme des « hommes-instruments », les ouvriers. La bourgeoisie fuit la classe ouvrière, comme autrefois l'aristocratie a fui, se réfugiant au faubourg Saint-Germain, le contact des classes inférieures selon le processus si bien décrit au début de *La Duchesse de Langeais*. Il s'agit moins d'un « dépeuplement » que d'une mutation de ces quartiers.

Ces derniers ne restent pas aussi totalement exclus du grand courant d'urbanisation que ne le fait supposer *La Comédie humaine*. L'inspecteur général de la voirie, Daubenton, signale dans le XIIe arrondissement, « le plus pauvre quartier de Paris » (209), d'importants opérations d'aménagement (210) : percement de la rue Pascal en 1827, lotissement de vastes terrains entre la Salpêtrière et la Seine où quatre rues sont ouvertes. Ajoutons-y, citées par Dumas dans un aimable désordre (211) « la rue Guy Labrosse, la rue de Jussieu, la rue de l'École-Polytechnique, la rue de l'Ouest, l'embarcadère d'Orléans et celui de la barrière du Maine ». Zélateur de la voie ferrée, Balzac ne mentionne cependant nulle part, à notre connaissance, l'édification de ces deux gares dont il a pu voir la mise en chantier et, pas plus que pour le Clos Saint-Lazare, la *Correspondance* ne fait état de projet d'établissement dans ces rues nouvelles, sans doute ignorées parce que fréquentées par des gens « faisant œuvre de (leurs) dix doigts » (212).

Au total, l'archéologue de Paris, s'émerveillant et s'effrayant à la fois de la poussée urbaine dont il est le témoin, n'en voit pas (ou n'en dit pas) la cause profonde : la prodigieuse augmentation d'une population qui a doublé entre 1801 et 1850. Le dépeuplement relatif de certains quartiers le frappe, mais l'exode formidable de la province vers la capitale, il semble l'ignorer.

La cité grandissante a besoin de logements, mais la spéculation qui en résulte n'est, somme toute, que la conséquence d'une explosion démographique dont *La Comédie humaine* ne porte pas témoignage. Balzac, qui se plaît à dénombrer « quarante mille maisons » à Paris (213), ce qui est très excessif (214), paraît en revanche indifférent au « mouvement » de la population qui remplit ces « lobes cellulaires ». Mouvement aux deux sens du terme : sens démographique, c'est-à-dire numérique, et sens habituel d'un transfert de la province vers la ville. Une proportion importante de l'accroissement est due à la migration des paysans pauvres vers Paris, où ils fournissent la main-d'œuvre des fabriques. Cette indifférence de Balzac aux problèmes « démographiques » va sans doute de pair avec l'absence du prolétaire dans *La Comédie humaine*. « Le prolétaire, ce nouveau venu » pour reprendre la formule de Proudhon, apparaît tel en tant que classe sociale nouvelle créée par l'industrialisation, mais aussi en tant qu'étranger arrivant dans une ville où il ne se fond pas avec la population en place : elle fuit (sur la rive droite) devant ces éléments indésirables. Il y a, à l'époque et au niveau de l'administration municipale, un début de prise de conscience de la question ouvrière. Le raz-de-marée de migrants déferlant sur la ville entraîne de dangereux déséquilibres politiques et sociaux, et après les insurrections de 1830-31-32-34,

209. *L'Interdiction*, II,353.
210. *Rapport relatif aux entreprises de construction de Paris de 1821 à 1826 et à l'interruption des travaux depuis cette dernière année* (rapport ordonné par le préfet Chabrol et inséré dans les statistiques de 1829, cf. *Rapport statistique sur la Ville de Paris*).
211. *Les Mohicans de Paris*, pp.5 et 6.
212. *Traité de la vie élégante*, VII,565.
213. *La Fille aux yeux d'or*, IV,108.
214. *Le Petit Atlas pittoresque des 48 quartiers de la Ville de Paris en 1834* de A.M. Perrot n'en donne que 26 656.

de nombreuses enquêtes sont menées. En 1839, une commission est nommée, commission municipale et départementale chargée par le Conseil Général de la Seine d'étudier le mouvement migratoire (215). Une enquête sur le même sujet sera organisée par la Chambre de Commerce en 1847-48. Le surpeuplement de Paris est donc à l'ordre du jour, les pouvoirs publics s'en émeuvent, mais l'écho en est absent dans *La Comédie humaine*.

Certes, Balzac n'ignore pas le puissant rôle d'attraction qu'est la Ville, mais son attention ne semble attirée que par ce qu'on peut appeler les courants traditionnels de migration. Ainsi que l'a remarqué Louis Chevalier (216),

« la carrière de Rémonencq, celle de Monistrol, celle de Brézac, celle de Sauviat, celle de Bourgeat, l'enfant trouvé de Saint-Flour [...] laissent de l'immigration des Auvergnats à Paris dans les premières décades (217) du XIXe siècle, de son rythme, de ses habitudes, de ses succès, une image qui s'accorde entièrement avec les cartes et les courbes que les statistiques contemporaines permettent de dresser ».

Conclusion favorable corrigée cependant par Louis Chevalier lui-même dans un autre ouvrage (218) : « certaines réputations départementales largement répandues pèsent sur ces statistiques ; certaines migrations sont statistiquement privilégiées ; d'autres moins connues, mais statistiquement plus considérables, sont mal définies ». L'Auvergnat à Paris est déjà (ramoneur, ferrailleur ou porteur d'eau) un élément « pittoresque » au XIXe siècle, presque « folklorique » et l'Auvergne qui, vue de Paris, est étendue à tout le Massif Central est « statistiquement privilégiée ». Elle l'est, à coup sûr, dans *La Comédie humaine* qui a contribué largement à créer le type de l'Auvergnat de Paris. S'ajoutant aux « Auvergnats », parmi les courants réguliers de migration, la « montée » vers Paris des cadets ambitieux et pauvres est un des thèmes importants de *La Comédie humaine*, mais ce ne sont pas les Rastignac et les Rubempré qui expliquent le doublement de la population parisienne et la colonisation de nouveaux quartiers. Le gros de l'effectif provient des départements voisins de Paris (Bassin Parisien) et non d'Auvergne ou de Gascogne, et cet afflux n'a pas été perçu par Balzac comme un mouvement de masse. Mais le Parisien de 1970 s'est-il rendu compte que l'agglomération grossissait quotidiennement de quatre cents unités dont deux cent quarante migrants ou immigrants ? Il s'agit là d'un phénomène invisible et cependant les records de l'an 1826 sont largement battus !

Balzac aurait-il ignoré cet exode massif parce qu'il n'a pas perçu la concentration industrielle qui l'expliquerait ? A. Chevalier, dans le compte-rendu de l'enquête ordonnée en 1839 par le Conseil Général de la Seine (219), attribue en effet la migration au développement de l'industrie parisienne. Il dénombre mille soixante-seize machines à vapeur, énumère et localise « raffineries, buanderies, teintureries ». Les historiens actuels de l'économie et de la société, Labrousse, Duveau, Morazé expliquent cependant que ces innovations, si importantes qu'elles soient, introduisent peu de transformations techniques. Ce développement de l'industrie parisienne dans la première moitié du XIXe siècle se traduit par une multiplication d'ateliers, dont la production

---

215. Un conseiller municipal, A. Chevalier, en rendra compte dans un rapport intitulé : *Du déplacement de population, de ses causes, de ses effets.*
216. Cf. *Classes laborieuses et classes dangereuses à Paris pendant la première moitié du XIXe siècle*, Plon, 1958.
217. *Sic* (au lieu, évidemment, de décennies).
218. *La formation de la population parisienne au XIXe siècle*, PUF, 1950.
219. *Du déplacement de la population, de ses causes, de ses effets* ; cf. note n° 673.

doit satisfaire aux besoins locaux. Pour Duveau, non seulement la « révolution industrielle » saluée par trop de manuels scolaires n'existe pas, mais, à Paris, on peut constater une certaine régression dans ce domaine : « sous la Restauration et la Monarchie
de Juillet, cette grande industrialisation embryonnaire non seulement ne se développe
pas, mais même se résorbe : les loyers sont trop élevés, les manufactures, qui exigent
de vastes espaces, ne peuvent plus trouver place dans Paris » (220). Louis Chevalier,
qui en est arrivé aux mêmes conclusions, décrit « tout un petit peuple qui, dans le
quartier du Louvre et du Marais, prépare dans d'infimes laboratoires, ou dans des
arrière-boutiques, sur un modeste réchaud, ou sur une cuisinière, les produits variés
qui conviendront le mieux aux modes saisonnières et aux besoins quotidiens » (221).
On assiste donc à la multiplication des petites entreprises, véritable « prolifération
artisanale » dit Duveau, qui entraîne la création d'un nombre considérable d'emplois.
Cette main-d'œuvre n'est pas concentrée dans des usines, elle est au contraire diffuse,
éparpillée dans des centaines de minuscules fabriques comme celle de Birotteau (faubourg du Temple) et celle de Popinot (rue des Cinq-Diamants). Ainsi s'explique sans
doute que cette main-d'œuvre dispersée n'ait pas retenu l'attention du romancier (222).
Il n'a pas entrevu le poids énorme, dans la poussée urbaine, de ces foules ouvrières
fraîchement immigrées mais éparses.

L'archéologue de Paris ne décrit pas la cité manufacturière. La description du
travail artisanal se réduit à quelques touches de couleur : les eaux noires des teinturiers
rue du Fouarre, le ruisseau blanc, vert et noir de la rue des Cinq-Diamants (223).
Des mystérieux ateliers où se fabrique l'huile céphalique, nous ne connaîtrons que
leur situation, rue du Temple, puis faubourg Saint-Marceau. Les ouvriers qu'ils emploient apparaissent comme des éléments anonymes d'une classe de « nomades »
(ainsi s'expriment les enquêteurs officiels) dont Balzac ne semble pas avoir remarqué
que, finalement fixés, ils ajouteront d'innombrables cellules au « chancre » urbain.
Son intérêt, en matière de poussée urbaine, se concentre sur les beaux quartiers parmi
lesquels, d'abord, les quartiers récents ou en voie d'aménagement : Chaussée d'Antin,
quartier Saint-Georges et Notre-Dame de Lorette, quartiers de l'Europe et de la Madeleine et, naturellement, le Boulevard. Il a méconnu, en revanche, ignorant les classes
populaires, le principal élément moteur de cette prodigieuse expansion de la ville :
l'exode des populations rurales, la spéculation apparaissant finalement, ainsi qu'elle
l'est aujourd'hui encore, comme une manière d'épiphénomène. Du moins a-t-il perçu
un fait nouveau qui va s'amplifier sous le Second Empire : la séparation géographique
des classes sociales à l'intérieur de la ville, née de « l'abus nécessaire que constitue
l'inégalité des fortunes » (224). Terminée la coexistence amicale des riches et des
pauvres dans les mêmes maisons des mêmes rues ! Il y a maintenant les quartiers
« encanaillés » et les quartiers riches avec de beaux immeubles aux loyers élevés,
dont le prototype reste la Chaussée d'Antin.

---

220. G. Duveau, *Histoire du peuple français*, tome IV, pp.92-93.
221. *Op.cit.*, p.107.
222. Le dantesque prologue de *La Fille aux yeux d'or* (cf. IV,104-105) où s'« agite ce peuple qui,
de ses mains sales tourne et dore les porcelaines, coud les habits et les robes, amincit le fer, amenuise
le bois, tisse l'acier, solidifie le chanvre, etc. » ne connaîtra pas de développement dans *La Comédie
humaine*.
223. Cf. *L'Interdiction*, II,353 et *César Birotteau*, IV,193.
224. *Traité de la vie élégante*, VII,568.

LES CHEMINEMENTS DE LA VILLE DANS LA COMÉDIE HUMAINE

Les zones de peuplement nouveau, entre les grands boulevards (exactement leur rive sud, « la ligne du midi ») et l'enceinte douanière (« le mur murant Paris »), sont présentes à quelques exceptions près, dans *La Comédie humaine*, comme nous nous sommes efforcée de le montrer. Mais peut-on dégager à travers l'œuvre, « les chemins de la ville en marche » (225) ?

Quelles sont les lignes de force qui ont orienté le « chancre urbain » dans sa progression ? Sa croissance, sans être, certes, ordonnée comme celle des créations romaines, n'est pas tout à fait anarchique. Peut-on dégager, dans *La Comédie humaine,* une « dynamique » de la ville ?

Le présent

Si les termes d'élan, de poussée, de progrès (Balzac dit souvent « mouvement ») semblent appeler une donnée géographique et notamment la précision d'un point cardinal, on constate qu'à quelques exceptions près (collines, vallée de la Seine) (226) ce sont des édifices qui rompent la monotonie des paysages construits, et non des orientations et accidents topographiques naturels qui définissent la localisation.

Le pôle attractif sous Louis-Philippe est, d'après *La Cousine Bette* (227), situé au nord-ouest, mais les points cardinaux ne figurent pas dans le texte : « Le changement du centre des affaires se fixait alors entre la Bourse et la Madeleine, désormais le siège du pouvoir politique et de la finance. » (228) La Bourse « qui va s'achever » (229) apparaît à la fois comme le symbole du « pouvoir despotique de la finance » et comme « le siège du pouvoir politique » en un temps où la plupart des financiers sont « contigus à la politique » (230) et où beaucoup de députés se compromettent dans l'affairisme. Du temps de *La Cousine Bette*, le pouvoir politique est exercé par le défenseur de la bourgeoisie d'affaires, le tout-puissant ministre Guizot qui réside entre la Bourse et la Madeleine, au Ministère des Affaires étrangères, boulevard des Capucines (231).

Non loin de la Bourse où se porte « le centre des affaires », « rue Neuve-des-Petits-Champs, rue de Richelieu se presse une foule incessante ». Là, « reluisent les chefs-d'œuvre de l'industrie, de la Mode, des Arts » (232). La rue des Bourdonnais, la rue Saint-Denis sont un peu désertées au profit de ces endroits lumineux. Plus à l'ouest, mais toujours à l'intérieur du périmètre des grands boulevards, existent encore des terrains vagues et des chantiers. Ils ne sont pas explicitement nommés, mais certains détails révèlent, dans cette zone, un retard d'équipement surprenant pour une position qui apparaît aujourd'hui comme centrale. Balzac ne s'en étonne pas, mais observe que « la place Vendôme gagnera », que « la rue de Castiglione va se bâtir » (233),

---

225. Nous empruntons cette expression à Marcel Poète.
226. Voir notre étude sur le relief parisien.
227. V,130.
228. Remarque confirmée par l'enquête municipale d'A. Chevalier déjà mentionnée.
229. *César Birotteau*, IV,238.
230. *La Maison Nucingen*, IV,238.
231. Balzac y fait allusion dans *Histoire et Physiologie des boulevards de Paris* (cf. *Oeuvres diverses*, Édition Conard, IIIn 613).
232. *Splendeurs et misères des courtisanes*, IV,285.
233. *César Birotteau*, IV,159.

que la rue Duphot « bâtie sous l'Empire » (234) est « remarquable par quelques maisons élégantes » (235).

Cherchant la cause de cet aménagement tardif que Balzac constate sans l'expliquer, faut-il rappeler que l'enceinte bastionnée de Louis XIII ne suivait le tracé de la muraille de Charles V que jusqu'aux environs de la Porte Saint-Denis ? Elle s'en dégageait à l'ouest, incorporant ainsi le secteur qui nous intéresse, lequel, malgré la fondation de trois places royales (236) restera, surtout dans sa partie nord (Filles Saint-Thomas) et ouest (Feuillants, Capucins, Jacobins), le lieu d'élection des grandes fondations monastiques. C'est seulement après la nationalisation que l'arrêté consulaire du 9 octobre 1801, sur projet de la Commission des Artistes créée en 1793 par la Convention, marquera la naissance des rues de Rivoli, de Castiglione (237), des Pyramides. Là seulement une « femme élégante » peut sans déchoir être « logée au troisième étage » (238).

Le progrès de la ville en direction des grands boulevards, dans une sorte d'angle nord-ouest par rapport au centre historique (Cité-Louvre), est un des « cheminements » caractéristiques dont Balzac perçoit la cause d'ordre économique (omniprésence de la Bourse) ou qu'il constate sans l'expliquer.

Dans la même direction nord-ouest, mais cette fois sensiblement au nord des grands Boulevards, un autre pôle attractif de « la ville en marche » est constitué par la voie ferrée et le « débarcadère », comme dit Balzac. Dans deux lettres à Madame Hanska déjà citées (6 mars et 3 avril 1845), il décrit avec enthousiasme « le mouvement actuel », la « marche du Paris actuel » dans le sens du chemin de fer de Versailles, de Saint-Germain, de Rouen et du Havre : « Chaillot est plus loin que Rouen, qu'Orléans et que Versailles où les chemins de fer viennent en si peu de temps. »

Balzac est donc lucide en ce qui concerne l'avenir de la voie ferrée et ses répercussions sur la ville qui poussera bientôt des tentacules le long des rails. En 1837 (239), il achète à Sèvres-Ville-d'Avray la première parcelle de terrain, embryon des Jardies, sur la ligne Paris-Versailles en voie d'achèvement. Il faut remarquer cependant que l'intérêt porté par Balzac à la voie ferrée apparaît dans les lettres à Madame Hanska avec ses projets fonciers et boursiers, mais non dans l'œuvre romanesque (240). Claparon, singeant Nucingen, prétend bien avoir des « iffîres » à Tivoli (241), mais en 1819-20 il n'est pas encore question de construire là le futur « embarcadère » puisque la gare Saint-Lazare ne s'édifiera qu'à partir de 1835 (242). Remarquons toutefois que César Birotteau, publié en 1837, est contemporain de l'achèvement et de l'inauguration de la ligne Paris-Saint-Germain.

Si Balzac se révèle sensible au phénomène contemporain de croissance urbaine,

---

234. Elle fut ouverte en 1807 à travers le couvent de la Conception.

235. *Les Employés*, IV,527.

236. Place des Victoires, place Vendôme, place Louis XV.

237. La rue de Castiglione est située à la place, très élargie, d'un passage qui séparait le couvent des Capucins du couvent des Feuillants. Elle fut percée en 1811.

238. *Physiologie du mariage*, VII,401.

239. L'année même de l'inauguration de la ligne Paris-Saint-Germain.

240. Si l'on excepte quelques brèves allusions, cf. par exemple : *Un début dans la vie*, I,386 : « Les chemins de fer, dans un avenir aujourd'hui peu éloigné, doivent faire disparaître certaines industries, etc. » ; *Valentine et Valentin*, II,452, où il est cité entre le « gaz » et le « hideux réverbère ». Dans les *Parents pauvres* Crevel annonce à Valérie en 1843 : « Je vous ai doublé depuis deux mois vos économies dans l'Orléans » (*La Cousine Bette*), et Magus, en 1845, conseille à la Cibot de placer ses « petites » économies « sur le chemin d'Orléans. » (*Le Cousin Pons*).

241. *César Birotteau*, IV,206 (l'action se passe en 1819-20).

242. Cf. Jeanne Pronteau, *Construction et aménagement des nouveaux quartiers de Paris*.

c'est sans doute parce que l'archéologue de Paris s'est longuement intéressé au même phénomène dans le passé, comme en témoigne, cette fois, le texte même de *La Comédie humaine.*

Le passé

Dans le passé, c'est, aux yeux de Balzac, le seul pouvoir politique, celui de « no rois » (243), qui a modelé la ville, lui imposant ses orientations géographiques. Pouvoi politique qui semble s'opposer, ici, au pouvoir économique. Pas d'allusion aux grand intérêts financiers qui, dans le passé, ont pu inspirer ou altérer la volonté royale. Pa de référence aux deux cardinaux-ministres : Richelieu et Mazarin, qui édifient de palais dans les zones territoriales récemment incorporées et font figure de « promo teurs » au sens le plus commercial du terme (244). Avant 1789, semble penser l'au teur, la monarchie ne peut être qu'absolue et le pouvoir royal (sans limites : il ne s heurte pas à de vulgaires intérêts matérialistes) s'exerce sur la ville par la fondatior de palais et de résidences qui sont autant de noyaux urbains. Ce rôle agglomérateu apparaît dans l'essai historique *Sur Catherine de Médicis* (245) :

« En ce temps l'hôtel d'un prince offrait un vaste ensemble de constructions ; et pour s'e faire une idée, il faut aller mesurer l'espace que tient encore dans le Paris moderne, l'hôtel Soubis au Marais. Un hôtel comprenait les établissements exigés par ces grandes existences [...] c'était d'im menses écuries, le logement des médecins, des bibliothécaires, des chanceliers, du clergé, des tréso riers, officiers, juges, serviteurs gagés et valets attachés à la maison du prince. »

La population se groupe autour des palais et, avec les serviteurs et leurs familles, le monde des marchands, des artisans. On parlerait aujourd'hui de « théorie des cen tres » ! Ce rôle attractif indéniable, Balzac le signale pour les palais royaux (246) voire seigneuriaux, mais ne mentionne pas les grands monastères qui eurent pourtant dans la formation de la ville, un rôle encore plus évident (247).

Deux exemples de ces poussées urbaines déterminées par la volonté royale son privilégiés dans *La Comédie humaine* : à l'est, en direction de la Bastille, l'Arsena et le Marais et, dans la direction opposée, sur la rive gauche et à l'ouest, le faubour Saint-Germain.

A quatre reprises, Balzac (248) refait, en termes presque identiques, le récit de l'intermède oriental de la ville. Après une brève allusion dans *Sur Catherine de Médi cis* (249) : « Depuis que la royauté avait déserté le faubourg Saint-Antoine, où ell s'abrita sous la Bastille pendant deux siècles, pour venir se fixer au Louvre, beaucou de grands seigneurs demeuraient aux environs », trois romans de la dernière période reprennent ce thème. *Un début dans la vie* (250) rappelle que « vers la fin du XVI siècle, les grandes familles se partagèrent ces vastes espaces, autrefois occupés par le jardins du palais de nos rois, ainsi que l'indiquent les noms des rues de la Cerisaie Beaureillis, des Lions, etc. ». Le Cousin Pons, pour sa part, habite au Marais, rue

243. Cf. *Un début dans la vie*, I,295.
244. Cf. Marcel Poëte, *Une vie de cité : Paris (Album*, pp.118-119).
245. VII,228.
246. Cf. *La Duchesse de Langeais*, VI, pp.61 et suivantes.
247. « La plupart des villes modernes sont filles d'un monastère » enseigne le curé Bonnet Véronique (cf. *Le Curé de village*, VI,251). Il n'y paraît pas en ce qui concerne Paris.
248. Qui, tout jeune, a habité le Marais.
249. VII,228 (1836-37).
250. I,295 (1842).

de Normandie où « les maisons datent de l'époque où, sous Henri IV, on entreprit un quartier dont chaque rue portât le nom d'une province, et au centre duquel devait se trouver une belle place dédiée à la France » et, ajoute Balzac, « l'idée du quartier de l'Europe fut la répétition de ce plan. Le monde se répète en toute chose partout, même en spéculation » (251). (Comme c'est souvent le cas dans *La Comédie humaine,* le spectacle du présent a sans doute fait, par analogie, revivre le passé). Dans *Splendeurs et misères des courtisanes* enfin, un raccourci résume ces migrations historiques : « Charles V, le premier, abandonna le Palais au Parlement, institution nouvellement créée, et alla, sous la protection de la Bastille, habiter le fameux hôtel Saint-Pol, auquel on adossa plus tard le palais des Tournelles.

« Puis, sous les derniers Valois, la royauté revint de la Bastille au Louvre, qui avait été sa première Bastille. »

Quant au faubourg Saint-Germain, c'est dès 1834, dans *La duchesse de Langeais,* qu'apparaît longuement l'explication de sa genèse :

« ... la tradition faubourg Saint-Germain est à Paris, depuis environ quarante ans, ce que la Cour y était jadis, ce qu'était l'hôtel Saint-Paul dans le XIVe siècle, le Louvre au XVe, le Palais, l'hôtel Rambouillet, la place Royale au XVIe, puis Versailles au XVIIe et au XVIIIe siècle [...] Les grands seigneurs et les gens riches, qui singeront toujours les grands seigneurs, ont, à toutes les époques, éloigné leurs maisons des endroits très habités. Si le duc d'Uzès se bâtit, sous le règne de Louis XIV le bel hôtel à la porte duquel il mit la fontaine de la rue Montmartre, acte de bienfaisance qui le rendit, outre ses vertus, l'objet d'une vénération si populaire que le quartier suivit en masse son convoi, ce coin de Paris était alors désert, mais aussitôt que les fortifications s'abattirent, que les marais situés au delà des boulevards s'emplirent de maisons, la famille d'Uzès quitta ce bel hôtel habité de nos jours par un banquier. Puis la noblesse, compromise au milieu des boutiques, abandonna la Place Royale, les alentours du centre parisien, et passa la rivière afin de pouvoir respirer à son aise dans le faubourg Saint-Germain, où déjà des palais s'étaient élevés autour de l'hôtel bâti par Louis XIV au duc du Maine, le Benjamin de ses légitimés. » (252)

Copieuse « digression historique » qui mêle le vrai, le faux et d'approximatives vérités pour expliquer le peuplement du noble faubourg.

Les approximations sont essentiellement chronologiques : il y a « environ quarante ans », la Révolution se développe (1834 – 40 = 1794 !) et la noblesse émigre ailleurs qu'au faubourg Saint-Germain dont le succès remonte à l'époque où Paris, comme centre de la vie mondaine, l'emporte sur Versailles, c'est-à-dire « environ » quatre-vingts ans auparavant (253). La place Royale est datée du XVIe siècle, ce qui pourrait apparaître comme une erreur de plume, s'il n'y avait pas, par ailleurs, récidive (254). Si, d'autre part Balzac rappelle avec raison le rôle de l'hôtel Saint-Pol au XIVe siècle, pourquoi évoquer le vieux Louvre du XVe (255) plutôt que le nouveau du XVIe : celui de Pierre Lescot, de Jean Goujon et de la cour brillante des derniers

---

251. *Le Cousin Pons,* V,180 (1846-47).
252. *La Duchesse de Langeais,* IV,61.
253. Georges Pillement, toutefois, remarque à propos du faubourg Saint-Germain que « nombre de ses plus beaux hôtels ne précèdent 1789 que de quelques années, aussi est-ce sous la Restauration que leur faste est à son apogée et que le noble faubourg, comme on convient de l'appeler, s'élève à la hauteur d'une institution » (cf. *Destruction de Paris,* Grasset, 1941, p.141). Cependant les hôtels cités par Pillement lui-même appartiennent plutôt aux deux premiers tiers du XVIIIe siècle.
254. Cf. *Oeuvres diverses,* III,611-612 (*Histoire et Physiologie des boulevards de Paris*) « La vie de Paris, sa physionomie a été en 1500, rue Saint-Antoine, en 1600 à la place Royale ».
255. C'est celui des *Très riches heures du Duc de Berry* (vers 1418).

Valois ? A quelle époque « le Palais » ? et que vient faire l'hôtel de Rambouillet entre le palais de Saint-Louis et la place Royale ?

En revanche, la volonté royale de peupler une zone encore déserte est un fait aisément vérifiable : François Ier fait rouvrir la porte de Buci qui avait été murée, et l'acte royal du 5 février 1539 définit le « bourg Saint-Germain » comme « un lieu fort sain, commode et bien aéré » (256) où la noblesse, pour en revenir aux propos de Balzac, pourra « respirer à l'aise ».

Il a le souci constant d'expliquer la ville par les étapes de son évolution sans se borner à évoquer (257), dans le cas précis du faubourg Saint-Germain, « la splendeur des hôtels, les grands jardins et leur silence » (258). Les aristocrates qui ont « passé la rivière » (259) pour s'établir au Faubourg venaient de l'est de Paris (place des Vosges) ou « des alentours du centre parisien » (260), précise Balzac. Nous abordons ainsi le noyau initial de la ville, les deux palais royaux : le Louvre et le « Palais de Saint-Louis ». Leur fonction « urbaine » est expliquée, nous l'avons vu, dans *Sur Catherine de Médicis* (261) ; ils apparaissent comme des villes dans la Ville, avec la foule du personnel attaché à la maison des Grands. Dans *La Cousine Bette*, Balzac rappelle ce temps « où les grands seigneurs se groupaient autour du Louvre » (262). Réalité et fiction mêlées, voici l'ancien hôtel de Langeais où demeure Rivet, rue des Mauvaises-Paroles (263). Entre temps « l'illustre famille » a émigré faubourg Saint-Germain. Impasse du Doyenné, voici l'hôtel bien déchu des Créqui-d'Elbeuf : après avoir été la résidence de Cambacérès (264) jusqu'en 1808, il fut démoli, ce qui « a rendu la vue de la place » à la Bette (265). Les Cambacérès avaient eux aussi émigré au faubourg Saint-Germain, 21 (266) puis 23 rue de l'Université. Ce phénomène de migration est bien exactement observé par Balzac.

Quant à la cellule originelle qu'est le Palais de la Cité, elle est géométriquement délimitée : « La Sainte-Chapelle et ses quatre tours » (en comprenant la cour de l'Horloge), déterminent parfaitement l'enceinte, le périmètre, dirait un employé du cadastre, du palais, depuis les Mérovingiens jusqu'à la première maison de Valois ; mais pour nous, et par suite de ses transformations, ce palais représente plus spécialement l'époque de Saint-Louis (267). Le « Palais tout court », dit Balzac, est bien défini comme « le berceau de Paris, le berceau des rois » (268), mais cette constatation banale est ici le seul rappel des origines de Paris, dans un site qui, cependant, paraît assez caractéristique pour mériter un commentaire. De toute évidence le point de départ de la ville intéresse moins Balzac que son point d'arrivée, du côté de la rue Saint-Georges ou de la Plaine Monceau. Tout se borne à la description du fameux Palais : énumération des quatre tours aux murailles revêtues d'un « suaire noirâtre », rappel inévitable du signal de la Saint-Barthélemy, allusion peu justifiée à la place

256. Marcel Poëte, *op.cit.*, tome III, p.146.
257. On ne peut parler ici de descriptions : elles n'existent pas !
258. *La Duchesse de Langeais*, IV,62.
259. Par le pont Royal ?
260. *La Duchesse de Langeais*, IV,61.
261. VII,228.
262. V,48.
263. *La Cousine Bette*, V,48.
264. *Une double famille*, I,421.
265. *La Cousine Bette*, V,48.
266. Dans l'ancien hôtel de Bragelonne. Les Cambacérès y demeurèrent de 1815 à 1818.
267. *Splendeurs et misères des courtisanes*, IV,384.
268. *Ibid.*, p.385.

Dauphine, présentation de la Saint-Chapelle, « le plus magnifique joyau de l'écrin de Saint-Louis », et pour terminer, une esquisse de plaidoyer en faveur des prisons modèles « comme celle de la Roquette » (269). « Encore une ou deux prisons de bâties », un peu d'initiative et de générosité du « Conseil Municipal » et « le palais de Saint-Louis sera sauvé » ! Palais réduit, dans *La Comédie humaine*, à une espèce de maquette à laquelle il est permis de préférer la description du Terrain au XIVe siècle où « çà et là [...] s'élevaient quelques petits arbres incessamment battus par le vent [...], des saules vivaces, des joncs et de hautes herbes » à peine troublés par « la grande voix des eaux » et le « sifflement du vent » (270). Ou encore la méditation du futur « Initié », Godefroid, qui, par une belle soirée d'automne 1836, « rêve Paris » dans le temps et l'espace (271). La Seine, dans sa mobilité, évoque ici le mouvement de la ville en marche et la Cité apparaît bien comme « le cœur de l'ancien Paris » (272) beaucoup plus que dans le décor figé du « Palais ». Le poète inspiré est supérieur à l'archéologue érudit quand il évoque les origines de Paris.

Le Paris de Balzac est donc une « créature vivante » et ses fièvres de croissance, ses orientations nouvelles sont un thème important et comme diffus dans *La Comédie humaine*. Si elles constituent, comme nous avons tenté de le montrer, le sujet même de *César Birotteau*, rares sont les œuvres qui ne fassent des allusions ponctuelles à quelques opérations immobilières, aux destinées d'un quartier. Les cheminements de la ville, au temps passé, donnent lieu aussi à d'assez nombreuses digressions, peut-être moins bien intégrées à l'œuvre, d'un accent moins personnel dans la mesure où l'on y sent trop l'utilisation du document de seconde main, l'application qui se voudrait érudite.

En dépit de ce constant intérêt pour l'expansion urbaine, est-il besoin de préciser qu'aucune « théorie de la ville » comme disent les urbanistes actuels, n'est explicitement élaborée dans *La Comédie humaine* ? On y voit le rôle des intérêts économiques qui ont transféré le siège des affaires du côté de la Bourse, déplaçant ainsi le centre de gravité de la ville ; on y perçoit, dans le présent comme au temps des rois, les mécanismes politiques et sociaux de localisation, la naissance des quartiers nouveaux, Saint-Georges et l'Europe après le Marais et le faubourg Saint-Germain.

Cette présence « dynamique » d'une ville en marche est peut-être la marque personnelle de Balzac parmi les écrivains de son temps qui furent eux aussi des témoins privilégiés de Paris (273).

---

269. *Ibid.*
270. *Les Proscrits*, VII,273.
271. *L'Envers de l'histoire contemporaine*, V,404.
272. *Ibid.*
273. Victor Hugo, Eugène Sue, Alexandre Dumas pour ne citer que les principaux.

II. PRÉSENCE / ABSENCE DES MONUMENTS DE PARIS

UN BALZAC « EN MARGE »

Comme Wilfrid sa créature inspirée, le romancier a le rare privilège de savoir « le présent et le passé ; l'histoire double, celle d'autrefois, celle d'aujourd'hui » (1). Mais hélas ! dans l'humanité moyenne, celle d'aujourd'hui perd de jour en jour la mémoire de celle d'autrefois. Phénomène essentiellement urbain qui n'épargne pas même les petites villes de province :

« La plupart de ces villes sont déchues de quelque splendeur dont ne parlent point les historiens, plus occupés des faits et des dates que des mœurs [...] depuis trente ans, ces portraits des anciens âges commencent à s'effacer et deviennent rares. En travaillant pour les masses, l'Industrie moderne va détruisant les créations de l'Art antique dont les travaux étaient tout personnels au consommateur comme à l'artisan. Nous avons des *produits*, nous n'avons plus d'*œuvres*. Les monuments sont pour la moitié dans ces phénomènes de rétrospection. Or, pour l'industrie les monuments sont des carrières de moellons, des mines à salpêtre ou des magasins à coton. Encore quelques années, les cités originales seront transformées et ne se verront plus que dans cette iconographie littéraire. » (2)

Et que dire de Paris qui, en avance sur la province de ces « quelques années », semble, inconscient, amnésique, hâter sa propre destruction. Paris,

« cette cité, folle et rude ouvrière
Qui, hâtant les destins à ses murs réservés,
Sous son propre marteau s'en allant en poussière,
Met son bronze en monnaie et son marbre en pavés. » (3)

Le phénomène n'est certes pas nouveau. De tout temps on a détruit à Paris, témoin ce « bilan des pertes sans profits » que Georges Pillement a dressé dans son ouvrage *Destruction de Paris* (4), assorti de quelques remarques qui méritent réflexion :

« Ce n'est pas qu'au cours des siècles antérieurs on n'ait déjà démoli ; il fut un temps où un édifice n'intéressait que par son utilité ou la nouveauté de son architecture, on n'avait pas encore le goût des vieilles pierres. A propos de ce magnifique hôtel de la Trémoille, chef-d'œuvre de la

---

1. *Séraphita*, VII,351.
2. *Béatrix*, II,9 (1839).
3. Victor Hugo dans *Les Voix intérieures*, le long poème *A l'Arc de triomphe*, troisième partie (février 1837).
4. Paris, Grasset, 1941, chapitre XVII, pp.252 et suivantes.

Renaissance qui survécut jusqu'en 1840 (5) et ne fut démoli que sous l'administration de M. Thiers et de M. Rambuteau, Mme de Sévigné trouvait plaisant que ses parents, les Bellièvre, ne voulussent jeter bas ce beau logis passé de mode, qui était dans la famille depuis un siècle. « Ils n'ont pas voulu le vendre, écrit-elle, parce que c'est la maison paternelle et que les souliers du vieux chancelier en ont touché le pavé. C'est dommage que Molière soit mort : il en ferait une très bonne farce. » (6)

Ce qui est nouveau, à l'époque romantique éprise « de l'arcade gothique et du clocheton Renaissance » (7) c'est la *lecture* du phénomène, nouvelle lecture faite à la lumière des incendies révolutionnaires, du « vandalisme de 93 » certes, mais aussi, peut-être, de l'« urbanisme dévastateur » de Napoléon c'est-à-dire, précise Georges Poisson (8), « la démolition systématique de parties de la ville déjà bâties», et il ajoute:

« Le respect du passé, peut-être manifestation d'impuissance, sentiment tout moderne, qui nous anime, était étranger à son époque comme à lui-même, et il n'hésitait pas à traiter Paris comme sont traitées aujourd'hui les villes américaines, comme un arbre que l'on peut fortement ébrancher pour en modifier l'aspect et même la vie : « Pour embellir Paris, disait-il, il y a plus à démolir qu'à bâtir [...] Pourquoi ne pas abattre tout ce quartier de la Cité ? C'est une vaste ruine, qui n'est plus bonne qu'à loger les rats de l'ancienne Lutèce ! » (9)

Mais si Paris tombe sous la pioche des démolisseurs dans l'indifférence du plus grand nombre, des écrivains s'émeuvent et engagent leur plume au service d'une nécessaire prise de conscience. Ce qu'ils présentent au regard du lecteur, ce ne sont plus les poétiques vestiges de la monumentalité romaine, depuis longtemps déjà chers à des peintres comme Hubert Robert et à des écrivains comme le Diderot des *Salons,* ou le Chateaubriand du *Génie du Christianisme* ; ce sont des ruines fraîches qui sentent le massacre, ruines qui jonchent le sol à leur porte même. Comme le fait remarquer Jean Starobinski (10), seule « la ruine bien intégrée au paysage » ennoblit le contexte et produit une impression de paix favorable à la méditation. Pour « qu'une ruine paraisse belle, il faut que la destruction soit éloignée et qu'on en ait oublié les circonstances précises ». Le destructeur doit être l'Histoire ancienne, le Destin, sinon « la colère déborde devant un destructeur qui peut recevoir un nom ».

C'est surtout à partir de février 1831 que cette colère s'exprime à Paris, après le sac de Saint-Germain l'Auxerrois et de l'Archevêché (situé derrière Notre-Dame). Certes, au départ, ce ne sont pas les « pouvoirs publics », c'est l'effervescence populaire qui est à l'origine de cet acte de vandalisme (11), mais après que l'église dévastée fut déclarée impropre au culte, on envisagea de la démolir pour percer entre le Louvre et l'Hôtel de Ville une rue qui ne fut finalement qu'amorcée (12). C'est alors que

5. Voir illustration p.16 de l'ouvrage cité.

6. *Op.cit.*, pp.252, 253.

7. *Ibid.*

8. Dans son ouvrage *Napoléon et Paris*, Berger-Levrault, Paris, 1964.

9. *Op.cit.*, p.32. Comme on sait, le neveu réalisera, aidé de son préfet, Haussmann, le vieux rêve de l'oncle : rendons au premier César les intentions qui lui appartiennent.

10. Cf. les pages consacrées à « l'invention de l'espace » dans le bel ouvrage intitulé l'*Invention de la Liberté 1700-1789*, Skira, 1964, coll. Arts, Idées, Histoire.

11. On lira la relation détaillée des événements survenus à l'occasion d'un service funèbre pour la mémoire du Duc de Berry, dans l'ouvrage de Charles Simond, *Paris de 1800 à 1900*, tome II, pp.33-34 (propos illustrés).

12. Déjà Colbert, puis Napoléon Ier avaient prévu une grande avenue menant à la colonnade et effaçant l'église. C'est, sous Napoléon III, la rue de Rivoli qui sera finalement prolongée pour relier le Louvre à la Bastille.

Chateaubriand envoie de Genève le 11 juillet 1831, à la *Revue de Paris,* une lettre toute vibrante d'indignation dont voici quelques extraits :

« ... Quoi, renouveler le vandalisme de 93 ! [...] Saint-Germain l'Auxerrois est un des plus vieux monuments de Paris, il est d'une époque dont il ne reste presque rien. Que sont donc devenus vos romantiques ? On porte le marteau dans une église et ils se taisent ! O mes fils, combien vous êtes dégénérés [...] Vous ferez une ode, mais durera-t-elle autant qu'une ogive de Saint-Germain l'Auxerrois ? Et les artistes ne présentent point de pétitions contre cette barbarie !
[...]
S'il survient des changements, des révolutions, même de simples variations de place, vous en serez pour la perte d'une architecture séculaire, sans compensation aucune. Vous laisserez des décombres contre lesquels s'amasseront des immondices ou des échoppes [...] Qui vous répond que la nouvelle monarchie ira jusqu'au bout de la rue qu'elle va ouvrir par une ruine ? » (13)

Et, au bas de la page, une note du directeur précise : « Plusieurs journaux ont annoncé la démolition de Saint-Germain l'Auxerrois comme on annoncerait la démolition d'une échoppe ou celle d'un coin de rue faisant saillie hors de l'alignement ; [...] si le vandalisme l'emporte, cette lettre demeurera dans le recueil comme une éloquente protestation. »
Le vandalisme ne l'emporta pas cette fois : l'église devint mairie pendant six ans (jusqu'en 1837) puis fut restaurée (par Viollet-le-Duc, Lassus et Baltard) et rendue au culte en 1838. Mais l'ébranlement des consciences demeura et c'est à juste titre que Balzac peut écrire, en 1843, au début des *Petits Bourgeois* que si « le vieux Paris disparaît avec une effrayante rapidité », néanmoins « depuis dix ans environ les cris de la littérature n'ont pas été superflus » (14).
Pourtant, durant cette décisive décennie les cris de *La Comédie humaine* n'ont guère retenti en faveur des monuments de Paris qui, semble-t-il, n'inspirent guère Balzac. Là encore il s'inscrit en marge de la page si bien illustrée par d'autres grands noms, Victor Hugo et Michelet notamment, auxquels nous allons brièvement confronter Balzac.
Nous sommes loin avec Balzac de la fougue contagieuse et reparaissante de Victor Hugo. *Notre-Dame de Paris,* haut témoignage littéraire du gothique retrouvé (paru au moment même du saccage de Saint-Germain l'Auxerrois) n'épuise pas sa contribution ; dès 1825, il déclare la « guerre aux démolisseurs » :

« Le moment est venu où il n'est plus permis à qui que ce soit de garder le silence. Il faut qu'un cri universel appelle enfin la nouvelle France aux secours de l'ancienne. Tous les genres de profanation, de dégradation et de ruine menacent à la fois le peu qui nous reste de ces admirables monuments du Moyen Age. [...] Tandis que l'on construit à grands frais je ne sais quels édifices bâtards, qui, avec la ridicule prétention d'être grecs ou romains en France ne sont ni romains ni grecs, d'autres édifices, admirables et originaux, tombent sans qu'on daigne s'en informer, et leur seul tort cependant, c'est d'être français par leur origine, par leur histoire et par leur but. [...] A Paris, nous savons ce qu'on a fait des vieilles tours de Vincennes, qui faisaient une si magnifique compagnie au donjon. L'abbaye de Sorbonne, si élégante et si ornée, tombe en ce moment sous le marteau. La belle église romane de Saint-Germain des Prés [...] avait trois flèches, les seules de ce genre qui embellissent la silhouette de la capitale. Deux de ces aiguilles menaçaient ruine. Il fallait les étayer ou les abattre ; on a trouvé plus court de les abattre.
[...]
Il serait temps enfin de mettre un terme à ces désordres, sur lesquels nous appelons l'attention

_____
13. *La Revue de Paris,* 1831, tome 28, p.172.
14. Cf. V,294.

du pays. Quoique appauvrie par les dévastations révolutionnaires, par les spéculations mercantiles et surtout par les restaurateurs classiques, la France est riche encore en monuments français. Il faut arrêter le marteau qui mutile la face du pays. Une loi suffirait ; qu'on la fasse. Quels que soient les droits de la propriété, la destruction d'un édifice historique et monumental ne doit pas être permise à ces ignobles spéculateurs que leur intérêt aveugle sur leur honneur ; misérables hommes, et si imbéciles, qu'ils sont des barbares ! Il y a deux choses dans un édifice, son usage et sa beauté ; son usage appartient au propriétaire, sa beauté à tout le monde ; c'est donc dépasser son droit que le détruire. » (15)

Rien de tel chez notre romancier. Toutefois il se place volontiers sous l'étendard, le moment venu : « Mon caractère bien connu, mes habitudes et mes mœurs, devaient faire supposer que, loin de dégrader les monuments publics, je plaiderais plutôt pour leur conservation », écrit-il dans *Le Dôme des Invalides* – *Hallucination* – brève nouvelle surréaliste avant la lettre parue dans *Les Annales romantiques* en 1832 (16). Ellipse et modération liées sans doute au respect de Balzac pour la propriété, alors que la véhémence de Hugo la remet en cause.

En cette année 1832, celui-ci reprend le combat sur plusieurs fronts et revient à son texte de 1825 en le nourrissant des amères leçons tirées des récents événements politiques : les régimes changent, le vandalisme demeure et pire encore, s'aggrave :

« Il faut le dire et le dire haut, cette démolition de la vieille France, ce que nous avons dénoncé plusieurs fois sous la Restauration, se continue avec plus d'acharnement et de barbarie que jamais. Depuis la révolution de Juillet, avec la démocratie, quelque ignorance a débordé et quelque brutalité aussi. Dans beaucoup d'endroits, le pouvoir local, l'influence municipale, la curatelle communale a passé des gentilshommes qui ne savaient pas écrire aux paysans qui ne savent pas lire. On est tombé d'un cran. En attendant que les braves gens sachent épeler, ils gouvernent.
[...]
Nous posons donc en fait qu'il n'y a peut-être pas en France, à l'heure qu'il est, une seule ville, pas un seul chef-lieu d'arrondissement, pas un seul chef-lieu de canton, où il ne se médite, où il ne se commence, où il ne s'achève la destruction de quelque monument historique national, soit par le fait de l'autorité centrale, soit par le fait des particuliers sous les yeux et avec la tolérance de l'autorité locale.
Nous avançons ceci avec la profonde conviction de ne pas nous tromper et nous en appelons à la conscience de quiconque a fait, sur un point quelconque de la France, la moindre excursion d'artiste et d'antiquaire. » (17)

Suit la lettre d'un correspondant extraite d'« une foule de documents qu'il (l'auteur) pourrait produire » et il s'engage à ne faire « jamais faute à quiconque lui signalera une injustice ou une absurdité nuisible à dénoncer. Il regrette seulement que sa voix n'ait pas plus d'autorité et de retentissement ». Le pamphlet se poursuit sous le signe du Vandalisme devenu véritable allégorie à Paris, cœur de cette France qu'on mutile. Le lecteur nous pardonnera de citer encore de larges extraits de ce texte. Il nous semble exemplaire d'une protestation qui n'est *pas* celle de Balzac à cette époque et dont nous ne retrouverons que beaucoup plus tard, dans les grands romans parisiens de *La Comédie humaine*, un écho affaibli. Voici donc ce Paris de 1832 et les « choses vues » par Victor Hugo :

_____

15. V. Hugo, *Guerre aux démolisseurs*, texte de 1825.
16. On peut la lire dans les *Oeuvres diverses*, Édition Conard, tome II, p.458.
17. *Guerre aux démolisseurs*, texte de 1832.

« A Paris le vandalisme fleurit et prospère sous nos yeux. Le vandalisme est architecte. Le vandalisme se carre et se prélasse. Le vandalisme est fêté, applaudi, encouragé, admiré, caressé, protégé,
consulté, subventionné, défrayé, naturalisé. Le vandalisme est entrepreneur de travaux pour le compte
du gouvernement. Il s'est installé sournoisement dans le budget et il le grignote à petit bruit, comme
le rat son fromage. Et certes, il gagne bien son argent. Tous les jours il démolit quelque chose du
peu qui nous reste de cet admirable vieux Paris. Que sais-je ? Le vandalisme a badigeonné Notre-
Dame, le vandalisme a retouché les tours du Palais de Justice, le vandalisme a rasé Saint-Magloire,
le vandalisme a détruit le cloître des Jacobins, le vandalisme a amputé deux flèches sur trois à Saint-
Germain-des-Prés. Nous parlerons peut-être dans quelques instants des édifices qu'il bâtit. Le vandalisme a ses journaux, ses coteries, ses écoles, ses chaires, son public, ses raisons. Le vandalisme a pour
lui les bourgeois. Il est bien nourri, bien renté, bouffi d'orgueil, presque savant, très classique, bon
logicien, fort théoricien, joyeux, puissant, affable au besoin, beau parleur et content de lui. Il tranche
du Mécène. Il protège les jeunes talents. Il est professeur. Il donne des grands prix d'architecture. Il
envoie des élèves à Rome. Il porte habit brodé, épée au côté et culotte française. Il est de l'Institut.
Il va à la cour. Il donne le bras au Roi et flâne avec lui dans les rues, lui soufflant ses plans à l'oreille !
Vous avez dû le rencontrer. »

De la province à Paris, le Vandalisme devenu majuscule a, comme on voit, apprit à
lire, à écrire, à courtiser sous de multiples visages. Le danger permanent est au plus
haut niveau et rien, jusqu'alors, n'a pu le conjurer, pas même la création, le 29 octobre
1830, du poste d'*Inspecteur général des monuments historiques* (18) confié à Ludovic
Vitet « un homme d'honneur, de science et de talent » (19). Le Vandalisme, mauvais
génie des lieux parisiens, est doté d'un maléfique pouvoir de métamorphose :

« Quelquefois il se fait propriétaire et il change la tour magnifique de Saint-Jacques-de-la-Bou-
cherie en fabrique de plomb de chasse, impitoyablement fermée à l'antiquaire fureteur ; et il fait de
la nef de Saint-Pierre-aux-bœufs un magasin de futailles vides, de l'hôtel de Sens une écurie à rouliers,
de la Maison-de-la-Couronne-d'or une draperie, de la chapelle de Cluny une imprimerie. Quelquefois
il se fait peintre en bâtiments, et il démolit Saint-Landry pour contruire sur l'emplacement de cette
simple et belle église une grande laide maison qui ne se loue pas. Quelquefois il se fait greffier, et il
encombre de paperasses la Sainte-Chapelle, cette église qui sera la plus admirable parure de Paris
quand il aura détruit Notre-Dame. Quelquefois il se fait spéculateur, et dans la nef déshonorée de
Saint-Benoît il emboîte violemment un théâtre, et quel théâtre ! Opprobre ! Le cloître saint, docte
et grave des bénédictins, métamorphosé en je ne sais quel mauvais lieu littéraire. » (20)

Mérimée succèdera en 1834 à Ludovic Vitet et le 29 septembre 1837 enfin, la
Commission des Monuments historiques sera créée, son premier rôle étant de dresser
la liste des monuments « classés » suivant leur intérêt artistique, archéologique ou
historique. La première liste complète publiée en 1840 comprend 1 090 monuments
classés. Le nombre de monuments double en 1842 et est fixé à 2 420. En 1848, 2 800
édifices étaient protégés (21).
    Il est donc vrai que les cris de la littérature militante « n'ont pas été superflus ».
    Mais une remarque s'impose. La grande croisade des artistes, « Hugoth » (22) en
tête, combat presqu'essentiellement pour la sauvegarde des *monuments* et surtout

---

18. Sur l'initiative de Guizot.
19. Cet hommage de Hugo figure précisément dans *Guerre aux démolisseurs*.
20. Extrait de *Guerre aux démolisseurs*.
21. Nous puisons ces renseignements dans *Les monuments historiques de la France*, revue trimes-
trielle, année 1970, n° 3 (juillet-septembre) plus spécialement consacré à Mérimée.
22. Titre d'une caricature lithographique parue en 1833 dans *La Charge* n° 4, journal satirique
paraissant le dimanche. On peut la voir actuellement à la maison de Victor Hugo. Le « crâne géant »
du romancier de Notre-Dame de Paris y crève un plafond gothique...

des monuments du Moyen Age, alors que Balzac fait d'autres choix, singulièrement originaux pour l'époque : dès le moment où elle « commence à montrer ses mâchicoulis » (23), il s'oriente vers des témoignages archéologiques beaucoup plus humbles, de « naïfs détails » oubliés par l'Histoire et, par là même, beaucoup plus fragiles et menacés : modeste enseigne, étroite maison, petite rue. De 1825, date de la première version de *Guerre aux démolisseurs*, à 1832, date de la seconde version, on a vu Victor Hugo mesurer l'écart et dénoncer la dégradation de la situation. Balzac, de son côté, mesure l'écart entre les années 1829-1830 (24) et 1843 au début des *Petits Bourgeois*, mais sa matière première n'est pas la même :

« Le Tourniquet Saint-Jean, dont la description parut fastidieuse en son temps au commencement de l'étude intitulée *Une double famille* dans les *Scènes de la vie privée*, ce naïf détail du vieux Paris n'a plus que cette existence typographique. La construction de l'Hôtel de Ville, tel qu'il est aujourd'hui, balaya tout un quartier.

En 1830, les passants pouvaient encore voir le tourniquet peint sur l'enseigne d'un marchand de vin, mais la maison fut depuis abattue. Rappeler ce service, n'est-ce pas en annoncer un autre du même genre ? Hélas ! le vieux Paris disparaît avec une effrayante rapidité. Çà et là dans cette œuvre, il en restera tantôt un type d'habitation du Moyen Age, comme celle qui fut décrite au commencement du Chat-qui-pelote, et dont un ou deux modèles subsistent encore ; tantôt la maison habitée par le juge Popinot, rue du Fouarre (25) spécimen de vieille bourgeoisie. Ici, les restes de la maison de Fulbert (26), là tout le bassin de la Seine sous Charles IX. » (27)

Faire accéder à « l'existence typographique » ces fragments du vieux Paris relève du même désir et de la même évidence que ceux qui s'expriment dès les premiers *Voyages pittoresques* relativement à la province :

« Les monuments passent : ils passent rapidement, surtout quand ils appartiennent à l'ancienne institution de l'État. [...] Il (le temps) imprime sa trace avec tant de puissance sur ces débris qu'en les voyant pour la seconde fois, nous avons déjà hésité à les reconnaître, et que nos croquis, trahis par la précipitation des démolisseurs, ne sont peut-être aujourd'hui que le portrait de ce qui n'est plus. » (28)

Seuls les modèles diffèrent. Les portraits du « Paris qui s'en va » (29), portraits faits de mots, sont très rarement des monuments. Pourquoi ? Nous ne pouvons répondre que par des hypothèses. Sans doute Balzac a-t-il l'impression que les maisons, « lobes du tissu cellulaire » (30) de la grande ville vivante, expriment mieux que les monuments jadis élevés à la gloire du Prince ou à la gloire de Dieu (31), ce que sont les nouveaux héritiers, possesseurs de l'espace parisien : les « bourgeois de Paris » comme Phellion ou Rivet déjà évoqués (32) fièrement campés face à *leur* ville, surveillant les travaux d'assainissement ou de restauration. Écoutons-le justifier le choix de la

23. *La Muse du département.*
24. Respectivement dates de publication de *La Maison du chat-qui-pelote* et d'*Une double famille.*
25. *L'Interdiction.*
26. *L'Envers de l'histoire contemporaine.*
27. *Les Petits Bourgeois*, V,294.
28. Extrait de la préface au tome I, paru dès 1820.
29. Titre du premier chapitre des *Petits Bourgeois*.
30. Cf. *Ferragus.*
31. Ce sont surtout, bien sûr, les églises et les couvents qu'on massacre et mutile sans vergogne depuis la Révolution.
32. Dans notre étude sur l'*Expansion urbaine.*

maison Thuillier par exemple : « une maison vraiment curieuse et qui mérite les honneurs d'une exacte description, ne fût-ce que pour comparer la Bourgeoisie d'autrefois à la Bourgeoisie d'aujourd'hui » (33).

Peut-être aussi a-t-il conscience que beaucoup de « moyen-âgistes » (34) comme Dinah de la Baudraye sacrifient surtout à une mode. Il n'est guère tendre pour la secte, si l'on en juge par l'espèce de portrait-charge de la muse du département, à mi-chemin de la femme savante et de la précieuse ridicule quand elle accumule dans son château d'Anzy « les antiquités » qui coûtent, aux environs de 1825, « beaucoup moins que des meubles modernes », « catacombes de vieilleries disposées comme chez feu du Sommerard, cet *old Mortality* des meubles » (35).

Certes Balzac, pour le moins aussi avisé que le sera Pons le collectionneur, sait bien qu'il s'agit de « chefs-d'œuvre tirés dans les quatre départements environnants », de « merveilles sur le point de revenir à la mode » (36), mais ce qu'il veut faire comprendre à ses lecteurs, c'est qu'elles ne sont ici, comme il le dit, que des « gages visibles » d'un goût pour « les idées de l'école romantique ». Il s'agit, chez la fille de Moïse Piédefer, acheteur de biens nationaux et dépeceur d'abbayes (37), d'une accumulation d'objets choisis pour contribuer à la « poser en femme supérieure » (38). Et le plus souvent, ces « trouvailles » ne servent qu'à produire automatiquement du langage tout fait, ponctué d'idées reçues où les épithètes de nature remplacent les analyses éclairées. Qu'on en juge :

« Ces trouvailles étaient d'ailleurs autant de *ressorts* qui, sur une question, *faisaient jaillir des tirades* (39) sur Jean Goujon, sur Michel Columb, sur Germain Pilon, sur Boulle, sur Van Huysium, sur Boucher, le grand peintre berrichon, sur Clodion le sculpteur en bois, sur les placages vénitiens, sur Brustolone, ténor italien, le Michel-Ange du chêne-vert ; sur les XIIIe, XIVe, XVe, XVIe et XVIIe siècles, sur les émaux de Bernard de Palissy, sur ceux de Petitot, sur les gravures d'Albrecht Dürer (elle prononçait Dur), sur les vélins enluminés, sur le gothique fleuri, flamboyant, orné, pur, à renverser les vieillards et à enthousiasmer les jeunes gens » (40).

La mode que Dinah contribue à lancer étend loin ses bienfaits, témoin ce jeu étonnant proposé comme cadeau d'étrennes par le *Keepsake* (41) *des petits enfants* en 1839 :

« cet autre jeu que vous voyez là, c'est l'Architecte relevant pierre à pierre les antiques monuments dont les débris gisent confondus et n'attendent qu'une main assez habile pour leur rendre leur forme et leur splendeur premières ».

Les monuments de Paris fournissent par ailleurs et depuis longtemps déjà, le prétexte à des jeux de l'oie « renouvelés des Grecs », par exemple le « jeu des monuments de Paris » « vers 1810 » et « le jeu des monuments français de la Ville de Paris » qui

---

33. Cf. *Les Petits Bourgeois*, V,294.
34. *La Muse du département*, III,216.
35. *Ibid.*
36. *La Muse du département*, III,216.
37. *Ibid.*, III,211.
38. *Ibid.*, III,216.
39. C'est nous qui soulignons.
40. *La Muse du département*, III,216.
41. Il a été publié sous ce nom de *Keepsake*, de 1830 à 1844, une quarantaine de volumes ornés de gravures anglaises et de lithographies et contenant des articles d'écrivains en renom.

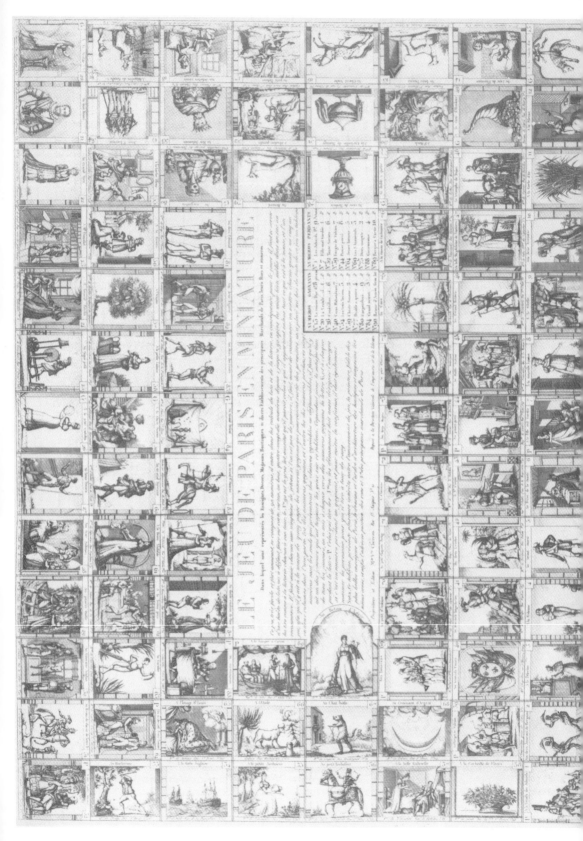

Jeu de Paris en miniature, 1803, jeu renouvelé du jeu de l'oie (photo B.N.)

date de 1814 (42) (tous deux à la gloire du Paris impérial (43) puisque les numéros 63 représentent respectivement l'arc de triomphe du Carrousel et la fontaine dite du Châtelet, tellement auréolée de rayons qu'elles ressemble à un ciboire !).

De cet engouement aux allures parfois militantes, *La Comédie humaine* ne retient donc que peu de choses. Ici un encouragement assez effarant « à faire élever les clochers qui manquent aux tours de Notre-Dame » (44), là une remontrance étayée par une comparaison : « Faisons observer que la création de la commission municipale *del ornamento* qui surveille à Milan l'architecture des façades sur la rue, et à laquelle tout propriétaire est obligé de soumettre son plan, date du XIIe siècle. Aussi qui n'a pas admiré dans cette jolie capitale les effets du patriotisme des bourgeois et des nobles pour leur ville en y admirant des constructions pleines de caractère et d'originalité ? » (45)

L'on serait bien en peine d'écrire, à propos de Balzac, un ouvrage comme celui de Jean Mallion consacré naguère à *Victor Hugo et l'art architectural* (46) où il examine successivement « le poète archéologue », « le conservateur des monuments historiques » et « le théoricien de l'architecture ». Si nous adoptions ce plan, les propositions de Balzac, ses interventions en faveur du patriotisme architectural, ses suggestions, ne seraient que la lumière cendrée de celles d'Hugo, astre et écho sonore en matière d'archéologie majeure : celle des monuments. Mais ce serait aussi une trahison : ce qui l'intéresse, ce qu'il défend, c'est « l'envers » de cette fastueuse tapisserie. A ses yeux les « reliques domestiques » valent « les restes de monuments publics » (47) pour comprendre l'homme, et non seulement l'homme d'hier, mais celui d'aujourd'hui et celui de demain. Quelles que soient ses nostalgies, Balzac n'a jamais été un passéiste. Les descriptions architecturales qu'il défend avec tant de conviction contagieuse au début de *La Recherche de l'Absolu* ne sont pas refuge dans le passé. Elles sont tournées vers notre présent :

« pour l'homme le passé ressemble singulièrement à l'avenir : lui raconter ce qui fut, n'est-ce pas presque toujours lui raconter ce qui sera ? » (48).

Raconter l'homme dans toute « la vérité de ses habitudes » et plus souvent en son privé qu'en son domaine public, voilà ce qui importe. Raconter l'architecture en « historien des mœurs », en nouvel historien avant la lettre, voilà ce que fait Balzac.

Différent donc de Victor Hugo, différent aussi de Michelet qui souhaite pourtant ne « pas comme Victor Hugo se faire un idéal de beauté de tel *moment* du vieux Paris — placer surtout sa beauté dans le mouvement, dans le développement progressif » (49), conscient de ce que la beauté de Paris est « plus grande dans le *devenir* que dans l'*être* ». Enfant de Paris, il a, lui aussi, « un amour au cœur » pour sa ville ;

---

42. Tous deux figurent dans le catalogue de l'Exposition organisée à la Bibliothèque historique de la Ville de Paris, d'octobre à décembre 1977 : *Imagerie parisienne XVIe-XIXe siècles* (n° 553 et 54).

43. C'est dire qu'il y a peu de monuments « gothiques ». Seule Notre-Dame a le privilège d'une case.

44. *La Cousine Bette*, V,49.

45. *Les Petits Bourgeois*, V,294.

46. P.U.F., 1962.

47. Cf. *La Recherche de l'Absolu*, VI,613.

48. *Ibid.*

49. Notes extraites de la préparation du cours sur Paris (cours professé au Collège de France en 1838) et citées par Pierre Citron au tome II de son ouvrage, *La Poésie de Paris de Rousseau à Baudelaire* (p.244).

mais son fameux : « Moi-Paris » est presque l'inverse de celui de Balzac. « Je ne me suis que trop identifié à cette grande ville », écrit-il en février 1839 dans son *Journal*. Mais cette grande ville n'est que « le plus grand et complet symbole du pays », un réceptacle privilégié des grandes idées aux différents moments de l'Histoire et, pour l'historien Michelet, cette identité entre Paris et lui n'est que le support d'une réflexion abstraite. Dès 1833 *Le Tableau de la France* contient une remarque éclairante :

« Comment s'est formé en une ville ce grand et complet symbole du pays ? Il faudrait toute l'histoire pour l'expliquer : la description de Paris en serait le dernier chapitre » ;

et en 1850 encore, l'*Histoire de la Révolution française* vient confirmer cette perspective si différente de celle de Balzac :

« Qu'est-ce que Paris, sinon une petite France résumée, un mariage de toutes nos provinces ? ».

Or ce « résumé » est tout naturellement ponctué de monuments. Comme le souligne bien Pierre Citron : « C'est qu'en eux le passé est concentré au maximum. Ils sont les jalons du temps. La véritable signification de Paris, pour Michelet, c'est que tout en étant un panorama, il est en même temps une vue synoptique de l'histoire de la France. » (50) Et Paris, résumé de la France, est aussi le résumé du monde :

« Il est beau de variété, réunissant tous les styles, représentant le résumé du monde : dômes byzantins dans la halle au blé et la prison de la rue de la Roquette, église gréco-italienne dans Sainte-Geneviève, le léger et le pesant gothique : Notre-Dame, la Sainte-Chapelle, etc. la Seine onduleuse dans un bel encadrement de collines, les obélisques des cheminées à vapeurs » (51).

La grille de lecture historique que Michelet applique à ce Paris monumental en fait, par le pouvoir de l'abstraction, une ville *unitaire* et non plus *morcelée* comme chez Balzac qui, lui, se préoccupe surtout du tissu interstitiel entre les monuments(52), repères pour l'œil beaucoup plus que symboles.
Écoutons le langage des monuments de Paris chez Michelet :

« Rien de plus grand au monde que Louvre — Tuileries — allant vers l'Arc ; c'est-à-dire royauté préparant la gloire du peuple — vaste espace pour légions... De l'Arc, retournez-vous... Vous voyez Panthéon par-dessus Notre-Dame et Invalides, révolution sur religion et royauté. Antique et moderne, unité. » (53)

« L'entassement » de tous nos monuments qui, sur la montagne Sainte-Geneviève, convergent vers « les voûtes du Panthéon et la dominante coupole » (54) le ravit, mais l'habitant de la colline inspirée (55) ne nous livre presque jamais ses impressions, ses observations de piéton de Paris :

50. *Op.cit.*, tome II, p.256.
51. Cf. *Journal*, août 1835.
52. C'est nous qui soulignons.
53. Propos figurant dans un plan de leçon du cours de 1838, cités par P. Citron, tome II, p.259.
54. Cf. *Journal*, février 1839.
55. Michelet a habité rue de l'Arbalète et rue des Postes, au cœur même du quartier où Balzac situe *Le Père Goriot*.

« Aussi Michelet n'est-il pas un témoin de Paris. On ne trouve presque aucune description de monuments ou de rues ; celles qui existent sont d'une banalité navrante, comme la description de la montagne Sainte-Geneviève. [...] Promeneur inlassable dans les rues de Paris, Michelet est un promeneur aveugle et sourd, suivant seulement son idée, ses sentiments et recherchant ses symboles. »

Nous souscrivons à ces propros récents nés du rassemblement (en une édition) des *Notes de Michelet relatives à Paris*, et qui permet d'en mieux saisir sa vision dans ses grandeurs et ses limites (56).

Lorsque Balzac évoque la montagne Sainte-Geneviève (57), il s'agit, soit de l'espace encore villageois de *La Peau de chagrin*, soit de l'espace angoissant du *Père Goriot,* perçu au silencieux niveau de « rues serrées entre le dôme du Val-de-Grâce et le dôme du Panthéon, deux monuments qui changent les conditions de l'atmosphère en y jetant des tons jaunes, en y assombrissant tout par les teintes sévères que projettent leurs coupoles » (58). Ce n'est jamais cet espace hautement symbolique évoqué par Michelet, où « plane le Panthéon, qui fait l'unité [...], temple, mais temple antique et moderne à la fois » (59).

Balzac est le témoin d'un Paris solidement ancré dans le présent et dans le quotidien, un Paris étroitement solidaire de ses habitants et de leurs « drames », un Paris plein « d'observations et de couleurs locales » (60) qui est le plus souvent son contemporain (61) ; où l'écart entre date d'*action* et date d'*écriture* va s'amenuisant au fur et à mesure que l'œuvre s'élabore, où la promotion du « cabajoutis » et de la « maison à allée » semble reléguer au second plan les monuments honorés par ses contemporains.

Ils ne sont cependant pas totalement absents du Paris textuel de *La Comédie humaine.*

DES MONUMENTS « ENTRE LES LIGNES »

Si Pons, Magus, Dinah de la Baudraye et Malvaux collectionnent des objets et des tableaux, aucun d'entre eux, semble-t-il, ne jette un regard vraiment curieux sur les monuments dont Paris s'honore. Louise, écrivant à son amie de couvent, décrit les arbres qui donnent à cette partie du boulevard du Midi bordant l'hôtel de Chaulieu, l'aspect d'une forêt dominée par « le dôme or et bleu » et « les masses grises des Invalides » ; peu de temps après, à propos d'une promenade inaugurale qui la conduit du boulevard des Invalides aux Champs-Élysées et au bois de Boulogne, elle remarque, sans beaucoup d'enthousiasme, que « l'aspect de la Place Louis XV est vraiment beau, mais de ce beau que créent les hommes » (62). Si elle préfère visiblement les arbres aux pierres, et les solitudes boisées de Ville-d'Avray à Paris, du moins n'est-elle pas totalement indifférente au cadre monumental de la capitale. Au contraire, Lucien de Rubempré, nouvellement installé rue de Cluny, situe bien son gîte « entre trois églises et les vieux bâtiments de la Sorbonne » (63), mais sans accorder, au cours

---

56. Cf. Catalogue de l'exposition « *Moi-Paris* » organisée à la Bibliothèque historique de la Ville de Paris, de mars à mai 1975 pour le centenaire de la mort de Michelet. Les propos cités sont extraits de la Préface signée Patrice Boussel et Jean Derens.
57. Nous y reviendrons plus longuement dans notre étude sur les quartiers.
58. *Le Père Goriot*, II,217.
59. Notes pour le cours de 1838.
60. *Le Père Goriot*, II,217.
61. Les romans « archéologiques » par leur situation dans le temps comme *Les Proscrits* ou *Sur Catherine de Médicis* sont l'exception.
62. *Les Mémoires de deux jeunes mariées*, I,105,111.
63. *Illusions perdues*, III,450.

de multiples allées et venues, le moindre regard aux églises Saint-Benoît et à la merveilleuse chapelle du Collège de Cluny honteusement délabrée dont, cependant, Victor Hugo a pris la défense dès 1825.

Au pullulement des demeures privées s'oppose le petit nombre des monuments, si nous entendons par là, sans vouloir donner à cette définition des contours trop rigides, des édifices publics d'une certaine ampleur, auxquels s'attachent des souvenirs collectifs, et présentant un intérêt artistique plutôt qu'utilitaire. Certes, les « monuments » cités sont nombreux, mais ils sont rarement décrits. Peut-être, outre les raisons déjà invoquées, parce que Balzac est lu surtout par des Parisiens à qui les monuments paraissent trop familiers (du moins peut-on, à tort ou à raison, le supposer) pour qu'il soit nécessaire de les présenter : aussi verra-t-on Blois plutôt que Versailles, le type même des « entreprises ruineuses » (64), et des curiosités architecturales de modeste envergure : hôtel du Perron, maison Popinot, maison des Proscrits, de Lecamus (65), ou du Chat-qui-pelote, plutôt que de vastes édifices trop connus.

Dans la revue rapide du Paris monumental que nous entreprenons, nous nous bornerons à des exemples privilégiés et en dépit de la banalité trop fonctionnelle de ce classement, nous envisagerons les édifices civils, puis les édifices religieux.

Les édifices civils

La plupart des « palais de nos rois » figurent dans *La Comédie humaine*, les uns encore en place (Louvre, Tuileries, Palais de Justice, Palais-Royal, Luxembourg, Palais Bourbon, Elysée-Bourbon), d'autres disparus, s'inscrivant seulement dans le plan d'un quartier (Saint-Pol, les Tournelles), d'autres enfin n'existant plus que dans les souvenirs (donjon du Louvre, « première Bastille », fossés de la Bastille (66), tour de Fulbert qui « aurait fait partie d'un premier palais des rois de Paris » (67), Bicêtre où rien ne subsiste de l'ancien palais de Charles de Valois). Le Palais Bourbon, le Luxembourg, les Tuileries apparaissent surtout comme les centres d'un pouvoir : le premier est « la Chambre » qui fait grande impression sur Gazonal (68) et qui hante les rêves de Birotteau (69) ; le Luxembourg, défini avec enthousiasme comme « l'un des plus beaux palais du monde » (70), abrite la Chambre Haute : « Le manteau bleu de la pairie » est l'objet des ambitions de mademoiselle de Fontaine et de madame de la Baudraye (71). Le « Château », symbole de la Monarchie, domine les romans de la Restauration avec son ombre portée, l'Élysée-Bourbon (72).

Quelques détails épars dans l'œuvre, un portail, une grille, les grands murs qui forment l'impressionnant décor de la « Dernière Revue », confèrent aux Tuileries, nous le verrons, un peu plus de consistance matérielle (elles sont quelquefois évoquées jusqu'en province (73). Le Palais-Royal, solidement implanté au cœur de la ville, est quatre-vingt sept fois cité (74), dont soixante-trois dans *La Comédie humaine*. Mais cette performance ne doit pas faire illusion : les Arcades ne sont que des voies de

64. *Splendeurs et misères des courtisanes*, IV,290.
65. Cf. *Sur Catherine de Médicis*, VII,158.
66. Cf. *Facino Cane*, IV,260.
67. *L'Envers de l'histoire contemporaine*, V,408.
68. *Les Comédiens sans le savoir*, V,379.
69. *César Birotteau*, IV,36.
70. *Les Petits Bourgeois*, V,332.
71. *La Muse du département*, III,268.
72. Cf. *Splendeurs et misères des courtisanes*.
73. Cf. *Le Curé de villlage*.
74. Selon Raser (voir son ouvrage intitulé : *Guide to Balzac's Paris*).

passage (75) et la maison des Orléans sera vouée jusqu'à la destruction des galeries de bois mentionnée dans *Le Cousin Pons* (76) à « gambling and debauchery » (77) sans qu'apparaisse jamais la belle construction de l'architecte Louis.

Deux « palais de nos rois » occupent la vedette, décrits avec une lourdeur perçue par l'écrivain lui-même qui, dans les deux cas, s'excuse de ce qu'il nomme des « digressions ». Nous étudierons donc à part le Louvre de Catherine de Médicis et tenterons de suivre Balzac dans d'assez laborieuses et vaines explications. Par ailleurs, son Paris serait incomplet sans le palais de Saint-Louis et ses tours du bord de Seine auxquels nous réservons plus ample développement (78).

L'empreinte monarchique est aussi gravée dans la ville par les harmonieux ensembles des places royales. La place des Vosges semblerait, à première vue, la plus fortement inscrite dans *La Comédie humaine* : elle n'est cependant citée que onze fois (dont dix dans *Les Employés*) contre quatorze pour la place Vendôme et treize pour la place Louis XV. Quant à la place des Victoires, elle est singulièrement absente...

La « présence » très forte de la place des Vosges s'impose parce qu'elle est la seule décrite ; encore ne l'est-elle que par comparaison avec la place Dauphine, citée curieusement comme son modèle, avec ses briques encadrées de pierres de taille. Comme on sait, ce mélange coloré qui rappelle peut-être le collège de Vendôme reparaît souvent dans *La Comédie humaine*. La place des Vosges est suivie dans ses destinées historiques : centre de la vie seigneuriale « au XVIe siècle » (79) elle apparaît maintenant comme le vaste cœur d'un village endormi, le Marais. De cette belle place, on n'aperçoit que les fameuses arcades dont pourtant Balzac souhaiterait doter les maisons de Paris comme d'une efficace protection contre la pluie. En revanche, il signale à plusieurs reprises la partie impériale de la rue de Rivoli et déplore la destruction des protecteurs piliers des Halles, « ces merveilles » (80). La place Vendôme apparaît dans deux panoramas, et en termes presque identiques, comme un repère qui délimite les luxueux quartiers de l'ouest « entre la colonne de la place Vendôme et la coupole d'or des Invalides » (81). Souvenir héroïque, avec son mémorial de bronze évoqué dans *Le Colonel Chabert* (82), la place Vendôme est par ailleurs prosaïquement désignée comme un des « Potose » de Paris (83) ; sauf une allusion bien vague à « la majesté qui règne dans la Place Vendôme » (84) illustrée par le « magnifique hôtel » du fermier général Dangé « face à la Chancellerie » (85), aucun rappel de l'œuvre de J.H. Mansart et des bâtiments trop régulièrement ordonnés, peut-être, pour un amateur de pittoresque.

La place de la Concorde située entre les deux nobles faubourgs est le passage inévitable, par le pont Louis XVI, des Cadignan et d'Espard rendant visite aux Langeais, Grandlieu et Beauséant (et vice-versa), et des Rastignac de la Chaussée d'Antin partant à la conquête du faubourg Saint-Germain. Le dimanche, y affluent trois ou

75. Cf. *Splendeurs et misères des courtisanes*, IV,337 et *Gambara*, VI,589.
76. *Le Cousin Pons*, V,214.
77. Raser, *op.cit.*, p.165.
78. Voir la fin de ce chapitre.
79. Sic. Voir *La Duchesse de Langeais*, IV,61.
80. Voir la photographie de Marseille, p.
81. *Ferragus*, IV,51 et *Le Père Goriot*, II,308.
82. *Le Colonel Chabert*, II,322.
83. *Le Contrat de mariage*, II,425.
84. *Ferragus*, IV,13.
85. *Le Contrat de mariage*, VII,245.

quatre mille voitures qui « improvisent un Longchamp » (86), et elle deviendra dans l'avenir le cœur de la ville (87). Cependant, la place de la Concorde apparaît comme un lieu sans joie : « les pittoresques coucous qui stationnaient sur la place de la Concorde en encombrant le Cours-la-Reine », « n'existent plus » en 1842 (88), et certaine animation élégante ne suffit peut-être pas à faire oublier l'échafaud de la place de la Révolution (« Place Louis XVI », lit-on dans *La Physiologie du mariage*) et les tragiques événements qui, pour la génération de l'écrivain, ne sont pas plus éloignés que pour la nôtre la guerre et l'occupation. Balzac goûte peu les bâtiments de Gabriel, évoqués à propos d'un pavillon de Presles (89) où il retrouve certains éléments décoratifs qu'il n'apprécie pas : colonnes aux « cannelures raides et sèches », « serviettes au-dessous des fenêtres », et les balustres renflés de la place lui inspirent une ironique comparaison anatomique (90). Peut-être, si l'on ajoute à ces remarques le « style dur et sec de Saint-Sulpice », peut-on en conclure sans trop de hardiesse, que l'écrivain n'aime guère le style du XVIIIe siècle (91), mépris partagé par toute la génération romantique, Victor Hugo en tête. Ni pour Lucien de Rubempré, qui vient de recevoir le brutal congé de Madame de Bargeton et qui, « perdu dans ses pensées », « regarde les monuments de la Place Louis XV », ni pour Victurnien d'Esgrignon qui, en proie à une « stupeur hébétée », « donne contre une borne de la Place Louis XV », l'endroit ne représente une étape touristique de flâneur éclairé. Ajoutons que, d'après R. Burnand, « la place de la Concorde, jusqu'en 1834, n'est qu'un terrain vague. Les deux palais de Gabriel, les chevaux de Marly, les chevaux de Coysevox encadrent une étendue fangeuse, coupée, derrière les balustrades, de fossés pleins d'une végétation sauvage, d'ordures, d'eaux croupies » (92).

La place des Victoires n'est pas citée : manquent donc, une fois de plus, les ordonnances de J.H. Mansart et le cheval de bronze que Balzac a pu voir édifier en 1822. Entre le Palais-Royal et la Bourse, elle se trouve trop à l'est par rapport aux grands courants de circulation, et reste, aujourd'hui encore, un îlot relativement paisible. Lié à la place du même nom, le sanctuaire de Notre-Dame des Victoires, encore désigné dans l'Atlas Perrot comme église des Petits-Pères (93), est également absent. Il aurait pu intéresser l'écrivain, sinon par « le caractère à la fois élégant et noble du règne de Louis XIII » et « les enroulements massifs des façades » admirés à l'hôtel Minard (94), du moins comme le siège de la Bourse des valeurs pendant toute la Révolution et jusqu'en 1809 (95). En effet c'est la Bourse qui est, par ailleurs, le monument le plus souvent cité par Balzac : soixante-dix fois selon Raser (96), dont quarante-deux dans *La Comédie humaine* ! Elle bat largement tous les records. « La Bourse qui va s'achever » (97) offre certes au clair de lune « comme une rêverie de la Grè-

---

86. *Illusions perdues*, III,447.
87. Cf. *Histoire et Physiologie des boulevards de Paris*. La prédiction se réalisera en 1860.
88. *Un début dans la vie*, I,286.
89. *Ibid.*, p.314.
90. *Traité des excitants modernes*, VII,601 : allusion à des « jambes en forme de balustres comme ceux de la place Louis XV ».
91. Pas davantage pour la décoration intérieure (cf. *Une double famille*, I,426, « les formes contournées mises à la mode par le goût corrompu de Boucher »).
92. *La vie quotidienne en France en 1830*, Hachette, p.36.
93. Cf. Planche n° 12.
94. *Les Petits Bourgeois*, V,223.
95. A cette date, la Bourse est transférée au Palais-Royal.
96. *Op.cit.*
97. *César Birotteau*, IV,206 (elle sera achevée en 1826).

ce » (98), mais les allusions à ce centre de la finance et de la spéculation ne sont généralement pas, nous le savons, d'ordre esthétique. Birotteau ne verra pas terminé le palais Brongniart et c'est dans une « construction provisoire en planches et qui formait une salle ronde où l'on entrait par la rue Feydeau » (99) qu'il recevra après son éclatante réhabilitation, une « ovation boursière » (100). Gageons qu'il reste insensible à ce cadre misérable de même qu'il n'avait jamais remarqué, au temps où il exerçait ses « fonctions consulaires », le bel escalier du Tribunal de Commerce « qui en ce temps-là se tenait au cloître Saint-Merry » (101) et que Balzac ne mentionne pas. Quelles que soient les circonstances, le regard « archéologique » porté sur les vieilles pierres est toujours celui de l'écrivain, jamais (ou très rarement) (102) celui des personnages. La disposition des lieux peut servir leurs desseins : Vautrin et Asie, par exemple, connaissent d'expérience les couloirs de la Conciergerie, mais c'est Balzac qui explique et commente. Or les « monuments » sont nécessairement moins bien intégrés au projet balzacien que les demeures privées : ils ne peuvent servir de « cadres » aux existences qu'ils contribuent parfois, cependant, à expliquer. Mais dans ce cas, qu'il s'agisse du Louvre de Catherine de Médicis ou du Palais de Justice, la description fait quelque peu figure de digression. L'hôtel du comte Octave, amplement présenté dans *Honorine*, est adapté aux sombres humeurs du malheureux époux ; aussi s'incorpore-t-il au récit, tandis que Carnavalet, dont il est le reflet, aurait fait figure de hors-texte. Si l'on tentait de dresser une sorte de bilan des monuments civils de *La Comédie humaine*, on les verrait figurer surtout comme des jalons sur des parcours.

S'il arrive que par leur masse ils forment la toile de fond d'une vie quotidienne (par exemple les Invalides aperçus de l'hôtel de Chaulieu (103) ou les hautes murailles grises du palais de l'Institut barrant la vue chez la veuve Bridau, rue Mazarine (104), les « monuments » ont surtout l'existence que leur assure la voie de passage. Ils peuvent constituer la voie de passage elle-même, telle l'Arcade Saint-Jean détachée de l'Hôtel de Ville (105), et les guichets du Louvre (106) et de l'Institut (107). Voies de passage aussi : les ponts (108) ; ponts chargés de maisons du Paris médiéval (109), Pont-Neuf, pont des Arts, construit en « fil de fer » (en 1804), dont l'élégante silhouette se profile une douzaine de fois dans *La Comédie humaine* ; s'il a pour lui le prestige de la technique moderne, le Pont-Neuf (qui le bat semble-t-il à dix-sept contre douze (110) l'emporte par le souvenir d'un passé prestigieux et l'avantage non négligeable de la gratuité. Les portes triomphales sont cependant dédaignées, alors qu'elles sont voies de passage par excellence. La porte Saint-Martin n'a d'existence que par le théâtre contigu, et la porte Saint-Denis par le regard investigateur de Pierro-

---

98. *Ferragus*, IV.
99. IV,214.
100. IV,231.
101. IV,222.
102. La maison du Chat-qui-pelote examinée par Sommervieux est une exception, mais il s'agit d'un peintre (cf. l'étude d'Olivier Bonnard à ce sujet).
103. Cf. *Mémoires de deux jeunes mariées*.
104. Cf. *La Rabouilleuse*.
105. Cf. *Splendeurs et misères des courtisanes*.
106. Cf. *La Cousine Bette*.
107. Cf. *Entre savants*.
108. Voir notre étude plus spécialement consacrée aux ponts et à la Seine dans le chapitre précédent (*Le champ d'exploration de l'archéologue*).
109. Cf. *Sur Catherine de Médicis*, VI,157.
110. Cf. Le relevé de Raser dans l'ouvrage cité.

tin qui, de la rue d'Enghien, cherche le client en direction du Boulevard (111). Quant à l'arc de triomphe du Carrousel, il n'est qu'un simple élément du décor de la « Dernière Revue » de l'Empereur (112). Nous avons déjà remarqué l'absence des portes de Ledoux sur les sombres boulevards extérieurs : dédain pour l'architecte (113), ou discrédit frappant les édifices trop associés au souvenir de l'exécrable octroi ? Sans doute faut-il beaucoup de temps pour que l'imprégnation des pierres neuves agisse en profondeur et participe d'une « Poétique de la Ville ». L'Arc de Triomphe de l'Étoile, de situation un peu excentrique et enrobé d'échafaudages jusqu'en 1836, n'a droit qu'à trois allusions dans La Comédie humaine alors que les Champs-Élysées, dont il paraît inséparable, sont cinquante-trois fois cités dont quarante et une dans La Comédie humaine.

Le « Caillou d'Égypte », planté en 1836 place de la Concorde, a peu de présence, et la Colonne de Juillet, au cœur de la Bastille, est moins visible que la mystérieuse colonne des Ruggieri jouxtant la Halle aux Blés (114). Elle paraît même totalement absente de La Comédie humaine (115) sans qu'on puisse en inférer un parti-pris politique. Simplement, elle n'est pas encore intégrée au paysage, tandis que le familier de la rue Cassini, en revanche, y incorpore seize fois l'Observatoire (116). Le chef-d'œuvre de Perrault dont « la grande allée » est un lieu de promenade, hante certain panorama « comme un spectre noir et décharné » (117).

Le « classement » d'édifices utilitaires, fabriques, manufactures, bâtiments voués à l'industrie et au commerce, préoccupe actuellement à juste titre les services officiels (118), les historiens et les associations. Dans ce domaine, signalons que Balzac a fait parfois figure de précurseur en « classant » « les constructions vraiment romaines des greniers d'abondance », « le débarcadère » de la place de l'Europe et « la Pompe à feu de Chaillot ». Il signale les « gueules béantes des égoûts » et les « immenses travaux pour l'assainissement de Paris » (119) : ouvrages d'art à leur manière. Voici deux fontaines monumentales, « la vieille fontaine située au coin de la rue de l'Arbre Sec et depuis rebâtie » (120) (elle se trouve toujours en place) et la fontaine « située à la grille du Luxembourg » sur laquelle un arbre a poussé : c'est la Fontaine Médicis, non nommée mais facilement reconnaissable (121). Voici la « Maison Dorée » trois fois citée par Balzac (122), récemment restaurée (123) et promue au rang de « monument historique » par la grâce et l'originalité de son architecture. Voici aussi quelques théâtres dont La Comédie humaine maintient le souvenir : le péristyle des Bouffons se voit encore, reconstruit après incendie, devant l'actuel Opéra Comique ; le théâtre

111. Cf. Un début dans la vie, I,289.
112. Au début de La Femme de trente ans.
113. Partagé par de nombreux contemporains dont Victor Hugo. Le « magnifique hôtel d'Uzès » que Balzac, toujours peu soucieux de chronologie, date du XVIIe siècle (cf. La Duchesse de Langeais), est, en réalité, un chef-d'œuvre de Ledoux.
114. Cf. Sur Catherine de Médicis.
115. Alors qu'elle est citée dans Histoire et Physiologie des boulevards de Paris.
116. Cf. Raser, op.cit., p.32.
117. Cf. La Femme de trente ans, II,188.
118. Témoin, par exemple, le classement des hauts-fourneaux d'ancien type au Creusot. Voir le numéro spécial de Monuments Historiques sur « les Manufactures », 1983, n° 126.
119. Sur Catherine de Médicis, VII,158.
120. Ibid., p.228. Elle a bien été « rebâtie » par Soufflot à la fin du XVIIIe siècle.
121. Cf. Aventures administratives d'une idée heureuse, VII,207.
122. Voir Raser, op.cit., p.140.
123. Elle fait l'angle du Boulevard des Italiens (n° 16) et de la rue Le Peletier (n° 1). Ses façades néo-Renaissance, ornées de frises décoratives, dissimulent une banque !

des Variétés (vingt-neuf fois cité) reste intact, mais le populaire Ambigu Comique (vingt-quatre fois cité) cher à madame Gruget, a été récemment abattu, malgré bien des protestations. On partage, par ailleurs, les regrets de Balzac concernant « une charmante salle de spectacle située vis-à-vis la rue Charlot sur le boulevard du Temple » : le Panorama dramatique, aujourd'hui « remplacé par une maison » (124). Enfin la Restauration et la Monarchie de Juillet gratifient Paris de réalisations urbaines originales qui sont une efficace protection contre la pluie, les fameux « Passages » éclairés au gaz. Ils retiennent l'attention de Balzac avant celle des Surréalistes : passage Vivienne où demeura Vidocq, et où Godefroid acheta « un magnifique accordéon qu'il fit partir devant lui pour Monsieur Bonnard » (125) ; passage de l'Opéra où La Palférine bouscule « un homme qui s'était exprimé sur son compte en termes légers » (126) ; passage des Panoramas où la princesse de Cadignan accompagnée de son fils est suivie par son « républicain » (127) ; passage Véro-Dodat deux fois cité dans les *Oeuvres diverses* (128).

Les églises

George B. Raser, dans son consciencieux *Guide to Balzac's Paris*, après un découpage territorial du plan Maire en onze tranches, regroupe à la fin ponts, cafés, restaurants et théâtres. Il est significatif qu'il n'ait entrepris aucune liste récapitulative des églises. Paris peut apparaître en effet, à certains égards, comme un désert religieux. Aucun sanctuaire insigne n'y rassemble les chrétiens. « L'immense basilique de Notre-Dame » « projette son ombre » sur *Les Proscrits* et sur les héros de *L'Envers de l'histoire contemporaine*. Son « magnifique chevet » (129) ne fait pas oublier qu'elle reste tristement inachevée (130). La Sainte-Chapelle est présentée non moins platement comme « le plus magnifique joyau de l'écrin de Saint-Louis » (131). Notre-Dame des Victoires, compromise avec la finance, est absente et n'est d'ailleurs pas encore un célèbre lieu votif. Sainte-Geneviève, objet de tant de ferveur sous l'Ancien Régime, est victime d'une totale désaffection depuis le saccage de la châsse en 1793, suivie de la démolition de l'antique abbatiale (132). Les pensionnaires de madame Vauquer, qui vont à Saint-Étienne « manger le bon Dieu », négligent, semble-t-il, la sainte protectrice de la ville dont quelques reliques échappées au pillage ont trouvé asile à côté de celles de Saint-Étienne.

Si l'on excepte quelques églises citées : Sainte-Valère, Saint-François, Saint-Denis du Saint-Sacrement (133), aucun souffle divin n'anime les églises parisiennes. De même que les monuments civils, elles peuvent servir de points de repère. Une vieille dame passe devant Saint-Laurent, dans le faubourg Saint-Martin (134), l'Anglais de *Melmoth* et Carlos Herrera vivent près de Saint-Sulpice, Birotteau demeure entre Saint-Roch et

---

124. *Illusions perdues*, III,480.
125. Cf. *L'Envers de l'histoire contemporaine*.
126. Cf. *Un Prince de la Bohême*.
127. Cf. *Les Secrets de la princesse de Cadignan*.
128. Cf. édition Conard, tome II, pp.391 et 428.
129. *L'Envers de l'histoire contemporaine*, V,404.
130. Cf. *La Cousine Bette*, V,49.
131. Cf. *Splendeurs et misères des courtisanes*, IV,384.
132. L'église abbatiale des Génovéfains a été « inexcusablement démolie » (dit Y. Christ) sous Napoléon Ier pour le percement de la rue Clovis.
133. Qui apparaissent respectivement dans : *Splendeurs et misères des courtisanes*, IV,451 ; *Une double famille* ; *Le Cousin Pons*.
134. Cf. *Un épisode sous la Terreur*, V,483.

la rue de la Sourdière. L'énorme Saint-Eustache disparaît, un peu effacé par le pittoresque des piliers des Halles, mais « la pointe Saint-Eustache est une référence commode. Le « dernier débris du fameux couvent des Chartreux » est représenté par « les marches du cloître » qui conduisent de la rue d'Enfer à la grande allée du Luxembourg : encore une voie de passage, bien visible sur le plan Maire (135).

Spirituellement absentes, si l'on peut dire, les églises de *La Comédie humaine* sont, en outre, « sans aucune architecture » (136). Tout au plus voit-on notées, à quelques exceptions près (« le style dur et sec de Saint-Sulpice » par exemple), des particularités qui s'inscrivent avec insistance dans le paysage : les tours grises de Saint-Sulpice (137), la tour Saint-Jacques, les dômes surtout, qui obstruent si fâcheusement l'atmosphère mais dont on ne songe pas un instant qu'ils coiffent des lieux consacrés. Toutefois la présence des églises, même si elles n'inspirent guère d'émotion religieuse, même si l'on ignore à peu près tout de leur aspect, est cependant très forte, et *La Comédie humaine* montre à quel point la structure paroissiale marque encore profondément la Cité.

Saint-Thomas d'Aquin, sur une trentaine d'églises citées est douze fois présente, du moins allusivement. Elle est la paroisse du noble faubourg, et si notoirement « mondaine » que Raser aurait pu l'ajouter à la liste des théâtres : Des Lupeaux « effronté voltairien » se rendait à la messe à Saint-Thomas d'Aquin « quand il s'y trouvait une belle assemblée » (138), d'Aiglemont convie Ronquerolles à « venir voir » l'enterrement de lord Grenville : « singulier passe-temps » (139). A Saint-Thomas d'Aquin encore se déroule la pompe des mariages de don Felipe et de Louise de Chaulieu (140), de Wenceslas et d'Hortense (141). Pour se montrer, Lucien se rend à la messe à Saint-Thomas d'Aquin « tous les dimanches », et rêve comme d'une apothéose du jour où il en sortira gendre du duc de Granlieu (142). Les vrais croyants du quartier ont la ressource d'aller prier à Sainte-Valère ou à l'Abbaye-aux-Bois, sortes d'annexes de ce lieu trop profane, en attendant la construction d'une « église gothique » dédiée à Sainte-Clotilde.

Dépourvues d'architecture décrite, les églises vivent d'une existence sociale originale surtout, comme il se doit, dans les romans de la Restauration. Saint-Paul, au Marais, demeure fidèle à ses origines : c'est une Jésuitière où se trament de mesquines intrigues (143) tandis que tout près de là, l'église des Blancs-Manteaux au nom candide est desservie par le bon abbé Loreaux, un « paysan plein de foi » (144). La « pauvre église » Saint-Jacques du Haut-Pas, au style effectivement très dépouillé, est une manière de Saint-Paul inversé de la rive gauche, avec un curé agent électoral (145), un Théodore de la Peyrade véritable Tartuffe, et la présence assidue des frères de la Consolation (146).

Si, l'attention attirée par le nom de la rue des Deux Églises (147) (aujourd'hui

135. Cf. *Les Petits Bourgeois*, V,315 et *L'Envers de l'histoire contemporaine*, V,453.
136. Formule appliquée au Château des Touches dans *Béatrix*, II,33.
137. Cf. *La Femme de Trente ans*, II,188.
138. *Les Employés*, IV,525.
139. *La Femme de trente ans*, II,173.
140. Cf. *Les Mémoires de deux jeunes mariées*.
141. Cf. *La Cousine Bette*.
142. *Splendeurs et misères des courtisanes*, IV,309.
143. Cf. *Les Employés*.
144. Cf. *Honorine*.
145. Cf. *Les Petits Bourgeois*, V,319. Inversé car Saint-Jacques du Haut-Pas est resté fermement janséniste du XVIIe au XIXe siècles.
146. Cf. *L'Envers de l'histoire contemporaine*.
147. *Les Petits Bourgeois*, V,314.

rue de l'abbé de l'Epée), on consulte le plan Maire (1808), on voit qu'à l'édifice Louis XIII est accolée une autre église : c'est « l'exquise façade gothique » (148) de la chapelle du séminaire oratorien de Saint-Magloire (149), abattue en 1823 et bien oubliée déjà sous Louis-Philippe. C'est elle que Balzac cite, semble-t-il, dans *L'Excommunié*. Saint-Philippe du Roule, actuel homologue de Saint-Thomas d'Aquin pour le faubourg Saint-Honoré, où se déroulera le service funèbre de Balzac, n'est pas mentionnée.

Les Cadignan et les d'Espard, ainsi que les dames de *La Bourse*, font leurs dévotions à l'Assomption, car la Madeleine, après les avatars que l'on sait, ne sera ouverte au culte qu'en 1842. Le « sot dôme » dont se moquent les Parisiens, énorme coupole écrasant la chapelle de l'Assomption (150), n'est pas mentionné, malgré le goût visible de l'écrivain pour le style Montgolfier. Notre-Dame de Lorette, l'une des créations de la Restauration, est si compromise par la réputation du quartier qu'on peut se demander où allaient prier les Restaud, Delphine de Nucingen et toute la riche société de la Chaussée d'Antin avant la construction, sous le Second Empire, de Saint-Augustin et de la Trinité. Pour en revenir aux grouillants quartiers du centre, voici deux paroisses commerçantes : Saint-Leu où sera célébré le double mariage des filles Guillaume (151), non encore mutilée par le percement du boulevard Sébastopol, et Saint-Roch, quinze fois citée dans *La Comédie humaine* (152) dont sept dans *César Birotteau*. Fréquentée par le pieux parfumeur, elle rappelle l'épisode de Vendémiaire où il s'est illustré, et les obsèques pompeuses de madame Jules. Les ornements funéraires sont décrits, mais non l'œuvre de Robert de Cotte qui fut, rappelle Jacques Hillairet (153), l'église à la mode pendant tout le XVIIIe siècle. Saint-Sulpice, où l'on retrouve l'abbé Loraux (mais aussi l'inquiétant abbé Herrera), est le centre d'un quartier bourgeois habité par les Rogron et les Guillaume en leur dernier décours. C'est là que « l'athée » fait célébrer annuellement le service que l'on sait (154). Les deux plus vénérables sanctuaires parisiens sont quasi-absents de *La Comédie humaine* : Saint-Germain des Prés n'apparaît qu'aux obsèques de Lucien, et Saint-Julien le Pauvre ne figure brièvement que dans *Ursule Mirouet*. Saint-Merry évoque un combat de rues et le Tribunal de Commerce ! Saint-Gervais n'a de « curieux » que le fameux orme poussé dans un cheneau (155), Saint-Séverin, au cœur de la ville, n'est pas mentionnée, non plus que Saint-Martin et Saint-Nicolas des Champs et bien d'autres. Présence/Absence des églises... Il semble que le « gothique » cher à Victor Hugo et à nombre de contemporains cède ici le pas aux sobres ordonnances classiques, plus austères et souvent moins appréciées. La plupart des églises-vedettes de *La Comédie humaine* appartiennent aux différentes étapes du XVIIe siècle, depuis le Louis XIII à volutes (Saint-Paul) jusqu'à l'âge « louisquatorzien » (Saint-Roch). Le XVIIIe siècle donne en partie Saint-Sulpice et Saint-Thomas d'Aquin, et une basilique romaine, Notre-Dame de Lorette, illustre l'art Restauration avec plus d'éclat que la « chétive église Bonne-Nouvelle » où s'attache le souvenir de Coralie (156). A dire vrai, « la grandeur que

148. Cf. Gilson, *op.cit.*
149. Lequel est occupé maintenant par les Sourds-Muets.
150. Voir, à ce sujet, l'ouvrage déjà cité de Huisman : *Pour comprendre les monuments de Paris,* .224. La chapelle fut construite de 1670 à 1676. Elle est, depuis 1850, l'église des Polonais résidant Paris.
151. Cf. *La Maison du chat-qui-pelote.*
152. Cf. Raser, *op.cit.*, p.96.
153. Cf. *Connaissance du Vieux Paris.*
154. Cf. *La Messe de l'athée.*
155. Cf. *Aventures administratives d'une idée heureuse.*
156. Cf. *Splendeurs et misères des courtisanes.*

le sacerdoce a imprimée aux choses entreprises ou créées par lui » (157) semble se manifester ailleurs que dans les églises, dans les édifices anciens maintenant laïcisés tels l'hôtel du Perron, l'hôtel Minard, le cloître Notre-Dame. Au XIXe siècle, les églises ne sont plus le cœur vivant de la cité, mais l'espace réservé à certaines céré-monies ou comédies sociales : La Comédie humaine leur donne le rôle qui convient à leur importance présente sans ouvrir, à leur propos, aucune parenthèse descriptive. L'archéologie est ici subordonnée à la population du quartier, aux parcours des per-sonnages et à leurs goûts. On n'imagine pas les jeunes loups qui gîtent sur la Montagne Sainte-Geneviève, descendant le revers méridional de la colline en direction de la vallée des Gobelins, pour visiter Saint-Médard et chercher les traces de Saint-Victor et de Saint-Marcel ! C'est alors qu'on pourrait parler, non sans raison, de « digressions ».

Le Paris monumental donne la priorité à l'architecture civile sur l'architecture religieuse et, en général, aux petits édifices sur les grands. Les « fragments de la vieille cité » méritent, à la veille de sombrer dans le néant, d'être sauvés par l'historien qui les fixera dans la mémoire des hommes (158). L'historien Balzac, nous l'avons déjà constaté, s'attache plus aux « débris » et détails curieux, une ferronnerie, un perron blasonné, qu'aux palais et aux églises. Les monuments assurés de survie l'intéressent moins, dans leur pérennité, que la fragilité de ce qui est voué à disparaître, qu'il s'agisse d'une masure ou d'un hôtel illustre, comme cet hôtel Fouquet qui « existait encore dans sa magnificence en 1817, rue de Montmorency au Marais » mais qui, debout encore en 1824, a peut-être été démoli depuis (159) comme ont disparu les hôtels Mignon et Serpente, et le palais de la princesse Palatine sur la Montagne Sainte-Gene-viève.

A lire les historiens de l'art (160) on se rend compte qu'entre deux poussées aiguës de « vandalisme », sous la Révolution et le règne d'Haussmann, le Premier Empire, la Restauration et la Monarchie de Juillet n'ont pas été « innocents ». Les églises surtout, peu adaptables à des utilisations pratiques, ont souffert (161). Balzac, adolescent sous Napoléon Ier, puis adulte sous la Restauration, a dû assister à d'innom-brables massacres. Il n'a pu ignorer la démolition de l'abbatiale des Génovéfains, de l'admirable Collège de Cluny « honteusement détruit en 1833 », de Saint-Jean de Latran, rue des Écoles, en 1823. La « désertification » de la Cité a commencé bien avant le Second Empire : Saint-Pierre aux Bœufs est sacrifié au percement de « l'inepte rue d'Arcole » (162), Saint-Landry disparaît en 1829 après Saint-Denis de la Chartre en 1810. Sur la rive gauche, si la chapelle de Saint-Magloire est d'intérêt secondaire on peut déplorer la perte de Saint-Victor « détruite froidement en 1811 après Saint-Marcel en 1806 » sans compter les Grands Carmes et bien d'autres.

De ce saccage, nul écho dans La Comédie humaine. Balzac n'est pas un archéologue « engagé » à la façon de Hugo, Michelet ou Mérimée. Cependant on ne peut soutenir sans injustice que le romancier qui a su regarder et interpréter (non sans quelques erreurs et naïvetés...) tant d'édifices du vieux Paris soit resté indifférent à l'aspec-

---

157. L'Interdiction, II,370.
158. Cf. Sur Catherine de Médicis, VII,150.
159. Cf. Le Théâtre comme il est, V,319. Hillairet le signale au n° 5 de la rue de Montmorency (cf. ouvrage cité).
160. Cf. notamment G. Pillement et Y. Christ, ouvrages cités.
161. Voir le fameux Guerre aux Démolisseurs de V. Hugo dont nous citons, en début de chapitre de larges extraits (l'édition de 1832 énumère quantité de monuments parisiens détruits, notamment des églises).
162. Cf. Yvan Christ, p.21 de l'ouvrage cité. Toutefois son portrait est remonté à Saint-Séverin au pied du clocher devenu ainsi clocher-porche.

monumental de la ville : il est présent dans *La Comédie humaine*, mais comme une toile de fond plus ou moins familière. Ce qui est mis en relief, un peu comme dans les vues d'optique, ce sont les détails révélateurs, les « coquilles » secrétées par les habitants de tel ou tel quartier individualisé.

La Comédie humaine n'est pas un de ces « guides de l'étranger à Paris » si fréquents à l'époque, et qui sont comme le « degré zéro de l'écriture » balzacienne ; aux inventaires qu'ils proposent, aux édifices qu'ils désignent à l'admiration obligée du visiteur, les romans de Balzac substituent l'*envers* du décor, font pénétrer le lecteur dans la coulisse aux cabajoutis, aux accessoires dépareillés, témoignages éphémères mais que l'Écriture pérennise, transfigure et transmet à « cet avenir qui talonne le siècle actuel » et qui est devenu notre présent.

TROIS EXCEPTIONS « PLEINE PAGE » : DEUX PALAIS, UNE PRISON

Le Louvre, les Tuileries

Si les édifices publics parisiens ne sont pas absents de *La Comédie humaine*, aucun d'entre eux ne donne lieu aux amples développements qu'inspirent certains monuments de province. Les églises n'ont qu'une présence allusive, et il n'apparaît, dans l'œuvre, aucun équivalent « laïque » de la *Notre-Dame de Paris* de Victor Hugo (1831).

Balzac, qui se veut « antiquaire », « archéologue », n'a pas identifié le Paris d'une époque, d'un art, d'une mentalité, à quelque monument prestigieux qui serait à la fois concret et symbolique. A cet égard, certaines maisons privées de *La Comédie humaine*, telles la maison Popinot ou l'hôtel Nucingen, seraient plus parlantes.

Points de repère inévitables dans le paysage, les édifices publics parisiens sont à peine décrits, et l'ensemble Louvre-Tuileries ne fait pas exception. « Les hautes tours du Louvre récemment bâties par Philippe-Auguste » apparaissent dans *Les Proscrits* (163) comme une simple notation, sans rapport avec « l'édifice démesuré », « l'hydre de tours » (Victor Hugo en dénombre vingt-trois sans compter le donjon), bref, l'énorme masse gothique du *Paris à vol d'oiseau* (164). Balzac refuse ici le cliché romantique ; il est vrai que le gros donjon des *Proscrits*, dominant un Paris « chétif et pauvre » n'est pas le Louvre de *Notre-Dame de Paris* dont l'action se déroule en 1483. Entre temps, Charles V (mort en 1380) a transformé le palais auquel il est fait allusion dans l'aperçu historique qui ouvre *La Duchesse de Langeais*. Beaucoup plus tard, le Louvre, inséparable des bords de la Seine, prendra place dans les rêveries de Raphaël qui songe au suicide (165) et de Godefroid, le héros de *L'Envers de l'histoire contemporaine* (166).

Un distrait, le savant Marmus, « regarde les Tuileries sur la rive opposée » (167) ce qui lui permet de s'orienter, et le provincial Lucien de Rubempré, fraîchement arrivé à Paris et à peine sorti de son gîte de la rue de l'Échelle, se trouve aux Tuileries « sans presque avoir marché » (168). C'est par le « guichet des Tuileries », guichet du Carrousel pratiqué dans la galerie du bord de l'eau, que sort Steinbock pour passer la Seine au pont Royal. Il vient de la rue du Doyenné et se rend chez les Hulot, épié de l'autre

---

163. VII,273.
164. Titre du chapitre II du Livre Troisième de *Notre-Dame de Paris*.
165. Cf. *La Peau de chagrin.*
166. Cf. V,404.
167. *Entre savants*, IV,505.
168. *Illusions perdues*, III,447.

côté de la rivière par la cousine Bette qui, nous l'avons dit, doit avoir la vue perçante (169).

Le Louvre et les Tuileries apparaissent dans la ville comme des éléments importants du paysage, mais il arrive que, plus étroitement intégrés au récit, ils deviennent le lieu même du drame ; c'est le cas pour le Louvre de *Sur Catherine de Médicis*. Outre leur style Renaissance, les deux palais ont un point commun : ils ne sont pas achevés et se présentent dans l'œuvre, à juste titre, comme en perpétuelle mutation. Rappelons-nous que Catherine de Médicis elle-même, dès la construction des Tuileries, projetait de les relier au Louvre par un système de galeries, mais que cet ensemble monumental Louvre-Tuileries, édifié à partir du donjon de Philippe-Auguste, est resté inachevé pendant six siècles, pour être partiellement détruit à peine terminé (pendant la Commune, en 1871). Si, au XVIe siècle, le Louvre d'Henri II « se construisait au milieu des décombres » (170) qui sont les vestiges du vieux donjon, le badaud Poiret se vante d'avoir vu « sortir le Louvre de ses décombres » (171) : le même terme à trois siècles d'intervalle !

Louvre de Charles IX, de chronologie incertaine (172), « décombres d'une maison récemment démolie » (173) touchant aux Tuileries consulaires « à l'endroit où s'élève aujourd'hui l'aile commencée qui devait unir le château de Catherine de Médicis au Louvre des Valois » (174) ; cour des Tuileries, où les pierres noircies du vieux palais contrastent avec les bâtiments récents (175) ; « trou qui déshonore Paris » (176) en éternel processus de comblement dans la cour du Carrousel : l'ensemble Louvre-Tuileries apparaît dans *La Comédie humaine* comme dans la réalité de l'époque, en perpétuel devenir.

Ces édifices pourraient être l'occasion d'un réquisitoire à la mode contre l'art classique, mais nulle appréciation n'est formulée sur cette architecture dont les lignes d'ensemble ne sont pas définies. Balzac ne partage pas, semble-t-il, le préjugé hugolien contre « les froides et inexorables lignes du géomètre », et les « longues casernes à courtisans, roides, glaciales, ennuyeuses » (177). Il est vrai, précisons-le, que les Tuileries échappent à la vindicte de Victor Hugo, dans la mesure où la « dégénérescence irrémédiable » de l'art français remonte très précisément pour lui à François II, excluant, dans une certaine mesure, le règne précédent où se révèlent cependant les signes d'une « décadence magnifique ».

Les deux édifices, à peu près contemporains et solidaires dans l'inachèvement ne se ressemblent guère dans *La Comédie humaine* : le Louvre des Valois, figé, ressemble à une maquette de carton, tandis que les Tuileries sont plongées dans la vie contemporaine. C'est pourquoi, négligeant le Palais (178), nous nous contenterons ici d'évoquer le quartier du Louvre.

Le Louvre figure dans *Sur Catherine de Médicis* et disparaît ensuite, à quelques allusions près, de *La Comédie humaine*. Le premier volet de cette espèce de roman

169. Cf. *La Cousine Bette*, V,49.
170. Cf. *Sur Catherine de Médicis*, VII,227.
171. *Les Employés*, IV,54.
172. Cf. *Sur Catherine de Médicis*.
173. *La Vendetta*, I,485.
174. Note de Pierre Citron (cf. *La Vendetta*, I,385).
175. Cf. *La Femme de trente ans*, II,150.
176. Cf. *La Cousine Bette*, V,27.
177. Cf. dans *Notre-Dame de Paris*, le chapitre intitulé *Ceci tuera Cela*.
178. D'autant qu'un récent ouvrage très bien documenté a été consacré par Nicole Cazauran à *Catherine de Médicis et son temps dans La Comédie humaine*, Droz, 1976.

historique, *Le Martyr calviniste*, se présente comme un manière de traité d'architecture : il s'ouvre sur un tableau du Paris post-médiéval, se poursuit par une description du château de Blois (une des plus longues de *La Comédie humaine*), passe par l'hôtel de ville d'Orléans (l'hôtel de Groslot) pour s'achever sur l'hôtel de Thorigny au Marais. Le Louvre « appelé de Henri II » (179) s'intercale entre les deux derniers édifices ; mais si des évocations architecturales renouvelées peuvent paraître un peu fastidieuses, la reponsabilité n'en incombe pas au Louvre, car il tient peu de place, à peine plus que l'hôtel de Groslot et moins, dans la suite du récit, que la maison de Marie Touchet (180).

Dans son ouvrage consacré à *Sur Catherine de Médicis*, Nicole Cazauran (181) étudie les références de Balzac historien du Louvre, mais conclut à l'impossibilité de parvenir à une certitude quant à ses sources. Du moins les hypothèses avancées sont-elles intéressantes, tant en ce qui concerne les traités d'histoire de la ville que les plans éventuellement utilisés.

Une fois de plus, c'est par un itinéraire, une promenade de Charles IX, que le quartier constitué par les environs du vieux Louvre, est présenté dans la seconde partie du récit : *La Confidence des Ruggieri* (182). Le palais est donc introduit, dans l'œuvre définitive (183), avant le quartier. Recherchant les sources écrites possibles, Nicole Cazauran passe rapidement sur Turpin de Crissé (184), cite sans y insister Gilles Corrozet (185) et Piganiol de la Force, s'attache davantage aux *Antiquités de la ville de Paris* de Sauval (186) : « Avec un peu de patience, on peut tirer de ces in-folios beaucoup des éléments qui forment la topographie balzacienne, notamment en ce qui concerne l'étymologie des noms de rues. » (187) Déjà Victor Hugo remarquait que Sauval à travers son « fatras » a quelquefois « de bonnes remarques » (188). Nicole Cazauran retient « comme l'aide la plus efficace de Balzac » les *Recherches critiques, historiques et topographiques sur la ville de Paris* de Jaillot, géographe du roi (189) où l'on trouve « tous les renseignements que Balzac pouvait souhaiter ». Rappelant certaine remarque du romancier : « quand bien même les savants et les bibliothèques ne possèderaient pas de cartes où le Louvre de Charles IX est parfaitement indiqué, etc. » (190) elle pose la question : Balzac s'est-il servi d'un plan ? Il semble, préalablement à toute analyse, qu'on puisse répondre par l'affirmative. Comment l'auteur aurait-il pu, sans l'appui d'une carte, dessiner un itinéraire ? (assez court et simple, il est vrai, dans son tracé mais qui, dans le récit, se complique par des retours en arrière). Au départ, le Louvre de Henri II avec ses fossés et son pont-levis, flanqué, du côté de la Seine, d'un jardin que continue l'hôtel de Bourbon. Vient ensuite la présentation, un peu décousue, de deux rues : la rue de l'Autruche (avec considérations étymologiques) et la rue des Poulies qui porte encore ce nom dans

179. *Sur Catherine de Médicis*, VII,168.
180. Cf. *La Confidence des Ruggieri*, VII,232-33.
181. *Op.cit.*
182. VII,227-28.
183. Dont la genèse est assez compliquée. Voir l'histoire brève du texte dans la notice de Pierre Citron, VII,141-42 et l'histoire détaillée par Nicole Cazauran dans la nouvelle édition Pléiade, tome XI, pp.1257 et suivantes.
184. Auteur de *Souvenirs du vieux Paris* en 1835.
185. Auteur de *Singularités du vieux Paris* en 1568.
186. Titre exact : *Histoire et recherches des antiquités de la ville de Paris*.
187. Cf. *op.cit.*
188. Cf. *Notre-Dame de Paris*, chapitre intitulé *Paris à vol d'oiseau*.
189. L'ouvrage de 1772-75 vient d'être réédité.
190. Cf. VII,213.

l'atlas de Perrot en 1834 et qui a été englobée dans la rue du Louvre. « La rue des Poulies dut être pratiquée sur l'emplacement des hôtels qui s'y trouvaient du côté de la rue Saint-Honoré » (191) écrit Balzac. Après cette remarque, retour sur la rue de l'Autruche : « cette rue tortueuse était remarquable par les hôtels de quelques princes du sang qui se logèrent autour du Louvre » (192) et, introduite à propos de l'hôtel d'Alençon faisant « pendant » à l'hôtel de Bourbon du côté de la rue Saint-Honoré, dissertation sur la fonction urbaine des hôtels seigneuriaux (193). Intéressante en soi, elle interrompt la déambulation de Charles IX qui est sorti du Louvre pour aller « vaurienner » en compagnie du maréchal de Tavannes et de messieurs de Gondi. Le groupe se dirige, par la rue de l'Autruche, vers la rue Saint-Honoré. Presqu'à l'angle de ces deux rues, la maison de Marie Touchet. Le roi ne s'y arrête pas, mais tourne à droite et non à gauche en direction de la barrière des Sergents (194), comme on s'y attendait. Il va donc vers la droite, en direction de la rue de l'Arbre-sec : cette « inspiration soudaine que suggèrent des observations antérieures » (195) lui vient à la vue « d'une forte lumière projetée par la dernière croisée du comble » (196) du Florentin René, parfumeur-empoisonneur attitré de Catherine de Médicis et de la Cour. Suit une longue parenthèse sur les poisons. En s'aidant comme d'une échelle « de la vieille fontaine située au coin de la rue de l'Arbre-sec, et depuis rebâtie » (197), et abandonnant les Gondi sur le chéneau où on les a trouvés au début du récit (198), le roi et Tavannes gagnent, par les toits, la maison de René. La narration alors s'accélère. On retrouve le roi entrant chez Marie Touchet avec Tavannes et les Ruggieri (199), puis deux ombres se glissent le long des murailles de la rue de l'Autruche : le roi et un nouveau venu, le comte de Solern (200). Ils vont jusqu'à la Seine, traversent la rivière, abordent au Pré-aux-Clercs pour une mystérieuse conférence politique. La scène, où subsistent bien des points d'ombre, s'éclaire par une manière de « flash-back », le lendemain, chez Marie Touchet. Le roi raconte lui-même comment cheminant avec Tavannes « sur le chaperon d'une haute muraille », il est parvenu, rue Saint-Honoré, jusqu'à une croisée mystérieusement éclairée donnant sur une cour. C'est le laboratoire de René le Florentin, ou plutôt celui de Laurent Ruggieri, à qui le parfumeur assure « l'hospitalité ». Charles et Tavannes juchés sur le chéneau, le roi ayant passé le bras autour du singe qui fait l'ornement de la croisée (201), ont assisté à une scène de sorcellerie, avec, au complet, « l'arsenal du diable » (202). « L'atelier monstrueux » présente une seconde fenêtre du côté de la rue Saint-Honoré, elle s'éclaire soudain : « une lumière a brillé et j'ai vu, sur la colonne de l'hôtel de Soissons (203), une autre lumière qui répondait ». Arrivée de Cosme à l'appel du

191. VII,227.
192. VII,228.
193. « Dissertation » utilisée dans la dernière partie de notre chapitre I, consacrée à l'expansion urbaine.
194. Située à gauche en venant de la rue de l'Arbre-sec.
195. VII,228.
196. *Ibid.*
197. *Ibid.*
198. VII,220.
199. VII,229.
200. VII,230.
201. VII,236.
202. VII,236-237.
203. Il s'agit de l'observatoire de Cosme Ruggieri auquel il est fait plusieurs fois allusion dans *Sur Catherine de Médicis* (cf. pp.224-236-237) et qui subsiste encore de nos jours, engagé dans le mur de la Bourse du Commerce.

signal, arrestation des deux astrologues conduits par Solern (qui sort dont on ne sait
où) jusque chez Marie Touchet, dans « l'avant dernière maison de la rue de l'Autruche,
du côté de la rue Saint-Honoré » (204) : chez Marie Touchet plutôt qu'au Louvre,
afin de ne pas alerter Catherine de Médicis, puis, ayant déposé les prisonniers chez sa
maîtresse, Charles sort, gagne la Seine et le Pré-aux-Clercs, et le récit est bouclé. « Il a
fallu beaucoup d'attention et d'application pour tracer cet itinéraire, tout en y mêlant
des commentaires historiques », remarque avec raison Nicole Cazauran. Attention,
application, habileté aussi dans la structure du récit et ses retours en arrière qui en
rompent la monotonie.

Dans cette géographie du quartier, plusieurs éléments apparaissent, dont la position
est restée inchangée dans le Paris du XIXe siècle et qui, jalonnant le parcours, ont
pu être autant de points de repère dans le tracé de l'itinéraire : Louvre d'Henri II,
rue des Poulies, rue de l'Arbre-sec, fontaine, tour de l'hôtel de Soissons, grand axe
est-ouest de la rue Saint-Honoré. La difficulté résidant dans l'introduction d'une
seule voie disparue, la « tortueuse » rue de l'Autruche, où Alexandre Dumas place
également le « dortoir » des *Quarante-cinq*, à deux pas du Louvre (205). Elle ajoute
au récit un parfum de couleur locale et, surtout, elle s'intègre parfaitement à lui,
permettant au roi sortant du Louvre, de passer en un minimum de temps chez René
puis chez « sa mie », puis de gagner la Seine pour donner des gages aux adversaires
de Catherine après avoir effectué une manière de coup d'état : l'arrestation des Ruggieri.

Comment Balzac a-t-il localisé cette rue de l'Autruche ? Point essentiel sans lequel
tout l'itinéraire serait faussé : elle part de la berge de la Seine pour déboucher rue
Saint-Honoré. Donc, l'auteur semble n'avoir utilisé ni le plan de Truchet et Ho-
yau (206), ni celui d'Androuet du Cerceau (207) qui, tous deux, remarque justement
Nicole Cazauran, intervertissent la position de la rue des Poulies et de la rue de l'Autruche, interrompant cette dernière bien avant la Seine. En ultime analyse, elle a
recours à un certain plan de restitution des *Environs du Louvre*, œuvre de Fontaine,
où l'on pourrait effectivement reporter le parcours de Charles IX. « Tout se passe
comme si » Balzac avait eu connaissance du plan manuscrit, hypothèse assez hasardeuse puisque le plan de Fontaine ne sera publié qu'en 1853, intégré à la dernière
édition de l'ouvrage du comte de Clarac (208).

Ne peut-on supposer que Balzac a eu recours au fameux plan dit « de Tapisserie », assez largement vulgarisé (209) et qu'il a pu confronter au plan Turgot (210)
et à celui de l'atlas Perrot (211) ? De toute manière, il a simplifié sa tâche en utili-
sant des points de repère encore existants.

---

204. VII,232.
205. Cf. *Les Quarante-cinq*, chapitre XIII : *Le Dortoir*. Ed. Marabout, p.96 (pas de date de
publication).
206. Dit plan de Bâle (gravé sur bois en 1550).
207. Dit plan de Saint-Victor (« vers 1551 »).
208. *Musée de sculpture antique et moderne*, Paris, Imprimerie Royale, 7 volumes, 1841-1853.
209. L'histoire de ce plan dont il ne subsiste qu'une copie, est assez compliquée : on peut en lire
les péripéties détaillées dans l'ouvrage érudit de Maurice Dumolin : *Études de topographie parisienne*
(Paris, 1929, tome I, pp.1 et suivantes). En résumé, il s'agit d'un plan représentant Paris « vers
1540 », détruit à la fin du XVIIIe siècle, « vers 1788 », dans des circonstances mal éclaircies. Heureusement, une copie, exécutée en 1690 par Gaignières, subsistait et a été publiée en 1818 par Mauper-
ché. Balzac a donc pu en avoir connaissance. Le lecteur curieux de ce plan peut le consulter à la
Bibliothèque historique de la Ville de Paris : il figure dans l'*Atlas des anciens plans de Paris* édité en
1880 (planche IX ter).
210. 1739.
211. 1834.

A s'en tenir au plan de Tapisserie, la rue de l'Autruche apparaît longeant *intra-muros* (212) la vieille muraille de Philippe Auguste. Elle faisait partie du réseau de rues issues du premier rempart et elle a disparu sous Louis XIV, car elle passait dans l'actuelle Cour Carrée. Elle subsiste dans sa partie nord : c'est l'actuelle rue de l'Oratoire (213), sa forme « tortueuse » s'expliquant peut-être par la courbe du rempart, visible encore dans l'orientation sud-ouest nord-est de la rue de l'Oratoire. Quant à la rue des Poulies pratiquée sur « l'emplacement des hôtels qui s'y trouvaient », ce qui est, en vérité, difficilement intelligible, peut-être suffit-il de remarquer que, d'après le plan de Tapisserie, les deux hôtels de Bourbon et d'Alençon sont bordés du côté nord par ladite rue des Poulies et que cette voie a pu, en effet, être frayée dans leurs jardins et dépendances. Dans *Paris à vol d'oiseau*, Victor Hugo montre le Louvre « enchâssé dans les combles gothiques de l'hôtel d'Alençon et de l'hôtel de Bourbon », lesquels retiennent encore l'attention de Balzac : le dernier, l'hôtel de Bourbon, « fait un bel effet sur la rivière » et ne sera démoli que sous Louis XIV, pour la construction de la Colonnade. Quant à l'hôtel d'Alençon, côté rue Saint-Honoré, Nicole Cazauran remarque avec raison que, sans aucune preuve à l'appui, Balzac en attribue la possession au frère puîné d'Henri III qui portait le titre de duc d'Alençon, uniquement pour faire coïncider le nom de l'hôtel avec celui du prétendu propriétaire (214).

Si Balzac n'a cité aucun des anciens plans de Paris, il n'a, non plus, commis aucune inexactitude, se bornant d'ailleurs à l'introduction d'une seule voie disparue, la rue de l'Autruche, dans un aller-retour très simple, de la rue de l'Arbre-sec, encore existante, par la rue Saint-Honoré, jusqu'à la Seine et à l'archiconnu Pré-aux-Clercs. On a reproché, à juste titre, une certaine banalité à cette longue parenthèse : « bric à brac », « itinéraire aussi impersonnel qu'un guide ». Comme le dit Nicole Cazauran dans ses conclusions : ce genre de développement est « une des exigences du genre » et le « garant » de l'authenticité historique. Voilà tout. Personnellement, nous ne pensons pas qu'il intéresse profondément Balzac. A moindres frais, il sacrifie à une mode : celle de la reconstitution historique, très différente de la re-création balzacienne dont bénéficient souvent des édifices modestes, des débris épars, visibles seulement aux yeux du poète.

Tandis que le Louvre se fige en un Musée dont on n'entrevoit guère, dans *La Comédie humaine,* que « l'escalier actuel », de « précieuses sculptures très négligées » (215), les ravages du soleil qui « ronge les plus belles toiles » (216), les Tuileries gardent la vie des maisons habitées.

Désignées comme « Palais » lorsqu'elles sont résidence consulaire et impériale (217), elles reprennent, sous la Restauration, la désignation traditionnelle de « Château ». Au Château s'élabore la conduite des affaires, et sa présence est plus politique que matérielle. Les Tuileries sont le siège d'un pouvoir qui apparaît encore singulièrement fort et arbitraire. Louis XVIII octroie des grâces dont le comte de Fontaine est d'abord exclu. Après avoir « pieusement » crié « Vive le Roi » chaque dimanche dans la salle des Maréchaux (218), quand les princes se rendaient à la chapelle, il traverse « pédestrement » la cour des Tuileries pour regagner le fiacre qu'il a laissé

212. *Extra-muros* sur le plan de Fontaine.
213. Cf. Bernard Rouleau, *Le Tracé des rues de Paris*, p.56, éditions du C.N.R.S., 1975.
214. Cet hôtel, passé à Anne Geneviève de Bourbon Condé, duchesse de Longueville, devint l'hôtel de Longueville. Il a, lui aussi, été démoli sous Louis XIV.
215. *Sur Catherine de Médicis*, VII,123.
216. *Le Cousin Pons*, V,211.
217. Cf. *Entre savants*, IV,508 ; *La Vendetta*, I,386 ; *Le Médecin de campagne*, VI,175.
218. Salon central des Tuileries restauré et réaménagé par Napoléon Ier.

sur le quai, sans avoir rien obtenu (219). « Le roi n'a jamais été qu'un révolutionnaire » (220), aussi « l'aristocratie malmenée au Château des Tuileries » (221) pré-
pare-t-elle sa revanche au « Petit-Château », c'est-à-dire au pavillon de Marsan qui
est dévolu au Comte d'Artois et au Duc d'Angoulême (222). En ce temps où fleurissent les sociétés secrètes, le Petit-Château, bastion des ultras, apparaît comme
une puissance occulte assez redoutable. Les dames du faubourg Saint-Germain « dites
les dames du Petit-Château » (223) forment avec leurs époux une « société d'élite »,
« la crème de Paris », est-il précisé, non sans ironie, dans *Splendeurs et misères*. Félix
de Vandenesse protégé par Madame de Mortsauf est introduit dans cette « société
du Petit-Château » (224) : il fera carrière. Madame Camusot, « élevée comme à la
porte des Tuileries » (225) et pénétrée du « dogme de l'obéissance absolue au pouvoir » restera, ainsi que des Lupeaulx, encore qu'à un échelon beaucoup plus humble,
comme « un anneau mystérieux par lequel bien des intérêts se rattachent au Château » (226). Le Château se profile à l'arrière plan du récit, comme le symbole du
« Secret du Prince » survivant à l'Ancien Régime. C'est « le Château », — encore que
le mot ne soit pas prononcé — qui, par l'intermédiaire de des Lupeaulx, intervient
in extremis (et illégalement) pour sauver l'honneur de grandes dames compromises (227). Dès 1824 (228) « l'État » a remplacé « le Prince » (229) et, en dépit sans
doute des avertissements de « certains personnages clairvoyants du Château » (230),
les Tuileries succombent en 1830. Le prince de Cadignan, qui a participé à la défense
« du côté des quais » (231), s'exile avec ses maîtres, et le Roi devra compter de plus
en plus avec « le bout du pont de la Concorde » et « le bout de la rue de Tournon » (232). Est-ce coïncidence ? la métonymie Roi = Château n'apparaît plus guère
à partir de Louis-Philippe. Madame Minard, enrichie dans l'épicerie, est bien invitée
aux bals du « Château » (233), mais celui-ci, au moment où il s'ouvre largement,
où Bette peut espérer y faire son entrée (234), perd tout le prestige lié au mystère.
Le roi ne se confond plus avec le Château : il est devenu « la couronne », ou « le
pouvoir », ou tout bonnement, Louis-Philippe (235) !

Moins décrites encore que le Louvre, les Tuileries se présentent dans un « environnement » sinistre. La rue Froidmanteau, dont le nom même est éloquent, est
« sale, obscure et mal hantée » (236) et la rue du Musée (237) encombrée de sales
échoppes. Certain propos d'une vieille aristocrate qui n'a pas peur des mots : « Est-il

219. Cf. *Le Bal de Sceaux*, I,82.
220. *La Duchesse de Langeais*, IV,64.
221. Cf. *Le Cabinet des Antiques*, III,349.
222. *Le Père Goriot*, II,261.
223. Cf. IV,308.
224. *Le Lys dans la vallée*, VI,349.
225. *Le Cabinet des Antiques*, III,373.
226. *Les Employés*, IV,527.
227. Cf. *Splendeurs et misères des courtisanes*, IV,460.
228. Date de l'action des *Employés*.
229. *Les Employés*, IV,520.
230. *Ibid.*
231. *Les Secrets de la princesse de Cadignan*, IV,478.
232. *Les Employés*, IV,556.
233. *Les Petits Bourgeois*, V,323.
234. Cf. *La Cousine Bette*, V,109.
235. Cf. par exemple, les propos de Rivet dans *La Cousine Bette* : « J'adore Louis-Philippe,
c'est mon idole ».
236. Cf. *Gambara*, III,589.
237. Laquelle ne figure pas dans l'atlas de Perrot.

besoin de faire son lit sur le Carrousel ? » (238) fait évidemment penser à un vaste
espace, mais « l'alliance intime de la misère et de la splendeur [...] caractérise la reine
des capitales » (239) et la grande place élégante se trouve diminuée et déshonorée
à cette époque (sous Louis-Philippe) par « un ancien quartier en démolition » (240),
sorte de résidu urbain dont les maisons ruinées sont « des espèces de cryptes, des
tombeaux vivants », et constituent un « coupe-gorge » (241) — expression reparaissante —. Les Tuileries surgissent d'un paysage digne des *Mystères de Paris*, et la parenthèse archéologique que Balzac justifie, comme il en a coutume, par sa mission d'historien, se développe, indignée, véhémente, mais un peu décousue, sous un titre quelque
peu inattendu : *Le Louvre* (242).

Selon un procédé habituel, la précision, ou l'affectation de précision donne un
accent de vérité au réquisitoire. Comme la Petite Pologne (243) ou le quartier des
Marchés (244), le secteur est nettement délimité : il a « pour ceinture un marais du
côté de la rue de Richelieu, un océan de pavés moutonnants du côté des Tuileries,
de petits jardins, des baraques sinistres du côté des galeries (245) et des steppes de
pierre de taille et de démolitions du côté du vieux Louvre » (246). Précision dans
l'espace, précision aussi dans le temps : le spectacle de ces façades ruinées, murs éven-
trés, « fenêtres béantes », dure depuis « trente-six ans » (247), « bientôt quarante
ans », s'exclame-t-il plus loin, dans un mouvement d'ampliation lyrique, comptant
la branche d'Orléans pour une dynastie, trois au lieu de deux pour prolonger la durée
du scandale (248) ! Trente-six ans : à la date où est écrite *La Cousine Bette* (1846)
cela reporte à 1810 et c'est bien en 1810 en effet que Napoléon, dont la *Correspondance* témoigne à plusieurs reprises de l'intérêt personnel qu'il porte à la question (249), choisit, parmi de nombreux projets, le plan de Percier et de Fontaine qui
doit enfin réaliser le « grand dessein » de la monarchie, c'est-à-dire la jonction des
deux palais, ce qui exige l'expropriation massive du quartier intermédiaire. Pourquoi
Balzac a-t-il retenu cette date de 1810 ? Même dans sa jeunesse, il ne lui a pas été
donné de connaître ce quartier dans son intégrité, car depuis 1800 (attentat de la
rue Saint-Nicolas) le Premier Consul, « pour des raisons de sécurité plus que d'urbanisme », dit Yvan Christ, a décidé l'arasement des rues étroites enserrant les Tuileries
dès la fin octobre 1800. On voit d'ailleurs dans *La Vendetta* le Corse Bartolomeo
guettant son illustre compatriote, posté auprès des décombres d'une maison « récemment démolie », à l'emplacement de la future aile Napoléon, le long de la future
rue de Rivoli (250). Depuis 1808, la démolition avait permis le percement d'une
rue allant du pavillon de l'Horloge (vieux Louvre) à la place du Carrousel (251),
rue dénommée « du Carrousel » et séparant le pâté de maisons en deux blocs.

---

238. *La Duchesse de Langeais*, IV,95.
239. *La Cousine Bette*, V,28.
240. *Ibid*.
241. *La Cousine Bette*, V,27-28.
242. Cf. *La Cousine Bette*, V,27.
243. Également présentée dans *La Cousine Bette*.
244. Cf. *César Birotteau* et, *infra*, notre étude sur les quartiers.
245. Petite et grande Galeries (du bord de l'eau).
246. *La Cousine Bette*, V,27.
247. *Ibid*., p.26.
248. *Ibid*., p.27.
249. Cf. *Correspondance de Napoléon*, N.R.F., Gallimard, tome III, p.159 : lettre à Cambacérès
datée de décembre 1805.
250. Cf. *La Vendetta*, I,285.
251. Elle figure, non dénommée, dans l'atlas de Perrot.

La place du Carrousel en 1849 (B.N. Cab. des Estampes)

La précision du récit (qui s'enrichit même de la référence à l'hôtel de Créquy-Cambacérès) n'empêche pas, avec un certain désordre, un peu de confusion. La description, qui semble concerner l'ensemble de ce quartier intermédiaire délimité avec soin, nous l'avons vu, et s'étendant des guichets du Carrousel à la rue du Musée, ne porte en réalité que sur une seule partie de cette zone : le Doyenné, c'est-à-dire le pâté de maisons placé entre la rue du Carrousel et la grande galerie. On comprendrait mal, sans cela, la « dizaine de maisons » (252) et l'allusion à une « voie intérieure unique », précisément celle du Doyenné, perçant cet îlot vétuste. Il s'agit bien d'un « demi-quartier », celui du sud, mais l'auteur, sans scrupule, passe brusquement du côté opposé dans la rue du Musée, ce qui nuit à la cohérence de l'ensemble.

Le paysage est inquiétant ; aux habituels signes de mauvais augure : façade noire des bâtiments exposés au nord (grande galerie), vent glacial, exhaussement du sol de la place qui enterre les maisons, propriétaires qui refusent les réparations, s'ajoutent les accessoires du roman populaire : cryptes, ténèbres, fantômes au clair de lune avec, dominant le tout, une ruine de chapelle gothique (253) ! « A l'heure où cette ruelle (254) se change en coupe-gorge [...] les vices de Paris, enveloppés du manteau de la nuit, se donnent pleine carrière. » Le passage donne presque l'impression d'un pastiche, ponctué de quelques mesures de « sarabandes » nocturnes avec « Henri III et ses mignons qui cherchent leurs chausses, les amants de Marguerite qui cherchent leurs têtes » (255). L'indignation de Balzac, ici, ne paraît guère convaincante, non plus que certains propos politico-philosophiques surajoutés : « Aussi ces ruines froides, au sein desquelles le journal des légitimistes (256) a commencé la maladie dont il meurt, les infâmes baraques de la rue du Musée, l'enceinte en planches des étalagistes qui la garnissent, auront-elles la vie plus longue et plus prospère que celles de trois dynasties peut-être ! » (257) Le créateur semble plagier l'une de ses créatures, dont il se gausse par ailleurs : le passementier Rivet, bourgeois de Paris qui tient, à peu près dans les mêmes termes, des propos semblables sur le même sujet : « ... le trou qui, malgré ma répugnance pour tout ce qui ressemble à de l'opposition, déshonore, j'ose le dire, oui ! déshonore le Louvre et la place du Carrousel. » (258)

L'exactitude même du tableau paraît incertaine, et l'ensemble visiblement noirci. Quelques photos et daguerréotypes (259) permettent de se faire une idée assez précise de l'endroit. Les clichés de la collection Marville, pris pendant la démolition, ne montrent guère, en effet, que champs de ruines et « pavés moutonnants », mais un tableau du peintre Canella (260) qui représente *La rue du Carrousel en 1828* donne une toute autre impression. On y trouve exactement les « baraques » et « l'enceinte en planches des étalagistes » que Balzac attribue à la rue du Musée, mais sans rien d'« infâme » : des curieux, des promeneurs paisibles, dont certains élégants, déambulent en famille dans une voie « piétonnière » qui préfigure le Marché aux Puces dans ce qu'il a de plus réputé. La plupart des historiens de Paris décrivant la ville au milieu du XIXe siècle, citent naturellement le passage bien connu de *La Cousine Bette* mais certains

252. L'ensemble en comptait bien davantage, et de monumentales comme les écuries royales, et de bien connues comme l'hôtel de Nevers.
253. Cf. *La Cousine Bette*, V,28.
254. Il s'agit de la ruelle du Doyenné, cf. V,27.
255. *La Cousine Bette*, V,27-28.
256. *La Quotidienne*.
257. *La Cousine Bette*, V,28.
258. *Ibid.*, p.48.
259. Dont certains sont visibles dans l'ouvrage d'Yvan Christ.
260. Visible à Carnavalet — Giuseppe Canella (1788-1847) est un peintre véronais, spécialiste des petites rues de Paris.

d'entre eux font aussi état de témoignages presque opposés. Marcel Poète rappelle (261), par exemple, que le Cénacle des Jeune France (Théophile Gautier, Célestin Nanteuil, Gérard de Nerval) tenait ses assises rue du Doyenné. Gérard de Nerval évoquant ces réunions, précise qu'en ces « temps heureux », les ruines de la chapelle du Doyenné « se découpaient gracieusement sur le vert des arbres » et, déplorant les démolitions, ajoute : « Mais je viens de faire vibrer la corde sombre : notre palais est rasé. J'en ai foulé les débris l'automne passé. Les ruines mêmes de la chapelle [...] n'ont pas été respectées. Le jour où l'on coupera les arbres du manège j'irai relire sur la place *La Forêt coupée* de Ronsard [...] cela finit ainsi, vous le savez :

> « La matière demeure et la forme se perd ! » (262)

Regrette-t-on ainsi un simple amas de « taudis purulents » ? De même, Robert Burnand (263), plus proche de Canella que de Balzac, voit dans ce quartier un lieu de promenade avec des étalages de bouquinistes et de libraires : les paysages urbains, comme les autres, varient suivant la sensibilité de l'écrivain. La vérité, comme on sait, n'est pas dans les choses, mais dans l'œil qui les voit. Est-il cependant permis d'ajouter au dossier une preuve irréfutable : un commissariat de police existait rue du Doyenné (264) et la cousine Bette aurait pu, sans exceptionnelle bravoure, s'y risquer à des heures tardives ! Il est décidément douteux que la rue du Doyenné ait été un « coupe-gorge »...

Dans ce cadre lugubre surgit le château des Tuileries, mais ce n'est pas chez Balzac qu'il faut chercher une description précise de l'édifice disparu.

Cependant, si l'on n'entrevoit dans *La Vendetta* (265) que « le portique qui sert de communication entre la cour et le jardin », les Tuileries, en revanche, forment une imposante toile de fond à la dernière revue de l'Empereur (avril 1813) qui ouvre *La Femme de trente ans* sur une éblouissante image (266).

Ces revues, réglées comme des ballets par Napoléon, metteur en scène averti, constituaient le rite le plus majestueux et le plus populaire du culte impérial. Ce n'est pas pour de simples raisons de « commodité » que l'Empereur les maintint aux Tuileries plutôt qu'au Champ-de-Mars ou sur l'Esplanade des Invalides, car cet amateur de théâtre ne pouvait rêver meilleur décor. Le grandiose tableau de la *Dernière revue de Napoléon* (267) associe étroitement le vieux palais et la masse des troupes immobiles et silencieuses, « ces murs d'hommes » et « ces murs de pierre ». Mais on ne saurait cependant concevoir une idée de l'architecture des Tuileries d'après cette description. Les lignes d'ensemble en étant connues ou supposées telles, on en retient seulement « le péristyle du pavillon au sommet duquel flottait le drapeau tricolore » (268) : c'est le pavillon de l'Horloge, dont le « dôme écrasé », pourtant caractéristique, n'apparaît pas dans le récit parisien, mais à titre de référence, dans la longue description du château de Véronique Graslin (269), ou à propos du château de

261. Cf. *Album*, p.378.
262. Cf. *Petits châteaux de Bohême. Premier Château* (Livre de Poche, p.71).
263. Cf. *La vie quotidienne à Paris en 1830*, édition Hachette, pp.104-109.
264. Cf. L'atlas de Perrot, planche n° IV. Gérard de Nerval y fait d'ailleurs allusion.
265. Cf. I,386.
266. Cf. II,149.
267. Titre du récit initial paru dans *La Caricature* en novembre 1830.
268. Cf. II,150. Il venait d'être reconquis (juillet 1830) quand cette partie de *La Femme de trente ans* a été rédigée (novembre 1830).
269. Cf. *Le Curé de village*, VI,249.

Blois (270). Toute l'attention se porte, ainsi que dans *La Vendetta*, sur ce « péristyle » qui forme une double « arcade » du côté cour et du côté jardin. De cette porte monumentale jaillit brusquement « l'homme », quand « l'horloge du château sonn(e) une demi-heure » (271) : son cheval l'attend « presque sous l'arcade ». Une grille « récemment posée » sépare le Carrousel de la Cour des Tuileries, qui forme, avec les bâtiments, un « immense carré long », une « enceinte » — le mot est répété — « où plane l'aigle ». La position respective des régiments et des spectateurs est dessinée avec une précision toute stratégique, par rapport à cette « grille impériale » (272) qui s'ouvre sous « l'arc triomphal » sommé des chevaux de Saint-Marc, et par rapport aux « hauts bâtiments majestueux », ceux du vieux palais et ceux des galeries du Louvre près desquelles sont placés les musiciens : « murs séculaires » et « murs blancs bâtis de la veille » se font valoir l'un l'autre (les murs blancs sont l'amorce de la galerie nord sur la rue de Rivoli).

L'édifice n'est qu'un décor entourant « poétiquement » les évolutions des troupes ; aussi « l'arène » est-elle nettement décrite alors que les colonnes de Philibert Delorme sont escamotées : seules « des bornes réunies par des chaînes [...] dessinent de grands carrés sablés au milieu de la Cour des Tuileries » (273). Les bornes et chaînes n'apparaissent plus sur les photographies des années 1860, non plus que dans les innombrables tableaux de « genre » que les revues tant « décadaires » qu'impériales ont inspirés (274).

Anthropomorphisme assez rare chez Balzac-archéologue : « les murs des hautes galeries de ce vieux palais semblaient crier aussi : « Vive l'Empereur ! », mais ce n'est pas un cri joyeux. Le cadre austère, la grille (275), les bornes, les chaînes, les hauts murs séculaires, « l'enceinte » fermée, sont en harmonie secrète avec cette revue qu'on pressent devoir être la dernière, et qui fait de la cour des Tuileries une cour des Adieux.

On sait qu'en avril 1813, Balzac, malade, quitte le collège de Vendôme et fait un premier séjour à Paris. Il n'est donc pas interdit de penser qu'il a pu assister à l'ultime revue de Napoléon et traiter ici de « choses vues » (276). Il est possible aussi que la duchesse d'Abrantès la lui ait décrite (277).

Pour Victor Hugo, les Tuileries sont en quelque sorte sanctifiées par les souvenirs d'août 1792 et de juillet 1830 : « les Tuileries ne sont plus simplement un chef-d'œuvre de l'art du XVIe siècle, c'est une page de l'histoire du XIXe siècle. Le palais n'est plus au roi, mais au peuple. Laissons-le tel qu'il est. Notre révolution l'a marqué deux fois au front. Sur l'une de ses façades il a les boulets du 10 août, sur l'autre les boulets du 29 juillet : il est saint » (278). Au contraire, novembre 1830, quelques semaines

---

270. Cf. *Sur Catherine de Médicis*, VII,169.
271. Cf. II,152.
272. Cf. II,151.
273. Cf. II,150.
274. On peut voir une bonne dizaine de reproductions de ces œuvres dans l'ouvrage, déjà cité, de Charles Simond, *Paris de 1800 à 1900*, tome I.
275. Sans compter la « grille de la rue de Castiglione » deux fois citée : cf. II,149 (*La Femme de trente ans*) et IV,133 (*La Fille aux yeux d'or*).
276. Pierre Berberis l'affirme (cf. *Balzac et le mal du siècle*, tome I, p.216) mais il est contredit par B. Gagnebin et R. Guise, les derniers éditeurs de *La Femme de trente ans* (nouvelle édition Pléiade, tome II, pp.1597-98).
277. Dans les *Mémoires* de la duchesse d'Abrantès, les revues décadaires sont très décrites.
278. Cf. *Notre-Dame de Paris* : note ajoutée, lors de la cinquième édition, au chapitre *Paris à vol d'oiseau*.

après les Trois Glorieuses, Balzac, introduisant le vieux palais dans son récit, est inspiré essentiellement par le souvenir de l'Empereur...

Pierre Citron rappelle (279) que la légende napoléonienne, « qui ne s'était cristallisée sous une forme littéraire que vers 1828, s'épanouit en 1830 » et que « lié depuis 1825 avec la duchesse d'Abrantès (qu'il) aidait à rédiger ses mémoires », Balzac y était particulièrement sensible. Le personnage de Napoléon assure en tout cas au palais des Tuileries, dans *La Comédie humaine*, une présence matérielle réduite mais bien implantée, tandis que « le château » de la Restauration est une force occulte, une puissance politique sans réalité concrète.

La Conciergerie

> « Nom historique, mot terrible, chose plus terrible encore. » (*Splendeurs et misères des courtisanes*, IV, 384)

Les îles de la Seine, dans *La Comédie humaine*, apparaissent comme bizarrement sépulcrales. Malgré l'idylle du *Petit Matelot* (280), l'Ile Saint-Louis flotte comme « le cadavre des fermiers-généraux » (281) et la Cité ne semble pas moins funèbre. De Notre-Dame, on n'aperçoit guère que les « ombres » qu'elle jette sur la Seine et sur le sinistre hôtel de la Chanterie « échappé du monde fantastique des romans » (282). La pièce maîtresse de la Cité n'est pas « l'immense basilique de Notre-Dame » (283), mais, à l'autre bout de l'Ile, l'édifice civil, le Palais des Rois, le « Palais tout court » (284) et plus particulièrement la Conciergerie, « terrible égoût », « préface pour les drames de la Morgue ou pour ceux de la place de Grève » (285).

Trois thèmes s'enchevêtrent plus qu'ils ne s'ordonnent autour du Palais et de sa Conciergerie ; au milieu du XIXe siècle, ils peuvent apparaître, dans une certaine mesure, comme des sujets d'actualité. Ce sont le thème social des criminels et des prisons, le thème romantique d'un palais médiéval avec tours et cryptes voûtées, qui fait des deux dernières parties de *Splendeurs et misères*, une manière de « roman gothique » populaire, suivant une mode un peu dépassée ; la description minutieuse enfin, à valeur documentaire, d'un bâtiment vaste et complexe, auquel une opération de restauration et de fouilles assure, à l'époque, un regain d'intérêt.

Nous ne nous attarderons pas sur le « problème de société » qui n'est pas exactement notre sujet. Les bas-fonds parisiens, explorés avec le succès que l'on sait par Eugène Sue (286), sont en rapport étroit avec les prisons, dont les moralistes et philanthropes s'appliquent alors à dénoncer les abus. Les sources auxquelles a pu se référer l'écrivain sont nombreuses (287) pour se renseigner sur la pègre et les services de police. Il a lu les *Mémoires* de Vidocq (1828) et, lié avec celui-ci, s'applique à son tour à démystifier *Les Mystères de Paris* (288). Il cède au courant qui oriente la curio-

279. Cf. Introduction à *La Vendetta*, I,385.
280. Cf. *César Birotteau*, IV,140.
281. *Ferragus*, IV,13.
282. Cf. *L'Envers de l'histoire contemporaine*, V,404-409.
283. *Les Proscrits*, VII,273.
284. *Splendeurs et misères des courtisanes*, IV,384.
285. *Le Colonel Chabert*, II,331.
286. *Les Mystères de Paris*, 1842.
287. Voir la préface d'A. Adam à *Splendeurs et misères*, édition Garnier, 1958, et celle de Pierre Citron dans la nouvelle édition Pléiade.
288. Cf. Vidocq, *Les vrais mystères de Paris*, 1844.

sité du public vers le monde du crime et des hors-la-loi. S'il n'est pas sans intérêt de connaître la position assez conservatrice de Balzac concernant la question toujours posée de l'humanisation des prisons et de « la stupide indulgence du jury » (289) l'architecture du Palais entre davantage dans notre propos.

Avec la Conciergerie, « gigantesque monument enfoui sous le palais et sous le quai comme un de ces animaux antédiluviens dans les plâtres de Montmartre » (290) reparaît l'idée obsessionnelle d'une prétendue surélévation du sol parisien (291). Notion contestable, nous le savons, mais qui se révèle exacte dans ce cas précis puisque la surélévation n'est pas ici l'œuvre des siècles et d'une manière d'alluvionnement quaternaire, mais le résultat d'un terrassement daté : la construction du quai des Lunettes (292) au début du XVIIe siècle. L'antique palais de Saint-Louis est « enfoui », « bâti dans la Seine » ; on marche dessus, il est en « contre-bas » (293), les « secrets » se trouvent « sous » la galerie marchande, le cachot de la reine « sous » les secrets, l'escalier de la tour Bonbec « sous le cabinet de Saint-Louis » (294), etc. Vision toute subjective d'un monde enterré, car, sans recourir à de savants ouvrages, il est facile de constater que le plus creux de tous les cachots, celui de la Reine, se trouve au niveau d'une cour intérieure qui l'éclaire.

L'omniprésence de la Conciergerie dans les deux dernières parties de *Splendeurs et misères* en fait une espèce de roman gothique, avons-nous dit. Rien ne manque aux accessoires : « sombres corridors », « souterrains obscurs », « dédales et labyrinthes » (295). Les « cloaques » (296) font inévitablement penser à des oubliettes, et les terribles grilles du guichet, aux herses féodales. Voici des « cryptes mystérieuses, voûtées, formidables, sans lumière » (297), de « beaux et formidables murs noirâtres » (298), un ensemble « sombre et mystérieux », « sombre et silencieux » (299) « silence et ténèbres », avec, pour terminer, la chambre du condamné à mort (300). A l'extérieur, un « suaire noirâtre » (301) revêt les quatre grosses tours à poivrières et créneaux. La Conciergerie est, en outre, peuplée de fantômes : mânes du Saint-Roi, victimes de la Saint-Barthélémy et de la Terreur encore proche (Fouquier-Tinville et Marie-Antoinette reparaissant). Lucien périra de mort violente dans « un trou » sous la Seine, mais à l'ultime instant une hallucination fera surgir à ses yeux, non le diabolique Herrera ou la douce Esther, mais le Palais de Saint-Louis resplendissant de tout son éclat ancien, mystérieusement retrouvé. Spectacle archéologique et « magique » (302) qui entraîne le roman noir aux frontières du fantastique.

A. Adam (303) juge sévèrement l'épisode de la Conciergerie. Il est vrai, à s'en tenir à la description de l'édifice, que si le Palais gothique, enfoui sous la Seine, vise à

---

289. *Splendeurs et misères des courtisanes*, IV,432.
290. *Ibid.*, IV,385.
291. Voir *La Cousine Bette* à propos du quartier du Doyenné, l'*Envers de l'histoire contemporaine* à propos de *Notre-Dame* et, bien sûr *Notre-Dame de Paris*, où des 1831, Victor Hugo développe avant Balzac, cette idée d'un exhaussement du sol.
292. Notre actuel quai de l'Horloge.
293. Cf. *Splendeurs et misères des courtisanes*, IV,pp.384-85-86.
294. *Ibid.*, p.418.
295. Cf. *Splendeurs et misères des courtisanes*, IV, pp.386-387-394-412-418.
296. *Ibid.*, p.412.
297. *Ibid.*, p.386.
298. *Ibid.*, p.412.
299. *Ibid.*, p.412.
300. *Ibid.*, pp.438-439.
301. *Ibid.*, p.384.
302. *Ibid.*, p.418. Voir aussi notre étude sur l'*expansion urbaine*.
303. Cf. Introduction à *Splendeurs et misères des courtisanes*, édition citée, p.XXXVI.

créer un effet de terreur et d'angoisse, la transcription au niveau de l'imaginaire se fait mal, et le décor « moyenâgeux » paraît un peu conventionnel. La songerie gothique, peu convaincante, se double de plates notations matérielles. C'est ainsi, par exemple, qu'on trouve une étude minutieuse des cellules dites « pistoles » : table mobile, absence d'espagnolette, hotte appliquée à la fenêtre, barreaux de fer scellés à l'extérieur (304) ; il ne fallait pas que Rubempré manquât son suicide, et tout un ensemble de détails vrais rend plausible la catastrophe finale. Le souci d'une certaine « vraisemblance » à laquelle Balzac semble tenir, nuit à l'effet horrifique du roman noir ; mais s'il est vrai que, parfois, dans les derniers épisodes de *Splendeurs et misères* « Balzac multiplie les dissertations sans comprendre qu'elles arrêtent le mouvement du récit » (305), il n'est pas toujours exact qu'« il s'attarde à expliquer abstraitement ce que son devoir de romancier était de nous faire voir ». La Conciergerie est bien « visible » quand la connaissance des lieux est nécessaire à la conduite du drame.

Rappelons ce que Balzac laisse deviner sans le dire : le Palais se trouve, à cette époque, en pleine réfection après avoir connu d'innombrables catastrophes, les dernières étant, après un incendie dévastateur en 1776, le fait du « vandalisme révolutionnaire ». Si la Sainte-Chapelle, « le plus magnifique joyau de l'écrin de Saint-Louis » (306), sauvé de justesse, surgit flambant neuve, sous son aspect actuel, des travaux de Duban et Lassus, en revanche, l'œuvre de restauration de la Conciergerie entreprise sous Louis XVIII (307) et poursuivie activement sous Louis-Philippe (308) paraît assez oubliée pour qu'au début de la Troisième République, en 1878, après le passage d'Haussmann et des Communards, l'architecte Haufbaüer ait dû, pour représenter Le Palais en 1835 élaborer un plan de restitution. Le texte qui accompagne ce plan présente des formules curieusement dubitatives si l'on songe qu'elles concernent d'assez récentes transformations : « suivant les uns », « suivant les autres », « il semble que », etc. (309) Quarante ans après, certaines dispositions du bâtiment antérieures au Second Empire et à la Commune, et qui correspondent donc au Palais de *Splendeurs et misères*, paraissent oubliées. Haussmann et la Troisième République en ses débuts, ont ici reconstruit plutôt que restauré, et, pour une fois, la « digression historique » de Balzac trouve une pleine justification ! Il porte un témoignage fort intéressant à l'examen, sur certaines parties de l'édifice, disparues ou profondément modifiées. Balzac, à défaut de cette précieuse restitution, a pu revoir le plan Turgot (1739), celui de l'abbé Delagrive (1754) pour l'Ile de la Cité, consulter le plan de la Conciergerie établie par l'architecte Peyre, et reproduit dans *Histoire et Description pittoresque du Palais de Justice*, de Sauvan et Schmitt, en 1825. Nous savons cependant que, se perdant comme beaucoup d'autres dans le dédale des cours et des escaliers, il a préféré recourir à une sorte de visite organisée, conduite par le Procureur Général en personne, le 13 décembre 1845 (310). Peut-on apprécier l'exactitude de cette information directe ?

Histoire historique, archéologique, biographique, anecdotique et physiologique du Palais de Justice, et *Continuation du même sujet* (311) présentent des remarques

---

304. *Splendeurs et misères des courtisanes*, IV,317.
305. A. Adam, édition citée, p.XXVI.
306. *Splendeurs et misères des courtisanes*, IV,384.
307. Architecte : Peyre.
308. Architecte : Duc.
309. Cf. *Paris à travers les âges,* 7ème livraison : *Palais de Justice et Pont Neuf* par E. Fournier-Firmin-Didot, 1878, p.67.
310. Cf. A. Adam, ouvrage cité, p.VII.
311. Tels sont les titres choisis par Balzac pour les chapitres 6 et 7 de la troisième partie.

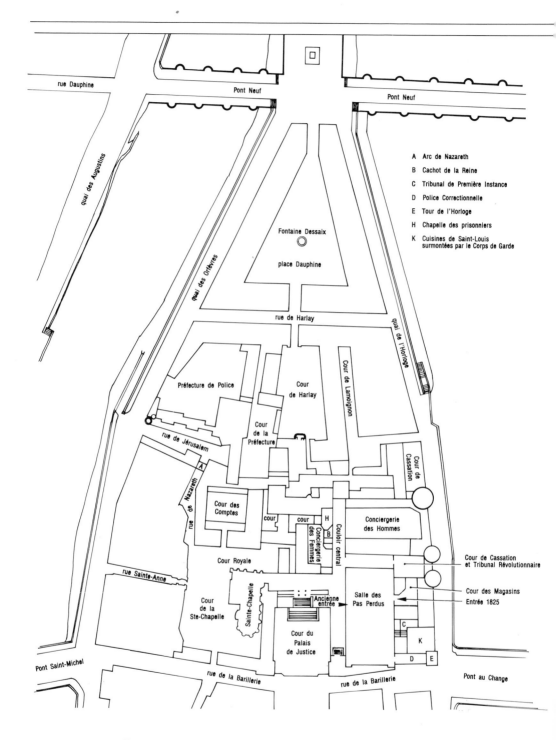

« Le Palais » et la Conciergerie en 1835. Plan de restitution d'Hoffbauer

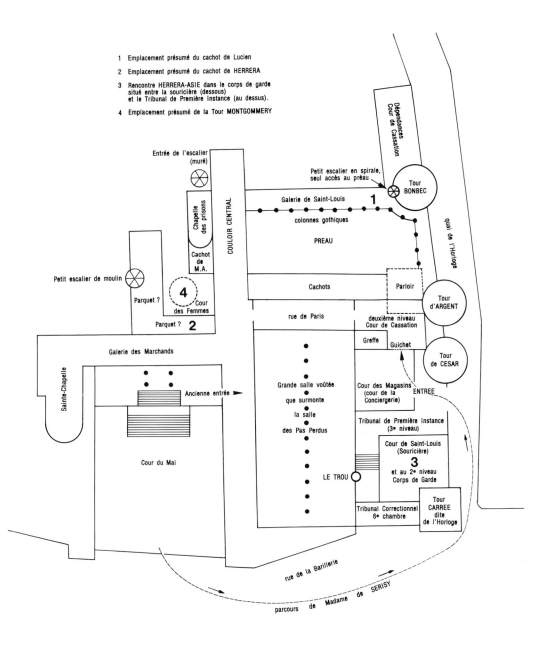

1 Emplacement présumé du cachot de Lucien

2 Emplacement présumé du cachot de HERRERA

3 Rencontre HERRERA-ASIE dans le corps de garde
situé entre la souricière (dessous)
et le Tribunal de Première Instance (au dessus).

4 Emplacement présumé de la Tour MONTGOMMERY

Entrée de l'escalier (muré)

Chapelle des prisons

COULOIR CENTRAL

Cachot de M.A.

Petit escalier de moulin

Parquet ?

4 Cour des Femmes

Parquet ? 2

Galerie des Marchands

Sainte-Chapelle

Ancienne entrée ►

Cour du Mai

Petit escalier en spirale, seul accès au préau

Tour BONBEC

Galerie de Saint-Louis 1

colonnes gothiques

PREAU

Cachots

Parloir

rue de Paris

deuxième niveau Cour de Cassation

Greffe

Guichet

Grande salle voûtée

que surmonte

la salle

des Pas Perdus

LE TROU

Cour des Magasins (cour de la Conciergerie)

ENTRÉE

Tribunal de Première Instance (3e niveau)

Cour de Saint-Louis (Souricière)

3

et au 2e niveau Corps de Garde

Tribunal Correctionnel 6e chambre

Tour CARREE dite de l'Horloge

Dépendances Cour de Cassation

quai de l'Horloge

Tour d'ARGENT

Tour de CESAR

rue de la Barillerie

parcours de Madame de SERISY

Plan de restitution de la Conciergerie de
Splendeurs et misères des courtisanes

décousues, des parenthèses plus ou moins étrangères au sujet (à propos, par exemple, de la place Dauphine et du château de Blois), un désordre allant parfois jusqu'à l'incohérence. De ces renseignements qui semblent jetés au hasard, on peut extraire quelques indications chronologiques, sommaires selon l'habitude de l'écrivain, et approximatives : un palais « dix fois séculaire », les Mérovingiens, le roi Robert, etc. Balzac reprend à peu près la formule de B. Appert : « un monument d'autant plus précieux qu'il se compose de l'architecture de toutes les époques, depuis le règne du roi Robert jusqu'à nos jours » (312). Aucune allusion aux fouilles qui se poursuivent au moment même de la rédaction de *Splendeurs et misères*, et qui révèlent d'intéressants vestiges gallo-romains (313). En revanche, et c'est encore bien dans la manière balzacienne, les limites du Palais sont définies avec une précision tout géographique. Il s'inscrit dans un « carré, cette île de maisons et de monuments, où se trouve la Sainte-Chapelle » (314), bordé, au nord, par le mur noirâtre fortifié de quatre tours qui longe le quai des Lunettes (actuel quai de l'Horloge) ; à l'ouest « l'enceinte, le périmètre dirait un employé du cadastre » est délimitée par la rue de Harlay, qui se termine sur le quai (de l'Horloge) et par certaine « arcade déserte » (qu'Haussmann fera disparaître) ; dans le « carré » encore, outre la Sainte-Chapelle, « la Préfecture de Police », et « la Cour des Comptes », héritages de l'Ancien Régime (315). Vers l'est, la rue de la Barillerie, qui sera englobée dans le boulevard du Palais ; enfin la rue de Jérusalem (316), la petite rue Sainte-Anne (317), la rue de Nazareth et sa fameuse arcade évoquent tout un folklore policier.

Mais, si l'on examine les plans Turgot et Delagrive et les pâtés de maisons qui entourent l'édifice, on ne comprend pas, si bien localisé soit-il, que Balzac puisse conclure à son propos : « avant la Révolution, le Palais jouissait de cet isolement qu'on cherche à créer aujourd'hui » ! (318)

Dans cette manière de prologue confus, Balzac note aussi ce qu'il appelle « un grand changement ». L'entrée de la Conciergerie, en 1825, a été transférée sur le quai de l'Horloge entre la tour de ce nom et la première tour ronde (319). Cette nouvelle entrée s'ouvre dans une cour intérieure indiquée par une arcade » (320). C'est la cour de la Conciergerie, dénommée souvent sur les anciens plans, cour des Magasins, où se trouve encore actuellement l'entrée des visiteurs. Balzac rappelle la situation de l'ancienne porte, « sous l'arcade à droite du grand escalier extérieur qui mène à la cour royale » (321). De là partirent « dans leurs charrettes les gens

---

312. B. Appert, *Bagnes, prisons et criminels*, Editeurs Guilbert et Roux, Paris, 1836, p.156.

313. Les fouilles de Duc et Dommey, effectuées en juin-juillet 1845, ont mis à jour des vestiges gallo-romains rue de la Barillerie.

314. *Splendeurs et misères des courtisanes*, IV,384.

315. Faut-il rappeler qu'il n'y avait pas, « autrefois », de Préfecture de Police, au temps où le Palais était celui du Parlement et de la « Justice suprême, celle du Souverain » ? Le « lieutenant général de Police » créé en 1667 et, dans une certaine mesure, comparable au préfet (création consulaire) siégeait au Châtelet.

316. Citée dans *César Birotteau*, IV,169.

317. *Le Père Goriot*, II,277.

318. *Splendeurs et misères des courtisanes*, IV,384.

319. Voir B. Appert, *op.cit.*, p.154. Le transfert du guichet est dû à l'architecte Peyre.

320. *Splendeurs et misères des courtisanes*, IV,385.

321. *Ibid.*

Entrée de la Conciergerie en 1830
(Musée Carnavalet)

Cour de la Conciergerie en 1830
(Musée Carnavalet)

que le tribunal révolutionnaire venait de condamner », sous le regard de l'implacable Fouquier-Tinville, « cet homme fait glaive » (322).

La description se fait plus ordonnée à partir du moment où Rubempré et Herrera descendent de la voiture cellulaire. La parenthèse archéologique se ferme (elle se rouvrira) et l'action est maintenant étroitement liée aux lieux du drame. Quelques éléments fondamentaux, restés en place depuis les XIIIe et XIVe siècles, constituent dans le Palais des points de repère stables qui permettent de suivre le parcours des détenus, et le chemin de Carlos Herrera et de Lucien sortant du panier à salade : « quand un panier à salade tourne à gauche dans la cour de la Conciergerie, il amène des prévenus à la Souricière ; quand il tourne à droite, il importe des accusés à la Conciergerie » (323). Les deux hommes, accusés d'un crime, appartiennent à cette seconde catégorie (Balzac explique la différence entre prévenus et accusés). Ils franchissent donc le fatal « Guichet », qui se trouve à droite de la Cour. Amplement décrit, il s'ouvre sur « l'immense salle voûtée dont les puissantes murailles sont ornées de colonnes magnifiques » (324). On lit dans Appert (325) que cette « belle salle » a été récemment « débarrassée des cachots qui l'obstruaient ». On la retrouve, désignée comme « l'immense salle du guichet de la Conciergerie » et comme « la grande salle voûtée du guichet » (326). Une gravure de 1830 (327) permet d'apercevoir les grilles du fameux guichet, l'escalier qui mène à la salle en contrebas (détail reparaissant chez Balzac), le greffe vitré, en tous points conforme au texte (328) et même le poêle, accessoire rarement oublié dans les descriptions balzaciennes (329). La gravure montre également, contiguë au greffe, la porte fermée de la fameuse « rue de Paris » (330) (Balzac n'utilise pas ce terme) qui conduit aux cachots et qu'il désigne comme « l'entrée des cryptes et des souterrains » (331), et plus précisément comme « le corridor qui mène aux secrets et au quartier des femmes » (332), en fait, à tous les cachots. La gravure ne permet pas, en revanche, d'apercevoir la porte vitrée du parloir qui « tire son jour du préau » et qui est signalée, aujourd'hui encore, par un vestige d'inscription.

Plans et gravures confirment donc l'exactitude de la description, même si la salle du greffe, dénommée aujourd'hui « salle des gardes », semble infiniment moins « immense », moins « formidable » qu'elle n'apparaît chez Balzac. « Le Palais est un amas confus de constructions superposées les unes aux autres » (333) dit-il : en effet, l'on peut, en superposant les plans, vérifier que la salle du guichet (salle des gardes) supporte la salle des séances de la Cour de Cassation, ex-Grand-Chambre du Parlement, où le Tribunal Révolutionnaire a siégé.

---

322. *Ibid.*, p.385. On comprend mal comment, de ses bureaux situés, sans erreur possible, dans la Tour Bonbec avec vue sur la Seine, Fouquier-Tinville pouvait donner « un dernier coup d'œil » à ses victimes. Est-ce pour les besoins de la cause que Balzac place les services de l'Accusateur public derrière la galerie marchande, là même où lui succèdera le Procureur Granville ? (cf. « Le cabinet de Fouquier-Tinville, le même que celui actuel du procureur du roi »... IV,385).
323. *Ibid.*, p.386.
324. *Splendeurs et misères des courtisanes*, IV,386.
325. *Op.cit.*, p.154.
326. *Splendeurs et misères des courtisanes*, IV,429 et 439.
327. Ci-jointe.
328. Cf. IV,386.
329. Cf. IV,439.
330. Le bourreau est surnommé « Monsieur de Paris ».
331. IV,386.
332. IV,439.
333. IV,412.

La « Souricière », elle, « qui fait face au guichet (334), se compose d'une certaine quantité de cellules pratiquées dans les cuisines de Saint-Louis » (335). D'une localisation très précise, avec points cardinaux à l'appui, on peut retenir, au midi, la présence d'« une immense salle voûtée (sans doute l'ancienne salle des festins) encore sans destination » (336). Cette « salle des gens d'armes » (nom actuel) qui constitue, de nos jours, le « clou » de la visite guidée (avec rappel inévitable de son homologue du Mont-Saint-Michel) n'est mentionnée que par cette allusion, car elle n'intéresse pas le récit. Elle rappelle cependant les travaux effectués pendant cette période à la Conciergerie.

En revanche, il était indispensable de connaître la présence et la position d'un certain local, un corps de garde intérieur « ayant vue par une croisée sur la cour de la Conciergerie » et situé « au-dessus de la Souricière », à laquelle il est relié par un escalier. Les prévenus

« traversent le corps de garde et arrivent par des couloirs dans une pièce contiguë à la salle où siège la fameuse Sixième chambre du Tribunal, à laquelle est dévolue l'audience de la police correctionnelle. Ce chemin est celui que prennent aussi les accusés pour aller de la Conciergerie à la Cour d'assises et pour en revenir » (337).

Pour résumer, le « petit corps de garde » forme « entre la Souricière et la Sixième chambre comme un poste d'observation par où tout le monde est obligé de passer » (338). « Tout le monde », y compris les détenus se rendant, non encore à la Cour d'Assises, mais d'abord à l'Instruction : tel est le cas d'Herrera.

Comme l'affirme Balzac, il est sans doute difficile de ne pas se perdre dans cet « amas confus de constructions superposées les unes aux autres » ! Il ne croit pas utile, ici, de rappeler un fait cependant bien connu : les piliers de l'immense salle voûtée (la « salle des festins ») que l'architecte Peyre a dû renforcer de toute urgence en 1818-1825 (339), soutiennent aussi la salle des Pas-Perdus. Dans cette « vaste cathédrale de la chicane » (340),

« on remarque immédiatement, en s'y promenant pour la première fois, une entrée sans porte, sans aucune décoration d'architecture, un trou carré vraiment ignoble.
C'est par là que les juges, les avocats pénètrent dans les couloirs, dans les corps-de-garde, descendent à la Souricière et au Guichet de la Conciergerie » (341).

C'est le « chemin intérieur » emprunté par monsieur de Granville et monsieur de Sérizy lorsqu'ils se précipitent à la poursuite de madame de Sérizy qui, ne connaissant pas les aîtres, est passée par l'extérieur pour courir vers le cachot de Lucien (galerie Marchande, cour du Mai, rue de la Barillerie, quai de l'Horloge) (342). Cette

---

334. De l'autre côté de la cour de la Conciergerie.
335. IV,386. A l'inverse de la « salle des gardes », les « cuisines de Saint-Louis » ne sont pas encore dégagées en 1829.
336. *Ibid.*
337. IV,386. Tout cela est conforme au plan de restitution du Palais en 1835.
338. IV,396. Il y aurait donc, bel exemple de « constructions superposées », trois niveaux : de bas en haut, la Souricière (cuisines de Saint-Louis) puis le corps de garde (niveau intermédiaire) surmonté par la Correctionnelle (Sixième Chambre) et la pièce contiguë à celle-ci.
339. Cf. Appert, *op.cit.*, p.152.
340. IV,412.
341. IV,386.
342. IV,418-419.

importante voie de passage (« le trou ») ne figure pas sur le plan de Hoffbaüer, mais il est facile de la replacer, « entre la porte de la Première chambre du Tribunal de première instance et le perron qui mène à la Sixième » (343).

Le Guichet, la Souricière, l'Escalier, le corps de garde intérieur, la salle des Pas Perdus forment le cadre, minutieusement mis en place, d'un des temps forts du drame la rencontre Herrera-Asie. En effet, on ne s'évade pas de la Conciergerie comme des prisons d'Alexandre Dumas (344) : « En jugeant sur les lieux de la nature des obsta cles, les gens les plus amis du merveilleux reconnaîtront qu'en tout temps les obstacles étaient ce qu'ils sont encore, invincibles. Aucune expression ne peut dépeindre la force des murailles et des voûtes, il faut les voir. » (345) Il est impossible de creuser des galeries dans les murs en pierre de taille des « secrets » (346) ; impossible aussi de scier les barreaux, bien qu'ils présentent des « pailles », tel celui qui se brise sous l'impétueuse poussée de madame de Sérizy (347).

A défaut des traditionnelles techniques d'évasion, Jacques Collin (« trois séjours au bagne, trois évasions ») et Asie (condamnée autrefois pour proxénétisme) mettent à profit, « en habitués » (348), une parfaite connaissance des lieux. Asie, déguisée en dame du Faubourg arrive par la salle des Pas Perdus (et le « trou ») dans « le petit corps de garde auquel aboutit l'escalier de la Souricière [...] et qui forme ainsi qu'on l'a vu, entre la Souricière et la Sixième chambre, comme un poste d'observation par où tout le monde est obligé de passer » (349). Herrera, extrait des Secrets pour aller à l'Instruction, repasse le Guichet, est traîné à travers la cour de la Conciergerie, puis dans la Souricière d'où il perçoit venant de l'escalier, le cri de ralliement d'Asie. Il s'évanouit à propos dans le corps de garde où il laisse tomber la boulette contenant ses instructions, tandis que la pseudo-grande dame s'enfuit en direction de la galerie Marchande, et, descendant l'escalier qui mène à la cour de Harlay, atteint prestement la station de fiacres du quai des Orfèvres (350). On relève donc, dans cet épisode de la rencontre, une évidente vérification de parcours peu connus des non initiés. On doute cependant que le directeur de la Conciergerie, dont le témoignage est invoqué (351), ait pu réprimer « un sourire » à la lecture de cet épisode où apparaissent, par ailleurs, bien des invraisemblances.

Avec le corps de garde intérieur, le Préau constitue la pièce maîtresse de la Conciergerie balzacienne (352). Sa présentation s'effectue en deux temps : dans *Une hallucination* (353) et *Le préau de la Conciergerie* (354). La description, ici, présente un grand intérêt archéologique ; nulle part ailleurs peut-être, Balzac ne répond mieux à son dessein souvent rappelé : porter témoignage sur un Paris qui disparaît « avec une effrayante rapidité ».

---

343. IV,386.
344. Voir à ce sujet, B. Appert, *op.cit.*, p.165.
345. IV, 386.
346. Détail reparaissant pp.387, 417 et 439.
347. Cf. IV,419.
348. IV,434.
349. IV,396.
350. Laquelle figure sur le *Petit atlas pittoresque* de Perrot (planche n° 44).
351. IV,386.
352. « Une cour assez vaste, appelée Préau, moitié construite au XIIIe siècle, moitié construite dans les temps modernes, et dont le sol est enfoncé au-dessous du niveau des maisons voisines sert de promenade aux prisonniers entre 8 h du matin et 16 h en hiver et 18 h en été ». Ainsi le décrit Dulaure dans son *Histoire de Paris* (tome IV, p.214).
353. IV,418 (rédaction 1846).
354. IV,429-430 (rédaction 1847).

Selon sa méthode habituelle Balzac en indique d'abord les limites, très claires
en ce qui concerne sa largeur, au nord : « le préau de la Conciergerie est borné sur
le quai par la tour d'Argent et par la tour Bonbec ; or, l'espace qui les sépare indique
parfaitement au dehors la largeur du préau ».

En revanche, quelque confusion relativement à la longueur : « La galerie, dite
de Saint-Louis, qui mène de la galerie Marchande à la cour de Cassation et à la tour
Bonbec [...] peut donner aux curieux la mesure de la longueur du préau, car elle
en répète la dimension » (355). On doit relever ici deux erreurs : la galerie de Saint-
Louis ne part pas de la galerie Marchande, mais du couloir central de la Conciergerie
(le « couloir des prisonniers »), et elle mène non à la Cour de Cassation, mais à ses
« dépendances » (ancienne Tournelle) ainsi qu'il est d'ailleurs précisé par Balzac
lui-même quand, l'année suivante, il revient sur le fameux préau (« la galerie dite
de Saint-Louis, par où l'on va maintenant aux différentes dépendances de la cour
de Cassation » (356).

L'« escalier en colimaçon » (357), unique accès au promenoir, est visible sur
le plan Delagrive, et le parloir « situé au bout de l'immense salle du guichet » (358)
est bien celui déjà mentionné (359), donnant à la fois sur cette dernière et sur la
partie nord-est du Préau. Quasi-certitude, semble-t-il, en ce qui concerne le cachot
d'Herrera : il tire son jour de la cour des femmes (360), dans l'aile où le Procureur
Général a son cabinet et dont on retrouve peut-être « les petits escaliers de moulin » (361) sur le plan Delagrive. Aucun plan, hélas ! ne montre « le pavillon octogone
qui flanque le corps de la galerie Marchande » où siège le parquet. Il faut se contenter
de cette référence, heureusement assez précise : le cabanon d'Herrera donne sur la
cour des femmes (362), comme le cachot de la Reine (363), mais à un niveau plus
élevé.

La perplexité est plus grande quand il s'agit de localiser la cellule de Lucien, « contiguë aux pistoles ». Les pistoles (364) se trouvent « au bout du préau », « au nord »
est-il précisé (365). B. Appert nous apprend que « quelques chambres particulières »,
qui ne s'obtiennent que par faveur, sont situées sur le devant de la maison. Elles sont
employées aussi pour les prévenus « séparés », « au secret » (366). Tel est bien le
cas de Lucien, objet de toutes les prévenances.

« Au nord » et « contiguë aux pistoles », cette cellule, ce « cabanon de la Conciergerie » où le jeune désespéré écrit son dernier message à l'abbé Herrera, est sans doute
voisin de la cellule de Louvel, « l'un des plus fameux régicides », « située à l'angle
droit formé par le coude des deux corridors » (367) (corridor des cabanons et corridor
des pistoles). Cette situation du cachot ne serait qu'un détail de peu d'importance
si Balzac n'y revenait à plusieurs reprises et si certaine remarque, introduite dans la

---

355. IV,418.
356. IV,429.
357. *Ibid.*
358. IV,429.
359. P. 386.
360. IV,387.
361. IV,412.
362. IV,387.
363. Cf. IV,418.
364. Il s'agit de cachots individuels où moyennant paiement (« pistoles ») les détenus aisés
trouvaient un relatif confort.
365. IV,430.
366. *Op.cit.*, p.158.
367. IV,429.

dernière partie (en 1847), ne rendait l'ensemble inintelligible : « Ces deux rangées d'habitations (368) sont séparées par un corridor souterrain formé de deux gros murs qui soutiennent la voûte sur laquelle repose la galerie du Palais de Justice, nommée la galerie Marchande » (369). Il semble que le narrateur se soit un peu égaré dans le dédale des souterrains..., du moins peut-on constater que les deux complices sont suffisamment éloignés l'un de l'autre pour rendre toute communication impossible. Les tours et détours, à travers les inextricables « communications intérieures de la Conciergerie » créent un effet de claustrophobie bien dans le ton du récit. Mais le principal intérêt du passage de présentation du préau, réside dans l'allusion à certain portique dont la présence, soudainement révélée, laisse Lucien « ébahi ». Sans doute Balzac lui-même a-t-il éprouvé, au cours de sa visite, une surprise émerveillée devant cette découverte architecturale :

> « L'un des côtés du préau, celui dont le premier étage est occupé par la galerie de Saint-Louis présente aux regards une enfilade de colonnes gothiques entre lesquelles les architectes de je ne sais quelle époque ont pratiqué deux étages de cabanons pour loger le plus d'accusés possibles, en empâtant de plâtre, de grilles et de scellements, les chapiteaux, les ogives et les fûts de cette galerie magnifique » (370)

dont « les proportions babyloniennes et les fantaisies orientales » fascinent le prisonnier : son suicide est « retardé par son admiration » ! Cependant ces merveilles laissent insensible le malheureux Herrera qui

> « sorti machinalement de sa chambre (371) enfila le corridor qui longe les cabanons pratiqués dans les corniches des magnifiques arcades du palais des rois de France, et sur lesquelles s'appuie la galerie dite de Saint-Louis » (372).

(Il va descendre par l'escalier en colimaçon de la Tour Blanche, seul accès au préau).
   B. Appert explique ce que Balzac flétrit comme la « prostitution d'un des plus grands souvenirs de la France » (373). Il s'agit d'« un plancher pratiqué à deux pieds environ au-dessus des colonnes du préau (et qui) a constitué des locaux postiches qui forment la pistole. Les cellules sont éclairées sur le préau par des ouvertures de médiocre grandeur, obstruées par des barres de fer croisées » (374). Comme le fait remarquer A. Adam (375), « c'est par une de ces ouvertures que Lucien aperçoit le préau et c'est par une de ces barres de fer qu'il se pend ». Reste, si l'on en revient au cachot de Lucien, qu'il est à peu près impossible de localiser avec certitude : au nord « sur le devant de la maison », ou à l'ouest, dans un de ces cabanons surmontés par la galerie de Saint-Louis. Il existait en effet deux galeries gothiques, l'une au nord, reliant la tour Bonbec à la tour d'Argent, l'autre à l'ouest allant de la tour Bonbec à la chapelle des prisonniers. Les deux galeries avaient été, au cours des âges aménagées en cachots, dont l'utilisation a pu varier. Balzac fait allusion seulement au portique de la galerie occidentale (celle de Saint-Louis).

---

368. Secrets et pistoles.
369. IV,427.
370. IV,418.
371. Aux Secrets.
372. IV,429.
373. IV,418.
374. B. Appert, *Journal des prisons*, 1825, I, 84-95 ; cité par A. Adam.
375. *Op.cit.*, note 1, p.478.

Si l'on excepte quelques ouvrages spécialisés, peu précis et peu loquaces, c'est chez Balzac seulement qu'on peut trouver trace de ces colonnes gothiques aux proportions babyloniennes. Tout ce quartier de la prison, transformé en 1864, désaffecté en 1914, a finalement été démoli en 1955 en vue de l'installation d'un service d'Identité judiciaire. E. Fournier parle de la « démolition de la galerie de Saint-Louis limitant le préau vers l'ouest » et la date de 1868, réhabilitant ainsi la Commune, faussement accusée du méfait et qui a, au Palais même « trop de crimes à son compte pour qu'il soit besoin de lui attribuer celui-là » (sic) (376).

Le Palais, ou « Palais par excellence » (377) dont la présentation est souvent exacte pour de nombreux détails vérifiés et vérifiables, présente en revanche, tant en ce qui concerne l'ensemble des constructions que certaines particularités, des erreurs et quelques difficultés d'interprétation. Sans revenir sur le problème que pose la localisation des cachots, on constate d'emblée une sérieuse confusion. La tour de César est, à plusieurs reprises (378), désignée comme tour de Montgommery, laquelle a été démolie en 1778 (après l'incendie de 1776). La tour de Montgommery, dénommée ainsi après l'incarcération de l'adversaire d'Henri II, n'était autre que l'ancien donjon du château. Elle figure, bien visible sur les anciens plans (379), à l'emplacement de la Cour des femmes, et cette méprise témoigne d'une certaine ignorance de la « structure » ancienne du Palais.

D'autres erreurs ne sont pas des inadvertances imputables à l'écrivain, mais paraissent liées à ce qu'on pourrait appeler « l'état des connaissances » à l'époque de Louis-Philippe. Dulaure (380) (mais il n'est pas le seul, car Michelet a sans doute été à l'origine de cet anachronisme (380bis) discerne, dans des bâtiments construits avant les Croisades, une influence « sarrazine ». L'écrivain le suit dans ces errements, découvrant au Palais une marque « byzantine » (381), des « proportions babyloniennes et fantaisies orientales » (382). Par ailleurs, le mythe de Saint-Louis est si fort qu'on attribue au saint-Roi des créations de Philippe le Bel : tradition vivace puisqu'on parlait naguère encore, tout comme Balzac, des « cuisines de Saint-Louis » !

Certaines légendes portent sur une tradition plus récente, notamment celle, recueillie dans *Splendeurs et misères*, concernant l'« escalier formidable pratiqué dans l'épaisseur des murs qui soutiennent la galerie Marchande et aujourd'hui condamné » (383), par lequel certains prisonniers, dont la reine et les girondins, auraient été conduits jusqu'au tribunal révolutionnaire (Cour de Cassation). E. Fournier en fait encore mention en 1878 : « une porte, masquée depuis peu par un confessionnal, s'ouvrait en face de la chapelle des prisonniers », « en face d'un escalier qui n'existe plus et

---

376. Cf. E. Fournier, *Paris à travers les âges, le Palais de Justice et le Pont-Neuf*, 7ème livraison, Firmin Didot, 1878, p.68. Rappelons l'incendie, par la Commune, de la Cour de Cassation (qui surmonte la salle des gardes) et de la Salle des Pas-Perdus.

377. IV,384.

378. IV,384, 385, 386 ?

379. Voir le plan de l'abbé Delagrive.

380. Cf. *Histoire de Paris*, tome IV, p.214 ; tome VII, p.261.

380bis. Cf. E. Fournier, *op.cit.*, p.10 : « Michelet qu'on a sur ce point (il s'agit des influences orientales) trop écouté et trop cité, a dit, parlant de la Sainte-Chapelle : « église toute mystique, tout arabe d'architecture, qu'il (Saint-Louis) fit bâtir au retour de la croisade par Eudes de Montreuil qu'il y avait mené avec lui. » Il y a, dans ces lignes, une erreur pour chacune. Saint-Louis fit bâtir la Sainte-Chapelle, non après être revenu de la Croisade, mais avant d'y partir ».

381. IV,385.

382. IV,418.

383. *Ibid.*

qui montait alors directement à l'une des entrées de la Grande Chambre (tribuna révolutionnaire) presqu'en ligne droite » (384).

Selon Jacques Hillairet, Lenôtre a démontré que le fameux escalier « avait été muré en 1786 ». Il ne pouvait donc pas avoir été utilisé en 93-94 ! On en distingue l'entrée sur les plans de Delagrive et de Peyre, sans bien comprendre cependant comment cet « épouvantable escalier » (385) pouvait se trouver dans « l'épaisseur de murs qui soutiennent la galerie Marchande » (386) lesquels murs semblent constituer pour l'écrivain, une formidable obsession (387).

Les « yeux intelligents du poète » (388) s'attardent trop longuement peut-être sur le « Palais par excellence », mais Balzac justifie la digression archéologique en rappelant que, de tous les monuments de Paris, il est « le moins connu ». La destination très particulière qui lui a été impartie explique cette ignorance, car le « berceau de nos rois » est devenu prison, et la Conciergerie a « envahi tout le Palais ». Balzac en entr'ouvre les portes en 1829 (389). Il voit « une immense salle voûtée », et encore une autre « immense salle voûtée », la première (salle du guichet) (390) récemment débarrassée de ses cachots, la seconde (salle des festins) (391) encore en réfection les « cuisines de Saint-Louis » restant occupées par la Souricière. L'attention se concentre sur les vestiges dénaturés d'une belle cour ogivale, un préau sous portique dont, sans La Comédie humaine, le souvenir serait perdu. L'écrivain, on le sait, se proposait, dans Splendeurs et misères, de faire ses preuves d'écrivain populaire. En ce qui concerne le roman gothique, l'effet est manqué. Un certain souci de précision documentaire, même s'il n'exclut pas toujours l'erreur, nuit aux fantômes et aux voûtes obscures. Fantastique et « réalisme » s'opposent ici évidemment, comme dans la salle du guichet, les formidables colonnes et les ogives s'opposent au poêle et au bureaucratique greffe vitré. L'ex-Horace de Saint-Aubin n'est ni Ann Radcliffe ni Walter Scott. Heureusement, il n'est pas non plus Eugène Sue, dont les mauvais garçons apparaissent parfois comme des caricatures dans les décors de carton de la rue de la Calandre ou de la Vieille Draperie.

Par un de ces contrastes urbains souvent signalés dans La Comédie humaine, le quartier le plus mal fréquenté de Paris touche au Palais de Justice et à la Préfecture de Police, mais c'est à la Conciergerie et non autour d'un « tapis franc » d'une de ces rues infâmes de la Cité que Balzac, complétant son analyse de la société, en présente les rebuts les plus abjects. Il les montre vaincus, dans une prison souterraine qui est la préface de la mort.

---

384. Cf. op.cit., p.10.
385. IV,464.
386. IV,418.
387. Cf. IV,418-427-464.
388. IV,385.
389. Date de l'action de Splendeurs et misères des courtisanes.
390. Dite actuellement salle des Gardes.
391. Dite actuellement salle des Gens d'Armes.

II. LES MAISONS DANS LA VILLE :
TROIS CERCLES A FRANCHIR

MAISONS NEUVES, MAISONS ANCIENNES, VIEILLES MAISONS

Le terme « maisons anciennes » fut défini exactement, pour notre époque, par la loi de 1948 en vue d'une réglementation des loyers : par rapport à 1976, ce sont les immeubles vieux d'un quart de siècle. Si l'on raisonnait par analogie, on verrait qu'autour de 1835, une maison du temps de l'Empire était déjà ancienne, comme toutes les constructions antérieures à la grande coupure de 1815 et à « la fièvre de construction » immobilière de 1819. Dans *La Comédie humaine*, les maisons « anciennes », qui ne sont donc pas nécessairement de « vieilles maisons », forment encore la masse du patrimoine immobilier parisien. Les maisons « neuves » sont expressément signalées comme telles : ce sont, par exemple, les hôtels Laginski (1) et de Nucingen (2), respectivement rue de la Pépinière et rue Saint-Lazare, ou encore, rue de l'Université, masquant la demeure du baron Hulot, la « grande maison nouvellement bâtie sur une portion de la cour (d'un) vieil hôtel à jardin » (3). C'est dans des maisons « neuves » que des amants généreux font les frais de coquets appartements : Granville pour Caroline, « au milieu de la rue Taitbout, dans une maison dont la pierre de taille était encore blanche, dont les colonnes du vestibule et de la porte n'avaient encore aucune souillure » (4) ; Delphine pour Rastignac, rue d'Artois dans « une maison neuve et de belle apparence » (5) ; le caissier Castanier pour Aquilina, rue Richer, dans le quartier neuf Notre-Dame-de-Lorette, « dans une maison nouvellement bâtie, au second étage d'un corps de logis donnant sur des jardins » (6). Autre maison neuve encore, achetée par Mademoiselle Thuillier près de la Madeleine, sur les fameux terrains de Birotteau ; elle n'est pas encore achevée vers 1840 mais « tout en pierre de taille, les murs de refend en moellons ; la façade [...] couverte des plus riches sculptures », c'est une excellente affaire (7).

Pourtant, parmi les innombrables demeures de *La Comédie humaine*, rares sont celles définies comme « neuves », bien que les immeubles édifiés dans des zones d'expansion récente (Chaussée-d'Antin) ou contemporaine (Madeleine, Saint-Georges, Europe) doivent dater à peu près du percement des rues. Une certaine « charmante maison de la rue Saint-Georges » qualifiée de « moderne » sans autre précision, a vu se succéder sept courtisanes (dont Madame Schontz) depuis 1822, date probable de sa construction (8). Parfois une « sale maison moderne en plâtre jaune » vient rem-

1. *La Fausse Maîtresse*, I,465.
2. *Le Père Goriot*, II,262.
3. *La Cousine Bette*, V,10.
4. *Une double famille*, I,417.
5. *Le Père Goriot*, II,284.
6. *Melmoth réconcilié*, VI,533.
7. *Les Petits Bourgeois*, V,336.
8. *Les Comédiens sans le savoir*, V,382.

placer une des « merveilles du temps passé » (9) et il n'est pas d'absolution pour ce péché-là aux yeux de l'archéologue de Paris.

A l'autre extrémité de l'échelle des âges, voici de très anciennes demeures, vestiges du vieux Paris. Elles peuvent être rajeunies dans un décor d'époque comme celle du pelletier Lecamus « sise », en l'an 1560, « au coin du Pont-au-Change et du quai maintenant appelé le Quai aux Fleurs » (10) ou celle, plus ancienne encore, du sergent Tirechair qui, en 1308, habite une « maison au bord de la Seine, précisément à l'extrémité de la rue du Port-Saint-Landry » (11). Mais, le plus souvent, elles sont décrites dans leur réalité présente, comme des traces destinées à disparaître bientôt « au regret des historiographes » (12) dont le devoir est alors d'en faire des « descriptions précieuses pour un avenir qui talonne le siècle actuel » (13). Citons, d'après l'auteur lui-même (14), la boutique du *Chat-qui-pelote*, « la maison habitée par le juge Popinot rue du Fouarre », « les restes de la maison de Fulbert ». On peut y ajouter la maison du marquis d'Espard, rue de la Montagne Sainte-Geneviève, « un de ces antiques monuments bâtis en pierre de taille et qui ne manquaient pas d'une certaine richesse dans l'architecture », un de ces « bâtiments où l'archéologue reconnaît un certain désir d'orner la ville » (15) ; la maison de Racine, « monument précieux » situé dans l'« horrible petite rue » des Marais. C'est une de celles « qui rappellent au flâneur instruit les mœurs des siècles passés » (16) et que les « Échevins modernes » ne se soucient pas, hélas ! de faire « conserver ». Toutes sont les témoins d'un temps dont il ne subsistera bientôt que des traces « typographiques ».

Le *Chat-qui-pelote*, « débris de la bourgeoisie du XVIe siècle », semble bien médiéval comparé à la maison Saillard sur la place Royale (datée par deux fois du XVIe siècle !) (17), bel hôtel aux « plafonds dignes de ceux de Versailles » (18). La maison du bon Popinot plonge dans les ténèbres d'un très lointain passé. Elle a été « restaurée » sous François Ier, le temps de sa splendeur se place sous Louis XIV, mais les chaînes de pierre encadrant la brique rouge feraient plutôt penser à Henri IV (19). Quant à celle du marquis d'Espard, « le caractère de son architecture » indique qu'elle a « été bâtie durant les règnes de Henri III, de Henri IV et de Louis XIII » (20) style composite, cela, d'ailleurs, sans invraisemblance.

En dehors de ces résidences en quelque sorte historiques, approximativement datées et assez longuement décrites, de simples notations chronologiques tiennent parfois lieu de description. C'est le cas pour trois anciens hôtels entre cour et jardin dont on peut se faire une idée par ailleurs en raison de leur situation près du Boulevard et de leurs destins immobiliers. Le président de Marville demeure rue de Hanovre dans un hôtel « qui, sous Louis XV, avait logé l'un des plus puissants financiers de ce temps » (21). A deux pas de là, rue Louis-le-Grand, l'hôtel de Jarente, « sis entre cour et jardin », a connu le « luxe scandaleux » du riche fournisseur Minoret « mort

9. *L'Hôpital et le Peuple*, V,384.
10. *Sur Catherine de Médicis*, VII,158.
11. *Les Proscrits*, VII,272.
12. *Ibid.*, VII,273.
13. *Sur Catherine de Médicis,* VII,158.
14. Cf. le début des *Petits Bourgeois*, V,294.
15. *L'Interdiction*, II,369.
16. *Valentine et Valentin*, II,453.
17. Voir notre étude sur *L'Expansion urbaine.*
18. *Les Employés*, IV,530.
19. *L'Interdiction*, II,353.
20. *Ibid.*, II,370.
21. *Le Cousin Pons*, V,174.

ur l'échafaud » en 1793 (22). Rue Louis-le-Grand encore, un « magnifique pavillon, débris des splendeurs du grand hôtel de Verneuil » acquis par le fils Hulot. Ces trois hôtels appartiennent à une génération d'édifices que bâtirent, depuis le début du XVIIIe siècle jusqu'à la Révolution, des aristocrates et des fermiers généraux, à l'emplacement ou au voisinage de l'ancien rempart transformé en promenade dans une zone encore agreste (23). Marcel Poète (24) rappelle l'existence, dans cette frange nord-ouest du Paris alors peuplé, de deux hôtels de Montmorency, de l'hôtel de Choiseul, d'un hôtel Bouret édifié par Brongniart à l'angle du boulevard et de la Chaussée-d'Antin (ce même Bouret « voluptueux financier », à qui Balzac attribue la « restauration » du Château des Aigues) (25). Le pavillon de Hanovre (26) est, lui, un prestigieux survivant du bel hôtel d'Antin un peu antérieur au peuplement de la Chaussée-d'Antin.

Il est donc permis d'imaginer, d'après ces indications, trois somptueuses résidences. Un hôtel de Marville tout en lignes courbes et coquilles, un hôtel de Jarente-Petit-Trianon et un pavillon de Verneuil plus grandiose, peut-être contemporain de l'hôtel de Montmorency-Luxembourg construit en 1704 et qui a fait place, sous Louis-Philippe, au passage des Panoramas et au Théâtre des Variétés (27). A cette époque en effet, la ville gagne vers le nord-ouest, les grands hôtels sont démembrés, de nouveaux quartiers élégants s'édifient en dehors de la ligne des boulevards (28). Les trois beaux hôtels connaissent donc une certaine déchéance. Le pavillon de Verneuil, « débris des splendeurs » anciennes, reste « un des plus beaux immeubles de Paris » (29), mais il est tombé en roture avec le fils Hulot et, si nous comprenons bien la disposition des lieux, il se trouve planté maintenant au milieu d'une sorte de lotissement. L'hôtel Camusot de Marville, dont le second étage est mis en location, a pris « un aspect tranquille et honorable qui sied à la magistrature » (30). L'hôtel Minoret est passé du fournisseur à un « spéculateur » qui l'a surélevé de deux étages, puis revendu « bon marché », après faillite, au Prince de Wissembourg lequel, finalement, se fixant rue de Varennes, l'a revendu au notaire Hannequin. Son épouse, promue « de Jarente », en a loué les deuxième et troisième étages à d'anciens drapiers enrichis, les Lebas. Où sont les fastes d'antan ?

Ainsi une date, et seulement une date complétée ou non par une localisation ou un détail concernant les occupants, est parfois comme une amorce de description pour le « lecteur averti » dans la mesure où, connaissant un peu la ville et les styles, il peut collaborer en quelque sorte avec l'auteur et compléter ses informations par le jeu spontané d'une association d'idées. Autre exemple : Pons demeure dans un hôtel entre cour et jardin, construit sous Henri IV (31) comme toute la rue de Normandie, mais dont le devant, sur la rue, a été « bâti lors de la vogue excessive dont

---

22. *La femme auteur*, VI,404.
23. Voir notre chapitre intitulé *Le champ d'exploration de l'archéologue*.
24. Cf. *Une Vie de Cité*, tome IV, pp.231 et suivantes.
25. Cf. *Les Paysans*, VI,12 « Les Aigues doivent à Bouret la restauration du rez-de-chaussée dans le style Louis XV ».
26. Remonté au parc de Sceaux lors de son remplacement par l'immeuble Berlitz.
27. Cf. Marcel Poète, *op.cit.*, tome IV, p.232.
28. Voir notre étude sur *L'Expansion urbaine*.
29. *La Cousine Bette*, V,10.
30. *Le Cousin Pons*, V,174.
31. Rien n'interdit au romancier de dater la maison de Pons du règne d'Henri IV, bien que le projet de Claude Chastillon n'ait reçu aucun début d'exécution ; il n'en reste que des noms de rues (voir notre étude sur *L'expansion urbaine*).

le Marais a joui pendant le dernier siècle » (32) ; rien ne permet de dater plus précisé
ment cet avant-propos où se trouve la « vaste et saine » loge des Cibot, mais, derrière
celui-ci s'esquisse, pour un familier du quartier, la silhouette classique d'un vieil hôte
du Marais. Même disposition pour la demeure des Thuillier rue Saint-Dominique
d'Enfer (33). C'est aussi une « double maison » comme celle de Pons, mais il s'agi
cette fois d'une résidence bourgeoise du temps de Louis XIV conservant une certaine
« grandeur Louis-Quatorzienne » (34) et précédée sur la rue d'un corps de bâtimen
très laid et longuement décrit (35). Voici encore, rue d'Orléans (36) au Marais, un
« immense bâtisse construite sous l'Empire » où demeure le docteur Poulain (37)
Perdue au fond du quartier Saint-Sulpice et frappée par la loi sur les alignements
la maison de Poupillier est une masure, une « bicoque » dont la vétusté donne lieu à
un ample développement. Or, on apprend à la fin et comme incidemment, qu'elle
a été « bâtie sous Louis XIV » (38), ce qui confère soudain à la ruine une allure toute
différente.

Des compléments d'information peuvent être fournis par l'origine sociale de
premiers occupants. La maison occupée par Madame Clapart, rue de la Cerisaie, garde
rait un aspect bien vague si l'on n'apprenait qu'elle fut jadis « l'hôtel de quelque
grand seigneur » sur l'emplacement du domaine royal de Saint-Paul. Cette précision
est plus éclairante que la présence d'« une tour carrée construite en grosses pier
res » (39). Il arrive aussi qu'une référence à un édifice ou ensemble architectura
connu tienne lieu à la fois de date et de description. De l'hôtel Saillard (40) on ap
prend seulement qu'il est situé place Royale, ce qui suffit à évoquer le « décor coloré »
de cette création d'Henri IV. Même remarque pour l'ancien hôtel de Maulaincour
occupé par Elie Magus, Chaussée des Minimes (41) ; cette « magnifique construc
tion » (42) participe du même décor. L'hôtel Minard, rue des Maçons-Sorbonne (43)
qui « se recommande par le caractère à la fois élégant et noble du règne de Loui
XIII », présente sur ses façades des « enroulements massifs [...] comme à la Sor
bonne » (44). L'hôtel du comte Octave, rue Payenne au Marais, est une manière
de « Carnavalet » orné d'un « péristyle d'une magnificence digne de Versailles » ! (45
Il suffit que l'auteur ajoute à cette vue d'ensemble quelques touches originales, par
exemple « les miracles de cette orfèvrerie de serrurier où se déroulaient les fantaisies
de quelque artiste du règne de Henri III » (46), quelques précisions sur le délabrement
des lieux : « pavés disparaiss(ant) entre les herbes », balustres rongés des galeries
pour que la maison de l'homme solitaire nous apparaisse dans son individualité précise
et pourtant faite de notations assez vagues ou contradictoires.

---

32. *Le Cousin Pons*, V,180.
33. L'actuelle rue Royer-Collard.
34. *Les Petits Bourgeois*, V,295.
35. Nous y reviendrons par ailleurs.
36. Une partie de l'actuelle rue Charlot.
37. *Le Cousin Pons*, V,220.
38. *Les Petits Bourgeois*, V,354.
39. *Un début dans la vie*, I,295.
40. *Les Employés*, IV,530.
41. Actuellement rue de Béarn.
42. *Le Cousin Pons*, V,210.
43. Actuellement rue Champollion.
44. *Les Petits Bourgeois*, V,323.
45. *Honorine*, I,564.
46. Les historiens de l'art signalent que les ferronneries du XVIe siècle sont très rares.

C'est donc souvent à partir de « touches » originales, juxtaposées à une vue d'ensemble, que Balzac permet à son lecteur de reconstituer en imagination la physionomie d'une vieille demeure. On garde le souvenir d'une description précise, on s'y reporte et on s'aperçoit alors qu'il s'agit seulement d'éléments épars, mais tellement suggestifs qu'ils permettent de reconstituer le puzzle dans son ensemble. Lecture très moderne que cette lecture active à laquelle nous sommes incessamment conviés par l'écrivain. Trop longtemps accusé de descriptions exhaustives, Balzac offre souvent, en fait, un texte discontinu qui vaut autant par des « blancs » que par ses détails.

LES MAISONS DU PREMIER CERCLE

LES HOTELS DU FAUBOURG SAINT-GERMAIN

Bien défini, par la négative, dans *La Duchesse de Langeais* : « ni un quartier, ni une secte, ni une institution, ni rien qui se puisse clairement exprimer », le faubourg Saint-Germain est une entité sans aucun poids architectural. On n'y trouve aucune de ces descriptions de résidences seigneuriales si nombreuses en province. Pourtant, comme c'est souvent le cas avec Balzac, le souvenir laissé au lecteur par la société « saintgermanesque » est si vif, qu'il a l'impression que les nobles demeures de la rue Saint-Dominique ou de la rue de Grenelle sont là, bien décrites, avec leurs croisées à grands ou à petits carreaux, leurs toits à la française ou à l'italienne, leurs portails à écusson, leurs plafonds, solives, boiseries, balustres, ferronneries... En fait, seule une phrase très générale sollicite l'évocation : « le faubourg Saint-Germain a la splendeur de ses hôtels, ses grands jardins, leur silence jadis en harmonie avec la magnificence de ses fortunes territoriales » (1).

Les hôtels du faubourg sont situés entre cour et jardin, selon le modèle classique transmis par le XVIe siècle, mais ils ne sont jamais datés. Ils apparaissent comme des « coquilles » interchangeables et cette situation caractéristique entre cour et jardin, précisée, nous le verrons, pour des demeures de moindre qualité, n'est ici qu'allusive (peut-être parce qu'il s'agit d'un fait connu). Le château de Félicité des Touches à Guérande, quoique banal et de l'aveu même de l'auteur, « sans aucune architecture » (2), est décrit avec précision ; en revanche, on ne sait rien de son hôtel de la rue de Bourbon sinon qu'il est le réemploi de fonds acquis par la vente d'un hôtel de la rue du Mont-Blanc, réalisée avec une forte plus-value. Le château de Montégnac est un des plus amplement décrits de *La Comédie humaine* (3), mais de ces Navarreins qui en furent les propriétaires, on apprend sans plus de détails que leur hôtel parisien est voisin de celui des Grandlieu, rue Saint-Dominique (4). *La Duchesse de Langeais*, par excellence roman du faubourg Saint-Germain, est totalement dépourvu de cadre architectural. Pas un nom de rue n'y est cité (5) et quand les parents de la coupable Antoinette se réunissent chez elle pour tenir conseil, on ignore d'où ils surgissent : du quartier évidemment, mais aucun de ces « parcours », innombrables par ailleurs dans *La Comédie humaine*, n'est indiqué ici ; non plus que l'itinéraire quotidien de Montriveau se rendant de la rue de Seine à l'hôtel de Langeais, forteresse imprenable

---

1. *La Duchesse de Langeais*, IV,62.
2. *Béatrix*, II,33.
3. Cour ovale, bossages de granit, tuiles à gouttières, dôme écrasé... Cf. *Le Curé de village*, VI,248 et 249.
4. *Splendeurs et misères des courtisanes*, IV,308.
5. Hormis la rue de Seine où demeure Montriveau, près du Luxembourg, mais en dehors du faubourg Saint-Germain.

mais en quelque sorte symbolique, dont on ne saura rien, pas même la situation précise dans le faubourg. Le nom seul du prestigieux quartier suffit ici à évoquer la classe aristocratique. Parfois, au fil des autres romans, les rues sont nommées mais jamais décrites : par exemple la rue Saint-Dominique où demeurent le comte et le marquis de Beauséant (6) ainsi que le duc de Grandlieu (7), la rue de Grenelle avec le vicomte de Beauséant (6), la rue de Bourbon avec Mademoiselle des Touches et Maulincour (8), la rue de Varenne où se situent l'hôtel Ferraud et celui de Raphaël de Valentin (9). La peinture matérielle du faubourg Saint-Germain se borne à quelques notations : rue Plumet, au pied de « l'admirable dôme des Invalides » voici « la façade grise d'un des plus beaux hôtels du faubourg Saint-Germain » (10). L'hôtel de Carigliano, non localisé, est un de ces hôtels « antiques et somptueux », où « tout est séduction » avec des « vestibules majestueux », des « escaliers grandioses », des « salons immenses » (11). A l'hôtel de Chaulieu, boulevard des Invalides, on admire « la vaste solitude des hautes salles » (12) ; au faubourg Saint-Honoré (« où se respire l'air du faubourg Saint-Germain ») chez Madame d'Espard, « des appartements décorés dans le goût noble » (13) ; chez la vicomtesse de Bauséant « les merveilles de cette élégance personnelle qui trahit l'âme et les mœurs d'une femme de distinction » (14) ; chez le duc de Grandlieu « un salon grandiose où l'on respirait l'air de la cour » (15).

Parmi ces imprécises somptuosités dont la banalité reparaissante finit par faire impression, quelques rares détails concrets : par exemple, le « grand escalier magnifiquement orné » de l'hôtel d'Espard avec ses rampes d'une « exquise propreté ». Le bon juge Popinot n'en sera pas pour autant ébloui et découvrira sous ce luxe « les misères de la grandeur ». Les seules parties extérieures de ces demeures seigneuriales qui soient mentionnées (mais non décrites) en sont les accès : porte, porche, cour, perron, péristyle, sans doute à cause de leur intérêt symbolique. D'un « rapide coup d'œil » Popinot peut évaluer « l'immense fortune » de la marquise d'Espard lorsque « la porte cochère s'ouv(re) devant le cabriolet », « livrant au regard » la loge, le suisse, les écuries, les dispositions de cette demeure (16). Ce sont les portes mêmes du faubourg que Rastignac et Rubempré essaient de forcer. Rastignac y parvient, non sans humiliations, à l'hôtel de Beauséant :

« un suisse rouge et doré fit grogner sur ses gonds la porte de l'hôtel, et Rastignac vit avec une douce satisfaction sa voiture passant sous le porche, tournant dans la cour, et s'arrêtant sous la marquise du perron [...] A son aspect, la porte vitrée s'ouvrit », puis il gravit « un grand escalier plein de fleurs » (17).

Cet escalier, degré par degré, le conduira, après un détour par la Chaussée-d'Antin, aux plus hautes carrières. En revanche, la porte refermée de l'hôtel de Grandlieu marque l'échec définitif des ambitions de Lucien de Rubempré :

6. *Le Père Goriot*, II,237.
7. *Splendeurs et misères des courtisanes*, IV,308.
8. *Béatrix*, II,84 et *Ferragus*, IV,24.
9. *Le Colonel Chabert*, II,234 et *La Peau de Chagrin*, VI,489.
10. *La Femme de trente ans*, II,210.
11. *La Maison du chat-qui-pelote*, I,105.
12. *Les Mémoires de deux jeunes mariées*, I,105.
13. *L'Interdiction*, II,359.
14. *Le Père Goriot*, II,238.
15. *Splendeurs et misères des courtisanes*, IV,308.
16. *L'Interdiction*, II,364.
17. *Le Père Goriot*, II,237-238.

« Il arrive, son cocher demande la porte, elle s'ouvre, il arrête au perron, Lucien, en descendant de voiture, voit dans la cour quatre équipages. En regardant monsieur de Rubempré, l'un des valets de pied, qui ouvrait et fermait la porte du péristyle, s'avance, sort sur le perron et se met devant la porte, comme un soldat qui reprend sa faction :
– Sa Seigneurie n'y est pas ! dit-il. » (18)

Est-il besoin de dire que ces deux récits dépouillés, dramatiques, auraient perdu toute leur force si Balzac s'était arrêté à la description des portails et du perron ? La vie de Paris présente un rythme rapide ; en province seulement on peut s'attarder devant d'innombrables portes, observer leurs écussons, leurs marteaux, leurs perrons à « tribunes » sculptées, leurs marches peut-être disjointes...
     Ainsi la « présence » du faubourg Saint-Germain émane-t-elle, non de décors et d'architectures urbaines, mais de la puissance magique de quelques noms : ceux des rues reparaissantes, ceux des nobles propriétaires, ceux des nobles « habitués » de salons grandioses ; ils en sont les vrais « piliers » et l'auteur les énumère à plaisir : à l'hôtel d'Espard (19), « Messieurs de Marsay, de Ronquerolles, de Montriveau, de La Roche-Hugon [...] etc. » ; chez le duc de Grandlieu (20) « le duc de Rétoré, le marquis de Chaulieu [...] sa femme Madeleine de Mortsauf, petite-fille du duc de Lenoncourt, le marquis d'Ajuda-Pinto, le prince de Blamont-Chauvry, le marquis de Beauséant, le vidame de Pamiers, les Vandenesse, le vieux prince de Cadignan et son fils le duc de Maufrigneuse... » Cette litanie tient lieu de description et contribue à fonder le mythe du faubourg Saint-Germain. « La puissante intervention d'un nom » (21) vaut pour les choses comme pour les êtres.

LES HOTELS PARTICULIERS HORS DU NOBLE FAUBOURG

     Les hôtels du faubourg Saint-Germain forment une catégorie exceptionnelle, dans un Paris seigneurial très défini et très fermé.
     Les immeubles du premier cercle qui apparaissent ensuite sont davantage décrits, plus variés d'aspect et plus dispersés dans la ville, mais ils présentent, cependant, une majorité d'hôtels particuliers dans les quartiers neufs. Nous les étudierons par ordre d'importance décroissant, des plus remarquables aux plus modestes, non sans hésiter quelquefois dans le classement à cause de certaines imprécisions dans la description. Pour pallier à cette difficulté, nous tiendrons compte du quartier et de la qualité des occupants. Si « les choses ont dominé les êtres » (22), inversement les « choses », les cadres de vie dépendent des êtres, financiers, rentiers, lorettes, qui les choisissent, les décorent, les « rénovent » selon leurs moyens, selon leur goût bon ou mauvais.
     Par ailleurs, quoi qu'il en soit d'un idyllique mélange social dans les maisons et les quartiers avant Haussmann, une différenciation commence précisément à s'effectuer, sous la Restauration et Louis-Philippe, en raison de la poussée urbaine : la « truelle civilisatrice « évince les locataires pauvres des quartiers en voie d'expansion ou de rénovation (23).

18. *Splendeurs et misères des courtisanes*, IV,361.
19. *L'Interdiction*, II,363.
20. *Splendeurs et misères des courtisanes*, IV,308.
21. *Le Père Goriot*, II,236.
22. *Béatrix*, II,13.
23. Voir, à ce sujet, notre étude sur *L'Expansion urbaine*.

« L'air du faubourg Saint-Germain »

Nous le savons, « la place Royale, le faubourg Saint-Honoré, la Chaussée-d'Anti
possèdent également des hôtels où se respire l'air du faubourg Saint-Germain » (24)
C'est vrai pour l'hôtel d'Espard, faubourg Saint-Honoré, vrai pour l'hôtel de Roche
fide, rue d'Anjou Saint-Honoré : il n'est mentionné qu'allusivement, mais nous con
naissons le comte de Rochefide, mari de Béatrix : haut rang, immense fortune aug
mentée par un héritage et l'adroite gestion de Madame Schontz (25). Même dan
« l'humble coquille » de la princesse de Cadignan ruinée (cinq pièces au rez-de-chaussé
d'un petit hôtel de la rue de Miromesnil) on respire encore l'air du noble faubourg
Même l'excentrique rue du Rocher, en bordure du quartier de l'Europe, fait encor
figure d'annexe : chez Félix de Vandenesse « les moindres choses avaient un parfum
d'aristocratie » (26), l'intrigue de la comtesse avec Nathan relève des « coquetterie
du faubourg Saint-Germain » (27) ; Marie-Angélique, née Granville, a d'ailleurs ét
initiée par son mari aux « mystères de la haute société », aux « généalogies de toute
les maisons nobles » (28) : aucune erreur possible, le noble faubourg a bien secrét
une cellule dans cette zone « hyperboréenne » de la rue du Rocher.

Les entours de la place Royale possèdent également des hôtels où se respire l'ai
du faubourg : à coup sûr dans le pseudo-Carnavalet du comte Octave (29), mais no
pas chez son voisin Granville qui n'est pas né : la particule dont s'ornera son nom es
de pure complaisance (30). Il n'occupe qu'en qualité de locataire « un grand appar
tement situé au rez-de-chaussée d'un hôtel qui faisait le coin de la Vieille-rue-du-Tem
ple et de la rue Neuve Saint-François » (31). Jardin pour les enfants, deux église
proches, décor intérieur médiocre (mauvais Louis XV et galons rouges) : si nous som
mes loin du faubourg, nous restons cependant dans la première catégorie avec c
type d'hôtel.

La Chaussée-d'Antin où se fixera finalement Granville est l'un des quartiers le
mieux dessinés socialement de *La Comédie humaine*. Peuplé dès la fin du XVIII
siècle, il est le fief des gens riches, mais certains aristocrates n'hésitent pas à y fair
étape avant de regagner le faubourg, tels Raphaël de Valentin (de la rue Taitbou
à la rue de Varenne) et Félicité des Touches (de la rue du Mont-Blanc à la rue d
Bourbon). D'autres s'y fixent, semble-t-il, définitivement, tels les Sérizy rue de l
Chaussée-d'Antin et les Restaud rue du Helder. Sans en être absolument excluse
ni Madame de Sérizy « quoique née de Ronquerolles » (32) ni Madame de Res
taud (33) n'appartiennent à la société du faubourg et la description de leurs deu
hôtels reflète cette position marginale. De l'hôtel de Sérizy, on n'aperçoit qu'« ur
jardin embaumé par les fleurs les plus rares » avec, en son milieu, un « chalet minia
ture » où « Léontine » paresse sur un divan quand Madame de Maufrigneuse vien
lui apprendre la catastrophe : l'arrestation de Lucien (34). L'hôtel de Restaud s'éloigne

24. *La Duchesse de Langeais*, IV,61.
25. Cf. *Béatrix*.
26. *Une fille d'Eve*, I,491.
27. *Ibid*., I,511.
28. *Ibid*., I,491.
29. Voir ci-dessus, *Maisons neuves, maisons anciennes, vieilles maisons*.
30. *Une double famille*, I,422.
31. *Ibid*., I,425.
32. *Splendeurs et misères des courtisanes*, IV,308.
33. *Gobseck*, II,147.
34. *Splendeurs et misères des courtisanes*, IV,398.

plus encore du type « saint-germanesque ». Comme chez les Beauséant et les Grand-lieu, on en voit la cour peuplée d'une nuée de valets (35), que Rastignac, descendu d'un mauvais fiacre, traversera à pied (36). Toutefois, chez les Restaud, différence sensible avec les hôtels du faubourg, ni grands appartements, ni fastueux escaliers fleuris, mais quelques détails équivoques : « un oreiller enfoncé sur un édredon de soie bleue » offrant « l'empreinte de formes indécises qui réveillaient l'imagination » (37), un réduit où s'égare le provincial intimidé, une baignoire, un « escalier dérobé » de mauvais aloi qui rappelle les infortunes conjugales du comte de Restaud (38).

Chez Feodora, l'air du faubourg Saint-Germain se raréfie encore (39). L'hôtel de la « comtesse » est situé faubourg Saint-Honoré ; il n'est pas décrit extérieurement, ce qui l'apparente aux résidences du faubourg Saint-Germain ainsi que « le péristyle chargé de fleurs », « le vaste escalier à tapis », « le salon d'un goût exquis ». En revanche, ni « le boudoir gothique », ni les « vitraux colorés » ni le petit salon moderne, charmant ensemble « amoureux et vague comme une ballade allemande », ne sont dans le ton du faubourg. Imaginerait-on Madame de Grandlieu dans un « boudoir gothique » ? ou Madame de Beauséant, ou même la frivole Maufrigneuse ? Elles paraissent inséparables de leurs appartements grandioses. Certes, dans son « cabinet » qui « ressemble à un boudoir » au « château » des Touches, « le bizarre assemblage qui peint Félicité » (40) est-il minutieusement détaillé : charmant mobilier d'acajou, divan, futilités mêlées à un « narghilé, une cravache [...] une pipe, un fusil de chasse ». Mais il s'agit de Guérande, non de Paris et, par ailleurs, le génie même de cette fille de grande race la situe un peu à part dans le faubourg. Quant à la petite Louise de Chaulieu, sortie la veille de son couvent, il est naturel qu'elle dépeigne dans une première lettre à son amie Renée de Maucombe, son appartement personnel et les objets à valeur de reliques qui lui ont été légués par une aïeule bien-aimée : tapisseries, pelle, pincettes « délicieusement travaillées » (41) d'époque Louis XV. Mais ce sont là des exceptions qui confirment la règle.

Pour les maisons parisiennes et seulement pour celles-ci, une remarque s'impose : à de très rares exceptions près (42), plus on descend dans l'échelle des valeurs architecturales et sociales, plus la description du décor et des objets familiers se précise, jusqu'à tourner à l'inventaire. Chez les Grandlieu, un seul objet : « un plateau d'argent ciselé » sur lequel Lucien « repla(ce) sa tasse vide » en un geste qui dissimule son embarras lors d'une conversation avec Clotilde (43) ; au contraire, la comtesse Ferraud, dont Chabert rappelle brutalement les origines, joue avec « l'argent, le vermeil, la nacre » (44) qui étincellent sur sa table. Luxe peu discret qui s'apparente à celui de Foedora.

35. *Gobseck*, II,131.
36. *Le Père Goriot*, II,234.
37. *Gobseck*, II,131.
38. Cf. le conseil donné aux maris dans la *Physiologie du mariage* (VII,439) : pas « d'escalier dérobé ».
39. *La Peau de chagrin*, VI,465-466.
40. *Béatrix*, II,34.
41. *Les Mémoires de deux jeunes mariées*, I,106.
42. Chez la duchesse de Carigliano, par exemple, mais il s'agit d'une noblesse d'Empire et non du *vrai* faubourg. Cf. *La Maison du chat-qui-pelote*, I,77.
43. *Splendeurs et misères des courtisanes*, IV,310.
44. *Le Colonel Chabert*, II,325.

Les Maisons « de style »

Assez loin en arrière de ces hôtels d'inégale distinction, on pourrait placer ici les maisons « de style » déjà évoquées (45). Parmi elles, « débris » de splendeurs anciennes, le « magnifique pavillon » (46) de Verneuil situé près du Boulevard : il appartient maintenant au fils Hulot. Les hôtels de Jarente et Camusot feraient assez bien la transition avec les meilleures maisons du second cercle, dans la mesure, notamment, où leurs propriétaires Mesdames de Jarente et Camusot de Marville (des bourgeoises malgré la particule usurpée) ne s'en réservent qu'une partie, louant le reste de l'immeuble à des gens bien choisis, aisés et de mœurs paisibles : n'importe, les soucis mercantiles apparaissent comme incompatibles avec la première catégorie. Cependant, c'est à celle-ci qu'on rattachera deux maisons modestes, refuges d'épouses infidèles touchant par leur origine au faubourg Saint-Germain : Béatrix (47) et Honorine (48). Ces demeures sont situées aux limites de la ville, position marginale qui convient à des femmes déclassées mais qui restent, dans une certaine mesure, fidèles à leurs anciens quartiers ; Béatrix en haut de la rue de Courcelles « sur le sommet de la colline où s'étale le parc de Montceaux », au nord du faubourg Saint-Honoré ; Honorine à l'est de la ville, rue Saint-Maur, dans la direction du Marais. Deux points cardinaux opposés comme s'opposent l'aspect des deux pavillons et la personnalité des deux coupables : la dure Béatrix et la douce Honorine, qui fait plutôt figure de victime. Une fatalité s'attache aux destinées de certaines maisons et celles-ci ont abrité, avant ces dames, les « folies » de grands seigneurs, qualifiées de « jolies débauches » pour le pavillon de la rue Saint-Maur. Les « anges déchus » donnent des signes de gêne relative et leurs « nids » paraissent assez modestes ; mais si la maison de Béatrix semble sinistre (murs plâtreux à raies jaunes et noires), l'autre reste charmante malgré le petit salon dont les murs sont « prodigieusement dégradés ». Ce « séjour » se trouve comme « à cent lieues de Paris », avec quelques-uns des attributs habituels des maisons provinciales dans *La Comédie humaine* : la galerie à balustres, les bouquets de plomb sur le toit, les murs treillissés, le merveilleux jardin. L'intérieur révèle davantage encore le contraste. Tout, chez Honorine, porte la marque du goût personnel de l'artiste : « charmantes décorations en camaïeu », « bibliothèque métamorphosée en atelier », « tapisseries pleines de fantaisies et provenant d'anciens paravents ». Chez Béatrix, affectation de « sérieux », « velours rouge » et « bois doré », « draperies entrecroisées aux fenêtres », épaves opulentes de son ancien décor, chez Honorine une « exquise simplicité », chez Béatrix un cadre où s'exprime l'orgueil de caste et la volonté de ne pas déchoir. Cependant, quelques signes révélateurs d'une vie irrégulière apparaissent : une salle de bains trop visible attenant au salon chez Honorine (49) et, surtout, chez Béatrix, « dix aquarelles [...] qui toutes représentaient les chambres à coucher des diverses habitations où sa vie errante (l') avait fait séjourner ». « Impertinence supérieure », dit Balzac.

Ces petites maisons qui n'ont rien de commun avec les hôtels flambant neuf des lorettes du quartier Saint-Georges, appartiennent, selon nous, à la première catégorie malgré leur décrépitude, en raison de la qualité aristocratique des dames qui les occu-

45. Voir *Maisons neuves, maisons anciennes, vieilles maisons.*
46. *La Cousine Bette*, V,130.
47. *Béatrix*, II,95.
48. *Honorine*, I,577.
49. Voir ci-dessous nos considérations sur le « comfort » : la salle de bains est équivoque.

ent et des décors qu'elles ont su créer. Mais peut-être sont-elles inclassables, comme
es « irrégulières » (50) qu'elles abritent ?

Architectures modernes

Malgré certaines appréciations sévères portées sur l'architecture du siècle (51),
l n'existe, dans *La Comédie humaine*, aucune condamnation globale de l'art nou-
eau. Un jugement défavorable exprimé, sur le plan esthétique, au sujet de quelques
mmeubles contemporains (s'agirait-il même de « maisons de produit »), ne les exclut
as nécessairement du premier cercle dans la mesure où disposant d'éléments de
comfort », ils se différencient nettement de la masse des constructions de Paris.

e « Comfort »

Nous avons déjà rencontré (52) ces « belles et élégantes maisons » dans les rues
ouvelles bordées de trottoirs, où les « concierges » ont remplacé les portiers, où,
ans doute, des « torrents de gaz » éclairent les façades neuves, à l'instar de la rue
e Richelieu et de la rue Saint-Honoré (53). Le « comfort » va de pair avec l'aména-
ement des quartiers d'expansion récente, et près de la Madeleine, rue de la Ville-
Evêque, Josépha demeure dans « une de ces jolies maisons modernes à doubles
ortes, où, dès la lanterne à gaz, le luxe se manifeste » (54). Oeuvres des « archi-
ectes modernes », elles sont « encore blanches » et sans « aucune souillure » (55),
ertu éphémère qui paraîtrait négative aujourd'hui, mais que Balzac signale à plusieurs
eprises, encore qu'il reconnaisse une certaine qualité poétique aux « teintes huileu-
es », « taches et autres accessoires » (56).

Le XIXe siècle, surtout dans sa première moitié, accorde — et pour cause — beau-
oup moins d'importance que le nôtre à des « équipements » presque inexistants
à cette époque. Si chez Josépha « la température douce (est) entretenue par un calo-
ifère à bouches invisibles », rares sont les privilégiés qui jouissent de « cette perfection
ue aux moyens modernes » (57). La notion de « standing » s'attache presque unique-
nent, si l'on excepte l'aspect général de la demeure, à son architecture intérieure
t surtout à des éléments décoratifs : boiseries, tentures, corniches, glaces, etc. Une
ertaine discrétion concernant les équipements est donc le fait de leur rareté en un
emps où l'eau est encore vendue par des porteurs ou distribuée par des fontaines
ubliques ou, au mieux, par une fontaine dans la cour. L'eau qui « jaillit par des
obinets » n'est signalée que chez le coiffeur à la mode (58). Cependant la *Physiologie
u mariage* rappelle qu'en milieu aisé, une femme a « le droit d'exiger un cabinet
e toilette, une salle de bain » et, sans qu'il soit toujours fait clairement allusion à
eur présence, nul doute qu'ils n'existent dans les maisons modernes, avec un écoule-

---

50. L'expression est postérieure à Balzac : on l'emploie surtout à « la belle époque », vers 1900.
51. Qui a produit des « phalanstères de moellons » au lieu de protéger et de restaurer les vieux
ôtels seigneuriaux de « nos pères » (voir à ce sujet, notre étude sur *L'expansion urbaine* et ses mé-
aits).
52. Voir notre étude sur *L'expansion urbaine*.
53. Cf. *Splendeurs et misères des courtisanes*, IV,385-86.
54. *La Cousine Bette*, V,35.
55. *Une double famille*, I,417.
56. *La Bourse*, I,181.
57. *La Cousine Bette*, V,134.
58. *Les Comédiens sans le savoir*, V,373.

ment plus perfectionné que « les plombs » que nous trouverons si souvent mentionné
dans les maisons du troisième cercle. Il est de fait, malgré tout, que certaines basse
réalités de la vie (ou jugées telles) sont éludées à la Chaussée-d'Antin et autres beau
quartiers : pas de cuisines et, pour d'autres raisons, peu de baignoires. Bixiou, ave
sa verve habituelle, signale que le code anglais a passé le détroit (59) : la baignoir
est « impropre » et sa présence un peu équivoque. Nous l'avons déjà constaté à l'hôte
de Restaud, quand la comtesse sort du bain à trois heures de l'après-midi pour recevoi
son amant. Quant au « cabinet de toilette » lui-même, quand il ne fait pas seulemen
l'objet d'une discrète allusion (comme chez la princesse de Cadignan par exemple) (60)
mais d'une de ces descriptions dont Bixiou a le secret, qu'on en juge chez un jeun
homme à la mode, le dandy Godefroid de Beaudenord, quai Malaquais :

> « Son appartement [...] se recommandait par un cabinet de toilette mystérieux, bien orné, plei
> de choses confortables, à cheminée, à baignoire ; sortie sur un petit escalier, portes battantes assour
> dies, serrures faciles, gonds discrets, fenêtres à carreaux dépolis, à rideaux impassibles [...] le cabine
> de toilette était comme un sanctuaire : blanc, propre, rangé, chaud, point de vent coulis, tapis fai
> pour y sauter pieds nus, en chemise et effrayée [...] (Godefroid y avait) une petite armoire plein
> [...] de gâteaux, de fruits, jolis petits flacons de vin de Malaga, de Lunel, un en-cas à la Lou
> XIV. » (61)

Lucien de Rubempré héritera de l'installation sans qu'Esther, confinée rue Taitbout
puisse en profiter. Il est vrai qu'elle-même, succédant à « la grosse Caroline de Belle
feuille », dispose d'une salle de bain « attenant » à une « jolie chambre à cou
cher » (62). Elle s'y baigne avant de recevoir son amant, procédant — cette fois c'es
Balzac qui parle — à « cette toilette minutieuse, ignorée de la plupart des femmes d
Paris, car elle veut beaucoup de temps et ne se pratique guère que chez les courtisanes
les lorettes ou les grandes dames, qui toutes ont leur journée à elles » (63).

Une vague de pudeur déferle sur l'Europe et il est de fait qu'une toilette tro
complète peut conférer aux femmes un brevet de mauvaise vie. Godefroid de Beau
denord, se mariant, abandonne le quai Malaquais et loue, rue de la Planche, un char
mant hôtel « ni trop grand ni trop petit » avec écurie et sellerie. Il l'organise ave
amour ; *comfort* moderne : « calorifère pour maintenir une température égale dan
la maison [...] stores intérieurs et extérieurs à toutes les croisées » (64), mais pas d
baignoire visible ! (Par contre, Blondet, dans la longue épître adressée à Nathan
décrit une étonnante salle de bain qui s'ouvre sur la salle à manger, avec de mysté
rieuses machineries et une « alcôve », cachée par un tableau [...] qui s'enlève au moye
d'un contrepoids » (65), baignoire en marbre et plafond en lapis-lazuli étoilé d'or
Destinée à l'origine à de royales favorites, la salle de bain du château des Aigues a
pris ici le caractère honorable des monuments historiques, d'où cette complaisanc
descriptive).

Quand il s'agit d'évocations qu'il juge un peu scabreuses (66), Balzac se retranche

---

59. Cf. *La Maison Nucingen*, IV,239.
60. Cf. *Les Secrets de la princesse de Cadignan*, IV,475.
61. *La Maison Nucingen*, IV,240.
62. *Une double famille*, I,417.
63. *Splendeurs et misères des courtisanes*, IV,302.
64. *La Maison Nucingen*, IV,253.
65. Voir *Les Paysans*, VI,12.
66. On trouve bien rarement, dans *La Comédie humaine*, les « précieuses anglaises » signalées ce
pendant chez Molineux, cour Batave, mais le détail ne risque pas, ici, de dépoétiser un vilain personna
ge. Jamais de bidet alors que ce genre d'accessoire était très répandu, souvent camouflé en prie-Dieu !

volontiers derrière ses personnages de style boulevardier comme Bixiou ou Blondet, ntarissables sur des détails finalement trop précis pour être suggestifs. Le boudoir de la fille aux yeux d'or est plus troublant...

Les Bâtiments

Trois importantes résidences nouveau style figurent dans *La Comédie humaine*, l'une probablement conforme aux goûts de l'auteur, puisqu'elle est inspirée des Jardies (c'est le chalet de Ville d'Avray) (67), tandis qu'il ne ménage pas les critiques aux deux autres : l'hôtel Laginski (68) et l'hôtel de Nucingen (69).

Le Chalet de Louise de Chaulieu — On connaît l'histoire des Jardies : en septembre 1837 Balzac achète pièce par pièce des lots successifs de terre et une petite maison située sur les pentes escarpées de Saint-Cloud, au-dessus de la gare de Sèvres en construction (70). Jusqu'en 1839 il achètera d'autres parcelles mais, dès octobre 1837, l'entrepreneur Hubert construit près de l'ancienne habitation (d'ailleurs luxueusement rénovée) « un pavillon plus petit, un chalet bizarre, avec des murs de plâtre peint en fausses briques, un balcon de bois, des treillages verts et un escalier extérieur » (71). Ce chalet, introduit dès 1839 dans *Le Curé de village*, serait la copie fidèle « d'un chalet de la vallée de Sion qui se trouve sur la route de Brig » (72). Balzac, on le voit, revient avec insistance sur ce modèle. Il s'agit d'une coûteuse fantaisie à la mode et cette mode, dit Louis Hautecœur (73), est issue d'une double filiation, « moyenâgeuse » et « touristique », mêlant le souvenir des maisons à pans de bois des XVe et XVIe siècles et le goût des paysages helvétiques, avec réminiscences de Jean-Jacques. Ces chalets furent d'abord de simples fabriques, puis les maisons elles-mêmes imitèrent les chalets, que ce soit à la campagne, à la ville ou en banlieue proche, comme c'est le cas dans le hameau Boileau, créé à Auteuil en 1840. L'un d'entre eux abrita Colette dans les deux premières années de la Première Guerre mondiale. Elle le décrit dans *Trois... Six... Neuf* (74) :

« Pour commencer, j'acceptai d'aller dans le XVIe arrondissement habiter un de ces « chalets suisses » dont le XIXe siècle, en sa première moitié, ensemença le village de Passy. Construits légèrement, assurés pour cinquante années, bon nombre durèrent un siècle. Rue des Perchamps, j'avais déjà connu l'un d'eux, sorte de bungalow exhaussé sur une galerie de bois à balcon. Il régnait sur un jardin de trois mille mètres, livré aux arbres âgés, aux églantiers, aux noisetiers-aveliniers et aux chats affranchis. Le chalet qui s'entrouvrit (75) pour moi et joua comme un piège était tout semblable, dans ses dimensions modestes, à un accessoire de décor suisse. Il avait, du décor théâtral, la fragilité et le bon style alpestre, les auvents ajourés de trèfles, les balcons et les charpentages à fleur de brique. La vigne vierge pourvoyant au reste en rideaux de guirlandes.
Ce chalet meublait le fond d'un jardin entouré de jardins, et son romantisme helvétique béné-

---

67. Cf. *Les Mémoires de deux jeunes mariées.*
68. Cf. *La Fausse Maîtresse.*
69. Cf. *Le Père Goriot.*
70. Voir *L.H.* I,536, mardi 10-jeudi 12 octobre 1837.
71. Voir la description complète de cette maison en « bâton de perroquet » avec « pilastres en briques et chaînes en pierre aux quatre coins », dans *L.H.* I,609, 7 août 1838.
72. Cf. VI,281.
73. Cf. *Histoire de l'architecture classique en France*, tome VI : *La Restauration et la Monarchie de Juillet 1815-1848*, édition Picard, pp.320-321.
74. *Trois... Six... Neuf*, Corrêa, 1946, pp.53 à 59.
75. Non situé précisément, Passy ou Auteuil ?

ficiait d'une légende : c'était à un peintre jaloux, épris de son modèle, que le petit enclos devait s
porte cochère et sa serrure toutes deux en métal massif. »

A l'époque où écrit Colette (1946), « l'espèce helvétique » n'est pas « complè
tement éteinte ». « J'en sais un ou deux », conclut-elle à propos de ces chalets, « cer
nés, menacés par le ciment, qui tiennent encore. Jusqu'à la fin ils gardent leur flor
et leur faune, leur figure ambiguë, mi-eden mi-maison d'assassinée, et leur charman
brin de clématite au front » (76).

Voici donc trois chalets du même âge, celui de Colette où flotte peut-être un
réminiscence des Jardies (77), celui de Louise de Chaulieu, celui de Balzac (78). Malgré
sa vétusté, le premier est toute vie et promesse de vie, même s'il revêt, à certaine
heures, un aspect de « petite maison du crime » dont Colette s'amuse.

« Construit au milieu d'un paysage copié sur ce qu'on appelle le Jardin du Roi à
Versailles » (79), le second étale une rusticité ruineuse, avec tous les « emménagement
(sic) qu'a su pratiquer l'architecture moderne qui fait des palais de cent pieds car
rés ». Parmi ces « emménagements », un calorifère. Malgré le voisinage de Paris e
de l'Opéra (belle route, cinq chevaux, coupé léger, milord...), l'ensemble du domaine
paraît sinistre dans son isolement organisé. Détail significatif, la porte est « caché
dans le mur », « presque introuvable ». Afin de préserver l'intimité des maîtres, le
serviteurs sont logés dans de jolies maisons qui « font fabriques », la plus importante
avec cuisines, écuries, remises, étant reliée au chalet par un souterrain. Les plantation
épaisses destinées à cacher la propriété, « le souterrain », le « mur qui sert d'enceinte »
le « saut de loup », tout évoque une forteresse en réduction plutôt qu'un lieu de
plaisance. Comme le peintre jaloux dont parle Colette, Louise séquestre Gaston dan
« un nid », qui est, au mieux, une cage dorée !

Le chalet du récit est-il la copie fidèle des Jardies ? ou bien n'en représente-t-i
pas, plutôt, le modèle idéalisé, comme pourrait le faire supposer ce passage d'une
lettre à Madame Hanska : « Il faut planter des arbres aux Jardies [...] il faut en faire
le chalet de Louise de Chaulieu. » (80) ? Balzac, comme Louise, revient à plusieurs
reprises sur la facilité des communications avec Paris : « Les Jardies sont à une demi
heure de l'Opéra et un quart d'heure du Bois de Boulogne avec des chevaux ; ils sont
à un quart d'heure de la Chaussée-d'Antin, par le chemin de fer. » (81) Mais l'avantage
peut devenir inconvénient : « Les Jardies sont tellement en vue, avec le chemin de
fer qui s'y est bâti depuis que je les ai eues, que j'éprouve moins de regret. » (82
(de les vendre). Parenthèse finalement décevante que l'expérience des Jardies.

Signalons pour la « petite histoire » que trente-cinq ans plus tard environ (en
1877), Gambetta acheta l'une des « fabriques » des Jardies, la maison du jardinier
afin d'abriter sa très secrète liaison avec Léonie Léon. C'est là qu'il trouva la mort
(fin 1882) dans un accident qui, pendant des années, alimenta la polémique (83)
Emile Pillias, citant un article de Joseph Reinach (84), présente le « logement du
jardinier » tel qu'il apparaît en 1883 dans son contexte :

_____

76. Op.cit., p.60.
77. Colette était une fervente lectrice de Balzac et tenait à sa « vieille édition Houssiaux ».
78. Il en est d'autres dans La Comédie humaine ; cf. Albert Savarus, I,356 ; Modeste Mignon,
I,193 (mais il s'agit plutôt ici d'un « cottage » précise Balzac).
79. Mémoires de deux jeunes mariées, I,163.
80. L.H., II, p.125 - 14 novembre 1842.
81. Ibid., II, p.303 - 14 décembre 1843.
82. Ibid., II, p.184 - 27 mars 1843.
83. Voir Emile Pillias : Léonie Léon, amie de Gambetta, Gallimard, N.R.F., 1935.
84. Extrait de la Revue politique et parlementaire du 6.1.1883.

« Un ravin profond, très vallonné, imprégné par l'écoulement des eaux pluviales qui descendent des collines surplombantes, puis, dans un angle [...] une pauvre maison, une bicoque de jardinier, qui tremble au moindre souffle et que l'humidité pénètre de toute part. En contre-bas un pavillon champêtre, sorte de kiosque rustique transformé en bibliothèque, avec des verrières serties de plomb où apparaissent deux dragons rouges peints sur des vitraux. » (85)

Les vitraux peints sont bien dans le goût de l'époque et de Balzac ! « Toute ma vie j'ai cherché l'ombre et le mystère », écrivait Léonie Léon : le chalet de Louise de Chaulieu est donc resté jusqu'au bout le refuge des amours secrètes et tragiques...

Les hôtels Laginski et de Nucingen — Dans la mesure où «l'architecture est l'expression des mœurs », la déchéance définitive de l'aristocratie après 1830 s'exprime dans l'hôtel Laginski (86). L'information qui le concerne sous-entend, en effet, une comparaison implicite avec les hôtels du faubourg Saint-Germain. En référence, non plus Carnavalet, Versailles ou les Tuileries, mais l'hôtel de Rothschild (87), celui de Forbin Janson (88) ou, au mieux et « toute proportion gardée », le pavillon de George IV à Brighton que le Baedecker (89) présente comme « un grand édifice disgracieux construit à la fin du XVIIIe siècle » affligé d'un « long corridor dans le style chinois. »

L'hôtel Laginski, bâti selon la bonne tradition entre cour et jardin, est situé rue de la Pépinière qui prolonge la rue Saint-Lazare à l'ouest, c'est-à-dire dans une partie récente des quartiers neufs (90). Premier grief, son échelle réduite : il tient « dans l'ancien jardin [...] d'un Crésus de la Révolution » ; « dans un terrain restreint », avec ses « petites pièces » il apparaît comme un « petit Louvre » prétentieux. Si, au chalet de Ville d'Avray, la science de « l'architecture moderne, qui fait des palais dans cent pieds carrés » (91) paraît ingénieuse, elle est, à Paris, symptôme de décadence. Plus rien ici de « somptueux », de « solennel », mais beaucoup de détails « charmants » ; au lieu de « la porte immense » de l'hôtel de Grandlieu (92), « deux charmantes portes cochères » (comme chez Josépha ?), « une charmante serre », bref une « bijouterie architecturale ». Cependant, noblesse oblige, « d'admirables appartements de réception se déploient au rez-de-chaussée ». C'est l'unique détail qui rappelle le faubourg Saint-Germain car si « vaste est le boudoir », c'est par « le miracle de cette fée parisienne appelée l'Architecture » qui sait « rendre tout grand ». Cette médiocrité s'aggrave de « faux-semblants » et « trompe-l'œil » : des « placages de marbre largement prodigués » « singent le vrai et le solide » ; le jardin lui-même (jardin à l'anglaise évidemment) avec ses vingt-cinq perches carrées (93) présente « un simulacre » de forêt, une fausse prairie, une fausse pagode, un faux portique. De vrais oiseaux cependant... La serre est une fantaisie à la mode et Balzac admire avec une feinte naïveté « les tubes où circule l'eau bouillante, la vapeur, un calorique quelconque » et qui « sont enveloppés de terre et apparaissent aux regards comme des guirlandes de fleurs vivantes. » Les « jolis riens » prodigués un peu partout ne peuvent ennoblir cet ensem-

---

85. Emile Pillias, *op.cit.*, pp.137 et suivantes.
86. Voir *La Fausse Maîtresse*, I,465-466.
87. Il s'agit de l'hôtel Salomon de Rothschild, rue Laffitte (démoli en 1899). C'était l'ancien hôtel de la reine Hortense « remis au goût du jour par l'architecte Berthault » précise L. Hautecœur (*op.cit.*, p.123).
88. Le marquis de Forbin-Janson fut directeur des musées sous la Restauration.
89. Cf. *Guide Baedecker*, Ollendorf, 1907.
90. Il a dû être édifié vers 1830-31-32 (au temps des « émeutes » dit Balzac).
91. *Les Mémoires de deux jeunes mariées*, I,163.
92. Cf. *Splendeurs et misères des courtisanes*, IV,308.
93. 1 300 m2 environ.

ble étriqué ; ni les pierres « brodées comme melon », ni les « portes vernies » et
« sculptées », ni l'escalier qui, à défaut de majesté, est « blanc comme le bras d'une
femme », ni, bien au contraire, les « curiosités » du boudoir : « en 1837 » un boudoir
est « un étalage de marchandises ». « C'est le règne du bric-à-brac » confirme L.
Hautecœur (94), et c'est bien la preuve que l'aristocratie s'abaisse au niveau de la
bourgeoisie.

Il est souvent possible, si l'on souhaite comprendre mieux la description d'un
édifice de *La Comédie humaine*, de l'illustrer par un croquis. Généralement, les données s'organisent clairement, comme sur un projet d'architecte : on peut ainsi tracer
le plan de la maison Popinot, de la maison Claës, du château de Montégnac, dessiner
« en élévation » la façade du *Chat-qui-pelote*. Rien de tel pour l'hôtel Laginski. A
l'intérieur seulement, quelques détails rappellent l'éclectisme décoratif de l'époque
les « styles confusément employés » : le salon blanc et or, les meubles Pompadour
les caissons gothico-renaissance, les chinoiseries. A cela près, on peut dire que l'hôtel
Laginski n'est pas décrit (95), sinon socialement, pour définir le déclin de l'aristocratie.

Sans chercher à spéculer car « rien n'était moins dans ses habitudes de grand
seigneur », Laginski a réalisé, rue de la Pépinière, une excellente affaire, du moins
Balzac l'affirme-t-il. Le nabab anglais qui l'a édifié a profité des émeutes et « le prix
de cette folie ne monta pas à plus de onze cent mille francs » (96). A l'inverse de
ce qui se passe aujourd'hui, l'insécurité des temps fait baisser les cours de l'immobilier. La mort de l'Anglais et de nouvelles émeutes (97) permettent à Laginski de
profiter de « l'occasion ». A cela s'ajoute une substantielle plus-value : en 1841 le
terrain seul se vendrait 400 000 F, estime Balzac (98). Peut-être Laginski a-t-il été
conseillé par le chevalier du Rouvre, son oncle par alliance, qui ne juge pas incompa-
tible la noblesse et le trafic sur les terrains et les maisons (99). Il est hors de doute,
en tout cas, que son voisin Nucingen, investissant rue Saint-Lazare, a réussi en connaissance de cause un placement profitable.

L'hôtel de Nucingen (100), d'environ dix ans antérieur à l'hôtel Laginski, est
de style Restauration (101). Dans cette maison de financier, le bon goût des Laginski
ne vient pas atténuer les méfaits combinés de la mode et de l'argent. L'information
est courte :

> « Rastignac arriva rue Saint-Lazare, dans une de ces maisons légères, à colonnes minces, à porti-
> ques mesquins, qui constituent le « joli » à Paris, une véritable maison de banquier, pleine de recher-
> ches coûteuses, de stucs, des paliers d'escaliers en mosaïque de marbre. Il trouva Madame de Nucingen
> dans un petit salon à peintures italiennes, dont le décor ressemblait à celui des cafés. » (102)

---

94. *Op.cit.*, p.366.
95. Pensons aux vraies descriptions qui abondent pour la province, à la fois précises et touffues :
celle de l'hôtel Cormon par exemple et bien d'autres.
96. Le chiffre paraît néanmoins considérable.
97. Émeutes républicaines en 1831-32-34.
98. *La Fausse Maîtresse*, I,466.
99. *Ibid.*, I,464.
100. Cf. *Le Père Goriot*, II,262.
101. L'action se passe en 1819.
102. Une allusion introduite postérieurement (dans *Une fille d'Eve*, I,520) permet de situer la
maison « entre cour et jardin ». Elle correspond donc bien à la norme des hôtels parisiens.

La rue Saint-Lazare est, sans doute, moins élégante (103) que la rue de la Pépinière de plus récente création, et l'hôtel de Nucingen diffère de l'hôtel Laginski comme un aventurier allemand d'un aristocrate, même « sarmate » ; cependant les mêmes défauts s'y trouvent préfigurés : mesquinerie et trompe-l'œil. Comme point de repère tenant lieu d'information, une référence dédaigneuse et cette fois anonyme à « ces constructions légères » que l'architecture moderne a mises à la mode. Des contours incertains, beaucoup de flou, mais quelques signes fâcheux qui suffisent à classer l'édifice : « colonnes minces » et petit portique, mosaïques polychromes, et surtout présence des stucs. Les stucs sont toujours de mauvais augure, et comme un symbole de faux-luxe, de vanité bourgeoise ; « sottises en carton-pierre, en pâtes dorées, en fausses sculptures » (104) ; ils aboutiront, en ultime avatar, à l'ignominie du style « café ».

A la même époque (début de la Restauration), « le mauvais goût de l'agent de change » du Bousquier ôte « tout son lustre, sa bonhomie, son air patriarcal à la vieille maison » Cormon : « tous les styles mêlés », un « salon blanc et or » comme chez Laginski, et comme chez Nucingen, « des colonnes de stuc » que complètent des « portes en glaces », des « profils grecs » ; bref « une magnificence hors de propos » introduite dans une noble demeure du temps d'Henri IV « révélait le fournisseur du Directoire » (105) et... le goût importé de Paris !

Ces mignardises décoratives conduiront aux horreurs (106) du pavillon des ex-boutiquiers Rogron à Provins (107) : « moulures », « sculptures », « escalier entièrement peint en marbre portor » (108) comme « dans les cafés ». « Royale fantaisie » architecturale qui est la concrétisation d'un rêve né sur « le pavé boueux de la rue Saint-Denis ». La « jolie maison » du docteur Minoret présente aussi quelques détails du style Nucingen réduits à l'échelle de Nemours (109) : « un peintre de Paris est venu pour peindre en fleurs *à fresque* son corridor. Il a mis partout des glaces entières. Les plafonds ont été refaits avec des corniches qui coûtent six francs le pied [...] des folies ! » La province est décidément contaminée (110).

On apprend avec une certaine surprise dans *Melmoth réconcilié* (111) que les grâces fragiles de l'hôtel de Nucingen dissimulent la fameuse maison de banque. La caisse est située « suivant les us et coutumes du commerce [...] dans la partie la plus sombre d'un entresol étroit et bas d'étage. Pour y arriver, il fallait traverser un couloir éclairé par des jours de souffrance, et qui longeait les bureaux dont les portes étiquetées ressemblaient à celles d'un établissement de bains. » Splendeurs de la vie mondaine du couple Nucingen, misère du caissier qui s'étiole dans une « loge grillée », en proie à toutes les tentations... La chambre forte est un chef-d'œuvre de camouflage avec des « feuilles en tôle de quatre lignes d'épaisseur, déguisées par une boiserie légère ». Le trompe-l'œil, le simulacre, les « placages » prennent ici valeur à la fois fonctionnelle et fantastique. Pour terminer, en manière d'apothéose, apparaît enfin le coffre-fort,

---

103. On y rencontre même un fumiste avec ses « magasins » et un « atelier où grouillent des apprentis et des ouvriers » (cf. *La Cousine Bette*, V,158). Il est vrai que c'est « auprès de la rue du Rocher » et non dans la section Chaussée d'Antin.

104. *La Cousine Bette*, V,49. « La Restauration est, avant tout, l'ère des matériaux de substitution » : faux marbre, « fonte de fer » comme le confirme Pierre Francastel (*Le style Empire, du Directoire à la Restauration*, Larousse, p.63).

105. *La Vieille Fille*, III,325.

106. Réputées plus tard « banlieusardes ».

107. Cf. *Pierrette*, III,15.

108. *Ibid.*, III,19.

109. Cf. *Ursule Mirouet*, II,466-467.

110. Il serait intéressant d'étudier les espaces parisiens en province, enclaves toujours dissonantes.

111. VI,530.

gardé par le « dragon de la Mécanique ». Sur cette vision s'achève la présentatio
d'une résidence du premier cercle, poursuivie sur deux récits : *Le Père Goriot* (1834
et *Melmoth* (1835). Elle reparaît brièvement dans *César Birotteau* (1837) avec so
« superbe escalier garni de fleurs » et de « somptueux appartements », et dans *Un
Fille d'Eve* (1838) où l'on apprend de Madame du Tillet que Nucingen, las de cett
demeure, « construit un palais » (112), et donc que ses folies pour Esther (113) n
l'ont pas ruiné.

Divers autres hôtels récents – D'après l'hôtel de Nucingen, on peut imagine
l'hôtel de du Tillet son « compère » rue Neuve-des-Mathurins (114) et, toujours dan
ce quartier du nord-ouest de Paris, près de la Madeleine, le « charmant hôtel » de l
rue de l'Arcade (115) acheté en 1842 par le petit la Baudraye ; l'hôtel de Jules Des
marets situé rue Ménars, près de la Bourse où l'appellent ses fonctions d'agent d
change (116).

Les « petites maisons » de courtisanes « illustres » peuvent être calquées auss
sur les modèles Laginski-Nucingen, mais en en réduisant encore l'échelle. Aucun
de ces actrices-courtisanes (plus courtisanes qu'actrices), Coralie, Florine, Joséph
même, n'atteint la célébrité d'une mademoiselle Duchesnois ou d'une mademoisell
Mars dont les hôtels, encore existants rue de la Tour des Dames (117), ne peuven
constituer qu'un « à la manière de » très embelli. Seule Josépha se détache nettemen
du peloton des « Aspasies », passant de Hulot au duc d'Hérouville, et de la rue Chau
chat (près de l'Opéra où elle est employée) à la rue de la Ville-l'Évêque. C'est la seul
maison de lorette dont l'extérieur soit présenté par quelques notations (118), e
elle est exceptionnelle par sa situation près de la Madeleine (c'est-à-dire hors du secteu
professionnel courant) : la qualité ducale du protecteur ainsi que ses disgrâces physi
ques (c'est un nain) le contraignent peut-être à d'exceptionnelles générosités !

C'est dans la paroisse Notre-Dame-de-Lorette, « faubourg Saint-Germain de l
galanterie », qu'on rencontre le plus grand nombre de ces maisons dont « les destina
tions ne varient pas » (119) et dont la plus représentative est la « charmante maison
de la rue Saint-Georges (120) qui fut tour à tour « le petit palais » d'Esther en 182
et « l'hôtel Schontz » en 1839. On les trouve, ces petites maisons de courtisane
comblées, rue Notre-Dame-de-Lorette (121), rue Fléchier (122), rue Saint-Georges
rue La Bruyère. Elles ne sont définies que par le nom des rues et la catégorie social
des occupantes. Leurs lignes, leur aspect restent incertains : l'auteur tient sans dout
leur connaissance pour acquise par les Parisiens d'origine. Comme au faubourg Saint
Germain, le nom seul des rues est si évocateur que cette fameuse maison où se dérou
lèrent sept existences de courtisanes est située tour à tour rue Saint-Georges (123
et rue La Bruyère ! (124) Les deux noms ont la même résonance dans l'univers de l

112. I,489.
113. Cf. *Splendeurs et misères des courtisanes*, IV,343.
114. Construit en 1823 (actuelle rue Vignon).
115. *La Muse du département*, II,267.
116. Cf. *Ferragus*.
117. Ainsi que celui de Talma.
118. Voir *La Cousine Bette*, V,36.
119. *Les Comédiens sans le savoir*, V,382.
120. Déjà évoquée dans notre étude sur *L'expansion urbaine*.
121. Où demeure Héloïse Brisetout : cf. *La Cousine Bette*, V,50.
122. Où demeure la Schontz, à deux pas de Lousteau : cf. *La Muse du département*, III,261.
123. *Les Comédiens sans le savoir*, V,382, et *Splendeurs et misères des courtisanes*, IV,341-343.
124. Cf. *Béatrix*, II,121.

galanterie et, de plus, elles confluent : peut-être s'agit-il d'une de ces maisons d'angle si fréquentes dans *La Comédie humaine* ? Tout comme les salons du faubourg Saint-Germain reçoivent toujours les mêmes personnages aux noms reparaissants, les mêmes commensaux : Lousteau, Finot, Nathan, Blondet, du Bruel, figurent aux soupers fins des lorettes avec, en coulisse, le riche bourgeois qui règle la note.

Le quartier Saint-Georges, fief des lorettes et des actrices, et la Nouvelle-Athènes (125), domaine des « intellectuels », forment, au nord du quartier d'Antin, un monde mêlé, aux limites incertaines. L'avocat du Ronceret qui épousera Madame Schontz succède, rue Blanche, à Madame Cadine (126) dans « un charmant rez-de-chaussée à jardin » analogue, sans doute, au « joli petit rez-de-chaussée à jardin » où la Muse du département vient rejoindre Lousteau, rue des Martyrs (127). Du Bruel épousera l'ex-danseuse Tullia, qui, en se mariant, loue « un tout petit charmant hôtel entre cour et jardin » rue de la Victoire (128).

Plus originale est « la petite maison économique » de Crevel, ni trop près ni trop loin de son domicile « légal » (le premier étage d'un hôtel entre cour et jardin rue des Saussayes). Cette folie de boutiquier, formée d'un ancien magasin luxueusement aménagé, est « à peu près introuvable » et à double issue, dont l'une est une « porte cachée dans le mur du corridor assez habilement pour être presque invisible » (129). Le décor en est somptueux mais ne saurait convenir à Madame Marneffe : Valérie, installée d'abord rue Vaneau au second étage d'une « charmante maison moderne » sise entre cour et jardin, où tout « respir(e) l'honnêteté » (130), devient Madame Crevel et finit ses jours dans un « bel hôtel » rue Barbet (131). Deux maisons neuves dans des rues récentes (132) qui symbolisent l'ascension sociale de Valérie Marneffe.

LES MAISONS A LOYERS

> « La grande pensée du règne de Louis-Philippe est *l'immeuble à loyers*. Il se multiplie dans les grandes villes, avec ses façades sans saillie ni retrait, percées de fenêtres régulièrement placées, sans autres reliefs que des balcons aux maigres proportions. Sur des voies entières, on ne distinguera que par leurs numéros ces constructions uniformes « dont le prototype, dit Proudhon, est la caserne, et l'hôtel meublé le chef-d'œuvre. »
>
> H. Clouzot (133)

La « sainte vie privée » symbolisée par le petit hôtel entre cour et jardin « commence à cinquante mille francs de rente » (134) ; c'est donc un luxe de plus en plus inaccessible, et la spéculation et le renchérissement des terrains contraignent beaucoup

---

125. Le terme ne figure pas dans *La Comédie humaine*. C'est le nom publicitaire d'un lotissement créé en 1819-1820 et délimité par les rues Saint-Lazare, La Rochefoucauld, la Tour des Dames (voir Hautecœur, *op.cit.*, pp.58-59).
126. Cf. *Béatrix*, II,111.
127. *La Muse du département*, III,250.
128. *Un Prince de la Bohême*, V,288.
129. *La Cousine Bette*, V,50.
130. *Ibid.*, V,77.
131. *Ibid.*, V,43 et 61.
132. *Ibid.*, V,142 ; *1826* pour la rue Vaneau, *1838* pour la rue Barbet de Jouy.
133. *Le style Louis-Philippe-Napoléon III* (éd. Larousse, p.10).
134. Cf. *Les Petits Bourgeois*, V,294.

de Parisiens, même de condition aisée, à se loger dans ce type d'immeuble qu'on appelle la maison à loyers.

Un hôtel, même partiellement mis en location, n'en devient pas pour autant une maison à loyers (par exemple les hôtels de Marville et de Jarente déjà évoqués, ceux où demeurent le baron Hulot, Crevel, etc.), laquelle paraît toujours socialement infé rieure. C'est un sacrifice qu'exige Hulot de son épouse quand il la contraint à passer du rez-de-chaussée d'un hôtel rue de l'Université à la rue Plumet, même s'il s'agit au premier étage, d'« un fort bel appartement, digne, orné de magnifiques boiseries qui ne coûte que quinze cents francs » (135).

La pire espèce de la maison à loyers est ce qu'on « appelle une maison de produit en style de notaire » (136). Expression ambiguë, car le spéculateur investissant dans le foncier recherche toujours un profit, mais qui désigne le plus souvent une catégorie d'immeubles récents, trop rapidement édifiés en vue d'un bénéfice immédiat ; « grandes cases divisées en mille compartiments comme les alvéoles d'une ruche ou les loges d'une ménagerie » (137) : ainsi les définit Bixiou emporté par sa verve et son bon cœur (il plaint la condition des portiers). Elles sont condamnables pour des raisons d'ordre esthétique avec leurs « ignobles façades [...] que l'un de nos poètes compare à des commodes » (138), façades si nues que l'auteur suggère de verser une prime aux propriétaires qui feraient les frais de quelques sculptures ; condamnables aussi pour des raisons sociales, car elles ne respectent ni les hiérarchies nécessaires (un « pair de France de Juillet habite un troisième étage au dessus d'un empirique enri chi ») (139), ni surtout « la liberté du chez-soi » (140), et contraignent à un minimum de vie collective en attendant, peut-être, le collectivisme : ce sont des « phalanstères en moellons » (141). Le mot est à la mode, car les pouvoirs publics et les théoriciens socialistes, pour des raisons différentes, commencent à s'inquiéter du logement popu laire dont Fourier a lui-même conçu quelques modèles (142). Le prototype de la maison de produit est cet immeuble de la rue de la Lune où échouent Lucien et Coralie après la grande « lessive » (143). Pour cent écus (trois cents francs) ils louent un trois-pièces-cuisine au quatrième étage : appartement courant, selon l'auteur, de l'em ployé à douze cents francs. C'est dire qu'il s'agit d'un logement relativement coûteux, qui dépasse largement le seuil d'imposition (144). S'il marque pour Coralie une chute brutale après la rue de Vendôme, il correspond encore à une bonne catégorie.

La différence entre la maison à loyers et la maison de produit est finalement assez difficile à percevoir. Elle paraît toute subjective et dépendant des circonstances. Quand Madame Hanska semble tentée par une maison à loyers, Balzac feint de les confondre :

« on n'est pas chez soi quand on loge dans ce qu'on appelle des maisons de produit où il y a trente

135. *La Cousine Bette*, V,58.
136. *Illusions perdues*, III,533.
137. *Les Comédiens sans le savoir*, V,371.
138. *Les Petits Bourgeois*, V,294.
139. *La Fausse Maîtresse*, I,465.
140. *Les Petits Bourgeois*, V,294.
141. *Ibid.*, V,294.
142. Cf. Louis Hautecœur, *op.cit.*, p.132. Un architecte expose en 1847 au Salon, un plan de cité ouvrière réalisé au Havre.
143. Cf. *Illusions perdues*, III,532.
144. Jusqu'en 1828 la taxe personnelle et mobilière n'est perçue qu'à partir de cent cinquante francs de loyer annuel.

locataires [...] Je connais ma Linette, elle ne resterait pas un mois dans un appartement en communauté avec cinquante personnes habitant sa maison » (145).

En revanche « une magnifique maison de produit » apparaît rue de Richelieu(146), et les grandes et belles maisons édifiées par la « truelle civilisatrice » ne sont-elles pas aussi des maisons de produit ? Et que dire du superbe immeuble acquis par Mademoiselle Thuillier sur les terrains de la Madeleine et qui rapportera, en attendant mieux, « quarante mille francs impôts payés » pour un investissement total de cent cinquante mille, finalement réduit à cent mille tous frais payés (soixante-quinze mille francs pour l'adjudication et vingt-cinq mille pour les honoraires de Grindot) ? (147)

Il est de fait, cependant, que cette notion assez incertaine de maison de produit s'attache plutôt, dans *La Comédie humaine*, à des maisons neuves, de vilain aspect, trop vastes (17 locataires rue de la Lune), réalisant la première ébauche de ce qu'on appellera plus tard le « style caserne ».

Recensement des maisons à loyers de première catégorie

Un relevé permet de situer les maisons à loyers de première catégorie, tout comme la plupart des hôtels (148), dans les nouveaux quartiers. On peut donc les doter de tous les attributs des immeubles modernes. On trouve la plupart d'entre elles dans le quartier d'Antin et au voisinage des boulevards.

Beaucoup de lorettes, en attendant la réussite, c'est-à-dire l'hôtel particulier ou, inversement, la fâcheuse remontée en direction des collines de Montmartre, passent par un appartement. Nous avons suivi dans un précédent chapitre l'ascension de Madame Schontz, d'un appartement rue de Berlin à l'hôtel particulier rue La Bruyère (149). Cadine loge « au deuxième étage d'une assez belle maison » rue de la Victoire (150) ; Malaga « dans un petit appartement au troisième » rue Saint-Lazare (151), Aquilina dans une « maison nouvellement bâtie » rue Richer (152). Les actrices préfèrent souvent le voisinage des théâtres et donc des boulevards : Josépha, au temps de Crevel, demeure rue Chauchat près de l'Opéra (153), Florine, rue de Bondy, derrière la porte Saint-Martin (154), Coralie rue de Vendôme, au premier étage d'une « belle maison » (155). Ajoutons pour mémoire les maisons neuves déjà mentionnées de Caroline Bellefeuille rue Taitbout (156) et de Rastignac rue d'Artois (157).

En dehors de la corporation des Aspasies, voici la « maison de très belle apparence » (158) de « l'usurier-bon enfant » Vauvinet, boulevard des Italiens, haut lieu

---

145. *L.H.*, p.556, lettre datée du 1er janvier 1845.
146. *Le Cousin Pons*, V,190.
147. Cf. *Les Petits Bourgeois*, V,317-336-117 (après diverses péripéties, le coût de la maison s'élèvera cependant à cent quarante mille francs : cf. p.346).
148. Également de première catégorie.
149. Cf. *L'expansion urbaine*.
150. *Les Comédiens sans le savoir*, V,382.
151. *La Fausse Maîtresse*, I,474.
152. *Melmoth réconcilié*, VI,533.
153. *La Cousine Bette*, V,35.
154. *Illusions perdues*, III,488.
155. *Ibid.*, III,494 (la rue de Vendôme est aujourd'hui la rue Béranger).
156. Voir *Une double famille*.
157. Voir *Le Père Goriot*.
158. *Les Comédiens sans le savoir*, V,371.

de « toutes les élégances alors à la mode » ; la maison où Achille de Malvaux (un dandy, neveu de Madame de Jarente) occupe un élégant entresol, « maison située à l'angle de la rue de Hanovre et de celle de la Michodière » (159). Sur le boulevard des Capucines, entre la rue de la Paix et la rue Louis-le-Grand, les deux maisons neuves bâties par un spéculateur « à l'emplacement de l'hôtel de Verneuil » (160). A deux pas de là, « la rue Duphot bâtie sous l'Empire, est remarquable par quelques maisons élégantes au dehors » (161) : dans l'une d'elles les Rabourdin occupent, au deuxième étage, un bel appartement « bien entendu ». Plus surprenante et sans doute plus ancienne, voici, rue du Faubourg-du-Temple, la « maison de belle apparence » (162) où, non loin des théâtres, loge le sieur Braulard, chef de claque et revendeur de billets.

En dehors des boulevards, du quartier d'Antin et de leurs approches, peu de maisons à loyers qu'on puisse placer dans la première catégorie, faute d'information tout au moins. Voici cependant, rue de l'Université, la maison moderne déjà signalée qui occupe le jardin de l'hôtel plus ancien où réside le baron Hulot (163), enfin la maison de Birotteau, rue Saint-Honoré, ancienne mais somptueusement « rénovée » (164).

Les loyers des immeubles de la première catégorie, neufs ou récents, dans les beaux quartiers, paraissent très élevés : mille écus pour l'appartement « légal » de Crevel qui possède en outre une demeure « extra-légale » (165), en attendant l'hôtel de la rue Barbet (son testament révèle, il est vrai, qu'il est riche de plusieurs millions). Mille écus aussi pour le petit hôtel de Beaudenord rue de la Planche ; cent louis (166) l'appartement de Rabourdin dont le traitement s'élève à huit mille francs, quinze cents francs rue Plumet dans le nouvel appartement d'Adeline Hulot. On peut s'étonner que le troisième étage de la « baladine » Malaga, rue Saint-Lazare, atteigne six mille francs (167) mais peut-être ce chiffre représente-t-il le total de la pension assurée par le « prudent » capitaine Paz à sa « fausse maîtresse », plutôt que le seul montant du loyer ?

Les loyers sont quelquefois exprimés en monnaies anciennes (écus, louis), de façon sans doute que le chiffre en paraisse moins élevé ; ils sont plus souvent indiqués pour les locataires bourgeois du type Crevel ou Rabourdin que pour les aristocrates : on ignore le prix de l'« humble » rez-de-chaussée de la rue Miromesnil où demeure la princesse de Cadignan.

A catégorie égale, les loyers sont plus chers dans les hôtels particuliers que dans les maisons à loyers. Quant à l'évolution des loyers entre 1800 et 1850, les données sont insuffisantes pour qu'on puisse en chiffrer l'augmentation. Dans sept ans deux chambres meublées place Vendôme pourront monter à deux mille quatre cents francs, évalue Molineux qui, dès 1819, s'empresse de faire payer à César Birotteau le loyer de 1826. Les loyers les plus élevés apparaissent dans Les Petits Bourgeois ; autour de 1840 le « principal locataire » de la maison Thuillier, dans le quartier de la Madeleine,

159. La femme auteur, VI,402.
160. La Cousine Bette, V,130.
161. Les Employés, IV,527.
162. Illusions perdues, III,516.
163. La Cousine Bette, V,10.
164. Voir notre étude sur L'expansion urbaine.
165. La petite maison de la rue du Dauphin (cf. La Cousine Bette).
166. Deux mille francs.
167. La Fausse Maîtresse, I,475.

pourrait payer quarante mille francs par an pour un bail de dix-huit ans (168) et le
« principal locataire » d'un somptueux immeuble construit à l'emplacement de Frascati paie cinquante mille francs pour un bail de dix-neuf ans (169). Rappelons que ce
« principal locataire » a droit de sous-location et qu'il dispose le plus souvent de
tout l'immeuble. Ici, il s'agit de « l'un des plus fameux tailleurs de Paris » qui a construit à ses frais l'hôtel qui occupe le terrain de Frascati, simplement pour obtenir
le droit au bail. Il réalise ainsi, dit l'auteur, de « très beaux bénéfices » ce qui, pour
amortir les sept cent mille francs de la construction et les cinquante mille francs
annuels de location, représente des prix de sous-location exorbitants. Balzac devait
en savoir quelque chose puisqu'il possédait là, en 1837-38, un pied-à-terre loué par
le tailleur Buisson.

Les loyers sont évalués à l'année et fixés par des baux à long terme passés devant
notaire (170). Balzac a créé, avec Molineux, un type de propriétaire rapace, un de ces
« vautours » illustrés par H. Monnier et Daumier et dont la légende contribuera, par
réaction, au « blocage » des loyers après 1914. « Processif, écrivailleur », toutes les
finesses de la législation parisienne sur les baux, il les connaissait » (171), « un locataire
devenait son ennemi, son inférieur, son sujet, son feudataire » (172) :

« Il avait patiemment étudié les lois sur le contrat de louage et sur le mur mitoyen ; il avait
approfondi la jurisprudence qui régit les maisons à Paris dans les infiniment petits des tenants, abou-
tissants, servitudes, impôts, charges, balayages, tentures à la Fête-Dieu, tuyaux de descente, éclairage,
saillies sur la voie publique et voisinage d'établissements insalubres. » (173)

C'est par ailleurs « un de ces propriétaires chez lesquels préexiste une horreur
profonde pour les réparations et pour les embellissements, un de ces hommes qui
considèrent leur position de propriétaire parisien comme un état. » (174) Caroline
Crochard le redoute (175) et, des deux propriétaires de Birotteau : Monsieur de Granville et Molineux, on n'entendra parler que du second quand viendra l'heure de la
catastrophe. Rien de pire qu'un petit bourgeois ! (176)

ASPECTS ET STYLES DES MAISONS DU PREMIER CERCLE

Les immeubles de première catégorie, de construction récente dans le « Paris
moderne » (177), ne sont jamais dessinés avec la précision de certaines maisons anciennes : leur situation dans la ville, la qualité de leurs occupants avec, complétant
quelquefois ces données, un simple adjectif, voilà pour l'information.

Au lieu des hôtels immenses, grandioses, solennels du faubourg Saint-Germain,
beaucoup de « petits » hôtels, de « petites maisons » : deux termes qui peuvent être

---

168. Les Petits Bourgeois, V,346.
169. Ce « principal locataire » est le tailleur Buisson et l'immeuble est situé à l'angle du boulevard et de la rue de Richelieu ; cf. Les Petits Bourgeois, V,351.
170. Cf. Roguin dans César Birotteau.
171. César Birotteau, IV,158.
172. Ibid., IV,157.
173. Ibid., IV,157.
174. La Bourse, I,181.
175. En 1815 il est propriétaire rue du Tourniquet Saint-Jean et « assigne » les deux dames
Crochard (cf. Une double famille).
176. Ce type de propriétaire vaut pour toutes les catégories d'immeubles. Nous n'y reviendrons
pas.
177. Cf. Une double famille, I,417.

employés pour désigner le même immeuble (par exemple, la « petite maison » de la rue Saint-Georges) bien que la notion d'hôtel sous-entende la cour et le jardin. Des maisons de campagne, en banlieue ou quasi-banlieue, peuvent être des « pavillons » : pavillons du comte d'Aiglemont à Versailles (178) et d'Honorine rue Saint-Maur (179), tous deux se rattachant à l'espèce des « anciennes petites maisons de grands seigneurs », nombreuses dans *La Comédie humaine*. La « petite maison » est toujours un peu équivoque : lieu galant, de galanterie distinguée et talon rouge. Seule la respectabilité des époux Laginski permet d'oublier la « petite maison » de nabab que fut, auparavant, l'hôtel de la rue de la Pépinière pour laquelle une veuve « méthodiste » « manifesta la plus profonde horreur » (180). Est-il besoin de remarquer que l'adjectif « petite » n'a pas ici valeur descriptive, mais valeur morale (ou plutôt immorale !).

Pour les destinataires parisiens de Balzac (et la majorité de ses lecteurs sont parisiens), la présentation détaillée des maisons neuves situées dans les nouveaux quartiers est sans doute superflue. Il peut faire l'économie de ces longues descriptions qui, de son propre aveu, lui sont parfois reprochées. Des allusions suffisent, venant confirmer l'expérience sensible du lecteur.

Cette architecture de la première moitié du XIXe siècle, si longtemps décriée, est encore représentée par quelques hôtels, survivants trop rares de grandes démolitions (181). Ils révèlent un art léger, gracieux, gracile, où l'on retrouve les frêles colonnes et les stucs des hôtels Laginski et de Nucingen. Les architectes de ces charmants édifices ne sont jamais cités et Grindot, personnage inventé, n'est qu'un décorateur. Ce sont les historiens d'art qui rappellent pour les maisons parisiennes le nom d'artistes tels que Duban, Constantin, Hittorf, qui furent longtemps aussi oubliés que leurs œuvres, rue de la Rochefoucauld, rue Saint-Lazare, rue de la Tour-des-Dames (182), rue Tronchet (183). Seuls les très officiels Percier et Fontaine (184) ont pour le XIXe siècle, les honneurs de *La Comédie humaine*, comme le seul Gabriel pour le XVIIIe, et Mansart pour le XVIIe.

Les maisons à loyers de première catégorie sont « belles », de « belle apparence », « d'assez belle apparence », plus rarement de « très belle apparence », ou simplement mentionnées. Les entresols sont « charmants » et réservés aux dandys tels que Malvaux et Beaudenord ; les « petits » rez-de-chaussée « à jardin » abritent des célibataires moins jeunes et qui peuvent exercer une profession libérale, tels l'avocat du Ronceret et le journaliste Lousteau. Les « beaux » appartements sont au premier étage (chez Crevel, Coralie, Birotteau, etc.), ceux des second et troisième étages sont moins grands et moins « beaux ». La ruine de Coralie s'exprime par un quatrième étage, celle de Beaudenord par « un troisième étage au dessus de l'entresol » rue du Mont-Thabor (185). Inversement, Aquilina connaît une promotion en passant d'un « modeste appartement (au) quatrième étage » (186) à un deuxième étage dans une maison neuve rue Richer (187).

---

178. *La Femme de trente ans*, II,193.
179. Cf. *Honorine*.
180. *La Fausse Maîtresse*, I,466.
181. Voir nos photographies.
182. Voir Hautecœur, *op.cit.*, p.124 et Y. Christ, *L'Art au XIXe siècle*, t.I, *Restauration, Monarchie de Juillet*, p.21.
183. Le bel hôtel de Pourtalès, 7, rue Tronchet, érigé en 1835, est l'œuvre de Félix Duban.
184. Cf. *César Birotteau*, IV,154.
185. Cf. *La Maison Nucingen*, IV,256.
186. *Melmoth réconcilié*, VI,534.
187. *Ibid.*, VI,533.

Deux « belles maisons » neuves apparaissent, nous l'avons vu, dans *La Comédie humaine* : rue Taitbout, celle de Caroline de Bellefeuille (1815) et, près de la Madeleine, la bâtisse inachevée acquise par Mademoiselle Thuillier autour de 1840 (188). Cependant, c'est dans une maison d'âge indéterminé, rue Saint-Honoré où demeure Birotteau (189), qu'on perçoit le mieux dans les « réparations et rhabillages » effectués par Grindot en 1819, les caprices les plus récents de la mode. On y constate l'importance donnée aux accès, auxquels les architectes accordent tous leurs soins, afin d'attirer les locataires. La maison de la rue Taitbout, d'où l'on aperçoit le boulevard par une échappée, présente ces vestibules à colonnes d'aspect monumental qui subsistent dans nombre de « belles maisons » de l'époque et dont les récentes remises en état permettent, rue de Vendôme, square d'Orléans, rue de Richelieu et ailleurs (190) d'apprécier la somptuosité et l'harmonie des proportions. « Les propriétaires veulent donner aux candidats locataires l'impression de luxe et demandent aux architectes de soigner les façades », écrit Hautecœur (191) qui rappelle l'étonnement de certains contemporains devant le luxe nouveau des maisons à loyers « dont les croisées sont garnies de persiennes, l'escalier pourvu d'une rampe en acajou, les marches frottées comme celles d'un salon et couvertes d'un tapis » (192). De ces escaliers en pierre polie admirés chez Laginski et qu'on retrouve dans certaines maisons de province (193), la plus remarquable est une œuvre de Grindot qui, outre son intérêt décoratif, témoigne d'une technique sûre puisqu'il s'agissait, travail difficile, de desservir deux appartements réunis en un seul, situés à des niveaux différents, dans deux immeubles contigus. « Je retourne l'escalier », avait dit Birotteau (194). Grindot résout le problème par un « escalier divisé en deux rampes droites entre lesquelles se trouvait ce socle dont s'inquiétait Birotteau et qui formait une espèce de boîte où l'on pouvait loger une vieille femme [...] un étroit tapis rouge relevait la blancheur des marches de l'escalier en liais poli à la pierre ponce. Un premier palier donnait une entrée à l'entresol » (195) : solution élégante, sauf pour la concierge ! La mise en place de l'escalier soumis à de telles servitudes était d'exécution plus difficile que celle de la porte et du vestibule : « la porte de la maison avait été refaite dans un grand style, à deux vantaux divisés en panneaux égaux et carrés, au milieu desquels se trouvait un ornement architectural de fonte coulée et peinte. Cette porte, devenue si commune à Paris, était alors dans toutes sa nouveauté. » (196) Si les portes anciennes sont très nombreuses dans *La Comédie humaine* (197), avec leurs ais plus ou moins disjoints, les barreaux qui les doublent, leurs clous, marteaux, heurtoirs, guichets, etc., celle-ci, la porte de la maison Birotteau restaurée, paraît unique comme exemplaire moderne. Dans le vestibule on reconnaît les dalles « en marbre blanc et noir » qui, à Paris comme en province, contrastent avec les carreaux peints en rouge des

188. Cf. *Une double famille*, I,417, et *Les Petits Bourgeois*, V,317-336-337-339-347.

189. Cf. *César Birotteau*, IV,134, 154, 180.

190. Voir nos photographies en fin de volume.

191. *Op.cit.*, p.128.

192. Article (sans référence) cité par Hautecœur, p.126.

193. Par exemple chez les Rogron, à Provins (cf. *Pierrette*).

194. *César Birotteau*, IV,134.

195. *César Birotteau*, IV,180.

196. *César Birotteau*, IV,180. (Il reste à Paris un certain nombre de ces belles portes souvent peintes en vert antique et dont les ornements « architecturaux » de fonte moulée et donc fabriqués en série, peuvent être des rosaces, des faisceaux fléchés, des couronnes de lauriers ou quelqu'autre motif guerrier hérité de l'Empire, ou encore, plus gracieuses, de petites têtes jaillissant de médaillons et appelés « chapeaux de triomphe » ; cf. Hautecœur, *op.cit.*, p.313 et nos photographies.

197. En province surtout.

maisons pauvres. Quant à « la lampe antique à quatre becs » qui l'éclaire, non encore adaptée au gaz (198) comme celle de Josépha, on la retrouve, d'origine ou non, dans certaines « belles maisons » récemment restaurées (199). Ce vestibule est « peint en marbre », procédé plus tolérable dans une maison collective que dans un hôtel ou pavillon ; la « fonte coulée », elle, est mieux acceptée sur une porte que dans les dérisoires « petits balcons » (200) qui ne peuvent faire oublier les belles ferronneries d'autrefois. Au total, c'est sans ironie qu'est présenté le travail de Grindot : il a su éviter ici « les grimaces de faux luxe » (201) qui entachent le « goût moderne » et unir « la richesse à la simplicité » (202).

L'acquisition de Mademoiselle Thuillier « sise aux environs de la Madeleine » (203) est typiquement Louis-Philippe. Elle est en pierre de taille, « matériau » noble qu'on retrouve inévitablement dans tous les beaux immeubles, notamment à l'hôtel Laginski et rue Taitbout ; « tout en pierre de taille » dit Cerizet (204) tandis que Théodose, moins malhonnête, précise que « les murs de refend » sont en moellons (205). « Elle a six étages, neuf fenêtres de façade, une belle cour, quatre boutiques, et elle occupe un coin... » (206) La position d'angle est fréquente dans La Comédie humaine, ainsi que le dénombrement des fenêtres, indispensable à l'évaluation de l'impôt. Chez Birotteau il y avait « trois plus deux » fenêtres en façade. Neuf fenêtres de façade pour six étages, voilà qui semble peu ! Le « chef d'œuvre de construction » serait-il en « bâton de perroquet » ? Théodose, pour séduire Mademoiselle Thuillier ne néglige aucun détail : « les fenêtres sont en glaces » (207) avec un nouveau système de fermeture « dit crémone » ; surtout, en réaction contre une déplorable nudité souvent dénoncée, elle présente, tel l'hôtel Laginski, « un devant brodé comme un melon de sculptures ravissantes » selon Cérizet (208), « une façade couverte des plus riches sculptures, on y a dépensé plus de vingt mille francs » selon Théodose qui, en sa qualité de futur neveu, postule la location d'un « vaste premier qui a remise, écurie et tout ce qui constitue une vaste existence » (209).

On chercherait vainement dans ces maisons de première catégorie un témoignage concernant les grandes tendances architecturales dans la première moitié du siècle. Il n'y a pas de prise de position en faveur d'une de ces « écoles » qui s'affrontent, néo-classique et « gothique » ; de même « le magnifique dôme des Invalides » et la Sainte-Chapelle sont également présents et admirés, sans aucune de ces exclusives prononcées par Victor Hugo contre l'art classique (210), de même les maisons modernes sont « belles », qu'elles soient d'inspiration classique ou décorées d'ogives et de fenêtres à meneaux.

Nous avons déjà rencontré (211) cet édifice qui est, selon Balzac, la plus belle maison de Paris : « cette belle maison de la place Saint-Georges que vous avez vue

198. Nous ne sommes qu'en 1819.
199. Rue Béranger notamment (ex-rue de Vendôme).
200. Valentine et Valentin, II,453.
201. Valentine et Valentin, II,453.
202. César Birotteau, IV,180.
203. Les Petits Bourgeois, V,317.
204. Ibid., V,317.
205. Ibid., V,336.
206. Ibid., V,337.
207. Dans la vieille maison du Chat-qui-pelote on trouve des « carreaux de bois » (I,60).
208. Les Petits Bourgeois, V,317.
209. Ibid., V,347.
210. Cf. Notre-Dame de Paris.
211. Cf. L'expansion urbaine.

dans le *Musée des familles*, est certes, la plus belle de Paris. Elle n'a coûté que 250 000 francs terrain à part », écrit-il à Madame Hanska (212). Si condamnable soit-elle sur le plan esthétique, il est surprenant que Balzac ne retienne de cette étonnante bâtisse que... le prix, sans aucune allusion à ces formes pseudo-Renaissance qui, après 1835, succèdent au faux gothique de la Restauration, sans qu'on puisse toujours distinguer l'une de l'autre ces interprétations fantaisistes. La maison de la place Saint-Georges permet de découvrir presque tous les éléments d'un style excessivement composite ainsi énumérés par L. Hautecœur :

> « Les chapiteaux du seizième siècle, les pilastres ornés, les colonnes garnies, comme celles du Blois de Louis XII, d'un réseau de losanges enfermant des rosaces, les arcades formant loggia, les cariatides, les portails encadrés d'ordres et surmontés de tabernacles, les vantaux divisés en petits panneaux, les chapeaux de triomphe ou médaillons d'où sortent des têtes, les niches, les arcs en anse de panier, les écoinçons et les tympans sculptés, toute une floraison d'ornements qui poussent sur les façades, toute une végétation luxuriante qui monte le long des murs, entoure les baies, atteint les lucarnes et la crête des toits, défi à l'utilitarisme bourgeois. » (213)

La « belle maison de la place Saint-Georges », œuvre de Renaud (1808-1886), existe encore (214), tout comme la « Maison Dorée » de Lemarié (1795-1854) récemment remise en état, à l'angle du boulevard des Italiens et de la rue Laffitte :

> « On y avait voulu imiter le style de la Renaissance, tel du moins qu'on l'imaginait à l'époque, et Balzac nous apprend que l'immeuble avait eu pour auteur un ancien tapissier, devenu par vocation architecte. » (215)

« Une maison en or avec quelques ornements de pierre », écrit un journaliste du temps, et Alphonse Karr en admire « la frise sculptée en pierre par les frères Lechesne, représentant des scènes de chasse, presqu'aussi belles que ce que nous avons de plus beau dans Jean Goujon » (216). Yvan Christ stigmatise ces « plagiats » qui, « dans le même courant » que l'immeuble de la place Saint-Georges, présentent « la même surcharge de tendance baroque » :

> « Immodérément décorés de pilastres superposés, de médaillons et de bas-reliefs, dotés de balcons de fonte, les immeubles de rapport acquièrent peu à peu la physionomie complexe qui sera la leur dans la seconde partie du siècle. La sobriété ornementale se fait de plus en plus rare. » (217)

et de conclure à « l'éclectisme, le plus bâtard de tous les styles ».

De la maison de la place Saint-Georges, répétons-le, nulle ébauche de description, mais le *Musée des familles* est illustré et, par ailleurs, une description n'a guère sa place dans une correspondance intime. Par contre l'information ainsi réduite paraît plus étonnante quand il s'agit, par exemple, de la « belle maison » de Coralie, rue de

---

212. *L.H.*, 20 janvier 1844, tome II, 348.
213. L. Hautecœur, *op.cit.*, pp.312-314. Voir aussi la description ironique de la « maison Moyen Age » faite par Louis Reybaud dans *Jérôme Paturot* paru en 1842 (Éditions Stock, collection *Cent Romans français*, chapitre 10, p.253).
214. Voir nos photographies en fin de volume.
215. Jacques Boulenger, *Le Boulevard sous Louis-Philippe*, Calmann-Lévy, 1933, pp.92-93. Pour l'allusion à Balzac, voir *Histoire et Physiologie des boulevards de Paris (Oeuvres diverses*, tome III, p.614 de l'édition Conard).
216. Cité par Louis Hautecœur p.129 de son ouvrage.
217. Y. Christ, *op.cit.*, p.22.

Vendôme (218). La rue de Vendôme, aujourd'hui rue Béranger, parallèle au boulevard du Temple avec lequel elle communique par un passage (219), conserve des immeubles typiques des deux courants décoratifs ayant marqué en même temps la première moitié du XIXe siècle, le néo-classique et le néo-gothique (220). Illustrant le néo-classicisme on voit, du côté pair, d'imposantes maisons avec des vestibules à colonnes, des étages réunis, d'un grand ordre colossal, des pilastres composites ; côté impair, des maisons avec allées voûtées d'arêtes et quelques-uns des ornements énumérés par L. Haute-cœur. A nous de choisir, parmi ces « belles maisons » sans doute contemporaines du passage (1827), la maison de Coralie !

A défaut de description d'ensemble, on cueille à la lecture quelques détails : faça-des « brodées comme melon » (221), « style café » rutilant, « maison d'or », petits balcons de fonte, portes divisées en panneaux et, plus générale, la remarque fréquen-te sur « les styles mêlés », « le mélange de tous les styles » sans qu'on puisse y trou-ver ni blâme ni approbation systématiques. Balzac condamne la nudité excessive des maisons de produit, mais admire-t-il la surcharge des « pierres brodées » ? Il semble parfois dérouté par le mélange des styles, mais il ne dénonce pas nettement « l'éclec-tisme » anathématisé par la plupart des historiens d'art. Le pastiche dont il semble s'accommoder pour les édifices publics (222), pourquoi le dénoncerait-il dans les immeubles privés ?

Ces détails prodigués par Balzac apparaissent comme les petits faits significatifs qui sont la matière même de l'Histoire. Tel Cuvier à partir d'un os antédiluvien, on peut, autour d'eux, imaginer un ensemble. Bien choisis et reparaissants, ils forment la matière de l'archéologie parisienne dans La Comédie humaine, qu'il s'agisse d'édifices modernes ou anciens, de maisons de grande classe comme celles que nous venons de passer en revue ou des taudis que nous évoquerons. Ces « petits faits » : présence ou absence de tapis rouges, d'escaliers blancs, sont révélateurs d'un « standing », c'est-à-dire d'un niveau économique et d'une condition sociale plutôt que d'une conception esthétique.

218. Cf. *Illusions perdues*, passage cité.

219. Le passage Vendôme.

220. Auquel succèdera le néo-Renaissance sous Louis-Philippe, vers 1835.

221. Le *Larousse* du XIXe siècle signale parmi les variétés de melons, les « melons brodés » dont « l'écorce, peu épaisse, est couverte de broderies ».

222. Il envisage par exemple sans effroi, dans *La Cousine Bette*, la construction du clocher qui manque à Notre-Dame et approuverait sur « le terrain » la construction d'un archevêché dans le style gothique (cf. *L'Envers de l'histoire contemporaine*, V,405).

LES MAISONS DU DEUXIEME ET DU TROISIEME CERCLES
ou
Les maisons « les plus nombreuses et les plus humbles »

LES MAISONS DANS LES QUARTIERS

Dans l'enveloppe externe de la ville globulaire, vers le nord et l'ouest, les « belles maisons » forment à peu près l'unique composante des quartiers élégants. L'aspect général de cette belle écorce n'est guère décrit et l'imagination ne joue, nous l'avons déjà constaté, que sur certains noms de lieux (rue Saint-Dominique, Chaussée-d'Antin, Notre-Dame de Lorette) et la présence d'intéressantes innovations : concierges, trottoirs, éclairage au gaz (1). C'est ainsi que *La Comédie humaine*, par exemple, ne rend pas compte de la pesante monotonie du quartier de l'Europe (qui préfigure celle du Paris d'Haussmann) sinon par l'évocation de « steppes architecturales ». Mais, si de l'écorce on passe à l'aubier et au cœur de la ville ronde, on voit que (contrairement à ce qui se passe au nord et à l'ouest de l'anneau extérieur où de petites touches ajoutées, maison après maison, finissent par créer un tout : *un* faubourg Saint-Germain, *un* quartier Notre-Dame de Lorette), « les masses s'emparent tout d'abord de l'attention » (2). Les quartiers ne se présentent plus seulement comme une juxtaposition de maisons ; bien que ces dernières restent nombreuses, avec des signes ou stigmates qui permettent de les classer, en vertu d'une sorte de physiognomonie architecturale, dans les deuxième et troisième catégories, ils ne se réduisent plus, comme dans les zones élégantes, aux constructions qui bordent les rues. Dotés d'une « atmosphère » ou climat particulier, ils forment une mosaïque d'unités plus ou moins étendues, souvent assez fortement individualisées, à l'intérieur des grands boulevards sur la rive droite et des boulevards du Midi, voire de l'ancien mur de Philippe-Auguste, sur la rive gauche.

Aussi peut-on, dans un premier temps et suivant la carte* replacer les maisons dans les quartiers en essayant de dégager le caractère propre de ces derniers puis, dans un second temps, analyser les traits reparaissants qui signalent les habitations modestes ou dégradées, identiques quel que soit le quartier, car la déchéance des maisons s'exprime par les mêmes symptômes. Dans l'ensemble de *La Comédie humaine*, les secteurs anciens de la ville sont les plus proches de la Seine ; leur originalité s'estompe quand on s'éloigne de la « rivière », et les « faubourgs » du sud et de l'est s'uniformisent davantage encore sous le signe de la misère.

---

1. Voir notre étude sur *L'expansion urbaine*.
2. *Illusions perdues*, III,439.
(*) Placée en fin d'ouvrage.

Le dénuement est le triste privilège de la « périphérie » du sud et de l'est de la ville, mais ce n'est pas une grisaille rigoureusement monotone. La notion de « faubourg » étant assez incertaine et variant selon la présence ou l'absence de murailles construites, parlons plutôt de « franges » de la ville. Il apparaît que chacun de ces secteurs, sous sa chape d'indigence, présente une tonalité conférée par des notations d'ensemble physiques ou morales, plutôt que par la description détaillée de masures qui seraient comme les antithèses répétées des hôtels de la Chaussée-d'Antin.

Si, allant à la recherche des belles ou très belles maisons, le regard se porte spontanément vers l'Ouest (faubourgs Saint-Germain et Saint-Honoré) ou vers les quartiers neufs du nord-ouest (Chaussée-d'Antin, quartiers Saint-Georges et Notre-Dame de Lorette) c'est, inversement, vers le sud et l'est qu'on peut s'attendre à découvrir, tout au bas de la hiérarchie immobilière, les demeures les plus humbles (3). Balzac, on l'a vu, définit le douzième arrondissement comme « le plus pauvre quartier de Paris » (4) ; il étaie cette remarque de quelques éloquentes statistiques concernant la criminalité, les abandons d'enfants, empruntées à l'une de ces « enquêtes officielles » signalées dans notre étude sur l'expansion urbaine ; mais, plus que la statistique, diverses notations descriptives contribuent à créer cette impression d'indigence, en dehors même de la présence de quelques gîtes plus ou moins dégradés.

S'il est permis, pour une fois, de suivre le découpage administratif auquel invite la statistique, on voit que, dans ce sinistre douzième arrondissement, l'impression est créée par la répétition : « les douleurs » du « faubourg Saint-Marceau » (5), « les misères du faubourg Saint-Marceau » (6) reviennent comme un leitmotiv, incarnées par les échantillons d'humanité qui se pressent dans le parloir de Popinot, rue du Fouarre (7). Certain porteur d'eau frappé d'« une horrible maladie causée par les fatigues et la misère » (8) demeure au quartier Saint-Jacques. Un « pauvre » moribond soigné par Bianchon, habite rue de l'Arbalète (9), et les dernières lignes des *Petits Bourgeois* font état « d'un médecin du quartier Saint-Marcel qui avait l'habitude de voir les pauvres, et qui connaissait leurs maladies » (10). Maladies spécifiques, maladies de classe : toute la science de Bianchon, prodiguée aux « ouvriers souffrants » (11), ne saurait empêcher l'afflux « d'heure en heure », au cimetière Montparnasse, des « chétifs convois du faubourg Saint-Marceau » (12).

La misère de ces zones déshéritées s'affirme aussi, à défaut de taudis exemplaires (nous verrons cependant qu'ils ne sont pas absents) par des vues d'ensemble. En s'en tenant encore à ce triste douzième, on constate (13) que si le quartier du Jardin du Roi est marqué par un certain vide immobilier, une sorte de misère panoramique apparaît « entre la Halle aux vins, immense recueil de tonneaux, et la Salpêtrière, immense séminaire d'ivrognerie » (14). « Les charmes du Jardin des Plantes » (15)

3. Comme celles des *Misérables* de Victor Hugo à la Bourbe, ou des *Mohicans de Paris* d'Alexandre Dumas au faubourg Saint-Jacques.
4. *L'Interdiction*, II,353.
5. *L'Envers de l'histoire contemporaine*, V,404.
6. *La Femme de trente ans*, II,188.
7. *L'Interdiction*, II,347.
8. *La Messe de l'athée*, II,345.
9. *L'Interdiction*, II,358.
10. V,355.
11. *L'Interdiction*, II,356.
12. *Ferragus*, IV,53.
13. Voir la carte des maisons en fin d'ouvrage.
14. *La Peau de chagrin*, VI,499.
15. *Les Petits Bourgeois*, V,332.

paraissent d'ailleurs assez douteux : rendez-vous de la pègre (c'est là qu'en 1819 Jacques Collin fait venir « la Rousse ») (16), promenade d'un indicateur de police (c'est là que Monsieur Poiret s'étend « comme une ombre grise le long d'une allée » (17). On y voit de malheureuses bêtes captives, des ours blancs qui « vont et viennent » (18), un aigle « aux vieilles serres » mourant dans sa cage (19), et la promenade de Raphaël et de Foedora au Jardin des Plantes est l'un des épisodes dramatiques de *La Peau de chagrin* (20).

Autre ensemble évocateur de misère : l'« espace sans genre », le « lieu sans nom » (aujourd'hui carrefour de l'Observatoire) cerné par des hôpitaux et des fondations charitables exhaustivement énumérées : « tous les vices et tous les malheurs de Paris ont là leur asile » (21). Mais c'est encore au faubourg Saint-Marceau qu'on trouve les plus sinistres de ces paysages calamiteux. Il est dominé au nord, rue de la Clef, par Sainte-Pélagie, « masse sombre dans un quartier plein de misère et où elle se dresse entourée de rues désertes, comme une misère suprême » (22). Au pied de cette prison pour dettes qui prend évidemment valeur de symbole, le faubourg s'étend « entre la Bourbe et la Salpêtrière » (23) dont les noms seuls font image. Le « faubourg souffrant » est décrit allusivement à propos de la Petite Pologne, « succursale du faubourg Saint-Marceau » (24), qui entachait la splendeur des beaux quartiers aux environs de la rue de la Pépinière. Si cette zone, nettement délimitée, a déjà disparu quand Balzac écrit *La Cousine Bette*, le faubourg Saint-Marceau, englobé dans le treizième arrondissement, gardera jusqu'à la fin du siècle ses carriers et ses tanneurs, classes dangereuses sans doute, à l'égal des « ferrailleurs » de la Petite Pologne, mais non définis professionnellement : un honnête « mégissier » domicilié rue Censier, est un petit bourgeois commerçant, non un ouvrier (25).

La « masse » du faubourg Saint-Marceau se découvre des hauteurs de la barrière Croulebarbe : les beaux arbres du boulevard Saint-Jacques, « la vallée profonde, peuplée de fabriques à demi villageoises, clairsemée de verdure » (26), ne peuvent faire oublier les « quelques milliers de toits, pressés comme les têtes d'une foule (qui) recèlent les misères du faubourg Saint-Marceau » (27). Dans le « ruisseau puant » qu'est la Bièvre, s'enlise un enfant et, de ces milliers de toits pressés comme une foule, Balzac ne retiendra que la maison du « nouriceure » Vergniaud, dans une sorte de *no man's land* désolé, derrière le Boulevard de l'Hôpital, rue du Petit Banquier. Dans cet univers boueux gîtent une protégée de Popinot (28) et le colonel Chabert accueilli par Vergniaud. Le *Petit Atlas pittoresque de la ville de Paris en 1834* (29) montre que son « chétif logis », fait en partie de terre et d'os, est situé derrière des

---

16. *Splendeurs et misères des courtisanes*, IV,461.
17. *Le Père Goriot*, II,220.
18. *Melmoth réconcilié*, VI,545.
19. *Aventures administratives d'une idée heureuse*, VII,264.
20. VI,473.
21. *Ferragus*, IV,53.
22. *Ursule Mirouet*, II,499.
23. *Le Père Goriot*, II,220.
24. *La Cousine Bette*, II,220.
25. *Les Employés*, IV,532.
26. *La Femme de trente ans*, II,188.
27. *Ibid.*
28. *L'Interdiction*, II,356.
29. Planche n° 46.

abattoirs (30), ce qui peut expliquer et la nature des matériaux, et qu'on y cherche en vain « la pureté de l'air » campagnard ! (31)

Quittant enfin le douzième, et suivant vers l'ouest les boulevard du Midi, on passe du boulevard de l'Hôpital au boulevard Montparnasse, dans une autre zone bordière rattachée administrativement au quartier du Luxembourg. La rue Notre-Dame-des-Champs, non pavée, avec ses « bourbiers », ses jardins « marécageux », ses « eaux stagnantes » peut apparaître comme une sorte d'homologue occidental de la rue du Petit Banquier (32), et le refuge du baron Bourlac a vocation rurale, tout comme la ferme du nourrisseur. Cependant, cette frange montparnassienne, par rapport à la bordure du faubourg Saint-Marceau, offre « la poésie » (33) de grands jardins maraîchers : belles fleurs, bon lait, bon air non empuanti par des fabriques. Le quartier, qui s'anime « les jours de Chaumière », n'est pas voué à l'industrie ; il apparaît plutôt comme une annexe du Pays latin (34).

Si, cherchant dans quelle mesure Balzac individualise les quartiers populaires de la périphérie, on passe, sur la rive droite, au faubourg Saint-Antoine, on constate que le « morceau » auquel on pouvait s'attendre (l'exaltation du beau travail d'ébénisterie par un amateur éclairé) est absent. La vocation professionnelle de ce quartier, cependant le plus spécialisé de Paris, n'apparaît pas : nul atelier d'ébéniste, ciseleur ou passementier n'est décrit par ce réalisateur de tant de décors réels ou inventés ! De la même façon que le faubourg Saint-Marceau est évoqué à propos de la Petite Pologne, c'est par quelques lignes consacrées à la Cité Bordin, « faubourg Saint-Antoine en miniature » (35) qu'on entrevoit quelques unes de ses activités :

« On y fait des meubles, on y cisèle des cuivres, on y coud des costumes pour les théâtres, on y travaille le verre, on y peint les porcelaines, on y fabrique enfin toutes les fantaisies et les variétés de l'article de Paris.

Sale et productif comme le commerce, ce passage, toujours plein d'allants et de venants de charrettes, de haquets, est d'un aspect repoussant, et la population qui y grouille est en harmonie avec les choses et les lieux.

C'est le peuple des fabriques, peuple intelligent dans les travaux manuels, mais dont l'intelligence s'y absorbe. » (36)

Cette cité Bordin, située derrière le théâtre Saint-Martin, à l'extérieur du boulevard, n'a peut-être pas disparu totalement : il semble qu'elle se confonde avec une certaine cité Riverin, actuellement en voie de démolition, mais où subsistent avec des murailles aux lourds appareils du début du XIXe siècle, des traces d'artisanat ancien et des « raisons sociales » peintes sur les murs (37). L'analogie du nom et de la localisation peut autoriser cette hypothèse.

Le faubourg Saint-Antoine, si l'on excepte cette référence à la cité Bordin, est défini (comme le faubourg Saint-Jacques dans *Les Petits Bourgeois*) (38) par une observation d'ordre social, il est ce

---

30. Actuelle place Pinel.
31. *Le Colonel Chabert*, II,319.
32. Cf. *L'Envers de l'histoire contemporaine*, V,448.
33. Cf. *Le Colonel Chabert*, II,319.
34. Cf. *L'Envers de l'histoire contemporaine*, V,448. Tout près de là, d'ailleurs, s'élèvent de somptueuses résidences, comme celle du maréchal Hulot (voir *La Cousine Bette*).
35. *Le Cousin Pons*, V,271.
36. *Le Cousin Pons*, V,271.
37. Voir nos photographies en fin d'ouvrage.
38. Cf. V,331 et notre étude sur *L'expansion urbaine*.

« séminaire de révolutions qui renferme des héros, des inventeurs, des savants pratiques, des coquins, les scélérats, des vertus et des vices, tous comprimés par la misère, étouffés par la nécessité, noyés par les liqueurs fortes » (39).

De la misère encore. Cependant un ébéniste (mari de la femme de ménage du narrateur) gagne « quatre francs » par jour, ce qui est un honnête salaire pour l'époque et pourrait, semble-t-il, dispenser sa femme (mère de trois enfants, il est vrai...) de « tourner la manivelle d'une mécanique » pour dix sous par jour. L'hôpital des Quinze-Vingts, les musiciens aveugles, le café crasseux de la rue de Charenton où se célèbre une noce populaire, jettent une ombre sinistre sur ce faubourg Saint-Antoine à l'entrée duquel se voient encore « les fossés de la Bastille » (40).

Tournant de l'est vers le nord-est on arrive, derrière le boulevard extérieur (dit maintenant de la Villette) entre les Barrières du Combat, de la Chopinette et de Belleville, à ce que Balzac appelle « les régions supérieures du faubourg Saint-Martin » (41). Déjà signalés dans notre étude consacrée à l'expansion urbaine, ces lieux déserts où la bise souffle sur « les buttes Saint-Chaumont et de Belleville » sont parsemés de chaumières où les clôtures « faites avec de la terre et des os » rappellent le faubourg Saint-Marceau. En revanche, très près de là, Honorine vit dans un jardin fleuri rue Saint-Maur (42), non loin des hangars de Birotteau : quartier sans grande unité, en voie de transformation par le percement du canal Saint-Martin, et dont la description sinistre a pu être influencée par les tragiques circonstances d'*Un épisode sous la Terreur*.

Cette brève étude des lisières de la ville dans les quartiers populaires montre qu'ils sont peu décrits au total, sans doute en raison de l'absence de l'élément ouvrier dans *La Comédie humaine*. Ils sont évoqués par « masses », en paysages naturels et construits. Ils peuvent apparaître allusivement, des quartiers peut-être plus familiers à l'auteur servant de référence : Petite Pologne, cité Bordin. Les maisons, peu nombreuses, abritent non de vertueux travailleurs (43) mais des gens venus d'ailleurs. Le faubourg Saint-Marceau passe en ignominie toutes les zones frontalières qui, marquées par la misère et l'immoralité, présentent, cependant chacune un caractère particulier. La zone Montparnasse serait, de toutes la moins désolée.

Peu de maisons dans les « faubourgs » : on pourrait en conclure que, peut-être, les belles maisons ont inspiré l'auteur plus que les humbles logis, si, en suivant notre croquis et en passant des limites à l'intérieur de la ville, de nombreuses demeures d'aspect modeste n'apparaissaient, présentes, certes, dans ce douzième arrondissement diffamé, mais aussi nombreuses, sinon davantage, dans les autres secteurs de la rive gauche. En s'en tenant, pour le moment, à cette dernière, on peut les localiser par rapport aux deux grandes percées Nord-Sud : rue de la Harpe et rue d'Enfer, rue Saint-Jacques, au parcours sensiblement parallèle.

Entre les deux, l'hôtel de Cluny et l'hôtel Saint-Quentin, à l'angle de la rue des Cordiers et de la rue de Cluny (44), la première disparue, la seconde englobée dans la

39. *Facino Cane*, IV,258.
40. *Facino Cane*, IV,260.
41. *Un épisode sous la Terreur*, V,484.
42. *Honorine*, I,577.
43. Comme dans *Les Mohicans de Paris* d'A. Dumas, par exemple.
44. Cf. *La Peau de chagrin*, VI,460 et *Illusions perdues*, III,450.

rue Victor Cousin. A deux pas, dans un ancien couvent, les cellules de Gobseck et de l'étudiant Derville, rue des Grès (45) (actuelle rue Cujas). Franchie la rue de la Harpe, (qui ne marque *pas*, à l'ouest, la limite du pays latin) au pied du mur de Philippe Auguste, émerge le logis de Bourgeat et Desplein dans la cour de Rohan (46) ; un peu au sud, rue Corneille, l'affreux garni de Z. Marcas (47) qui passe en horreur le reparaissant « bocal aux grands hommes » de la rue des Quatre-Vents (48). Cette rue des Quatre-Vents aligne encore de nos jours, de la rue de Seine au carrefour de l'Odéon, des façades ocres ou grises qui, visiblement, n'ont guère été touchées depuis Balzac (49). Rue Honoré Chevalier, l'« une des plus étroites du quartier Saint-Sulpice » (50), la vétuste maison Poupillier est frappée d'alignement. Certain hôtel, rue Férou, est « sombre, noir, humide et froid » (51). Si l'on redescend du côté de la « rivière » voici, d'ouest en est, presque au bord de Seine, la maison de Racine, rue des Marais (actuelle rue Visconti) « oubliée par la spéculation » dans ce qui fut « autrefois un faux-bourg » (52) ; rue Mazarine « un méchant petit hôtel » (53) et la maison de la veuve Bridau (54) ; plus à l'est, rue de Nevers, la maison de Schmucke, « raccommodée avec des attaches en fer » (55) et, quai Saint-Michel, « une petite maison à allée » qui recèle de beaux décors intérieurs (56). Toujours près de la Seine, mais à l'est de la rue Saint-Jacques, rue du Fouarre, voici la maison du juge Popinot, une ruine dans un cloaque, mais relevée par la haute spiritualité de l'occupant (57). Un peu plus loin, rue des Bernardins, se trouve une suspecte maison « sans portier » où la Cousine Bette vient relancer Hulot (58). Enfin, sur la Montagne Sainte-Geneviève, la pension Vauquer, malgré ses stigmates peu engageants (59), fait belle figure à côté de l'infect « hôtel garni » tenu par la veuve Poiret, rue des Poules (actuelle rue Laromiguière) (60) et où Cérizet « tend » sur tout le secteur « les lacets de l'usure ».

Cette fastidieuse énumération, commentaire de notre carte, confirme ce qu'on pouvait attendre : les maisons les plus humbles se trouvent au cœur de la ville et donc dans les vieux quartiers ; six d'entre elles s'alignent le long de la Seine, un bon nombre se trouve à l'intérieur ou au voisinage immédiat de la primitive enceinte que jalonnent la rue Mazarine et la cour de Rohan. Cependant, si les maisons modestes sont à peu près absentes des beaux quartiers, quelques exceptions confirmant la règle (61), la rive gauche, moins exclusive, conserve, malgré l'exode vers la rive droite signalé dans *Les Petits Bourgeois*, un certain nombre de maisons qui peuvent être d'anciennes demeures bien entretenues et restaurées, telles la maison Minard, rue des Maçons-

45. Cf. *Gobseck*, II,128.
46. Cf. *La Messe de l'athée*, II,348.
47. *Z. Marcas*, V,608.
48. Cf. *La Messe de l'athée*, II,347 et *Illusions perdues*, III,457.
49. Là, soufflent toujours les « Quatre-Vents de l'Esprit » !
50. Cf. *Les Petits Bourgeois*, V,353.
51. Cf. *Melmoth réconcilié*, VI,541.
52. Cf. *Valentine et Valentin*, II,451.
53. *Sœur Marie des Anges*, II,451.
54. *La Rabouilleuse*, III,92.
55. *Une fille d'Eve*, I,518.
56. *Illusions perdues*, III,530-531.
57. Cf. *L'Interdiction*, II,353.
58. Cf. *La Cousine Bette*, V,139.
59. Cf. *Le Père Goriot*, II,217.
60. *Les Petits Bourgeois*, V,332.
61. Un fumiste (par exemple) habite rue Saint-Lazare (cf. *La Cousine Bette*).

Sorbonne (62) et la maison Thuillier rue Saint-Dominique d'Enfer (63) (actuelle rue Royer-Collard) entre les deux grandes artères Nord-Sud, ou encore l'hôtel du Perron, refuge du marquis d'Espard rue de la Montagne Sainte-Geneviève (64). Trois jolis « pavillons » enfin ; en tirant vers le sud, rue Buffon, en bordure du jardin des Plantes, l'« assez jolie maison » du zoologiste Lavrille (65) fait pendant, à l'est, à la maison du savant Marmus rue Duguay-Trouin (66) ; et impasse des Feuillantines, Phellion porte une immense tendresse à sa petite maison (67) qui nous semble charmante en dépit de l'anathème jeté par Balzac sur le « style Phellion » !

Si la rive gauche, désignée jusqu'à la Révolution comme « l'Université », est restée largement « latine », elle présente cependant, au centre de la ville, des aspects variés, et plusieurs petites unités, « lobes du tissu cellulaire » (68) parisien, se dessinent, différenciées non seulement par l'aspect des maisons mais par des images d'ensemble qui les diversifient plus que les beaux quartiers ne le sont entre eux ; plus aussi que les zones faubouriennes, trop uniformément marquées, peut-être, du sceau de la misère. On peut discerner trois de ces unités, groupées autour de l'Institut, autour de Saint-Sulpice, autour du Panthéon, comme trois petites pièces de mosaïque au milieu de la ville ronde.

— Dans l'étude du cadre parisien est apparue, déjà, la fatalité géographique qui pèse sur l'exposition au nord, sur les numéros impairs de la rue des Marais « parallèle à la Seine », mais aussi sur la rue Férou « ouverte au nord comme toutes celles qui tombent perpendiculairement sur la Seine » (69). Rues parallèles à la Seine, rues perpendiculaires à la Seine : toutes sont également « humides, noires et froides » (70) ou, pis encore, noyées dans la boue comme la « petite rue de Nevers » (71). L'architecture ajoute aux maléfices naturels :

« Un des plus horribles coins de Paris est certainement la portion de la rue Mazarine, à partir de la rue Guénégaud jusqu'à l'endroit où elle se réunit à la rue de Seine, derrière le palais de l'Institut. Les hautes murailles grises du collège et de la bibliothèque que le cardinal Mazarin offrit à la Ville de Paris, et où devait un jour se loger l'Académie Française (72), jettent des ombres glaciales sur ce coin de rue ; le soleil s'y montre rarement, la bise du Nord y souffle. » (73)

Hautes noires murailles » également signalées dans *Valentine et Valentin*, vision de « marais » mal éclairés par « le hideux réverbère » (74). « Aucun lieu de Paris n'est plus triste. » (75) On pourrait supposer que cet acharnement contre un quartier de Paris réputé aujourd'hui élégant, s'explique par les mauvais souvenirs s'attachant à un échec : celui du jeune imprimeur Balzac rue des Marais-Visconti, si ce sentiment tenace ne se retrouvait beaucoup plus tard, chez Anatole France (76). A la génération

62. Cf. *Les Petits Bourgeois*, V,323.
63. Cf. *Les Petits Bourgeois*, V,295.
64. *L'Interdiction*, II,369-370.
65. Cf. *La Peau de chagrin*, VI,193.
66. Cf. *Entre savants*, IV,512.
67. Cf. *Les Petits Bourgeois*, V,320.
68. Cf. *Ferragus*, IV,13.
69. *Melmoth réconcilié*, VI,541.
70. *La Rabouilleuse*, III,92.
71. *Une fille d'Eve*, I,518.
72. Il s'agit du Collège des quatre nations et de la Bibliothèque Mazarine. L'Institut siège sous la coupole depuis 1806.
73. *La Rabouilleuse*, III,92.
74. *Valentine et Valentin*, II,452.
75. *Sœur Marie des Anges*, II,451.
76. Cf. *Monsieur Bergeret à Paris*.

suivante encore, Francis Carco fait allusion à « l'étroite rue Visconti », à « la gluante rue de Seine », au « corridor humide de la rue Guénégaud » (77).

— Un autre « village » de la rive gauche se dessine, appartenant au quartier du Luxembourg, mais empiétant déjà sur Saint-Thomas d'Aquin, à la limite du faubourg Saint-Germain. C'est un petit secteur « résidentiel », non désigné comme tel, mais parfaitement repérable et, cette fois, uniquement par les maisons de bonne catégorie (la deuxième) localisées autour de Saint-Sulpice. Il semble que les quartiers se décolorent dans la mesure où ils s'embourgeoisent. Dans ce coin paisible de la rive gauche se retrouvent les Matifat « venus habiter la rue du Cherche-Midi, le quartier le plus opposé à la rue des Lombards où ils avaient fait fortune » (78). Ils sont « logés à un beau rez-de-chaussée » (79) et livrés à la contemplation du jet d'eau de leur jardinet. Ils sont aussi voisins des Guillaume, issus de la rue Saint-Denis, mais venus s'échouer dans un « antique hôtel de la rue du Colombier » (80), non loin des Ragon qui vivent « dans une antique maison de digne apparence » rue du Petit-Bourbon-Saint-Sulpice (81). Seul le quincaillier Pillerault est resté fidèle à la rue des Bourdonnais. Cette oasis de tranquillité entre le pays latin et le noble faubourg apparaît, comme la « rue Cassette près de Saint-Sulpice » où s'est réfugié le couple Herrera-Lucien, tout imprégnée de « silence et de discrétion » (82). Pieux quartier Sulpicien, peuplé de prêtres et de bourgeois cossus, défini par ses habitants et quelques maisons, plus que par des « ensembles ».

— Quant à la Montagne Sainte-Geneviève, le mieux dessiné de ces « villages » elle mérite un développement autonome.

La Montagne Sainte-Geneviève

En quête d'un coin tranquille et d'un logis « bon marché » dans les « quartiers les plus déserts de Paris » (83), Raphaël, après bien d'autres provinciaux, dirige ses pas vers la Montagne Sainte-Geneviève, le second berceau de « la vieille et noble ville » (84). Primitivement contenue dans l'enceinte de Philippe Auguste, elle la franchit sur ses pentes inférieures, de même qu'administrativement rattachée au quartier Saint-Jacques (85), elle déborde à la fois par son relief et son peuplement, sur les quartiers de la Sorbonne, de l'Observatoire, du Jardin du Roi, du faubourg Saint-Marceau, voire du Luxembourg.

Rubempré aussi a passé par là, à l'« hôtel de Cluny », déjà évoqué et situé « dans l'une des pauvres et des plus sombres petites rues de Paris, serrée entre trois églises et les vieux bâtiments de la Sorbonne » (86). « Trois églises » : la chapelle de la Sorbonne, Sainte-Geneviève, Saint-Étienne du Mont ? ou bien ne s'agit-il pas d'une ou deux de ces chapelles de collèges qui subsistent sous la Restauration ? Chapelle du collège de Cluny peut-être, (place de la Sorbonne) qui servit d'atelier à David et fut

---

77. Cf. la Préface écrite par Carco à *Paris de ma fenêtre* de Colette (éditions du Milieu du Monde Genève, 1944).
78. *La Maison Nucingen*, IV,247.
79. *Ibid.*, IV,247.
80. *La Maison du chat-qui-pelote*, I,75.
81. *César Birotteau*, IV,201.
82. *Splendeurs et misères des courtisanes*, IV,295.
83. *La Peau de chagrin*, VI,460.
84. *Les Petits Bourgeois*, V,332.
85. Cf. *La Peau de chagrin*, VI,496.
86. *Illusions perdues*, III,450.

démolie en 1834 (87) ? Ce pourrait être aussi quelque vestige de l'église de Saint-Benoît ou des Jacobins, rue Soufflot, dont les restes ne disparaîtront qu'en 1849 et 1854 (88).

Quelques années après Lucien, Raphaël, arrivant par l'antique rue de l'Estrapade, aperçoit « une jeune fille d'environ quatorze ans, qui jouait au volant avec une de ses camarades et dont le rire et les espiègleries amusaient les voisins » (89). Cette réincarnation (urbaine) de Mademoiselle de Graffenried l'oriente vers l'hôtel Saint-Quentin, situé à l'angle de la rue de Cluny et de la rue des Cordiers : J.-J. Rousseau l'a habité et y fait allusion dans Les Confessions (90). Sa pauvreté décente s'harmonise avec le quartier. L'hôtesse n'a pas « rôti le balai » comme du temps de Jean-Jacques, elle n'apparaît pas sous les traits d'une suspecte Madame Vauquer, mais comme la digne veuve, ou supposée telle, d'un héros de la Grande Armée. Si, très vite, l'inconstant Rubempré descend de « la Montagne du pays latin » (91), Raphaël, plus tenace, a, pendant trois ans, contemplé de son « sépulcre aérien » (92) les « savanes de Paris formées par des toits nivelés comme une plaine ». La solitude apaisante de ce « silencieux quartier » (93) peut cependant devenir une composante sinistre du paysage. Balzac, qui dénonce souvent les rues fangeuses, les murs suintants et les rigoles infectes, reproche bizarrement à la Montagne ses pavés secs, ses ruisseaux sans boue ni eau, l'herbe croissant le long des murs, ses maisons mornes, et conclut : « nul quartier de Paris n'est plus horrible, ni, disons-le, plus inconnu » (94).

Faut-il penser qu'un violent contraste oppose les deux versants de la Montagne, le versant nord-ouest, plein de « bonhomie », propice au travail et aux chastes idylles (95) et le revers sud-est, « cadre de bronze » convenant aux sombres intrigues de la pension Vauquer, non loin de la prison pour dettes (96) ? La physionomie du quartier s'adapte aux nécessités du récit. Cependant, tout n'est pas imagination poétique dans cette vision de la Montagne, et le versant sud-est où s'accroche la pension Vauquer descend, derrière le Panthéon, sur le populeux faubourg Saint-Marceau qui sera, quelques années plus tard, le « cadre de bronze » des plus durs combats de Juin 1848.

En dépit d'un côté « adret » et d'un côté « ubac » comme disent les géographes, (l'adret bien exposé n'étant pas ici le plus riant) la Montagne apparaît comme un petit monde bien individualisé dans la grande ville. Son originalité, essentiellement topographique, est accentuée par les dômes dont les aspérités architecturales ajoutent au mouvement du terrain et se fondent en quelque sorte avec le relief naturel, pour définir le site. « L'audacieuse coupole de Sainte-Geneviève » (97), « la magnifique coupole du Panthéon » (98) qui « couvre [...] le quartier latin » (99), jumelée au

87. C'est là que fut peint Le Sacre. Elle s'élevait à peu près à l'emplacement actuel de la petite bouquinerie, siège du Crapouillot, place de la Sorbonne.
88. Sur « l'entassement des collèges » et des couvents de la Montagne, voir Pillement, Destruction de Paris, Grasset, 1941, pp.129 et suivantes.
89. La Peau de chagrin, VI,460.
90. Au Livre VII.
91. Illusions perdues, III,471.
92. La Peau de chagrin, VI,460.
93. Le Père Goriot, II,227.
94. Le Père Goriot, II,217.
95. Comme celle de Raphaël et de Pauline.
96. Sise rue de la Clef.
97. Les Petits Bourgeois, V,331.
98. La Femme de trente ans, II,188.
99. L'Envers de l'histoire contemporaine, V,404.

« dôme terne et mélancolique du Val de Grâce » (100) sont des repères topographique reparaissants. Du pont des Gobelins, « les proportions des deux monuments semblen gigantesques ; elles écrasent et les demeures frêles et les plus hauts peupliers du Val lon » (101). Sur la Montagne même, l'effet d'écrasement est encore plus sensible dans « ces rues serrées entre le dôme du Val-de-Grâce et le dôme du Panthéon, deux monuments qui changent les conditions de l'atmosphère en y jetant des tons jaunes en y assombrissant tout par les teintes sévères que projettent leurs coupoles » (102) Cet effet néfaste se prolonge loin en pays plat : impasse des Feuillantines, chez Phel lion, « la coupole du Panthéon et celle du Val-de-Grâce ressemblent à deux géant et diminuent si bien l'air qu'en se promenant dans le jardin, on s'y croit à l'é troit » (103). Le dôme de la Sorbonne est absent, pourtant plus voisin des sommet que le Val-de-Grâce dans sa Bourbe ; en revanche, si l'on regardait vers l'Ouest, o verrait « l'admirable dôme des Invalides » (104) le dôme « or et bleu » (105) domi nant, sans l'accabler, l'heureux faubourg Saint-Germain sur lequel il est délicatemen « posé » (106).

Ordonnée autour de ses dômes, la Montagne présente aussi l'originalité d'un doubl peuplement d'étudiants et de petits bourgeois, correspondant à deux formes d'habitat Elle est la « montagne du pays latin », avec ses vilains garnis, ses fondations univer sitaires auxquelles Balzac, citant Gerson et Abélard (107), s'intéresse surtout en histo rien. La Sorbonne n'apparaît que par ses « vieux bâtiments » et un nom de rue (108) l'École Polytechnique par son coiffeur (109), l'École Normale est absente, la Biblio thèque Sainte-Geneviève fermée (110), circonstance qui permet la rencontre d'Arthez Lucien. Il existe peu de vrais étudiants dans La Comédie humaine, aucun chef-d'œuvr ne naîtra dans les chambres de l'hôtel de Cluny ou de l'hôtel Saint-Quentin ; ni Lucien ni finalement Raphaël ne persévéreront dans l'effort. La Montagne Sainte-Geneviève n'est pas une « colline inspirée » et si l'on ne craignait le calembour, on dirait qu l'esprit souffle plutôt en bas des pentes, rue des Quatre-Vents, dans cette maison prédestinée qui abrita tour à tour Desplein et d'Arthez, ou rue Corneille chez Z Marcas ; au Luxembourg aussi, un Luxembourg plus vaste qu'aujourd'hui, inlassa blement arpenté par Lucien, d'Arthez, Lousteau et Z. Marcas, exprimant au fil d « lentes promenades » leurs espoirs et leurs amertumes. C'est là que se réfugie Rasti gnac après l'arrestation de Vautrin pour « faire le tour de sa conscience » (111).

« Écrasée » peut-être sous le poids de ses dômes et de son long passé, la Montagn conserve « au milieu de Paris » les mœurs et la bonhomie d'« une ville de provin ce » (112) ou plutôt d'un village étriqué, avec sa paroisse Saint-Étienne du Mont, o

100. *La Femme de trente ans*, II,188.
101. *La Femme de trente ans*, II,188.
102. *Le Père Goriot*, II,217.
103. *Les Petits Bourgeois*, V,320.
104. *La Femme de trente ans*, II,210.
105. *Mémoires de deux jeunes mariées*, I,105.
106. *La Femme de trente ans*, II,210.
107. *L'Interdiction*, II,363.
108. La rue des Maçons-Sorbonne, aujourd'hui rue Champollion.
109. Cf. *Le Père Goriot*.
110. C'est seulement le 22 août 1844 que les restes de l'ancien collège Montaigu (qui abritaient l bibliothèque Sainte-Geneviève) furent démolis, et la première pierre de l'actuel bâtiment de Labrous te, posée. C'est donc de l'ancien collège Montaigu que sortent d'Arthez et Lucien, non de l'édific actuel, situé exactement au même endroit.
111. *Le Père Goriot*, II,279.
112. *La Peau de chagrin*, VI,460.

Madame Couture et sa jeune personne » vont « manger le bon Dieu » (113), sa
ontaine, à l'angle de la rue des Grès et de la place Saint-Michel (114), le coiffeur
le Polytechnique qui coiffe à domicile (115), les vieilles femmes assises sur le pas
les portes (116), et l'horloge du Val-de-Grâce qui marque les heures (117), sans oublier
es jardins encore vastes comme celui des Thuillier (118). Ce petit monde clos est
in foyer d'espionnage et de cancans : la présence d'une jeune et jolie femme (Delphine
le Nucingen) à neuf heures du matin, rue des Grès, ne saurait passer inaperçue.

Si les intrigues qui se nouent à la Pension Vauquer dépassent largement le cadre
le la Montagne Sainte-Geneviève, il en est de strictement locales, menées par le peuple
les autochtones qui vit parallèlement à celui des étudiants. La Montagne est aussi
e type de ces quartiers « encanaillés », envahis par de « sales industries » qui dégradent
es maisons patriciennes (119). Cependant, ici pas plus qu'ailleurs, ne figure de tra-
railleur « mécanique » et les sédentaires, implantés sur la colline, apparaissent comme
les petits-bourgeois ; un avocat : La Peyrade, des fonctionnaires : le beau Thuillier
:t son collègue Phellion, l'épicier Minard qui s'est enrichi dans la falsification des
lenrées coloniales, « premier adjoint et maire d'un arrondissement en 1839 ». « Our-
lisseurs de trames ténébreuses » (120), menés par La Peyrade, ils réussissent à faire
;lire Thuillier au Conseil municipal en évinçant la candidature possible de Bianchon
qui a, peut-être à des fins électorales, acheté la maison où demeurait son oncle, rue
le la Montagne Sainte-Geneviève. « C'est une illustration de notre quartier » proclame
Phellion (121) qui, circonvenu, votera finalement pour l'inepte Thuillier. Ainsi, dans
;e petit monde borné, il l'emporte sur l'illustre Bianchon : l'« espace politique »
;e réduit à une mesquine politique de clocher !

Haut sommet coiffé de monuments géants, la Montagne Sainte-Geneviève se
révèle néanmoins comme une province à courte vue, non comme un foyer intellectuel
ligne de son passé.

Si l'on passe maintenant sur la rive droite, l'habitat modeste actuellement objet
de notre étude, est enfermé, à quelques exceptions près déjà signalées, à l'intérieur
du rempart de Charles V (122). Celui-ci dessinait un demi-cercle presque parfait dont
les rues anciennes figurent encore les rayons. Par rapport aux deux grandes percées
nord-sud qui prolongent celles de la rive gauche, rue Saint-Denis, rue Saint-Martin,
on voit (123) que les maisons mentionnées dans *La Comédie humaine*, sont plus
nombreuses à l'ouest qu'à l'est.

Un certain nombre de zones, dans ce demi-cercle intérieur, sont définies par les
tares qui caractérisent les vieilles villes de croissance spontanée, et cela avec plus
d'insistance, peut-être, que pour la rive gauche. Les rues sont « étroites, sombres

---

113. *Le Père Goriot*, II,229.
114. *La Peau de chagrin*, VI,459.
115. Il coiffe Poiret et il est permis de penser qu'il colporte des ragots, lesquels seront transmis à
l'« indicatrice » Michonneau, peu de détails étant « gratuits » chez Balzac...
116. *La Peau de chagrin*, VI,459.
117. *Le Père Goriot*, II,229.
118. Cf. *Les Petits Bourgeois*.
119. *Les Petits Bourgeois*, V,332.
120. *Ibid.*, V,332.
121. *Ibid.*, V,321.
122. Exception faite, évidemment, des « faubourgs » plus ou moins « souffrants » évoqués ci-
dessus.
123. Cf. croquis.

et boueuses » ; rue de Langlade, rue Froidmanteau, rue Soly, rue Pagevin, rue du
Tourniquet-Saint-Jean : nous les retrouverons, « plongées dans des ténèbres perma-
nentes » (124). Elles sont impraticables ; ni les voitures ni les tombereaux ne peuvent
y pénétrer (125). La pluie, heureusement, vient compenser les défaillances de la voirie,
les « habitants comptent sur les orages pour nettoyer leur rue toujours boueuse »(126),
ce qui inspire à Balzac une manière de tableau de genre : l'averse diluvienne de la
rue Coquillière (127) avec le portier balayant des épluchures en direction de « l'âme
du ruisseau ». « Impasses noires », « aspect orduriar » (128), « dédale humide et
sombre » (129), tels apparaissent « les lacis » des petites rues en « labyrinthe » du
vieux Paris.

Ces quartiers anciens sont cependant assez nettement diversifiés, malgré des traits
communs que leur confèrent l'étroitesse des rues fangeuses et les maisons vétustes.
On peut ainsi distinguer le quartier de l'Hôtel de Ville, quartier historique, au centre,
le quartier des marchés et ses annexes : saleté et délabrement encore, mais en quelque
sorte « fonctionnels » et non plus synonymes de pauvreté, avec le pittoresque de la
vie active et non plus celui du passé ; à l'ouest, près des Palais (Tuileries, Palais-Royal),
des zones mal famées où la misère morale s'ajoute à la misère matérielle. Reste, à
l'est, le Marais, qui n'est ni populeux ni misérable, un quartier de petits bourgeois
qui a joui, au siècle dernier, d'une « vogue injustifiée ». On y retrouve quelques aristocrates rebelles au faubourg Saint-Germain, par exemple le comte Octave, dans un
bel hôtel inspiré de Carnavalet (130).

Les quartiers de l'Hôtel de Ville et des Halles sont contenus tout entiers dans le
rempart de Philippe-Auguste et forment, à l'intérieur du demi-cercle médian dessiné
par l'enceinte de Charles V, un demi-cercle central grouillant et malpropre.

Le Quartier de l'Hôtel de Ville

Dans le quartier de l'Hôtel de Ville nous trouvons une seule maison décrite (131)
celle où vivent la brodeuse Caroline et sa douteuse mère, maison « remarquable par
son antiquité », insalubre malgré le rez-de-chaussée surélevé de trois marches, et qui
présente encore, scellés dans un mur, les restes d'une vieille chaîne de barrage (132).
Deux aspects du quartier s'ajustent comme deux pièces d'un puzzle : la rue du Tourniquet Saint-Jean, la rue du Martroi, la rue de la Tixeranderie au nord de la Grève (133) ; du côté Seine, avec l'Hôtel de Ville lui-même, les rues du Martroi encore,
de la Mortellerie et le quai (134). Entre 1815, date où se situe l'action d'*Une double
famille* et 1830, date de la publication, et entre 1830 et 1846-47, date de la publication
de la troisième partie de *Splendeurs et misères des courtisanes*, la Restauration et la
Monarchie de Juillet ont transformé ce coin de Paris. Sur les plans de l'ancien Hôtel

---

124. *Une double famille*, I,410.
125. *Ibid.*, I,411.
126. *Ibid.*, I,411.
127. *Ferragus*, IV,20.
128. *Splendeurs et misères des courtisanes*, IV,285.
129. *Une double famille*, I,411.
130. Cf. *Honorine*.
131. Cf. *Une double famille*, I,410-411.
132. Actuellement encore, subsistent à l'angle des rues Lhomond et Rataud, les vestiges d'une
herse répondant aux mêmes fins.
133. Cf. *Une double famille*.
134. Cf. *Splendeurs et misères des courtisanes*.

Angle formé par les rues du Tourniquet Saint-Jean et de la Tixeranderie
(sans date) (B.N. Cab. des Estampes)

La rue de la Perle (sans date) (B.N. Cab. des Estampes)

de Ville (135), on voit la « salle du Trocadéro » édifiée en 1823 par la Ville de Paris et, surtout, le vaste espace déblayé de la rue Lobau, ouverte à l'emplacement des rues du Tourniquet, du Monceau, du Martroi. La rue de Rivoli achèvera le nettoyage du côté de la Tixeranderie.

Ce bouleversement du cœur de la Ville, Balzac l'a vécu sans le regretter tout à fait, semble-t-il, car si les « antiquaires » aiment les « singularités historiques » : une chaîne scellée dans un mur, la trace d'un tourniquet sur une enseigne (136), on ne saurait oublier que « presque toutes les rues de l'ancien Paris, dont les chroniques ont tant vanté la splendeur, ressemblaient à ce dédale humide et sombre » (137). Saine réaction contre le « médiévisme » à la mode ? En une sorte de parcours probatoire, Balzac conduit son lecteur du Marais à l'Hôtel de Ville par des rues disparues, absorbées par la rue des Archives (rues du Chaume, de l'Homme-Armé, des Billettes) et par la rue Lobau (rue des Deux-Portes), l'identifiant ainsi à « quelque courageux piéton » qui « croira n'avoir marché que sous des caves » (138). C'est le chemin que suivait le juge Granville pour se rendre de son hôtel du Marais (à l'angle de la Vieille Rue-du-Temple et de la rue Neuve Saint-François) (139) au Palais de Justice. La rue du Tourniquet est essentiellement « passante », à deux pas de l'Hôtel de Ville, face au Palais et au Quartier latin, ce qui explique le guet attentif de Madame Crochard. La description est exacte, précise, d'un pittoresque non fabriqué, sans doute parce qu'elle est un témoignage vécu, le souvenir d'un trajet souvent parcouru. Elle constitue « l'ouverture » de la nouvelle et mérite d'être en partie citée :

« La rue du Tourniquet-Saint-Jean, naguère une des rues les plus tortueuses et les plus obscures du vieux quartier qui entoure l'Hôtel de Ville, serpentait le long des petits jardins de la Préfecture de Paris et venait aboutir dans la rue du Martroi, précisément à l'angle d'un vieux mur maintenant abattu. En cet endroit se voyait le tourniquet auquel cette rue a dû son nom, et qui ne fut détruit qu'en 1823, lorsque la ville de Paris fit construire, sur l'emplacement d'un jardinet dépendant de l'Hôtel de Ville, une salle de bal pour la fête donnée au duc d'Angoulême à son retour d'Espagne. La partie la plus large de la rue du Tourniquet était à son débouché dans la rue de la Tixeranderie où elle n'avait que cinq pieds de largeur. » (140)

Là habite donc Caroline, dans une maison dont le « pied » baigne dans des eaux noirâtres. C'est à juste raison que Pierre Citron fait observer (141) : « La description de la rue du Tourniquet Saint-Jean est une des plus saisissantes que (Balzac) ait faites d'un coin de Paris. Jamais auparavant il n'avait marqué si nettement la solidarité totale des êtres et des lieux qu'ils habitent. »

Cette intégration totale de la description au récit s'observe aussi côté Seine : « Avant 1830, le nom de la Grève avait un sens aujourd'hui perdu », écrit Balzac dans *Splendeurs et misères des courtisanes* (142), avant d'évoquer « toute la partie du quai, depuis le pont d'Arcole jusqu'au pont Louis-Philippe [...] alors telle que la nature l'avait faite, à l'exception de la voie pavée qui d'ailleurs était disposée en talus ».

135. L'un, très clair, figure à la page 267 du tome III de l'ouvrage de Ch. Simond, *Paris de 1800 à 1900* (Plon, 1900).
136. *Les Petits Bourgeois*, V,294.
137. *Une double famille*, I,411.
138. *Ibid.*, I,411.
139. *Une double famille*, I,425.
140. *Une double famille*, I,410.
141. Dans la notice d'introduction à *Une double famille* (cf. I,410).
142. IV,395. C'est après Juillet 1830 que la place de Grève prend le nom de Place de l'Hôtel de Ville, en hommage aux Trois Glorieuses.

L'Hôtel-de-Ville et l'Arcade Saint-Jean vers 1830 (Roger Viollet)

Ces précisions ne sont pas gratuites, non plus que la présence de l'Arcade Saint-Jean par laquelle surgit, venant de la rue du Martroi, Asie, poussant une voiture « dite des quatre saisons » (143). Avant l'agrandissement de l'Hôtel de Ville (144), « les deux puissantes murailles de l'Arcade Saint-Jean » (145) constituent le chemin obligatoire (si l'on excepte le temps des « grandes eaux ») entre la rue du Martroi et la Place. Ce goulet se présente comme le meilleur endroit pour provoquer un superbe « embarras de Paris ». En obstruant l'arcade avec sa charrette, Asie réussit, profitant d'un embouteillage monstre, à communiquer avec Vautrin dans le « panier à salade ». Elle va ensuite garer la charrette empruntée sur le quai alors en voie d'élargissement entre le Pont Neuf et la Grève, et la confie à l'« invalide », gardien du chantier. C'est là que la « véritable marchande » viendra la chercher. De l'édifice municipal, on n'aperçoit donc que l'arcade, indispensable à la péripétie mais, fait exceptionnel, c'est une vue prise *sous* la voûte :

> « Les deux puissantes murailles de l'Arcade Saint-Jean étaient revêtues à six pieds de hauteur d'un manteau de boue permanent produit par les éclaboussures du ruisseau ; car les passants n'avaient alors, pour se garantir du passage incessant des voitures et de ce qu'on appelait les coups de pied de charrette, que des bornes depuis longtemps éventrées par les moyeux des roues » [...] ce détail peut faire comprendre l'étroitesse de l'Arcade Saint-Jean. » (146)

Ce témoignage « typographique » unique, cette boue, ces bornes, complètent et corrigent utilement les gravures d'époque, lesquelles montrent, toujours présenté de face ou sous une oblique flatteuse, un arc de triomphe majestueux, mais jamais le couloir fangeux du récit balzacien !

Par ailleurs, à défaut d'un rappel des Trois Glorieuses, on trouve une allusion aux « affaires de Saint-Merry » lors des funérailles du général Lamarque (147) et une évocation sinistre des exécutions en place de Grève (148).

Plusieurs années après le témoignage d'*Une double famille*, en 1843, Balzac, au début des *Petits Bourgeois*, le justifie dans un vibrant plaidoyer en faveur du vieux Paris « qui disparaît avec une effrayante rapidité ».

> « Le tourniquet Saint-Jean, dont la description parut fastidieuse en son temps au commencement de l'étude intitulée *Une double famille* dans les *Scènes de la vie privée*, ce naïf détail du vieux Paris n'a plus que cette existence typographique. La construction de l'Hôtel de Ville, tel qu'il est aujourd'hui, balaya tout un quartier. » (149)

Naïfs détails, sombre lacis des rues illuminées quelquefois par la brève lueur d'une « nappe de soleil » (150) : autant d'éléments révélateurs de l'îlot disparu et qui préfigurent les premiers clichés de Marville (151).

La Halle et ses annexes

Au-delà de l'Hôtel de Ville, vers l'ouest, vient un autre « lobe du tissu cellulai-

---

143. *Splendeurs et misères des courtisanes*, IV,383.
144. De 1837 à 1841, en direction de la Seine.
145. *Splendeurs et misères des courtisanes*, IV,395.
146. *Splendeurs et misères des courtisanes*, IV,383.
147. *Les Secrets de la princesse de Cadignan*, IV,478.
148. *La Peau de chagrin*, VI,433.
149. *Les Petits Bourgeois*, V,294.
150. *Une double famille*, I,410.
151. Voir notre chapitre final : *Ceci ne tuera pas cela*.

re » (152), enclos également dans le rempart de Philippe-Auguste qui, dans ce secteur des Halles, frôle notre Bourse du Commerce (la Halle aux blés), englobe Saint-Eustache, coupe la rue Montmartre et la rue Saint-Denis. Dans cet énorme centre de négoce, les grands hangars et pavillons divers, « les carreaux », forment *la* Halle : Halle au singulier, réservée à la vente en gros, tandis que l'ensemble du marché, a fait tache d'huile et avec ses annexes se doublant souvent d'activités artisanales, constitue les Halles : *les* Halles, au pluriel, pour la vente en demi-gros et détail (153). Gérard de Nerval utilise à bon escient le singulier (154), Balzac indifféremment le singulier et le pluriel sans ignorer pourtant, semble-t-il, la différence d'emploi des deux formes (155).

L'ensemble pourrait être désigné du nom d'un des quartiers auquel il est administrativement dévolu : *le quartier des Marchés* (156) où se trouve la plus grande partie des installations de *la* Halle proprement dite, par exemple le Marché aux poissons, aux viandes, le Marché des Innocents, etc., ainsi que les célèbres Piliers. A la limite des quartiers *Saint Eustache* (157) et *Montorgueil* (158) on voit, près de la vieille église, au confluent de la rue Montmartre et de la rue Montorgueil, la pointe Saint-Eustache où se dressait jadis le Pilori. C'est le débouché de l'antique route du poisson de mer qui arrive par le faubourg et la rue Poissonnière. La rue Montmartre a une « belle tête », est-il dit dans *Ferragus* (159), et finit... « en queue de poisson », précisément à la Halle aux poissons ! Le célèbre *Rocher de Cancale,* souvent cité dans *La Comédie humaine*, est situé rue Montorgueil, c'est-à-dire dans le prolongement de la rue Poissonnière. Les Halles (au pluriel) débordent bien au-delà ; leur activité s'étend au *quartier des Lombards*, entre les rues Saint-Denis et Saint-Martin (160) ; elles intéressent aussi la partie orientale du *quartier Saint-Honoré*, notamment par la rue des Bourdonnais (161) ; et même, par la Halle aux blés (si nous revenons dans ce cas précis, au « singulier » et au marché de gros), le quartier de la *Banque de France* (162).

Les limites de *la* Halle sont restées à peu près inchangées de la fin du XVIIIe siècle jusqu'au départ pour Rungis : elle est bordée *à l'est* par la rue Saint-Denis, *au sud* par la rue de la Ferronnerie qui fait suite, vers l'est, à la rue Saint-Honoré ; *au nord*, au-delà de la pointe Saint-Eustache, par la rue Mauconseil (Halle aux cuirs en 1789). Le dôme hardi de la « nouvelle » Halle aux blés (elle date de 1767) forme comme un isthme avancé vers *l'ouest*. Si l'espace dévolu aux marchés est resté à peu près le même, il en va autrement des installations intérieures : tréteaux, échoppes, bâtisses hétéroclites sans cesse remaniées afin de gagner de la place et cela dès les origines presque immémoriales, en passant par les édits de réformation de la Halle au XVIe siècle, jusqu'au temps d'Haussmann et au-delà, quand l'irrémédiable blocage entraînera l'exode définitif. La génération de Birotteau a pu voir, notamment, le

---

152. *Ferragus*, IV,13.
153. C'est seulement après Haussmann que le pluriel général l'emportera, effaçant les distinctions que nous signalons.
154. Cf. *Nuits d'Octobre*, 1853 (Pléiade, chapitres XI, XII, XIII, XIV, pp.119 et suivantes).
155. Voir *infra.*
156. Cf. *Atlas Perrot*, 4ème arrondissement, plan n° 15.
157. *Ibid.*, 3ème arrondissement, plan n° 11.
158. Cf. *Atlas Perrot*, 5ème arrondissement, plan n° 20.
159. IV,13.
160. Cf. *Atlas Perrot*, 6ème arrondissement, plan n° 11.
161. *Ibid.*, 4ème arrondissement, plan n° 13.
162. *Ibid.*, 4ème arrondissement, plan n° 16.

cimetière des Innocents désaffecté (en 1780) et transformé en marché (en 1788 ; c'est le marché des Innocents) et l'aménagement, en 1818, du marché des Prouvaires.

A considérer les plans et, par ailleurs, les parcours de Birotteau et de Popinot, on constate que la Halle, « la grande Halle » (163) se présente comme une voie de passage sans que le « grand » marché soit jamais décrit : ni panorama ni vue d'ensemble, mais deux gros plans sur une périphérie qui participe sans doute aux activités de la fourmilière, mais lui reste cependant extérieure. Pour résumer, ce sont les Halles qu'on entrevoit, plus que la Halle. Un premier secteur, nettement délimité, est « le labyrinthe carrément enfermé par le quai (164), la rue Saint-Denis, la rue de la Ferronnerie et la rue de la Monnaie » (165) ; un second secteur, moins explicitement défini, se dessine comme un « carré long » enfermé entre la rue Saint-Denis et la rue Saint-Martin (166), jusqu'à la rue Grenétat au nord, et la rue des Lombards au sud. Là, demeurent, dans « l'espace carrément enfermé », l'oncle Pillerault et Camusot — du *Cocon d'Or* — rue des Bourdonnais ; plus à l'est, Madame Madou, dans une maison jaune en ruine, rue Perrin-Gasselin. Le second secteur, entre les rues Saint-Denis et Saint-Martin apparaît, si l'on considère l'ensemble du quartier, comme le plus fréquenté, avec un Gigonnet très « respecté » (167) qui fait « le cours de l'argent » rue Grenétat, le petit Popinot rue des Cinq-Diamants, Molineux à la Cour Batave, et les Matifat rue des Lombards. Si l'illustre rue Saint-Denis, qui marque la limite orientale du grand négoce, n'est dessinée, topographiquement, que dans sa partie faubourienne (168), les deux boutiques des drapiers Guillaume et Rogron peuvent être rattachées au quartier : le *Chat-qui-pelote* est situé au coin de la rue Saint-Denis et de la rue du Petit Lion (actuelle rue Tiquetonne), l'autre à une latitude indéterminée : pour les Rogron, « Paris est quelque chose d'étalé autour de la rue Saint-Denis » (169).

Les « entrailles de la ville » (170), désignées aussi de façon insolite, comme le « pancréas », ne sont pas, dans *La Comédie humaine* « le ventre de Paris » mais plutôt, à s'en tenir aux comparaisons anatomiques, le cœur de Paris, son centre quasi-géométrique sur la « grande croisée ».

Popinot traverse « la grande Halle » pour « aller de la rue Saint-Honoré à la rue des Cinq-Diamants » ; « je suis à la Halle », dit Birotteau revenant de chez Molineux (cour Batave) : « faisons l'affaire des noisettes ». Balzac n'a pas exploité, comme Zola le fera, le « pittoresque » du spectacle. Lecteur fervent de Rabelais, il a cependant négligé les montagnes de victuailles et concentré son attention sur le triste « fruit sec » de Madame Madou.

Dans ces entrailles, apparaissent les caractères habituels des quartiers anciens : lacis de petites rues labyrinthiques, « passages obscurs », « sentiers humides » générateurs de rhumatismes, par exemple autour de la Cour Batave (171). Par « le dédale

163. *César Birotteau*, IV,169.
164. Quai de la Mégisserie.
165. *César Birotteau*, IV,160.
166. C'est, administrativement, le *quartier des Lombards*.
167. *La Cousine Bette*, IV,215.
168. Cf. *Un début dans la vie* et notre étude consacrée à *La ville des douze arrondissements*.
169. *Pierrette*, III,13.
170. *César Birotteau*, IV,160.
171. *Ibid.*, IV,158.

obscur de la grande Halle » (172) on passe dans la « puante rue des Cinq-Diamants » (173), où « le ruisseau est toujours bleu, vert ou noir ». Cette petite rue
d'où partira la fortune de Popinot est précisément replacée entre « la rue des Lombards d'un bout et de l'autre la rue Aubry-le-boucher, en face de la rue Quincampoix » qui finira par l'absorber au temps du grand remaniement haussmannien (174).
Comme la rue du Tourniquet Saint-Jean, c'est une « petite rue étroite », donnant
difficilement accès aux voitures, et, comme elle, « si sombre, que, par certaines journées, il fallait de la lumière en plein jour » (175). Comme la rue Grenétat sa voisine,
c'est un de ces « cloaques industriels » (176) qui rappellent la rue du Fouarre et les
teintureries du faubourg Saint-Marceau, avec l'« aspect repoussant », le « caractère
horrible », « l'ignoble malpropreté des fabriques » (177).

Cependant, ce vieux quartier qui ressemble à d'autres vieux quartiers, est bien
la Halle. Balzac n'use pas, du moins dans *César Birotteau* (178), de l'accessoire médiéval ou Renaissance ; on chercherait en vain la Fontaine, les Charniers (179), le
souvenir des Innocents ou du Pilori ; mais quelques noms évocateurs apparaissent :
rue des Lombards, rue Aubry-le-Boucher, rue Mauconseil, et rue Quincampoix : « rue
illustre du vieux Paris » (180). Par ailleurs, à défaut d'un déploiement épique de
choux, viandes et volailles, on voit des « maisons envahies par une multitude de commerces » (181), et, seul passage vraiment caractéristique, dans le labyrinthe « carrément enfermé » (182) :

« Un nombre infini de marchandises hétérogènes et mêlées, puantes et coquettes, le hareng et
la mousseline, la soie et les miels, les beurres et les tulles, surtout beaucoup de petits commerces
[...] Ici, d'anciennes écuries sont habitées par des tonnes d'huile, les remises contiennent des my-
riades de bas de coton. Là se tient *le gros* des denrées vendues en détail aux halles ».

En dépit des harengs et des tonnes d'huile, cette présentation reste un peu sèche
et comme abstraite, avec ses « commerces » petits et grands (Balzac n'entrant pas,
comme le fera Nerval, dans la technique des échanges) et ses « marchandises ». A
défaut d'un tableau odorant et coloré, une notation auditive, avec l'ouverture sonore
de *César Birotteau* :

« Durant les nuits d'hiver, le bruit ne cesse dans la rue Saint-Honoré que pendant un instant ;
les maraîchers y continuent, en allant à la Halle, le mouvement qu'ont fait les voitures qui reviennent
du spectacle ou du bal [...] Point d'orgue [...] dans la grande symphonie du tapage parisien. » (183)

Ici, comme souvent dans *La Comédie humaine*, l'allusion se substitue à la description dédaignée, laquelle n'apparaît guère que pour la *Cour Batave* :

---

172. *Ibid.*, IV,164.
173. *Ibid.*, IV,172.
174. Lors de la percée du boulevard Sébastopol.
175. *César Birotteau*, IV,174.
176. *Ibid.*, IV,158.
177. *Ibid.*, IV,212.
178. *César Birotteau*, IV,212.
179. Présents chez Nerval : cf. *op.cit.*, chapitre VIII (Pléiade, pp.121-122).
180. C'est là qu'était installée la banque Law.
181. *César Birotteau*, IV,212.
182. *Ibid.*, IV,160.
183. IV,132. (« L'association auditive est le grand moteur de la création chez Balzac » dit Pierre
Abraham , cf. *Balzac*, éditions Rieder, p.62).

« Ce monument [...] est le centre des passages obscurs qui s'y donnent rendez-vous et joignent le quartier des halles au quartier Saint-Martin » (184) ;
« construction claustrale, à arcades et galeries intérieures, bâtie en pierre de taille, ornée d'une fontaine au fond, une fontaine altérée qui ouvre sa gueule de lion moins pour donner de l'eau que pour en demander à tous les passants, [...] sans doute inventée pour doter le quartier Saint-Denis d'une sorte de Palais-Royal. » (185)

Cet édifice alors récent, d'une certaine élégance de style (186), se fond dans le bourbier général, « monument malsain, enterré sur ses quatre lignes par de hautes maisons », « catacombes du commerce » qui abritent « très peu de Bataves et beaucoup d'épiciers », conclut Balzac qui, semble-t-il, n'apprécie pas plus, dans ces parages, les productions de l'art moderne que le pittoresque médiéval. De même, on n'entrevoit la Halle-aux-blés que par rapport à la rue des Deux-Écus où campe Gaudissart (187) et à la rue de la Jussienne où s'était établi, avant la Révolution, Jean-Joachim Goriot, « près de la Halle-aux-blés » (188). Si « la colonne qu'a fait bâtir » Catherine de Médicis « pour son astrologue Cosme Ruggieri » joue son rôle dans ce quartier de Paris au XVIe siècle (189), en revanche la remarquable coupole de Legrand et Molinos, édifiée en 1763, reconstruite en 1783 et réputée chef-d'œuvre, n'apparaît pas, en dépit de ses dimensions considérables et de l'intérêt souvent affirmé de Balzac pour les dômes.

César Birotteau « à son apogée », puis « aux prises avec le malheur », arpente en tous sens, en marches et contre-marches, le quartier des Halles. Dans ces allées et venues, ni César ni le jeune Popinot n'octroieront un regard aux tableaux « pittoresques » qui séduiront Nerval. Ils passent sans les voir, absorbés par leurs préoccupations. Les fameux piliers, décor romantique par excellence, sont introduits non dans *César Birotteau*, mais dans le court fragment intitulé *L'Hôpital et le peuple* où, reprenant en 1845 le thème des *Petits Bourgeois* (« le vieux Paris disparaît avec une effrayante rapidité »), Balzac ajoute les Piliers à « ce qui disparaît de Paris » après le Tourniquet Saint-Jean et autres « curiosités ».

«... A la honte de la ville on a reconstruit une sale maison moderne en plâtre jaune en supprimant les piliers. Aujourd'hui les piliers des Halles sont un des cloaques de Paris. Ce n'est pas la seule des merveilles du temps passé que l'on ait vu disparaître. » (190)

Sauval dans *Les Antiquités de Paris* présente cette « merveille » comme « un portique fort large et mal fait, appelé les piliers des Halles ». Il s'agissait de maisons à arcades plus ou moins larges sous lesquelles on pouvait circuler. Dans le *Petit Atlas pittoresque de la Ville de Paris en 1834* (191) on distingue nettement le double trait des Piliers longeant les rues de la Tonnellerie et des Piliers. Ce sont ceux qui ont été abattus entre 1817 et 1834. Ils constituaient, semble-t-il, même à la veille de leur

184. *César Birotteau*, IV,158.
185. *Ibid.*
186. Une aile subsiste, 60 rue Saint-Denis, signalée par J.-P. Babelon (cf. *Richesses d'art du quartier des Halles*, p.18). Il précise que l'ensemble des bâtiments fut élevé en 1795 par Sambre et Happe pour un marchand de toiles hollandaises, à l'emplacement de l'église du Saint-Sépulcre.
187. *César Birotteau*, VI,169.
188. *Le Père Goriot*, II,245.
189. Cf. *Sur Catherine de Médicis*, VII,236.
190. *L'hôpital et le peuple*, V,384. Voir également *Sur Catherine de Médicis*, VII,158, où la démolition des Piliers des Halles est annoncée.
191. Voir planche n° 15 (Quartier des Marchés).

La rue Saint-Denis en 1836 (photo Bulloz)

disparition, un marché actif où se pressaient les vendeurs d'étoffe et d'habits ainsi que d'autres négociants : l'on sait que « Monsieur Saillard avait épousé la fille d'un marchand de meubles, établi sous les piliers des Halles » (192).

Même s'ils revêtent en certains endroits un aspect de « cloaques », la boue et la vétusté ne sont pas ici, comme dans les autres quartiers, révélateurs de pauvreté. Sous des murs lézardés se dissimule la richesse d'une puissante « coterie » (193) en pleine ascension, dont le petit Popinot, dans sa puante rue des Cinq-Diamants, apparaît comme le symbole. Faut-il rappeler les Matifat qui tiennent le haut du pavé rue des Lombards (194), Camusot, du *Cocon-d'or* (195), Joseph Lebas, du *Chat-qui-pelote*, « une des lumières de la rue Saint-Denis » (196) ?

Les parfumeurs Birotteau et Crevel, de *La Reine des roses,* demeurent un peu en marge du « cloaque » (nécessité professionnelle !) mais appartiennent au même groupe social. Ces notables tiennent leurs assises au café David (197) au coin de la rue de la Monnaie et de la rue Saint-Honoré. Ils prendront leur précoce retraite dans un tranquille quartier de la rive gauche (198). En attendant, le dimanche, « jour où les industriels se dissipent et abandonnent leurs laboratoires » (199), ils se rendent à leur maison des champs, à Provins ou Saint-Leu. Alors, les cours du quartier sont « solitaire(s) et sonore(s) » (200). Plutôt par vanité que par réel dévergondage, ils font vivre dans le luxe tout un monde de lorettes. Crevel possède une immense fortune (201), et la poissarde de type classique, Madame Madou, passée de la marée au fruit sec, détient le « monopole » des avelines et se révèle commerçante avisée et rapace, en dépit de sa maison en ruine. « Fausse apparence de pauvreté », « richesse déguisée en pauvreté », dira Nerval (202) après Piganiol de la Force : « le quartier est peut-être le plus riche de Paris et celui qui le paraît le moins ».

La « femme de la rue des Lombards » est haut cotée sur le marché du mariage (203), elle n'est pas destinée à un Lousteau mais au comte de Restaud ou au baron de Nucingen. Il est possible qu'elle conserve, dans sa montée sociale, l'esprit « rue des Bourdonnais » ou la vulgarité de la rue Saint-Denis, mais si Madame de Sommervieux (née Guillaume) issue du *Chat-qui-pelote*, est un triste exemple d'inadaptation, Delphine de Nucingen (née Goriot) esquisse une percée au faubourg Saint-Germain (204) que sa fille, devenue Madame de Rastignac, peut espérer pleinement réaliser.

Si l'on excepte les Piliers, les Halles, plantées depuis les origines au milieu de la ville globulaire, ne sont donc pas l'objet d'une description pittoresque dans *La Comédie humaine*. On y voit les attributs inévitables des vieux quartiers, la boue, le dédale des rues étroites, mais c'est ici un décor trompeur. Il faut retrouver les Matifat, les Crevel, au milieu du luxe inouï déployé chez leurs maîtresses (205) pour comprendre

192. *Les Employés*, IV,530.
193. *César Birotteau*, IV,143.
194. Cf. *Illusions perdues*, III,481.
195. *César Birotteau*, IV,160.
196. *Ibid.*, IV,143.
197. *Ibid.*, IV,162.
198. Voir supra (à Saint-Sulpice).
199. *César Birotteau*, IV,174.
200. *Ibid.*, IV,174.
201. Cf. *La Cousine Bette*.
202. Édition citée chap. XII, p.120 ; chap. XIII, pp.121-122.
203. *La Muse du département*, III,255.
204. Voir *Gobseck*.
205. Voir infra nos remarques sur les espaces intérieurs dans *La Comédie humaine*.

que ces personnages ne sont pas de simples boutiquiers mais, à l'échelle de l'époque, de puissants chefs d'entreprise, et que les Halles, sous des apparences de quartier déchu, constituent encore l'élément moteur de la fabrique et du commerce parisiens.

Un quartier « infâme » : le Palais-Royal et ses abords

Il existe au nord des Halles, un peu au-delà de Saint-Eustache et de la Halle-aux-blés, mais en dehors du vieux rempart de Philippe-Auguste, une zone de transition : si la rue Coquillière (206) appartient encore à la catégorie des rues « ouvrières, travailleuses, mercantiles », les rues Soly et Pagevin (207) sont indiscutablement « infâmes » (208). En direction des boulevards, la situation s'améliore : le journaliste Vernou demeure rue Mandar (209), et la Fanny de Derville, rue Montmartre (210). En revanche, vers l'ouest et près de la Seine, entre le mur du XIVe siècle (celui de Charles V) et l'enceinte bastionnée de Louis XIII (les futurs grands boulevards) s'étend une zone de peuplement assez récent (211) dont la partie la plus ancienne présente, nichée près des Palais royaux et comme lovée parfois à l'intérieur de ces augustes résidences, un énorme foyer de purulence.

Le coupe-gorge du Doyenné, entre le Louvre et les Tuileries, a déjà fait l'objet d'une étude (212). Un second secteur « malsain » a pour centre le Palais d'Orléans, et cela depuis l'aménagement par le futur Philippe-Égalité et l'architecte Louis, du quadrilatère de maisons à galeries que nous connaissons, et des « provisoires » galeries de bois établies sur les fondations d'une aile abandonnée, faute d'argent, en 1784. Les galeries de pierre et de bois, ainsi que leur annexe la galerie vitrée (213), connaissent, à peine ouvertes, un fulgurant succès, et les « alvéoles » (214) se louent, dès l'origine, à prix d'or. Leurs multiples activités auxquelles la *Comédie humaine* fait maintes allusions : commerces, innombrables librairies (215), modistes « égrillardes » (216) fréquentées par Madame Vauquer, cafés, restaurants et traiteurs illustres (Chevet, Véry), théâtres, et jusqu'aux « ventriloques, charlatans de toute espèce » (217), ont donné lieu à des descriptions si souvent répétées que l'historien Pierre d'Espezel remarque avec raison : « Les bibliothèques de Paris sont pleines des éloges du Palais-Royal, tous rédigés sur le même thème [...] ces éloges stéréotypés, ces histoires de café, de filles galantes et de mauvais lieux [...] sont, à la fin, aussi fastidieux que les plus mornes *Morales en action*. » (218)

Le Palais-Royal de *La Comédie humaine*, supplanté petit à petit par le Boulevard, jette, dans la vie parisienne, ses derniers feux, mais il s'agit d'un brillant déclin puisque l'occupation étrangère récente (1814-1815) a marqué l'apogée de ces immorales galeries, avant le retour définitif des Orléans (en 1817) et l'entreprise d'assainissement

---

206. *Ferragus*, IV,20.
207. Disparues avec le percement de la rue Étienne Marcel.
208. *Ferragus*, IV,14.
209. Cf. *Illusions perdues*, III,499.
210. Cf. *Gobseck*.
211. Voir *L'expansion urbaine*.
212. Voir le chapitre intitulé : *Présence/Absence des monuments de Paris*.
213. Passage remplacé par « la belle galerie de pierre qui mène au Théâtre Français » (cf. *Illusions perdues*, III,475).
214. Cf. *Illusions perdues*, III,474.
215. *Ibid.*, III,476.
216. *Ibid.*, III,475.
217. *Ibid.*, III,475.
218. Pierre d'Espezel, *Le Palais Royal*, Édition Balzac (Calmann-Lévy), p.194.

méthodique menée à bien par le futur Louis-Philippe. Le Palais-Royal demeure placé sous le signe de deux activités étroitement liées, le jeu et la galanterie. Balzac, comme les échotiers ou mémorialistes, est attentif au trafic de l'argent qui se livre à la Bourse (219) et surtout dans d'innombrables tripots aux « agaçantes roulettes », à la « poésie vulgaire » (220). Rastignac joue au numéro neuf les derniers cent francs de Delphine (221) et Philippe Bridau, misant de l'argent volé, perd et gagne dans un « salon maintenant occupé par le théâtre du Palais-Royal » (222), ce qui vaut au lecteur une parenthèse sur « la technique des vrais joueurs » (223) ; « ce que le jeu ne prenait pas, les filles l'enlevaient », dit Pierre d'Espezel et, sans revenir sur la classification fameuse entre « castors » et « demi-castors », Balzac expose doctement la différence entre la prostitution dans les maisons des galeries de pierre et celle des galeries de bois (224).

« La fermeture des tripots, le 31 décembre 1836, après une folle nuit, sonne le glas du Palais Royal des filles et des mauvais garçons » (225) et Balzac déplore dans Z. Marcas (226) la suppression des maisons de jeu, qui prive le Trésor de gros revenus, comme il regrette qu'ait disparu « l'utile concentration des dames de petite vertu au Palais Royal » (227) avec la démolition des anciennes galeries de bois (en 1828) « où se parquaient ces brebis qui vont toujours où vont les promeneurs » (228). Mais, plus que le rappel d'activités trop connues, jeu et prostitution, le Palais Royal de La Comédie humaine vaut par la description de l'édifice lui-même : non, en fait la résidence princière, mais les galeries de bois, dans Illusions perdues (229). Ce morceau d'éloquence, plus encore que l'étonnement d'un jeune provincial, Lucien, exprime la nostalgie d'un vieux Parisien et, sans doute, la volonté de laisser une trace « typographique » des galeries récemment disparues : « Il est peu d'hommes âgés de quarante ans à qui cette description, incroyable pour les jeunes gens, ne fasse encore plaisir. » (230)

La description s'ouvre par une référence chronologique : « pendant trente-six ans » les galeries ont été le centre de la vie parisienne (trente-six ans, nombre fatidique, assez difficile à justifier, tout comme les trente-six ans du Doyenné) (231). Un peu plus loin vient un aveu d'ignorance : « ce bâtiment surgi sur ce point on ne sait comment » : ignorance affectée sans doute, mais il est possible que la date exacte de la construction (1784) soit oubliée. Plus étonnante est l'erreur qui fait poursuivre jusqu'en 1830 les destinées des galeries de bois, abattues par Fontaine en 1828, « au milieu d'un grand concours de badauds qui espéraient voir fuir d'un seul coup les milliers de rats qui les infestaient » (232). La Comédie humaine rappelle cette scène :

219. La Bourse, expulsée de l'église N.-D. des Victoires en 1806, est installée par Napoléon au Palais-Royal, avant d'être transférée dans le bâtiment actuel en 1826.
220. La Peau de chagrin, VI,431.
221. Le Père Goriot, II,262.
222. Petite salle construite en 1781 par Louis, elle sera achetée en 1789 par la Montansier qui, insolvable, en sera expulsée.
223. Illusions perdues, III,475.
224. La Rabouilleuse, III,106,113.
225. Pierre d'Espezel, op.cit.
226. Cf. V,611.
227. Splendeurs et misères des courtisanes, IV,286.
228. Ibid., IV,286.
229. Cf. III, pp.473 et suivantes.
230. Illusions perdues, III,473.
231. Cf. La Cousine Bette, V,27.
232. P. d'Espezel, op.cit., p.202.

« Tout Paris est venu là jusqu'au dernier moment ; il s'y est promené sur le plancher de bois que l'architecte a fait au-dessus des caves pendant qu'il les bâtissait. » (233) L'architecte est Fontaine, complétant, dans l'œuvre balzacienne, la trilogie privilégiée des bâtisseurs après Mansart et Gabriel, et ces planchers de bois couvrent les fondations de la galerie d'Orléans.

Les galeries de bois sont situées « en place de la froide, haute et large galerie d'Orléans, espèce de serre sans fleurs » (234) et la disposition générale des lieux est dessinée avec une précision presque photographique : « des huttes en planches assez mal couvertes » formant une « triple rangée de boutiques » qui déterminaient deux galeries les boutiques « sises au milieu » donnant sur les deux galeries, les autres s'ouvrant par « des jours de souffrance appelés croisées » sur le jardin et sur la cour. « Bazar ignoble » (235), « temple de la prostitution » (236), « toute cette infâme poésie est perdue » déplore Balzac qui, non content de ces appréciations générales, note certains détails qu'on ne rencontre, semble-t-il, que dans La Comédie humaine. On peut en retenir les murs, côté cour et côté jardin, « en mauvais plâtras » bizarrement protégés de petits treillages verts et bordés de pitoyables jardinets. « Fétidement arrosés », ils se fleurissent de prospectus et de « débris de mode ». Dans ces galeries, on piétine « le sol naturel » de Paris qui finit par former « des montagnes et des vallées de boue durcie » (237), « sinistre amas de crottes » ! « C'était horrible et gai », conclut le romancier, mais les formules hugoliennes au service de la vision épique des galeries de bois ne sont pas incompatibles avec le petit fait vrai, « l'étrange sonorité des lieux », les chaufferettes des marchands, l'air « méphitique » de ces « bouges » et, naturellement l'évaluation du montant des loyers (mille écus) !

Les galeries de bois sont ouvertes aux filles venant des « rues adjacentes » : elles peuvent emmener « leur proie » où bon leur semble (238), aussi la prostitution a-t-elle fait tache d'huile, créant un véritable quartier d'infamie dont le Palais-Royal est le noyau. La rue Fromenteau, entre la Place du Palais-Royal et le quai du Louvre (239), « n'est-elle pas tout à la fois meurtrière et de mauvaise vie » (240) ? Exemple typique pour Balzac, elle reparaît dans Gambara (241) : « rue sale, obscure et mal hantée, une sorte d'égoût que la police tolère auprès du Palais Royal assaini (242), de même qu'un majordome italien laisserait un valet négligent entasser dans un coin de l'escalier les balayures de l'appartement ». On voit, tout près de là, deux femmes « tatouées de rouge » buvant du cassis sur le comptoir d'un épicier ! Près de la rue Fromenteau « la rue de Langlade, de même que les rues adjacentes, dépare le Palais Royal et la rue de Rivoli » (243). Là, demeure Esther, dans un « paysage parisien » qui est une synthè-

233. Illusions perdues, III,475.
234. Oeuvre de Fontaine, architecte de Napoléon, à qui le Duc d'Orléans a confié la restauration du Palais en 1817. Fontaine, après la démolition des galeries de bois édifie, à la place de l'aile prévue par Louis, une galerie couverte sans colonnes, qui a subsisté jusqu'en 1935. Elle a été remplacée par le péristyle actuel qui a réutilisé les anciennes colonnes de Fontaine.
235. Illusions perdues, III,473.
236. Ibid., III,475.
237. Ibid., III,474.
238. Illusions perdues, III,475.
239. Elle a disparu avec l'achèvement du Louvre du côté de la rue de Rivoli. On l'orthographie aussi Froidmanteau.
240. Ferragus, IV,13.
241. Gambara, VI,589.
242. Les travaux d'assainissement entrepris depuis 1817 aboutiront à la démolition des Galeries de bois en 1828.
243. Splendeurs et misères des courtisanes, IV,285.

se de toutes les déchéances. Le passage Saint-Guillaume et l'« infâme rue Traversiè-re » (244) se trouvent aussi dans ce pâté disparu avec le percement de l'avenue de l'Opéra.

Les quartiers mal famés, comme tous les vieux quartiers, présentent des aspects déjà relevés et comme résumés dans les deux passages cités de *Ferragus* et de *Splendeurs et misères*. On y retrouve l'habituel lacis des rues étroites et sombres, orientées au nord, humides, froides, boueuses, non praticables, ordurières. Ces traits pourraient sembler excessivement reparaissants, si l'on n'y percevait une certaine adaptation de l'indice matériel à l'avilissement moral. L'ordure n'est pas seulement accidentelle, elle s'inscrit dans le paysage comme une maladie héréditaire. La Butte Saint-Roch (245) est une manière de décharge publique où se sont accumulés les immondices d'innombrables générations (246). Les rues étroites peuvent devenir des « impasses », des « fins de rues ». La vision nocturne, de règle pour ces quartiers, permet « des effets [...] singuliers, bizarres, inconcevables » (247), avec des ombres qui se jouent sur les fenêtres éclairées, et s'opposent aux « torrents de gaz » des belles rues comme la rue de Richelieu (248). Dans l'ombre épaisse des rues déshonorées, seul « de loin en loin un pâle réverbère jette sa lueur incertaine et fumeuse » (249).

A ces clairs-obscurs romantiques s'ajoutent des observations plus signifiantes. Alors que l'écrivain américain est encore peu connu en France, Balzac remarque « l'intérêt énorme que présentent dans les romans de Cooper un tronc d'arbre, une habitation de castors, un rocher, la peau d'un bison, un canot immobile, un feuillage à fleur d'eau » (250). Le regard des Indiens de Cooper, attribué par l'auteur aux policiers de Peyrade, est bien, en fait, son propre regard. Toujours à l'affût, il déchiffre des inscriptions sur les murs rue Pagevin, perçoit les bruits suspects et « paroles gelées » sortant des portes entrebaîllées (251), remarque au passage une équivoque boutique de lingère vendant de l'Eau de Cologne, ou interprète la présence insolite d'un fiacre. Le fiacre est un indice précieux (252), l'équivalent du « canot immobile » de Cooper, car s'il existe des fiacres honnêtes dont le roulement forme, avec celui des omnibus, le fond sonore d'un quartier (253), il en est de bien équivoques : Balzac prête à Maulincour son instinct de Mohican : « tous les fiacres stationnés lui disaient quelque chose »... (254)

Les quartiers « mal hantés » sont évoqués à partir de considérations générales sur les « qualités humaines » des rues, « assassines, infâmes » ; ils peuvent être esquissés à grands traits dans un sinistre « paysage parisien » et précisés par quelques touches symptômatiques. La présence et les déambulations de Ferragus, d'Herrera ou de la Cousine Bette permettront d'y ajouter quelques façades dégradées (255).

---

244. *Ferragus*, IV,13.
245. Non citée sous ce nom. Balzac parle de « monticule ».
246. Et les débris de la démolition de l'enceinte de Charles V.
247. *Ferragus*, IV,14.
248. Cf. *Splendeurs et misères des courtisanes*, IV,285.
249. *Ibid.*, IV,285.
250. *Ibid.*, IV,371.
251. *Ibid.*, IV,285.
252. *Ibid.*, IV,371.
253. Cf. *Z. Marcas*, V,612, où sont évoqués les fiacres qui traversent la place de l'Odéon.
254. *Ferragus*, IV,23.
255. Voir ci-après.

Le Marais

Une génération seulement sépare le Marais, création d'Henri IV, du quartier du Palais-Royal, œuvre de son fils Louis XIII, mais le Marais s'enfonce comme un coin entre l'enceinte de Philippe-Auguste et celle de Charles V, tandis que le Palais-Royal franchit hardiment cette dernière vers l'ouest, en direction du nouveau rempart. A lire *La Comédie humaine* et à déchiffrer les rues et les façades, c'est beaucoup plus qu'une génération qui semble séparer ces deux visages de la ville : le Palais-Royal et ses abords, rue de Richelieu, rue des Petits-Champs, font « étalage de tous les luxes » (256) tandis que le Marais, beaucoup plus marqué par les ans, reste un témoin figé du vieux Paris, entre l'Hôtel de Ville et la Bastille.

Si, à l'engouement pour la Place Royale et ses abords, ont succédé les fastes de la Place des Victoires et de la Place Vendôme, en attendant la vogue des Boulevards, le Marais n'est pas devenu pour autant « infâme » ou sordide. Les grands seigneurs, fixés maintenant au faubourg Saint-Germain, ont fait place à d'honorables petits bourgeois. Dans la subtile hiérarchie des quartiers, le Marais peut apparaître comme un quartier moyen, ni « toujours propre », ni « toujours sale », ni spécialement ouvrier, « travailleur ou mercantile » (257), mais à coup sûr un quartier honnête et même un tantinet bigot malgré l'accidentelle présence de Ferragus et certaines ténébreuses intrigues propres aux mondes fermés (258).

En restant dans le domaine de la réalité, on peut relever, parmi ces petits bourgeois, le nom des Dablin, des Sédillot, celui des Sallambier et celui des Balzac. Le « Tourangeau » Balzac est en effet un enfant du Marais par ses origines maternelles. En 1803, ses grands parents Sallambier demeurent rue du Harlay (actuelle rue des Arquebusiers). Ses parents se sont mariés Place ex-Royale en 1797 et, en 1814, après la nomination de son père à Paris (259), ils reviendront tout naturellement au bercail en se fixant au 40 rue du Temple. Pendant dix ans, de 1814 à 1824, pendant les années d'adolescence et de jeunesse où les impressions se fixent avec tant de vivacité, Balzac vit au Marais, à la fois sédentaire, dans les limites restreintes du quartier, et nomade, car les déménagements de la famille sont fréquents. On peut suivre Balzac terminant ses études à la pension Lepître, installée dans l'ancien hôtel de Joyeuse, rue Saint-Louis (actuelle rue de Turenne), puis chez Ganser et Beuzelin, dont l'établissement est situé à côté de l'hôtel Salé, 7 rue de Thorigny. On sait comment le jeune homme obtint de son père, après la mise à la retraite de ce dernier et le départ des parents pour Villeparisis (1818), de rester à Paris afin de faire ses preuves : il rédige *Cromwell* dans le « sépulcre aérien » de la rue de Lesdiguières (260). En 1822, on le retrouve, vivant de nouveau en famille, 7 rue du Roi-Doré, dans une maison qui existe encore et d'où l'on aperçoit, au-delà de la rue de Thorigny, les combles du bel hôtel d'Epernon. Il demeurera rue du Roi-Doré jusqu'au printemps de 1824 ; il y verra mourir la grand-mère Sallambier, dont les obsèques ont lieu à l'Église Saint-Denis du Saint-Sacrement. Ses parents retournant à Villeparisis, il se réfugie dans un pied-à-terre qu'ils ont conservé 7 rue de Berry (incluse dans la rue Charlot). C'est là son dernier séjour au Marais : à l'automne de 1824, il passe la Seine, et la location d'une chambre au 2 de la rue de Tournon, inaugure la liste de ses nombreux gîtes à venir.

---

256. Cf. *Splendeurs et misères des courtisanes.*
257. *Ferragus*, IV,13.
258. Cf. *Le Cousin Pons.*
259. Promu Directeur des Vivres de la Première Division militaire.
260. Cf. Lettre à Laure en date du 29 octobre 1819.

Par rapport aux quartiers précédemment étudiés, le Marais présente donc la profonde originalité de former le cadre d'une expérience vécue et la question se pose naturellement de savoir dans quelle mesure la petite patrie du Marais s'est imposée dans l'œuvre : recherche assez difficile, le caractère du Marais étant chez Balzac, nous l'avons dit, dans le juste milieu, un peu gris, un peu terne, aussi éloigné des splendeurs du faubourg Saint-Germain que des misères du faubourg Saint-Marceau.

Dans le roman intitulé *Un Ménage*, J.-K. Huysmans, « Hollandais putréfié de parisianisme » (261), fait parler deux personnages : un peintre (Cyprien) et un écrivain (André), le premier déniant au peintre le pouvoir d'exprimer ce qu'il appelle « la note spéciale d'un quartier » : « ce n'est pas l'affaire des peintres, c'est celle des hommes de lettres », encore faut-il y avoir demeuré et « roulé de toutes parts » (262). Ainsi André, l'écrivain, « regardant du haut en bas les rues, coordonnant soudain les réflexions qui lui étaient venues sans suite » (263) s'efforce-t-il de découvrir « la teinte générale » d'un coin de Paris qui lui est familier (264) ; « mettons un peu d'ordre dans nos idées, le quartier est complexe mais je le démêle ». Il conclut finalement : « il n'est rien de tel que d'habiter constamment dans une même rue pour ne pas la connaître ; elle vous rend presbyte » (265). Deux opinions contraires, celle du peintre, celle de l'écrivain. Balzac a vécu au Marais, il y a « roulé de toutes parts » comme le peintre, mais on ne le voit guère, à la manière de l'écrivain, s'efforcer laborieusement de « coordonner ses réflexions » en se disant : « ce quartier est complexe, mais je le démêle » ! L'effort ne se sent pas, et si la connaissance directe supplée au carnet de notes, une longue familiarité avec le Marais ne semble pas l'avoir rendu « presbyte ».

De son temps, le Marais est le nom d'un quartier du VIIIe arrondissement (266) dessinant un triangle dont la base, au sud, est formée par les rues des Francs-Bourgeois, Neuve-Sainte-Catherine et Saint-Antoine, la pointe nord étant le confluent de la Vieille rue-du-Temple que prolonge la rue des Filles du Calvaire, à l'ouest, et de la ligne des boulevards, à l'est (Boulevards des Filles du Calvaire et Beaumarchais). Cependant, le Marais balzacien s'étend très au-delà de ces frontières administratives : bien que les origines géographiques d'un terme désignant une zone de « coutures » ou cultures maraîchères ne soit pas rappelées, c'est avec raison qu'il est étendu aux zones bordières appartenant au même terroir : le quartier du Temple (267) (VIe arrondissement), le quartier du Mont-de-Piété (VIIe arrondissement) et « lieux circonvoisins » (268) : rues de Normandie, de la Corderie, rue Boucherat (269), rue d'Orléans (actuelle rue Charlot), rue et église des Blancs-Manteaux (270), rue de Montmorency, rue du Bec (271) ; autant de noms évoquant, hors du Marais proprement dit, le Marais balzacien, lequel reste fidèle, dans ses limites, à la dénomination traditionnelle liée à la géographie. Nous y ajouterons le quartier de l'Arsenal, entre la rue Saint-Antoine et la Seine (rue de la Cerisaie, rue Lesdiguières, église Saint-Paul,

---

261. C'est Huysmans lui-même qui se définit ainsi ! (Cf. *Le Dictionnaire des noms propres* de Robert).
262. *Un Ménage*, collection 10-18, p.336.
263. *Ibid.*, p.204.
264. Il s'agit, en l'occurrence, du quartier de la Madeleine.
265. *Op.cit.*, p.206.
266. Cf. Plan n° 29 de l'*Atlas Perrot* (1834).
267. « Marais du Temple, Coutures du Temple », disent les vieux plans.
268. Cf. *Les Employés*, IV,533.
269. Quartier du Temple.
270. Quartier du Mont-de-Piété.
271. Quartier Saint-Avoye.

greniers d'Abondance) que l'on a coutume d'associer au Marais en raison de ses splen
deurs monumentales. En effet, si le nom de Marais, remis à la mode depuis l'effor
de restauration actuel et pratiquement oublié depuis Haussmann et la réforme admi
nistrative de 1860, ne rappelle plus guère qu'à de rares initiés les antiques « coutures :
dont seule la toponymie garde la trace (272), il évoque, en revanche, un lieu où s
pressent de prestigieux hôtels classiques entre cour et jardin, et dont la place de
Vosges forme le fleuron. Le Marais de Balzac est exactement le secteur que les « pro
moteurs » immobiliers nomment, dans leur publicité, « le Marais historique » et c
vieux nom, Marais, reparaît aujourd'hui dans le parler parisien courant (273) aprè
avoir disparu de l'usage et de la carte administrative pendant cent ans. Avant la « réno
vation » des quinze dernières années, ce nom, que l'on trouve si souvent dans L
Comédie humaine, était à peu près ignoré du grand public.

Bourgeois du Marais pendant de longues années, il semble que Balzac ait été parti
culièrement intéressé par les origines de ce quartier (274). Cependant, bien que le
villes, comme il l'écrit quelque part, soient « filles des monastères », la filiation n'es
pas mentionnée pour l'enclos du Temple, pas plus qu'elle ne l'est pour les abbaye
de Saint-Germain des Prés ou de Saint-Martin des Champs. La Vieille-rue-du-Temple
et la rue du Temple (rue Sainte-Avoye et rue du Bec en aval) n'apparaissent jamai:
comme les chemins d'accès au noyau monastique. La sinueuse rue Saint-Antoine
n'est pas signalée comme l'antique voie romaine vers l'est. Dans La Comédie humaine
la naissance du Marais historique est relativement récente et liée, nous l'avons vu, à l
seule volonté de « nos rois » : Un début dans la vie rappelle le « lotissement » d
l'Hôtel Saint-Pol, et Le Cousin Pons l'« admirable dessein de la Porte et de la Plac
de France avec ses rues, commencé à construire ès Marais du Temple à Paris, duran
le règne d'Henri le Grand, l'an de grâce 1610 ». Cette citation n'est pas empruntée
Balzac : c'est le titre du Plan gravé de Claude Chastillon, « Chalonnais », auteur de c
projet non réalisé. Il se peut que Balzac l'ait eu sous les yeux et qu'il ait inspiré certain
explication donnée dans Le Cousin Pons à propos de la rue de Normandie (275).

Un autre « admirable dessein », plus admirable encore dans la mesure où il a ét
mené à bonne fin, est la création par Androuet du Cerceau et ce même Claude Chastil
lon probablement, de la Place Royale, dont l'écrivain se borne à rappeler le rôle mon
dain « au seizième siècle » (276). Par ailleurs, il déplore « la vogue injustifiée dont
joui le Marais durant le dernier siècle » (277). XVIe siècle : date de naissance ou pré
tendue telle, XVIIIe siècle, « siècle dernier » : en fait, période non plus de « vogue »
mais de décadence, la migration des nobles s'accélérant en direction du faubourg
Saint-Germain : il faut bien conclure à une chronologie quelque peu incertaine e
Balzac, dans Les Comédiens sans le savoir (278), préfère s'en tenir à un « autrefois »
moins précis pour dater la Place Royale.

Plat comme les eaux dormantes qui ont précédé les « coutures », le Marais ne
présente aucun accident naturel capable d'en offrir une vue d'ensemble, et il ne paraî
pas que l'écrivain ait jamais escaladé la colonne de Juillet, encore dans sa nouveauté
et dont il rappelle l'existence dans Histoire et Physiologie des Boulevards de Paris(279).

---

272. Rue des Coutures Saint-Gervais par exemple.
273. Et dans une station de métro récemment rebaptisée Marais-Saint-Paul !
274. Voir L'expansion urbaine.
275. Voir L'expansion urbaine et les références au Cousin Pons, V,180.
276. Cf. La Duchesse de Langeais, IV,61.
277. Le Cousin Pons, V,180.
278. Cf. V,363.
279. Cf. Oeuvres diverses, éd. Conard, tome III, p.617.

On l'imagine assez bien, en revanche, adolescent, courant « tout le Marais à pied, comme un chat maigre » (280) à la manière du docteur Poulain, et se pénétrant profondément de ce que J.-K. Huysmans appelle « la note spéciale », « la teinte générale » de ses rues. Peut-être l'accoutumance l'a-t-elle rendu assez indifférent à certains aspects monumentaux ? La Place Royale n'est décrite qu'à travers la Place Dauphine (281) : « La Place Royale fut la réplique de la Place Dauphine. C'est le même système d'architecture, de la brique encadrée par des chaînes de pierre de taille. » (282)

Outre que la Place Royale a servi de modèle à la Place Dauphine, et non l'inverse, on peut s'étonner de l'absence de la Place Royale dans le cadre du Marais, compte tenu du goût affirmé de l'écrivain pour le décor coloré de brique et de pierre qui reparaît souvent dans son lexique architectural (283), compte-tenu aussi de ces gracieuses arcades, qu'il admire tant dans les villes italiennes et dont il regrette ailleurs la démolition systématique (284). Il n'a pas vu ou voulu voir les galeries de la Place Royale. Accoutumance, ou refus d'un thème banalisé ? Si nombreuses en effet sont les descriptions des journalistes et échotiers contemporains, qu'il peut en résulter, dans la littérature de l'époque relative au Marais, l'impression d'un choix conventionnel et limité. Ce coin de Paris, trop souvent, s'identifie excessivement à la Place Royale et à son cortège de souvenirs, et c'est peut-être la raison pour laquelle le Marais de *La Comédie humaine* se trouve ailleurs, dans des lieux moins illustres, mais que l'expérience vécue a rendus plus familiers à Balzac.

L'Hôtel de Montmorency, occupé sous Louis XIV par le surintendant Foucquet, est cité deux fois : la première dans *La Duchesse de Langeais* à propos d'une localisation dans une rue populaire, indigne de « Monsieur le Prince de Montmorency », la seconde dans un fragment intitulé *Le Théâtre comme il est* (285) :

« Peu de personnes savent que l'hôtel de Fouquet, cette illustre victime de Louis XIV, existait encore dans toute sa magnificence en 1817, rue de Montmorency au Marais. Peut-être a-t-il été démoli depuis, mais jusqu'en 1824, il demeura dans son intégrité. L'on y remarquait une vaste salle des gardes et des appartements dans le goût de ceux de Lauzun à l'Hôtel Pimodan. »

L'hôtel de Montmorency s'élevait à l'emplacement de l'actuel n° 5 où l'on peut voir une façade Louis XV classée appartenant à un édifice reconstruit presqu'en totalité. L'allusion à l'hôtel de Montmorency, moins connu que d'autres résidences seigneuriales, révèle une fine connaissance du quartier. Deux autres édifices sont présents, que le jeune Balzac a eu tout loisir de contempler. De l'hôtel de Joyeuse, qui abritait la pension Lepître, ainsi que le rappelle Félix de Vandenesse (286), rien ne subsiste qu'une fontaine dite de Joyeuse au 41 de la rue de Turenne. En revanche, l'hôtel de Juigné (au n° 5 de la rue de Thorigny), contigu à la pension Ganser et Beuzelin, reste intact :

280. *Le Cousin Pons*, V,222.
281. De même l'Hôtel de Montmorency par comparaison avec l'Hôtel Pimodan (cf. *Le Théâtre comme il est*, V,399) et l'Hôtel Salé avec l'Hôtel Lambert (cf. *Sur Catherine de Médicis*, VII,219).
282. *Splendeurs et misères des courtisanes*, IV,384.
283. Voir le Château des Aigues (*Les Paysans*, VI,10) et le Château de Montégnac (*Le Curé de village*, VI,249) par exemple.
284. Dans *Sur Catherine de Médicis*, VII,158 et *Histoire et Physiologie des Boulevards de Paris*.
285. Cf. V,399.
286. Cf. *Le Lys dans la vallée*, VI,300.

« Magnifique hôtel qui disputait à l'hôtel Lambert l'admiration des Parisiens et des étrange
[...] l'un des plus beaux monuments de Paris. L'hôtel Lecamus existe encore rue de Thorigny, que
qu'au commencement de la Révolution il ait été pillé comme appartenant à M. de Juigné, l'arch
vêque de Paris » (287).

On ne relève aucun Lecamus parmi les occupants ou propriétaires de l'hôtel c
Juigné et il semble que Balzac ait quelque peu romancé l'histoire de cette « célèb
maison parlementaire » (288) qu'on retrouve dans le pedigree de la Maison Thu
lier (289). Parmi tant d'édifices célèbres du Marais, l'écrivain s'attarde sur ceux q
lui sont familiers et ne sont pas toujours les plus illustres. Il a conscience de la mena
qui pèse sur eux. Si l'hôtel de Montmorency « existait encore en 1824 », si l'hôtel c
Juigné « existe encore », ce n'est peut-être pas pour longtemps. D'un vieil hôtel rer
placé par une « immense bâtisse construite sous l'Empire » ne « subsiste qu'un ja
din » (290) : ce n'est qu'un exemple parmi d'autres, et c'est au faubourg Saint-Germa
maintenant qu'on peut trouver la splendeur des hôtels, « les grands jardins et le
silence » (291), car le Marais est un quartier déchu ; la noblesse « compromise » « a
milieu des boutiques » s'est enfuie (292). Seuls sont restés quelques « robins » fidèle
et la fiction, une fois de plus, est conforme à la réalité sociale quand l'écrivain locali
au Marais l'hôtel du comte Octave et le rez-de-chaussée loué au futur procureur Grai
ville, le premier rue Payenne, le second à l'angle de la Vieille-rue-du-Temple et de
rue Saint-François. En effet, sous Louis XVIII, la haute magistrature ne dédaigi
pas ce quartier où l'on dénombre un premier Président de la Cour de Cassation, u
Procureur Général, quatre Maîtres des Requêtes, sans compter l'illustre défenseu
de Louis XVI, le baron de Sèze, 20 rue des Quatre-fils. Cependant, les boutiquie
et bourgeois modestes l'emportent sur la magistrature. Tandis que le noble faubou
n'offre, chez Balzac, aucune trace de ces fonctions matérielles qui permettent au
gens de vivre, à croire que ses résidents sont de purs esprits, le Marais n'a pas de c
pudeurs. On trouve mainte preuve de cette regrettable démocratisation dans le *Pet
Dictionnaire critique et anecdotique des enseignes de Paris par un batteur de pav*
Il signale pour la seule rue Vieille-du-Temple, des cafés, des marchands de vin, ur
mercerie : « Au Saint Nom de Jésus ». Rappelons que sur la boutique de Rémonenc
on lisait encore « sur le tableau long qui couronne les vitrages de toutes les boutiqu
modernes », « Café de Normandie » (293). Mais le Marais n'est pas devenu por
autant un quartier très commerçant ou industriel. Il semble avoir gardé de ses origine
aristocratiques le caractère silencieux et calme auquel, parfois, nous sommes encor
sensibles de nos jours ; mais ce silence, attribut essentiel du noble faubourg (294
ne présente pas ici la même qualité. Presque proverbial au temps de Balzac, il n'appa
raît pas, au Marais, comme une vertu seigneuriale, mais comme lié à la somnolenc
de vies étriquées : celle d'un ancien marchand de bouchons (295) ou d'un passementie
retiré (296). « A minuit, le Marais est déjà couché depuis trois heures. La rue Sain
Louis, sa grand'rue, et la Place Royale, son centre, sont ensevelies dans l'ombre et l

---

287. *Sur Catherine de Médicis*, VII,219.
288. *Ibid.*, VII,219.
289. Voir nos considérations sur les maisons du deuxième cercle.
290. *Le Cousin Pons*, V,220.
291. *La Duchesse de Langeais*, IV,62.
292. *Ibid.*, IV,61.
293. *Le Cousin Pons*, V,202.
294. Cf. *La Duchesse de Langeais*, IV,62.
295. Cf. *Pierre Grassou.*
296. Cf. *Le Cousin Pons.*

mmeil », écrit l'Hermite de la Chaussée-d'Antin (297) rejoignant, dans ce propos, autres témoignages concordants : celui d'Henri Monnier par exemple (298) et de aymond Bruckner (299).

Pons et Schmucke vivent « dans une tranquille maison de la tranquille rue de ormandie, au Marais » (300) et « la rue de Normandie est une de ces rues au milieu squelles on peut se croire en province : l'herbe y fleurit, un passant y fait événement tout le monde s'y connaît » (301). Quand le chagrin de Schmucke, veillant son ni, le pousse à chercher refuge dans son art, « Madame, Monsieur et Mademoiselle apoulot », trio plein de respectabilité bourgeoise, font observer qu'« on ne doit s pianoter pendant la nuit dans une maison du Marais », et on lit dans *Les Em- oyés* qu'« à onze heures, tout était calme à la Place Royale » (302). La rue Saint- ouis apparaît comme le symbole de cette vertueuse médiocrité : il est dit à propos s caissiers dans *Melmoth réconcilié* (303) : « Ils vont au bagne, ils sont à l'étranger, végètent dans quelque second étage rue Saint-Louis du Marais. »

Quartier déchu et somnolent, telle est l'impression générale qui se dégage du arais, sans qu'aucune description « physique » soit même esquissée, sauf à propos, ut-être, de la chaussée des Minimes, « petite et large rue qui mène à la Place Roya- » (304). Malgré cette absence de « pittoresque », le Marais est étonnamment présent ns l'œuvre, grâce surtout à l'abondance des noms de rues plus nombreux que dans s autres quartiers. Elle témoigne d'une connaissance approfondie d'un lieu dont la upart des chroniqueurs et journalistes ne retiennent guère que la Place Royale. rue la plus fréquentée par les personnages balzaciens n'est pas la rue Saint-Louis, la grande rue » selon l'Hermite de la Chaussée-d'Antin, mais, bordant le quartier, Vieille-rue-du-Temple. On y trouve le « sombre hôtel » du procureur Granville, l'angle de la rue Neuve-Saint-François et, par ailleurs, tout un petit peuple de vieilles mmes : Madame Florimond, qui est cliente de Fraisier (305) et les dévotes amies Madame Crochard (306) ; Madame Fontaine enfin, « l'oracle du Marais » (307) nt la renommée, semble-t-il, dépasse largement le quartier (308). Rue du Roi-Doré, il a lui-même demeuré, Balzac loge le pauvre surnuméraire Sébastien de la Roche, i se rend « sur la pointe de ses bottes » du Marais à la rue Duphot, aux réceptions Madame Rabourdin (309). Au 9 rue de la Perle, loge le Sieur Fraisier ; Vautrin nduit Nucingen rue Barbette pour y rencontrer Esther mise en ouvrière (310) ; e d'Orléans (actuelle rue Charlot) se trouve le modeste cabinet du docteur Poulain, isin du bedeau Cantinet (311) ; rue Payenne, l'hôtel où s'est « enterré » le comte ctave. Des édifices imposants comme celui-ci ou des maisons modestes comme

---

297. Cf. *Le Livre des Cent-et-Un*, article intitulé *Les Pavés de Paris*.
298. Cf. *Le Livre des Cent-et-Un*, article intitulé *Une Maison du Marais*.
299. Cf. dans *Le Tableau de Paris en 1834 : Les Promenades de Paris*.
300. *Le Cousin Pons*, V,171.
301. *Ibid.*, V,180.
302. IV,534.
303. VI,530.
304. *Le Cousin Pons*, V,210.
305. Cf. *Le Cousin Pons*.
306. Cf. *Une double famille*.
307. *Le Cousin Pons*, V,206.
308. Cf. *Les Comédiens sans le savoir*.
309. Cf. *Les Employés*.
310. *Splendeurs et misères des courtisanes*, IV,334.
311. Cf. *Le Cousin Pons*.

La Rotonde et le Marché du Temple, vers 1843 (Roger Viollet)

a demeure du Sieur Fraisier peuvent être assez longuement présentés, mais la rue n'existe que par son nom seul, quelquefois reparaissant.

Les rues — La Vieille-rue-du-Temple en est un exemple — sont peuplées de gens d'un niveau social très différent, et il ne paraît pas possible, comme le font aujourd'hui les promoteurs immobiliers dans certains arrondissements (312) de distinguer les nuances entre « un bon » Marais, semi-aristocratique, et un marais plus populaire. Il semble cependant que le voisinage du boulevard du Temple et, peut-être, de la fameuse Rotonde, « vaste salle où s'amoncellent toutes les guenilles de Paris » (313), entraîne dans la pointe septentrionale du triangle dessiné par le Marais, un peuplement plus ouvrier. La veuve Gruget demeure rue des Enfants Rouges, partie de l'actuelle rue des Archives, entre la rue Pastourelle et la rue Portefoin, dans un lieu que l'auteur connaissait bien (314). A deux pas de là, rue de Bretagne, s'ouvre le Marché des Enfants-Rouges où la vieille passementière va quérir « de la vraie crème ». Le marché subsiste mais a perdu son nom (qu'on peut lire encore sur une lithographie de Huard). Un petit café, toutefois, s'appelle encore « Café du marché des Enfants-Rouges ». Perpendiculaire à la rue des Enfants Rouges et toute voisine, la rue de la Corderie (Corderie du Temple) où, dans deux œuvres séparées par une bonne dizaine d'années, *Ferragus* et *l'Envers de l'Histoire contemporaine*, la grisette Ida Gruget et Madame de la Chanterie exercent le même métier de corsetière ! « Dans cet obscur quartier » la noble dame « avait pris la profession de faiseuse de corsets » (315).

Les « parcours », très précis et toujours exacts, sont ceux d'un habitué du quartier. Madame de Granville, pour inciter son mari à louer rue Vieille-du-Temple « fit observer avec justesse que le quartier du Marais avoisine le Palais de Justice » (316), ce qui paraît, à notre époque peu férue de marche parisienne, un point de vue optimiste ! Le parcours de « Roger » est bien dessiné (317) : il emprunte, parmi d'autres petites rues, celle du Tourniquet Saint-Jean où se fixera son destin. Le sieur Fraisier, après avoir tenu conseil avec la Cibot, « saute sur le Boulevard comme une balle » pour attraper un omnibus, « coche moderne » qui le conduit en dix minutes à la hauteur de la rue de Choiseul, près de la rue de Hanovre où demeurent les Marville (318). Même parcours pour le Cousin Pons. Jules Desmarets se précipite du Ministère des Affaires Étrangères (c'est-à-dire du boulevard des Capucines) après consultation de son ami Jacquet, employé au Chiffre, en direction du Marais : il « arriva promptement à la Place de la Rotonde-du-Temple, il y laissa son cabriolet et vint à pied rue des Enfants-Rouges » (319). Ces parcours, effectués en sens inverse, celui de Fraisier, celui de Jules Desmarets, montrent bien le rôle de cette liaison est-ouest que sont les grands Boulevards, cette « Seine sèche » est-il dit par ailleurs (320).

En fait, les parcours sont peu fréquents et souvent assez brefs, car les gens du Marais sont des sédentaires. Ils poursuivent leur modeste train quotidien en automates dociles : Madame de Granville, de son hôtel à la chapelle de la rue Saint-Louis ; les

---

312. Par exemple, le treizième : il existe un « bon » treizième, et le Marais lui-même, subdivisé en Marais-Thorigny, Marais-Bastille, etc.
313. *Splendeurs et misères des courtisanes*, IV,394.
314. Il a habité dans un immeuble situé à l'angle de la rue du Temple et de la rue Pastourelle, aussi rue Portefoin au n° 17.
315. *L'Envers de l'histoire contemporaine*, V,431.
316. *Une double famille*, I,425.
317. Voir notre étude sur le quartier de l'Hôtel de Ville.
318. Cf. *Le Cousin Pons*, V,248.
319. Au n° 12 chez la Veuve Gruget. Cf. *Ferragus*, IV,39.
320. Dans *Histoire et Physiologie des Boulevards de Paris*.

Saillard, de la Place des Vosges à Saint-Paul et au café Turc ; la Cibot, plus activ
va et vient de la rue de Normandie à la rue de la Perle, à la rue d'Orléans, à la Vieil
rue-du-Temple, sans sortir cependant des limites de son village. Il en résulte une i
pression d'étouffement dans un monde clos.

En effet, même si les intrigues des *Employés,* du *Cousin Pons,* des *Petits Bourgec*
se ressemblent (321), le Marais, plus qu'aucun autre quartier de Paris (à l'exceptio
mais pour des raisons très différentes, du noble faubourg) donne l'impression d''
univers fermé, avec « le notaire du quartier » (322), « le médecin du quartier »,
garde assidue des femmes en couches rue Barre du Bec (323). Cibot est le plus anci
et « le plus estimé des concierges du quartier » (324), tandis que Madame de Granvi
apparaît comme une sainte locale : « la charitable Angélique fut promue ange » (325
Il est décidément bien vrai qu'au Marais « on peut se croire en province [...] tout
monde s'y connaît » (326).

Si le Marais sent un peu le renfermé, une certaine odeur de confessionnal n
est pas étrangère. L'imprégnation cléricale est très sensible : les « curés » (souve
simples vicaires) règnent en maîtres sur le quartier, gouvernant un peuple d'auxiliair
que les Parisiens nomment, assure Balzac, le « bas clargé ». Cette « milice ecclésias
que » (327), bedeau, suisse, chaisière, en rapport étroit avec le médecin du quartie
la garde-malade professionnelle et les portiers des maisons, forme une agence d'infc
mation ou d'espionnage. L'énigmatique abbé Gaudron, attaché à l'église Saint-Pa
et « qui a l'honneur de connaître Madame la Dauphine » (328), gouverne la dévo
Elisabeth Baudoyer, tout comme l'affreux abbé Fontanon dirige Madame de Gra
ville (329). C'est au Marais seulement qu'on voit paraître ces associations locales
les Fabriques (alors qu'il y en avait dans toutes les paroisses), où se nouent, ent
les paroissiens, des rapports d'entr'aide : Fabrique de Saint-Paul (330), Fabriqu
de Saint-François (331), au Marais seulement, un « dîner de curés » chez le com
Octave qui, d'ailleurs, s'en excuse auprès de ses collègues (332). Le bon abbé Lorau
curé des Blancs-Manteaux, est à l'opposé des Gaudron et Fontanon : on peut le su
poser janséniste, face à la congrégation jésuitique. Entre les deux, « le bon abbé D
planty », vicaire à Saint-François, est « sans méfiance ni malice » (333). Cette empri
du clergé explique sans doute que les seuls édifices publics présents, à l'exceptic
des cafés et théâtres du boulevard du Temple (étrangers, pensons-nous, au Marai
à l'exception, aussi, de la Rotonde du Temple, soient les églises, plus nombreuses i
que dans les autres quartiers de *La Comédie humaine.* Elles sont mentionnées, ma
non décrites, et il s'agit souvent de simples chapelles, connues des seuls initiés. T
n'est pas le cas, évidemment, de l'Église Saint-Paul, promue dans un article pompeu
du « Journal officiel » au rang de magnifique « basilique » (334). Isidore Baudoye

---

321. D'ailleurs, les personnages des *Employés* et des *Petits Bourgeois* se connaissent.
322. *Le Cousin Pons,* V,247.
323. Incluse en 1851 dans la partie sud de l'actuelle rue du Temple.
324. *Le Cousin Pons,* V,257.
325. *Une Double famille,* I,429.
326. *Le Cousin Pons,* V,180.
327. *Ibid.,* V,257.
328. *Les Employés,* IV,533.
329. *Une double famille,* I,430.
330. Cf. *Les Employés,* IV,532.
331. Cf. *Le Cousin Pons,* V,258.
332. Cf. *Honorine,* I,568.
333. *Le Cousin Pons,* I,258.
334. Cf. *Les Employés,* IV,564.

nt la femme sait « voir loin », frappé du « dénuement » du maître-autel, lui fait
n d'un « bel ostensoir digne d'une cathédrale » (335).

Deux sanctuaires, presqu'ignorés en dehors du Marais, pouvaient rappeler à l'écri-
in des souvenirs personnels : Saint-Jean-Saint-François, à l'angle des rues du Perche
d'Orléans, où s'est mariée une de ses sœurs (336), est la paroisse des « casse-noiset-
s ». Elle a accueilli le convoi du Cousin Pons, parti de la rue de Normandie « entre
ux haies de curieux, car, ainsi qu'on l'a dit, tout fait événement dans ce quartier ».
us modeste encore, « une petite chapelle sise rue Saint-Louis » (337) remplacée
1835 par l'église Saint-Denis du Saint-Sacrement, évoque le service funèbre de
grand-mère Sallambier ; c'est la chapelle où Angélique va faire ses dévotions, et
nt le voisinage a déterminé la location du « sombre hôtel » de la Vieille-rue-du-
mple (338).

Balzac, au total, semble sévère à l'égard du Marais : il en perçoit la décrépitude
les petitesses, plus qu'il n'est sensible à sa grandeur passée. Il néglige la Place des
osges et se cantonne dans des rues dont les tours et les détours lui sont familiers,
ais qu'il se refuse à décrire. Cependant, Vieille-rue-du-Temple, rue Saint-Louis,
e d'Orléans, d'autres noms de rues s'ajoutant et reparaissant : rue du Roi-Doré,
la Corderie, des Enfants-Rouges, finissent par imposer la vision d'un monde fermé
1, suivant des chemins immuables, vont et viennent des petits rentiers, des employés
x passions médiocres. « L'influence sacerdotale » se marque par la présence de
mbreuses églises, souvent citées, mais sans plus.

L'étonnant est que, s'en tenant le plus souvent à une probe et minutieuse localisa-
n de chaque élément du décor, l'écrivain réussisse à faire surgir et à imposer à la
émoire du lecteur un Marais tout en demi-teintes, et comme victime d'une fatalité
tachée à son nom.

ES MAISONS DU DEUXIEME CERCLE : INVENTAIRE ET DESCRIPTION

Si la notion de quartier, telle que nous venons de tenter de la cerner, n'est pas
ite uniquement de l'addition des maisons composantes, il est vrai que ces dernières
nt l'objet de descriptions souvent très précises, et qu'en cette matière, l'analyse
lescription des édifices) l'emporte largement sur la synthèse (vue générale et at-
osphère d'un coin de Paris). C'est donc aux maisons elles-mêmes que nous revenons
aintenant, anticipant encore sur la loi de 1948 pour envisager une seconde catégorie,
1 nous distinguerons, comme dans la première, maisons individuelles et maisons
llectives.

Les maisons individuelles

Voici, au degré inférieur de la hiérarchie, les « pavillons » (339). A l'exception
1 « château de cartes » (à vrai dire inclassable) d'Honorine, rue Saint-Maur, ces

---

335. *Ibid.*, IV,563.
336. Laurence, en septembre 1821.
337. *Une double famille*, I,425.
338. Cf. *Une double famille*.
339. Au sens actuel du terme et non à celui, assez exceptionnel, où il est employé quand il
git d'avant-corps d'hôtels seigneuriaux, par exemple le « pavillon » de l'hôtel de Verneuil où
meure le fils Hulot (cf. *La Cousine Bette*).

pavillons sont situés sur la rive gauche, non dans le cœur historique mais dans l'env
loppe moyenne de la ville ronde, entre le mur du XIIIe siècle et les boulevards e
Midi.

La maison de Phellion en apparaît comme le prototype. Si l'architecture, comm
il est dit dans *La Recherche de l'Absolu* (340) permet de « reconstruire » l'individ
dans toute la vérité de ses habitudes, et, avec lui, toute une « nature sociale »,
pavillon des Feuillantines illustre, mieux que les intrigues des Thuillier, le titre
l'objet même de cette œuvre inachevée : *Les Petits Bourgeois*. Cette acquisition lo
guement et précisément décrite (341), qui a coûté dix-huit mille francs en 183
est la réalisation d'un long rêve. Elle résume, en une suite de détails typiques, e
que Balzac appelle le « style Phellion », c'est-à-dire le style petit bourgeois, fa
de mesquinerie, de méfiance, de vanité. La demeure, « sans autre profondeur qu
celle des chambres », est « plaquée » contre une grande maison ; le plâtre qui endu
les moëllons, le badigeon jaunâtre des murs et même la peinture verte des volet
sont autant d'indices fâcheux, auxquels s'ajoute un excessif souci de sécurité (342)
deux grilles sur la rue, plus, entre la cour et la maison, une balustrade doublée d'u
haie, au milieu de laquelle se trouve « une porte de bois figurant une grille, plac
en face la double porte pleine de la rue » ; en outre, « deux chiens énormes ».

L'apport décoratif personnel du propriétaire consiste en plaques de marbre roug
et blanc, en pompeuses inscriptions latines, cadran solaire, statue de plâtre col
rié (343)... Cependant, et comme en dépit de la volonté de l'écrivain, cette maiso
paraît charmante en raison du mouvement de la façade agrémentée, à chaque extr
mité, de deux corps avançant d'une toise ; charmante en raison de cette balustrad
même, « à base en pierres de taille garnie de tuiles creuses mises les unes sur les autr
et couvertes en dalles » (344) ; charmante enfin et peut-être parce que l'impasse de
Feuillantines évoque inévitablement, pour nous, le vert paradis enfantin de Vict
Hugo ! Au total, une demeure vaste (cinq croisées plus deux) et confortable.

Nous avons déjà rencontré, situées symétriquement par rapport à l'axe Nord-Su
de la ville (rue Saint-Jacques, rue d'Enfer) l'« assez jolie maison » du professeur L
vrille, rue Buffon, et, dans la rue Duguay-Trouin en forme d'équerre, le pavillon d
professeur Marmus, dangereusement édifié au-dessus des catacombes (345). Le pr
fesseur de zoologie, tout occupé à marier des canards, demeure sans doute (peut-êt
est-ce un logement de fonction ?) dans une de ces maisons du XVIIIe siècle, dépenda
du Muséum et qui existent encore rue Buffon. Le second original, professeur de bot
nique comparée, se devait d'habiter une maison couverte de plantes grimpantes : « le
trois faces du pavillon, palissées, étaient trois murailles de verdure, percées de cro
sées » ; en revanche, la façade extérieure présente « le plus horrible aspect » (346
Même souci défensif que chez Phellion, avec un chaperon de mur hérissé de ronc
de bouteilles et de pointes de fer prises dans le plâtre (347). Alors que Phellion e
propriétaire d'une maison cossue, le professeur Marmus doit se contenter d'une bico
que à loyer modeste (sept cents francs en 1806, bail renouvelé sans augmentatio

---

340. VI,613.
341. V, pp.319-320.
342. Cf. « la peur, cette hideuse divinité » : *Les Petits Bourgeois*, V,296.
343. Cf. *Les Petits Bourgeois*, V,320.
344. *Ibid*. (on retrouve aujourd'hui ce type de balustrade dans les jardins à la mode, tels qu'o
peut les voir photographiés, par exemple, dans la revue *Maisons et Jardins*).
345. *Entre savants*, IV,503 et 512.
346. *Entre savants*, IV,512.
347. *Ibid*., IV,503.

en 1818 pour cause de vétusté) dont les pièces « se command(ent) » et « dont les planchers offr(ent) des hauteurs différentes, la propriétaire ayant « construit à différentes époques, au gré de ses besoins » (348).

Chez Marmus comme chez Phellion, le rez-de-chaussée comporte un couloir desservant la cuisine et la salle à manger, au milieu duquel se trouve l'escalier conduisant à l'étage. Chez Phellion cependant, attenant à la salle à manger, un « cabinet », tandis que le professeur Marmus échappe à sa famille en se réfugiant dans une dépendance au fond du jardin. L'écrivain attache à la distribution intérieure des pièces, qui est rarement omise, une scrupuleuse attention.

La maison de Racine, située dans ce qui fut autrefois un faubourg (349), dans « l'horrible petite rue » des Marais (actuelle rue Visconti), fournit la matière d'une longue description qui, presqu'à elle seule, constitue le fragment intitulé *Valentine et Valentin* (350). Ce passage est « archéologiquement » très riche, comme la plupart des ébauches romanesques de *La Comédie humaine* (351) puisque l'étude du cadre précède presque toujours celle des personnages. Ici, « tout trahit la bourgeoisie modeste », avec ces signes défavorables que sont l'exposition au nord, le plâtre badigeonné en couleur jaune, les corps de logis « plaqués » à des murs mitoyens et « d'une étroitesse incroyable ». La maison de Racine, dont Balzac suggère le rachat par la ville de Paris, ne se différencie pas essentiellement du pavillon de Phellion, sinon par le grand souvenir du poète, et certain vieil escalier à balustres des bois « qui ne manquait pas de naïveté ». Du moins n'y trouve-t-on pas les « grimaces du faux luxe », par exemple les petits balcons de fonte qui remplacent si mal le fer forgé. En 1822, elle est devenue, hélas ! une maison de policier (352)... Le lecteur s'égare quelque peu entre ces murs situés « à droite » et ces murs mitoyens surajoutés (353), mais il est possible que l'étude un peu obscure et désordonnée d'un haut lieu littéraire que Balzac connaissait sans doute bien, ne soit pas dépourvue de vérité historique : si les lieux primitifs sont difficiles à reconstituer, les anciens plans rappellent le voisinage de cet hôtel de La Rochefoucauld auquel il est fait allusion, et la gravure ci-jointe nous permet « d'entr(er) dans une cour, assez spacieuse » et de voir le « mur mitoyen garni de plantes grimpantes » évoqués dans la description balzacienne (354).

Les maisons collectives

D'un niveau nettement supérieur aux « pavillons », les hôtels de seconde catégorie ne sont pas, comme la plupart de leurs apparentés de la première catégorie, des biens de famille. Ils n'ont pas été édifiés par leurs actuels propriétaires ou leurs ancêtres, mais constituent des placements fonciers réalisés par des bourgeois. La grande bourgeoisie investit dans les beaux quartiers : les Camusot (de Marville) (355) et les Hannequin (de Jarente) (356) respectivement rue de Hanovre et rue Louis-le-Grand, à deux pas des Boulevards ; plus modestement les petits bourgeois se contentent du Ma-

---

348. *Ibid.*, IV,512.
349. Voir notre étude sur *L'expansion urbaine*.
350. Cf. II,452, 453.
351. Par exemple : *Entre savants.*
352. La Peyrade y a trouvé refuge.
353. Cf. *Valentine et Valentin*, II,453.
354. *Ibid.*
355. Cf. *Le Cousin Pons*, V,174.
356. Cf. *La femme auteur*, VI,404.

Cour de la maison de Racine, rue Visconti (sans date) (photo Bulloz)

rais (357) ou de la Montagne-Saint-Geneviève (358). L'achat d'une de ces maisons, souvent ancienne, se présente comme une opération spéculative où, semble-t-il, les femmes excellent : ainsi Madame Camusot (359) et Mademoiselle Thuillier (360). Ces dernières sont inspirées non seulement par l'intérêt, mais aussi par une vanité qui les apparente à César Birotteau (n'est-ce pas ironiquement que Balzac parle de « l'hôtel Minard » ?). La maison de la rue de Hanovre, où s'engloutit l'héritage de Madame Camusot, est en harmonie avec la particule usurpée des Camusot de Marville, et l'hôtel de la rue Louis-le-Grand s'accorde avec le nouveau nom de la notairesse Hannequin, née Becker et promue « de Jarente ».

La bâtisse honorée du nom d'hôtel ne se différencie pas des autres types de maisons par ses dimensions, qu'on pourrait supposer plus réduites : il en existe de très vastes (l'hôtel de Jarente a trois étages). Il ne s'agit pas, ou il ne s'agit plus, d'une résidence strictement privée, qui s'opposerait au caractère collectif des maisons locatives. Si le propriétaire se réserve souvent l'étage noble (encore Pillerault, propriétaire de Pons, reste-t-il fidèle à la rue des Bourdonnais), il cède souvent à bail une partie de son immeuble. L'hôtel des Saillard (361) rapporte huit mille francs et les hôtels de Jarente et Thuillier appartiennent aussi à la catégorie des maisons de produit, au sens large du terme (362), les locataires étant de riches bourgeois chez les Jarente, des gens modestes chez les Thuillier. Une seule locataire chez les Camusot : une « vieille dame » dont ils pourront opportunément reprendre l'appartement après le mariage de leur fille, évitant ainsi de « se mettre à loyer » (363).

Un hôtel de deuxième catégorie n'est pas nécessairement un « hôtel particulier », tandis qu'on imaginerait mal les d'Espard, les Granlieu, les Langeais « prenant » des locataires ! Mais il semble finalement qu'au milieu du XIXe siècle encore, la notion d'« hôtel » s'attache à la référence traditionnelle de bâtiment « sis entre cour et jardin », qu'il s'agisse de « grands » hôtels ou des constructions plus modestes qui nous intéressent ici : la demeure de Pons au Marais est « un hôtel entre cour et jardin » (364), de même l'hôtel de Jarente, encore que le jardin de la rue Louis-le-Grand paraisse très petit (365) ; l'hôtel Minard est bâti entre cour et jardin (366) ainsi que celui des Thuillier (367). A lire de plus près, l'immeuble des Camusot, par contre, *n'est pas* un « hôtel ». Il n'est jamais désigné comme tel parce qu'il s'ouvre directement (au nord) sur la rue de Hanovre, la façade sud donnant sur une cour prolongée par un jardin : c'est une « maison », tandis que les Saillard habitent « l'hôtel de la place des Vosges » qui, acheté quarante mille francs en 1804, est évalué à plus de cent mille francs vingt ans après ! (368)

On chercherait en vain, parmi ces édifices, un reflet de la splendeur des hôtels du Faubourg, ou de celle (d'un tout autre aloi), des « petits palais » de la rue La Bruyère. Certains d'entre eux sont, sans doute, d'anciens biens nationaux, peut-être la maison Thuillier « où ont passé la Robe et l'Art », certainement l'hôtel Minard

---

357. La maison où demeure Pons appartient à Monsieur Pillerault et est située rue de Normandie.
358. Comme les Thuillier et les Minard.
359. Cf. *Le Cousin Pons*, V,174.
360. Cf. *Les Petits Bourgeois*, V,205.
361. Cf. *Les Employés*, IV,530.
362. Les « maisons de produit » au sens restreint, sont des maisons neuves à but spéculatif.
363. Cf. *Le Cousin Pons*, V,236.
364. Cf. *Le Cousin Pons*, V,180.
365. Cf. *La femme auteur*, VI,404.
366. *Les Petits Bourgeois*, V,323.
367. *Ibid.*, V,295.
368. Cf. *Les Employés*, IV,530 et notre étude sur *L'expansion urbaine*.

qui est un ancien bien d'église sécularisé (369). Il semble que d'indignes propriétaires aient travaillé avec persévérance, au cours d'un demi-siècle, à déshonorer de précieuses architectures. Pour les agrandir et donc en augmenter le « produit », ils les ont surélevés, détruisant ainsi l'harmonie de leurs proportions, comme c'est le cas pour l'hôtel de Jarente ; surtout, ils ont fréquemment réduit les dimensions de la cour en édifiant sur cette dernière des bâtiments annexes. Il en résulte la présence, dans *La Comédie humaine*, d'un certain nombre de « doubles maisons » semblables à celles du Cousin Pons, dont « le devant, sur la rue » date du « dernier siècle » (370) ; de même, la cour d'un vieil hôtel de la rue de l'Université a été diminuée de moitié par « une grande maison nouvellement bâtie » (371).

De ces constructions « doubles », qui ont pour objectif l'utilisation maximum du terrain, la maison Thuillier offre un exemple amplement présenté (Balzac s'en excuse) dans *Les Petits Bourgeois* (372). Le plan en est très clair. Sur la rue, une laide bâtisse bourgeoise datant de l'Empire, où s'impriment tous les stigmates du « déshonneur », de la « profanation », imposés à d'aristocratiques « bijoux » (373) Ces symptômes ignominieux, toujours les mêmes, apparaissent dans « la façade de moellons ravalée en plâtre » (comme chez Phellion) avec des « rayures » creusées par « le crochet du maçon » afin d'imiter la pierre de taille. Deux corps de logis latéraux, convertis en magasins, sont « plaqués contre les maisons voisines » : étroitesse et mitoyenneté, encore. Cette forte bâtisse (sept fenêtres en façade) rapporte sept mille deux cents francs, pour un investissement minime de cinquante deux mille francs, effectué à la faveur des troubles de 1830. En parfaite opposition avec celle-ci on découvre la seconde maison, que les Thuillier se sont réservée, entre ce qui reste de la cour et le magnifique jardin. Dans cette partie du bâtiment, la pierre de taille, bien qu'« avariée par le temps », est une matière authentique. On retrouve ici les chaînes de pierre et les tableaux en briques rouges de la place Dauphine, du Château des Aigues et autres lieux (374). « Les fenêtres cintrées ont des masques pour ornements à la clef du cintre et sous l'appui » (375). La « couverture à quatre pans » est terminée en girouette, « percée de grandes, belles cheminées » et d'« œils-de-bœuf » (376). L'ensemble, assez vaste (cinq fenêtres et deux étages) conserve, malgré « un certain air de grandeur Louis-quatorzienne », « un style honnête et sans emphase » que les Thuillier et leurs prédécesseurs n'ont pas réussi à gravement altérer Malgré les « discordances » dues au souci de « moderniser » cette « majestueuse antiquité » (377), « l'observateur poète » (378) peut encore retrouver la trace du grand siècle dans la disposition générale de l'intérieur qui révèle « une large entente des besoins et des plaisirs » (379) et, surtout, dans certains détails décoratifs. Les dallages de marbre blanc et noir, nombreux dans *La Comédie humaine*, s'opposent aux carreaux peints en rouge des maisons plus modestes ; les « solives en saillie » quelquefois remplacées par des « caissons », les boiseries en chêne, la « serrurerie

369. Cf. *Les Petits Bourgeois*, V,323.
370. *Le Cousin Pons*, V,180.
371. *La Cousine Bette*, V,10.
372. Cf. V,294-295.
373. Cf. V,296.
374. Souvenir, peut-être, du Collège de Vendôme...
375. *Les Petits Bourgeois*, V,295.
376. *Ibid.*
377. Cf., par exemple, les doubles portes garnies de tôle qui se replient sur le mur durant le jour.
378. V,296.
379. V,295.

le la rampe » et les « balcons ouvragés » échappent cependant à l'ennui qui pourrait ¡aître d'un ensemble trop strictement « classique ». En effet, « la menuiserie est ourde », « bien que non sans mérite » et c'est sans ironie, semble-t-il, qu'il est fait llusion au « magnifique poêle (qui) orne la vaste antichambre » (380).

Autre relique architecturale sur la Montagne-Sainte-Geneviève, la « somptueuse ¡abitation » de l'ex-épicier Minard et de la « grosse Zélie », rue des Maçons-Sorbon-¡e (381) :

> « Ce vaste logis, entre cour et jardin, se recommande par le caractère à la fois élégant et noble ¡u règne de Louis XIII, placé singulièrement entre le mauvais goût de la Renaissance expirante et la ¡randeur de Louis XIV à son aurore. Cette transition est accusée en beaucoup de monuments. Les nroulements massifs des façades, comme à la Sorbonne, les colonnes rectifiées d'après les lois grec-¡ues, commencent à paraître dans cette architecture » (382).

Ces « enroulements massifs » qui définissent un style parfois improprement qualifié ¡e « Jésuite », qu'on retrouve, outre la Sorbonne, à Saint-Paul, au Val de Grâce et ¡utres monuments de même époque, caractérisent en effet l'art religieux de la première ¡noitié du XVIIe siècle, et l'on sait que l'hôtel Minard est une ancienne fondation ¡niversitaire. La maison Thuillier, charmant échantillon d'art civil, s'apparente aussi, ¡vec ses tableaux colorés, ses menuiseries lourdes, son toit à la française, au style Louis ¡III, plutôt qu'aux « grandeurs Louis quatorziennes ».

Au 22 de la rue de la Montagne-Sainte-Geneviève, on trouve une autre résidence ¡cclésiastique, l'ancien hôtel du cardinal du Perron. Bien que dégradé par des utilisa-¡ions « mécaniques », il révèle encore aux yeux exercés de l'architecte et de l'archéo-¡ogue (termes reparaissant dans le récit) « cette grandeur que le sacerdoce a imprimée ¡ux choses entreprises ou créées par lui » (383). Cette demeure, ennoblie par ses ¡rigines cardinalices et la présence d'un illustre locataire, le marquis d'Espard, a été ¡âtie sous Henri III, Henri IV, Louis XIII. Peut-être appartient-elle à « la Renaissance ¡xpirante » pour une partie et, pour l'autre, à cet art de transition cher à Balzac, ¡éduit en outre, ici, par le « naïf calembour » sculpté des deux luxueux perrons. ¡ Curiosités » encore, les traces des cordons des chapeaux romains dans les tympans ¡e la façade. L'intérieur, grâce aux soins du marquis, reste décent : « les peintures ¡...] offraient ces tons bruns aimés par la Hollande » (384). Si les étoffes sont peu ¡oûteuses, du moins n'y trouve-t-on pas « l'atroce papier moderne » et les « exécra-¡les gravures » des Thuillier (385).

Au total, alors que la splendeur des résidences seigneuriales parisiennes ne donne ¡ieu qu'à d'assez vagues allusions, c'est sur les hôtels bourgeois, et le plus souvent ¡etit-bourgeois, que se porte l'intérêt de l'écrivain. Ce sont des édifices plus anciens ¡ue leurs homologues du Faubourg (fin du XVIe et XVIIe siècle) qui ont été « livrés »

---

380. V,295. Peut-être s'agit-il d'un de ces beaux poêles en faïence du XVIIIe siècle qui devinrent ¡signes d'opulence dans les antichambres précisément, avec l'arrivée de Marie Leczynska.
381. V,323.
382. *Ibid.*
383. *L'Interdiction*, II,370.
384. II,370. Dans *La Rabouilleuse* J. Bridau peint son grenier-atelier en brun. L'amour des cou-¡leurs « chocolat », peu salissantes, persistera longtemps encore.
385. *Les Petits Bourgeois*, V,296.

à d'indignes acquéreurs ou d'« obscurs locataires » (386). L'écrivain se plaît, imitan
la démarche de l'historien, à recourir à la tradition orale pour l'hôtel du Perron
« un vieillard se souvenait... » (387) ou aux titres de propriété pour la maison Thuillie
à leur créer des origines sans doute inventées, mais vraisemblables : « quelle étud
curieuse que celle des titres de propriété dans Paris ! » (388) remarque l'ancien cle
de notaire.

La laideur des constructions ajoutées et des apports « modernes », met en vale
la noblesse des vestiges, mais qu'il s'agisse de vastes demeures provinciales (château
des Aigues ou de Montégnac) ou des modestes résidences parisiennes, actuel obj
de notre étude, le regard de l'archéologue se porte souvent sur les mêmes élémen
reparaissants : nombre des fenêtres qui permet d'en évaluer les dimensions et le poic
de l'impôt (souvenir de notariat !), décor coloré de brique et de pierre, merveill
de serrurerie, détail « curieux » ou « naïf », solives peintes, dallage, etc. L'imaginatio
de « l'observateur poète » est stimulée et s'exerce à la recherche de « légers fra
ments » (389) : rampe de fer forgé, boiserie, mascaron, qui lui permettent, à la maniè
de Cuvier étudiant un os, la reconstitution d'un ensemble. De ce point de vue, l'usu
des ans, les adjonctions et restaurations maladroites, permettent une investigatio
plus intéressante que certains chefs-d'œuvre demeurés intacts. Pour des raisons u
peu analogues, Balzac semble préférer les périodes de transition (390) (ou considéré
comme telles) qui offrent le plaisir de la découverte, aux perfections sans surpris
d'un classicisme achevé. Le style Louis XIII, qui assure le passage entre la Renaissanc
et l'art classique, le séduit visiblement.

Plus que dans les « pavillons », en raison du contraste avec les nobles architectur
anciennes, on voit apparaître, dans cette catégorie bâtarde des hôtels du second cercl
mélangeant le neuf et l'ancien, la vanité et l'ignorance d'une classe sociale.

LES MAISONS DU TROISIEME CERCLE : INVENTAIRE ET DESCRIPTION

Plus que par les « belles », « assez belles » ou « très belles » maisons, Balzac para
intéressé par la classe « la plus nombreuse et la plus humble », celle qui, placée a
degré inférieur de la hiérarchie, forme la troisième catégorie.

A la seule exception, semble-t-il, de la maison du « nouriceure » (391), on n
trouve, parmi ces réprouvées, que des maisons collectives. Elles font apparaître certain
caractères qui s'annonçaient déjà dans la seconde catégorie, mais en les additionnan
sans que rien vienne en corriger l'effet, et en aggravant ce cumul par le délabremen
la crasse et l'ordure généralisés. Pavillons, « hôtels », maisons à loyers : ces discrim
nations ne sont plus de mise ici. La grande maison locative qui superpose des gîte
médiocres, voire des taudis, est, dans cette troisième série, la plus fréquente et la plu
typique, mais il existe aussi, dans cet univers de la décrépitude, d'anciennes résidence
seigneuriales, dénaturées, méconnaissables, surpeuplées et sans rapport avec les pala
que sont, relativement à elles, les hôtels Thuillier et Saillard (392). (On se prend
penser que ces bourgeois ignorants ont, du moins, sauvé leurs précieuses acquisition

---

386. Cf. *L'Interdiction*, II,369.
387. *Ibid.*, II,370.
388. *Les Petits Bourgeois*, V,296.
389. *L'Interdiction*, II,370.
390. On en a, par ailleurs, un bon exemple avec le Louvre dans *Sur Catherine de Médicis*, VI
213.
391. Cf. *Le Colonel Chabert*.
392. Qui appartiennent à la seconde catégorie. Voir *supra*.

le la ruine). Les grandes maisons à loyers, et celles, plus anciennes sans doute, de
limensions plus réduites et qui gardent, dans leur délabrement, quelques nobles marques d'origine, présentent, nous le verrons, d'identiques symptômes. La frontière
qui les sépare est artificielle, car elles sont apparentées par leur commune dégradation
et leur situation identique dans la ville. C'est presque une vérité d'évidence que de
constater la localisation de ces maisons « souffrantes » : elles se pressent dans le vieux
Paris, à l'intérieur de la ligne des grands boulevards sur la rive droite et, rive gauche,
elles ne dépassent guère le Paris du XIIIe siècle. Elles appartiennent au noyau de la
ville ronde, à l'exception, cependant, de trois masures dont la détresse est de type
« faubourien ».

Déjà signalées sur les boulevards extérieurs, les deux premières bicoques situées
de part et d'autre de l'axe nord-sud (comme les pavillons de Lavrille et de Marmus
dans la deuxième catégorie) se rapprochent en outre par leurs origines semi-rurales :
au sud-est, derrière le boulevard de l'Hôpital, la cabane du nourrisseur Vergniaud ;
au sud-ouest, serrée entre le boulevard du Montparnasse et la rue Notre-Dame-des-
Champs, le refuge du baron Bourlac.

On voyait naguère encore, dans le secteur Jeanne d'Arc récemment abattu (393),
les baraques faites de matériaux de « remploi » : c'était, à deux pas de l'actuelle
rue du Banquier, le domaine des chiffonniers, formant comme une annexe intérieure
de la « zone ». Quant à l'entrée de la maison, marquée par des « pilastres en moëllons
[...] soutenant une poutre couverte d'un chaperon de tuiles » (394) on en trouve
encore souvent la réplique (dégradation exclue) dans les fermes d'Ile-de-France. Si la
présence en ces lieux d'une étable paraît aujourd'hui insolite, elle l'était beaucoup
moins au siècle dernier (395). Plus étrange peut-être est la « fabrique abandonnée »
découverte par Bourlac, dont il est précisé qu'il s'agit en fait d'une « fabrique de
vers à soie » ; « magnanerie » alimentée par « onze arpents plantés en mûriers » (396)
qui ne semblent pas avoir laissé de trace. En revanche, on rencontrait il y a peu de
temps encore à Gentilly, à Choisy-le-Roi par exemple, de ces bâtiments étroits, aux
murs unis, fermés au rez-de-chaussée et s'ouvrant, plus haut, par des « ouvertures
carrées » (probablement d'anciennes tanneries). On peut préférer à cette magnanerie,
à cette vacherie insolites le troisième échantillon de masure faubourienne : la bâtisse
en ruine où trouvent asile les religieuses proscrites d'*Un épisode sous la Terreur* (397).
Aux confins septentrionaux du faubourg Saint-Martin où souffle la bise, cette « chan-
celante bicoque » qui ressemble à « une vieille tour » prend, dans un paysage tragique,
une allure de Maison Usher.

A l'exception de ces quelques excentriques, les maisons décrépites se groupent
donc dans la vieille ville et composent, dans ce noyau urbain, des zones sordides
qu'Haussmann fera disparaître. Le regard de l'archéologue peut encore y découvrir,
çà et là, d'intéressants vestiges. Voici, à l'Arsenal, 7 rue de la Cerisaie, chez Madame
Clapart, « une tour carrée construite en grosse pierre et qui formait la cage de l'escalier » (398). Ailleurs, le cintre d'une porte « orné d'une tête de femme et d'arabesques
rongées par le temps » (399) : un « temps » un peu vague... On apprend allusivement,
après une longue description, que la tanière de Poupillier, rue Honoré Chevalier, est

393. Dans le 13e arrondissement.
394. Cf. *Le Colonel Chabert*, II,319.
395. A la veille de la Grande Guerre, il en existait encore une rue du Mont-Cenis, à Montmartre.
396. Cf. *L'Envers de l'histoire contemporaine*, V,448-449.
397. Cf. V,485.
398. Cf. *Un début dans la vie*, I,295.
399. Cf. *Une double famille*, I,411.

« une vieille maison bâtie sous Louis XIV » (400), « les murs plient » et elle appa-
raîtrait comme une ruine assez banale, sans une porte cochère qui « offrait le renfor-
cement circulaire indispensable dans une rue étroite, où deux voitures ne peuvent
se rencontrer » (401). Seule la maison du juge Popinot donne lieu à un relevé méthodique des « restes de splendeur » (402), moins intéressant, à vrai dire, que « la grotesque attestation » (Balzac dit ailleurs « enseigne ») (403) de l'état exercé par les
locataires « des maisons voisines », « bâties en colombage » ; « attestation » d'un
travail « mécanique » : ais de relieur, bâtons et cordes aux fenêtres supportant des
écheveaux de laine et chemises blanchies. La bâtisse semble s'émietter... Moins chan-
ceuse que son voisin l'hôtel du Perron, et sans doute d'une génération antérieure,
elle a « comme un ventre produit par le renflement que décrit le premier étage » (404).
(On retrouvera cet inquiétant surplomb chez Schmucke rue de Nevers) (405). Située
rue du Fouarre, « au treizième siècle la plus illustre de Paris » (406), son puissant
soubassement de grès est signe de grande antiquité ; elle a été restaurée sous François
Ier et présente les inévitables briques maintenues par des chaînes de pierre ; certains
détails laissent à penser qu'elle a logé, sous Louis XIV, quelque conseiller au Parlement. D'un ensemble composite, on peut retenir des « piliers de bois posés sur des
dés en pierre et qui figurent des ogives » et une « longue voûte à solives saillantes » (407). En face de la maison de Popinot, mais dans l'Ile de la Cité, rue Chanoinesse, l'hôtel de la Chanterie abrite les complices en charité du bon juge. Cet édifice
quasi-féodal (Tour Dagobert, escalier à vis) est imposant mais échappe à tout classement (408). Présentant « mille symptômes d'antiquité » il est le hâvre des « débris »
humains de la grande tempête qui emporta l'Ancien Régime. Egalement inclassable
mais, à l'inverse de l'hôtel de la Chanterie, faisant l'objet d'une « digression archéologique », voici la maison du *Chat-qui-pelote*, rue Saint-Denis. C'est une espèce de monument historique saisi, dès l'ouverture de la nouvelle, par le regard du peintre Sommervieux. Il en fera une toile exposée au « Salon » pour le plus grand plaisir des amateurs
d'antiquités médiévales, récemment remises à la mode.

Mis à part ces derniers édifices qui échappent à toute catégorie, pour les bâtisses
de la troisième zone menacées d'effondrement, la note archéologique se fait discrète,
beaucoup plus que pour les hôtels Thuillier, Minard ou du Perron. Elles peuvent
constituer, nous l'avons vu (409), le résidu d'un ancien quartier en démolition, comme
la maison de la Cousine Bette rue du Doyenné (410), ou déjà disparu (rue du Tourniquet Saint-Jean) ou profondément déchu (rue du Fouarre). Le travail destructeur
des hommes et des siècles, les débris d'un toit qui se délite et enfouit, sous des gravats,
une cour intérieure (411), intéressent plus, peut-être, l'archéologue de Paris, que telle
« merveille » respectée par le temps.

400. Cf. *Les Petits Bourgeois*, V,354.
401. *Ibid.*, V,353.
402. Cf. *L'Interdiction*, II,353-354.
403. Cf. *Le Cousin Pons*, V,353.
404. Sans doute s'agit-il d'un encorbellement.
405. Cf. *Une fille d'Eve*.
406. La Faculté des Arts, la plus fréquentée de l'Université, était située rue du Fouarre. Rue ouverte en 1215.
407. Semblable à celle qu'on voit encore, non loin de là, sur la Montagne Sainte-Geneviève, 11
rue Tournefort, dans une ancienne maison de gardes françaises...
408. Voir notre édition de l'*Envers de l'histoire contemporaine* au tome VIII de *La Comédie
humaine*, Édition Pléiade, p.1368.
409. Dans notre étude sur les quartiers.
410. Cf. *La Cousine Bette*, V,27.
411. Cf. *L'Interdiction*, II,352.

Si l'on trouve, dans la classe inférieure des immeubles, de petites maisons plus ou moins chétives et vétustes, les grandes bâtisses louées par appartements sont ici, à l'inverse de ce qu'on observe pour la seconde catégorie, les plus caractéristiques. La belle maison de Caroline, « l'assez belle maison » de telle autre, le sixième étage de Molineux, le quatrième de Pillerault n'ont certes pas d'équivalent dans le monde provincial de *La Comédie humaine* ; mais beaucoup plus que ces immeubles de bonne ou d'assez bonne qualité, les vastes habitations collectives sont vraiment révélatrices du Paris préhaussmannien. Elles en apparaissent peut-être comme l'aspect architectural le plus original.

Elles sont si typiques, ces tristes maisons, « comme il y en a des milliers à Paris » (412), « comme il y en a tant rue Saint-Denis » (413), « vieilles » mais jamais datées, qu'on pourrait croire — mais on ferait erreur — à un stéréotype. De même que certains édifices, plus élevés dans la hiérarchie, sont « magnifiques », « beaux », « dignes », etc. deux adjectifs couplés suffisent quelquefois à les définir, comme « étranges et malsains » (414), « ignobles, vulgaires » (415), voici une « infâme et horrible » maison rue Froidmanteau (416), une « façade suspecte et menaçante » rue de Charonne (417), des constructions « horribles » et « d'aspect repoussant », rue Grenetat (418), plus sobrement, une maison « mince et laide » rue Basse-du-Rempart (419). Cependant, la médiocrité et la misère, telles qu'elles peuvent transparaître dans ces « reliques domestiques » (420), donnent souvent matière à de nombreuses « descriptions architecturales » dont « la fantaisie de l'écrivain », selon la règle qu'il s'impose, ne « dénature pas les éléments » (421).

Plusieurs de ces « éléments » ont été déjà signalés ailleurs (422), à propos d'un certain déterminisme climatique et géologique, auquel n'échappent pas, il est vrai, quelques immeubles « assez beaux », mais dont les gîtes les plus pauvres se défendent plus mal encore : immeubles mal exposés, « humides et sombres », comme celui de Gobseck rue des Grès (423), soumis aux bises du nord, plongés dans les « ombres glaciales » (424). « L'obscurité naturelle aux premiers étages parisiens » (que dire des rez-de-chaussée !) est « redoublée par l'étroitesse des rues » (425), rue du Fouarre, rue du Tourniquet Saint-Jean par exemple. Une fatalité liée au gypse du sous-sol parisien impose à de trop nombreuses murailles un badigeon de plâtre : la généralisation de la façade plâtrée et même « mal plâtrée » (426) est une fâcheuse particularité de la troisième catégorie. Le climat « humide et froid » (427), le plâtre salpêtré (428) expliquent « je ne sais quelle couleur particulière aux taudis parisiens »(429):

412. *Ferragus*, IV,15.
413. *Pierrette*, III,15.
414. *César Birotteau*, IV,157.
415. *Ferragus*, IV,15.
416. *Gambara*, VI,609.
417. *La Cousine Bette*, V,139.
418. *César Birotteau*, IV,212.
419. *Une Fille d'Eve*, I,499.
420. *La Recherche de l'Absolu*, VI,613.
421. *César Birotteau*, IV,212.
422. Voir notre chapitre : *Le champ d'exploration de l'archéologue*.
423. Cf. II,128.
424. Cf. *La Rabouilleuse*, III,92 ; *La Cousine Bette*, V,29.
425. *L'Interdiction*, II,354.
426. Cf. *Splendeurs et misères*, IV,284.
427. Rue Férou, cf. *Melmoth réconcilié*.
428. *Les Petits Bourgeois*, V,332.
429. *Ferragus*, IV,40.

couleur « noire » (430) ou « jaunâtre de ton », ou « verdâtre » (431). Les murs d'un misérable hôtel garni, dévorés par le salpêtre, « portaient des taches vertes, ressuaient puaient comme le visage des hommes » (432). Les géographes diraient que de telles demeures ne sont pas affranchies des conditions locales !

Pour ces maisons déshéritées, rien ne vient corriger certaines disgrâces entr'aperçues déjà dans la seconde catégorie. Un grand nombre d'entre elles se présentent « ados sées », « accolées » au mur d'une autre bâtisse (433), donc « sans profondeur », et relativement élevées : un sixième rue des Quatre-Vents, un huitième rue Vieille du Temple chez Mariette Godeschal (434), d'innombrables troisièmes et quatrièmes (« ce quatrième étage », signe évident de déchéance (435), une « hauteur prodigieu se » (436), « tant d'étages » (437) : elles en paraissent d'autant plus étroites et « min ces ». Cette minceur apparaît dans le nombre réduit des fenêtres : trois par étage chez Ferragus, rue Soly, trois chez la Veuve Bridau rue Mazarine, deux seulement dans le taudis de la rue de Langlade qui, avec ses quatre étages au-dessus de l'entresol doit ressembler en effet à « un bâton de perroquet » (438). Les immeubles de la rue des Quatre-Vents (439) et de la rue de Navarin (440) font penser à « l'obélisque de Luxor » : image inattendue qui évoque le petit pignon aigu coiffant beaucoup de maisons anciennes (441), et qu'on peut croire inspirée par l'actualité, la publication de La Messe étant contemporaine de la mise en place du monolithe (1836).

L'« allée » apparaît comme l'attribut le plus caractéristique des maisons modestes et la « maison à allée » se distingue, au premier abord, de la « maison à vestibule » (par exemple, la maison de Caroline, rue Taitbout) : elle classe un immeuble. L'« al lée » est le couloir ou corridor qui, de la porte, conduit à l'escalier et aux cours « maison à allée » rue Soly (442), rue Mandar, chez le journaliste Vernou (443), chez Pierre Grassou (444), rue de Navarin ; chez Chaboisseau, quai Saint-Michel (445) chez le sieur Fraisier, rue de la Perle (446) ; « long boyau voûté comme une cave » chez la veuve Gruget (447), et la liste est loin d'être exhaustive ! Il règne, chez Madame Fontaine, « une puanteur particulière aux maisons à allée » (448) mais le comble du dénuement est peut-être l'absence d'allée, comme dans ce taudis de la rue Grenéta où « l'escalier descendait jusque dans la rue » (449).

Les « allées » débouchent souvent sur une de « ces petites cours intérieures si fréquentes à Paris » (450), « une de ces cours obscures où le soleil ne pénètre ja

430. *Une Fille d'Eve*, I,518.
431. *Ferragus*, IV,15-21.
432. Chez la Veuve Poiret rue des Poules ; cf. *Les Petits Bourgeois*, V,332.
433. Cf. par exemple : *Splendeurs et misères*, IV,286 ; *La Rabouilleuse*, III,92.
434. *La Rabouilleuse*, III,102.
435. Cf. *La Bourse*, I,180, 187, 188.
436. Cf. *Splendeurs et misères*, IV,286.
437. Rue Coquillière, cf. *Ferragus*, IV,21.
438. Comme les Jardies !
439. Cf. *La Messe de l'athée*, II,347.
440. *Pierre Grassou*, II,335.
441. Et qu'on peut encore voir, par exemple, rue Saint-Antoine et rue François Miron.
442. *Ferragus*, IV,15-40.
443. *Illusions perdues*, III,499.
444. II,335.
445. *Illusions perdues*, III,530.
446. *Le Cousin Pons*, V,225.
447. *Ferragus*, IV,40.
448. *Les Comédiens sans le savoir*, I,376.
449. *César Birotteau*, IV,213.
450. *La Cousine Bette*, V,77.

mais » (451), cour semblable à un « tuyau de cheminée » (452) ou à « un puits carré » (453), à « un vaste soupirail » (454), « cour dallée d'où s'élevaient des odeurs méphitiques » chez la veuve Poiret (455), « petite cour intérieure » encombrée par les ateliers d'un ébéniste, rue de la Perle (456). Leurs semblables n'ont pas encore disparu de nos jours (457), non plus que « les plombs », « une des plus ignobles particularités de Paris » (458), qui ajoutent à l'ensemble « leur quote part de puanteur » (459). « Tant de plombs et de conduits » (460), « tant de plombs empestés » (461) placent, sans conteste, un immeuble au rang le plus bas. L'écrivain ne les signale jamais dans les belles maisons qui, pourtant, à cette époque où le « tout à l'égoût » est rarissime, n'évacuent pas autrement les eaux ménagères.

Humidité, plâtre, « minceur », allées étroites, présence insistante des plombs : ce répertoire architectural dessine la physionomie des maisons collectives les plus modestes, qui apparaissent, dans *La Comédie humaine*, comme les plus typiquement parisiennes. « Les hommes sont obligés, par la cherté du terrain, de serrer leurs maisons les unes contre les autres », constate Balzac dans *Les Marana* (462). Les constructions doivent se soumettre à l'exiguïté des parcelles, et la pratique du notariat a pu familiariser l'écrivain avec ces mitoyennetés de maisons adossées à des murs communs, et le dédale des cours intérieures. Il semble très sensible à la morosité de tant de vieux logis. Étroitesse des rues bordées de hautes maisons, allées obscures, horizon « borné par de vastes murs » (463), tout cela fait un paysage « profondément triste » (464) et envoûtant à sa manière ; alors que les places publiques sont absentes de *La Comédie humaine* sauf allusivement, les innombrables petites cours, mondes fermés où stagnent d'indéfinissables odeurs, viennent ponctuer l'espace parisien cher à Balzac.

Cependant, la misère n'imprime pas de marques uniformes, comme pourraient le faire supposer certains « éléments » reparaissants. Il n'existe pas de « modèle » de délabrement (465), et ces maisons populaires, à côté de maintes similitudes ou analogies relevées ci-dessus, et en quelque sorte fondamentales, offrent une étonnante diversité. Ce n'est pas le résultat d'un effort concerté, mais d'une attention en éveil, sollicitée chaque fois par de nouveaux détails, souvent infimes. « Faites-moi voir par un seul mot, en quoi un cheval de fiacre ne ressemble pas aux cinquante autres qui le suivent et le précèdent », disait Flaubert (466). Balzac, souvent d'un mot, nous fait voir en quoi telle maison ne s'identifie pas à « cinquante autres » et, si l'image du cheval de fiacre paraît ici incongrue, on peut, revenant à l'architecture, songer aux bâtisseurs qui, dans les formes toujours les mêmes des stalles et des chapi-

451. *Gobseck*, II,130.
452. *Ferragus*, IV,21.
453. *Pierre Grassou*, II,335.
454. *Les Comédiens sans le savoir*, V,376.
455. *Les Petits Bourgeois*, V,332.
456. *Le Cousin Pons*, V,225.
457. Voir nos photographies.
458. *Splendeurs et misères des courtisanes*, IV,286.
459. *Le Cousin Pons*, V,226.
460. *Ferragus*, IV,21.
461. *Ibid*., IV,40.
462. VII,67.
463. Cf. *La Vendetta*, I,406.
464. *La Rabouilleuse*, III,92.
465. Comme il existe par exemple, un « modèle » petit bourgeois avec le pavillon de Phellion, ou un « modèle » du style moderne avec la maison Laginski.
466. Propos prêté à Flaubert par Maupassant dans la préface à *Pierre et Jean* (Édition Garnier, Paris, 1969, p.IX).

teaux, inscrivaient des motifs variant à l'infini. C'est dans les maisons les plus pauvre
que s'observent cette richesse et cette diversité du détail vrai et souvent inédit.

Les notations matérielles ont, dans *La Comédie humaine*, des « correspondances »
morales. Quelques-unes s'expriment clairement par le langage : les escaliers « tor
tueux » sont de mauvais augure, ainsi que les portes « bâtardes », généralement « misé
rables » (467) sauf quand elles sont anciennes et datent d'« avant l'invention des
voitures » (468). Les « jours de souffrance » méritent bien leur nom (469) et certain:
passages paraissent un peu louches, tel le passage du Soleil où s'est réfugié Hulo
et « dont le nom est une de ces antithèses familières aux Parisiens car ce passage
est doublement obscur » (470). Et que dire des « cabajoutis » comme celui de la
veuve Gruget (471) :

« Ce nom très significatif (472) est donné par le peuple de Paris à ces maisons composées, pou:
ainsi dire, de pièces de rapport. C'est presque toujours ou des habitations primitivement séparées
mais réunies par les fantaisies des différents propriétaires qui les ont successivement agrandies ; ou
des maisons commencées, laissées, reprises, achevées ; maisons malheureuses qui ont passé, comme
certains peuples, sous plusieurs dynasties de maîtres capricieux. Ni les étages ni les fenêtres *ne son.
ensemble*, pour emprunter à la peinture un de ses termes les plus pittoresques ; tout y jure, même
les ornements extérieurs. Le cabajoutis est à l'architecture parisienne ce que le capharnaüm est à
l'appartement, un vrai fouillis où l'on a jeté pêle-mêle les choses les plus discordantes » (473).

Si les maisons les plus modestes se ressemblent, elles gardent une originalité liée.
par exemple, à d'innombrables variantes sur le thème des portes, des fenêtres, des
escaliers, à certaine spécificité de la crasse ou de la ruine.

Les portes constituent, dans l'ensemble de *La Comédie humaine*, un « élément »
important pour l'interprétation « physiognomonique » d'un bâtiment. Il existe des
portes monumentales, de nobles antiquités, comme la porte de l'hôtel de Guais-
nic (474), des antiquités bourgeoises, par exemple à l'hôtel Cormon (475), à la maison
Claës (476) et, pour en revenir à Paris, des portes « à la mode », par exemple chez
César Birotteau, chez Caroline, rue Taitbout (477), chez Josépha, rue de la Ville-
l'Évêque (478). Les grandes portes « cintrées », sculptées, armoriées, cloutées, offrent,
certes, un beau sujet d'étude, mais on peut penser que les humbles portes, s'ouvrant
sur les « allées » des maisons malchanceuses, présentent un intérêt plus nouveau.
Ni avant Balzac, ni après lui peut-être, elles n'ont autant retenu l'attention des historiens et des « curieux », et il faut sans doute avoir lu *La Comédie humaine* pour remarquer ces « reliques domestiques » souvent tenues pour insignifiantes.

467. *L'Envers de l'histoire contemporaine*, V,448.
468. Cf. *L'Interdiction*, II,353.
469. *Z. Marcas*, V,608.
470. *La Cousine Bette*, V,157.
471. *Ferragus*, IV,39.
472. Et dont s'enchante visiblement Balzac, le seul à l'employer à notre connaissance : *Le Larousse du XIXe siècle*, d'ailleurs, étaie sa définition sur celle de Balzac dont il cite de larges extraits.
473. *Ferragus*, IV,39-40.
474. Cf. *Béatrix*, II,10,11.
475. Cf. *La Vieille Fille*, III,292.
476. Cf. *La Recherche de l'Absolu*, II,547.
477. Cf. *Une double famille*, I,417.
478. Cf. *La Cousine Bette*, V,35.

Le style-boutique des portes de Popinot, rue des Cinq-Diamants, paraît à la fois fonctionnel et couleur locale. Voici, minutieusement présentées, les « grosses portes ferrées peintes en vert-dragon, à longues bandes de fer apparentes, ornées de clous dont les têtes ressemblaient à des champignons, garnies de grilles treillissées en fil de fer, renflées par en bas comme celles des anciens boulangers » (479) : les secrets de l'huile céphalique seront bien gardés ! Dans les maisons ordinaires, sans vocation commerciale, les portes cochères, exceptionnelles dans la troisième catégorie, semblent, d'une certaine façon, réhabiliter un immeuble, tel celui où demeure, rue Montmartre, la vertueuse Fanny (480), si l'on considère que Coralie, rue de la Lune, n'a droit qu'à « une fausse porte cochère » ! (481) A l'inverse, les portes bâtardes annoncent la pauvreté ou la mesquinerie : porte bâtarde dans la fameuse maison de la rue des Quatre-Vents (482), « misérable porte bâtarde » rue Notre-Dame-des-Champs(483), « porte bâtarde » de la pension Vauquer (484), de la « petite maison » de Crevel, luxueuse certes, mais moralement indigne (485). Sauf quand elles sont réhabilitées par leur antiquité, elles se présentent, répétons-le, comme une fâcheuse attestation. En excluant les portes palières, minutieusement décrites elles aussi, voici encore une porte à claire-voie et à grelot rue Pagevin (486) ; à la pension Vauquer, « une porte à claire-voie armée d'une sonnette criarde », laquelle peut, la nuit venue, être « remplacée par une porte pleine » (487) et encore une porte-fenêtre, ainsi qu'une « porte pleine donnant sur le jardin, et surmontée d'un long carreau garni de barreaux en fer » (488). C'est, naturellement, la porte bâtarde qui encadrera le cercueil du Père Goriot (489).

Si les murs des vieilles maisons font penser à la peau malade du visage des hommes (490), les fenêtres, qui en sont peut-être les yeux (491), paraissent encore plus expressives que les portes. Comme nous l'avons constaté, elles sont presque toujours soigneusement dénombrées du rez-de-chaussée aux étages, en façade et, quelquefois, latéralement aussi (respectivement cinq et deux à la pension Vauquer). Elles rendent compte ainsi de l'allure générale d'un immeuble : massif comme la pension Vauquer ou en « bâton de perroquet » comme la maison d'Esther, enserré, « bloqué » ici, ou « isolé » (492) (c'est-à-dire qu'on peut en faire le tour) là. Sans doute l'ancien clerc de notaire, aspirant perpétuel à la propriété, évalue-t-il mentalement le montant de l'impôt, mais ce n'est pas seulement une habitude professionnelle ancienne qui introduit, dans *La Comédie humaine*, cet inventaire surprenant de baies multiformes. Ce qui a été dit des portes vaut pour les fenêtres : la double rangée de dix-neuf croisées au château de Rosembray (493), « les vitrages sexagones sertis de plomb », « la croisée

479. *César Birotteau*, IV,174.
480. Cf. *Gobseck*, II,130.
481. Cf. *Illusions perdues*, III,533.
482. Cf. *La Messe de l'athée*, II,347.
483. Cf. *L'Envers de l'histoire contemporaine*, V,448.
484. Cf. *Le Père Goriot*, II,218.
485. Cf. *La Cousine Bette*, V,77. On trouverait d'autres portes bâtardes en province, par exemple chez les Rogron (*Pierrette*, III,19), chez la veuve Granson (*La Vieille Fille*, III,292).
486. *Ferragus*, IV,15.
487. *Le Père Goriot*, II,218.
488. *Ibid.*, II,249.
489. *Ibid.*, II,307.
490. Cf. *Les Petits Bourgeois*, V,332.
491. Il y a un « œil de cyclope » dans les pignons du château des Touches (cf. *Béatrix*, II,33).
492. « Isolé», « bloqué » : c'est là style d'architecte ou d'urbaniste.
493. Cf. *Modeste Mignon*, I,277.

en ogive qui se lève presque aussi haut que le faîte » (494), les « croisées saillantes à tympans sculptés » de la maison Cormon (495), l'« élégant balcon » d'un appartement rue Taitbout (496) ; « les vitraux colorés et précieux » des croisées chez Foedora (497) : toutes ces fenêtres, qu'elles soient « antiques », nobles, bourgeoises, ou simplement à la mode, intéressent moins que les innombrables fenêtres des maisons populaires.

« La rouille de la maison » (498), c'est-à-dire sa misère, apparaît dans « les vitres sales et poudreuses » chez le juge Popinot (499), aveuglées par « une taie de poussière » chez Poupillier, faux-aveugle sans doute (500), dans les « chassis pourris par l'humidité et disjoints par l'action du soleil » (501) chez les religieuses proscrites, dans d'autres « chassis disjoints » encore, chez la veuve Gruget (502).

« Les jours justement nommés jours de souffrance » (503) sont le plus souvent liés aux escaliers (504), mais leur lueur parcimonieuse peut éclairer un « capharnaüm » (505) ou le couloir menant au saint des saints c'est-à-dire à... la Caisse, chez le banquier Nucingen (506) ! Si les fenêtres ont un langage, et si la « crémone » est l'indice d'un esprit de progrès (507), on ne comprend plus guère aujourd'hui ce qui peut différencier, à certain niveau de pauvreté, les « croisées à coulisses » (508) des fenêtres « à bascule » de la rue Grenétat (509). En revanche, les « mansardes », ou plus exactement les combles qu'elles baptisent, ont gardé tout leur sens : mansarde de Caroline déchue, de Flore expirante rue du Houssaye (510), de Finot (511), « sépulcre aérien » de Raphaël : mansardes de Mimi-Pinson et de Béranger dont Balzac, riche de l'expérience vécue, voit la misère plus que la poésie.

Les « baies des fenêtres » (512) apparaissent souvent comme « défendues », « armées », par de puissants barreaux, grilles et grillages : « barreaux de fer grillagés » aux fenêtres latérales de la pension Vauquer ; « grilles en fer à mailles si serrées qu'il est impossible aux curieux de voir la destination intérieure des pièces » chez le juge Popinot (513) ; « croisées dégradées défendues par de gros barreaux en fer très espacés, avec une saillie ronde semblable à celle qui termine les grilles des boulangers » chez Caroline, rue du Tourniquet-Saint-Jean (514). L'on retrouve jusqu'à Tarragone une « boutique armée de gros barreaux de fer, comme le sont à Paris les vieux magasins

494. *Béatrix*, II,12.
495. Cf. *La Vieille Fille*, III,296.
496. Cf. *Une double famille*, I,411.
497. Cf. *La Peau de chagrin*, VI,465.
498. *Une double famille*, I,411.
499. Cf. *L'Interdiction*, II,353.
500. *Les Petits Bourgeois*, V,353.
501. *Un épisode sous la Terreur*, V,485.
502. *Ferragus*, IV,40.
503. *La Messe de l'athée*, II,347.
504. Cf. par exemple, *Les Petits Bourgeois*, V,353 ; *Z. Marcas*, V,608.
505. Dans *La Bourse*, I,181.
506. Cf. *Melmoth réconcilié*, VI,530.
507. Cf. *Les Petits Bourgeois*, V,336.
508. Cf. *Le Cousin Pons*, V,225 ; *Ferragus*, IV,40.
509. *César Birotteau*, I,212.
510. *La Rabouilleuse*, III,187.
511. *Ibid.*, III,103.
512. *Béatrix*, II,33.
513. *L'Interdiction*, II,353.
514. *Une double famille*, I,411.

de la rue des Lombards » (515). Sur de pacifiques devantures, la grille, qui est aussi une manière d'enseigne, témoigne d'un souci de légitime défense, mais celle d'un certain marchand de vin « de la dernière espèce », au coin de la rue des Poules, « armée de barreaux formidables » (516), paraît franchement menaçante. Les grilles, en effet, « ne se ressemblent pas entre elles », comme il est dit des fenêtres du nourrisseur Vergniaud. Chez Caroline, les barreaux sont suffisamment espacés pour que « Roger » puisse apercevoir sa bien-aimée dans un rez-de-chaussée surélevé ; chez le juge Popinot, les « mailles serrées » du grillage et le souci marqué de dissimulation font pressentir, peut-être, le mystère d'une société secrète (les Frères de la Consolation). Le « regard de l'observateur » déchiffre le sens de ces grilles qui, sans nulle recherche artistique, bien au contraire, restituent, mieux peut-être que telle « merveille de serrurerie », un aspect du vieux Paris. Suppléant aux grilles ou les renforçant, le système défensif de l'usurier Cérizet, dans son garni de la rue des Poules, consiste en « énormes volets doublés de tôle et maintenus par des barres » (517). Dans certaine maison galante, sise au « Pâté des Italiens » (518) et que sa vocation coupable ravale au plus bas niveau, les fenêtres sont « pourvues de persiennes au dehors et de volets au dedans » (519). Ici comme chez Cérizet, il est précisé que les portes sont munies d'une « armature » analogue à celle des fenêtres « pour plus de sûreté » (520).

Après tant de grilles et de blindages, les « petits carreaux » et les jalousies de la pension Vauquer « dont aucune n'est relevée de la même manière » (521) introduisent une note plus bonhomme, de même que les perches chargées de linge qui souvent tiennent lieu de lambrequins (522). Ces oripeaux, auxquels s'ajoutent, rappelons-le (523), de petits jardins suspendus et, quelquefois, de naïfs volets découpés de jours en forme de cœur, tels sont les rares sourires des maisons populaires.

Passée l'allée, la déchéance des maisons de basse catégorie apparaît aussi dans un de leurs éléments essentiels, les escaliers. Ils sont présentés avec une rare minutie, mais les plus « curieux » ne sont pas toujours ceux qu'on pouvait imaginer. Dans *L'Envers de l'histoire contemporaine*, la description de la « vieille vis » qui monte en spirale le long d'un arbre sculpté (524) apparaît un peu comme une prose de guide touristique, comparée à l'escalier de Bourlac :

« un de ces affreux escaliers de brique et de bois, si mal mariés qu'on ne sait si c'est le bois qui veut quitter la brique, ou les briques qui s'ennuient d'être prises dans le bois, et alors ces deux matériaux se fortifient l'un dans l'autre par des provisions de poussière en été, de boue en hiver » (525).

Vision à la fois inhabituelle et très exacte. La boue apparaît comme un des matériaux de base des escaliers pauvres. « Callosités formées par la boue durcie » chez la veuve Gruget (526), « contre-marches de boue raboteuse » chez Madame Fontaine (527),

---

515. *Les Marana*, VII,63.
516. *Les Petits Bourgeois*, V,332.
517. *Les Petits Bourgeois*, V,333.
518. Sans doute entre le Boulevard et la rue Le Peletier.
519. *La Cousine Bette*, V,151.
520. *Ibid.*
521. *Le Père Goriot*, II,218.
522. Cf. *La Peau de chagrin*, VI,460 ; et, ci-dessus, chez Popinot.
523. Cf. notre étude sur les jardins (au chapitre I).
524. Cf. V,408.
525. V,448.
526. *Ferragus*, IV,40.
527. *Les Comédiens sans le savoir*, V,376.

« marches revêtues d'une couche de boue dure ou molle au gré de l'atmosphère » che
Gigonnet, rue Grenétat (528) ; chez le sieur Fraisier, « les marches boueuses porten
l'enseigne de chaque métier » (529). Avec la boue, vont de pair les ténèbres et le
sombres détours ; il existe toute une gamme d'escaliers obscurs, « fort obscurs » (530)
voués aux jours de souffrance : voici, rue Corneille, « un de ces hôtels où l'escalie
tourne au fond, éclairé d'abord par la rue, puis par des jours de souffrance, enfi
par un châssis » (531). S'il arrive que les premières marches soient « fortement éclai
rées » c'est, n'en doutons pas, pour les besoins du récit (532). « Escalier tortueux »
dans *La Messe de l'athée*, « tortueux escalier » chez Ferragus ; dans la maison-obélisque
de Pierre Grassou, « un petit escalier obscur à tournants dangereux » (533) et dans l
« bâton de perroquet » de la rue de Langlade, chez Esther, « un escalier mince, plaqué
contre la muraille et singulièrement éclairé par des chassis qui dessinent extérieuremen
la rampe » (534). Il en existe encore de ce type, de même qu'il reste de ces « escalier
droits qui ressemblent à des échelles, et par lesquels on grimpe à certaines mansarde
dans les maisons de Paris » (535) ; des cordes en guise de rampe (536), des balustre
vermoulus (537), des « marches usées qui tremblent sous le pied » (538) des « marche
palpitantes » (539) : tout annonce la ruine et peut-être une fin prochaine. On songe
par antithèse, à « l'escalier blanc comme les bras d'une femme » de l'hôtel Lagin
ski (540), à « l'exquise propreté des rampes » de l'hôtel d'Espard (541) ; finalement
l'escalier de la pension Vauquer, avec ses marches « en bois et en carreaux mis e
couleur et frottés » (542) apparaît comme assez honnête.

Inséparables de la voie de passage, allée, escalier, les loges de portiers ajouten
leur note sordide aux demeures de basse catégorie. Le « Genre Portier » (543), « mus
cle essentiel du monstre parisien » (544) et thème pittoresque un peu rebattu, échappe
ici à la banalité car il n'est pas présenté, dans *La Comédie humaine*, comme un échan
tillon socio-professionnel, mais plutôt, avec la variété de ses « cabanons », comme un
exemple typique du mal logé parisien. Rue de la Lune, le concierge est installé derrière
un des vantaux condamnés d'une porte, « percé d'un croisillon » (545) ; rue de Lan
glade, la loge est « nichée » dans « un enfoncement du mur, à l'entresol » (546) e
rue des Enfants-Rouges, chez la veuve Gruget, elle consiste en une étonnante « petite
maison de bois montée sur des roulettes » (547) ; rue Montmartre, chez Fanny, le
vitrage de la loge ressemble à « la manche d'une douillette trop longtemps portée

528. *César Birotteau*, IV,212.
529. *Le Cousin Pons*, V,350.
530. *Ferragus*, IV,40.
531. *Z. Marcas*, V,608.
532. Cf. par exemple, *Ferragus,* IV,15.
533. *Pierre Grassou*, II,335.
534. *Splendeurs et misères*, IV,286.
535. *La Rabouilleuse*, III,188.
536. Cf. *Un épisode sous la Terreur*, V,485 et *Les Petits Bourgeois*, V,353.
537. *Ferragus*, IV,40.
538. *L'Interdiction*, II,354.
539. *Les Comédiens sans le savoir*, V,376.
540. *La Fausse Maîtresse*, I,466.
541. *L'Interdiction*, II,359.
542. *Le Père Goriot*, II,218.
543. *Les Comédiens sans le savoir,*
544. *Ferragus*, IV,40.
545. *Illusions perdues*, III,533.
546. *Splendeurs et misères*, IV,286.
547. *Ferragus*, IV,39.

il (est) gras, brun, lézardé » (548). Très exceptionnelle, et significative, « une maison sans portier » où se cache Hulot (549).

Qu'ils soient promus « suisses » au faubourg Saint-Germain, ou « concierges » dans les élégantes maisons des nouveaux quartiers (550), les portiers n'en sont pas logés à meilleure enseigne, témoin cette « espèce de boîte » imaginée par Grindot sous un escalier rénové, et destiné à une « vieille femme » (551) ! Tandis que le vertueux juge Popinot héberge son portier dans une cave, où on peut l'apercevoir avec « sa femme et ses enfants grouillant, travaillant, cuisinant, mangeant et criant au milieu d'une salle planchéiée, boisée, où tout tombe en lambeaux » (552) ; peut-être Léon de Lora a-t-il réalisé un vœu secret de l'écrivain : « Je n'ai fait qu'une bonne action dans ma vie, c'est la loge de mon portier. » (553) Seule dans La Comédie humaine, l'affreuse Cibot dispose d'une « belle loge », mais « de tous les portiers de Paris, celui du Père Lachaise est le plus heureux » car « au lieu d'une loge, il a une maison » (554).

Ces pauvres maisons « comme il y en a tant à Paris », et qui forment la base immobilière de la ville, offrent donc un certain nombre d'éléments qui échappent souvent encore à l'histoire traditionnelle, y compris l'histoire de l'art, et qu'on découvre après une lecture de La Comédie humaine. L'étroitesse d'un bâtiment, les plombs, les portes bâtardes et autres, les fenêtres à coulisses et autres : autant de détails qui classent un immeuble et qui, « d'abord mis en place » permettent une approche immédiate d'un grand nombre de personnages, même si les apparences sont parfois trompeuses. D'emblée, l'échelle sociale du journaliste Vernou s'inscrit dans la maison à allée de la rue Mandar.

Il existe des maisons neutres dans leur laideur, « maisons de transition » qui échappent à la troisième catégorie grâce à leur situation dans de bons ou d'assez bons quartiers. Elles semblent trahir, chez leurs occupants, une certaine absence de personnalité : ainsi, rue de Suresnes, la demeure des falotes héroïnes de La Bourse, la maison de Nathan, faux génie dominé par sa maîtresse, la maison de Fougères, « petit esprit » et mauvais peintre. Si cette interprétation physiognomonique des maisons semble aventureuse, on ne saurait, en revanche se tromper sur la destination de certains gîtes. Les refuges successifs du baron Hulot en quête de chair fraîche, l'hôtel garni de la veuve Poiret sont, de toute évidence, en harmonie avec les êtres tarés qu'ils abritent. La maison en bâton de perroquet de la rue de Langlade, dans un quartier diffamé proche du Palais-Royal, apparaît comme une synthèse de toutes les ignominies. Elle ne peut être exploitée que par « des industries désavouées, précaires et sans dignité », d'où la présence d'un ferblantier associé bizarrement, dans ce désaveu, aux aimables grisettes qui se distinguent mal de la prostituée du quatrième étage : Esther (555).

Dans ces pauvres gîtes, l'absence de la classe ouvrière se fait plus sensible : seul témoignage d'un travail artisanal, des traces « grotesques » qui dégradent certaines fenêtres (556) et certains escaliers (557). L'escalier de la maison de la rue Grenétat

548. Gobseck, II,130.
549. La Cousine Bette, V,139.
550. Ibid., V,157.
551. César Birotteau, IV,180.
552. L'Interdiction, II,353.
553. Les Comédiens sans le savoir, V,371.
554. Ferragus, IV,40.
555. Splendeurs et misères, IV,286.
556. Cf. L'Interdiction, II,353 ; La Peau de chagrin, VI,460.
557. Cf. César Birotteau, IV,212 ; Les Petits Bourgeois, V,353.

où demeure l'usurier Gigonnet, est, à cet égard, caractéristique. Les « portes ouvertes »
ne laissent voir qu'une assez abstraite et comme « allégorique union du ménage e
de la fabrique », la présence des « fabricants » n'étant révélée que par des tas d'ordure:
et des « cris et grognements inouïs » qui rappellent la ménagerie du Jardin des Plan
tes (558). Ailleurs, rue du Fouarre (559) « les femmes chantent, les maris sifflent
les enfants crient » : bruit « furibond ». Les taudis infects de la rue Grenétat ne son
pas décrits, et bien que les portes en soient ouvertes, toute l'attention de l'écrivai
se concentre sur les plaques de tôle peintes en rouge qui les décorent. La splendeu
des lettres d'or, qui inscrivent le nom de l'entreprise, semble le retenir d'aller plu:
loin.

Les maisons vétustes abritent, dans *La Comédie humaine*, non pas tant les per
sonnages les plus pauvres, que les plus indifférents au cadre. Ainsi en est-il de l'ange
de charité de la rue du Fouarre, Popinot, et de l'ange musicien de la rue de Nevers
Schmucke, dont la maison noire est « raccommodée comme la faïence d'un potie
avec des attaches de fer » (560). Toute une catégorie d'usuriers, prêteurs sur gages
etc. se dissimule dans ces vilaines bâtisses, pour toutes les raisons qu'on peut imaginer
mais aussi parce qu'absorbés par une idée fixe, ils sont insensibles au décor. Sa passion
confère à Gobseck une manière de pureté, et rien mieux qu'une ancienne cellule
de moine ne pouvait lui convenir ; par son silence, la maison de Poupillier fait auss:
penser au cloître (561). Deux exceptions à ce dénuement des avares : l'escompteur
Chaboisseau, dans un délicieux appartement gréco-pompéïen qui se cache, il est vrai.
dans une modeste maison à allée (562), et Vauvinet, le seul « usurier bon enfant »
de *La Comédie humaine*, dans sa « très belle » maison du boulevard des Italiens (563).

Remarque déjà faite à propos du Quartier Latin (564) : beaucoup de maisons
de la dernière classe sont des pensions et hôtels garnis. Dans *Illusions perdues*, Balzac
déplore la médiocrité de l'hôtellerie parisienne, à laquelle n'échappent pas les riches
provinciaux eux-mêmes. Voici, dans les beaux quartiers, la chambre ignoble du Gaillard-Bois (565) où échoue Madame de Bargeton avant de se retrouver dans un appartement meublé, « somptueux mais incommode » (566) ; voici encore le « maigre
garni » de Gazonal (567) rue Croix-des-petits-champs. L'« hôtel garni décent » de
Madame du Val-Noble, rue Louis-le-Grand (568) semble unique dans son genre, et les
innombrables hôtels du Quartier Latin appartiennent à la plus basse catégorie. Pressés
sur la Montagne Sainte-Geneviève et ses abords immédiats, apparentés par leur situation
et leur médiocrité, ils dessinent cependant leurs hôtes en traits bien caractérisés. Quatre
de ces établissements, d'une pauvreté en quelque sorte croissante, sont révélateurs :
la pension Vauquer, au total assez convenable, semble faite pour un Rastignac soucieux
de sa dignité et ménageant l'avenir, tandis que l'hôtel Saint-Quentin, délabré mais très
propre, convient à l'ascèse que s'impose l'aristocratique Raphaël (569). Dans la même

558. *César Birotteau*, IV,212.
559. Cf. *L'Interdiction*,
560. *Une fille d'Eve*, I,518.
561. Cf. *Les Petits Bourgeois*, V,354.
562. *Illusions perdues*, III,530.
563. *Les Comédiens sans le savoir*, V,371.
564. Voir notre étude de la Montagne Sainte-Geneviève.
565. Rue de l'Échelle.
566. Rue Neuve du Luxembourg (actuelle rue Cambon) cf. *Illusions perdues*, III,437, 438.
567. Cf. *Les Comédiens sans le savoir*, V,362.
568. Cf. *Splendeurs et misères*, IV,353.
569. Cf. *La Peau de chagrin*, VI,460.

rue, Lucien se contente, trop facilement peut-être, d'une chambre « bien sale et dénuée » à l'hôtel de Cluny (570). Le plus horrible de ces gîtes, abrite, rue Corneille, une manière de héros spartiate, Z. Marcas, qui poursuit opiniâtrement son œuvre, indifférent à la hideur d'un antre « en forme de trapèze » (571). Quant au fameux « bocal aux grands hommes », défini ailleurs comme un obélisque, ce n'est pas un « garni » : si la bâtisse semble à Lucien « moins décente » encore que l'hôtel de Cluny, du moins d'Arthez y vit-il dans ses meubles ; Lucien n'éprouve que mépris pour une « maigre couchette », un « tapis de hasard » achetés au prix de grands sacrifices et dont l'indigence le rebute. Il trouvera mieux chez Coralie (572).

Les maisons les plus humbles qui bordent les rues ténébreuses du vieux Paris sont délabrées et sans âge. Elles forment un vaste paysage, avec leurs « toits pressés, océan de vagues immobiles » (573) qui couvrent des « abîmes peuplés », « le dédale humide et sombre » (574) des rues étroites dont elles sont inséparables. Cependant, plus que dans les panoramas, leur misère s'inscrit dans d'innombrables signes : cours, arrières-cours, murs bornant la vue (575), odeurs ignobles, couleurs incertaines, jaunâtres, verdâtres, plâtreuses, dans de petites portes, escaliers tortueux, sombres allées... C'est le Paris des profondeurs, où le prolétaire, qu'on ne voit pas, est omniprésent par un élément essentiel, sa misérable « coquille ».

ESSAI DE CONCLUSION SUR QUARTIERS ET MAISONS DANS LA COMÉDIE HUMAINE

En dehors d'assez rares informations concernant la physionomie d'ensemble des quartiers (ceux, précisément, que nous avons choisis comme exemples : Montagne Sainte-Geneviève, Halles, Marais, etc.) la carte des maisons aide à reconstituer la texture sociale de Paris, telle qu'on peut la déduire des données architecturales dispersées dans *La Comédie humaine.*

Les hôtels du noble Faubourg et du faubourg Saint-Honoré étalent leur splendeur dans un secteur nettement délimité, mais non pour autant décrit. Les quartiers neufs (Notre-Dame de Lorette, Europe) ou moins neufs (Chaussée-d'Antin) en dehors de la ligne des boulevards, exhibent, bordant les rues à trottoirs dont ils s'enorgueillissent, les grandeurs miniaturisées des hôtels nouveau style (tel l'hôtel Laginski).

Entre les Boulevards et la ville du XIIIe siècle, s'étend une enveloppe moyenne formée de tissus variés. Dans cette mosaïque, sur la rive droite, se trouve, à l'Ouest, une zone d'annexion relativement récente (elle date de Louis XVIII) qui fait encore figure de quartier moderne, avec d'« éblouissants magasins » (576) et tout l'éclat du luxe (rues Neuve-des-petits-Champs, Saint-Honoré, de Richelieu, Vivienne). Dans *La Comédie humaine*, ce quartier se révèle de peuplement assez dispersé, sauf près des grands boulevards (où ont élu domicile les Jarente, Marville, Desmarets) ou, à l'inverse, aux limites de la vieille ville, autour du Palais-Royal. Là, à l'ouest, se trouve une zone dangereuse (rue de Langlade, rue Fromenteau). Elle se prolonge, vers la Seine, par le coupe-gorge du Doyenné, tandis que, vers le nord, on rejoint l'inquiétant

570. Cf. *Illusions perdues*, III,450.
571. *Z. Marcas*, V,610.
572. Cf. *Illusions perdues.*
573. *La Peau de chagrin,* VI,460.
574. *Une double famille,* I,411.
575. Par exemple dans *La Vendetta*, I,406.
576. *Les Comédiens sans le savoir*, V,368.

domaine de Ferragus (rues Coquillière, Soly, Pagevin). Elle s'oppose violemment aux beaux quartiers entre lesquels elle s'insère (577) et surtout au paisible Marais oriental.

Sur la rive gauche, cette zone médiane est moins nettement définie, la ligne repère des grands boulevards étant absente. D'aspect provincial, elle est jalonnée, d'ouest en est, par ce qu'on pourrait appeler le bourg Saint-Sulpice (maisons de prêtres et de rentiers cossus tels Ragon, Matifat, etc.), les maisons à jardin des Marmus, Thuillier, Phellion, la maison Vauquer, qui pousse une pointe vers le faubourg Saint-Marceau ; plus loin, la maison de la rue Buffon (578).

Cette zone médiane se dégrade vers l'extérieur (le sud) en une sorte de semi-banlieue déjà rurale (vers le boulevard de l'Hôpital et le boulevard Montparnasse) ou vouée aux industries « polluantes » (une forge rue de la Santé) (579).

Le centre de Paris (la ville du XIIIe siècle) demeure fidèle à sa vocation d'origine avec, rive droite, un énorme foyer commercial : les Marchés (580), et l'Hôtel de Ville (581). La rive gauche reste universitaire, moins par la présence de la Sorbonne ou de la Bibliothèque Sainte-Geneviève, que par celle d'innombrables meublés.

Entre « la Ville » et « l'Université », la Seine reparaissante, avec ses ponts (surtout le pont des Arts) et ses noyés. Les Iles, en revanche, manquent de « présence » et dans la Cité, la rue Chanoinesse disparaît quelque peu, étouffée par la Conciergerie (582).

Le noyau ancien de la Ville, qu'on peut étendre sur la rive droite jusqu'aux limites de Charles V (583), et qui se borne, sur la rive gauche, à la ville de Philippe-Auguste, est de beaucoup le plus peuplé. On peut y dénombrer une trentaine de demeures, la plupart décrites. Si l'on excepte quelques hôtels anciens (Minard, du Perron, Saillard) et maisons bourgeoises (deux au Marais, une rue des Bourdonnais) ce sont des maisons de la dernière catégorie. Une seule « belle maison » égarée dans ce secteur, celle de Coralie, rue de Vendôme, près des théâtres. L'aspect des maisons imprime aux quartiers un caractère bien défini : c'est, à vrai dire, une interdépendance.

Les immenses domaines de province n'ont pas d'équivalent à Paris et les hôtels seigneuriaux du faubourg Saint-Germain et du faubourg Saint-Honoré apparaissent presque comme des abstractions. De leurs portes, on ne sait rien, sauf qu'elles sont infranchissables (584). Hormis cette catégorie, classée « exceptionnelle », les « maisons », à Paris comme en province, se construisent souvent autour d'exemples typiques assez longuement présentés : hôtels Laginski, Nucingen, maisons Thuillier, Phellion, etc., modèles pour gens riches ou petits bourgeois.

Il existe encore à Paris, dans la première moitié du XIXe siècle, un grand nombre de résidences particulières. Seules représentantes de l'échelon supérieur, elles l'emportent encore, par le nombre et par l'ampleur de la description, dans la première et la seconde catégories. C'est, en revanche, la haute bâtisse collective qui domine dans la classe immobilière la plus humble, et il semble bien que les escaliers tortueux et

---

577. Cf. *Splendeurs et misères des courtisanes.*
578. Celle de Lavrille. Cf. *La Peau de chagrin.*
579. Cf. *Le Colonel Chabert ; L'Envers de l'histoire contemporaine ; La Peau de chagrin.*
580. Cf. *César Birotteau.*
581. Cf. *Une double famille ; Splendeurs et misères des courtisanes.*
582. Voir *L'Envers de l'histoire contemporaine ; Splendeurs et misères des courtisanes* et notre étude sur la Conciergerie.
583. Voir notre chapitre sur *Le champ d'exploration de l'archéologue* : le rempart du XIVe siècle correspond, à l'est, à la ligne des grands boulevards jusqu'à la porte Saint-Denis et, à l'ouest, il est marqué par les rues de Cléry, du Mail, de la Croix-des-Petits-Champs.
584. Voir, par exemple, Lucien devant les portes de l'hôtel de Granlieu.

sombres arrières-cours aient plus de relief que les splendeurs un peu vagues du « Faubourg » ou les « curiosités » des maisons anciennes. Dans *La Comédie humaine*, les demeures qui échappent à l'histoire officielle, qui n'ont leur place dans aucun « guide », les maisons anonymes, sans chaînages de pierre ni grilles ouvragées, les maisons sans âge ou non datées, « vieilles » sans plus, occupent une place privilégiée.

Sans nier le goût de l'écrivain pour l'archéologie (au sens quasi-scientifique du terme) on ne saurait le considérer comme un connaisseur en cette matière, pas plus qu'il n'est vraiment connaisseur en peinture ou en art lyrique. Sa science est visiblement empruntée, mal assimilée, et sa désinvolture vis à vis de la chronologie, absente, vague ou inexacte, n'est que trop apparente. « La chronologie, l'histoire des sots » (585) proclame Raphaël. Cependant, après plus d'un siècle écoulé, on constate qu'un autre déchiffrage de la ville est possible, grâce à *La Comédie humaine*, en ce qui concerne, non les monuments publics, ni même les quartiers disparus, transformés, ou naissants, mais l'habitat des hommes. Des petits hôtels à la mode, mais surtout, de la masse des maisons « comme il y en a tant à Paris », qui passent inaperçues, parce que sans « pittoresque », il donne une vision nouvelle. D'une classe sociale sans doute majoritaire, mais il est vrai encore artisanale, Balzac n'a vu que les tristes abris, mais il les a observés mieux que les romanciers réputés « populaires » : Alexandre Dumas, Eugène Sue ou même le Victor Hugo des *Misérables*.

En ce sens, il est, sinon au regard de ses contemporains, du moins au nôtre, un véritable historien de Paris. « Tout est histoire, ce qui a été dit hier est histoire, ce qui a été dit il y a une minute est histoire » écrit Lévi-Strauss (586). Ce qui a été construit hier est archéologie, de même que les allées, les plombs, les jours de souffrance, d'âge incertain. Où s'arrête le passé ? L'hôtel Laginski, avec ses stucs encore frais, la maison de Caroline à peine achevée, rue Taitbout, les taudis de la rue Soly et de la rue de Langlade, tous ces aspects de la ville malade, mais aussi de la ville nouvelle, présentent un intérêt archéologique très supérieur, au fond, à celui de La maison du *Chat-qui-pelote*.

Tout se passe comme si Balzac, *archéologue de Paris* (archéologue sans appareil d'érudition, mais qui fouille et scrute le terrain grâce à son sens aigu de l'observation) avait prophétiquement perçu ce que devrait être cette histoire « globale » qu'on appelle « la nouvelle Histoire » et qui, dans son champ d'étude, n'élève aucune barrière entre le présent et le passé.

585. *La Peau de chagrin*, VI,458.
586. Cité par F. Braudel dans *Écrits sur l'Histoire*, Flammarion, Collection « Champs », p.104.

IV. « ESPACES INTÉRIEURS » ET DÉCORS : D'AUTRES VISAGES DE L'ARCHÉOLOGIE

GOUT « ARTISTE » ET LAIDEURS BOURGEOISES

Le président Camusot enseigne à sa fille Cécile que « l'archéologie comprend l'architecture, la sculpture, la peinture, l'orfèvrerie, la céramique, l'ébénisterie, art tout moderne, les dentelles, les tapisseries, enfin toutes les créations du travail humain » (1). L'intérêt porté par Balzac à toutes ces « petites bêtises », ainsi que les définit Cécile, est inégal et, si elles exigent une prodigieuse « réunion de connaissances », on peut penser qu'il les domine mieux dans le domaine de l'objet et du décor que dans celui de l'architecture. Témoin fidèle mais, semble-t-il, finalement assez indifférent en matière d'architecture moderne, il est en revanche passionnément intéressé par les aménagements intérieurs et, comme Pons, atteint de « bricabracomanie », même s'il lui arrive de dénoncer la surcharge d'un salon ou boudoir (chez Laginski par exemple). Une de ses faiblesses est peut-être de se vouloir « connaisseur » et sans doute, comme il advint plus tard à Emile Zola et Anatole France, fut-il assez naïvement victime d'antiquaires sans scrupules. Mais peu importe après tout l'authenticité douteuse d'une toile de maître ou de telle « commode de la Reine » ou fontaine de Bernard Palissy : l'embellissement de la Cassinière, du boudoir de la rue des Batailles et de l'hôtel de la rue Fortunée, fut l'un des intérêts les plus réels de sa vie.

Dès 1829, il se défend contre certaines accusations de prodigalité : « il n'y a pas de luxe chez moi (2), mais il y a du goût qui met tout en harmonie » (3), et de parler franges, rideaux, tapis, et du papier bon marché posé par son ami Latouche. Sa mère, si elle consent à venir demeurer chez lui rue Basse, en 1840, aura une chambre « aussi élégante » qu'il « sait les faire », avec un tapis de Perse venu de la rue Cassini (4). Plus tard on percevra, à travers les lettres à l'Étrangère, les durs reproches de Madame Hanska, inquiète de voir le « trésor Loulou » dilapidé en bronzes, tapis, plats de céramique. Les dernières lettres de Balzac adressées de Wierzchownia à sa mère, atteignent au pathétique pour un lecteur qui le sait frappé sans espoir par la maladie. Éloigné du « quart du diamètre de la terre » (5), il veut achever l'installation de l'hôtel de la rue Fortunée pour en faire une demeure digne de l'ex-comtesse Hanska devenue enfin Madame de Balzac. D'octobre 1848 au printemps 1850, la correspondance familiale a pour thème unique, si l'on excepte les questions financières toujours présentes, non seulement l'achat et la livraison des meubles, mais encore un nombre infini de vases, pendules, flambeaux, menus objets qui révèlent la manie bibelotière, et dont il précise minutieusement la place. Par ordre chronologique, relevons d'abord, dans les instructions laissées à sa mère avant le second départ pour Wierzchownia

---

1. *Le Cousin Pons*, V,188.
2. Rue Cassini.
3. *Correspondance*, Édition R. Pierrot, tome I, p.379. A Laure Surville, 14 février 1829.
4. *Ibid.*, IV, p.217. A Laure Surville, fin novembre 1840.
5. *Correspondance*, Édition R. Pierrot, I, p.246. A Laure Surville, 8 octobre 1847.

en septembre 1848 (6) : vase de serpentin vert à mettre à neuf, vases de saxe bleus, bibliothèque en marqueterie, console en marqueterie, console en bois de chêne pour la fontaine de Bernard de Palissy. Puis, de Wierzchownia le 26 octobre 1848 (7) nappe et « naperon » pour la salle à manger, bobèches en cristal doré et consoles de cuivre, vases de chine dont un céladon craquelé « à saisir par le bras » ; le 20 décembre 1848 : prière d'envelopper « tous les bronzes dorés de vieux linges en coton, car il faut tout conserver frais » (8) ; le 3 janvier 1849 : « Il est honteux pour M. Paillard de n'avoir pas fini la garniture rouge de la cheminée de mon salon [...] il a les trois vases en céladon depuis novembre 46 qu'il les a pris à Passy, c'est affreux »(9) ; le 22 du même mois : « Quant aux rideaux, achète du calicot en pièces, à bas prix, et enveloppe les rideaux, car je te supplie de ne pas les défaire, c'est trop dangereux : tu briserais tout » (10)... ; le 15 février 1849, de Berditcheff (11) : bobèches encore et flambeaux pour mettre de chaque côté de la pendule et encore les rideaux en mousseline brodée qu'il faut acheter « à très bon marché » *Au coin de rue*. En février 1850, à quelques jours de son mariage, il commande des bourrelets de soie rouge pour les fenêtres de la chambre à coucher, lesquels pourront être exécutés dans les « fausses coupes » d'un couvre-pied en voie d'exécution !

Précisons bien qu'il ne s'agit là que d'exemples ! Quels que soient les torts de Madame de Balzac mère à l'égard de son fils, on se dit qu'elle ne manque ni de patience ni de courage pour exécuter ces ordres maniaques, d'autant plus qu'elle assume seule la mission difficile du règlement des comptes et des rapports avec les fournisseurs. Singulière correspondance : qu'un si vaste esprit soit préoccupé jusqu'à l'angoisse de si minces détails pourrait étonner si l'on ne savait cette hantise causée par un sentiment profond : son amour pour l'Étrangère, enfin couronné par le mariage ; « la rue Fortunée n'a été faite que pour elle et par elle » (12). Elle est « bien née », et chez le bourgeois Balzac le sentiment se double de la crainte de déchoir. Il sait que « l'amour [...] ne se développe dans toute sa grâce que sur les tapis de la Savonnerie, sous la lueur d'opale d'une lampe marmorine, entre des murailles discrètes et revêtues de soie, devant un foyer doré » (13). C'est le « snobisme » de Balzac...

Tous les historiens d'art, dont les opinions s'opposent souvent sur le décor Restauration, sont unanimes à reconnaître que les dépenses consacrées à l'ornementation des intérieurs sont énormes. Dépenses particulières à la bourgeoisie qui, devenue classe dirigeante, essaie d'imiter les anciens privilégiés, réduits à plus de simplicité. Dans la première moitié du XIXe siècle, la vulgarisation de l'art est un fait nouveau, où s'exprime la réussite d'une classe de « parvenus » à laquelle appartient Balzac. L'auteur de *La Comédie humaine*, dans ses goûts pour le luxe et la décoration, pourrait donc suivre une mode relevant plus de la vanité que d'un intérêt sincère pour les arts. Dans son cas cependant, les deux mobiles ne sont pas incompatibles.

Ce goût d'une classe enrichie pour le décor, l'œuvre de Balzac en porte témoignage avec abondance et précision. De nombreuses énumérations en témoignent qui, selon l'auteur lui-même, ressemblent « à l'affiche d'une vente par autorité de justice » (14).

6. *Ibid.*, V, p.371, « Notes pour mes affaires ».
7. *Ibid.*, p.392. A Madame B.F. Balzac.
8. *Ibid.*, V,421.
9. *Ibid.*, V,438.
10. *Ibid.*, V,458.
11. *Ibid.*, V,492-493.
12. *Correspondance*, V,517. Lettre à Laure Surville, 22 mars 1849.
13. *Ferragus*, IV,29.
14. *Une fille d'Eve*, I,500.

« Inventaire » des deux appartements de Florine, des trois logis de Crevel, des appartements de Coralie, de Jules Desmarets, du boudoir de la fille aux yeux d'or et d'autres qu'on retrouvera. Alors que le faubourg Saint-Germain offre ses cadres historiques solennels et vides, la profusion du décor est essentiellement bourgeoise. Bourgeois Madame de Jarente et son neveu Malvaux, les financiers Nucingen et du Tillet, les hauts fonctionnaires ou assimilés (Rabourdin et Desmarets), les commerçants enrichis : Birotteau et Crevel, de la *Reine des Roses*, Cardot et son gendre Camusot, du *Cocon d'or*, le droguiste Matifat. Une bonne dizaine de ces inventaires concernent les petits hôtels et appartements de lorettes, mais à certains détails près qui révèlent « la femme entretenue », « les profusions étalées par les Cadine et les Schontz » (15), trop de dentelles et mousselines, trop de fleurs rares dans trop de jardinières, cette « magnificence exagérée » (16) des lorettes reflète l'idéal décoratif des bourgeois qui les entretiennent, et qui font, par vanité, assaut de générosité. Question de standing et, qui sait, de publicité.

INVENTAIRE DES « INVENTAIRES »

Les Décorateurs

Si l'on imagine volontiers le romancier se plaisant à méditer longuement ses choix : harmonies « ponceau » du boudoir de la rue des Batailles, disposition des consoles et vases de Chine rue Fortunée, beaucoup de ses personnages, en revanche, ont prudemment recours aux offices d'un décorateur. Balzac ne cite que les seuls Percier et Fontaine comme architectes bâtisseurs, dédaignant même d'« inventer » un seul représentant de cette corporation, mais il anime *La Comédie humaine* de tout un monde d'architectes d'intérieurs, peintres et sculpteurs-décorateurs, réels ou fictifs, sans compter le tapissier Braschon, le brodeur Rivet, l'ébéniste fabricant Lesage (17), etc. Le maître d'œuvre est évidemment Grindot « grand architecte en petits décors » (18). On le retrouve vieillissant, (supplanté par un certain Cleretti, personnage également inventé), recommençant « pour la millième fois son salon blanc et or » rue des Saussaies chez Crevel (19) et terminant sa longue carrière dans la maison neuve acquise par Mademoiselle Thuillier : « pour vingt-cinq mille francs, il dora quatre salons » (20), travail au forfait, travail de série, révélateur d'une certaine évolution du goût entre 1820 et 1840.

Le corps des bronziers, orfèvres, ciseleurs « grands sculpteurs de petits objets » ou « petits sculpteurs de pendules » tel Steinbock, occupe une place importante. Presque tous, là encore, sont des personnages fictifs. Inventés, les maîtres-fondeurs Florent et Chanor (21), inventé, le Cellini des temps modernes : Stidmann dont le nom rappelle les origines germaniques de nombreux artisans du meuble et arts mobiliers sous l'Ancien Régime (22). L'orfèvre Elschoët (1791-1856) et le sculpteur-orfèvre Klagmann (1810-1867) sont, en revanche, des personnages réels. Le premier a sculpté

---

15. *La Cousine Bette*, V,61.
16. *Une fille d'Eve*, I,500.
17. Cf. *La Peau de chagrin*, VI,483.
18. *Béatrix*, II,109.
19. *La Cousine Bette*, V,49.
20. *Les Petits Bourgeois*,
21. *La Cousine Bette*, V,32.
22. *La Cousine Bette*, V,33, 88. Stidmann apparaît dans de nombreux romans de *La Comédie humaine* : *Béatrix, Les Comédiens sans le savoir, Modeste Mignon, Le Cousin Pons.*

des cadres d'ébène chez Florine (23) et tous deux ont travaillé pour Josépha. Voici, chez Florine encore, un lustre de Thomire (1751-1843) et, du même artiste, « un vaste surtout de bronze doré » sur la table d'un restaurant de la rue Joubert (24). Ce Thomire « qui décidément ne veut pas mourir, commet des pauvretés » (25) : « il se survit à lui-même et n'est plus que l'enseigne d'un établissement » (26). Sa renommée reste grande et il est décoré à l'occasion de l'Exposition de l'Industrie en 1834, mais il semble que l'auteur pressente le déclin d'un art qui va sombrer dans le « style café ».

Dans la galerie des personnages réels se détache l'ébéniste Jacob-Desmalter qui a répandu sur le marché « ces meubles communs en acajou qu'il fabriquait par grosses en 1806 (27). Il s'agit de François-Honoré-Jacob dit Jacob-Desmalter (1770-1841), fils du fondateur de l'illustre maison Georges Jacob (1739-1814), et qui compte parmi les « vrais créateurs du style Empire » (28). Les créations du maître Jacob-Desmalter, sont parmi les plus belles de l'époque (29) et Balzac l'accuse trop tôt de fabrication industrielle (« par grosses »), trop tôt et injustement puisque, pour ne pas faillir à la tradition de la dynastie, son fils Georges-Alphonse-Jacob-Desmalter renoncera à l'ébénisterie en 1849, « découragé par les méthodes nouvelles de l'utilisation des machines et la vente des meubles en série » (30). Voici donc réhabilité Jacob-Desmalter, rabaissé Thomire, déchu Klagman (31) : la postérité n'a pas toujours ratifié les jugements de Balzac, ou plutôt ceux de son époque.

Bien servi par Grindot, « vers la fin de décembre, César eut pour soixante mille francs de mémoires » (32) ; soixante mille francs aussi le décor Pompadour de Crevel (33) ; soixante mille francs le mobilier de Coralie payé par Camusot (34) ; « simplicité qui coûte cent mille francs » (35) à Ville-d'Avray dans le chalet de Louise ; trois cent mille francs de meubles chez Raphaël rue de Varenne ; « sommes folles », « flots d'or » engloutis chez les lorettes. Chez Florine, « Matifat [...] semblait avoir sans cesse devant lui le chiffre des mémoires, et regardait ces magnificences comme des bijoux imprudemment sortis d'un écrin » (36). A ces pièces de base, ajoutons de « coûteuses bagatelles » : des assiettes peintes à un louis chacune chez Coralie, douze cents francs une pendule sculptée par un artiste encore inconnu (Steinbock) et surtout « la grande valeur mobilière » (37) de l'argenterie : vingt-quatre mille francs l'argenterie de Josépha, trente mille francs aussi l'argenterie (supposée) d'Esther, « argenterie sculptée » chez Coralie : l'argenterie est la valeur-refuge de ces dames !

Balzac, à qui l'on doit reconnaître de l'expérience en la matière, attribue les prix exorbitants de tous ces éléments du décor aux « marchands », « ouvriers », « fabricants

23. *Une fille d'Eve*, I,500.
24. *La Peau de chagrin*, VI,449.
25. Cf. J. Robiquet, *L'Art et le goût sous la Restauration* 1814-1830, Payot, 1928, p.104.
26. Cf. A. Clouzot, *Le style Louis-Philippe-Napoléon III*, Larousse, 1939, p.50.
27. *La Rabouilleuse*, III,92.
28. P. Francastel, *Le style Empire du Directoire à la Restauration*, Larousse, 1939, p.96.
29. On peut en admirer actuellement encore au château de Fontainebleau.
30. Cf. Jacqueline Viaux, *Le Meuble en France*, PUF, 1962, pp.153-154.
31. Présenté par Clouzot (*op.cit.*, p.86) comme : « un infatigable fournisseur de modèles à l'art industriel de son temps ».
32. *César Birotteau*, IV,186.
33. *La Cousine Bette*, V,78.
34. *Illusions perdues*, III,501.
35. *Mémoires de deux jeunes mariées*, I,163.
36. *Illusions perdues*, III,488.
37. Cf. *La Cousine Bette*, V,51.

de Paris » qui « ont un art inouï pour agrandir le trou qu'un homme fait à sa bourse » (38). Suit, dans *Melmoth*, un réquisitoire nourri d'arguments, dans une certaine mesure fondés : les commandes se font dans « les ténèbres d'un devis approximatif », les mémoires ne sont pas donnés et « quelques mois après, ces complaisants fournisseurs reviennent métamorphosés en totaux d'une horrible exigence [...] l'abîme s'entr'ouvre alors en vomissant une colonne de chiffres qui marchent quatre par quatre, quand ils devaient aller innocemment trois par trois » (39). Cependant ces énormes dépenses qui entraînent la faillite de Birotteau, la damnation de Castanier et... l'endettement chronique de Balzac, sont moins le fait des « fournisseurs » que des méthodes de fabrication, encore largement artisanales. La production de masse n'existe pas, à peine quelques procédés mécaniques l'annoncent-ils dans certains secteurs (40). Si le luxe est ruineux, c'est parce qu'il n'est pas encore « standard ». « Splendeurs », « merveilles », « magnificences », « luxe royal », « magnificences royales » sont réalisés par « une pléiade d'artistes » qui « font le Paris actuel et sa production européenne » (41). Mais peut-être artistes, marchands, fabricants, ne sont-ils qu'« un fil secondaire », le vrai créateur étant « ce peuple qui, de ses mains sales, tourne et dore les porcelaines [...] amenuise le bois [...] satine les bronzes, festonne le cristal, imite les fleurs [...] polit les métaux, transforme en feuille le marbre », « l'ouvrier, le prolétaire » qui « outrepasse ses forces », « attelle sa femme à quelque machine, use son enfant et le cloue à un rouage » (42) : couplet humanitaire, inévitable en ces temps d'émeutes (43). Ce sinistre tableau, c'est l'envers du décor...

Les Éléments du Décor (plan des appartements, plafonds, boiseries, cheminées, meubles, draperies)

A plusieurs reprises, à propos de l'hôtel Laginski et du chalet de Ville-d'Avray, Balzac signale l'ingéniosité des architectes à utiliser les espaces réduits dont ils disposent (44). Cette habileté s'impose davantage encore dans les appartements à loyers, et chez Caroline, rue Taitbout, on admire « la science de distribution [...] qui distingue nos architectes modernes » (45). Rue Duphot, les Rabourdin demeurent dans un appartement « bien entendu », avec « d'excellentes dispositions, avantage qui entre pour beaucoup dans la noblesse de la vie intérieure » (46). Suit un véritable plan du logis : une jolie et assez vaste antichambre menant à la pièce la plus importante : « un grand salon » donnant sur la rue ; à droite du salon, cabinet et chambre de Monsieur Rabourdin, avec, « en retour » la salle à manger ; à gauche, chambres de Madame Rabourdin et de sa fille, plus cabinet de toilette. Tout est ici adapté aux ambitions de la « femme supérieure » qui essaie d'assurer la carrière de son mari en donnant des soirées élégantes :

« Aux jours de réception, la porte du cabinet de Rabourdin et celui de la chambre de Madame restaient ouvertes, l'espace permettait de recevoir une assemblée choisie, sans se donner le ridicule

38. *Melmoth réconcilié*, VI,535.
39. *Ibid*.
40. Le textile notamment.
41. *La Cousine Bette*, V,134.
42. *La Fille aux yeux d'or*, IV,104.
43. La rédaction de *La Fille aux yeux d'or* se situe entre mars 1834 et mars 1835. En avril 1834 ont lieu les massacres de la rue Transnonain (illustrés par Daumier).
44. Voir supra.
45. *Une double famille*, I,417.
46. *Les Employés*, IV,527.

qui pèse sur certaines soirées bourgeoises où le luxe s'improvise aux dépens des habitudes journalières et paraît alors une exception. » (47)

On songe ici au « ridicule » du bal de Birotteau. L'appartement de celui-ci présente une « disposition » moins heureuse (48). D'abord « une antichambre de bon goût » puis « venait le salon », un boudoir vert et blanc « donnait passage dans le cabinet de César » (qui comporte une alcôve). La chambre de Birotteau « venait ensuite », puis, derrière la chambre, la salle à manger « où l'on entrait par l'escalier ». Louis Hautecœur signale, dans le plan des appartements de la première moitié du XIXe siècle, « bien des maladresses qui ne choquaient pas les contemporains » (49), et les architectes et historiens d'art sont loin de confirmer l'appréciation de Balzac sur « le génie dans les distributions » (50). Le logis de Birotteau paraît formé de pièces en enfilade, inconvénient que ne pouvait sans doute éviter Grindot dans un local bizarrement situé sur deux maisons. Mais, dans le « nid » tout moderne de la rue Taitbout, le salon communique aussi « à (sic) une jolie chambre à coucher, à laquelle attenait une salle de bains ». Encore des pièces « en enfilade » chez Foedora (51). C'est décidément la « distribution » à la mode (52).

« Antichambre [...] spacieuse et bien décorée » chez Birotteau, « simple et fraîche antichambre » chez Caroline, « une jolie et assez vaste antichambre » chez Rabourdin : voilà encore qui confirme la mode. « L'antichambre affectait la simplicité », dit Francastel (53), mais cette pièce sans importance apparente, donne l'idée d'une maison, c'est « une espèce de préface » (54). Chez Malvaux, elle devient une vraie salle de réception (55). Le salon est, lui, une pièce d'apparat très importante. Quant à la salle à manger, son apparition est un luxe nouveau de la petite et moyenne bourgeoisie : nous la trouvons dans l'appartement rénové des Birotteau qui, naguère encore, devaient prendre leurs repas à la cuisine. Chez Florine, la salle à manger est la pièce la plus importante, car la lorette est femme d'esprit et donne de « charmants dîners » (56). Par contre, pas de salle à manger chez les dandys : Beaudenord, Malvaux et Rastignac dinent chez Véry ou au Rocher de Cancale.

Dans leur ensemble, les appartements Restauration montrent, par certains détails, que le goût du travail bien fait n'a pas disparu. Les stucs, que Balzac cependant n'aime guère, ornent l'antichambre de Caroline « à hauteur d'appui » ; les corniches (57) paraissent chez Birotteau « élégamment profilées ». Les boiseries restent soignées, en « chêne naturel » chez Florine, fabriquées « avec des devant de bahuts » chez Laginski. Partout trône la cheminée, toujours reine malgré quelques calorifères et bouches de chaleur. Chez Birotteau, voici « une cheminée en marbre blanc à colonnes » ; chez Paquita, la fille aux yeux d'or, brille « une cheminée en marbre blanc et or », chez Aquilina, des « cheminées élégantes nouvellement inventées par des gens

47. Ibid.
48. Cf. César Birotteau, IV,180.
49. Louis Hautecœur, op.cit., p.126.
50. La Fausse Maîtresse, I,465.
51. La Peau de chagrin, VI,465.
52. Chez Balzac même, rue Cassini, « pour aller à la salle de bains il faut traverser le salon » (d'après le témoignage de Werdet).
53. Op.cit., p.60.
54. Une double famille, I,426.
55. La Femme auteur, VI,402.
56. Une fille d'Eve, I,501.
57. Que Francastel définit ainsi : « frises courant sous le plafond » (op.cit., pp.59-60).

habiles en prospectus, et qui promettaient un appareil invincible contre la fumée »(58);
cheminées encadrées de hautes glaces chez Caroline ; chez Coralie « la cheminée de
marbre blanc resplendissait des plus coûteuses bagatelles » et chez Florine qui ne
fait rien comme tout le monde, « une cheminée en bois délicieusement sculpté ».
La cheminée, confirme Francastel (59) est « l'orgueil du salon, et l'on mesurait la
fortune du logis à la qualité du marbre et des bronzes ». C'est en province cependant,
dans les maisons anciennes, qu'il faut chercher les cheminées énormes, véritables
« édifices » (60) intérieurs sculptés et armoriés, les somptueuses boiseries, les lourds
plafonds à solives saillantes et caissons ouvragés. Tous ces éléments n'offrent au mieux,
dans les maisons modernes de Paris, qu'une certaine élégance de pacotille et ne méritent guère qu'on s'y attarde davantage.

Dans des espaces réduits, petits hôtels et appartements à loyer, les massifs acajous
Empire ne trouvent plus leur place, et une foule de petits meubles aux destinations
variées remplacent ces lourds monuments aux angles vifs. La chambre à coucher de
Caroline (61), « la pièce la plus importante », offre un exemple typique « des formes
gracieuses et légères ordonnées par le dernier caprice de la mode » avec le secrétaire,
la psyché, la petite toilette, la causeuse (présente aussi chez Rastignac, Birotteau
et du Tillet). « Meubles légers et fragiles » aussi chez l'exigeante Aquilina (62). Chez
Laginski, une travailleuse ; un écran chez Rastignac et Foedora. « Tous ces petits
meubles qu'aiment les jeunes personnes » ornent la chambre de Césarine (63), mais
on les admire aussi chez Malvaux : « il s'y trouvait des tête à tête, des chauffeuses,
des fauteuils en tapisserie, des curiosités, des armoires et des encoignures en marqueterie ornée de bronze précieux, d'un goût exquis » (64).

Hormis l'impression d'ensemble : « de beaux meubles bien commodes » chez
Valérie Marneffe rue Vaneau (65), des « formes gracieuses et légères » chez Caroline (66), les meubles sont peu décrits et présents surtout par des énumérations évocatrices d'une époque : causeuses, travailleuses, écrans, « fauteuil ganache » (67).
Çà et là quelques « fines sculptures », des incrustations de « filets bruns » (68), une
« curiosité vénitienne » (69) aux cent tiroirs chez Honorine, parfois une erreur regrettable comme la table en mosaïque de marbre de Crevel, rue des Saussaies, « espèce de carte minéralogique » (70). La commode reste le « meuble de rangement »
classique, gardant « les trésors de la parure » chez Caroline, en bois de rose et surmontée d'une glace en style Pompadour dans une équivoque maison du pâté des
Italiens (71), les tiroirs ouverts chez la négligente Madame de Restaud (72). Elle
sera bientôt éclipsée par l'armoire à glace, louis-philipparde par excellence et présente

58. *Melmoth réconcilié*, VI,535.
59. *Op.cit.*, p.61.
60. Cf. *L'Enfant maudit*.
61. Cf. *Une double famille*, I,417 (début de la Restauration).
62. *Melmoth réconcilié*, VI,535.
63. *César Birotteau*, VI,535.
64. *La Femme auteur*, VI,402.
65. *La Cousine Bette*, V,61.
66. *Une double famille*, I,417.
67. Chez Josépha, cf. *La Cousine Bette*, V,135.
68. *Une double famille*, I,417.
69. *Honorine*, I,577.
70. *La Cousine Bette*, V,49.
71. *Ibid.*, V,151.
72. *Gobseck*, II,131.

chez Madame Marneffe (73), mais qui apparaît déjà chez Césarine Birotteau parmi les « bons jolis petits meubles » (74).

L'espace n'est pas si limité qu'il ne laisse la place à d'innombrables jardinières, que les historiens d'art montrent dans toute leur variété : en tôle, en bois, en rotin, en forme de trépied, avec palmettes, cols de cygne, griffes de lion, etc. (75). Depuis le Directoire, les fleurs sont devenues un élément indispensable du décor, et marquises et lorettes ont la même passion des « fleurs rares », « les plus rares », dans les « vases de Sèvres les plus riches » (76), mais surtout dans « d'élégantes jardinières » (77), des « jardinières pleines de fleurs » (78), « pleines de fleurs rares » chez Foedora (79) « merveilleuses » et montrant « des fleurs choisies, de jolies bruyères blanches, des camélias sans parfum » chez Coralie (80), « garnies de bronzes ciselés et faits dans le genre dit de Boulle » chez Josépha (81), et la liste est loin d'être close ! Pas de jardinières cependant chez Birotteau, on les trouvera sans doute à la génération suivante, chez Popinot.

Dans leurs essences, les meubles paraissent peu variés. L'acajou « infeste » la salle à manger de Crevel rue des Saussaies (82). Il convient à une Florentine débutante, chétivement entretenue par Cardot (83), mais comme Balzac pèche rarement par préjugés, on le retrouve sur une jolie table finement sculptée chez Malvaux. Caroline a droit aux « bois indigènes » à la mode : bois clairs et variés, jusqu'alors traités en parents pauvres. *La Comédie humaine* ne fournit guère de précisions à leur sujet. L'histoire de l'art, cependant, en donne une séduisante énumération : « frêne rosé, thuya moucheté, platane moiré, orme noueux, sycomore pâle, érable ambré ou gris » (84). Balzac s'en tient à deux sortes d'essences, assez faciles à reconnaître il est vrai : l'acajou mal aimé et le beau palissandre avec, çà et là, quelques cadres d'ébène « finement sculptés ». Palissandre sculpté chez du Tillet (85), chez Crevel (86), chez Valérie Marneffe, chez Coralie où « le palissandre des meubles arrêtait dans les tailles de ses sculptures des frissons de lumière qui y papillotaient » (87) en scintillements pré-impressionnistes !

Le lit est défini dans *L'Enfant Maudit* (88) comme un « monument élevé à la gloire de l'hyménée ». Cependant, si l'on excepte l'honnête lit des Birotteau, à peine un autre lit conjugal se laisse-t-il « deviner sans être montré » chez l'amoureuse Clémence Desmarets : accompagné de « divans bien bas », c'est un lit « semblable à un secret » (89). Chez les lorettes et femmes faciles, le lit s'impose comme une manière

73. *La Cousine Bette*, V,29.
74. *César Birotteau*, IV,181.
75. Voir Francastel, *op.cit.*, p.41 et reproductions : planches 17 et 18, d'après Pierre de la Mésangère, *Meubles et objets de goût*, 1802-1835.
76. *La Maison du chat-qui-pelote*, I,77.
77. *La Fille aux yeux d'or*, IV,122.
78. *Illusions perdues*, III,488.
79. *La Peau de chagrin*, VI,465.
80. *Illusions perdues*, III,495.
81. *La Cousine Bette*, V,135.
82. *Ibid.*, V,49.
83. *Un début dans la vie*, I,331.
84. Cf. Jacqueline Viaux, *op.cit.*, p.146. Les difficultés d'importation liées au blocus continental ont incité les ébénistes à l'ulisation des bois français ou « nationaux ».
85. *Une fille d'Eve*, I
86. *La Cousine Bette*, V,49.
87. *La Cousine Bette*, V,25.
88. VII,8.
89. *Ferragus*, IV,29.

d'emblème, mais l'intention symbolique, consciente ou non, est en rapport avec une présence matérielle encombrante que signalent tous les historiens d'art. « Les lits sont l'un des éléments pittoresques de l'industrie du temps » et « il faut feuilleter les albums de Pierre de la Mésangère pour se rendre compte de l'importance que l'époque attache à cette partie de l'ameublement » (90).

Largement étalé, le lit, qu'il soit « à l'arc » ou « à la couronne », ne saurait passer inaperçu, avec son « ciel rond ou ovale, ses draperies avec franges et bracelets ». Les plus modestes bourgeois « se donnent le luxe d'un dais en miniature » et les lorettes ajoutent à la profusion des voilages, des mousselines et capitons supplémentaires. Encore trouve-t-on des exceptions : chez l'ambitieuse Madame Schontz, élevée à Saint-Denis et femme d'affaires, le lit n'apparaît pas. Chez Florine, l'intellectuelle du groupe, si les rideaux ressemblent à « un lys renversé », l'égérie de Nathan a fixé une lanterne à l'intérieur « pour y lire les journaux avant qu'ils ne paraissent » (91). La plupart des lits se veulent « voluptueux », évocateurs. Le plus hardi d'entre eux, déjà cité, est celui de Madame de Restaud ; lorgné par Gobseck, il garde « l'empreinte de formes indécises qui réveillent l'imagination », « sous des draperies voluptueusement attachées » et des « garnitures en dentelle » (92). Le lit de Caroline « drapé à l'antique ne pouvait inspirer que des idées de volupté par la mollesse de ses mousselines négligemment jetées (93). Madame de Carigliano est « voluptueusement couchée sur une ottomane en velours vert » (94). Dans le logis hérité de la « grosse Caroline », rue Taitbout, Esther attend « son Lucien » « couchée sur un divan de satin blanc broché de fleurs jaunes ». En revanche, le froid logis conjugal de Granville, au fond du Marais, manque de « ces voluptueux divans qui inspirent de mauvaises pensées » (95), tel celui de la fille aux yeux d'or (96), disposé dans une espèce d'amphithéâtre de draperies qui évoquent certaines toiles de Gros, Prudhon ou Gérard : (97)

« Le fer à cheval était orné d'un véritable divan turc, c'est-à-dire un matelas posé par terre, mais un matelas large comme un lit, un divan de cinquante pieds de tour, en cachemire blanc, relevé par des bouffettes en soie noire et ponceau, disposées en losanges. Le dossier de cet immense lit s'élevait de plusieurs pouces au-dessus de nombreux coussins qui l'enrichissaient encore par le goût de leurs agréments. » (98)

Cet « immense lit » est inséparable d'un décor où régnait « une harmonie parfaite, un concert de couleurs auquel l'âme répondait par des idées voluptueuses, indécises, flottantes » (99). Divan profond, sorti peut-être de la rue des Batailles et qui prend, dans le récit, des proportions épiques ; il serait pré-baudelairien sans son gigantisme... Le boudoir dont il occupe la moitié « circulaire mollement gracieuse », est en outre :

« tendu d'une étoffe rouge, sur laquelle était posée une mousseline des Indes cannelée comme l'est une colonne corinthienne, par des tuyaux alternativement creux et ronds, arrêtés en haut et en bas dans une bande d'étoffe couleur ponceau sur laquelle étaient dessinées des arabesques noires. Sous

---

90. Francastel, *op.cit.*, p.37.
91. *Illusions perdues*, III,
92. *Gobseck*, II,131.
93. *Une double famille*, I,417.
94. *La Maison du chat-qui-pelote*, I,
95. *Une double famille*, I,426.
96. IV,121.
97. Par exemple Madame Récamier par Gérard (1802), Paris, Carnavalet.
98. *La Fille aux yeux d'or*, IV,121.
99. *Ibid.*, IV,122.

la mousseline le ponceau devenait rose, couleur amoureuse que répétaient les rideaux de la fenêtre qui étaient en mousseline des Indes doublée de taffetas rose, et ornés de franges ponceau mélangé de noir. » (100)

L'élément caractéristique du décor balzacien est en effet la draperie. Des centaines d'aunes d'étoffes les plus variées couvrent les murs, les portes, les fenêtres, souvent les meubles, et jusqu'aux plafonds ! Voici, chez Malvaux, la tenture en perse de bon goût « formant comme une tente », de vraies perses chez Madame Rabourdin, des dessins perses chez Florine ; des meubles couverts de casimir chez Birotteau, la fille aux yeux d'or, Florine encore ; des cachemires, brocards, dentelles chez Valérie, rue Vaneau. Un salon tendu de soie rouge plissée chez Malvaux, un damas rouge chez Crevel, rue des Saussaies ; une « étoffe » peut-être plus modeste mais rehaussée de « clous dorés » dans la salle à manger de Birotteau et de Florine (101). Partout des taffetas, des « soies », des mousselines sur de la soie, des rideaux en velours doublés de soie blanche ou drapés sur un voile de tulle (102), etc.

Par la grâce d'étoffes somptueuses, de petits hôtels et appartements à loyers revêtent une splendeur de palais oriental. Le conteur, s'enchantant lui-même, enchantant ses lecteurs et surtout ses lectrices, juxtapose, superpose dentelles, brocarts et velours, sans toutefois se perdre dans ces flots de taffetas et de mousselines. Sa plume est si bien contrôlée que jamais un tissu vulgaire n'est cité dans ces résidences de première catégorie, pas même cette jolie toile de Jouy (103) si répandue sous la Restauration. Jamais de papier peint (104) même « panoramique », sauf chez Madame de Granville qui a notoirement mauvais goût et orne son antichambre-préface d'un « papier où étaient simulées des assises de pierres sillonnées çà et là de mousse verte » (105) !

La laine n'apparaît que sous ses formes les plus fines, casimirs et cachemires précieux ; le coton n'est tolérable qu'en percale glacée ; c'est la coûteuse « perse ». Pour compléter l'effet cossu des soieries, le bourgeois met « partout des tapis » : chez Aquilina, chez Coralie, « tapis royal » ou « tapis épais comme un gazon », tapis en moquette d'un dessin turc chez Césarine Birotteau, à dessins persans ou gothiques chez Foedora et Laginski, tapis turcs authentiques entourés d'un cadre d'ébène chez Madame Rabourdin, sans compter d'innombrables descentes de lit : en hermine chez Florine, en cygne doublé de martre chez Coralie, en peau d'ours chez Madame de Restaud.

Un échantillonnage si précis des tissus, la connaissance exacte de leurs emplois, damas pour les murs, lourds brocarts pour les portières, alors que les bois d'ébénisterie ne lui semblent guère familiers, ne serait-ce pas, chez Balzac, un acquis de l'enfance ? Il descend de solides bourgeois, drapiers et fabricants de galons. Peut-être a-t-il vu chez les Sallambier « A la Toison d'Or, rue Saint-Honoré, près celle des Bour-

100. La Fille aux yeux d'or, IV,122.
101. Illusions perdues, III,488.
102. Une fille d'Eve, I,500.
103. Que Balzac déteste : cf. dans Le Cousin Pons (V,221) le salon où les consultants attendent le docteur Poulain : « on se demandait par quels procédés les rideaux pendus aux fenêtres avaient pu subsister si longtemps, car ils étaient en calicot jaune imprimé de rosaces rouges de la fabrique de Jouy. Oberkampf avait reçu des compliments de l'Empereur pour ces atroces produits de l'industrie cotonnière en 1809 ».
104. Une exception dans la salle à manger de Clochegourde « tendue d'un papier verni qui figurait de grands panneaux encadrés de fleurs et de fruits » (Le Lys dans la vallée, VI,311) mais on est ici à la campagne et, en outre, le papier Réveillon est cher.
105. Une double famille, I,426.

lonnais », ces beaux tissus maniés par « le brodeur, passementier et drapier » que ut son grand-père maternel. On peut supposer qu'une tradition familiale lui a transmis a connaissance et le goût des belles étoffes. De toute manière, cet engouement pour es tissus d'ameublement est en accord avec la mode, et la profusion de velours, den- elles et soieries qui explique la prospérité du *Cocon d'Or*, est confirmée par Delphine le Girardin : « Les cheminées ont des housses de velours avec des franges d'or, les auteuils ont des manchettes de dentelle, les lambris sont cachés sous des étoffes merveilleuses, brodées, brochées, lamées [...] Les rideaux sont fabuleusement beaux ; on les met doubles ou triples, on en met partout... » (106) Balzac, dans ses rêves tapissiers les plus extravagants, paraît en-deçà de la réalité !

Il faut ajouter à cette surcharge de tissus, une accumulation d'objets, utiles quel- quefois, mais le plus souvent simples « agréments », « antiquités », « curiosités », « raretés », « trésors » divers. L'art de l'orfèvre (vrai Thomire ou Stidmann fictif) inspire les flambeaux de Crevel, les torchères de Florine, les candélabres de Félicité, la « belle lampe » de Malvaux. Les lampes et bougeoirs sont innombrables (et d'ailleurs nécessaires) sur les murs, sur les tables, au plafond, sur les cheminées. Lampes à l'anti- que, « à bouillotte », lampes « astrales », lampe « d'albâtre » de Foedora, « lampe marmorine » de Julie Desmarets. Le lustre « à vingt-quatre bougies » de César Birot- eau marque évidemment une promotion sociale.

Au luminaire sous toutes ses formes, s'ajoutent d'innombrables pendules : horloge à socle ou scintillent des « arabesques en cuivre incrustées dans l'écaille » chez Rabour- lin (107) ; donnée comme pièce rare en 1824, on la retrouvera chez Florine (« of- frande distinguée » ou « tribut galant »), « sur un piédestal d'écaille incrusté d'ara- besques en cuivre » (108). Une pendule Pompadour chez Malvaux ; chez Caroline et Birotteau, pendules ornées des sujets mythologiques chers à l'époque, l'Amour et Psyché, une Vénus accroupie. Il faut, en outre, « des glaces dans lesquelles les formes se jouent » (109) et cependant les glaces ne sont guère nombreuses : voici une belle glace de Venise chez du Tillet (110) mais pas de glaces chez Florine, ni chez Josépha ni chez Birotteau. Omission qui nous semble surprenante. En revanche il serait impos- sible de dresser le catalogue de toutes les « raretés » à la mode exposées sur un buffet à étagères chez Malvaux ou un « petit Dunkerque » chez Madame Marneffe. Les porcelaines sont particulièrement à l'honneur : « folles porcelaines de Saxe » chez du Tillet, vases de Sèvres bleu chez Félicité (le « premier bleu de Sèvres ») magnifiques échantillons des fabriques de porcelaines les plus célèbres et en bon état de conser- vation » chez Malvaux, porcelaines « en relief » chez Florine qui détient, avec les Laginski et Félicité des Touches (à Guérande il est vrai) une manière de record du bric à brac. Éventails, chinoiseries et ivoires complètent les collections les plus envia- bles, sans compter, çà et là, un objet insolite : poignard orné de pierreries comme coupe-papier chez Béatrix, cravache sur une console chez Laginski, etc. Bref toutes les « créations les plus fantasques de l'art » (111) ont leur place dans *La Comédie humaine*.

---

106. Clouzot, *op.cit.*, p.34 (citation sans référence).
107. *Les Employés*, IV,527.
108. *Une fille d'Eve*, I,500.
109. *Ferragus*, IV,29.
110. *Une fille d'Eve*, I,484.
111. *Béatrix*, II,34.

« Tous les styles mêlés »

Si le lecteur curieux de vieilles pierres est contraint de reconstituer l'hôtel Laginski autour de quelques colonnettes et la maison de Birotteau à partir d'une porte ornée de motifs de fonte, les « espaces intérieurs » comme disent les architectes, s'ouvrent donc, en revanche, très largement sur les meubles, tentures, objets divers qui apparaissent suivant un plan presque immuable, après un bref regard sur la disposition générale des lieux. S'ordonnant autour d'éléments fondamentaux, cheminées, luminaires, pendules, d'innombrables objets, et parfois des plus inattendus, accompagnent des meubles relativement peu nombreux si l'on excepte quelques lits et divans monumentaux dans des pièces abondamment tendues d'étoffes « royales ».

Le romancier affecte parfois de s'excuser pour des énumérations qui menacent de submerger le récit et ressemblent à des affiches publicitaires (112). Cependant, ces apparentes digressions sont autant de documents sur l'art décoratif de la première moitié du XIXe siècle. Il y a donc là un premier intérêt d'ordre historique et, plus largement, politique et social dans la mesure où ce « style » (s'il en est un) de la Restauration et de la Monarchie de Juillet, reflète une société dominée par la classe bourgeoise qui, nous l'avons vu, commande et fait les frais. 1815 voit le retour à la monarchie, mais l'échec du régime républicain, y compris l'avatar impérial, n'interrompt pas le règne de la nouvelle classe dirigeante qui s'affirme plus encore après « le replâtrage de 1830 » et la conquête du pouvoir politique. Le témoignage de *La Comédie humaine*, extrêmement abondant, précis et informé, pourrait fournir la matière d'un véritable traité d'art décoratif où se déchiffreraient les aspirations, les « mentalités » de cette « partie de la population avec laquelle, désormais, fait absolument nouveau dans la création d'un style, les artistes doivent compter » (113). Alors qu'aujourd'hui les historiens semblent portés à redécouvrir et juger favorablement le « style » Restauration auquel succède, par une évolution insensible, le « style » Louis-Philippe (au point qu'il est parfois difficile de dater exactement les productions de ces périodes), les historiens de la première moitié de notre siècle paraissent sans indulgence, et font écho à Balzac. « Cette conception mobilière (art de la première moitié du XIXe siècle) répond aux aspirations d'une société de nouveaux riches, épris de luxe et de confort, désireux avant tout de jeter de la poudre aux yeux », dit Clouzot (114). Versailles n'est plus là pour imposer ses choix. Il en résulte que « les styles sont confusément employés. Comme il n'existe plus de cour ni de noblesse pour donner le ton, on ne voit aucun ensemble dans les productions de l'art », écrivait Balzac en 1841 (115). Ce qui est vrai pour l'architecture l'est plus encore pour les « conceptions mobilières » : c'est le triomphe du mauvais goût et de « tous les styles mêlés » (116).

Sous la Restauration, le style Empire est encore largement représenté. Dans la mesure où chaque génération méprise « le meuble » de la génération précédente, on a l'impression que « ces meubles communs en acajou à têtes égyptiennes que Jacob Desmalter fabriquait par grosses, en 1806 » (117) sont médiocrement appréciés. On retrouve l'acajou et ses bronzes dans les logis de province, chez Félicité des Touches par exemple, où le salon du rez-de-chaussée (qui n'est pas son salon personnel) com-

---

112. Exemple déjà signalé dans *Une fille d'Eve*, I,500 : « une description exacte ferait ressembler ces pages à l'affiche d'une vente par autorité de justice ».
113. Jacqueline Viaux, *op.cit.*, p.142.
114. *Op.cit.*, p.40.
115. Dans *La Fausse Maîtresse*, I,465.
116. *La Vieille Fille*, III,325.
117. *La Rabouilleuse*, III,92.

porte « un vieux meuble en acajou et en soie verte » et des « candélabres de style impérial » (118). A Paris, le « luxe impérial » est un vestige qui subsiste chez Madame de Jarente (119) et chez Madame Hulot qui, accoutumée aux « froides reliques du luxe impérial » et à ses « bronzes dédorés » (120), s'étonne naïvement du salon de Josépha. En 1805, chez les jeunes époux Granville, le décor apparaît dans toute sa fraîcheur. Placés sous le signe de David à l'apogée de sa gloire, « de la correction de son dessin et de son amour pour les formes antiques [...] les consoles, les pendules, les flambeaux représentaient ces attributs guerriers que les triomphes de l'Empire rendirent si chers à Paris. Ces casques grecs, ces épées romaines croisées, les boucliers dus à l'enthousiasme militaire [...] décorèrent alors les meubles les plus pacifiques » (121) (Dommage que le mauvais goût d'Angélique en détruise l'harmonie par de ridicules antithèses avec les « prolixes arabesques à la Pompadour »...). David garde des fidèles sous la Restauration, puisqu'autour de 1819-1820, le curieux escompteur Chaboisseau a rassemblé autour d'un lit-Empire « d'une forme très pure » et « drapé par une étoffe teinte en pourpre et disposée à la grecque le long de la muraille comme le fond d'un tableau de David » (122), des « fauteuils, tables, lampes, flambeaux » et « accessoires » qui « respir(ent) la grâce fine et grêle mais élégante de l'Antiquité » (123), grâce plus « pompéienne » il est vrai qu'impériales. Les « lions ciselés dans l'acajou du lit » chez Madame de Restaud (124), Empire ou Restauration, restent associés, dans le souvenir de Gobseck, aux coussins voluptueux, peau d'ours et souliers de satin blanc.

A Paris, sous la Restauration, les maisons riches se renouvellent. La paix revenue avec le roi légitime, il importe de faire oublier le souvenir des guerres et de l'Usurpateur. C'est le retour en force de l'art Ancien-Régime avec le faux Louis XIV, auquel s'ajoutera bientôt le faux Louis XV (Pompadour, Rocaille) qui, le goût du confort et des capitonnages aidant, gagnera petit à petit sur les grandeurs « Louis-Quatorziennes » et finira par l'emporter. Voici, sous Charles X (1824), la salle à manger de Madame Rabourdin (125) avec, pour une fois authentiques, des meubles de Boulle hérités d'un père commissaire-priseur ; une « pièce dorée » dans « le goût du siècle de Louis XIV » chez Foedora (126) ; chez Birotteau, la salle à manger « traitée dans le genre dit Louis XIV avec la pendule de Boulle, les buffets de cuivre et d'écaille, les murs tendus en étoffe à clous dorés » (127) ; le « luxe à la Louis XIV » est souhaité par Crevel « qui depuis quelque temps trouvait le XVIIIe siècle petit » (128). « Boule » (sic) est comme le symbole du grand siècle, sans qu'on sache toujours s'il s'agit d'un vrai Boulle, ou d'un meuble, lustre ou pendule « façon », « genre », « dans le goût » de Boulle, et s'agit-il de Boulle l'Ancien, ou du fils (le vrai), ou des petits-fils (129) ? Sous la Restauration, l'entreprise Monbro-aîné fabrique des meubles de

---

118. *Béatrix*, II,34.
119. *La Femme auteur*, VI,402.
120. *La Cousine Bette*, V,134.
121. *Une double famille*, I,426.
122. *Illusions perdues*, II,530.
123. *Ibid.*
124. *Gobseck*, II,131.
125. Cf. *Les Employés*, IV,527-528.
126. *La Peau de chagrin*, VI,465.
127. *César Birotteau*, IV,180.
128. *La Cousine Bette*, V,142.
129. Le créateur du style est le deuxième du nom : André-Charles Boulle, ébéniste-ciseleur-graveur (1642-1732).

« vrai style Boulle » en marqueterie de cuivre et d'écaille sur fond d'ébène (130).
Ainsi s'affirme, avec le souvenir du Grand Roi, la négation des temps révolutionnaires.

En réaction contre les lignes rigides de l'Empire et peut-être les splendeurs Louis
XIV, le style Pompadour s'annonce, dès 1824, chez Madame Rabourdin, par une
chambre « dans le genre rococo ». L'ornemaniste Chenavard « en a donné le modèle
en 1835, avec une luxuriance d'ornements superflus à sa manière, mais qui atteste
le goût de la classe enrichie pour le décor » (131). On le trouve chez Laginski avec
des meubles dignes de Madame de Pompadour ; Grindot se distingue, dans la petite
maison de Crevel (132), par une création Pompadour qui convient à ce galant refuge
comme à toutes les « bonbonnières » du quartier Saint-Georges. Le chef-d'œuvre
du genre, typique du « luxe avant la Révolution de 1830 » (133), est le petit palais
d'Esther où « l'escalier refait en marbre, les stucs, les étoffes, les dorures sobrement
appliquées, les moindres détails comme les grands effets surpassaient tout ce que le
siècle de Louis XV a laissé dans ce genre à Paris » (134). La copie l'emporte donc
sur le modèle ! Le chef-d'œuvre du plagiat échappe à notre étude : il se trouve en
effet non à Paris, mais en province, à Guérande, chez Félicité des Touches. Ne résistons
pas néanmoins à la tentation de la suivre dans sa chambre, le temps d'un regard circulaire :

> « Sa chambre est dans le goût du siècle de Louis XV et d'une parfaite exactitude. C'est bien le
> lit de bois sculpté peint en blanc, à dossiers cintrés, surmontés d'Amours se jetant des fleurs, rem-
> bourrés, garnis de soie brochée, avec le ciel orné de quatre bouquets de plumes ; la tenture en vraie
> perse, agencée avec des ganses de soie, des cordes et des nœuds ; la garniture de cheminée en rocaille ;
> la pendule d'or moulu, entre deux grands vases du premier bleu de Sèvres, montés en cuivre doré ;
> la glace encadrée dans le même goût ; la toilette Pompadour avec ses dentelles et sa glace ; puis ces
> meubles si contournés, ces duchesses, cette chaise longue, ce petit canapé sec, la chauffeuse à dossier
> matelassé, le paravent de laque, les rideaux de soie pareille à celle du meuble, doublés de satin rose
> et drapés par des cordes à puits ; le tapis de la Savonnerie ; enfin toutes les choses élégantes, riches,
> somptueuses, délicates, au milieu desquelles les jolies femmes du dix-huitième siècle faisaient l'a-
> mour » (135).

Des copies auraient-elles remplacé, dans cet antique château familial, les vieux meubles
de famille ? Peut-être Félicité a-t-elle mêlé le vrai Louis XV : tapis de la Savonnerie et
beaux petits meubles, au faux Louis XV : le lit sans doute, et naturellement les étoffes,
peut-être aussi la garniture de cheminée rocaille ; l'ensemble reconstitué étant conforme au style « rétro » cher à l'époque.

Revenant à Paris, on pourrait signaler encore, dans des cadres moins prestigieux,
chez Crevel, chez Malvaux et d'autres, des pendules rocaille ou Pompadour qui annoncent le triomphe du « zinc d'art » sous le Second Empire (136).

Jacqueline Viaux remarque que « l'imitation des styles se fit dans l'ordre chronologique » (137). Le gothique décoratif qui commence dès 1820, atteint son apogée
entre 1830 et 1835. De cette tendance, la plus originale de l'art Restauration, Jacques

---

130. Cf. dans la collection *Connaissance des Arts. Le Dix-Neuvième siècle français*, Paris, Hachette, 1957, tome II, p.40.
131. Clouzot, *op.cit.*, p.35. Il s'agit d'Aimé Chenavard, *Album de l'Ornemaniste* (1835) et *Nouveau recueil de décorations intérieures* (1833-1835).
132. *La Cousine Bette*, V,77.
133. *Splendeurs et misères des courtisanes*, IV,3443.
134. *Ibid.*
135. *Béatrix*, II,34.
136. Cf. Clouzot, *op.cit.*, p.49.
137. *Op.cit.*, p.155.

Robiquet et Pierre Francastel (138) perçoivent les origines avant même la Révolution, « l'idéal stylistique de la Restauration prolongeant plutôt les dernières années de l'Ancien Régime que l'époque impériale ». La mode, évidemment dans le courant « romantique », est encouragée par deux mécènes, la duchesse de Berry et la princesse Marie d'Orléans (139), sculpteur, peintre de vitraux, dont le fameux « oratoire » aux Tuileries, est reproduit dans de nombreuses gravures (140). On comprend que la tentation soit grande pour les historiens d'art, de trouver dans les extravagances gothiques matière à pittoresques descriptions :

« Les papiers de tentures se rythmaient d'arceaux et de chimères ; les huiliers et les veilleuses étaient des clochers ; les bahuts, des dressoirs façon Charles VII, étaient garnis d'une rangée de pots d'étain ; des coffres, imités du temps de Louis XI, étaient recouverts de brocarts ; des guéridons à six colonnettes ressemblaient à un baptistère » (141).

Ajoutons-y des psychés en verrières, des « tables de nuit qui sont des réductions de la Sainte-Chapelle » (142) et les bijoux, les reliures, les vignettes « à la cathédrale ». Rares sont les amateurs assez fortunés pour créer des ensembles entiers, ou même une pièce seule en style cathédrale, et ces chimères décoratives sont surtout connues par les nombreux « projets », aquarelles, planches gravées conservées au musée des Arts Décoratifs, et grâce aux journaux et modèles présentés par les ébénistes aux expositions des produits de l'Industrie (143). Louis Chéronnet signale les limites d'une mode coûteuse :

« Lorsque les amis de Monsieur Prudhomme, bouchers ou chefs de bureau, et bons gardes nationaux, établissaient leur fille au Marais ou dans la Cité, ils achetaient un solide mobilier, aux rondeurs unies un peu lourdes, et ne sacrifiaient au goût du jour que pour les dessus de cheminée, pour lesquels l'industrie proposait de si jolis modèles de bronze doré : toute pendule devant quand même affecter l'aspect d'une chapelle miniature ou d'un castel en réduction. »

La Comédie humaine porte témoignage de cet engouement décoratif alors que l'art néo-gothique est absent de l'architecture de tant de « belles maisons » balzaciennes où il s'est pourtant imposé plus durablement que dans l'ornementation intérieure. H. Clouzot cite, comme exemplaire, le salon de Foedora (144) et ajoute :

« Peut-être Balzac songeait-il, en composant ce tableau, à la galerie gothico-Renaissance de la baronne Salomon de Rothschild (145), au salon Renaissance de la Princesse Marie d'Orléans, aux salles à manger de Roger de Beauvoir, en style François Ier, et d'Eugène Sue, en style Louis XII de transition. » (146)

------

138. Ouvrages cités.
139. Fille de Louis-Philippe.
140. Voir notamment les ouvrages cités de J. Viaux et d'Y. Christ.
141. Cf. article de Louis Chéronnet (dans la Revue Formes et Couleurs : Romantisme) Le gothicisme décoratif, 1945.
142. Jacques Robiquet, op.cit., p.86.
143. Tous les ouvrages des historiens d'art précédemment cités sont illustrés. On s'y reportera avec profit.
144. Op.cit., p.32.
145. Il existe dans La Comédie humaine plusieurs références précises à l'hôtel de Rothschild, notamment à propos de l'hôtel Laginski et de l'hôtel de Josépha.
146. H. Clouzot, op.cit., p.32.

Le gothique, chez Foedora, est d'époque incertaine, et l'effet surtout créé par les boiseries et le plafond qui sont un des intérêts constants de l'auteur :

« le plafond, formé de solives brunes sculptées présentait à l'œil des caissons pleins de grâce et d'originalité, les boiseries étaient artistement travaillées, rien ne détruisait l'ensemble de cette jolie décoration, pas même les croisées dont les vitraux étaient coloriés et précieux. » (147)

Ajoutons-y tapisseries et tapis à dessins gothiques ainsi que la pendule, mais pas de meubles visibles qui pourraient créer quelque lourdeur. L'antithèse produite par un « petit salon moderne » et « une pièce dorée » de goût Louis XIV qu'on aperçoit « en enfilade » ne doit pas être trop brutale. Tout cela « produisait un bizarre mais très agréable contraste » (148). Il faut aller à Chantepleurs, au fond du Nivernais, pour retrouver « une charmante chambre gothique embellie de toutes les inventions du luxe moderne » (149). En revanche, les accessoires sont nombreux : chez Laginski, « une traverse de chêne noir où grouille une chasse entière » venue peut-être d'un « Chat-qui-pelote » en démolition, des devants de bahuts en guise de boiseries ; chez Caroline, un tapis à dessins gothiques. Et, si l'on peut se permettre encore une incursion en province, un bahut qui vaudrait bien « aujourd'hui » (1838) huit mille francs chez Félicité des Touches ; chez Rouget, à Issoudun, de belles pièces arrachées à quelque château ou abbaye vendus nationalement : outre l'inévitable « bahut », des « fauteuils en bois de chêne sculpté, garnis tous en tapisserie due à la dévotion de quelques femmes de haut rang (et qui) eussent été prisés haut aujourd'hui, car ils étaient tous surmontés de couronnes et d'armes » (150). Rien de « gothique » chez Malvaux : en 1846, la mode en est passée.

Ces tendances décoratives de la première moitié du XIXe siècle que *La Comédie humaine* accueille, reflètent, comme c'est toujours le cas, les orientations de l'architecture : le néo-gothique d'abord, puis une manière de néo-baroque avec le Louis XIV, et le Louis XV plus fantaisiste. Dans le décor comme dans l'architecture, triomphe « l'éclectisme ». N'oublions pas, afin de mesurer « l'incroyable incohérence »(151) de ces ensembles, les « chinoiseries » (152) qui, succédant aux « singeries » et « pagodes » Louis XV, précèdent les japonaiseries du Second Empire, chères aux Goncourt. L'orientalisme se manifeste encore dans les tapis persans ou turcs, très recherchés :

« sollicités de toutes parts par diverses tendances, les particuliers font leur choix à tâtons parmi les styles qui leur sont proposés. » (153)

Ces « particuliers » préfèrent souvent à de pénibles options, placer dans les espaces réduits dont ils disposent un échantillon de chacun des styles admirés ! Chaque pièce est comme « un musée en miniature », constate J. Viaux (154). C'est le cas chez Foedora où « chaque pièce avait son goût particulier », un imposant salon Louis XIV succédant, nous l'avons vu, à un petit salon « amoureux et vague comme une ballade allemande » contigu au fameux boudoir gothique (155) ; chez Rabourdin :

147. *La Peau de chagrin*, VI,465 (l'action se passe en 1827-29).
148. *La Peau de chagrin*, VI,465.
149. *Les Mémoires de deux jeunes mariées*, I,142.
150. *La Rabouilleuse*, II,132.
151. J. Viaux, *op.cit.*, p.155.
152. Présentes chez Laginski, Félicité des Touches et ailleurs.
153. Cf. *L'art français au XIXe siècle*, *op.cit.*, tome II, p.195.
154. *Op.cit.*, p.154.
155. *La Peau de chagrin*, VI,465.

salon Louis XIV et chambre rococo ; la juxtaposition, typique chez Félicité des Touches, y paraît plus tolérable parce qu'il s'agit d'une vaste demeure.

Au « bizarre contraste » des styles, s'ajoute une surprenante palette qui assemble des couleurs vives en une « harmonie » contestable chez Birotteau (1819) : salon blanc et rouge, boudoir vert et blanc, cabinet brun et vert, chambre bleu et blanc, salle-à-manger avec des clous dorés (156). Il est vrai que « les plus habiles transitions de l'harmonie liaient toutes les pièces de l'appartement l'une à l'autre. Ainsi la couleur qui faisait le fond d'une pièce servait à l'agrément de l'autre, « et vice versa ». Ces subtilités ne sont pas toujours perçues par les gens du commun, elles sont le propre des artistes, qui savent tout harmoniser, tentures, meubles « avec une pensée première » (157). Ainsi rassurés, acceptons donc tant de jaunes, verts, violets, ponceaux, teintes grinçantes qu'on retrouve au musée des Arts Décoratifs et dans maintes descriptions d'intérieurs, par exemple celui d'une demi-mondaine célèbre à la fin du règne de Louis-Philippe : « Tout, chez Anne Deslions (158) est un gros luxe d'impure ; un salon blanc et or avec chambre à coucher de satin rouge, des boudoirs de satin jaune, et partout de la dorure. » (159) L'or et le rouge, comme le remarque Clouzot, affirment leur prédominance sous la monarchie bourgeoise : on le constate notamment chez Crevel et Malvaux.

Le Bilan

En 1949, Louis Réau qualifiait le style décoratif de la première partie du XIXe siècle de « pot-pourri hétéroclite de meubles tripatouillés » (sic) (160). Incohérence, « styles confusément employés » : il n'existe pas à proprement parler d'art Restauration-Louis-Philippe, sauf si l'on admet qu'une heureuse adoption de certains modèles et un juste dosage des ornements, peuvent finalement constituer un « style ». Ce qu'on juge aujourd'hui de « mauvais goût » se marque dans la profusion, l'étalage, le clinquant, le manque de sobriété — c'est peu dire ! — chez Laginski, Florine, Valérie et d'autres où s'accumulent, nous l'avons vu, une masse d'objets plus ou moins utiles, plus ou moins gracieux. Cette formidable accumulation se retrouvera dans le fameux salon de la princesse Mathilde, auquel Edmond de Goncourt consacre dix pages serrées : « fouillis de choses », « presse d'objets », « confusion des formes et des couleurs », étagères, œufs d'autruche avec pendeloques et perles, lanternes vénitiennes et gargoulettes, le tout dans le demi-jour que laissent filtrer d'épais voilages (161). H. Clouzot (162) évoque les « petits Dunkerques surchargés de bibelots coûteux, vide-poches, tricoteuses, écrans-pupitres, tables de travail, nécessaires en écaille, coffrets, écritoires et ces mille objets qu'aiment à caresser de leurs mains aristocratiques les héroïnes de Balzac ».

La surabondance des étoffes, marque essentielle du décor balzacien, est aussi le vice de l'époque, favorisé par les inventions des Oberkampf père et fils. La draperie, au début de la Restauration, peut apparaître avec « une certaine lourdeur, accusée

156. *César Birotteau*, IV,180.
157. *La Peau de chagrin,* VI,465.
158. Avenue des Champs-Élysées.
159. D'après Ed. de Goncourt, *Journal*, Édition Flammarion et Fasquelle (s.d.) tome II, pp.18-19, année 1862.
160. Réau, *op.cit.*, p.207 (en 35 ans les jugements se sont faits moins sommaires !).
161. Cf. *Journal* d'Ed. de Goncourt, tome V, pp.118 à 129, année 1874.
162. Cf. *op.cit.*, p.32.

par le pli vertical qui a la rigidité d'une colonne (163), détail bien vu dans le boudoir de *La Fille aux yeux d'or* (les voilages seront ensuite plus vaporeux). Le prix des tissus connaît une baisse relative, mais aussi, dit Pierre Francastel, leur qualité.

Sous la Monarchie de Juillet, les premiers meubles de série apparaissent « dont la vente est encouragée par les préoccupations politiques de l'heure : l'égalité des citoyens est un problème d'actualité, il faut mettre à la portée du plus grand nombre des meubles de belle apparence, jadis réservés à une classe privilégiée » (164). Chez Crevel, « le palissandre sculpté de la fabrique parisienne » ouvre une ère nouvelle qui, à longue échéance, s'achèvera aux Galeries Barbès. La carrière de Grindot reflète la lente vulgarisation de l'art. Ses décors, charmants chez Birotteau et dans les débuts de Florine (165), et même encore dans le « petit palais » de la rue Saint-Georges, aboutissent aux travaux de série exécutés chez Crevel et dans la maison neuve de mademoiselle Thuillier.

Les dernières œuvres de *La Comédie humaine* marquent le déclin progressif de l'art, à mesure qu'on avance dans le règne du Roi-Citoyen. Chez Crevel brille « l'or stupide » (166), le « luxe des sots » rue Barbet (167) où reluit ce qui peut s'acheter, partout. Cette décadence, surtout après 1830 qui apparaît comme une date charnière (168), est liée au triomphe d'une certaine bourgeoisie incarnée précisément par Crevel. Elle peut être aussi en rapport avec l'introduction (très limitée et dont il convient de ne pas exagérer l'importance) de quelques procédés industriels de fabrication mécanique, mais ses causes restent surtout économiques et sociales : l'abondance de l'argent et l'ostentation d'une classe de parvenus :

« Le progrès qu'a fait depuis trois ou quatre ans le luxe des appartements est inconcevable ; c'est une folie dont rien ne peut donner l'idée. Le moindre canapé vaut cent louis, le moindre lustre vaut douze à quinze mille francs. Les meubles d'un salon coûtent ce que coûterait l'éducation d'un fils, les joujoux du boudoir sont la rançon d'un roi. On parle d'un des hôtels les plus élégants de Paris qui ne compte rien moins que sept salons dorés »,

écrit en 1839 Delphine de Girardin (169). Trop d'or et de clinquant : cela peut justifier les appréciations sévères de certains historiens qui trouvent dans *La Comédie humaine* maints exemples à l'appui (170).

Il serait bien étonnant, toutefois, que toute une époque se fût égarée dans « l'or stupide » et la vulgarité. Certains bourgeois, tels Granville et Malvaux, ont derrière eux tout un passé d'aisance et de culture, et tout n'est pas condamnable dans l'art Restauration. Les meubles, variés, gracieux, bien adaptés à leur usage, rompent agréablement avec le « luxe impérial ». Le goût des petits meubles n'entraîne « aucun changement de structure » objectent les historiens-accusateurs, mais quand donc, avant l'époque actuelle, a-t-on vu un réel « changement de structure » ? Est-ce avec l'invention de l'armoire à glace ? mais elle est déjà présente chez Césarine Birotteau et Valérie Marneffe ; est-ce dans les lits escamotables ? mais il en existe chez Crevel

163. *Le Dix-neuvième siècle français*, p.161.
164. J. Viaux, *op.cit.*, p.153.
165. *Illusions perdues*, III,488.
166. *La Cousine Bette*, V,49.
167. *Ibid.*, V,142.
168. Cf. *Splendeurs et misères des courtisanes*, IV,343 : « Toutes les inventions trouvées par le luxe avant la Révolution de 1830 faisaient de cette maison le type du bon goût. »
169. Citée sans référence par Clouzot, p.31 de son ouvrage.
170. Clouzot et Hautecœur citent assez souvent Balzac.

t Birotteau, et déjà au château des Aigues ! Que le meuble gothique « plaque un lécor flamboyant sur des formes usuelles », que « rosaces, quadrilobes, fenestrage à claire-voie décorent les dossiers des sièges, les vantaux des meubles » (171) n'est ans doute pas « fonctionnel » mais, conclut J. Viaux, « ces extraordinaires compoitions ogivales donnent à ce mobilier conventionnel un aspect à la fois fantastique t théâtral » qui ne manque pas de séduction ; « des formes souvent heureuses dans eur étrangeté » affirme, dès 1928, J. Robiquet (le premier historien d'art, semble-t-l, qui se soit montré équitable à l'égard du style Restauration). A défaut d'une « beaué » dont le critère, après tout, n'est pas défini, J. Viaux insiste sur l'excellente qualité le ces meubles, corrigeant l'appréciation de Louis Réau, pour qui « le culte de la ›elle matière, du beau travail, qui avait atteint un tel raffinement chez les grands ›bénistes du XVIIIe siècle, n'est plus qu'un souvenir » (172). C'est là un cliché ou out au moins une affirmation prématurée, que dément un peu de réflexion chronoogique : sous la Restauration, il ne s'est pas écoulé plus de vingt-cinq ans, ainsi que e remarque J. Viaux (173), depuis l'abolition des *jurandes*. Les fabricants de meubles, ux environs de 1820, ont reçu la formation technique d'autrefois, et « ont à cœur le livrer à leur clientèle du beau meuble loyalement construit » (174).

Même sous Louis-Philippe, quand le recours aux procédés mécaniques se développe,

« meubles en série ne veut pas encore dire qualité inférieure : les bois sont toujours choisis avec soin t compétence. Si l'artisan utilise la machine pour découper placage, marqueterie, incrustation, le ›ollage et la finition se font toujours à la main et avec autant d'habileté. Techniquement, les résultats e sont pas inférieurs à ceux obtenus sous l'Ancien Régime, l'artisan corrige les imperfections de la nachine. » (175)

N'en déplaise à Balzac, les meubles de Crevel sont des meubles bien faits, quoiu'issus de la « fabrique », et certaine commode incrustée d'un filet brun, chez Caroine de Bellefeuille, « vaudrait aujourd'hui une fortune » comme on dit couramment lans *La Comédie humaine*. D'autre part, le « gothicisme » (aspect très passager du style Restauration) ne s'affirme pas seulement dans les « pinacles, créneaux, mâchicoulis et ;argouilles », « d'extraordinaires compositions ogivales » (176), mais aussi dans le :harme du style « troubadour » dont il serait, selon Louis Chéronnet, comme la ›remière forme :

« La rentrée des Bourbons ramenait le goût vers tout ce qui pouvait paraître le cadre idéal et es modes idéalisées de l'ancienne monarchie, et comme une aube claire naquit le style troubadour ; es meubles sont de blond citronnier, les opalines sont roses et bleu-ciel [...] voici la première forme lu gothicisme, elle est aimable et douce [...] Ce n'est que peu à peu qu'on va glisser du clair au :ombre, du séduisant au terrifiant, [...] à « l'épouvantable sublime » loin des délicatesses un peu ‑ades du style troubadour. » (177)

« L'épouvantable sublime » n'apparaît pas dans *La Comédie humaine*, mais Louis Hautecœur rappelle (178) que la princesse Belgiojoso, le journaliste Alphonse Karr,

---

171. J. Viaux, *op.cit.*, pp.155-156.
172. Louis Réau, *op.cit.*, p.207.
173. *Op.cit.*, p.144.
174. *Ibid.*, p.144.
175. J. Viaux, *op.cit.*, p.153.
176. J. Viaux, *op.cit.*, pp.155-156.
177. Louis Chéronnet, article cité.
178. *Op.cit.*, pp.369-370.

font tendre leurs murs de draperies noires émaillées d'étoiles d'argent et de têtes de
mort. Nul, dans *La Comédie humaine* ne tombe dans de tels excès ; par contre, « la
délicatesse un peu fade » du style troubadour (bien que le mot n'apparaisse pas)
donne un charme certain à maint décor : « troubadour », le clair logis de Caroline
de Bellefeuille, protégée du juge Granville. Chez Madame du Tillet, un certain « bou
doir bleu à reflets tendres et chatoyants », d'un bleu presque trop insistant, « poursui
vi » jusque dans « la lampe d'argent ornée de turquoises » (179). « La première forme
du gothicisme est aimable et douce, légère, sentimentalement courtoise », dit L. Ché
ronnet. Voici, après les reflets tendres et chatoyants du boudoir bleu, le « rêve de
danseuse » de Florine (180) : blanches soieries, voiles de tulle, tapis d'hermine et
de nouveau, le désor « si léger, si frais, si suave, sans éclat » du boudoir de Foedora
sa lampe d'albâtre, la lampe « marmorine » aux lueurs d'opale de Clémence Desmarets
Tout cela un peu mièvre, un peu précieux, « un peu trop *flou* dirait un peintre » (181)
Le « troubadour », état d'âme plus que style véritable, annonce les évanescences
préraphaélites.

LE DÉCOR, « POÉSIE ET VÉRITÉ »

A une certaine absence d'informations sur l'aspect extérieur des maisons (hormis
quelques signes révélateurs qu'il faut interpréter à partir d'une expérience puisée à
d'autres sources), *La Comédie humaine* oppose, pour le décor intérieur, une surabon
dance de données. La confrontation avec les journaux, textes, gravures de l'époque
et les travaux des historiens de l'art, permet d'en vérifier la constante exactitude.

La précision est plus marquée pour certains éléments, le mobilier paraît un peu
négligé au profit de la draperie, mais comme le fait remarquer Clouzot, sous la Restau
ration, « le tapissier l'emporte sur l'ébéniste », et les étoffes largement répandues
permettent de brosser de grands effets d'ensemble. La « méthode » de Balzac historien
d'art a d'ailleurs évolué : dans les récits les plus anciens, les décors se veulent surtout
créateurs d'ambiance, « amoureux et vagues » comme chez Foedora. Ainsi dans *La
Peau de chagrin* (1831), *Ferragus* (1833), *La Fille aux yeux d'or* (1834). Pierre Citron
voit, dans *Une fille d'Eve* (1838), un « carrefour » (182) ; on pourrait ajouter aux
raisons qu'il avance, qu'à partir de cette époque la description se fait plus sèche
plus minutieuse, plus énumérative. 1838 : date du boudoir de Madame du Tillet
contemporain des deux logis de Florine, celui d'*Illusions perdues*, celui d'*Une fille
d'Eve*, avec son « pêle-mêle de luxe ». C'est la seconde manière, du type « recense
ment » qui se poursuit dans *Béatrix* (en 1838 au château des Touches, en 1844 dans
la maison de Béatrix, rue de Courcelles) et surtout dans *La Cousine Bette* où l'on
compte au moins six inventaires, non moins révélateurs, mais pour d'autres raisons
que les ensembles trop explicitement « voluptueux » de certains récits antérieurs.

Avec l'exactitude et la précision, une autre qualité de Balzac historien d'art serait
(dans la mesure où le mot garde un sens quand il s'agit de romans !) l'impartialité
du témoignage ; certes, il ne dissimule pas ses goûts personnels, tout au moins ceux
qu'il perçoit nettement. Il souhaite l'« harmonie », définie dans *César Birotteau* et
dans *La Peau de chagrin*, à peu près dans les mêmes termes. Elle naît de rappels d'agré-

---

179. *Une fille d'Eve*, I,484.
180. *Ibid*., I, p.500.
181. *Une fille d'Eve*, I,484 (le boudoir décrit est « tendu de ce velours bleu à reflets tendres et
chatoyants que l'industrie française n'a su fabriquer que dans ces dernières années » précise Balzac).
182. Introduction à *Une fille d'Eve*, I,483.

ments « que les artistes seuls savent établir en poursuivant un système de décoration jusque dans les plus petits accessoires » (183). L'effort ne doit pas se sentir, ce qui n'est pas toujours le cas, par exemple dans la recherche laborieuse des bleus chez Madame du Tillet. En revanche, chez Florine, il y a « de la négligence », du « laisser-aller », « deux qualités qui ne se trouvent réunies que chez les artistes » (184). Chez Madame de Carigliano « le désordre était une grâce » (185). « Le bon goût doit tempérer le luxe » (186) et le luxe dédaigner la richesse (187) et se garder d'un certain « étalage de marchandises » (188).

Balzac rappelle la supériorité de l'objet original sur la copie, en un temps où le progrès de l'industrie commence à vulgariser la fabrication : « Un lustre authentique de Boule monte en vente publique à trois mille francs ; le même lustre surmoulé pourra être fabriqué pour mille ou douze cents francs, l'un est en archéologie ce qu'un tableau de Raphaël est en peinture, l'autre en est la copie. Qu'estimez-vous une copie de Raphaël ? » (189) Vérité première qui explique que les « deux luxes », celui de Crevel et celui de Josépha, « soient séparés l'un de l'autre par le fleuve du million » (190). Les goûts de Balzac sont donc l'harmonie, que seuls savent réaliser les « artistes », êtres d'élite, espèce d'aristocratie, puis avec l'harmonie « la pefection de la chose unique » (191) et une certaine sobriété. On trouve rarement la condamnation précise d'un artiste ou d'une époque. Si l'on a vu, selon lui, trop de meubles de Jacob-Desmalter, du moins ne rejette-t-il pas en bloc le style Empire ; il n'apprécie pas « les formes contournées mises à la mode par le goût corrompu de Boucher » (192) mais ces mêmes « formes contournées » le séduisent chez Félicité des Touches, et il admire d'ailleurs, dans le « petit palais » d'Esther, dans la petite maison de Crevel, de « splendides » ou coquettes réalisations en pastiche Louis XV. Quand il ouvre des maisons, comme des coffres livrant leurs richesses, il ne porte sur ses découvertes aucune appréciation systématique, pas plus qu'il ne le fait pour l'architecture moderne. Il existe, dans tous les styles, même Empire, de beaux décors, et telle lorette peut avoir le sens de l'harmonie qui fait défaut à certaine grande dame. C'est en ce sens qu'on peut parler d'objectivité.

Cependant, si l'on pèse les termes, il apparaît que Balzac est un historien « honnête » plutôt qu'objectif ou impartial. Même s'il affecte de prendre quelque distance vis-à-vis de l'art décoratif un peu exubérant de son époque, il se présente, lorsqu'il peint une certaine réalité matérielle et sociale, comme un historien « engagé ». Il n'est pas un spectateur indifférent, il observe et « participe » et les « inventaires » le révèlent, au moins autant que ses personnages, épris de draperies, tentures, raretés diverses. Il assume pleinement les erreurs de son temps, et le côté pastiche du style ne le choque pas plus dans le décor qu'en architecture. Vrai Pompadour, faux rococo, « dans le genre », « à la façon de »..., qu'importe au fond ? L'ensemble Louis XV réalisé par Grindot rue La Bruyère, et par Félicité aux Touches, « surpasse » le vrai Louis XV ! Pour justifier la surcharge que par ailleurs il condamne, il insiste sur le

183. *César Birotteau*, IV,180.
184. *Une fille d'Eve*, I,500.
185. *La Maison du chat-qui-pelote*, I,77.
186. *Ferragus*, IV,29.
187. *La Maison du chat-qui-pelote*, I,77.
188. *La Fausse Maîtresse*, I,466.
189. *La Cousine Bette*, V,142.
190. *Ibid.*
191. *Ibid.*, V,134.
192. *Une double famille*, I,426.

luxe spécial de la femme entretenue : ses « profusions » expliquent les exhibitions d'objets qui sont autant de cadeaux. Mais la surcharge se trouve aussi chez Laginski, chez Félicité des Touches et... rue Fortunée ! C'est une manie de l'époque, qui va de pair avec les draperies et les tentures. Certes, le ton se fait sévère pour dénoncer « la platitude du style moderne », « l'or stupide », les « sottises de carton-pierre », faux marbres, stucs, etc. Souvent, cependant, le conteur se prend au jeu et, se laissant entraîner par le désordre un peu fou de Florine, ajoute merveille sur merveille, l'or à la nacre, encore un galon, une dentelle. C'est la version moderne des *Mille et une nuits* ou plutôt du *Cabinet des Fées* ; le côté Sallambier de Balzac, et Séraphita l'emporte quelquefois sur Séraphitus !

Les décors livrent donc beaucoup de la personnalité du romancier, mais ils peignent aussi des personnages qui, sans eux, apparaîtraient comme des comparses un peu incolores ; « un détail peut révéler l'homme » (193) et Chaboisseau, entrevu au milieu de sa collection « grecque », cesse de ressembler aux Samanon et Claparon, ses confrères. Certains détails introduisent des variantes significatives et, sans leurs « intérieurs » presque toujours présents, le groupe des lorettes serait composé d'unités quasi interchangeables. Dans ce monde un peu uniforme des courtisanes, le décor permet d'introduire des nuances : le luxe solide de Madame Schontz et de Josépha, préoccupées de leurs intérêts matériels, n'est pas le luxe « troubadour » d'une Caroline de Bellefeuille sincèrement éprise. Chez Coralie, les « images de l'innocence » : bruyères blanches, camélias sans parfum, tapis de cygne, annoncent peut-être la rédemption par l'amour. Chez Valérie Marneffe, bourgeoise prostituée, et chez Florine, courtisane qui s'embourgeoise, les détails révélateurs se trouvent dans la pièce intime, leur chambre, où elles se laissent aller à leurs goûts véritables. Ce ne sont pas des différences de fortune qui s'expriment dans le salon sévère de Madame Rabourdin, le boudoir bleu, froid, rangé de Madame du Tillet, la « liliale alcôve » (194) de Clémence Desmarets : chez les femmes surtout, qu'elles soient courtisanes ou réputées « comme il faut », le décor reflète la personnalité, un « esprit original » : madame Rabourdin, la duchesse de Carigliano, Honorine, Florine, Clémence, apparaissent à cet égard comme des « femmes supérieures » aux goûts véritablement « artistes », qui ont créé elles-mêmes, souvent avec peu de moyens, des intérieurs d'une « originale simplicité » (195). S'opposent à elles les Josépha, Caroline, Schontz, Marneffe, et naturellement les Birotteau et Crevel, qui ne savent qu'acheter un « luxe tout prêt » (196), lequel peut être de bon aloi, mais qui apparaît surtout comme un signe extérieur de richesse et de vanité satisfaite. Le décor livre donc, à qui sait l'interpréter, d'intéressants messages. Nous l'avons constaté pour Béatrix et Honorine, les deux anges déchus de la rue de Courcelles et de la rue Saint-Maur. Louise de Chaulieu, préoccupée de ses amours, paraît s'intéresser moins personnellement au cadre. Elle paie royalement « son » architecte qui fabrique à Ville d'Avray du « joli, précieux, élégant » et laisse le Rembrandt dans l'escalier (197). Certain appartement d'un vieil hôtel du Marais permet de comprendre la faille tôt survenue dans le couple Granville : « s'il est vrai, d'après un adage, qu'on puisse juger d'une femme en voyant la porte de sa maison, les appartements doivent trahir son esprit avec encore plus de fidélité (198). Tout,

193. *Traité de la vie élégante*, VII,574.
194. Comme dit Colette (passage cité).
195. *Les Employés*, IV,528.
196. *Béatrix*, II,111.
197. *Les Mémoires de deux jeunes mariées*, I,163.
198. *Une double famille*, I,426.

dans le logis de Granville, dénonce la pudibonderie, l'étroitesse d'esprit d'une bigote de Bayeux : « tout y était discord », et notamment le meuble Empire dans des boiseries Louis XVI. Le décor est une confidence...

Balzac, dans son « dialogue avec le visible », illustre ce qui, dans le décor Restauration, est issu du groupe social : un décor pour une classe enrichie qui ne « songe qu'au maintien, à la reviviscence des styles périmés de cet Ancien Régime, qu'en paroles elle continue de vilipender. L'inconscient manifesté par l'art, n'a pas, lui, de ces hypocrisies : il pousse la bourgeoisie à s'installer, non dans ses meubles, mais dans ceux qu'elle copie avidement d'après les époques abolies » (199). Louis XIV, Louis XV, gothique : le mélange des styles copiés apparaît bien chez Balzac, sauvé par de charmants petits meubles un peu écrasés, il est vrai, sous le poids des tentures.

« L'esthétique attend son Geoffroy-Saint-Hilaire » écrivait Flaubert (200) en 1853, mais peut-être Balzac était-il ce Geoffroy-Saint-Hilaire attendu, dans la mesure où « l'influence du milieu » est l'idée fondamentale qui se dégage de tant de décors trop riches. Le décor est aussi « la confession d'un choix ou d'un rejet » (201), donc une manifestation des âmes et des individus. Freud aurait interprété sans doute cravache, poignards et autres objets singuliers, déchiffré le sens mystérieux de leurs groupements et répétitions. En se bornant aux simples apparences, sans chercher ici une « symbolique » de l'imagination » (202), on peut dire que tant de pittoresques décors brossés par l'auteur de *La Comédie humaine* nous font progresser dans la connaissance du créateur, de ses créatures et de l'époque dans laquelle s'inscrit la création littéraire.

199. Cf. René Huyghe, *Dialogue avec le visible*, Connaissance de la Peinture, Flammarion, 1955, p.367.
200. Cité par R. Huyghe.
201. R. Huyghe, *op.cit.*, p.376.
202. *Ibid.*, p.434.

« PETITS MÉNAGES » ET « PAUVRES FOYERS »

Dans *La Comédie humaine*, la présence des « petits ménages » reste discrète et ne donne pas lieu, en général, à de grands déploiements descriptifs. Cependant, des nuances quantitatives et qualitatives, c'est-à-dire découlant de ressources plus ou moins réduites, et, surtout, du caractère de l'occupant qui secrète sa « coquille » personnelle, apparaissent si nettement qu'on pourrait esquisser à propos du logis des pauvres, une espèce de philosophie de la demeure plus révélatrice peut-être que chez les riches.

Balzac lui-même en indique les thèmes. Il nomme plaisamment « ménages amphibies » les intérieurs qui gardent, dans la ruine, quelques traces de splendeurs passées : par exemple chez les dames de *La Bourse* (1), prototypes du genre, mais aussi chez la veuve Bridau (2) et chez Madame Clapart (3). Un degré plus bas, des « lieux plus que modestes » peuvent sentir « la misère, l'avarice ou la négligence » (4), ces trois facteurs n'étant pas nécessairement incompatibles. Ailleurs, la malpropreté et le désordre sont attribués à « l'incurie de l'homme emporté par une passion dominante » tel le juge Popinot (5). « Incurie domestique » encore, chez ses « Frères » en charité de l'hôtel de la Chanterie, où règne une crasse médiévale (6). De même un « magnifique apôtre de la religion musicale », Schmucke, vit dans un taudis entre son piano et son chat (7). Plus absorbante que les nobles passions de la Charité et de la Musique, l'Avarice imprime si bien sa marque au décor, qu'elle pourrait caractériser toute une série de logements : avarice des banquiers-usuriers, tels Claparon dans un intérieur d'une « rigidité monastique » (8), Gobseck dans une ancienne cellule de couvent propre et râpée (9) ; avarice des propriétaires tel Molineux, dans un logement d'une « indécente nudité » (10) ; la « cynique simplicité de l'avarice commerciale » qui est celle de l'imprimeur Séchard à Angoulême, se retrouve un peu chez le jeune Popinot qui, dans ses « privés », rue des Cinq-Diamants, se satisfait d'une « horrible chambre » (11). Il est vrai qu'il a sa fortune à faire...

1. Cf. I,181.
2. Cf. *La Rabouilleuse*, III,92.
3. Cf. *Un début dans la vie*, I,295.
4. Cf. *César Birotteau*, IV,205.
5. Cf. *L'Interdiction*, II,358.
6. Cf. *L'Envers de l'histoire contemporaine*
7. Cf. *Une fille d'Eve*, I,519.
8. Cf. *César Birotteau*, IV,205.
9. Cf. *Gobseck*, II,128.
10. *César Birotteau*, IV,158.
11. *Ibid.*, IV,174.

Chez Schmucke, chez le juge Popinot et certains avares, la passion dominante accompagne ou engendre le plus souvent la « négligence », litote pour désigner une effroyable malpropreté, laquelle est peut-être aggravée par le fait qu'il s'agit d'hommes célibataires. A côté des « ménages amphibies », à côté des intérieurs de maniaques indifférents à leur cadre, il existe un dénuement domestique motivé par l'indigence par exemple, chez les dames Crochard rue du Tourniquet-Saint-Jean, chez la veuve Gruget et ailleurs...

En somme, au risque de systématiser, on peut trouver dans *La Comédie humaine* trois types de « petits ménages » : intérieurs de femmes ayant connu des jours meilleurs et qui tentent avec plus ou moins de succès de « farder » (12) leur gêne ; intérieurs d'hommes seuls trop possédés par une passion, bonne ou mauvaise, pour s'intéresser au cadre dont ils sont pourtant inséparables, enfin logements de pauvres authentiques, trop démunis pour tenter même, suivant l'exemple du Jeune Popinot rue des Cinq Diamants, une esquisse de « rénovation » des lieux.

Les intérieurs les plus décrits ne sont pas nécessairement ceux des grandes vedettes de *La Comédie humaine* et, par ailleurs, certains comparses auraient bien peu de « présence » vus hors de chez eux : Zélie Minard, la Fanny de Derville, Topinard, le docteur Poulain, la veuve Gruget et d'autres ne sont connus ou devinés que par leur logement. Le « vieillard » nommé Poiret, Mademoiselle Michonneau, Madame Couture et Mademoiselle Taillefer resteraient fantômatiques, sans le support amplement dessiné, extérieur et intérieur de la pension Vauquer.

On a déjà vu qu'il en est de même pour les beaux décors. Le petit escadron de lorettes parvenues passerait, sans eux, anonyme, et seuls ou presque, ils permettent de distinguer les Josépha des Florine. En revanche, on ne sait pas grand'chose du décor intime de la duchesse de Langeais et, pour en revenir aux pauvres, on ignore tout de « l'appartement » (ainsi est-il désigné) de la cousine Bette sauf qu'il se trouve dans un troisième étage sur cour, impasse du Doyenné. Il serait inexact, cependant, d'en conclure que l'importance donnée au décor est inversement proportionnelle à celle du personnage.

Le dénuement tristement réel des uns, devenu habitude de seconde nature chez les autres, s'inscrit dans des signes matériels reparaissants. Quelle que soit la classe sociale des mal logés, le degré de leur pauvreté feinte ou réelle, aucun d'entre eux, à l'exception, semble-t-il, du juge Popinot, n'appartient à la classe des propriétaires tous sont « à loyer » (13), loyer toujours trop lourd : mille francs par an pour le docteur Poulain, rue d'Orléans, « au fond du Marais » (14) ; quatre cents francs par an pour la veuve Bridau, rue Mazarine (15) et pour Topinard, Cité Bordin, « une de ces affreuses localités qu'on pourrait appeler les cancers de Paris » (16) ; cent écus pour Coralie, rue de la Lune (17), et Zélie Minard, barrière de Courcelles (18) (des écus de trois francs, vraisemblablement) ; deux cent cinquante francs rue de la Cerisaie,

12. *La Bourse*, I,182.
13. Cf. *Le Cousin Pons*, V,271.
14. *Ibid.*, V,220.
15. Cf. *La Rabouilleuse*, III,92.
16. Cf. *Le Cousin Pons*, V,271.
17. Cf. *Splendeurs et misères*.
18. Cf. *Les Employés*, IV,547. Pour le petit fonctionnaire Minard, le logement représente 1/5 d'un traitement de 1 500 francs.

pour les Clapart (19), et, semble-t-il pour la cousine Bette au Doyenné (20) ; cent quatre-vingt francs la mansarde de Z. Marcas et cent francs celle de Poupillier (21).

La localisation de ces gîtes « en harmonie avec la maison » (22) correspond en général à celle des immeubles de troisième catégorie ; les heureuses surprises comme celle que réserve Chaboisseau avec son décor grec déjà signalé (23), sont rares...

Ces logements relativement exigus, comportent trois pièces, ou deux pièces, ou même une pièce unique, souvent une mansarde. Trois pièces chez Pierre Grassou, chez la veuve Bridau, Zélie Minard, les dames de *La Bourse* ; deux pièces plus une soupente chez la veuve Gruget (24), chez Caroline, rue du Tourniquet Saint-Jean (25), chez Esther, rue de Langlade (26) ; mansardes d'étudiants : celles de Raphaël et de Lucien (27) sur la Montagne Sainte-Geneviève, de Caroline déchue, rue de Gaillon (28). Le tout en étages élevés, rappelons-le : un sixième pour Topinard, un quatrième pour les dames de *La Bourse*, un « troisième et dernier étage » pour la veuve Bridau et la cousine Bette.

Les incommodes « dispositions intérieures » (29) signalées par les historiens de l'art à propos des belles maisons de profit, se retrouvent, aggravées, dans les petits logements. Trois pièces en enfilade rue de la Cerisaie (30) ; dans *La Bourse*, une pièce « coupée en deux » par une cloison vitrée séparant un « capharnaüm » d'une « partie honorable » (31) ; pièce également « coupée en deux », mais cette fois à l'horizontale et par une soupente, chez Madame Gruget rue des Enfants-Rouges (32) et dans « l'antre de la Sibylle », Madame Fontaine, toujours au Marais (33). Caractéristiques des gîtes modestes, ce qu'on pourrait appeler les appartements « en miettes » : sans parler même des chambres de garçons et ateliers d'artistes, naturellement indépendants, on voit que la cuisine est assez souvent située de l'autre côté du palier (« le carré ») ; tel est le cas chez la veuve Bridau, rue Mazarine, et chez Coralie, rue de la Lune. Chez Topinard, un faux grenier auquel on accède par « une échelle de meunier » avec « un châssis à tabatière pour fenêtre » (34) est taxé comme chambre de domestique par le fisc ! Chez les Clapart, rue de La Cerisaie, la cuisine et la chambre d'Octave se trouvent au-dessus de l'appartement ; en face, sur le carré, une chambre à donner : au total un logement en trois parties. Dans une maison « partagée en deux portions », à l'angle de la rue des Moineaux et de la rue Saint-Roch (35), le policier Peyrade s'est aménagé un repaire « bizarre », plus morcelé encore dans sa distribution, mais propice à « l'exercice de ses terribles fonctions » : local professionnel en quelque sorte !

19. Cf. *Un début dans la vie*
20. Cf. V,30.
21. Cf. *Les Petits Bourgeois.*
22. *La Rabouilleuse*, III,92.
23. *Illusions perdues*, III,530.
24. Cf. *Ferragus.*
25. Cf. *Une double famille.*
26. Cf. *Splendeurs et misères.*
27. Cf. *La Peau de chagrin* et *Illusions perdues.*
28. Cf. *Une double famille*, I,443.
29. *La Cousine Bette*, IV,162.
30. Cf. *Un début dans la vie*, I,295.
31. I,181.
32. Cf. *Ferragus*, IV,40.
33. Cf. *Les Comédiens sans le savoir*, V,377.
34. *Le Cousin Pons*, V,271.
35. Cf. *Splendeurs et misères des courtisanes*, IV,320.

Ce morcellement est conforme aux témoignages des historiens. Dans son récent ouvrage, *La Maison dans l'Histoire* (36), Simone Roux précise :

« L'incommodité résulte en partie de la manière dont les appartements sont distribués dans la maison. Pendant longtemps [...] les pièces réunies en un logement sont l'une au-dessus de l'autre, et non l'une à côté de l'autre. La division est verticale. L'habitude de faire coïncider appartement et étage s'installe lentement. Cette incommodité est aggravée quand certains logements sont constitués de pièces dispersées dans la maison : l'un dispose d'une salle au rez-de-chaussée et d'une chambre au second étage. » (37)

Tout cela, illustré par *La Comédie humaine*, subsistera jusqu'à ce que la construction de « maisons à loyers » en quantité suffisante, l'emporte sur la vieille maison de type traditionnel (en fait, jusqu'à Haussmann au moins...).

Dans des espaces réduits, les pièces ne peuvent avoir d'attribution bien définie. La salle à manger, dont l'usage se répand à peine dans la moyenne bourgeoisie, est évidemment absente. La plupart des petits ménages « mang(ent) dans la cuisine » (38), ou comme le personnage-vedette de certain tableau de Drölling (39), prennent leurs repas dans l'antichambre, tels les dames de *La Bourse* et le docteur Poulain. L'ambitieuse Zélie Minard s'enorgueillit d'un salon, mais ses enfants n'ont pas de chambre. L'exiguïté des logements, toute relative d'ailleurs si l'on compare à certaines descriptions du docteur Guépin ou de Louis Blanc (40), entraîne un surpeuplement inévitable. L'écrivain signale, chez Topinard, « cinq personnes dont trois enfants » entassés dans trois pièces (41). Il existe certainement, à Paris même et dans les villes manufacturières, des exemples plus tragiques de cet « encombrement » caractéristique des petits ménages « auxquels la place et l'air manquent », et que monsieur Jules devine, à travers une porte fermée, par « la manière dont les sons retentissent dans l'intérieur » quand on tire la sonnette (42). En revanche, nous l'avons vu, « nudité » et solitude dans les intérieurs d'avares, chez Molineux et Gobseck, bien que chez ce dernier la vision finale, post-mortem, s'oppose à l'impression première. Une nudité spartiate chez la vertueuse Fanny (43) et chez l'oncle Pillerault (44) est inspirée par d'autres motifs. Comparant les deux appartements de la cour Batave et de la rue des Bourdonnais, celui de Molineux et celui de Pillerault, Balzac constate que les mœurs se peignent dans le mobilier et que la vie est « révélée par les dispositions intérieures d'(un) appartement » (45). La même idée est exprimée, relativement à la misère, dans *Illusions perdues* : « partout elle se recommande par l'empreinte que lui donne

---

36. Éditeur Albin Michel, 1976, Collection *L'Aventure humaine*.

37. *Op.cit.*, p.199.

38. *Le Cousin Pons*, V,271.

39. Improprement intitulé *Intérieur de Salle à manger en 1816*, et dont un détail qui nous intéresse ici, figure sur la couverture du catalogue de l'exposition *Le Parisien chez lui au XIXe siècle, 1814-1914* (Archives Nationales, Hôtel de Rohan, novembre 1976-février 1977).

40. On peut lire de nombreux témoignages dans le bel ouvrage récemment réédité de Louis Chevalier, *Classes laborieuses, classes dangereuses à Paris, pendant la première moitié du XIXe siècle*, Librairie Générale Française, 1978.

41. Cf. *Le Cousin Pons*, V,272.

42. Cf. *Ferragus*, IV,40.

43. *Gobseck*, II,132.

44. Cf. *César Birotteau*, IV,191.

45. *Ibid.*, IV,162.

le caractère du patient » (46) ; « laborieuse médiocrité » (47), « misère décente » (48) ou « sans dignité » (49) chez Lousteau, misère « fardée » (50) chez les dames de *La Bourse*, « misère en son dernier période, misère organisée » (51) chez Bourlac, dénuement joyeux chez Schmucke (52), misère poétique comme celle de Raphaël avant le maléfice, « misère sans poésie » de la pension Vauquer (53) : la liste est loin d'être exhaustive... De toute manière « les ignobles stigmates de l'indigence » (54), « les stigmates de la misère » (55) ou ceux de la gêne sont perceptibles pour qui sait, comme le peintre Schinner, voir et interpréter. Un certain nombre d'inventaires décrivent la lampe, le foyer, le meuble, tout l'univers domestique des petits ménages. On pourrait enrichir le musée des Arts et Traditions populaires d'innombrables luminaires et moyens de chauffage tirés de *La Comédie humaine* et destinées à répondre à des besoins fondamentaux, beaucoup plus difficiles à satisfaire pour les pauvres que pour les riches. Des nécessités vitales posent encore, au milieu du XIXe siècle, des problèmes qui pèsent lourd sur la vie quotidienne des « classes inférieures ».

Cependant, l'accoutumance aidant sans doute, la pénurie d'eau n'est guère ressentie dans *La Comédie humaine*. L'eau apparaît avec le tonneau de l'Auvergnat, un Bourgeat vertueux, peu conforme au profil classique de la profession, car on attribuait aux porteurs d'eau « à peu près tous les méfaits hors celui de consommer leur marchandise » (56). Raphaël et le petit-fils de Bourlac font l'économie d'« un sou pour deux seaux » (57) en allant eux-mêmes remplir leurs cruches aux fontaines publiques de la place Saint-Michel, au coin de la rue des Grès (58), et de l'Observatoire (59). Si nous suivons l'itinéraire domestique de l'eau, nous la retrouvons, pure ou supposée telle (il s'agit toujours d'eau de Seine...) dans deux fontaines filtrantes : chez les dames de *La Bourse* et chez Thuillier ; grasse dans des éviers malodorants comme chez Madame Fontaine et à la pension Vauquer, d'où elle sera évacuée par d'innombrables plombs (60). Quant à « l'eau jaillissant par des robinets », c'est la merveille unique d'un célèbre « salon de coiffure » où « le directeur a réuni toutes les inventions du luxe moderne » (61).

La « parcimonie du feu » (62) paraît plus durement éprouvée que la rareté de l'eau. Au lieu des bouches de chaleur, calorifères et cheminées monumentales, on note, chez les pauvres, la présence insistante de maigres petits feux : « un foyer plein de cendres où deux tisons essai(ent) de se rejoindre devant une fausse bûche en terre cuite » (63) ; deux tisons qui « ont l'air de se consumer » chez Schmucke, dans une

46. III,471.
47. *Les Employés*, IV,547.
48. *Le Cousin Pons*, V,221.
49. *Illusions perdues*, III,471.
50. *La Bourse*, I,181.
51. *L'Envers de l'histoire contemporaine*, V,45.
52. *Une fille d'Eve*, V,519.
53. *Le Père Goriot*, II,219.
54. *L'Envers de l'histoire contemporaine*, V,455.
55. *La Bourse*, I,181.
56. Cf. Robert Burnand, *La vie quotidienne en 1830*, p.72.
57. Cf. *La Peau de chagrin*, VI,459 (les bornes-fontaines n'existaient pas encore en 1830).
58. *Ibid.*
59. Cf. *L'Envers de l'histoire contemporaine*, VI,459.
60. Précédemment recensés dans notre ouvrage.
61. *Les Comédiens sans le savoir*, V,373.
62. *Une double famille*, I,414.
63. *La Bourse*, I,182.

cheminée où trône « une bûche en charbon de terre » (64) apparentée à la « bûche
économique » du sieur Fraisier (65) ; « deux tisons notablement disjoints » dans la
« pièce à feu » dont s'enorgueillit Madame Gruget (66). Et voici quelques foyers
d'avares : chez Gobseck, en hiver, des tisons « enterrés dans un talus de cendres y
fum(ent) sans flamber » (67) ; « le bois se défend contre le feu » chez Gigonnet (68)
et, à la pension Vauquer, une cheminée « dont le foyer est toujours propre » (69)
est le seul endroit net de la maison.

Les poêles, installés souvent dans la hotte de la cheminée comme chez Cérizet (70)
et dont l'usage se généralise (71), assurent sans doute plus de chaleur que ces foyers
mal nourris. Citons, outre le poêle de Cérizet et sans prétendre à l'exhaustivité, le
poêle de Pierre Grassou, le poêle vert de la pension Vauquer, l'horrible poêle en fonte
où se consument des mottes de tourbe, du baron Bourlac (72), un poêle en faïence
chez Molineux (73), un mauvais poêle de fonte chez Poupillier (74), un petit poêle
de fonte dans le grenier-atelier de Joseph Bridau (75). Bourlac cuisine sur son « poêle
de concierge », les dames de La Bourse sur des « fourneaux économiques » (76)
Les Topinard ont une « cuisinière », à laquelle s'ajoutent de mystérieuses « cheminées
à la capucine » (77). N'oublions pas le réchaud à charbon (charbon de bois, évidem
ment) pour lequel la cousine Bette va, le matin, chercher « sa braise » en même temps
que son lait et son pain (78), et qu'utilise aussi Madame Crochard pour mitonner
ses ragoûts ; c'est, par ailleurs, ce réchaud à charbon qui assure classiquement le suicide
des filles abandonnées (79)... Il faut encore ajouter à la liste les chauffages d'appoint
les « falourdes » qu'on achète à mesure chez le charbonnier (d'Arthez, le jeune Popi
not, Esther, en usent ainsi) (80), les innombrables « chaufferettes » souvent à demi
calcinées (81) et les « gueux » avec lesquels les pauvres femmes se réchauffent en
attendant l'audience du bon juge Popinot (82). Du temps du Roi citoyen, « le peuple »
ne se chauffe guère mieux que sous Louis XIV : le charbon étant réputé malsain

64. Une fille d'Eve, I,518 ; sans doute s'agit-il d'une sorte de « briquette » (aggloméré de poussiè
re de charbon).
65. Cf. Le Cousin Pons, V,226.
66. Cf. Ferragus, IV,40.
67. Gobseck, II,128.
68. César Birotteau, IV,212.
69. Le Père Goriot, II,218.
70. Cf. Les Petits Bourgeois, V,333.
71. Cf. Raymond Lecoq, Objets de la vie domestique, Berger-Levrault, 1979, p.96 : « Une an
nonce parue dans l'Almanach sous verre de l'An VII, situe l'apparition de ce nouveau mode de chauf
fage. » (Les poêles viennent d'Europe centrale).
72. Cf. L'Envers de l'histoire contemporaine, V,457.
73. César Birotteau, IV,158.
74. Les Petits Bourgeois, V,353.
75. La Rabouilleuse, III,98.
76. Sans doute des fourneaux du type « potager » (à propos de potagers, voir R. Lecoq, op.cit.
p.96).
77. Cf. Le Cousin Pons, V,272.
78. Cf. La Cousine Bette, V,30. R. Lecoq fait allusion (p.104 de l'ouvrage cité) à des « mar
chands de feu » qui vendent la braise allumée. Il est précisé par ailleurs que « le boulanger est le grand
fournisseur de braise. C'est chez lui que les dames vont faire garnir leur chaufferette ». (Cf. R. Bur
nand, op.cit., p.70).
79. Cf. Esther dans Splendeurs et misères des courtisanes, IV,286.
80. Voir respectivement, Illusions perdues, II,457 ; César Birotteau, IV,174 ; Splendeurs e.
misères des courtisanes, IV,431.
81. Voir, par exemple, Ferragus, IV,40 ; Le Père Goriot, II,219 ; Les Employés, IV,431.
82. Cf. L'Interdiction, II,356.

le bois reste généralement utilisé. Bourgeat scie le bois nécessaire au ménage, spectacle familier (83) et Godefroid, pendant « l'hiver tardif de 1838 », prélève sur la « voie de bois » qu'il vient d'acheter, une « dizaine de bûches » qui sauveront Bourlac d'un « danger mortel » (84). Trait de mœurs : la « redevance » due à la portière, sous forme d'une bûche par « voie » livrée dans la maison (85).

Les « torrents de gaz » illuminant quelques rues privilégiées, ne doivent pas faire illusion, et le contraste n'est que trop évident entre les lumignons des pauvres et les lustres, torchères, flambeaux de Thomire et « lampes marmorines » qui éclairent les riches. Si l'on excepte quelques lampes à huile et quinquets d'Argand (86), une lampe à double courant d'air (87), une lampe placée entre deux globes remplis d'eau (88), la traditionnelle chandelle de suif reste fidèle au poste, plantée dans d'innombrables chandeliers. Ces « accessoires » reparaissants offrent une certaine variété dans la laideur, comme sont diverses les qualités de chandelle. Chez Bourlac « il y avait [...] deux chandeliers en fer battu comme en ont les pauvres » portant « des chandelles de moindre prix, c'est-à-dire de celles dont la livre se compose de huit chandelles » (89) ; « une chandelle contenue dans un grand martinet de cuivre, et ornée de quelques cannelures saillantes par un coulage extraordinaire » chez Adélaïde et sa mère (90) ; mêmes détails — martinet et coulures — chez les Saillard (91) ; chez le juge Popinot, « deux chandelles dont la mèche démesurément longue formait champignon, et jetait cette lumière rougeâtre qui fait durer la chandelle par la lenteur de la combustion » (92) ; « flambeaux de zinc, affreux métal » chez le sieur Fraisier (93) ; « deux chandeliers du plus misérable modèle en fer battu » chez Gigonnet (94) ; « chandeliers de cuivre avec ou sans chandelles » chez le voisin de Z. Marcas (95) ; chandelle « fichée dans une pomme de terre » chez Flore, rue du Houssaye (96) ; chez Esther enfin, une chandelle consumée dont la mèche « figée dans la mare qui contenait la bobèche » apprenait combien elle avait été « absorbée par ses dernières réflexions » (97). Balzac, à l'instar de certaine voyante consultée plus tard par Colette (98), lirait-il les destinées dans les coulures de chandelle ?
La bougie n'apparaît chez les Thuillier qu'aux jours de réception. Encore n'est-ce que « la bougie économique dite de l'Aurore » (99) supportée par « d'affreux flam-

83. Cf. *La Messe de l'athée*, II,349.
84. *L'Envers de l'histoire contemporaine*, V,456.
85. Cf. *L'Envers de l'histoire contemporaine*, V,454 ; *Le Cousin Pons*, V,180.
86. Notamment à la pension Vauquer, cf. *Le Père Goriot*, II,219.
87. Dans *La Bourse*, cf. I,179.
88. Chez Caroline, cf. *Une double famille*, I,414.
89. *L'Envers de l'histoire contemporaine*, IV,467.
90. *La Bourse*, I,182. Le martinet est un chandelier plat muni d'un manche et d'un crochet.
91. Cf. *Les Employés*, IV,531.
92. *L'Interdiction*, II,358.
93. *Le Cousin Pons*, V,226.
94. *César Birotteau*, IV,213.
95. *Z. Marcas*, V,608.
96. *La Rabouilleuse*, III,188.
97. *Splendeurs et misères des courtisanes*, IV,286.
98. Il s'agit de la « célèbre » Élise : « Pendant des années, Élise explora d'un bout de couteau de cuisine, cette bougie [...] qu'elle tenait penchée, allumée, au dessus d'une assiette » (cf. l'*Étoile Vesper*, Éd. du Milieu du Monde, 1946, p.134).
99. *Les Petits Bourgeois*, V,326 (La bougie de stéarine a été inventée par Chevreul en 1811. A défaut de « Bougie de l'Aurore » il existait une *Bougie de l'Étoile* fabriquée par une manufacture située sur la Colline de Chaillot. Au début de ce siècle, il existait encore une fabrique nommée *Bougie de l'Étoile* à la Plaine St Denis).

beaux en cuivre argenté ». L'« exquise sensibilité » de l'aristocratique d'Arthez ne
supporte pas la chandelle malodorante, aussi, malgré la modicité de ses ressources
fait-il les frais de bougies qui garnissent « un vieux flambeau de bouillote à garde
vue » (100). Bougie, signe de raffinement : on pourrait interpréter, dans La Comédie
humaine, le langage du luminaire. Trait de mœurs : les locataires reçoivent, en rentrant
leur bougeoir des mains de la portière (101) et Raphaël, arrivant à l'hôtel Saint-Quentin, est favorablement impressionné par la resserre aux bougeoirs : « En entrant dans
une chambre basse je vis les classiques flambeaux de cuivre garnis de leurs chandelles,
méthodiquement rangés au-dessus de chaque clef et fus frappé de la propreté qui
règnait dans cette salle ordinairement assez mal tenue dans les autres hôtels » (102).

Dans des « asile(s) sombre(s) et froid(s) » (103), le mobilier, à quelques exceptions
près, paraît assez réduit. « Plus l'intérieur est modeste, et meublé seulement du strict
nécessaire, moins il date à nos yeux » remarque un historien de l'art » (104). Ainsi,
comme ils reflètent peu les courants de la mode — à moins qu'il n'existe une mode
des pauvres... — « l'empreinte de la misère » imposerait aux petits ménages une certaine
uniformité, si les différences de ressources et de goût n'y introduisaient cependant
de notables éléments de variété.

Deux ouvrières en chambre, consacrées à la fleur artificielle, Zélie Minard et
Madame Topinard, font des efforts qui ont « quelque chose de touchant » (105)
pour embellir leur cadre. La première, dans son appartement de la barrière de Courcelles, réalise l'idéal de la grisette, le rêve d'Ida Gruget (106), avec des meubles en
noyer, en merisier, une commode, un secrétaire en acajou et six fauteuils. C'est presque
l'aisance si l'on considère la pendule « représentant une fontaine à cristal tournant »,
la glace, les flambeaux dorés. « Rideaux de calicot blanc aux fenêtres », salon, « chambre à coucher blanche et bleue », « carreau frotté » (107) : cette Zélie, fille de portier,
fera son chemin dans la vie (108). Plusieurs années après, dans Le Cousin Pons, Balzac
attribuera une chambre presque identique à Madame Topinard avec une pendule et
des flambeaux, « la commode, le secrétaire » en acajou, et la même harmonie de
couleurs avec des « rideaux en calicot bleu bordé de franges blanches » (109).

A l'opposé, en quelque sorte, de l'heureuse médiocrité des Minard, le plus authen-
tiquement pauvre des petits ménages paraît être celui des dames Crochard au Tourniquet-Saint-Jean, dont le dénuement n'est imputable ni à l'avarice ni à la négligence,
mais à la misère dans son dernier décours. L'absence de linge, la table posée sur une X,
les rares objets usuels soigneusement dénombrés : trois chaises, trois verres, un grand
pot blanc ébréché, les couverts d'étain et un fragment de miroir (110), tout vient

100. Illusions perdues, III,457.
101. La Cousine Bette, V,307.
102. La Peau de chagrin, VI,460.
103. Une double famille, I,411.
104. Cf. Marco Praz, l'Ameublement, psychologie et évolution de la décoration intérieure, Ed.
Pierre Tisné, Paris, 1964, p.204.
105. Cf. Les Employés, IV,547 (à propos de Zélie Minard).
106. Cf. Ferragus, IV,34, le « petit appartement dont elle avait tant de fois rêvé les rideaux de calicot rouge, le meuble en velours d'Utrecht, la table à thé, le cabaret de porcelaine à sujets peints, la
causeuse, le petit tapis de moquette, la pendule d'albâtre et les flambeaux sous verre... »
107. Cf. Les Employés, IV,547.
108. Voir les étapes de son ascension dans Les Petits Bourgeois, V,304.
109. Cf. V,272.
110. Cf. Une double famille, I,411.

émoigner de « la rouille de la maison », avec d'autant plus de force que « l'esprit
l'ordre et d'économie » imposé par Madame Crochard préside à l'organisation domestique. « Image complète de la vie que mène à Paris la classe ouvrière » précise Balzac (111).

Entre l'intérieur misérable des Crochard et l'aimable foyer des Minard, s'intègre
une gamme indéterminée de « lieux plus que modestes » (112). Si le noyer, le merisier
restent honorables, la présence du « bois peint » (ce que nous appelons du bois blanc,
amélioré par un badigeon) apparaît comme un triste symptôme. Chez Bourlac une
armoire en bois peint (113) ; chez les dames de *La Bourse*, « un buffet peint en acajou,
celui de tous les bois qu'on réussit le moins à simuler » (114), jure à côté d'une table
en acajou massif. « Vestige d'une splendeur passée » dans les ménages amphibies (115),
l'acajou, sans être absent, semble exceptionnel dans les petits ménages. Il apparaît
chez Zélie Minard (116) ; chez Topinard, la commode et le lit sont tenus proprement
« quoiqu'en acajou » ; chez Esther (117) une table à ouvrage en acajou pourrait être
le cadeau d'un admirateur, tandis que Madame Crochard se contente d'« une petite
travailleuse en bois rouge » (118) (bois peint).

L'humble bois peint se retrouve dans ces lits, à vrai dire simples « couchettes »
qui, chez les pauvres, contrastent avec les monuments drapés (119) des riches , « couchette de bois peint » chez la vertueuse Fanny (120) comme chez Esther la pécheresse (121) et chez Z. Marcas (122) ; couchette en bois rouge chez le petit Popinot (123)
et chez Bourlac (124) ; lits de sangle chez les dames de *La Bourse* et chez Flore la
Rabouilleuse (125) ; s'y ajoutent des paillasses, de petits matelas bien minces (126),
maigres et plats (127) que transportent de gîte en gîte, sur une charrette, les insolvables
frappés d'expulsion (128). Ces lits étroits et durs (les ressorts métalliques ne seront
inventés que plus tard) rappellent au romancier des souvenirs d'enfance : un « lit de
collégien » pour le jeune Popinot, de « pensionnaire » pour Steinbock (129), couchette
« semblable à celle des collèges » pour Z. Marcas (130), un lit comme on en trouve
« dans les pensions infimes » (131) pour le pauvre Bourlac.

Les autres pièces du mobilier laissent transparaître « la rigoureuse modestie de la
pauvreté » (132), voire même « les symptômes d'une âpre misère » (133). A quoi bon

---

111. *Ibid.*
112. *César Birotteau*, IV,205.
113. Cf. *L'Envers de l'histoire contemporaine*, V,457.
114. Cf. I,181.
115. Cf. *La Bourse, Un début dans la vie, La Rabouilleuse.*
116. Voir *supra.*
117. Cf. *Splendeurs et misères des courtisanes*, IV,286.
118. *Une double famille*, I,412.
119. Cf. *supra*, Les décors intérieurs des maisons riches.
120. Cf. *Gobseck*, II,132.
121. Cf. *Splendeurs et misères des courtisanes*, IV,286.
122. Cf. V,608.
123. Cf. *César Birotteau*, IV,174.
124. Cf. *L'Envers de l'histoire contemporaine*, V,457.
125. Cf. III,188.
126. Cf. *L'Envers de l'histoire contemporaine*, V,457.
127. Cf. *Une fille d'Eve*, I,518.
128. Cf. Des dessins de Daumier représentent cette scène classique (le lit est « insaisissable »).
129. *La Cousine Bette*, V,31.
130. Cf. V,608.
131. Cf. *L'Envers de l'histoire contemporaine*, V,457.
132. *La Vieille Fille*, III,292.
133. *Illusions perdues*, III,457.

énumérer tant de tables « valant quarante sous » (134), tant de « mauvaises commo
des » (135) ; de grossières et mauvaises armoires (136), de mauvaises chaises (137
paillées ou dépaillées et de fauteuils « achetés de hasard » (138) ? Le crin, sur le
sièges, apparaît toujours comme un fâcheux indice (139) : textile évidemment bien
terne à côté des soies et velours...

Les meubles « mauvais » et « méchants » sont partout présents, une « méchante »
glace chez le juge Popinot, des meubles « mesquins » chez Pons (140), « misérables »
chez Z. Marcas (141) ; ils sont en outre souvent « vulgaires » : de l'espèce la plu
vulgaire la table de nuit de Poupillier (142), vulgaires le fauteuil de d'Arthez, le canapé
du salon d'attente du docteur Poulain (143), « une salle à manger de la dernière
vulgarité » chez le journaliste Vernou (144).

Dans l'ensemble, les meubles des pauvres sont peu décrits, ce qui confère un intérê
particulier aux fauteuils des vieilles femmes, objets d'une attention privilégiée dan
La Comédie humaine. Madame Saillard « habi(te) une bergère d'acajou moder
ne » (145), la « vieille mère » de La Bourse, une « antique bergère » (146). La veuve
Gruget, de condition plus modeste, « descend le fleuve de la vie » (147) « sur un
fauteil de canne jaune » ; le « quartier général » de la vieille ressemble « au sac encyclo
pédique que porte une femme en voyage » (148) : elle y garde « à la fois son mouchoir
sa tabatière, son tricot, des légumes épluchés à moitié, des lunettes, un calendrier, des
galons de livrée commencés, un jeu de cartes grasses, et deux volumes de ro
man... » (149). Commentaire épique et burlesque, mais dont le grossissement paraîtra
à peine exagéré à qui connaît les manies de certains vieillards !

La cuisine, toujours invisible dans les riches demeures (150), constitue peut-être
dans La Comédie humaine, l'aspect le plus original des foyers pauvres. Elle se confond
souvent, comme chez les dames Crochard et chez Bourlac, avec la pièce de séjour
et l'âtre, le poële et les réchauds qui l'accompagnent forment alors une sorte de « coin-
cuisine ». Les célibataires n'ont pas de cuisine et s'en remettent aux services de leur
portier, tel le cousin Pons, d'un rôtisseur, tel Gobseck, ou d'un gargotier (Flicoteaux
ou Madame Vauquer).

La « petite cuisine bien propre » de Zélie Minard (151) est unique en son genre e
cet humble réduit apparaît le plus souvent comme un lieu inavouable. Elle peut se

134. Les Petits Bourgeois, V,353.
135. Cf. Les Petits Bourgeois, V,353 et Un épisode sous la Terreur, V,486.
136. Par exemple chez le juge Popinot, rue du Fouarre, chez Esther, rue de Langlade.
137. Cf. Illusions perdues, III,457.
138. Cf. Une fille d'Eve, I,518.
139. Cf. La Maison du chat-qui-pelote, I,68 ; Le Père Goriot, II,218 ; L'Interdiction, II,358 ;
Illusions perdues, III,457.
140. V,221.
141. V,610.
142. Les Petits Bourgeois, V,353.
143. Le Cousin Pons, V,221.
144. Illusions perdues, III,499.
145. Les Employés, IV,531.
146. I,181.
147. C'est Balzac qui souligne.
148. Cf. Ferragus, IV,40-41.
149. Ibid., IV,40-41.
150. Cf. par exemple, le chalet de Ville d'Avray où l'architecte a ménagé une cuisine dans les
communs qui « font fabrique » (Mémoires de deux jeunes mariées, I,163).
151. Les Employés, IV,545.

trouver totalement séparée du reste du logis (152) ; chez Topinard, elle se dissimule derrière une cloison qui révèle, peut-être, les talents de machiniste du « gagiste » employé à la Porte Saint-Martin : « A l'entrée, pour masquer la cuisine, il existait un tambour cintré, éclairé par un œil de bœuf » (153). La jeune fille de *La Bourse,* avec une « dextérité » qui révèle une longue habitude, se hâte de fermer la porte d'un antre malodorant qui apparaît comme le prototype des cuisines parisiennes : « des rideaux de mousseline assez propres cachaient soigneusement ce *caphar-naüm* » (154), mot en usage pour désigner familièrement ces espèces de laboratoires, mal éclairés d'ailleurs par des jours de souffrance pris sur une cour voisine (155).

Les « ustensiles particuliers aux petits ménages » (156), « ustensiles de cuisine de la plus vile espèce » (157), témoignent d'un niveau de vie encore très bas. La pauvreté se lit dans un outillage domestique rudimentaire et usagé : « les plats, la soupière, écornés et raccomodés » de Madame Clapart (158), « les assiettes écornées » du docteur Poulain, « les assiettes de porcelaine commune ébréchée » d'Esther (159), le « pot blanc ébréché » des dames Crochard (160), le pot à eau ébréché et l'assiette cassée de Poupillier (161), sans compter tout l'affreux matériel de la pension Vauquer. Un plat de porcelaine blanche, chez Schmucke, est réservé au chat, seigneur des lieux. La qualité des couverts est révélatrice : en étain chez les dames Crochard, en maillechort (162), « l'argenterie du pauvre », chez Esther ; Madame Clapart a pu conserver, pour combien de temps encore ? ses couverts d'argent. La cuisine des Topinard (163) paraît assez bien équipée, avec un chaudron, un baquet, un gril, une casserole, deux ou trois marabouts (164), une poêle à frire. Des ouvriers comme Topinard prennent soin de leur cuisine, tandis que le désarroi de bourgeois déchus se peint dans le désordre de ces obscurs « laboratoires » où l'on trouve, comme chez le docteur Poulain, toutes « les ignominies justifiables des petits ménages parisiens, et qui de là ne peuvent aller que dans la hotte des chiffonniers » (165), par exemple d'éternels vieux bouchons et des assiettes écornées.

On peut constater, à travers les multiples exemples proposés par *La Comédie humaine*, la valeur que gardent encore les objets usuels les plus modestes. Les inventaires après décès, auxquels on peut ajouter les contrats de mariage, les énumèrent avec beaucoup de précision (166). Les cuisines balzaciennes montrent aussi la relative rareté de l'objet métallique dont tient lieu « la poterie des plus pauvres ménages : des jattes en terre vernie » (167). Pour la portière du sieur Fraisier, « un poêlon en fer blanc bossué » représente sans doute un bien non négligeable (168), et l'on cher-

---

152. Voir *supra.*
153. *Le Cousin Pons*, V,271.
154. Souligné par Balzac.
155. *La Bourse*, I,181.
156. *Ibid.*, I,181.
157. *Splendeurs et misères des courtisanes*, IV,286.
158. Cf. *Un début dans la vie*, I,296.
159. *Splendeurs et misères des courtisanes*, IV,287.
160. Cf. *Une double famille*, I,411.
161. *Les Petits Bourgeois*, V,353.
162. Alliage inventé en 1829.
163. *Le Cousin Pons*, V,272.
164. Il s'agit de bouilloires, cf. Lecoq, *op.cit.*, p.176.
165. *Le Cousin Pons*, V,221.
166. Cf. R. Lecoq, *op.cit.*, p.8, à propos du matériel du feu : chenêts, soufflets, pincettes, etc.
167. *L'Envers de l'histoire contemporaine*, V,457.
168. *Le Cousin Pons*, V,226.

cherait en vain, dans *La Comédie humaine*, les cuivres étincelants qui font l'orgueil des cuisiniers et que les peintres figurent souvent, dans les tableaux de genre, à l'arrière-plan des natures mortes. A nos yeux cependant, parce qu'elle est aujourd'hui à la mode, la porcelaine blanche jette une note poétique sur ces cuisines dont l'aspect résume le dénuement des pauvres.

Dans ces sortes de petites cases que sont les « intérieurs » pauvres, les plafonds sont curieusement absents, tandis que les murs, très décrits, restent cependant impersonnels ; les sols, en revanche, ont une redoutable présence.

Un couvercle, « plafond noirci par la fumée » ferme « la crypte », « l'antre de la sybille » Madame Fontaine (169), et dans la chambre de Cérizet, les « solives du plancher » désignent, semble-t-il, le plafond, puisqu'il existe, par ailleurs, un « parquet » formé de pavés de grès (170). Des « plafonds noircis » encore, à l'hôtel de la Chanterie (171). L'écrivain, qui s'attarde complaisamment sur les plafonds décorés des maisons riches (172) et observe avec intérêt certains détails techniques dans de modestes gîtes provinciaux, par exemple le « blanc de bourre » dans les entre-deux des solives du *Cabinet des Antiques* (173) escamote le plus souvent cet élément architectural dans les petits logements parisiens.

Sur les murs, si l'on excepte les murs chaulés de Poupillier et quelques « boiseries gluantes » et mal « rechampies » (174), apparaît un « atroce papier moderne » (175) sous forme, chez Thuillier, d'un « petit papier vert américain à bord rouge » (176), vert bouteille chez Molineux (177), vert olive chez Pillerault (178). Henri Clouzot observe que si les perfectionnements techniques se multiplient après 1830, « le mérite artistique est en pleine décadence » (179), « art d'imitation », de « trompe l'œil »(180) qui s'essaie à représenter les tentures et les rideaux absents : tel apparaît dans *La Bourse,* certain « papier rougeâtre figurant une étoffe en lampasse (*sic*) à dessins jaunes » (181) et, témoin terni de temps meilleurs, « un vieux papier de couleur aurore à bordure velouté sans doute fabriqué par Réveillon » (182) qui rappelle la célèbre entreprise (183). L'exiguïté des logements interdit, en dehors de toute autre considération, l'emploi des grands « paysages-décors » à la mode sous la Restauration, il n'existe pas, ici, de « papiers panoramiques », mais de « minces », « mauvais », et « petits » papiers à six sous le rouleau chez Topinard, quinze sous chez Zélie Minard (184), chez d'Arthez (185), chez le jeune Popinot (186). En dépit de l'obscurité et de la crasse, on peut se rendre compte de la variété des modèles, et tous confirment

169. Cf. *Les Comédiens sans le savoir*, V,376-378.
170. Cf. *Les Petits Bourgeois*, V,333.
171. Cf. *L'Envers de l'histoire contemporaine*, V,409.
172. Cf. par exemple, *Une fille d'Eve, La Fausse Maîtresse.*
173. Cf. III,374.
174. Cf. *La Bourse, Un début dans la vie.*
175. *Les Petits Bourgeois*, V,296.
176. *Ibid.*, V,296.
177. *César Birotteau*, IV,158.
178. *Ibid.*, IV,162.
179. H. Clouzot, *op.cit.*, p.68.
180. Cf. Francastel, *op.cit.*, p.76.
181. I,182.
182. *La Bourse*, I,181.
183. Fabrique incendiée en 1789, exploitée jusqu'en 1840 par les frères Jacquemont, 36 rue de Montreuil.
184. Cf. *Les Employés*, IV,547.
185. Cf. *Illusions perdues*, I,457.
186. Cf. *César Birotteau*, IV,213.

e jugement de l'historien : « c'est loin d'être beau » (187). Papier écossais (qui, de nos ours, redevient à la mode...), « petit papier bleuâtre et semé de fleurs bariolées » hez Gigonnet (188), « méchant petit papier bleu semé de bouquets » chez le voisin le Z. Marcas (189), « petit papier gris de souris bordé de roses » chez Claparon (190), « petit papier jaune à fleurs vertes » chez la veuve Bridau (191), papier antiquisant à a pension Vauquier ; chez Vernou, « un mauvais petit papier briqueté chargé de nousses par intervalles égaux » (192), « papier à fond gris moucheté de fleurs » hez Esther (193), misérable papier de tenture chez Schmucke (194) et la liste n'est bas exhaustive...

Dans ces papiers fleuris fabriqués en série, on chercherait en vain une indication ur la personnalité des occupants qui héritent souvent le papier sale du précédent ocataire : chez Gigonnet, le papier a vingt-cinq ans d'âge et les dames de *La Bourse* ie réussissent pas à dissimuler les taches « sous des pains à cacheter ». Au total, la brésence du papier peint est une marque de pauvreté pour l'écrivain amateur de tapis- eries, de lambris et de beaux drapés. Qu'on le trouve chez d'impécunieuses jeunes emmes ou chez de vieux grigous, il est toujours méchante signature.

Vestiges de temps meilleurs, ainsi que le papier velouté de Réveillon, les rideaux le soie rouge du salon de *La Bourse* sont « décolorés », tout comme les « draperies » lu juge Popinot (195). Les petits ménages ne peuvent acheter, au mieux, que du alicot, coton vulgaire reparaissant chez Minard, Topinard, Z. Marcas, Esther et d'au- res. Plus aisé, Pillerault a pu s'offrir de la percale (196). Imbu de ses préjugés en aveur des tissus opulents, l'héritier des Sallambier dédaigne les « atroces produits le l'industrie cotonnière » de la fabrique d'Oberkampf (197) et méprise même les ideaux de laine des Thuillier. Précurseur de « l'archéologie industrielle », Balzac pporte ainsi un nouveau témoignage à l'histoire du goût : il apparaît que les toiles le Jouy ne se sont pas imposées d'emblée...

Aux fenêtres du docteur Poulain, de « petits rideaux de mousseline rousse » (198) ; petits rideaux roux » chez Madame Clapart (199) ; « méchants rideaux roux » hez Z. Marcas (200) etc. Flore de Brambourg, la Rabouilleuse moribonde, serre ur sa poitrine « un lambeau de mousseline qui avait dû être un petit rideau de croisée, ar il était bordé de rouille par le fer de la tringle » (201). L'absence totale de rideaux, ignalée chez Gigonnet (202) paraît, par ailleurs, encore préférable à ces « bonnes râces en serge verte dont les vers avaient fait de la dentelle » chez Poupillier (203).

Les parquets ou planchers (les deux termes sont indifféremment employés) n'é-

---

187. Clouzot, *op.cit.*, p.68.
188. Cf. *César Birotteau*, IV,205.
189. Cf. V,608.
190. *César Birotteau*, IV,205.
191. Cf. *La Rabouilleuse*, III,92.
192. *Illusions perdues*, III,499. On trouve le même chez le juge Granville, au Marais, témoin du auvais goût d'Angélique (cf. *Une double famille*, I,426).
193. *Splendeurs et misères des courtisanes*, IV,286.
194. Cf. *Une fille d'Eve*, I,518.
195. Cf. *L'Interdiction*, II,358.
196. Cf. *César Birotteau*, IV,162.
197. *Le Cousin Pons*, V,220-221.
198. *Ibid.*
199. *Un début dans la vie*, I,295.
200. V,610.
201. *La Rabouilleuse*, III,188.
202. Cf. *César Birotteau*, IV,212.
203. *Les Petits Bourgeois*, V,353.

chappent jamais au regard scrutateur de l'écrivain. Innombrables dans *La Comédi*
humaine et quasi identiques en province et à Paris, ils peuvent heureusement se réduir
à quatre catégories, dont la troisième, celle des carreaux, domine presque exclusive
ment. Au plus bas niveau et seul de son genre à Paris, un « plancher [...] tout simple
ment de terre battue » chez le nourrisseur Vergniaud (204) ; également en exemplair
unique, les « pavés de grès qui formaient le parquet » chez Cérizet (205). Montan
d'un échelon dans la hiérarchie des sols, on passe à l'immense foule des carreaux qu
distinguent, il est vrai, des variantes significatives. Le plus souvent peint en roug
sauf celui de Pierre Grassou « soigneusement mis en couleur brune » (206), le carrelag
peut être « frotté » comme chez Esther (207), Zélie Minard (208) et d'autres (209) o
rarement frotté : « pas frotté depuis deux ans » chez le juge Popinot (210) ou jamai
frotté comme chez la veuve Bridau (211). Il apparaît franchement ignoble chez Pou
pillier : « le plancher n'avait jamais été balayé ; les carreaux disparaissaient sous un
espèce de litière composée d'ordures, de poussière, de boue séchée, et de tout ce qu
jetait Poupillier » (212), et chez Schmucke : « le carreau plein de boue séchée, d
papiers déchirés, de cendres de pipe, de débris inexplicables, ressemblait au planche
des pensionnats quand il n'a pas été balayé depuis huit jours, et d'où les domestique
chassent des monceaux de choses qui sont entre le fumier et les guenilles » (213
A la pension Vauquer, les carreaux sont « mis en couleur et frottés » dans l'escalier
ailleurs dans la maison « le carreau rouge est plein de vallées produites par le frotte
ment ou par les mises en couleur » (214) : regard d'entomologiste ! Sans doute peut-o
aussi englober dans les carrelages « les briques du plancher brunies » de l'appartemen
réservé à Godefroid à l'hôtel de La Chanterie (215) et « les briques rouges qui n'a
vaient pas seulement été mises en couleur » dans « l'affreuse chambre » de Monsieu
Bernard (216). Un seul représentant de la catégorie supérieure, la plus luxueuse
le parquet de bois de Madame Clapart, rue de la Cerisaie, dans une maison qui,
est vrai, « fut jadis l'hôtel de quelque grand seigneur ». Parquet de bois, déshonor
comme le reste : « le parquet qui ne se cirait jamais, était d'un ton gris comme le
parquets des pensionnats » (217).

En harmonie avec les petits, minces et méchants papiers muraux, de petits, mince
et méchants tapis tentent de protéger les pieds contre « le froid » carrelage (218
A titre d'exemples, relevons chez Esther « un méchant tapis qui montrait la corde »
« un maigre tapis en lisière » chez Z. Marcas (219), chez Lousteau, un « méchan
tapis » (220) et, chez d'Arthez, « le luxe nécessaire » d'un « tapis de hasard » qu

204. *Le Colonel Chabert*, II,320.
205. *Les Petits Bourgeois*, V,333.
206. II,334.
207. Cf. *Splendeurs et misères des courtisanes*, IV,286.
208. Cf. *Les Employés*, IV,547.
209. Cf. par exemple *La Bourse*, I,181.
210. *L'Interdiction*, II,358.
211. *La Rabouilleuse*, III,92.
212. *Les Petits Bourgeois*, V,353.
213. *Une fille d'Eve*, I,518.
214. Cf. *Le Père Goriot*, II,218-219.
215. Cf. *L'Envers de l'histoire contemporaine*, V,409.
216. *L'Envers de l'histoire contemporaine*, V,454.
217. *Un début dans la vie*, I,295.
218. Cf. *Splendeurs et misères des courtisanes*, IV,286.
219. V,608.
220. *Illusions perdues*, III,471.

vite du chauffage (221). Chez les dames de *La Bourse*, « un vieux tapis d'Aubusson
bien raccommodé, bien passé, usé comme l'habit d'un invalide, ne couvrait pas tout
le carreau dont la froideur se faisait sentir aux pieds » (222). Le carrelage glacial
explique la fréquence des chaufferettes et de ces petits tapis qui, posés devant les
chaises, apparaissent, dans *La Comédie humaine*, comme un indice de pauvreté mesquine, « petits paillassons piteux » qu'on trouve chez Pierre Grassou, dans *La Bourse*,
à la pension Vauquer et, en province, chez la veuve Granson (223). Faute de tapis,
Popinot fait jeter de la paille sur le carrelage humide du parloir où attendent les solli-
citeurs (224).

Les carreaux mis en rouge, foulés par des générations de petites gens à qui ont
été refusés dallages de marbre, tapis moelleux et parquets cirés, se distinguent, dans
leur uniformité, par les soins dont ils sont l'objet, avons-nous dit. Autant qu'une
fiche de police, cet important élément du cadre domestique dénonce la vie et les
mœurs des ménages, et « l'œil exercé » de l'écrivain déchiffre bien des renseignements
dans mille « débris inexplicables » dont il énumère les éléments chez Schmucke :
boue séchée, papiers déchirés, épluchures de marrons, pelures de pommes, coquilles
d'œufs rouges, « sauer craut », guenilles, immondices, fumier (225). Ces « détritus »
rappellent certain jour d'orage rue Coquillière, où l'eau « poussée dans la rue par
le balai de la portière » apparaît chargée de « mille débris dont l'inventaire curieux
révélait la vie et les habitudes de chaque locataire » (226) : découpures d'indienne,
feuilles de thé, etc. Balzac excelle dans la nomenclature de l'ignoble ; si la « poussière
invétérée » du logement de Popinot reste tolérable (227), les « buffets gluants » (228),
« glacis gluants » (229) et « taches huileuses » des boiseries (230) blessent le toucher
autant que le regard, dans un univers poisseux qui annonce Huysmans. « L'odeur
de la misère » (231), à s'en tenir au sens olfactif du terme, est mieux rendue encore
que le complexe de l'ordure, mais il est vrai qu'un odorat subtil n'est pas indispensable
pour s'offenser de « l'odeur de pension » qui baigne, exemple illustre, la maison
Vauquer : « elle sent le renfermé, le moisi, le rance, elle donne froid, elle est humide
au nez, elle pénètre les vêtements, elle a le goût d'une salle où l'on a dîné ; elle pue
le service, l'office, l'hospice » et les odeurs *sui generis* de chaque pensionnaire, jeune
ou vieux (232). Chez Madame Fontaine et même chez les dames de *La Bourse* (pourtant plus raffinées) règne une odeur « composite » d'évier et de pot-au-feu (233),
« senteur indéfinissable, résultant des exhalaisons du capharnaüm, mêlées aux vapeurs
de la salle à manger et à celles de l'escalier » (234).

Les intérieurs, nous le savons, sont le plus souvent « en harmonie avec la maison »
et la puanteur des maisons à allées s'infiltre dans les petits logis ; parallèlement ils sont
envahis par une crasse qui s'annonce dès la porte : chez le sieur Fraisier « une porte

221. *Ibid.*, III,457.
222. I,182.
223. Cf. *La Vieille Fille*, III,292.
224. Cf. *L'Interdiction*, II,356.
225. *Une fille d'Eve*, I,518.
226. *Ferragus*, IV,21.
227. Cf. *L'Interdiction*, II,388.
228. *Le Père Goriot*, II,218.
229. *L'Envers de l'histoire contemporaine*, V,409.
230. *La Bourse*, I,181.
231. *L'Envers de l'histoire contemporaine*, V,409.
232. *Le Père Goriot*, II,218.
233. Cf. *Les Comédiens sans le savoir*, V,377.
234. *La Bourse*, I,181.

du plus vilain caractère [...] était enduite sur vingt centimètres de largeur de cett
couche noirâtre qu'y déposent les mains après un certain temps » (235). On retrouve
dans les portes intérieures, le bois peint en rouge (236) et l'acajou grossièremen
imité des meubles indigents.

Le « caractère du patient » qui donne « son empreinte à la misère » se défini
surtout par l'opposition propreté/saleté. Chez Pierre Grassou, la propreté, devenu
manie, dénote « la vie méticuleuse des petits esprits » (237), et la cellule de Gobsec
rappelle « le froid sanctuaire de ces vieilles filles qui passent la journée à frotter leur
meubles » (238). Certains ouvriers déjà rencontrés, comme Minard et Topinard
peuvent avoir la coquetterie de leur intérieur, mais ils n'en deviennent pas, pour cela
des prototypes de pauvres méritants et vertueux à la façon des héros d'Eugène Süe
Madame Crochard, tout en frottant ses meubles, songe à vendre sa fille au meilleu
prix ! (239) Une autre ouvrière, la passementière Madame Gruget, tapie dans so
fauteuil, ne semble pas consacrer, elle, beaucoup de temps au ménage (240), mai
elle est dépassée (Balzac étant à cet égard sans préjugés (241) par la veuve d'un hau
fonctionnaire impérial : la chambre de Madame Bridau présente « un fouillis qu'aucune
description ne pourrait mettre en ordre » (242), elle sent « la province et la fidélité »
mais aussi le chat et la fiente de serin ! Pas de règle générale : le peintre Fougères es
un obsédé de propreté, tandis que l'ange musicien Schmucke vit dans une porche
rie (243) ; on pourrait penser que les avares sont tous sales comme Molineux, Cérize
et Poupillier, si Gobseck n'infirmait pas la règle. Quant aux dames de La Bourse
leur « fortune équivoque » (244) (irrégularité de l'état civil, nature étrange et mêm
douteuse de leurs ressources) se trahit aussi dans une « propreté frotteuse » démenti
par la saleté de la cuisine et des boiseries. Tout est décidément « amphibie » dans ce
petits ménages, sans qu'on puisse assurer que la propreté, dans La Comédie humaine
soit tenue pour vice ou pour vertu.

Les petits logis apparaissent comme des « intérieurs » au sens propre du terme, e
leur espace réduit leur assure une intimité refusée aux vastes demeures. L'atmosphère
feutrée qui les enveloppe peut être créée, comme chez les petits maîtres allemand:
du début du XIXe siècle, par un effet de clair-obscur. On songe, par exemple, aux
Kersting du musée de Weimar (245) où, comme le souligne Marco Praz, « le monde
qui compte se trouve entre quatre murs » (246), où « toute l'attention se concentre
sur ce qui est proche » (247), où le personnage unique apparaît comme « le souverair

---

235. *Le Cousin Pons*, V,225.
236. Chez Fraisier (cf. *Le Cousin Pons*, V,225) et chez Godefroid (cf. *L'Envers de l'histoire
contemporaine*, V,409).
237. *Pierre Grassou*, II,335.
238. Cf. *Gobseck*, II,128.
239. Cf. *Une double famille*.
240. Cf. *Ferragus*.
241. Sauf en faveur des aristocrates : chez Madame de Carigliano « le désordre était une grâce »
(cf. *La Maison du chat-qui-pelote*).
242. *La Rabouilleuse*, III,92.
243. Cf. respectivement *Pierre Grassou* et *Une fille d'Eve*.
244. *La Bourse*, I,181.
245. Voir notamment *Homme lisant à la lueur d'une lampe d'Argand*, 1814 (reproduction p.207
de l'ouvrage cité de Marco Praz) ; *Homme écrivant près d'une fenêtre*, 1811 (reproduction p.208).
246. Marco Praz, *op.cit.*, p.208.
247. *Ibid.*, p.208.

d'un petit univers d'objets familiers » (248), univers bien délimité par le faisceau lumineux d'une de ces lampes bouillottes (249) ou de ces lampes d'Argand citées dans *La Comédie humaine*. Le clair-obscur qui « adoucit les contours et rapproche les objets » (250) fait de la chambre du Tourniquet Saint-Jean un véritable « tableau » de genre (251) ; de même, dans le capharnaüm de la veuve Gruget, le rayon de soleil qui tombe du ciel « comme par grâce ». Autre élément très important de cet univers intimiste : la présence de l'âtre avec ses tisons et ses bûches. Les petits logis apparaissent vraiment comme des « foyers » si maigre soit ce feu des pauvres. Le désordre, un peu de crasse, quelques animaux familiers : oiseaux, chats, « carlins » ajoutent à l'intimité (252) ainsi que les « jardins suspendus » qui ont souvent plus de personnalité que d'innombrables jardinières entretenues par le fleuriste. Les pauvres semblent très attachés à leur gîte et la « femme du peuple » est, plus que l'homme, « reine dans son taudis » (253). « Mes meubles », « ma pièce à feu », dit Madame Gruget qui orne les murs de son capharnaüm de gravures d'Eisen (254) et le chambranle de sa cheminée « d'un Jésus de cire mis sous une cage carrée en verre bordée de papier bleuâtre » (255). Avec plus d'éloquence que Madame Gruget, Raphaël évoque sa misérable mansarde de la Montagne Sainte-Geneviève :

« L'étude prête une sorte de magie à tout ce qui nous environne. Le bureau chétif sur lequel j'écrivais et la basane brune qui le couvrait, mon piano, mon lit, mon fauteuil, les bizarreries de mon papier de tenture, mes meubles, toutes ces choses s'animèrent et devinrent pour mois d'humbles amis, les complices silencieux de mon avenir. » (256)

On songe au jeune Balzac de la rue Lesdiguières, et au Musset de la *Nuit d'octobre* :

« Pauvre réduit, murs tant de fois déserts,
Fauteuil poudreux, lampe fidèle,
O mon palais, mon petit univers. »

Les petits logis de *La Comédie humaine* ont décidément plus « d'âme » que les demeures aristocratiques et bourgeoises.

Tous les locataires des petits logis ne sont pas de « vrais » pauvres et ces gîtes modestes n'atteignent pas en horreur les taudis ouvriers nés de la révolution industrielle. Ils reflètent la médiocrité plutôt que la misère et paraissent, peut-être, moins typiquement parisiens que les luxueux appartements des riches. On en trouverait de semblables à Angoulême ou Alençon (257) et ils rendent compte, évidemment, d'une réalité très générale. Leur description offre souvent la précision d'une enquête ethno-historique et, par le simple effet de la répétition d'éléments ajoutés les uns

---

248. *Ibid.*, p.208.
249. Voir Winterthur, *Lecteur près d'une lampe bouillote* (reproduction p.209 de l'ouvrage cité).
250. Marco Praz, *op.cit.*, p.208.
251. Mot employé par Balzac à propos de cette description même.
252. Alors qu'on ne trouve jamais d'animaux de compagnie chez les riches : seuls les chevaux sont cités.
253. *L'Interdiction*, II,357.
254. Charles Eisen, peintre-graveur français (1720-1778) auteur des illustrations des *Contes* de La Fontaine dans l'édition dite des Fermiers généraux.
255. *Ferragus*, IV,40.
256. *La Peau de chagrin*, VI,461.
257. Voir par exemple, la chambre de Lucien à L'Houmeau (*Illusions perdues*) ou le logis de la veuve Granson à Alençon (*La Vieille Fille*).

aux autres, constituent un aspect peu connu de la vie des petites gens des villes :
leur logement, auquel l'histoire traditionnelle ne s'est guère intéressée (258). On lit,
dans un récent ouvrage de Th. Zeldin que « l'histoire du meuble est une des plus
négligées de l'histoire de l'art et même de l'histoire tout court [...] les fragments d'information disponibles jusqu'à présent ne permettant que des conclusions très provisoires » (259). Cette remarque est restée longtemps exacte en ce qui concerne le
mobilier des masses urbaines et, en général, tous les éléments du décor populaire.
Or, Balzac nous a conservé le souvenir d'« accessoires » connus aujourd'hui des seuls
antiquaires, « spécialistes », amateurs de brocante, et très recherchés : marabouts,
martinets, lampes-bouillottes, poêles anciens, etc. *La Comédie humaine* livre, à qui
sait voir, beaucoup de « fragments d'information » et ces « fragments », détails concrets juxtaposés, finissent par dessiner les intérieurs des pauvres : carrelages usés,
maigres tapis, vilains papiers peints, bûches économiques, meubles de bois badigeonnés
en rouge, faux acajou, couchettes de pensionnaires. La complémentarité de l'Histoire
et de la Littérature semble, une fois de plus, évidente. Et si les documents, (devis
estimatifs ou descriptifs, mémoires d'entrepreneurs, inventaires, contrats, catalogues,
etc.) confirment l'exactitude du témoignage balzacien, *La Comédie humaine* confère
de surcroît aux difficultés matérielles des pauvres, la couleur de l'expérience vécue.
Aucune pièce d'archives ne peut décrire l'incessante corvée d'eau, le clair-obscur
poétique mais ténébreux, la « parcimonie du feu », l'invincible saleté, les pesantes
odeurs.

Nulle protestation ne s'élève parmi les victimes d'un inconfort qui nous est, sans
doute, plus sensible qu'aux intéressés eux-mêmes : « Pour la dernière couche du peuple, ce qui nous apparaît comme un bouge est quelquefois une sorte d'Eden » (260),
et les plus démunis, comme Madame Gruget, sont viscéralement attachés à leur refuge.
L'écrivain rend compte d'une certaine réalité parisienne qui n'est pas la plus sombre,
sans se joindre à la cohorte des enquêteurs, socialisants ou bourgeois (261) que préoccupe, après juillet 1830, le problème du logement.

Beaux décors, humbles foyers : les premiers, avec leurs dorures et soies drapées,
sont « l'air du temps » (262) : celui de la Restauration et de Louis-Philippe ; les plus
modestes « coquilles », secrétées par les êtres qui y vivent sont « dans la trame de la
vie » (263). Ils s'inscrivent dans le cadre de la « longue durée » chère à la Nouvelle
Histoire et non dans les fluctuations de la mode.

---

258. Les intérieurs campagnards sont mieux connus.
259. Cf. Th. Zeldin, *Histoire des passions françaises,* Oxford University Press, 1973-1977, tome
III, *Goût et Corruption*, chapitre 3, *Mode et Beauté*, p.85.
260. Leroy-Beaulieu, cité par S. Leroux (cf. *La Maison dans l'Histoire*, p.252).
261. Cf. S. Leroux, *op.cit.*, pp.274 et suivantes.
262. Nous empruntons ces deux formules à Marguerite Yourcenar (cf. Préface de la deuxième
édition d'*Alexis ou le Traité du vain combat*, Plon, 1952, p.13).
263. *Id.*

« *Mais pour mériter les éloges que doit ambitionner tout artiste, ne devais-je pas étudier les raisons ou la raison de ces effets sociaux, surprendre le sens caché dans cet immense assemblage de figures, de passions et d'événements !* »

Extrait de l'*Avant-Propos* de 1842.

DEUXIÈME PARTIE

« SURPRENDRE LE SENS CACHÉ DANS CET IMMENSE ASSEMBLAGE »

La ville en pleine expansion transformatrice que nous venons d'évoquer, ce Paris conjugué au présent balzacien est, en quelque sorte, le négatif des villes archéologiques qui, pour un temps encore, fidèles témoins du passé, jalonnent la province de *La Comédie humaine* : villes protégées, villes protectrices, villes unitaires. Voyez Guérande, entourée de ses puissantes murailles, « aussi belle qu'une antique armure complète » (1), ombragée par « le mail qui enveloppe la ville », ville close, isolée dans un espace-temps voué, semble-t-il, à l'immobilité. Voyez Provins, « le château, la vieille ville et (les) anciens remparts [...] étagés sur la colline (2), ville heureuse, harmonieuse ; voyez Issoudun, Angoulême et leurs « formidables » remparts et portes, voyez Sancerre, « riche d'un illustre passé », couronnée de sa tour « enveloppée de rampes dites les Grands Remparts » (3). Paris, au contraire, est une ville morcelée, un espace archéologique éclaté, d'où émergent quelques quartiers préservés, tel le Marais, quelques maisons ou monuments-témoins comme la maison du *Chat-qui-pelote* ou la Conciergerie. Elle a perdu le pouvoir de se résumer, de se reconnaître dans une « chronique de pierre » (4). Morcellement fatal aux hommes : dans la poétique de la ville balzacienne le sujet est inséparable de l'objet, et à la disparition progressive des éléments du passé correspond, pour les êtres, une perte d'identité.

Le nouveau Paris tend vers un gigantesque décor de théâtre. Comme le dit plaisamment le provincial Gazonal « C'ette uné kaléïdoscope de sept lieues de tour » (5), et les métaphores sont nombreuses, qui expriment l'absence de profondeur, d'épaisseur, d'authenticité de la ville et de ses habitants. Maisons « minces et jolies » qui sacrifient au dieu du Paraître et ne donneront plus tard que des ruines de carton-pâte. « Nos pères avaient un Paris de pierre, nos fils auront un Paris de plâtre » prédit Victor Hugo dès 1831 (6) et, en 1846, Balzac s'écrie : « On aurait achevé tous les embellissements de Paris avec le prix des sottises en carton-pierre, en pâtes dorées, en fausses sculptures consommées depuis quinze ans par les individus du genre Crevel » (7). Qui, parmi les « bourgeois de Paris », penserait plutôt à « faire élever les clochers qui manquent aux tours de Notre-Dame » (8). Bourgeois de Paris, « visages de carton » (9), masques guettés par l'uniformité ; noms et sentiments travestis ;

1. *Béatrix*, II,9.
2. *Pierrette*, III,15.
3. *La Muse du département*, III,210.
4. L'expression est de Victor Hugo (cf. *Notre-Dame de Paris*, chapitre intitulé *Paris à vol d'oiseau*).
5. *Les Comédiens sans le savoir*, V,365.
6. Dans *Notre-Dame de Paris* (cf. le chapitre, *Paris à vol d'oiseau*).
7. *La Cousine Bette*, V,49.
8. *Ibid.*
9. *La Fille aux yeux d'or*, IV,108.

vaste pantomime des gueux dans le labyrinthe parisien. Paris : ville initiatique à re
bours, où la quête inlassable de l'Avoir remplace celle de l'Etre ; c'est là que nou
allons pénétrer, lecteur. Invitation au voyage à la fois baroque et tragique sous l
signe des apparences trompeuses et de la mort triomphante.

Avant de descendre dans les plis sinueux de ce Paris capital, nous observeror
quelques panoramas où déjà s'inscrivent subtilement les stigmates de l'unité perdue.

V. L'UNITÉ PERDUE ET LA PERTE D'IDENTITÉ

L'UNITÉ PERDUE : ÉTUDE DE QUELQUES PANORAMAS PARISIENS

LE DOIGT DE DIEU

Il commence par désigner dans *La Femme de trente ans* un panorama qui, au premier coup d'œil, semble démentir en tous points nos propos pessimistes : « Je contemplais avec amour le Paris moderne » dit le narrateur-artiste (1). Unique contemplation heureuse d'un Paris « réconcilié » où les contraires mêmes s'harmonisent. « Minute affranchie de l'ordre du temps » (2), elle mérite qu'on s'y arrête, car nulle part ailleurs dans *La Comédie humaine*, nous n'en vivrons une semblable. C'est le paradis avant la faute, baigné d'une lumière déjà impressionniste. Les Invalides « flamboient entre les masses bleuâtres du Luxembourg et les tours grises de Saint-Sulpice. Vues de là des lignes architecturales sont mêlées à des feuillages, à des ombres, sont soumises aux caprices d'un ciel qui change incessamment de couleur, de lumière ou d'aspect » (3).

Le vaste panorama est ponctué de monuments qui ont rarement l'honneur balzacien d'être évoqués (4) : « La magnifique coupole du Panthéon », « le dôme mélancolique du Val-de-Grâce », l'Observatoire, les Invalides, « les constructions vraiment romaines des Greniers d'Abondance », se profilent sur le fond champêtre des « vaporeuses collines de Belleville », chargées de moulins. Les fabriques sont « à demi-villageoises » ; le boulevard prend des grâces d'allée forestière, et tandis que « les édifices meublent les airs », au ras du sol serpentent les sentiers campagnards. « La longue nappe blanche du canal Saint-Martin » répond aux eaux brunes de la Bièvre. « La voix d'un million d'êtres » se mêle à « la voix de Dieu », le bruit du monde à la paix de la solitude. C'est l'harmonie universelle, semble-t-il. Déjà les parfums, les couleurs et les sons se répondent. Le soleil « embrase (des) croix dorées », « le ciel est d'azur », « les cloches parlent ». « Riches et sublimes tableaux » en vérité, qui tiennent beaucoup plus de l'enluminure médiévale (5) et du conte de fée oriental que de la réalité parisienne. « Fééries éloquentes » nées de l'imagination et que « l'imagination n'oublie jamais », elles évoquent « un merveilleux aspect de Naples, de Stamboul ou des Florides » : on ne saurait mieux dire. Ici, Paris perd son identité en toute grâce. Vu de haut

---

1. II,189. Il serait intéressant de comparer le tableau que brosse cette « écriture-artiste » avant la lettre, avec celui qui ouvre le roman des Goncourt, *Manette Salomon*, contemplé depuis le « labyrinthe » du Jardin des Plantes.
2. L'expression est de Proust dans *Le Temps retrouvé*.
3. II,188.
4. Nous avons déjà attiré l'attention de nos lecteurs sur le fait que le Paris de *La Comédie humaine* n'est pas un Paris monumental. A l'édifice majestueux, Balzac préfère souvent la porte bâtarde...
5. Voir, par exemple, la très belle miniature de Jean Fouquet, *Descente du Saint-Esprit sur les fidèles* où Paris baigne dans une lumière bleue et or et se détache sur fond de collines imaginaires.

et de loin il recule jusqu'à l'horizon lointain où tout se perd, se confond comme les collines de Belleville « avec les nuages » (6), « cet horizon aussi vague qu'un souvenir d'enfance » (7).

Mais, déjà, quelques déchirures de la toile font apparaître l'envers du tableau. L'harmonie est menacée, la belle et profonde unité dissimule les ténèbres et la mort(8) « d'inexplicables fantaisies » métamorphosent l'Observatoire en « spectre noir et décharné » ; « par une large découpure de ce singulier paysage », l'angoisse s'engouffre:

« Il existe une ville que vous ne voyez pas [...] immense cité, perdue comme dans un précipice entre les cimes de la Pitié et le faîte du cimetière de l'Est, entre la souffrance et la mort. Elle fait entendre un bruissement sourd semblable à celui de l'Océan qui gronde derrière une falaise comme pour dire : – Je suis là. » (9)

Après la cité céleste, la cité d'en bas, celle de l'ombre, marquée d'un sceau fatal. Éclairée seulement par les lumières artificielles d'un « beau monde » cupide, c'est elle qui, bientôt (10), apparaîtra aux yeux dessillés de Rastignac, précisément depuis le faîte du cimetière de l'est :

« Le jour tombait, un humide crépuscule agaçait les nerfs [...] il regarde la tombe et y ensevelit sa dernière larme de jeune homme, cette larme arrachée par les saintes émotions d'un cœur pur, une de ces larmes qui, de la terre où elles tombent, rejaillissent presque dans les cieux. Il se croisa les bras, contempla les nuages. » (11)

Cette larme cristalline, cet ultime regard vers le haut, marquent la fin d'un dur voyage initiatique à rebours. L'œil avide et le cœur sec, c'est maintenant vers le bas que Rastignac regarde :

« [...] resté seul (il) fit quelques pas vers le haut du cimetière et vit Paris tortueusement couché le long des deux rives de la Seine », mais « ses yeux ne s'attach(ent) » qu'à un Paris morcelé, réduit à l'espace où vit « le beau monde », l'espace où tout se joue « entre la colonne de la place Vendôme et le dôme des Invalides ». Dans ce combat inégal entre « les cieux » et la terre, entre la pesanteur et la grâce, nous savons bien qui l'a emporté, qui l'emportera : « A nous deux maintenant » (12).

Les rares visions panoramiques de Paris seront désormais des visions de la métaphore malheureuse.

Au regard d'orgueilleux défi de Rastignac s'oppose le « coup d'œil furtif » (13) du malheureux Jules Desmarets, déjà vaincu. Au terme de ses errances tragiques, perdu de cœur et d'esprit dans le « dédale du Père-Lachaise » après la mort de Clémence, il aperçoit le « véritable Paris, enveloppé d'un voile bleuâtre, produit par les fumées

6. II,189.
7. Ibid.
8. Elles apparaîtront nettement lors de la sinistre noyade de l'enfant. Arrachant brutalement le narrateur de sa rêverie, elle a le pouvoir de métamorphoser le riant paysage de tout à l'heure en paysage de cauchemar : « Charles glissa sur le versant rapide, y rencontra des racines qui le rejetèrent violemment sur les pierres coupantes du mur ; il s'y fracassa le front : puis, tout sanglant, alla tomber dans les eaux boueuses de la rivière [...]. L'eau noire bouillonnait sur un espace immense. Le lit de la Bièvre a, dans cet endroit, dix pieds de boue » (II,190).
9. II,189.
10. En 1834, dans le sombre final du Père Goriot.
11. II,308.
12. Ibid.
13. Ferragus, IV,51.

et que la lumière du soleil rendait alors diaphane » (14), et dit en montrant ce même « espace compris entre la colonne de la place Vendôme et la coupole d'or des Invalides : — Elle m'a été enlevée là, par la funeste curiosité de ce monde qui s'agite et se presse, pour se presser et s'agiter » (15).

A ce monde-là appartenait la froide duchesse de Langeais, mais quand « la femme à la mode » n'est plus qu'une « malheureuse femme » (16) humiliée, vaincue elle aussi, elle fuit à pied la ville maudite. Enfin révélée à elle-même, enfin vraie, « elle pleura quand elle atteignit le boulevard d'Enfer. Là, pour la dernière fois, elle regarda Paris fumeux, bruyant, couvert de la rouge atmosphère produite par ses lumières ; puis elle monta dans une voiture de place, et sortit de cette ville pour n'y jamais rentrer » (17).

Quelle que soit « la *portion* quelconque de cette monstrueuse cité » (18) offerte au lecteur, elle est maléfique ou menaçante. Tandis que les uns la quittent au soir, désabusés, les autres y pénètrent, pleins d'illusions, au petit matin. Ainsi Lucien et madame de Bargeton venant d'Angoulême : « Les voyageurs débarquèrent à l'hôtel du Gaillard-Bois, rue de l'Échelle, avant le jour. » (19) Espace immédiatement déceptif: « Lucien n'y reconnut pas sa Louise [...] il est en effet certaines personnes qui n'ont plus ni le même aspect ni la même valeur, une fois séparées des figures, des choses, des lieux qui leur servent de cadre. » (20) « N'ayant encore vu de Paris que la partie de la rue Saint-Honoré qui se trouve entre la rue Neuve-du-Luxembourg et la rue de l'Échelle », le néophyte espère encore, mais dès « sa première promenade vagabonde à travers les Boulevards et la rue de la Paix » (la belle « portion » de Paris), il sait que le maléfice concerne aussi sa propre personne : « cet homme d'imagination éprouva comme une *immense diminution de lui-même* » (21). Pour lui comme pour Saint-Preux jadis, Paris est « un affreux désert ». L'un de ses initiateurs, Lousteau, le met en garde un soir de détresse dans la grande allée de l'Observatoire (22) : « Les hommes à cervelle cerclée de bronze, aux cœurs encore chauds sous les tombées de neige de l'expérience, ils sont rares dans le pays que vous voyez à nos pieds, dit-il en montrant la grande ville qui fumait au déclin du jour. » (23) Ces fumées reparaissantes dans le panorama de la ville sont toujours de mauvais présages. Comme ils sont loin les « poétiques et fugitifs effets du jour » que Raphaël contemplait du haut de sa mansarde « en respirant l'air, en laissant planer (ses) yeux sur un paysage de toits » d'une « singulière beauté » ! (24) « Pays original » (25) en vérité : celui d'avant la faute et la chute...

Des « fenêtres de Madame Bridau » rue Mazarine, pourtant situées au « troisième et dernier étage », l'œil ne « plane » plus mais « plonge » sur les « loges grillées » des bâtiments de l'Institut : « vue profondément triste » et « perspective bornée » à ce « coin humide, noir et froid » qui sent déjà le caveau (26). Mais il est « un paysage

---

14. *Ibid.*, p.50. C'est nous qui soulignons.
15. *Ibid.*
16. *La Duchesse de Langeais*, IV,99.
17. *Ibid.*, p.100.
18. *Ferragus*, IV,40. C'est nous qui soulignons.
19. *Illusions perdues*, III,436.
20. *Illusions perdues*, III,437.
21. *Ibid.*, p.439. C'est nous qui soulignons.
22. Le nom, ici, est quasi-symbolique.
23. *Illusions perdues*, III,470.
24. *La Peau de chagrin*, VI,460 (voir l'étude que nous consacrons à *Paris dans la Peau de chagrin* dans notre chapitre VI).
25. *Ibid.*
26. Cf. *La Rabouilleuse*, III,92.

parisien » (27) de *La Comédie humaine* où « l'air et la lumière » se raréfient plus
encore. Nous sommes d'ailleurs, fait significatif, invités à le contempler depuis « les
monticules produits par les immondices du vieux Paris, et sur lesquels il y eut autrefois
des moulins » (28). Paysage pourtant proche du Palais-Royal — splendeurs et misères
de Paris mêlées —, fait de rues étroites, sombres et boueuses, d'impasses noires que
« la lueur fumeuse » du pâle réverbère n'éclaire plus. « Lacis » cerclé d'une lueur
maléfique qui, symboliquement, semble préfigurer le labyrinthe de la perdition, celui
d'Esther, mais aussi de Lucien, âme damnée de Vautrin. Balzac lui-même nous avertit
et semble ainsi guider notre interprétation : « le monde fantastique d'Hoffmann le
Berlinois est là » (29). Nous sommes hors frontières du « réel » honnête et rassurant
« où il y a des passants, des boutiques et des quinquets » (30). « Cet ensemble de
choses donne le vertige » (31). Vertige de la chute, de la descente aux enfers réservée
semble-t-il, aux plus sombres initiés de *La Comédie humaine*, à ceux qui franchiront
comme Lucien à la Conciergerie le dernier cercle du désespoir.

Ce n'est plus ici le doigt de Dieu, mais la griffe de Satan qui désigne la « monstrueuse cité ». Est-il encore possible de retrouver le paradis perdu ?

LA REVERIE ARCHEOLOGIQUE

Une dernière vision panoramique ouvre le dernier roman de Balzac : *L'Envers de
l'histoire contemporaine* ; là, à l'ombre de Notre-Dame où Dieu veille encore, l'unité
perdue semble enfin retrouvée. Là le futur « Initié » (initié à la lumière et non plus
aux ténèbres cette fois) appuyé au parapet d'un quai « peut voir à la fois la Seine
en amont depuis le jardin des Plantes jusqu'à Notre-Dame, et en aval la vaste perspective de la rivière jusqu'au Louvre » (32). Mais ne nous y trompons pas. Ce grandiose
résumé archéologique n'est que le tremplin d'un « rêve », mot révélateur :

« On y rêve Paris depuis les Romains jusqu'aux Francs, depuis les Normands jusqu'aux Bourgui-
gnons, le Moyen Age, les Valois, Henri IV, Louis XIV, Napoléon et Louis-Philippe.
De là, toutes les dominations offrent quelques vestiges ou des monuments qui les rappellent
au souvenir. Sainte-Geneviève couvre de sa coupole le quartier latin. Derrière vous, s'élève le magnifique chevet de la cathédrale. L'Hôtel de Ville vous parle de toutes les révolutions et l'Hôtel-Dieu
de toutes les misères de Paris. » (33)

Là, « l'âme embrasse le passé comme le présent de la ville de Paris », c'est « l'œil
de l'esprit » (34) qui prend le relais du regard objectif pour contempler « tant de
sublimes harmonies ».

Harmonies loin du réel, du « Progrès » (35) destructeur dont Godefroid, pauvre
« âme sans boussole » fut la victime. Elles méritent qu'on en écoute attentivement
les échos. Elles nous disent que si l'équilibre peut encore être retrouvé, c'est en marge
de l'histoire en train de s'accomplir, dans une image du passé.

---

27. Cf. *Splendeurs et misères des courtisanes*, IV,285-286, titre du chapitre IV de la première
partie.
28. IV,285.
29. *Ibid.*, p.286.
30. *Ibid.*
31. *Ibid.*
32. V,404.
33. *Ibid.*
34. L'expression est de Victor Hugo dans *Les Contemplations*.
35. Cf. V,405.

Godefroid, promeneur solitaire, « en proie à une double contemplation : Paris et
ui ! » (36) offre l'*image inverse* de celle de Rastignac que nous avons laissé à son
orgueilleux défi en haut du Père-Lachaise. Un autre voyage initiatique commence,
inverse de celui du jeune corsaire aux gants jaunes écumant l'océan parisien, et il
commence très symboliquement par la contemplation d'un « tableau merveilleux »,
quasi-figé, encadré par un vaste paysage où présent et passé se confondent. Hélas !
ce « merveilleux »-là est coupé de l'avenir, cet avenir qui appartient aux jeunes ambi-
ieux avides. Le futur « Initié » va se réfugier, pour renaître à une autre vie, au sein
d'une maison archéologique, habitée par des personnages archéologiques, « débris
d'une grande tempête » (37). Leurs regards sont tournés vers le ciel et vers le passé
parce qu'ils sont des proscrits du présent en train de s'accomplir sans eux. Ils ne vont
pas dans le sens de l'Histoire et ne retrouveront pas, comme Dante, la terre promise
dont ils ont été bannis. Dante et *Les Proscrits* dont on perçoit ici, dans cet « envers
de l'histoire contemporaine », les lointains échos.

Dès 1831 (38), les proscrits Dante et Godefroid (nom reparaissant) nous entraî-
naient dans leur sillage au cœur du Paris du XIVe siècle à l'endroit même où « par
une belle soirée du mois de septembre » 1836, cinq siècles plus tard, l'autre Godefroid
rêvera, sensible à tant « d'aspects inspirateurs » – Paris proche, dans le temps et l'espace parisien, de celui de Notre-Dame de Paris (39) mais combien différent! (40) – Le
paysage qu'on découvre avec le narrateur, en 1308, depuis les « vitraux » de la maison
Tirechair qui « donne sur la rivière » est comme un abrégé documentaire de celui
de 1836 :

« Par l'une (des deux chambres aux vitraux) vous n'eussiez pu voir que les rives de la Seine et
les trois îles désertes dont les deux premières ont été réunies plus tard et forment l'Ile Saint-Louis
aujourd'hui, la troisième était l'Ile Louvier. Par l'autre, vous auriez aperçu à travers une échappée
du port Saint-Landry, le quartier de la Grève, le pont Notre-Dame avec ses maisons, les hautes tours
du Louvre récemment bâties par Philippe-Auguste. » (41)

Toutefois la poésie des lieux s'exprime dans l'esquisse encore très champêtre du
« Terrain », dont il subsistera bien des éléments dans le dessin achevé :

« Çà et là sur le *Terrain* fangeux ou sec, suivant les caprices de l'atmosphère parisienne, s'élevaient quelques petits arbres incessamment battus par le vent, tourmentés, cassés par les promeneurs ;
des saules vivaces, des joncs et de hautes herbes. Le Terrain, la Seine, le Port, la maison (étaient encadrés) à l'ouest par l'*immense basilique de Notre-Dame,* qui *projetait au gré du soleil son ombre froide*
sur cette terre. *Alors comme aujourd'hui* (42) Paris n'avait pas de lieu plus *solitaire*, de paysage plus
solennel ni plus mélancolique. *La grande voix des eaux,* le chant des prêtres ou le sifflement du vent
troublaient seuls cette espèce de bocage... » (43)

---

36. V,405.
37. Voir notre introduction à *L'Envers de l'histoire contemporaine* au tome VIII de la nouvelle
édition Pléiade.
38. Date de publication des *Proscrits.*
39. Le célèbre roman de Victor Hugo a paru aussi en 1831, quelques mois avant *Les Proscrits* et
n'est certainement pas étranger aux lieux et temps de l'action choisie par Balzac.
40. Paris « chétif et pauvre ».
41. *Les Proscrits,* VII,272, « Abrégé documentaire » car il semble bien qu'ici Balzac se contente
de décrire un plan, peut-être l'un de ceux qui figurent dans l'*Atlas* accompagnant la 3ème édition de
l'*Histoire de Paris* de Dulaure en 1826 (cf. plus précisément le *second* plan, *Paris sous le règne de
Philippe-Auguste*).
42. C'est nous qui soulignons ce parallèle explicite de Balzac.
43. *Les Proscrits,* VII,273.

« En 1835, ce tableau merveilleux avait un enseignement de plus : entre le Parisien appuyé a
parapet et la cathédrale, le *Terrain*, tel est le vieux nom de ce lieu *désert*, était encore jonché de
ruines de l'Archevêché. (44)

[...]

Ce point, le cœur de l'ancien Paris, en est l'endroit le plus *solitaire*, le plus mélancolique. *Le
eaux de la Seine s'y brisent* à grand bruit, la *cathédrale y jette ses ombres au coucher du soleil* » (45)

La juxtaposition des deux textes est révélatrice : le bocage solitaire de jadis, se
ombres mouvantes traversées de fugitives lumières, ont engendré le paysage romantiqu
d'aujourd'hui (46). Mais la lumineuse et profonde unité du paysage parisien, c'es
peut-être seulement dans le lointain regard transfigurateur du grand proscrit Florenti
qu'on peut le saisir, dans un Paris qui non seulement n'existe plus, mais n'a peut-êtr
jamais existé. Contemplons-le un instant entre Dante et Godefroid son compagnon
depuis la barque du passeur qui « flottait sur la vaste étendue de la Seine en impriman
ses secousses à l'âme » (47). En cet instant privilégié :

« Le soleil, semblable à un incendie qui s'allumait à l'horizon, perça les nuages, versa sur les cam
pagnes des torrents de lumière, colora de ses tons rouges, de ses reflets bruns, et les cimes d'ardoises e
les toits de chaume, borda de feu les tours de Philippe-Auguste, inonda les cieux, teignit les eaux, fi
resplendir les herbes, réveilla les insectes à moitié endormis. Cette longue gerbe de lumière embrasa le
nuages. C'était comme le dernier vers de l'hymne quotidien. Tout cœur devait tressaillir, alors l
nature fut sublime. Après avoir contemplé le spectacle, l'étranger eut ses paupières humectées pa
la plus faible de toutes les larmes humaines : Godefroid pleurait aussi, sa main palpitante rencontr
celle du vieillard qui se retourna, lui laissa voir son émotion... » (48)

Un doute nous saisit : cette ville resplendissante, célébrée sur le mode biblique
est-ce encore Paris ? Paris « chétif et pauvre » ? Certes non ; transfigurée, elle a perd
son identité devenant le reflet du paradis perdu, cette autre ville « trempée de lumiè
re » à laquelle rêve le banni tout en regardant Paris, elle-même miroir de la Jérusalen
céleste :

« Là-bas [...], à cette heure, la brise douce comme la plus douce poésie s'élève d'une vallé
trempée de lumière, en exhalant de suaves parfums. A l'horizon, je voyais une ville d'or semblable à
la *Jérusalem* céleste, une ville dont le nom ne doit pas sortir de ma bouche. Là, serpente aussi un
rivière. *Cette ville et ses monuments, cette rivière* dont les ravissantes perspectives, dont les nappe
d'eau bleuâtres se confondaient, se mariaient, se dénouaient, lutte harmonieuse qui réjouissait ma
vue et m'inspirait l'amour, où sont-ils ? A cette heure les ondes prenaient sous le ciel du couchan
des teintes fantastiques, et figuraient de capricieux tableaux. Les étoiles distillaient une lumièr
caressante, la lune tendait partout ses pièges gracieux, elle donnait une autre vie aux arbres, aux
couleurs, aux formes, et diversifiait les eaux brillantes, les collines muettes, *les édifices éloquents
La ville parlait,* scintillait ; elle me rappelait, elle ! Des *colonnes de fumée* se dressaient auprès de
colonnes antiques (49) dont les marbres étincelaient de blancheur au sein de la nuit ; les lignes de
l'horizon se dessinaient encore à travers les vapeurs du soir, tout était harmonie et mystère » (50).

44. Pillé et démoli lors des émeutes de 1831.

45. *L'Envers de l'histoire contemporaine*, V,404.

46. « Jonché des ruines de l'archevêché » et contemplé par un personnage ému de « graves pen
sées », « séduit peut-être par un accord entre ses idées du moment et celles qui naissent à la vue de
scènes si diverses », il est devenu tout à fait digne du « *Gothique retrouvé* » avant *Viollet-le-Duc*, e
pourrait figurer dans les *Voyages pittoresques et romantiques* de Ch. Nodier et J. Taylor.

47. *Les Proscrits*, VII,280.

48. *Ibid.*

49. C'est nous qui soulignons.

50. *Les Proscrits*, VII,280.

Étrange et heureuse ville « réconciliée », célébrée cette fois « à la manière de » Chateaubriand (51), sorte d'élargissement de celle que désignait au lecteur le *Doigt de Dieu* (52) analysée au commencement de cette étude, harmonieuse et « éloquente féérie » mais coupée de la vraie réalité parisienne.

Paris n'est, cette fois, que l'apparence trompeuse et fugitive de Florence − *La Comédie humaine* est l'envers de *La Divine Comédie*, et déjà ses tréteaux sont plantés au cœur de la ville infernale. Déjà Godefroid le jeune poète voit − mauvais présage − « Une nuageuse atmosphère s'élev(er) au-dessus des eaux comme un dais de fumée » ; « A ce spectacle pour lui désolant, il se croisa les mains sur la poitrine et prit une attitude de désespoir » (53). Pour mieux fuir cette opacité, pour répondre à « la voix d'en haut » qui irrésistiblement l'appelle, pour « (s)'élancer dans les cieux » il tente de se tuer : « J'ai pris pour aller à Dieu la seule route que nous ayons. » (54)

Mais les Temps ne sont pas encore venus. Beaucoup plus tard, à ce suicide manqué d'un poète qui « se croit un ange banni du ciel » (55), répondra, image inverse, la chute d'un ange déchu comme Lucifer, Lucien, et ce n'est plus la lumineuse figure de Dante qui dominera Paris mais la silhouette ténébreuse de Vautrin.

Lorsque les Temps sont accomplis et que s'achève *La Comédie humaine*, ce que le second Godefroid prématurément vieilli contemple à la « poupe de ce vaisseau devenu gigantesque », c'est un paysage-refuge archéologique quasi inchangé, où tout parle du passé, où le temps semble s'être immobilisé comme il s'immobilise rue Chanoinesse dans la vieille maison aux « mille symptômes d'antiquité ». Mais c'est un paysage en noir et blanc, simple lithographie de mots noirs sur les pages blanches. Là, plus de « torrents de lumière », l'ombre dislocatrice a passé, renvoyant la ville réconciliée au domaine des fantasmagories et le Godefroid de 1836-1846 (56) au monde illusionniste et clos des « frères de la consolation ». Refuge dérisoire en ce tragique pays parisien où, décidément, l'action n'est pas la sœur du rêve.

Pour ceux qui, à l'inverse du petit groupe archéologique auréolant madame de la Chanterie, sont entraînés, vestiges du passé, dans le vertigineux tournoiement parisien, là où « tout flambe et se consume », pour ces hommes « sous le règne du marteau » (57), qu'en est-il ?

---

51. Cf. certaines pages du *Génie du christianisme*.
52. Titre du fragment de *La Femme de trente ans*, paru en mars 1831 dans *La Revue de Paris*.
53. *Les Proscrits*, VII,281.
54. *Ibid.*
55. *Ibid.*
56. *1836* : date de la fiction ; *1846* : date de la publication de *L'Envers de l'histoire contemporaine*.
57. *La Fille aux yeux d'or*, IV,105.

LA PERTE D'IDENTITÉ :
ÉTUDE DE QUELQUES PERSONNAGES ARCHÉOLOGIQUES

Comme les vieilles pierres auxquelles ils finissent parfois par s'identifier, ce sont les plus menacés. Nous entendons par là tous ceux qui, à des titres divers, viennent d'un « temps devenu si vite l'antiquité » pour les contemporains de la Restauration (1). Ceux auxquels la ville refuse leur identité les transformant en objets inutiles, en pierres qui roulent au fond d'un gouffre.

LE COLONEL CHABERT

> « *Si c'est un homme, pourquoi l'appelez-vous* vieux carrick » (2)

De 1832, date de la première version du texte, à 1835, date de la version définitive, un fait divers (assez fréquent à l'époque), (3) le hausse au niveau d'un symbole pour nous exemplaire et spécifiquement parisien.

La première scène du « drame » se joue dans l'espace clos d'une étude d'avoué, « une des plus hideuses monstruosités parisiennes » (4) mais située dans une maison de la rue Vivienne, rue en vogue au cœur du Paris moderne, « fashionable ».

Alors que sur les cartons de l'étude « se lisaient les noms des gros clients dont les affaires juteuses se cuisinaient en ce moment » (5), c'est un « inconnu » qui traverse la cour de cette maison, et sur lui, d'emblée, pèse un doute multiforme. Les hypothèses fusent parmi les clercs :

« — Ne voilà-t-il pas un fameux *crâne* ? [...]
— Il a l'air d'un déterré [...]
— C'est quelque colonel qui réclame un arriéré [...]
— Non, c'est un ancien concierge [...]
— Parions qu'il est noble [...]
— Je parie qu'il a été portier [...]
— Il pourrait être noble et avoir tiré le cordon [...], ça s'est vu ! (6)

---

1. Cf. *Complaintes satiriques sur les mœurs du temps présent* (20 février 1830) : « Ce temps devenu si vite l'antiquité pour nous ».
2. *Le Colonel Chabert*, II,310.
3. Cf. les exemples proposés par Pierre Citron dans sa notice introductive (II,309) et la préface de Pierre Barberis dans la nouvelle édition Pléiade (tome III, p.293, et suivantes), les modèles « possibles » de Chabert ne manquent pas.
4. II,311.
5. II,311.
6. II,312.

— Non, reprit Boucart au milieu des rires, je soutiens qu'il a été brasseur en 1789 et colonel sou
la République » (7).

Le « vieillard » apparaît alors et :

« — Monsieur, lui dit Boucard, voulez-vous avoir la complaisance de nous donner votre nom [...]·
— Chabert.
— Est-ce le colonel mort à Eylau ? demande l'un des clercs « jaloux d'ajouter une raillerie à tou
tes les autres » (8).
— Lui-même, monsieur, répondit le bonhomme avec une *simplicité antique* » (9).

Cette « simplicité antique » et les valeurs qu'elle exprime : honneur, respect d'au·
trui et de la parole donnée, souci de vérité en font, dès cet instant, un personnage en
marge de cette société des apparences et du faux semblant incapable de comprendre
ce cœur de « fabrique trop fine » (10).
A-t-on suffisamment remarqué combien le thème du théâtre est, dès le début de
cette sinistre comédie, étroitement lié à celui de l'identité perdue ? Godeschal « parie
un spectacle pour tout le monde qu'il (Chabert) n'a pas été soldat » (11) et la réponse
de Chabert lui faisant perdre son pari, c'est au milieu d'« un torrent de cris, de rires
et d'exclamations » qu'un dialogue s'engage sur le choix du théâtre et sur la définition
même du spectacle :

« — A quel théâtre irons-nous ?
— A l'Opéra ! s'écria le principal.
— D'abord, reprit Godeschal, le théâtre n'a pas été désigné. Je puis si je veux, vous mener chez
Madame Saqui (12).
— Madame Saqui n'est pas un spectacle, dit Desroches.
— Qu'est-ce qu'un spectacle, reprit Godeschal. Établissons d'abord *le point de fait*. Qu'ai-je
parié, messieurs ? un spectacle. Qu'est-ce qu'un spectacle ? une chose qu'on voit...
[...]
— Qu'on voit pour de l'argent, disait Godeschal en continuant.
— Mais on voit pour de l'argent bien des choses qui ne sont pas un spectacle. La définition n'est
pas exacte, dit Desroches.
[...]
— Curtius est-il un spectacle ? dit Godeschal.
— Non, répondit le Maître-clerc, c'est un cabinet de figures.
— Je parie cent francs contre un sou reprit Godeschal, que le cabinet de Curtius constitue l'en·
semble de choses auquel est dévolu le nom de spectacle. Il comporte une chose à voir à différents·
prix, suivant les différentes places où l'on veut se mettre... » (13)

Ce dialogue ne contient-il pas en germe toute l'aventure du colonel Chabert ?
Le lecteur constatera bientôt qu'en effet « on voit pour de l'argent bien des choses »
qui se trament en coulisse, et l'allusion à Curtius, fondateur de deux musées de figures
de cire (14), ne nous semble pas gratuite. Le malheureux Chabert est bien « *chose à*

---

7. *Ibid.*
8. *Ibid.*
9. C'est nous qui soulignons.
10. Comme dit Stendhal à propos de Fabrice del Dongo.
11. II,312.
12. Danseuse acrobatique dont le théâtre était situé boulevard du Temple.
13. II,312-313.
14. C'est vers 1770 que cet allemand avait installé deux musées à Paris, l'un au Palais-Royal,
l'autre boulevard du Temple.

oir à différents prix suivant les différentes places où l'on veut se mettre », celle de la
omtesse Ferraud, celle de Derville ou de Delbecq, celle du brave Vergniaud, et elle
e déparerait pas le « cabinet de figures », poussiéreux ancêtre de notre musée Grévin.
Quelques pages plus loin la comparaison est d'ailleurs explicite : « Le colonel Chabert
tait aussi parfaitement immobile que peut l'être une figure en cire de ce cabinet de
Curtius où Godeschal avait voulu mener ses camarades. » (15)

« Sorti de la fosse des morts » (16) à Eylau et après avoir longtemps « erré comme
in vagabond », sans pouvoir « gagner un sou » pour prouver ses dires par des actes et
tre ainsi « rendu à la vie sociale », il est enfin au bord de son désir le plus poignant :
: Oh ! monsieur, revoir Paris ! c'était un délire que je ne... » (17) Mais là, comme bien
d'autres fois dans *La Comédie humaine*, Paris est un espace immédiatement déceptif :

« Enfin j'entre dans Paris en même temps que les Cosaques. Pour moi c'était douleur sur dou-
eur. » (18)

Désespéré et malade, il commence son chemin de croix par une première chute :

... quand je traversai le faubourg Saint-Martin, je tombai presque évanoui à la porte d'un marchand
le fer. Quand je me réveillai, j'étais dans un lit à l'Hôtel-Dieu » (19).

l se relève enfin « bien portant et sur le bon pavé de Paris » et se dirige vers son passé
angible :

« Avec quelle joie et quelle promptitude j'allai rue du Mont-Blanc, où ma femme devait être
ogée dans un hôtel à moi ! Bah ! la rue du Mont-Blanc était devenue la rue de la Chaussée-d'Antin,
e n'y vis plus mon hôtel, il avait été vendu, démoli. Des spéculateurs avaient bâti plusieurs maisons
dans mes jardins » (20).

Signes des Temps repérables dans d'autres témoignages, celui, par exemple de
L'Hermite de la Chaussée-d'Antin (21), mais surtout, dans la fiction romanesque,

15. II,314.
16. *Ibid.*, p.316.
17. *Ibid.*
18. *Ibid.*, p.318.
19. II,318.
20. *Ibid.*
21. Cf. Jouy, *L'Hermite de la Chaussée-d'Antin*, Paris-Pillet, 1815-1817, 5 volumes in 12. Dans le
volume 1, sous le titre *Une Famille de la Chaussée-d'Antin* et en date du 17 novembre 1811, un hôtel
est évoqué, rue du Mont-Blanc : « S'il vous est jamais arrivé de pousser votre promenade jusqu'au
boulevard Italien, et si dans une de ces excursions inusitées vous avez parcouru la rue du Mont-Blanc
dans toute sa longueur, vous aurez peut-être remarqué, au bout d'une longue allée de marronniers,
in hôtel d'une apparence plus élégante que fastueuse, dont le péristyle est formé par une espèce de
ente en coutil, supportée par des faisceaux d'armes. » Ces détails l'apparentent à un hôtel de style
Empire comme l'était, peut-être, celui de Chabert. Il abrite un vieux banquier aux goûts modestes,
remarié à une jeune femme de vingt-cinq ans qu'il « aime à l'idolâtrie » mais « un chagrin secret la
lévore [...]. Le sujet caché d'une si profonde douleur c'est que la rue du Mont-Blanc commence à
perdre son éclat ; que les boutiques l'envahissent de tous côtés et que dernièrement à la sortie de
'Opéra, elle a entendu que l'on disait derrière elle : « Voyez-vous cette jolie femme ? C'est Madame
Pr... dont le mari a ce bel hôtel dans la rue du Mont-Blanc, à droite entre le *chapelier et le parfumeur* ;
plus de repos, plus de bonheur pour elle jusqu'à ce qu'elle ait un hôtel dans la rue du faubourg Saint-
Honoré, un hôtel qui ait un nom, et qui fournisse l'occasion de dire : « J'occupe l'ancien hôtel de...
près du palais du prince de T... »
Cette jeune femme dont la vanité et les exigences annoncent, semble-t-il, celles de la comtesse

signes annonciateurs du destin de Chabert. Il n'est point de détails archéologique
gratuits et cette rue qui perd son identité, ces vieilles pierres qu'on abat pour fair
de l'argent en spéculant, sont inséparables du personnage archéologique appelé
subir le même sort : « Chabert disparut en effet [...]. Peut-être *semblable à une pierr*
lancée (22) *dans un gouffre*, alla-t-il de cascade en cascade, s'abîmer dans cette bou
de haillons qui foisonne à travers les rues de Paris » (23), après que la comtesse Ferrau
eût « *spéculé* (24) sur la tendresse de son premier mari pour gagner son procès » (25).

Ainsi, dès le début de l'aventure, sa place n'est plus inscrite sur le sol de Paris, e
bientôt l'espace parisien de la fiction prend la forme d'un maléfique Jeu de l'oie qu
va progressivement mener le pion Chabert au cœur du labyrinthe : le n° 164, à l'hospi
ce de Bicêtre. « Un jeu de hasard et de nécessité qui prend la forme d'une spiral
comme chez Dante ou E. Poë » observe Michel Serres (26). Comme chez Balzac auss
où l'implacable parcours est ici jalonné par les obstacles traditionnels : hôtellerie
pont, prison, puits, labyrinthe, mort, avec de tragiques alternances d'espoir et d'abat
tement.

C'est sous le signe de la mort que commence la quête de l'identité : « Je me rendi
chez un vieil avocat qui jadis était chargé de mes affaires. Le bonhomme était *mort*(27
après avoir cédé sa clientèle à un jeune homme [...]. Quand je lui dis être le colone
Chabert, il se mit à rire si franchement que je le quittai sans lui faire la moindre obser
vation » (28). C'est que l'hospice des fous se profile à l'horizon : « Ma détention d
Stuttgart me fit songer à *Charenton* (29) et je résolus d'agir avec prudence. »

Il s'achemine alors vers l'hôtel de sa femme dont on lui refuse l'entrée ; ce n'es
pas une hôtellerie : « je n'ai pas été reçu lorsque je me suis annoncé sous un non
d'emprunt, et le jour où je pris le mien je fus consigné à sa porte ». Nouveau refu
d'identité et seuil infranchissable : Chabert, être de la nuit (30), rejeté dans les ténèbre
extérieures, en est réduit « pour voir la comtesse rentrant du bal ou du spectacle
au matin », à « rester pendant des nuits entières collé contre la borne de sa port
cochère » (31). Curieux spectateur de curieuses « nuits de Paris » ! (32)

Ne sachant « plus que devenir », il échoue dans la maison de « Vergniaud, nourr
ceure », véritable *hôtellerie* celle-là, accueillante avec sa « porte ouverte » (33) sur l

---

Ferraud habite donc une rue en pleine mutation en 1811. C'est en 1816 seulement qu'on lui redonne
ra son nom de Chaussée-d'Antin : Balzac anticipe un peu pour les besoins de sa cause. Les nom
successifs de cette rue en font un lieu particulièrement marqué par l'Histoire. Comme Chabert, ell
connut bien des tribulations d'identité : vers 1700 elle s'appelle Chemin de l'Egoût-de-Gaillon, puis e
1712 de son nom actuel, en 1770 après que son tracé eût été rectifié en son égoût voûté, *rue de l'Hô*
tel-Dieu car elle conduisait à des terrains propriété de cet hôpital (qui abrita un certain moment un
annexe de l'Hospice des Enfants trouvés où fut déposé Hyacinthe...) ; en 1790 on l'appela rue *Mira*
beau le Patriote et en 1793 *rue du Mont-Blanc* en l'honneur de patriotes savoyards particulièremen
zélés.

22. C'est nous qui soulignons.
23. II,331.
24. C'est nous qui soulignons.
25. II,326.
26. Cf. *Feux et signaux de brume, Zola*, Grasset, 1975, p.161.
27. C'est nous qui soulignons.
28. II,318.
29. C'est nous qui soulignons.
30. C'est « nuitamment » aussi qu'il consulte Derville.
31. II,318.
32. Rappel du titre de Restif de la Bretonne.
33. II,319.

générosité : « les braves gens chez lesquels je suis m'avaient recueilli, nourri *gratis* depuis un an » (34). Nourrisseur aussi désintéressé que la comtesse Ferraud est avide :

> « Il nous a vexés, monsieur, aussi vrai que je m'appelle Louis Vergniaud et que ma femme en a pleuré. Il a su par les voisins que nous n'avions pas le premier sou de notre billet. Le vieux grognard, sans rien dire, a amassé tout ce que vous lui donniez, a guetté le billet et l'a payé. C'te malice ! [...] Oh ! maintenant, tous les matins il a ses cigares ! Je me vendrais plutôt... Non ! nous sommes vexés. »

Son propre code de l'honneur et sa qualité de « vieux *égyptien* » en font lui-même un personnage archéologique, hors les murs de Paris. Arrêtons-nous un instant dans sa maison dont la fonction nous semble hautement symbolique elle aussi. Elle n'est pas seulement « l'une de ces masures bâties dans les faubourgs de Paris et qui ne sont comparables à rien » (35). A y regarder de plus près, ses composantes (sur lesquelles s'attarde Balzac) semblent renvoyer à la fosse d'Eylau où Chabert-l'exclu est lui-même renvoyé. Le voici, rejeté à la périphérie du labyrinthe dans une espèce de no man's land qui évoque le champ de bataille : rue non pavée (36) aux « ornières profondes », « murs bâtis avec des ossements et de la terre » (37), chambres « enterrées par une éminence » (38) où Chabert couche sur « quelques bottes de paille », sol de terre battue, mauvaises paires de bottes gisant dans un coin, et, pour compléter l'illusion, « sur la table vermoulue, les bulletins de la Grande-Armée » qui « paraissaient être la lecture du Colonel, dont la physionomie était calme et sereine au milieu de cette misère » . C'est qu'il a trouvé là « un bivouac tempéré par l'amitié » (39) selon sa propre expression révélatrice, et Vergniaud est un « frère d'armes » . « Non seulement tous ceux qui en sont revenus sont un peu frères, mais Vergniaud était alors dans mon régiment, nous avions partagé de l'eau dans le désert. » (40)

Masure grotesque, faite de pièces disparates : « Aucun des matériaux n'y avait eu sa vraie destination, ils provenaient tous des démolitions qui se font journellement dans Paris » (41) : (au nombre de ceux-ci peut-être quelques débris de l'hôtel de la rue du Mont-Blanc ?) Elle rassemble, comme Chabert, les vestiges dérisoires d'un passé révolu, à la recherche d'une identité douteuse, et déjà « sembl(e) près de tomber en ruine. » (42) « Spectacle ignoble » pour Derville venu d'un autre monde, le monde parisien, mais hâvre de paix pour l'ancien soldat de l'expédition d'Égypte. Il s'attarde par choix dans cette case où il reprend espoir :

> « Pourquoi n'avez-vous pas voulu venir dans Paris où vous auriez pu vivre aussi peu chèrement que vous vivez ici, mais où vous auriez été mieux ?
> — Mais, répondit le colonel, les braves gens chez lesquels je suis m'avaient recueilli [...] comment les quitter au moment où j'avais un peu d'argent ? » (43)

---

34. II,320.
35. II,319. Littérairement elle semble préfigurer la masure Gorbeau des *Misérables*, située précisément dans le même quartier (boulevard de l'Hôpital).
36. Cette rue du Petit-Banquier qui existait réellement (c'est notre actuelle rue Watteau, méconnaissable) porte un nom en accord avec ce récit où domine l'argent.
37. II,319.
38. II,320.
39. II,320.
40. II,321.
41. II,319.
42. II,319.
43. II,320.

Là, il oublie que le principe Honneur a été remplacé par le principe Argent, mais Derville vient le rappeler au « principe de réalité » (44) :

> « — Colonel, votre affaire est excessivement compliquée [...]
> — Elle me paraît, dit le soldat, parfaitement simple. L'on m'a cru mort, me voilà ! rendez-moi ma femme et ma fortune ; donnez-moi le grade de général auquel j'ai droit [...] (45).
> — Les choses ne vont pas ainsi dans le monde judiciaire reprit Derville. Écoutez-moi. Vous êtes le Comte Chabert, je le veux bien, mais il s'agit de le prouver judiciairement à des gens qui vont avoir intérêt à nier votre existence. » (46)
> [...]
> A l'aspect de ces difficultés, il fut découragé. Le monde social et judiciaire lui *pesait sur la poitrine comme un cauchemar* » (47).

C'est alors qu'il pense à la seule place parisienne capable de lui rendre sa véritable identité : celle qui, en son centre, élève la statue du père : l'Empereur (48) :

> « — J'irai, s'écria-t-il, au pied de la colonne de la place Vendôme, je crierai là : « Je suis le colonel Chabert qui a enfoncé le grand carré des Russes à Eylau ! » Le bronze, lui, me reconnaîtra ». Réponse brutale de Derville :
> — Et l'on vous mettra sans doute à *Charenton*. »

Seconde évocation de la case maléfique et « au nom redouté, l'exaltation du militaire tomba » (49). Élévation, retombée, deux mouvements qui marquent alternativement le destin de Chabert, comme sur l'espace du jeu, le pion avance ou recule suivant les joueurs. « *Abîmé* dans un désespoir sans borne » comme au fond d'un *puits*, Chabert perçoit alors le jeu dans son ensemble et en demeure anéanti :

> « En apercevant le *dédale* (50) de difficultés où il fallait s'engager, en voyant combien il fallait d'argent pour y voyager, le pauvre soldat reçut un coup mortel dans cette puissance particulière à l'homme et que l'on nomme la *volonté*. » (51)

Alors « il suffirait d'un *obstacle nouveau* » (52) pour « produire(e) ces hésitations, ces actes incompris, incomplets » qui perdent les joueurs tout comme « les êtres ruinés par les chagrins » (53). Mais un pacte intervient entre Derville et son client. Sa volonté anéantie, Chabert accepte explicitement d'être une chose, un pion dans le jeu de son protecteur qui, mieux que lui, connaît le code des autres joueurs :

> «... Examinez si vous pouvez me donner toute votre confiance, et accepter *aveuglément* le *résultat* que je croirai le meilleur pour vous » (54).

---

44. Comme disent les psychothérapeutes.
45. II,321.
46. *Ibid*.
47. C'est nous qui soulignons. L'expression peut s'appliquer aussi bien au monceau de morts que Chabert a dû soulever pour sortir de la fosse.
48. Cf. II,317. « J'avais un père, l'Empereur ! Ah ! s'il était debout, le cher homme ! et qu'il vît *son Chabert*, comme il me nommait ! »
49. II,322.
50. C'est nous qui soulignons.
51. II,322. Le mot est souligné par Balzac.
52. C'est nous qui soulignons.
53. II,322.
54. II,322. C'est nous qui soulignons.

— Faites comme vous voudrez, dit Chabert.
— Oui, mais vous vous abandonnez à moi comme un homme qui marche à la mort ?
[...]
— Allez donc ! répondit Chabert, je me fie entièrement à vous.
— Je vous enverrai donc une procuration à signer, dit Derville. Adieu, bon courage !... » (55)

Comme on sait, Derville perdra la partie et c'est bien, au sens propre, une « marche à la mort » dont le rythme s'accélère parallèlement au récit, qui va mener Chabert devenu objet, « usé comme un canon de rebut » (56) jusqu'à l'hospice de la vieillesse où nous le retrouverons bientôt « assis sur la souche d'un arbre abattu » (57). Tout comme lui.

Pour le moment, faisons le point en considérant la position de ses adversaires sur ce sinistre jeu de l'oie. La fausse oie blanche d'abord, qui ponctue tout le labyrinthe, Rose Chapotel au nom si roturier, « prise » par Chabert au Palais-Royal. Depuis ce départ inespéré, elle a gagné beaucoup de points progressant remarquablement « dans une carrière pleine d'écueils et pleine d'ennemis » (58). Comme Derville, étudions donc « la *position* de la comtesse », « la situation de monsieur le comte Ferraud et de sa femme » au moment où Chabert reparaissant vient troubler leur jeu ascensionnel : à la mort du comte Chabert, Monsieur Ferraud est « un jeune homme de vingt-six ans, sans fortune » car il a su « résister noblement aux séductions de Napoléon » ; « doué de formes agréables », il a des succès et « le faubourg Saint-Germain l'a adopté comme une de ses gloires » : excellent pion pour la comtesse Chabert qui, déjà, « avait su tirer un si bon parti de la succession de son mari ». Elle se fait épouser, « séduite par l'idée d'entrer dans cette société dédaigneuse qui, malgré son abaissement, dominait la cour impériale. Toutes ses vanités étaient flattées autant que ses passions dans ce mariage. Elle allait devenir une femme *comme il faut* » (59). Elle atteint effectivement la case convoitée : « Quand le faubourg Saint-Germain sut que le mariage du jeune comte n'était pas une défection, les salons s'ouvrirent à sa femme » (60). Survient la Restauration et un nouveau pion majeur entre dans le jeu dont le comte Ferraud, poussé par sa femme, doit tenir compte s'il ne veut pas tomber dans l'abîme :

« La fortune politique du comte Ferraud ne fut pas rapide. Il comprenait la *position* (61) de Louis XVIII, il était du nombre des *initiés* (61) qui attendaient que *l'abîme des révolutions fût fermé* (62) car cette phrase royale, dont se moquèrent tant les libéraux, cachait un sens politique. » (63)

Propos qui mettent en évidence l'étroite imbrication entre le jeu individuel et le grand jeu collectif. C'est la France tout entière qui devient, en cette époque tourmentée, espace de jeu et enjeu. Gain pour Ferraud : « deux forêts et une terre dont la valeur avait considérablement augmenté pendant la séquestre » (64). En ce moment

---

55. II,322.
56. II,330.
57. II,332.
58. II,324.
59. II,323, expression soulignée par Balzac.
60. *Ibid.*
61. II,323. C'est nous qui soulignons.
62. En italique dans le texte.
63. II,323.
64. *Ibid.*

pourtant il ne « considérait sa *position* que comme le début de sa fortune politique » (65). Dévoré d'ambition, il s'empare alors du pion Delbecq « homme plus qu'habile » « rusé praticien (qui) avait assez bien compris sa *position* (66) chez le comte pour y être probe par spéculation ». Pion « damé » immédiatement : « La comtesse [...] savait si bien le manier qu'elle en avait déjà tiré un très bon parti pour l'augmentation de sa fortune particulière. Elle avait su persuader Delbecq qu'elle gouvernait Monsieur Ferraud [...] ; la promesse d'une place inamovible qui lui permettrait de se marier avantageusement et de conquérir plus tard une *haute position* [...] fit de Delbecq l'âme damnée de la comtesse » (67) : le *Neveu de Rameau* disait juste, la « pantomine des gueux » est décidément le « grand branle de la terre » ...

Delbecq ne laissa manquer à la comtesse « aucune des chances favorables que les mouvements de Bourse et la hausse des propriétés présentèrent *dans Paris* (68) aux gens habiles pendant les trois premières années de la Restauration » (69). Résultat : « une fortune énorme » et, au commencement de l'année 1818, avec une « ère de prospérité nouvelle », « la société parisienne changea de face. Madame la comtesse Ferraud (70) se trouva par hasard avoir fait tout ensemble un mariage d'amour, de fortune et d'ambition [...], elle appartenait à l'aristocratie, elle en partageait la splendeur » (71). Elle semble alors avoir atteint, en une espèce d'apothéose, la dernière case du jeu social. Mais survient une brusque rétrogradation, perceptible pour elle seule, « cancer moral » (72) qui nous intéresse tout particulièrement, car il pose le problème de sa véritable identité, liée à celle de Chabert. On/elle croyait Rose Chapotel complètement disparue sous l'étendard de l'identité mondaine complaisamment déployé : « *Madame la comtesse Ferraud* » ; or, « au premier retour du roi, le comte Ferraud avait conçu quelques regrets de son mariage. *La veuve du colonel Chabert* (73) ne l'avait allié à personne, il était seul et sans appui [...]. Puis, peut-être, quand il avait pu juger froidement sa femme, avait-il reconnu chez elle quelques vices d'éducation qui la rendaient impropre à le seconder dans ses projets [...]. Si son mariage était à faire, *jamais elle n'eût été madame Ferraud* (74).

Dès lors, l'enjeu est net : c'est son identité ou celle de Chabert, son identité *contre* celle de Chabert. La *prison* pour l'un peut sauver l'autre du *puits* : deux des cases les plus néfastes : « *Charenton* pouvait encore lui en faire raison [...] Il *existe à Paris* (75) beaucoup de femmes qui, semblables à la comtesse Ferraud [...] côtoient un *abîme* ; elles se font un calus à l'endroit de leur mal et peuvent encore rire et s'amuser » (76), jouer impunément avec un être devenu objet docile entre leurs mains.

D'un côté (Derville le perçoit rue de Varennes, en cet hôtel Ferraud qui est l'inverse de la masure Vergniaud) « la femme du comte Chabert, riche de ses dépouilles, au sein

---

65. II,323.

66. Nous soulignons le mot position chaque fois que nous le rencontrons car ses nombreuses occurrences nous semblent révélatrices de cette immense métaphore du jeu de l'oie qu'est *Le Colonel Chabert*.

67. II,324.

68. C'est nous qui soulignons.

69. II,324.

70. Dont l'identité mondaine est confirmée par ce titre. Rose Chapotel semble loin, aussi loin que « Hyacinthe, dit Chabert ».

71. II,324.

72. II,324.

73. C'est nous qui soulignons ces différentes désignations de « Rosine ».

74. II,324.

75. C'est nous qui soulignons. A plusieurs reprises Balzac met ainsi en évidence le caractère spécifiquement parisien de l'aventure.

76. II,324.

du luxe, au *faîte de la société* » ; de l'autre « le malheureux (qui) vit chez un pauvre nourrisseur au milieu des bestiaux ». La partie est et demeurera inégale en dépit du jeu serré de Derville qui « la tournait et retournait sur le gril ». Dans ce Paris où l'Etre ne se définit plus que par l'Avoir, le personnage archéologique n'a pas plus de chance de survie que les vieux quartiers qui rendent l'âme sous la « truelle civilisatrice ». « En admettant que votre monsieur Chabert existe [...] j'en serai quitte pour rendre deux cent vingt-cinq mille francs à monsieur Chabert. » (77) Mais devant la perspective d'annulation de son mariage avec Ferraud, donc de son nom et de « la chaîne d'or » (78) qui s'y rattache, elle décide froidement de renvoyer Chabert au néant en « spéculant » sur sa tendresse passée. Et voici les époux « désunis par un hasard presque surnaturel » partant géographiquement *et* symboliquement « des deux points les plus opposés de Paris pour venir se rencontrer dans l'Étude de leur avoué commun » (79). L'Étude, case reparaissante, « était restée semblable à elle-même, et offrait alors le tableau par la description duquel cette histoire a commencé » (80). Espace circulaire de la fiction romanesque, espace clos de cette Étude presqu'explicitement comparée à une *prison* : le clerc « regardait le bleu du ciel par l'ouverture de cette cour entourée de quatre corps de logis noirs » (81). Cependant Chabert, lui, a profondément changé. Son nouveau portrait nous intéresse tout particulièrement car il tend à faire, du personnage archéologique dévalué du début, un objet rare et précieux. L'argent prêté par Derville semble l'avoir « restauré » : « En reprenant les habitudes de l'aisance il avait retrouvé son ancienne élégance martiale [...], sa figure où se peignaient le bonheur et toutes ses espérances, paraissait être rajeunie et plus grasse pour emprunter à la peinture une de ses expressions les plus pittoresques. Il ne ressemblait pas plus au Chabert en vieux carrick qu'un *gros sou* ne ressemble à une *pièce de qurante francs* nouvellement frappée. » (82) Étrange comparaison qui souligne la valeur marchande d'un Chabert devenu « l'un de ces *beaux débris* (83) de notre ancienne armée, un de ces hommes héroïques sur lesquels se reflète notre gloire nationale ». Précieux miroirs, objets rares dignes de figurer aux devantures des antiquaires : « Ces vieux soldats sont tout ensemble des tableaux et des livres ». Hélas ! la comtesse Ferraud n'est pas amateur d'antiquités : « Mais c'est beaucoup trop cher » s'exclame-t-elle devant la transaction qui lui est proposée. « – Trop cher ! reprit le vieux soldat, je vous ai donné près d'un million et vous marchandez mon malheur ». Après l'espérance retrouvée, c'est maintenant l'indignation, le désespoir, et pourtant : « Je suis maintenant certain de votre identité » a dit Derville. Clarté aussitôt obscurcie par l'ombre d'une *prison* évoquée pour la troisième fois : « Elle serait capable de vous faire tomber dans quelque piège et de vous enfermer à *Charenton* » (84).

La descente au *labyrinthe* recommence alors, matérialisée par « l'escalier noir » dont « Il descendait lentement les marches [...] perdu dans de sombres pensées, accablé peut-être par le coup qu'il venait de recevoir » (85). Mais la mise à mort est différée. D'un geste, la comtesse déplace le pion : « Eh bien montez-donc » et « comme par

77. II,324.
78. *Ibid.*, 324.
79. II,326.
80. *Ibid.*, 326.
81. *Ibid.*, 326.
82. *Ibid.* C'est nous qui soulignons.
83. II,326. C'est nous qui soulignons.
84. II,327.
85. *Ibid.*

enchantement », il « traverse tout Paris » (86) aux côtés de l'enchanteresse. Le voici hors Paris enfin : « la *barrière* de La Chapelle » (87) une fois franchie, c'est un espace de fuite vers le bonheur, vers le paradis perdu, qui semble s'esquisser. La campagne près de Groslay c'est le non-Paris, il semble que là, tout puisse recommencer : « Grand parc », « délicieuse maison », « secrètes harmonies », « sublimités du paysage », « tendres soins » et « constante douceur » de Rosine retrouvée. Illusions et dernier piège : il ne s'agit en fait que de « s'emparer » de l'esprit de Chabert pour « disposer souverainement de lui », « l'anéantir socialement » (88), et Delbecq assure la liaison avec l'espace parisien, envers véridique du trompeur Eden champêtre.

La ruse réussit parfaitement et ce jeu va si bon train que le pauvre colonel intériorise, fait *sien* ce désir d'anéantissement : « La comtesse lui lança un regard empreint d'une telle reconnaissance, que le pauvre Chabert *aurait voulu rentrer dans sa fosse d'Eylau* » (89) ; « oui, s'écria le colonel comme s'il achevait une phrase mentalement commencée, je dois *rentrer sous terre*. Je me le suis déjà dit » (90). Réaction bien digne de la « sauvage pudeur », « de la probité sévère d'un homme » aux « vertus primitives », aux antipodes de la société parisienne. Un coup de dés brutal va le ramener à son point de départ lors de la scène du kiosque, du « petit pavillon » où Chabert caché entend prononcer son verdict (scène inverse des classiques scènes de « petits pavillons », celle du *Mariage de Figaro* par exemple, où une autre comtesse Rosine s'efforce au contraire de tromper son mari pour le mieux reconquérir).

> « — Le vieux cheval s'est cabré
> — Il faudra donc finir par le mettre à *Charenton* dit-elle, puisque nous le *tenons*. » (91)

Ainsi l'Eden n'était qu'une des variantes de la *prison* et, sa « colère dissipée », Chabert restera dans son puits, ce *puits* d'où la vérité nue vient de sortir : « Le colonel ne sentit plus la force de sauter le *fossé*. La vérité s'était montrée dans sa nudité. » (92)

Tel un vieux cheval de manège, résidu burlesque de Sisyphe, il reprend sa marche en rond : en proie au « *retour* de ses douleurs physiques et morales, il *revint* vers le kiosque par la porte du parc, en marchant lentement comme un homme affaissé. Donc, ni paix, ni trêve pour lui ! » (93) Christ dérisoire, il va lui falloir « se nourrir de fiel, boire chaque matin un calice d'amertume », et *la mort* se présente maintenant comme un recours : « Il lui prit un si grand dégoût de la vie que s'il y avait eu de *l'eau* (94) près de lui, il s'y serait jeté, que s'il avait eu des pistolets il se serait brûlé la cervelle. » (95) Ce nom qu'il a passionnément revendiqué, il y renonce de lui-même : « Vivez tranquille [...] je ne réclamerai jamais le nom que j'ai peut-être illustré. Je ne suis plus qu'un pauvre diable nommé Hyacinthe qui ne demande que sa place au soleil. Adieu. » (96)

Désormais, « pierre lancée dans (le) gouffre », il va achever de « s'abîmer dans cette boue de haillons qui foisonne à travers les rues de Paris ». Pire : s'identifier à

86. II,328.
87. Cette barrière franchie est assimilable au *pont* du Jeu de l'Oie.
88. II,329.
89. II,318. C'est nous qui soulignons.
90. II,330.
91. *Ibid.*
92. II,330. C'est nous qui soulignons.
93. II,330.
94. Variante de la rivière du jeu de l'Oie.
95. II,330.
96. II,331.

elle, devenir presque sa substance. Six mois après, voyez donc « le nommé Hyacinthe » condamné à deux mois de *prison* pour vagabondage. Prison ferme celle-là, et non plus métaphorique – *Dépôt de mendicité de Saint-Denis* bien localisé dans l'espace (situé au-delà de cette barrière de La Chapelle naguère franchie sur les ailes de l'espoir). La sentence « équivaut à une détention perpétuelle ». Pourtant, « malgré ses haillons, malgré la misère », il possède encore tous les traits du personnage archéologique qui ouvrait le récit : « noble fierté » de la physionomie, « expression de stoïcisme qu'un magistrat n'aurait pas dû méconnaître » (97). Hélas ! cette justice-là, loin de savoir comme Balzac archéologue des êtres, interpréter les signes, a le maléfique pouvoir, comme Rose « comtesse de la Restauration » (98) de transformer l'individu en objet, en numéro matricule : « dès qu'un homme tombe entre les mains de la justice, il n'est plus qu'un être moral, une question de Droit ou de Fait, comme aux yeux des statisticiens, il devient un chiffre » (99).

Balzac nous convie à « contempler » maintenant l'avant-dernière station du chemin de croix qui va bientôt s'achever, cette « *antichambre du Greffe* », espèce de *préface* pour les *drames* de la Morgue ou pour ceux de la place de Grève » (100) et dont Balzac, effectivement, fait un *texte*. Texte étonnant qui préfigure *Les Misérables*, élargissement de la vision à « toutes les misères sociales » (101), réduction de cet espace parisien à un « terrible *égoût* par lequel passent tant d'infortunes » ; « tous ceux qui tombent sur le pavé de Paris rebondissent contre ces murailles jaunâtres » : étrange entrelacs d'un espace réel et d'un espace symbolique.

« Il n'est pas une seule place où ne se soit assis quelque crime en germe ou consommé ; pas un seul endroit où ne se soit rencontré quelque homme qui, désespéré par la légère flétrissure que la justice avait imprimée à sa première faute, n'ait commencé une existence au bout de laquelle devait se dresser la guillotine, ou détoner le pistolet du suicide. » (102)

N'est-ce pas déjà (103) l'ombre de Jean Valjean qui se profile ici ?

Chabert, tel le Misanthrope, a jugé la société : « Vous ne pouvez pas savoir jusqu'où va mon mépris pour cette vie extérieure à laquelle tiennent la plupart des hommes. J'ai subitement été pris d'une maladie, le dégoût de l'humanité » (104), dégoût né des grandes retombées de l'Histoire : « Quand je pense que Napoléon est à Sainte-Hélène, tout ici-bas m'est indifférent. » Chabert, orphelin pour la seconde fois, retombe en enfance et « sorti de l'hospice des *Enfants trouvés* », il revient mourir à l'hospice de la *Vieillesse* » (105). La boucle se referme, dessinant le dernier cercle concentrique de cette destinée : Bicêtre, et le récit s'achève sur une image bouleversante : un vieux pauvre anonyme drapé dans la robe rougeâtre de l'Hospice, muré dans sa solitude et son silence, comme un vieil enfant autistique. Il tient à la main un bâton, sceptre dérisoire, et « s'amus(e) à tracer des raies sur le sable » et, dans l'air, « une arabesque

---

97. *Ibid.*

98. Cf. II,328 : « Le colonel avait connu la comtesse de l'Empire, il revoyait une comtesse de la Restauration. »

99. II,331.

100. II,331. C'est nous qui soulignons.

101. *Ibid.*

102. *Ibid.*

103. Une première version des *Misérables* naîtra bientôt (en 1845) sous le titre *Les Misères*, et l'aventure de Jean Valjean sortant du bagne commence, comme celle de Chabert en quête d'identité, en 1815.

104. II,332.

105. II,333.

imaginaire » : hiéroglyphes de « vieux Égyptien » perdus pour nous. Qui est-il ? Qu'est
« cela » ? « Pas Chabert ! pas Chabert ! je me nomme Hyacinthe [...]. *Je ne suis plus
un homme* (106), je suis le numéro 164, septième salle » affirme-t-il avec une anxiété
peureuse « de vieillard et d'enfant ».

> « — Le genre de sa blessure l'aura fait tomber en enfance dit Derville.
> — Lui en enfance ! s'écria un vieux bicêtrien [...] c'est un vieux malin plein de philosophie et
> d'imagination. »

Où est la vérité ? Que cache « le regard stupide » et craintif ? Laissons le dernier
mot à Derville — « Ce vieux-là [...] est tout un poème, ou, comme disent les romantiques, un drame. » Il est devenu texte à déchiffrer, texte enraciné dans la réalité parisienne (107), inséparable de ce Paris Minotaure qui entraîne ses victimes au cœur du
labyrinthe, dans un espace maléfique qu'il faut fuir quand il en est temps encore
« Moi je vais vivre à la campagne avec ma femme, Paris me fait horreur. »

Que le lecteur nous pardonne cette longue analyse du cas Chabert. Il nous a paru
exemplaire, en ces années où *La Comédie humaine* prend forme (1832-1835), d'un
procédé auquel l'inconscient balzacien, dans son élan créateur, demeurera fidèle
jusqu'aux grands romans parisiens de la fin, *Bette* et *Pons* : des espaces nommés,
décrits, bien situés topographiquement, destinés à produire ce que Roland Barthes
appelle « l'effet de réel » (108) et l'organisation, par l'écriture, de ces espaces en
figures symboliques : labyrinthe ou damier le plus souvent. Il ne s'agit point ici d'en
faire le relevé exhaustif ; ce serait la matière d'un autre travail mais nous voudrions
montrer, à travers quelques exemples privilégiés, que Balzac va au-delà du *style topographique,* style mixte pourtant « entre la poésie et l'histoire » célébré par Nodier
dès 1829 (109). Il n'invite pas seulement à « prendre la poste [...] pour voir le pays
de plus près encore » (110) mais à méditer sur le devenir humain dans ce Paris-monstre
qui dévore ou dissout les personnalités : « le mal a sept lieues de tour et afflige le pays
tout entier » (111).

Les personnages archéologiques, premières victimes, sont très tôt chez Balzac
l'objet d'un déchiffrement passionné, tout comme les vieilles maisons sur le point de
disparaître. Ne semblent-ils pas être « un mobilier acquis aux rues de Paris » (112),
créatures qui « s'inféode(nt) à votre souvenir et y reste(nt) comme un premier volume
de roman dont la fin nous échappe » (113). Tout comme la rue du Tourniquet Saint-
Jean, ils aspirent à « l'existence typographique » qui assurera leur survie. Ils sont, en
quelque sorte, des statues de Paris (114) :

---

106. II,332. C'est nous qui soulignons.
107. Qui dépasse la fiction : « toutes les horreurs que les romanciers croient inventer sont toujours au-dessous de la vérité ».
108. Cf. *Communication* n° 8 : *Introduction à l'analyse structurale des récits.*
109. *La Revue de Paris,* 1829, tome VI : *Du style topographique.*
110. Comme Nodier se promet de le faire pour *La ville de Saint-Étienne* décrite sous ce titre par
Jules Janin dans *La Revue de Paris* (1829, tome V, pp.319 et suivantes). La description enthousiasma
Nodier et c'est elle qu'il salue dans son article comme l'avènement du « style topographique ».
111. *La Muse du département,* III,226.
112. *Ferragus,* IV,32.
113. *Ibid.,* 52.
114. Alors que Balzac fait si peu de place aux statues parisiennes, que ce soit celles des places ou
des jardins publics.

« Parmi ces créations errantes, les unes appartiennent à l'espèce des dieux Termes [...], *elles sont là* (115), voilà tout : pour quoi, personne ne le sait ; c'est de ces figures semblables à celles qui servent de type aux sculpteurs pour les quatre Saisons, pour le Commerce et l'Abondance. Quelques autres, anciens avoués, vieux négociants, antiques généraux (116), s'en vont, marchent et paraissent toujours arrêtées. Semblables à des arbres qui se trouvent à moitié déracinés au bord d'un fleuve, elles ne semblent jamais faire partie du torrent de Paris, ni de sa foule jeune et active. Il est impossible de savoir si l'on a oublié de les enterrer, ou si elles se sont échappées du cercueil ; elles sont arrivées à un état quasi-fossile. » (117)

Texte capital qui éclaire les voyages d'« archéologue moral » (118) de Balzac et justifie, dans notre travail, la place de ces « débris humains » (119).

LE COUSIN PONS, « UN GLORIEUX DÉBRIS DE L'EMPIRE » (120)

Débris de l'Empire comme le fut Chabert. Sa « face grotesque » (121) n'est d'ailleurs pas sans rappeler celle du vieux colonel : « Ne ressembl(ait)-il pas à ces grotesques qui nous viennent d'Allemagne » (122) (comme en vient Schmucke, le second « casse-noisettes »). Ne porte-t-il pas des vêtements aussi démodés que « le vieux carrick » auquel il est encore fait allusion au début du *Cousin Pons* : « cet affreux carrick qui finit aujourd'hui sur le dos des vieux cochers de fiacre » (123).

Il y a certainement bien longtemps, en fait, qu'un personnage spécifiquement archéologique aspire à devenir créature balzacienne :

« Qui n'a pas rencontré sur les boulevards de Paris, au détour d'une rue ou sous les arcades du Palais-Royal [...] un être à l'aspect duquel mille pensées confuses naissent en l'esprit ! A son aspect nous sommes subitement intéressés ou par des traits dont la conformation bizarre annonce une vie agitée, ou par l'ensemble curieux que présentent les gestes, l'air, la démarche et les vêtements [...]
Nous sommes tentés d'interroger cet inconnu, et de lui dire — Qui êtes-vous ? Pourquoi flânez-vous, de quel droit avez-vous un col plissé, une canne à pomme d'ivoire, un gilet passé ? [...] pourquoi conservez-vous la cravate des muscadins ? » (124)

Ces propos, extraits de la conclusion de *Ferragus*, ne pourraient-ils pas servir d'exergue au *Cousin Pons*, cet « homme-Empire » qui, dans l'année 1844, « allait le long du boulevard des Italiens » en spencer couleur noisette, le menton dépassé par « une énorme cravate en mousseline blanche », protégé par « un gilet à châle [...] doublé d'un gilet blanc, sous lequel brillait en troisième ligne le bord d'un tricot rouge (qui) vous remettait en mémoire les cinq gilets de Garat » (125) muscadin célèbre ? Mais attention : nous sommes bien au-delà, ici, de ces « évocations » pourtant « extrêmement

115. Expression soulignée par Balzac.
116. « Le général de l'Empire, variation de l'espèce humaine dont bientôt aucun type n'existera plus » (*Les Marana*, VII,75 ; la nouvelle est de 1833).
117. *Ferragus*, IV,53.
118. L'expression figure au début de *Béatrix*, II,8.
119. *Ferragus*, IV,53.
120. V,165.
121. V,166.
122. *Le Colonel Chabert*, II,332.
123. V,165. Chabert fut peut-être l'un d'eux : cf. « Chabert disparut en effet. Le nourrisseur fit faillite et devint cocher de cabriolet. Peut-être le colonel s'adonna-t-il d'abord à quelque industrie du même genre. » (*Le Colonel Chabert*, II,331).
124. IV,52.
125. V,166.

précieuses » (126), de « cet ensemble de petites choses » qui veut « l'attention analy-
tique dont sont doués les connaisseurs en flânerie », confrérie à laquelle Balzac appartient dès l'aube de *La Comédie humaine*. Maintenant c'est le crépuscule, et c'est un
regard assombri, à la fois compatissant et désabusé, qui s'appesantit sur la face de
vieux clown aux « yeux gris surmontés de deux lignes rouges au lieu de sourcils »(127).
Regard de penseur qui prend ses distances avec les « personnes qui sont là tous les
jours assises sur des chaises, livrées au plaisir d'analyser les passants » (128) et qui
sourient au spectacle Pons.

De quel temps sort-il « ce vieil Alcibiade » au vaste visage d'ombre « refouillé
comme un masque romain » (129) mais qui évoque aussi, figure falote et drôlatique,
les « magots » chinois ? Visage-Paysage « commandé par un nez à la Don Quichotte,
comme une plaine est dominée par un bloc erratique » (130). (Don Quichotte : modèle
risible de personnage archéologique pour ceux-là seuls qui n'ont pas compris qu'à y
bien regarder, sa « folie » n'est pas comique. Nous y reviendrons).

Son costume achève d'en faire un objet-témoin, un vestige des temps révolus, et
Balzac souligne « la valeur archéologique de ce bonhomme » (131) : c'est « un homme-
empire comme on dit un meuble-empire » (132), et « l'Empire est déjà si loin de nous,
que tout le monde ne peut pas se le figurer dans sa réalité gallo-grecque » (133), presqu'aussi lointaine que les vrais grecs et romains auxquels les modes et goûts de l'époque
se sont si souvent référés. Ainsi s'esquisse déjà le thème de la valeur marchande de
l'objet-Pons, moitié tableau, moitié meuble d'époque, avec ce je ne sais quoi « qui
sentait l'école de David, qui rappelait les meubles grêles de Jacob » (134).

Et voilà que cet objet archéologique, « ce vieillard singulier (tient) de sa main
droite un objet évidemment précieux » (135) qui en fait, d'entrée de jeu, une figure
quasi-emblématique. Pons va, « le nez à la piste », dans ce Paris que

« chacun va pillant, comme on voit le glaneur
cheminant pas à pas, recueillir les reliques
de ce qui va tombant après le moissonneur » (136).

L'ancien grand prix de Rome est en effet un fervent collectionneur depuis qu'il a
rapporté de cette ville « le goût des antiquités et des belles choses d'art » (137) vers
1810. Très tôt il a su discerner et pieusement « ramasser les débris du XVIIe et du
XVIIIe siècle » (138) que la « Bande-Noire » et ses « satellites » ramenaient par tombereaux et, en 1844, « Pons cach(e) à tous les regards une collection de chefs-d'œuvre en
tout genre dont le catalogue att(eint) au fabuleux numéro 1907 » (139).

Mais Pons n'est pas un marchand de curiosités, il ne « hante pas les ventes ». C'est

126. V,165.
127. V,166.
128. V,165.
129. *Ibid.*
130. V,165.
131. V,166.
131bis. *Le Cousin Pons,* V,165.
132. *Le Cousin Pons,* V,165.
133. *Ibid.*
134. *Ibid.,* V,166.
135. *Ibid.*
136. Cf. Du Bellay, sonnet XXX des *Antiquités de Rome,* dernier tercet.
137. V,167.
138. V,168.
139. *Ibid.*

un amant du Beau qui « possède son musée pour en jouir à toute heure » (140), igno-rant « la valeur vénale de son trésor ». Valeur immense : « De 1811 à 1816, pendant ses courses à travers Paris, il avait trouvé pour dix francs ce qui se paie aujourd'hui mille à douze cents francs. » Quand elle apparaîtra aux yeux dessillés de cette bande noire au petit pied qui cerne les deux casse-noisettes, reliant « les crimes d'en haut » à « ceux d'en bas », le combat sans merci s'engagera, celui de l'Avoir contre l'Etre, et aboutira à la mise à mort du personnage archéologique.

C'est à un chemin de croix que nous sommes ici conviés.

L'Avoir

La valeur marchande de Pons et ses variations

« de 1836 à 1843 [...] chaque famille l'acceptait comme on accepte un *im-pôt* » (141). Ces familles où « le bonhomme » accomplit ses évolutions sont toutes marquées du sceau de l'avoir : « toutes sans respect pour les arts, en adoration devant les résultats, ne prisaient que ce qu'elles avaient conquis depuis 1830 : des fortunes ou des positions sociales éminentes » (142). Dans ce contexte, Pons finit par « devenir moins que rien », il n'est considéré que « comme une variété du Pauvre » (143), espèce non sonnante ! Il est défini par « sa *démonétisation* au sein de la famille » (144), terme ô combien révélateur ! Il n'est qu'« une espèce *d'égoût* aux confidences domes-tiques » (145).

Mais voilà que, peu à peu, sa cote monte et qu'un faisceau de regards intéressés convergent sur Pons et sa collection. Celui de Rémonencq d'abord, le ferrailleur qui, « passé depuis quelques mois à l'état de marchand de curiosités, connaissait si bien *la valeur bric-à-braquoise de Pons*, qu'il le saluait du fond de sa boutique » (146). Celui des Camusot, quand ils sont aidés par le vieux cousin dans leur chasse au mari : Frédéric Brunner est une « *affaire* » inespérée dénichée par Pons ; « Jamais capture si riche ne s'était montrée si complaisante au filet conjugal » (147). Cela mérite récom-pense :

« Si notre cousin Pons nous fait faire une *pareille affaire,* dit le président à sa femme quand Pons fut parti, nous devons lui *constituer une rente* équivalente à ses appointements de chef d'or-chestre. » (148)

Celui du « prétendu » : Brunner, qui « à l'aspect des magnifiques œuvres collection-nées pendant quarante ans de patience, s'enthousiasma, *les estima pour la première fois à leur valeur*, à la grande satisfaction de Pons » (149). Pons, ce naïf aux soixante tableaux, d'une réplique, signe lui-même sans le savoir son arrêt de mort :

---

140. V,168.
141. V,169. C'est nous qui soulignons.
142. *Ibid.*
143. V,174.
144. *Ibid.*
145. V,178.
146. V,180.
147. V,193.
148. *Ibid.* C'est nous qui soulignons.
149. V,194. C'est nous qui soulignons.

« Si vous vouliez vendre votre collection de tableaux, j'en donnerais bien *cinq à six cent mille francs...*

— Ah ! s'écria le bonhomme qui ne se savait pas si riche ; mais je ne pourrais pas me séparer de ce qui fait mon bonheur... *Je ne vendrai ma collection que livrable après ma mort.* » (150)

Ainsi Brunner sert de révélateur et, son rôle accompli, disparaît de la scène (151) après avoir précipité le drame sans le savoir : Remonencq a tout entendu, « qui fumait sa pipe sur le pas de la porte », la porte où le destin de Pons s'apprête à frapper ses coups. « Le fier silence que gardait Pons, réfugié sur le Mont Aventin de la rue de Normandie » (152) a été rompu ; la parole tragique, libérée, va circuler mortellement, transformant « le cercle où le bonhomme gravitait » (153) en prison sans issue.

Un cercle averti

Les estimations de Brunner sont une éclatante confirmation des propos tenus par le président Camusot de Marville à ses précieuses ridicules d'ignorance : sa fille et sa femme.

« — Des petites bêtises ! s'écria le président. Mais l'État va payer trois cent mille francs la collection de feu monsieur le conseiller Dusommerard, et dépenser avec la ville de Paris, par moitié, près d'un million en achetant et réparant l'hôtel Cluny pour loger ces petites bêtises-là . » (154)

Les chiffres parlent d'eux-mêmes, imposant silence et respect, et la leçon continue, entachée parfois de pédantisme moliéresque :

« — Ces petites bêtises-là, ma chère enfant, sont souvent les seuls témoignages qui nous restent de civilisations disparues. Un pot étrusque, un collier qui valent quelquefois, l'un quarante, l'autre cinquante mille francs, sont des petites bêtises qui nous révèlent la perfection des arts au temps du siège de Troie.
[...]
— La réunion des connaissances qu'exigent ces petites bêtises, Cécile, reprit-il, est une science qui s'appelle l'archéologie. L'archéologie comprend l'architecture, la sculpture, la peinture, l'orfèvrerie, la céramique, l'ébénisterie, art tout moderne, enfin toutes les créations du travail humain. » (155)

Où ce « petit homme gros » qui suit « la foule pas à pas », répète comme de lui-même tous les articles des journaux et paraphrase les idées d'autrui (156), a-t-il puisé ces propos docilement récités ? Ne serait-ce pas dans *La Revue Archéologique* dont le tome I, signe des temps, paraît précisément en 1844 ? Charles Lenormant y insiste sur une distinction fondamentale :

« Cette science (157) a précisé son caractère et son rôle [...] Au point de vue philosophique, on peut subdiviser l'archéologie en deux sections principales : 1) *l'archéologie de l'art* qui a pour objet

150. *Ibid.* C'est nous qui soulignons.
151. Il trouve la « fillette », la « petite » « insignifiante », objet sans valeur comparé à la collection.
152. V,188.
153. V,189.
154. V,188.
155. *Ibid.*
156. Cf. V, 188.
157. L'archéologie.

tout ce qui se rapporte à la plastique ou art de modeler : architecture, peinture, sculpture [...] 2) *l'archéologie des usages et ustensiles* dans laquelle on fait rentrer l'étude des armes [...], du costume et des menus objets tels que lampes, bagues, bracelets, pendants d'oreilles, puis tout ce qu'on comprend sous le nom de bibelot... » (158)

L'éventail de Watteau est bien digne de cette promotion archéologique. La présidente en fait d'ailleurs la flatteuse expérience en haut lieu :

« Cet éventail reconnu par le comte Popinot pour un chef-d'œuvre valut à la présidente, et aux Tuileries, où l'on se passa ce bijou de main en main, des compliments qui flattèrent excessivement son amour-propre [...] Une dame russe [...] offrit chez le comte Popinot, six mille francs à la présidente de cet éventail extraordinaire en souriant de le voir en de telles mains... » (159)

La mode et l'enthousiasme de bon ton aidant, les « brimborions » du cousin Pons acquièrent d'autant plus de valeur que le marché est dominé par une nouvelle race (fort avertie) de marchands de curiosités, incarnée par Monistrol :

« Un des illustres et audacieux marchands du nouveau boulevard Beaumarchais [...] dont le narquois enthousiasme fait renchérir de jour en jour les curiosités qui, disent-ils, deviennent si rares qu'on n'en trouve plus. » (160)

Pons le reconnaît lui-même : « les vieillards », lui le premier, « ont le tort d'être un siècle en retard ». « On ne court pas deux siècles à la fois » (161) et il est, à l'origine, victime d'un contexte historique favorable à la promotion archéologique des « antiquailles », des « nids à poussière » tout aussi méprisés naguère encore des Camusot que des Cibot dont la petitesse d'esprit et l'étroitesse de cœur riment tout aussi bien que les noms. Les temps sont bientôt venus où une cupidité de même aloi va les unir dans le crime.

Une innocente victime

Face à « la révélation » « de sa fortune » (162), Pons déclare aux Camusot : « Ma collection ou son prix appartiendra toujours à votre famille. » (163) Famille « étonnée » par de si « *grandes valeurs* » et revirement spectaculaire « en faveur d'un homme qui passait d'un état d'indigence à une fortune » (164). « Mouvement d'admiration » pour le vieux musicien promu lui-même au rang d'objet précieux. Mais la roue de fortune tourne dans le mauvais sens, le mariage avec Brunner échoue et l'objet choyé est bientôt méprisé à nouveau. « Pons devenu *statue* » « Pons *enseveli sous le gravier* » (165) doit être et sera « oublié »... jusqu'à ce que d'autres fouilles lui redonnent l'éclat de l'or !

Sa première remontée au jour a lieu « le long des boulevards, au soleil » (166),

---

158. Cf. pp.3 et suivantes.
159. Cf. V,188.
160. V,189.
161. V,191.
162. *Ibid.*
163. V,296.
164. *Ibid.*
165. V,196. C'est nous qui soulignons.
166. V,298.

statue de la douleur en proie à « *la destruction* » (167) mais bientôt réanimée *dans un espace spécifiquement parisien*, et pourtant curieusement comparé à celui de Rome (168) où le vieux collectionneur s'est initié jadis aux antiquités :

« Arrivé(s) sur le boulevard Poissonnière, Pons avait repris des couleurs, en respirant cette atmosphère des boulevards, où l'air a tant de puissance ; car, là où la foule abonde, le fluide est si vital, qu'à Rome on a remarqué le manque de *mala aria* dans l'infect Ghetto où pullulent les Juifs.

Peut-être aussi, l'aspect de ce qu'il se plaisait jadis à voir tous les jours, le grand spectacle de Paris, agissait-il sur le malade » (169).

Hélas ! ces boulevards aux pouvoirs magiques deviennent bientôt chemin de croix et, comme le Christ, Pons va ployer trois fois sous le poids de son injuste fardeau : la montée au calvaire commence avec la rencontre du comte Popinot, « en face du théâtre des Variétés » (170) ; « l'ancien ministre passa laissant Pons foudroyé ». Cœur transpercé comme celui du Christ, il se sent, comme lui, abandonné de Dieu le Père :

« Je viens de recevoir un nouveau coup de poignard dans le cœur, répondit le bonhomme en s'appuyant sur le bras de Schmucke. Je crois qu'il n'y a que le bon Dieu qui ait le droit de faire le bien, voilà pourquoi tous ceux qui se mêlent de sa besogne en sont si cruellement punis » (171).

Puis « sur le boulevard des Italiens, Pons vit venir à lui monsieur Cardot » (172) qui « le regarda d'un air indigné sans lui rendre son salut ». Interrogé par Schmucke, Cardot se permet de paraphraser l'Évangile pour mieux condamner sa victime : « la mauvaise herbe croît en dépit de tout » et il éclate en « sauvages imprécations », chœur burlesque de cette tragédie bourgeoise (173) qui se joue chez les Camusot.

Seul le pur regard de son ange gardien, de Schmucke à la « mansuétude quasi-divine », est capable de déceler la valeur vraie de Pons, trésor de l'âme qui échappe aux fluctuations de vils marchés :

« Voir maltraiter son sublime Pons, cet Aristide inconnu, ce génie résigné, cette âme sans fiel, ce *trésor* de bonté, cet *or pur !...* » (174)

Il tente de ramener Pons vers le boulevard du Temple mais : « le hasard voulut que rien ne manquât en ce monde contre le pauvre musicien » (175) et c'est la rencontre avec la pécheresse Félicie, « une jeune femme qui avait assez éprouvé de malheurs pour être indulgente » (176), hélas ! ce n'est pas Marie-Madeleine (177) et obéissant par crainte au code mondain elle aussi passe son chemin. Pons alors, reprend « péniblement » celui de la rue de Normandie, du « Mont Aventin » (178) parisien

---

167. *Ibid.* C'est nous qui soulignons.
168. Deux villes dont l'équivalence a déjà été soulignée dans un autre contexte : « le système, pratiqué pendant quarante ans, à Rome comme à Paris, avait porté ses fruits » (V,108).
169. V,199.
170. *Ibid.*
171. *Ibid.*
172. V,199.
173. L'expression est parfois employée par Balzac lui-même, notamment dans *Eugénie Grandet.*
174. V,199. C'est nous qui soulignons.
175. V,199.
176. *Ibid.*
177. La belle pécheresse qui se précipite aux pieds du Christ sur le chemin du calvaire.
178. Cf. V,188.

qui va devenir Golgotha. « Cette troisième rencontre fut le verdict prononcé par l'Agneau qui repose aux pieds de Dieu » (179).

« Cette promenade devait être la dernière du bonhomme Pons. Le bonhomme tomba d'une maladie dans une autre » (180), veillé par l'œil de Satan aux multiples facettes.

« De vrais « décharnés » des enfers (déchaînés) » (181)

A eux maintenant la Parole qui tue. Eux, diaboliquement surgis du pavé parisien :

« A Paris, où les pavés ont des oreilles, où les portes ont une langue, où les barreaux des fenêtres ont des yeux, rien n'est plus dangereux que de causer devant les portes cochères. » (182)

Celle de la rue de Normandie où nous avons laissé Rémonencq fumant sa pipe semble être l'unité de lieu du drame :

« l'Auvergnat avait écouté les derniers mots dits par Brunner à Pons sur le pas de sa porte le jour de l'entrevue du fiancé-phénix avec Cécile ; il avait donc désiré pénétrer dans le musée de Pons [...] Rémonencq, ébloui de tant de richesses, vit un *coup à monter*, ce qui veut dire dans l'argot des marchands une fortune à voler. » (183)

C'est par lui que nous commencerons la liste des conjurés de l'*Avoir.*

Rémonencq, contraire de Pons

Balzac le présente comme le type du « *jeune brocanteur* » (184). Avide et averti, il commence son ascension au milieu d'objets sordides et hétéroclites (185), précisément « en 1831, après la révolution de Juillet ». C'est le moment où Pons, *vieux collectionneur* d'objets rares, décline, insoucieux du profit, cœur de fabrique trop fine pour la concurrence qui sévit :

« A Paris, surtout depuis 1830, personne n'arrive sans pousser, *quibuscumque viis*, et très fort, une masse effrayante de concurrents ; il faut alors beaucoup trop de force dans les reins, et ces deux amis avaient cette gravelle au cœur, qui gêne tous les mouvements ambitieux. » (186)

Pendant ce temps :

« Le ferrailleur suivit cette prodigieuse et sûre martingale dont les effets se manifestent aux yeux des flâneurs assez philosophes pour étudier la progression croissante des valeurs qui garnissent ces intelligentes boutiques. » (187)

---

179. V,200.
180. *Ibid.*
181. *Ibid.* C'est madame Cibot qui s'exprime ainsi.
182. V,201.
183. *Ibid.*
184. V,202. C'est nous qui soulignons.
185. Cf. V,202 : « Rémonencq commença par étaler des sonnettes cassées, des plats fêlés, des ferrailles, de vieilles balances, des poids anciens... »
186. V,172.
187. V,202.

où les cadres, les cuivres et les porcelaines succèdent au fer-blanc et aux quinquets et :

« Bientôt la boutique, un moment changée en *Crouteum,* passe au museum. » (188)

Alors que Pons croit à « l'intelligence des objets d'art » (189) qui l'appellent et dont il reconnaît les signatures, « la beauté, les miracles de l'art sont indifférents à cet homme à la fois fin et grossier qui calcule ses bénéfices et rudoie les ignorants » (190). Alors que Pons est marqué, comme ses chefs-d'œuvre, du sceau de l'authenticité, le jeune brocanteur de style Rémonencq « devenu comédien joue l'attachement à ses toiles, à ses marqueteries, ou il feint la gêne, ou il suppose des prix d'acquisition » (191).

C'est en entendant Rémonencq évaluer le musée Pons que la Cibot, inoffensive portière jusqu'alors, est en proie à la fatale tentation de l'or.

La Cibot caressant sa chimère

« *L'or est une chimère* » (192)

« Depuis le jour où par *un mot plein d'or,* Rémonencq avait fait éclore dans le cœur de cette femme un serpent contenu dans sa coquille pendant vingt-cinq ans, le désir d'être riche, cette créature avait nourri le serpent de tous les mauvais levains qui tapissent le fond des cœurs. » (193)

Le serpent, classique image du diable tentateur, place désormais la portière sous le signe emblématique du démon : « Le diable allum(e) un feu sinistre dans ses yeux couleur orange » (194) d'où jaillissent des « paillettes d'or » (195) ; « cette affreuse Lady Macbeth de la rue (est) éclairée d'une lueur infernale » (196) et, en l'entendant, le docteur Poulain « sentit qu'il avait laissé le diable le prendre par un de ses cheveux, et que ce cheveu s'enroulait sur la corne impitoyable de la griffe rouge » (197).

S'il a suffi d'un « mot plein d'or » pour faire éclore l'œuf du serpent, c'est en revanche par un irrépressible flot de paroles qu'il s'exprime et agit. Résidu burlesque de l'antique Pythie, « la Cibot parl(e) comme le vent marche » (198). Son « bavardage à cascades s'écoule par « les rouges écluses de sa bouche torrentielle » (199). A elle, la Parole dévastatrice et les chimères qu'elle engendre : l'infernale Perrette convertit la collection Pons en confortable pot-au-lait, témoins les propos adressés à Cibot :

« Nous serons riches ! Je serai sur le testament... Je m'en charge ! Tire ton aiguille et veille n'a ta loge, tu ne feras plus longtemps ce métier-là ! Nous nous retirerons n'à la campagne, n'à Batignolles.

---

188. *Ibid.*
189. V,176.
190. V,202.
191. *Ibid.*
192. Vers de *Robert le Diable* cité par Balzac dans le titre du chapitre n° 28.
193. V,213. C'est nous qui soulignons.
194. V,201.
195. V,204.
196. V,223.
197. *Ibid.*
198. V,216.
199. V,227. Cf. encore : p.255 : « Elle se lança dans une de ces trombes de paroles auxquelles elle excellait. »

n'une belle maison, n'un beau jardin, que tu t'amuseras à cultiver, et j'aurai n'une servan-
te » ... » (200)

Mais la Cibot elle-même se transforme en objet, en chimère avidement caressée
par Rémonencq qui ira jusqu'au crime pour posséder cette « curiosité » d'un style
particulier, et la placer dans un cadre digne d'elle :

> « Je lui offre de s'associer avec moi corps et biens dit l'Auvergnat en prenant le bras potelé de la
> Cibot et tapant dessus avec une force de marteau [...] Vous avez tort de tenir à votre Turc de Cibot
> et à son aiguille ! [...] Ah ! *quelle figure vous feriez dans une boutique sur le boulevard, au milieu des
> curiosités* » (201).

Chimère reparaissante avec tentation de meurtre :

> « Cet amour, purement spéculatif, l'amena dans les longues rêveries du fumeur, appuyé sur le
> pas de sa porte, à souhaiter la mort du petit tailleur. Il voyait ainsi ses capitaux presque triplés, il
> pensait [...] *quelle belle figure elle ferait dans un magnifique magasin sur le boulevard* » (202). [...]
> « Il louait une boutique au boulevard de la Madeleine, il l'emplissait des plus belles curiosités
> de la collection du défunt Pons » (203).

Chimère obsédante avec tentative réussie de meurtre :

> « Un matin, pendant qu'il fumait sa pipe, le dos appuyé au chambranle de la porte de sa bouti-
> que, et qu'il rêvait à ce *beau magasin sur le boulevard de la Madeleine* où trônerait Madame Cibot,
> superbement vêtue, ses yeux tombèrent sur une rondelle en cuivre fortement oxydée » (204).

Il finit par acheter l'objet de sa convoitise au terme d'un infernal chantage :

> « Si vous me promettez de m'épouser dans l'année de votre veuvage [...] je me charge d'avoir
> vingt mille francs d'Elie Magus, et si vous ne m'épousez pas, vous ne pourrez jamais vendre ce ta-
> bleau (205) plus de mille francs ». [...]
> « Dans la situation criminelle où elle était surprise, l'avide portière souscrivit à cette proposition
> qui la liait pour toujours au brocanteur » (206)

lequel ne voit en elle qu'une « affaire » (207) à traiter. Quand « l'objet » sera devenu
inutile, Rémonencq essaiera de briser le pacte au moyen d'un « petit verre de vitriol »
que « la Providence », heureusement, lui fera avaler...

Elie Magus, envers jumeau de Sylvain Pons

Jumeau oui, et pas seulement parce qu'il s'agit d'un vieillard comme Pons. Les similitudes sont très nombreuses entre eux. Magus a un « nez en obélisque », un nez « à

---

200. V,205.
201. V,218. C'est nous qui soulignons.
202. V,234. C'est nous qui soulignons.
203. *Ibid.*
204. V,247. C'est nous qui soulignons.
205. Il s'agit du joli petit tableau de Metzu volé par la Cibot sachant que cette « petite planche
peinte » peut valoir « beaucoup d'argent ».
206. V,256.
207. Cf. V,143 « si elle était veuve, dit Rémonencq à Magus, ce serait bien mon affaire, car la
voilà riche ».

l'ouest » aussi imposant et avisé que celui de Pons. Comme lui collectionneur fervent il semble inséparable de l'espace parisien :

> « Paris est la ville du monde qui recèle le plus d'originaux en ce genre, ayant une religion a cœur. [...]
> Vous y voyez souvent venir à vous des Pons, des Elie Magus vêtus fort pauvrement [...] et vou vous demandez à quelle tribu parisienne ils peuvent appartenir » (208).

Il habite chaussée des Minimes, à deux pas de la rue de Normandie, et ses promenade le mènent souvent aussi sur les boulevards (209). Comme Pons il sait deviner « un che d'œuvre sous une crasse centenaire » et connaît « l'écriture de tous les peintres » (210) Leur gémellité est, à plusieurs reprises, soulignée par Balzac :

> « Le musée Pons était le seul à Paris qui pût rivaliser avec le musée Magus. » (211) [...]
> « Pons et Magus avaient au cœur la même jalousie : ni l'un ni l'autre ils n'aimaient cette célébrit que recherchent ordinairement ceux qui possèdent des cabinets. » (212)

La contemplation de ses chefs-d'œuvres rend Magus, tout comme Pons, aussi heu reux qu'un amant comblé :

> « Le Don Juan des toiles, cet adorateur de l'idéal, trouvait dans cette admiration des jouissance supérieures à celle que donne à l'avare la contemplation de l'or. Il vivait dans un sérail de beau tableaux. » (213)

Comme Pons enfin, il aime à se promener dans l'appartement où « brillent le chefs-d'œuvre », admirant sans lassitude, époussetant tout, meubles et tableaux.

Mais cette gémellité est, si l'on peut dire, antithétique. Ce sont *de faux jumeau* car l'un est marqué du sceau de l'*Etre,* l'autre du sceau de l'*Avoir.* Comme Abel e Caïn, leurs royaumes spirituels sont tout différents. L'un appartient au ciel, l'autre l'enfer. L'un ignore la valeur vénale de son trésor, l'autre dissimule aux regards un « immense fortune inconnue » d'autrui mais non de lui, fortune « acquise dans (le commerce devenu si considérable » (214) des antiquités. Son amour du Beau n'est pa premier, comme celui de Pons : « il se laissa prendre par l'admiration des chefs-d'œu vre qu'il brocantait » ; « cette *âme vouée au lucre, froide comme un glaçon* (215 s'échauffait à la vue d'un chef-d'œuvre, absolument comme un libertin lassé des fem mes, s'émeut devant une fille parfaite » (216).

Riche, il vit comme les Rémonencq et aussi chichement que Pons mais, plus avisé il a acheté en 1831 un vieil et magnifique hôtel devenu l'antre aux chefs-d'œuvre. Vér table caverne inaccessible aux curieux, gardée, comme dans les contes de fée, par de molosses et un dragon. Abramko, le « concierge d'une force herculéenne », « n'ouvrai

---

208. V,212.
209. Cf. « Rémonencq consultait Elie Magus toutes les fois qu'il le rencontrait sur les boule vards » (V,212).
210. V,210.
211. V,212.
212. *Ibid.*
213. V,210.
214. *Ibid.*
215. *Ibid.* C'est nous qui soulignons.
216. V,210.

jamais à personne sans avoir regardé par un guichet grillagé, formidable » (217) ; il est secondé par des chiens affamés au moyen d'une « infernale combinaison » qui les rend plus redoutables que le fameux Cerbère. Aussi sa collection, contrairement à celle de Pons, est-elle invulnérable. Le musée Pons devient *espace ouvert* lieu de conciliabule, le musée Magus reste *espace clos,* impénétrable, au cœur de Paris.

C'est pourtant sur une vraie similitude entre Pons et Magus que nous achèverons ce bref parallèle. « Le vieux tableaumane » aux vêtements surannés n'échappe pas à la loi de transformation en objet qui semble bien régir, dans *Le Cousin Pons,* les rapports entre les personnages. Il est lui aussi, comme son rival, objet archéologique :

> « C'était un tableau vivant, au milieu de ces tableaux immobiles, que ce petit vieillard, vêtu d'une méchante petite redingote, d'un gilet de soie décennal, d'un pantalon crasseux, la tête chauve, le visage creux, la barbe frétillante et dardant ses poils blancs, le menton menaçant et pointu, la bouche démeublée, l'œil brillant comme celui de ses chiens, les mains osseuses et décharnées, le nez en obélisque, la peau rugueuse et froide, souriant à ces belles créations du génie ! » (218)

Tableau fantastique aux teintes fuligineuses qui fait « trembler » la Cibot, elle-même *évaluée* à son juste prix par Magus :

> « Le juif avait évalué moralement cette portière par un regard où les yeux firent l'office des balances d'un peseur d'or. » (219)

« Cheville ouvrière de ce drame » (220), La Cibot parviendra cependant à entamer la valeur-Magus en obtenant quarante-trois mille francs du Juif, fasciné par les chefs-d'œuvre au point de produire « un tel désarroi dans son intelligence et dans ses habitudes de cupidité » qu'il s'y « abîma » (221). Fascination qui, peut-être, nous interdit de le confondre absolument avec les scélérats sans rédemption.

Deux vrais jumeaux : Poulain et Fraisier

Ceux-là sont bien des créatures du diable à part entière. La monstrueuse « fleur du mal », c'est le Fraisier, plante enracinée dans le sol parisien, *prédestiné* à pousser là. En effet, à l'origine du double destin du docteur Poulain et de l'avocat Fraisier, à l'origine du mal est Paris :

> « Le jeune avocat sans causes, le jeune médecin sans clients sont les deux plus grandes expressions du *désespoir décent, particulier à la ville de Paris* (222), ce désespoir muet et froid, vêtu d'un habit et d'un pantalon noirs à coutures blanchies qui rappellent le zinc de la mansarde [...] C'est un poème de tristesse, sombre comme les secrets de la Conciergerie » (223).

A la porte du labyrinthe infernal où les deux amis vont descendre, se tient cette allégorie signifiante, et ce n'est point hasard si l'espace symbolique prend une forme répulsive :

---

217. V,211.
218. *Ibid.*
219. V,212.
220. V,230.
221. V,217.
222. C'est nous qui soulignons.
223. V,277.

« ... l'autre a cheminé souterrainement dans les égoûts parisiens, et il en porte les stigma tes » (224).

Fraisier et Poulain ont toujours cheminé de concert :

« J'ai pour ami de collège un garçon fort intelligent, et nous sommes d'autant plus liés, que nou avons eu les mêmes chances dans la vie. Pendant que j'étudiais la médecine, il faisait son droit ; pen dant que j'étais interne, il grossoyait chez un avoué [...]. Fils d'un cordonnier, comme je suis celu d'un culottier, il n'a pas trouvé de sympathies bien vives autour de lui, mais il n'a pas trouvé no plus de capitaux, car après tout, les capitaux ne s'obtiennent que par sympathie » (225).

Terrible lucidité, terrible « pays » parisien où l'être et l'avoir se confondent, où l'on est ce que l'on vaut : son pesant d'or.

« Après douze ans de persistance dans son chemin pierreux » (226), c'est Poulain « sisyphe » dérisoire, qui entrevoit le premier l'issue :

« Par un temps où l'annonce est toute puissante, où l'on dore les candélabres de la place de l Concorde pour consoler le pauvre en lui persuadant qu'il est un riche citoyen. » (227)

pourquoi ne pas saisir « la chimère » quand elle se présente, si « rude » qu'elle soit « à la monture » (228). Après tout, prétendre « à toutes les places à la résidence de Paris habiter Paris est un désir universel » (229). Et c'est ainsi qu'on se révèle créature démo niaque, dès longtemps stigmatisée : « Mettez dans un parchemin jaune les yeux ardent de Tartuffe et l'aigreur d'Alceste » (230) et vous aurez Poulain. Pour Fraisier c'est bie pis ! Dès le seuil de sa porte peinte en « rouge faux » l'enfer est annoncé, huit-clo sans issue :

« Le guichet de cette porte [...] ne servait qu'à mériter à la porte le surnom de porte de prison et concordait d'ailleurs à ses ferrures en trèfles, à ses gonds formidables, à ses grosses têtes d clous. » (231)

Le « cerbère femelle » qui en garde l'entrée semble échapper des « *Sorcières par tant pour le Sabbat* » (232). Elle s'appelle Madame Sauvage et, détail significatif peut-être annonciateur du chemin qui reste à parcourir à son maître pour atteindr la sphère supérieure, elle « porte à ses oreilles des espèces de roues de carrosse e or » ! (233)

La « nature vénéneuse » (234) de Fraisier se trahit par des détails qui ne trompen pas : regards verts, yeux verdâtres à points noirs bien en accord avec son « regard d vipère » (235), « main froide comme la peau d'un serpent », « toux dite de cercueil »

224. V,222.
225. V,224.
226. V,221.
227. *Ibid.*
228. V,229.
229. *Ibid.*
230. V,222.
231. V,226.
232. *Ibid.*
233. *Ibid.*
234. V,230.
235. V,228.

ne « figure rouge », un crâne « couleur de brique », une expression sinistre, tout 'auréole des flammes de l'enfer. Bref c'est un « bocal de poisons couvert d'une perru-ue rougeâtre et qui par(le) comme les portes crient » (236), comme sa porte grince. l possède le redoutable pouvoir de reconnaître ses créatures, celles qui, comme lui, ont nées de l'œuf du serpent, que ce soit en bas ou en haut de l'échelle sociale :

> « Fraisier parvint sans peine jusqu'à Madeleine Vivet. Ces deux natures de vipère se reconnurent our être sorties du même œuf. » (237)

Quant à madame Camusot :

> « Cette similitude entre la terrible présidente et lui, fit sourire intérieurement Fraisier, qui savait quoi s'en tenir sur les douces modulations factices d'une voix naturellement aigre. » (238)

C'est lui le lien entre les crimes d'en haut et ceux d'en bas. C'est lui, ludion sinistre, ui monte et descend au rythme même du drame qu'il « précipite » au sens quasi himique/alchimique du terme.

Jne âme damnée jumelle de La Cibot : La Camusot

Ni l'une ni l'autre, fâcheux indice, ne sont capables d'apprécier pour leur beauté es trésors de Pons, « petites bêtises », « antiquailles » : expressions interchangeables ien que sorties de bouches toutes différentes. Seule la somme à gagner est créatrice « d'étonnement », de « bonheur » (239). En vain la présidente s'écrie-t-elle d'une voix lûtée à propos de la Cibot : « mais cette mégère est un monstre », l'implacable révé-ateur, Fraisier, « pénètre dans ce *cœur aussi avide que celui de La Cibot* » (240) et onclut un pacte parallèle en haut et en bas. Seule la somme à gagner diffère, la prési-lente étant évidemment un marchepied de valeur. Elle aussi, tout comme La Cibot, aresse sa chimère :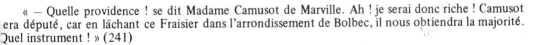

> « — Quelle providence ! se dit Madame Camusot de Marville. Ah ! je serai donc riche ! Camusot era député, car en lâchant ce Fraisier dans l'arrondissement de Bolbec, il nous obtiendra la majorité. Quel instrument ! » (241)

Comme La Cibot encore, elle suscite la convoitise de son complice qui l'apprécie à sa juste valeur marchande !

> « — Quelle providence ! se disait Fraisier en descendant l'escalier, et quelle commère que Madame Camusot ! Il me faudrait une femme dans ces conditions-là ! Maintenant, à l'œuvre. » (242)

Belle « pantomine des gueux » ! (243) Regardez-les réunis désormais, ceux d'en

---

236. V,230.
237. V,236.
238. V,239.
239. V,237.
240. V,238-239. C'est nous qui soulignons.
241. V,239.
242. *Ibid.*
243. Cf. Diderot, *Le Neveu de Rameau.*

haut et ceux d'en bas, autour de la même « nappe de convoitise » qui roule jusqu'
« ce petit avoué » devenu « couteau » (244) pour Amélie de Marville :

> « — Monsieur le président, lui dit-elle, m'a chargée de vous inviter à dîner demain, nous seron
> en famille [...] après le dîner nous aurons vous et moi, le notaire et l'avoué, la petite conférence qu
> vous avez demandée. » (245)

Le méchant ludion se voit alors prédire, par la présidente admirative, un boca
agrandi à des dimensions dignes de lui :

> « — Vous devez aller *bien haut ou bien bas*, lui dit-elle. A votre place au lieu d'ambitionne
> cette retraite de juge de paix, je voudrais être procureur du roi... à Mantes ! et faire un *grand che
> min*. » (246)

Ce chemin, c'est l'envers du nécessaire chemin de croix de Pons ; nécessaire pou
que les ambitieux, les pharisiens, étendent leur espace vital. Tandis que celui de Pon
se réduit, tel une peau de chagrin, aux dimensions de sa chambre de moribond, la pré
sidente rêve d'« augmenter la terre de Marville » (247) en achetant des herbages et un
« habitation avec ses dépendances (qui) forme fabrique dans le paysage et est congigu
aux murs du parc de (sa) fille » (248). De son côté, Fraisier rêve « d'une maison à l
place Royale » qui le rendrait éligible, et convoite « la planche sur laquelle on mar
che » pour y accéder (en l'occurrence une grande fille rousse, laide et poitrinaire
mais unique héritière d'un huissier de justice ! (249) Les Boulevards, naguère parcouru
si péniblement par Pons humilié, deviennent alors promenade enchantée : significativ
métamorphose d'un espace parisien vu à travers le prisme déformant d'un psychism
tout puissant :

> « En revenant par les boulevards à la rue de Normandie, il se laissait aller au cours de ce rêv
> d'or. [...] Les boulevards paraissent courts, lorsqu'en s'y promenant on promène ainsi son ambitio
> à cheval sur la fantaisie » (250).

Après la mort tant attendue de Pons, c'est autour de Schmucke que l'avoué resserr
l'espace à la fois physique et symbolique : « Fraisier triomphait, le légataire ne pouvai
pas faire un mouvement hors du cercle où il le tenait enfermé » (251), dardant sur lu
« un de ces regards venimeux qui magnétisait ses victimes comme une araignée magné
tise une mouche » (252). Schmucke alors n'a plus qu'à se terrer dans la soupent
parisienne de Topinard, sise « dans une de ces affreuses localités qu'on pourrait appele
les cancers de Paris », espace bien *réel* situé très précisément dans Paris (253) mai
inscrit, comme c'est souvent le cas chez Balzac, dans un *contexte symbolique* : « L
cité finit par une rue intérieure qui la barre, en figurant la forme d'un T. » (254

---

244. V,248.
245. *Ibid.*
246. V,249. C'est nous qui soulignons.
247. *Ibid.*
248. *Ibid.*
249. Cf. V,249.
250. *Ibid.*
251. V,263.
252. V,269.
253. Voir situation et description précises de la Cité Bordin, p.271.
254. V,271.

comme Testament, rue barrée comme le chemin qui devait mener l'héritier légitime
'ers ses biens. « Chaussée de la rue (qui) s'enfonce par une pente vers la rue des Mathu-
ins-du-Temple » (255), comme Schmucke s'enfonce vers la mort et son bienfaiteur
Topinard « dans le troisième dessous d'un théâtre des Boulevards », le théâtre de la
Porte Saint-Martin qui « obombre » les rues avoisinantes. Schmucke est bientôt, métaphoriquement, transformé lui aussi en « curiosité » inoffensive : « C'est naïf, c'est
allemand, c'est à empailler, à mettre sous verre comme un petit Jésus de cire !... »(256)
Pendant ce temps d'immobilité qui préfigure l'immobilité éternelle, « l'héroïne de cette
histoire », la Collection, va bon train avant d'être convertie en avoir. Laissons le mot
de la fin à madame Camusot de Marville, parole travestie qui conte rétrospectivement,
à sa façon, l'histoire du pauvre héros et de son héroïne :

> « Il dînait trois ou quatre fois par semaine chez moi [...] il nous aimait tant ! nous savions l'ap-
> précier, les artistes se plaisent avec ceux qui goûtent leur esprit. Mon mari était d'ailleurs son seul
> parent. Et quand cette succession est arrivée à monsieur de Marville, qui ne s'y attendait nullement,
> monsieur le comte a préféré acheter tout en bloc plutôt que de voir vendre cette collection à la
> criée ; et nous aussi nous avons mieux aimé la vendre ainsi, car il est si affreux de voir disperser de
> belles choses qui avaient tant amusé ce cher cousin. Elie Magus fut alors l'appréciateur et c'est ainsi,
> Milord, que j'ai pu avoir le Cottage bâti par votre oncle, et où vous nous ferez l'honneur de venir
> nous voir. » (257)

Cottage contre collection. Avoir contre Etre. Le pacte est consommé et la victoire
complète.

L'Etre

Alors que ces figures sataniques et grimaçantes comme des personnages de J. Bosch
s'agitent au bas du tableau « emportés par un mouvement de valse furieuse » (258) du
Marais à la Madeleine et de la Madeleine au Marais, en proie à la fatale Tentation de
l'or, dominés par :

> « Fraisier, calme, froid comme un serpent qui se serait dressé sur sa queue, allongeait sa tête plate
> et se tenait dans la pose que les peintres prêtent à Méphistophélès » (259),

en haut, sous le signe de l'Etre, c'est le monde inverse que le peintre propose à nos
regards : celui des âmes « enfantines et pures », désintéressées, contemplatives et
amantes du Beau.

Deux âmes jumelles : Schmucke et Pons

Elles sont dignes des *Deux Amis* de La Fontaine :

> « Cette page au fronton de laquelle le poète a gravé ces trois mots : *Les Deux Amis* est une de ces
> propriétés sacrées, un temple où chaque génération entrera respectueusement et que l'univers visitera
> tant que durera la typographie. » (260)

---

255. *Ibid.*
256. V,275.
257. V,276.
258. V,182.
259. V,244.
260. V,170.

En voici le reflet balzacien :

« — Jamais peut-être deux âmes ne se trouvèrent si pareilles dans l'océan humain qui prit sa sou▮ ce au paradis terrestre contre la volonté de Dieu » (261),

et les deux amis « devinrent en peu de temps l'un pour l'autre une nécessité. Récipro▮ quement confidents l'un de l'autre, ils furent en huit jours comme deux frères » (262).

D'une certaine manière, Schmucke appartient lui aussi à l'archéologie : « Schmucke avait gardé toute sa naïveté d'enfant, comme Pons gardait sur lui les reliques de l'Em▮ pire, sans s'en douter. » (263) Il en est ainsi « chez les natures chastes, chez les pen▮ seurs tranquilles et chez les vrais poètes qui ne sont tombés dans aucun excès » (264).

C'est en « archéologue moral », en archéologue des âmes qu'il convient de le▮ aborder.

L'ange musicien : Schmucke

« Il habitait Paris comme un rossignol habite sa forêt » (265) : étrange comparaiso▮ qui fait de l'espace parisien un lieu naturel, protégé et solitaire, antérieur à la civilisa▮ tion de cette « société lancée dans sa voie métallique avec une vitesse de locomoti▮ ve » (266).

« Il y chantait seul de son espèce depuis vingt ans », au moment où « il rencontr▮ dans Pons un autre lui-même » (267), une sorte de miroir. A-t-on remarqué combien le thème du reflet traverse cette amitié, même dans les plus petites choses, témoin▮ cette étonnante prédelle dans cette partie céleste du tableau :

« Pons et Schmucke avaient en abondance, l'un comme l'autre, dans le cœur et dans le caractère les enfantillages de sentimentalité qui distinguent les allemands : comme la passion des fleurs ; comm▮ l'adoration des effets naturels, qui les porte à planter de *grosses bouteilles dans leurs jardins pour voi▮ en petit le paysage qu'ils ont en grand sous les yeux.* » (268)

le bon Schmucke est toujours comme « un enfant » (269). Il « a gardé toute sa naïveté d'enfant » (270) aussi bien dans le discours du narrateur que dans celui de La Cibot, résidu burlesque du premier.

Dans la hiérarchie céleste, Schmucke occupe, semble-t-il, une place plus élevée que celle de Pons. Seul, il « s'élève jusqu'au trône de Dieu » (271). C'est que, par une sorte de grâce d'état, il est totalement détaché des biens de ce monde alors que Pons déjà « prodigue par passion » des chefs-d'œuvre est, de surcroît, un « estomac incom▮ pris » coupable du péché de gourmandise. Schmucke appartient totalement à son art, art abstrait qui ne l'induit ni en tentations ni en dépenses :

261. V,170.
262. V,171.
263. *Ibid.*
264. V,172.
265. V,171.
266. V,172.
267. V,171.
268. V,171.
269. V,245.
270. V,171.
271. C,245. Titre du chapitre 57.

« Schmucke, appartenant tout entier à la musique, compositeur pour lui-même, regardait toutes les petites bêtises de son ami, comme un poisson, qui aurait reçu un billet d'invitation, regarderait une exposition de fleurs au Luxembourg. » (272)

Ses yeux sont ouverts sur de plus hauts spectacles, il est très proche du paradis et souffre de n'en pouvoir donner l'accès à son ami : « il aurait voulu que les pavés fussent en coton, que le ciel fût bleu, que les anges fissent entendre à Pons la musique qu'ils lui jouaient » (273). Tel est son royaume, à peine de ce monde. Ce qui est *obstacle* parisien sur le chemin de Pons : « trottoir » ou « ruisseau » est pour lui divine *transparence*.

Il a, aux yeux dessillés de Pons sur le point de mourir, « la grâce des âmes pures » (274), c'est « un enfant de Dieu vivant en Dieu » (275), un « être comparable à l'agneau qui repose aux pieds de Dieu ». Il semble même à certains moments privilégiés, en partager les pouvoirs : c'est ainsi qu'il parvient, au terme « d'efforts divins », d'« effusion d'une vie dans une autre », de « saint dévouement » à une véritable « résurrection » (276) de son ami. Résurrection quasi-comparable à celle de Lazare :

« Pons réchauffé reprit forme humaine : la couleur vitale revint aux yeux, la chaleur extérieure rappela le mouvement dans les organes [...] l'esprit de la vie s'infusa dans ce corps, l'intelligence rayonna de nouveau sur ce front naguère insensible comme une pierre. » (277)

Devant ce « miracle (qui) venait pour lui de s'accomplir » il « joignit les mains et remercia Dieu par une fervente prière ». Certes, le miracle n'a rien que de « naturel » et « les médecins ont constaté souvent » cet effet, comme Balzac prend soin d'en avertir le lecteur. Qu'importe, Schmucke est incapable de ce recul critique : « ce héros d'amitié » (278) « ne croyait pas au pouvoir de sa prière en action mais à celui de Dieu qu'il avait invoqué » (279). Il n'appartient pas à l'Histoire, mais à l'Éternité, au temps immobile, et son regard transfigurateur va jusqu'à prendre les damnés de la terre, comme La Cibot, pour des « anches » du paradis ! Naïveté quelque peu irritante, « candeur d'un enfant de six ans qui n'aurait jamais quitté sa mère », comme dit Pons (280), mais bienheureux ce cœur pur qui, par son art — et cette fois ce n'est pas un leurre — entr'ouvre les portes de cette Éternité et devient presque l'égal de Dieu. Sur la demande de Pons mourant

« Schmucke se mit au piano. Sur ce terrain [...] l'inspiration musicale [...] emporta le bon allemand selon son habitude, au-delà des mondes. » (281)

il joue alors avec une douleur et une perfection « raphaëlesques » et devient le « divin traducteur des choses divines ». « Dans cette nuit où Schmucke fit entendre par avance à Pons les concerts du paradis » :

---

272. V,183.
273. V,184.
274. V,253.
275. V,246.
276. V,245-246, où figurent toutes les expressions entre guillemets.
277. V,246.
278. V,245.
279. V,246.
280. V,253.
281. V,253.

« intarissable comme le rossignol, sublime comme le ciel sous lequel il chante, varié, feuillu comme la forêt qu'il emplit de ses roulades, il se surpassa et plongea le vieux musicien qui l'écoutait dans l'extase que Raphaël a peinte, et qu'on va voir à Bologne » (282).

Sommet lyrique, mystique, dont une « affreuse sonnerie » fait brutalement descendre les deux élus. En bas, le diable veille et se charge d'inverser les signes :

« la bonne des locataires du premier étage vint prier Schmucke, de la part de ses maîtres de finir ce sabbat » (283).

Contresens fatal et préfiguration de l'outrageante métamorphose du céleste Schmucke en infâme captateur d'héritage. L'agneau de Dieu, tombé sous la griffe de l'Avoir, n'est plus qu'un « pauvre mouton » prêt pour le sacrifice : « On vit de côtelettes après tout. » Et comme dit le sublime Béranger :

« pauvres moutons, toujours en vous tondra » (284).

Le poète et le fou : Pons

Pour bien comprendre toute la valeur « archéologique » du bonhomme Pons dont la silhouette surannée domine comme un bloc erratique *La Comédie humaine* en train de s'achever, peut-être faut-il revenir à la référence qui, dès le début du roman, l'apparente à Don Quichotte (285). La ressemblance en effet, va au-delà de la longueur du nez. Comme Don Quichotte, c'est le « glorieux débris » d'un autre temps : l'Empire Temps épique qui eut aussi ses chevaliers errants d'aventures en aventures à travers une Europe fascinée. Comme Don Quichotte il « trouv(e) les choses de la vie toujours au-dessous du type idéal qu'il s'en était créé » (286) et l'espace parisien, espace des luttes et des rêves de Pons, semble renvoyer métaphoriquement à la « Venta » (287) du Quichotte, lieu-carrefour de multiples et décisives rencontres pour le héros : « Paris où toutes les idées ressemblent à des voyageurs passant dans une *hôtellerie*. » (288) Paris où « le génie de la compréhension » est si rare que Pons, comme Don Quichotte en son pays, y est voué à la solitude et au contresens de lecture. Il est poète et on le fait passer pour fou (289).

Comme Don Quichotte il est « signe errant dans un monde qui ne le reconnaît pas » (290), et si « *Don Quichotte* dessine le négatif du monde de la Renaissance » (291), *Le Cousin Pons* semble, à bien des égards, dessiner le négatif de la société de la Restauration et de la Monarchie de Juillet, ce qui est sans doute et « précisément

---

282. V,254.
283. *Ibid.* C'est nous qui soulignons.
284. V,274.
285. V,166 : « Cette face grotesque [...] était commandée par un nez à la Don Quichotte, comme une plaine est dominée par un bloc erratique. Ce nez exprime, ainsi que Cervantès avait dû le remarquer, une disposition native à ce dévouement aux grandes choses qui dégénère en duperie. »
286. V,167.
287. L'*Auberge* en espagnol.
288. V,167 (Rappelons que les idées sont, pour Balzac des « créations réelles et agissantes » qui « s'impriment » dans l'atmosphère du monde et y vivent « spectralement » : voir pp.206-207). C'est nous qui soulignons.
289. Cf. V,247 ; « Madame Cibot nous disait qu'il devenait fou !... » ; « Faire passer le moribond pour fou, c'était une des pierres angulaires de l'édifice bâti par l'homme de loi. »
290. Cf. Michel Foucault, *Les mots et les choses*, Gallimard, ch.III (*Représenter*).
291. *Ibid.*, p.61.

le plus difficile à faire comprendre aux quatre-vingt-dix-neuf centièmes des lecteurs dans la quarante-septième année du XIXe siècle » (292), un siècle qui voit la montée d'une bourgeoisie à la fois triomphante et obtuse, pour qui l'avoir donne l'être. « Je serai Crevel et Presle » disait le commerçant de *La Cousine Bette* : « Tu seras Madame Brunner de Marville », dit le père Camusot à sa fille, « car j'obtiendrai pour ton mari la permission de joindre ce nom au tien » (293). Or, Pons représente exactement l'envers de cette histoire contemporaine en train de s'édifier sur les ruines d'un monde archéologique « devenu si vite l'Antiquité pour nous ». Il « ignor(e) la valeur vénale de son trésor » (294) et ne se soucie nullement d'avoir un nom : « il trouva dans les plaisirs du collectionneur de si vives compensations à la faillite de la gloire que, s'il lui eût fallu choisir entre la possession de ses curiosités et le nom de Rossini, — le croirait-on ? — Pons aurait opté pour son cher Cabinet » (295).

Mieux, il donne l'être aux choses (296), croit en leur pouvoir humain :

« moi, je crois à l'intelligence des objets d'art, ils connaissent les amateurs, ils les appellent, ils leur font : Chit ! Chit...
La présidente haussa les épaules en regardant sa fille sans que Pons put voir cette mimique rapide. » (297)

Pour elle, sans doute le vieux bonhomme n'est-il qu'un « demeuré », aussi ridicule dans sa « chasse aux chefs-d'œuvre », « face à face avec des adversaires qui défendent le gibier [...] comme, dans les contes de fées, une princesse gardée par des enchanteurs » (298), que Don Quichotte face à ses moulins à vent.

Il faut être fou pour accorder de l'importance à « ces petites bêtises-là » (299). Le fou, rappelle Michel Foucault, c'est celui qui « prend les choses pour ce qu'elles ne sont pas [...] il inverse toutes les valeurs et toutes les proportions parce qu'il croit à chaque instant déchiffrer des signes » (300).

Mais qui, ici, prend les choses pour ce qu'elles ne sont pas ? Pons ou les Camusot, Cibot et alliés ? Qui confond quoi ? Si Cervantès laisse errer son lecteur aux confins extrêmes du contresens possible, Balzac, « d'un revers de main proprement épique culbute à la grande lumière du jour le dessous des cartes », comme le dit J.L. Bory (301), et tente de révéler à ses lecteurs de 1847 ce que nous percevons clairement. A nos yeux, Pons n'est pas le fou, mais le poète : « A l'autre extrémité de l'espace culturel », dit Michel Foucault, « mais tout proche par sa symétrie, le poète est celui qui, au-dessous des différences nommées et quotidiennement prévues, retrouve les parentés enfouies des choses, leurs similitudes dispersées. Sous les signes établis, et malgré eux, il entend un autre discours plus profond (302).

---

292. V,171.
293. V,192.
294. V,168.
295. V,167.
296. Il les reconnaît dans leur identité profonde, dans ce qu'elles ont d'unique : « — Et la signature, dit Pons avec feu. Tous ces ravissants chefs-d'œuvre sont signés [...] on a fabriqué des choses admirables et qu'on ne refera plus. » (cf. V,176-177)
297. V,177.
298. *Ibid.*
299. V,188.
300. *Op.cit.*, p.63.
301. Cf. le chapitre consacré à Balzac dans *Génies et Réalités*. Collection Hachette, 1959, pp.134-135.
302. *Op.cit.*, p.63.

Mais peut-être n'est-il pas pertinent d'opposer le poète et le fou, peut-être Pons est-il l'un et l'autre puisqu'aussi bien il assume un rôle de subversion des signes, qui appartient aux deux. Après avoir évoqué « dans la culture occidentale moderne, le face à face de la poésie et de la folie », Michel Foucault conclut : « Ainsi ont-ils tous les deux au bord extérieur de notre culture et au plus proche de ses partages essentiels, cette situation « à la limite » — posture marginale et silhouette profondément archaïque — où leurs paroles trouvent sans cesse leur pouvoir d'étrangeté et la ressource de leur contestation. » (303)

Le poète et le fou sont des êtres dont la différence dérange. Pons, précipité du monde spirituel dans une société avide, en « révèle » (au sens quasi-chimique du terme) toutes les impuretés, tous les faux semblants ; la dénonce aux yeux dessillés des lecteurs, aussi impuissants que lui à conjurer le mal social dont il est la victime volontairement sacrifiée. Pons et sa collection, inséparables (elle est « la véritable héroïne » de l'histoire), sont situés sur la ligne de démarcation qui sépare deux mondes inconciliables, inverses.

Quelques exemples illustreront notre propos. Cette dichotomie, on la trouve partout et en premier lieu chez le cousin Pons lui-même. Si nous le situons sur la ligne de partage entre deux espaces antithétiques, c'est qu'il appartient aux deux, et c'est peut-être le signe de son inscription dans l'Histoire présente. Si, dans le roman de Cervantès, Sancho chemine aux côtés de Don Quichotte, soulignant ainsi les oppositions entre deux conceptions du « réel », chez Balzac les oppositions sont intériorisées. Pons participe à la fois de l'idéal et de la trivialité. Poète et « estomac incompris » il est tout ensemble Don Quichotte et Sancho Pança. Il comporte son propre envers picaresque. Il y a du *Don Quichotte* et du *Neveu de Rameau* en lui, autre référence, implicite celle-là, mais néanmoins évidente. Comme le Neveu, Pons est musicien semi-raté, parasite impénitent, s'exprime dès le début du roman par une « pantomime admirable » digne de son modèle (304). Enfin et surtout c'est, comme le Neveu, un « original » un être dont la bizarrerie dérange, arrêt et fait réfléchir (305). Sa fonction romanesque n'est-elle pas de « démasquer les coquins » aux yeux du lecteur « homme de bon sens » qui, face aux « crimes d'en haut » reliés « aux crimes d'en bas », face à la mise à mort de Pons (somme toute moins heureux dans sa société que le Neveu dans la sienne) s'aperçoit bien vite que « l'or est tout, et (que) le reste sans or n'est rien » ?

A bien des égards Pons est le neveu sacrifié du *Neveu de Rameau*. Les temps sont changés. Ce n'est plus « un *grain* de levain qui fermente et qui restitue à chacun une portion de son individualité naturelle », (306) mais un *gravier* (comparaison reparaissante) écrasé sans pitié par une société qui ne « prend nul souci » de ce « grain de sable invisible » (307).

Pons est perdu entre la pesanteur et la grâce, position inconfortable et ambiguë dont il porte les stigmates : le « galbe de cet homme osseux sec et maigre » comme Don Quichotte est démenti par « une bouche sensuelle à lèvres lippues », qui montre

---

303. *Op.cit.*, pp.63-64.
304. Cf. V,177. Le rythme même de cette pantomine évoquant Pons aux prises avec Monistrol, est celui des grandes pantomines du *Neveu de Rameau* (cf. notamment la scène du proxénète et de la jeune fille : « Est-ce que tu ne saurais pas faire entendre à la fille d'un de nos bourgeois qu'elle est jolie etc... »).
305. Cf. *Le Neveu de Rameau.* Ed. Fabre, p.5 : « Il secoue, il agite, il fait approuver ou blâmer, il fait sortir la vérité ; il fait connaître les gens de bien ; il démasque les coquins, c'est alors que l'homme de bon sens écoute, et démêle son monde. »
306. Cf. *Le Neveu de Rameau, op.cit.*, p.5.
307. V,172.

« en souriant des dents blanches dignes d'un requin » (308). On trouve le rappel de ce fatal partage jusque dans le traitement réservé à son cadavre : « Après avoir vu la Religion procédant avec son profond respect de la créature destinée à un si grand avenir dans le ciel, ce fut une douleur à dissoudre les éléments de la pensée que de voir cette espèce d'emballage où son ami était traité comme une chose. » (309) Comme sa collection, il participe à la fois de l'Avoir et de l'Etre, et c'est cette ambiguïté, cette distorsion qui favorise la lecture du roman à deux niveaux où les valeurs *s'inversent*, créant ainsi la distance critique qui permet de juger cette société roulant sur les deux casse-noisettes comme un tombereau sur des œufs.

Cependant, l'heure du martyr final ayant sonné, « le coup de grâce dans le supplice de la roue » (310), Pons, retrouvant l'unité perdue, appartiendra tout entier à l'espace de l'Etre. Lui aussi s'élèvera jusqu'au trône de Dieu, capable, suprême détachement, de trancher les

« derniers liens qui l'unissaient à la vie, les chaînes de l'admiration, les nœuds puissants qui rattachaient le connaisseur aux chefs-d'œuvre de l'art [...] En se voyant volé par la Cibot, Pons avait dit adieu chrétiennement aux pompes et aux vanités de l'art, à sa collection, à ses amitiés pour les créateurs de tant de belles choses, et il voulait uniquement penser à la mort à la façon de nos ancêtres qui la comptaient comme une des fêtes du chrétien » (311).

La mise à mort de Pons lui donne enfin accès à sa véritable patrie spirituelle dont le « musée », monde clos protecteur des chefs-d'œuvre, était en quelque sorte le reflet terrestre.

Si l'on en croit Walter Benjamin, au XIXe siècle :

« L'intérieur est le lieu de refuge de l'art. Le collectionneur est le véritable occupant de l'intérieur. Il transfigure les objets pour en faire sa chose. Sa tâche est celle de Sisyphe : en possédant les choses, il doit les dépouiller de leur caractère de marchandises. Mais, au lieu de la valeur d'usage, il ne leur prête que la valeur d'amour. Le collectionneur se rêve non seulement dans un monde lointain ou passé, mais en même temps dans un monde meilleur, où certes, pas moins que dans celui de tous les jours, les hommes ne sont démunis de ce qu'ils utilisent, mais où les choses sont dispensées de la corvée d'être utiles. » (312)

Pons a toujours aimé les lieux où la collection répond à ces exigences de compensation :

« Chose étrange, il se sentait à l'aise à l'hôtel Popinot [...] sans doute à cause des objets d'art qui s'y trouvaient ; car l'ancien ministre avait, depuis son avènement en politique, contracté la manie de collectionner les belles choses, sans doute pour faire opposition à la politique qui collectionne secrètement les actions les plus laides. » (313)

Lieux où le temps semble suspendre son vol, conjuré par l'éternité de l'art. Ils échappent au domaine de l'Histoire en train de s'accomplir, du temps en mouvement qui dénature l'art en le commercialisant, grimaçant reflet. Les avatars du monument

---

308. V,166.
309. V,259.
310. V,242.
311. V,250.
312. Cf. Walter Benjamin, *L'Homme, le langage et la culture*, Gonthier-Denoël, 1971, p.128.
313. V,174.

funéraire proposé au malheureux Schmucke pour « honorer » son ami en sont un bon témoignage. Il s'agit, on s'en souvient, de « trois figures en marbre, la Musique, la Peinture et la Sculpture versant des pleurs sur le défunt » mais en fait ce monument « de pacotille » était primitivement destiné à de Marsay et les trois figures représentaient alors « les journées de Juillet où se manifesta ce grand ministre ». La veuve l'ayant refusé, Sonet et Vitelot firent des trois glorieuses l'Armée, la Finance et la Famille pour le monument de Charles Keller : envers symbolique et désolant, dérisoire héritage des trois glorieuses primitives. L'art profané et l'Histoire insultée semblent ainsi sceller leur double destin.

Schmucke, mis à mort à son tour, rejoint Pons dans son éternité, et les voici tels qu'en eux-mêmes enfin. La parole avide et meurtrière a eu raison de ceux qui

« croyaient fermement que la musique, la langue du ciel, était aux idées et aux sentiments, ce que les idées et les sentiments sont à la parole et (qui) conversaient à l'infini sur ce système, en se répondant l'un à l'autre par des orgies de musique pour se démontrer à eux-mêmes leurs propres convictions » (314).

La pantomine des gueux s'achève en danse macabre. C'est le triomphe de la Mort et de la Dérision. Mort des deux amis, mais aussi mort de Cibot et de Rémonencq morts hâtées, par ceux qui se substituent sans vergogne à la Providence, usurpent son rôle, parlent en son nom. Le Cousin Pons tend à devenir, avec ses jeux de reflets révélateurs, l'un de ces écrits spéculaires présentant « un miroir-piège à l'égal de celui des peintres, (qui) « renseigne » le récit, interceptant ce qui passe son champ de vision » (315) : ici, l'Histoire dégradée, dégradante que fabrique une société vouée au lucre et aux faux-semblants.

C'est par l'évocation de Don Quichotte que nous avons commencé notre réflexion sur Pons. C'est par lui que nous l'achèverons. G. Lukacs note à propos du Quichotte (316) :

« Le premier grand roman de la littérature universelle se dresse au seuil de la période où le Dieu chrétien commence de délaisser le monde, où l'homme devient solitaire et ne peut plus trouver que dans son âme, nulle part apatriée, le sens et la substance, où le monde, détaché de son paradoxal ancrage dans l'au-delà actuellement présent, est désormais livré à l'immanence de son propre non-sens. »

Le dernier grand roman parisien (317) de La Comédie humaine se dresse, lui, au seuil de la période où l'espoir et l'idéal humains nés de 1789 : « Liberté, Égalité, Fraternité » achèvent de déserter la société, où l'homme redevient solitaire dans sa forêt s'il ne peut ou ne veut être loup parmi les loups, et ne peut trouver que dans son âme nulle part apatriée, le sens et la substance d'un monde perdu dont il est le dernier vestige nostalgique. « Bloc erratique », tragique butte-témoin que le lecteur ne peut contourner, qui l'arrache à sa quiétude, l'oblige à la réflexion, contribue à faire cesser ce « monstrueux sommeil des consciences » (318) qui n'est pas seulement l'apanage des

---

314. V,271.
315. Cf. L. Dällenbach, Le récit spéculaire − Essai sur la mise en abyme. Seuil, 1977, p.46.
316. Cf. La Théorie du roman, Gonthier 1963, p.99 (IIe Partie, chapitre 1 : L'Idéalisme abstrait).
317. « Superposé » au précédent (La Cousine Bette) selon la propre expression de Balzac et acquérant ainsi un relief supplémentaire, comme sur les premières plaques de verre photographiques (contemporaines des Parents pauvres) où deux images jumelles produisent un effet stéréoscopique...
318. L'expression est empruntée à Victor Hugo dans Les Châtiments.

« quatre-vingt-dix-neuf centièmes des lecteurs dans la quarante septième année du XIXe siècle » mais aussi de leurs descendants...

Le personnage archéologique atteint ici son plus haut degré de signification.

A l'aube de *La Comédie humaine*, un antiquaire tout puissant (319), le centenaire de *La Peau de chagrin*, domine l'œuvre à venir. Il règne sur une collection foisonnante, hétéroclite, tremplin pour l'imaginaire de Raphaël et pour celui du lecteur, fascinés par la contemplation d'un passé multiforme et prestigieux, abîme à mi-chemin de Patmos et de l'espace ouvert à la rêverie par Cuvier. Cependant, les illusions nées de 1830 achèvent de se disperser au vent de la Seine, et la peau maléfique transmise par l'antiquaire fait son entrée, non seulement dans la vie hypothéquée de Raphaël, mais aussi dans l'univers entier de *La Comédie humaine*, soumise à son pouvoir.

Au crépuscule, quand l'œuvre s'achève, le cercle se referme sur un personnage archéologique détruit, sur une collection ordonnée, numérotée, évaluée, mais amputée de la valeur d'amour, de la ferveur qui avait présidé à son patient et harmonieux assemblage. Les choses et leur prix l'emportent tristement en pays parisien, cependant que 1848 s'annonce, suivi de ses désenchantements. L'abîme s'ouvre et, cette fois, l'homme ne le domine plus, même par la pensée. Il est dominé par lui. Il n'est plus qu'un de ces dérisoires et pathétiques petits personnages piranésiens qui ont tellement fasciné Balzac et ses contemporains (320). L'univers parisien n'est plus qu'un univers carcéral, paradoxalement agrandi à de vertigineuses dimensions qui rendent toute évasion illusoire. La seule issue possible, c'est la mort.

QUELQUES AUTRES

Aux côtés de ces deux grandes figures archéologiques, bien d'autres personnages méritent d'être évoqués, eux aussi impitoyablement poussés dans la fosse pour avoir tenté de défendre leurs valeurs bafouées.

Goriot d'abord, prêt à descendre de « marche en marche » aux catacombes de l'indifférence, centre des « cœurs desséchés et des crânes vides » (321), dans un Paris assombri dont « les murailles sentent la prison », dont le « cadre de bronze » se referme sur le « Parisien égaré » là. Un être comme Eugène de Rastignac, promis au code de la réussite sociale, peut « étudier les issues du labyrinthe parisien », « apprendre la langue » et, progressant de case en case, répertoriant les « bons et mauvais endroits » lors d'« initiations successives », parvenir « agrandi(ssant) l'horizon de sa vie », à dominer le gouffre, à « concevoir la superposition des couches humaines qui composent la société » (322). Goriot, non. Il ne peut que s'enfoncer parmi les strates. Il n'a qu'une valeur marchande aux yeux de ses filles parvenues, et la valeur d'amour qu'il leur offre signe son appartenance à la famille des personnages archéologiques sacrifiés. Comme beaucoup d'entre eux, il perd son identité progressivement : à la pension Vauquer, au fur et à mesure que son avoir s'amenuise, son être se dégrade. « Monsieur

319. Quelque peu héritier des centenaires des romans de jeunesse : cf. notamment *Le Centenaire*, édition des *Bibliophiles de l'originale*, vol.1-2, p.80 : « Si ce vieillard eût pu être vu par l'imagination, debout sur les mondes détruits, on l'aurait pris [...] peut-être, pour le Temps, pour la Mort, pour un Dieu ».

320. Cf. G. Poulet, *Trois essais de mythologie romantique*, Corti, 1971. Chapitre consacré à *Piranèse et les poètes romantiques français*, pp.135 à 164.

321. Cf. *Le Père Goriot*, II,217. Toute la description d'ouverture parisienne est inséparable de la destinée de Goriot. Elle en est le signe annonciateur. Ici comme souvent, Topographie et Symbole sont superposés.

322. *Le Père Goriot*, II,226.

Goriot » (323) n'est plus que le « Père Goriot » quand il passe au « troisième » étage à « quarante-cinq francs par mois », « colimaçon » retourné à l'état fossile. Dans les salons, « champs de bataille de la civilisation parisienne », c'est pire. Ce Père au nom renié, oublié, écorché : « Ce Foriot », « ce Moriot », « Ce Loriot », « Ce père Doriot » (324) n'est plus qu'un pitoyable résidu de ce que fut jadis « Jean Joachim Goriot » à l'ombre de la puissante Halle aux Blés. Il est vaincu, et meurt de ne pouvoir respirer « l'air de ses filles » dans l'antre de la mère Vauquer.

Le triste spectacle du « Goriorama » s'achève en bonne logique avec le long regard d'Eugène-l'Initié surplombant la fosse du Père mis à mort dans l'arène parisienne.

Voici maintenant un autre « dramorama » (325), celui de l'*Interdit* et du *Récusé,* le marquis d'Espard et son défenseur Popinot, deux belles âmes archéologiques faites pour se comprendre : « Ces deux natures si pleines, si riches, l'une bourgeoise et divine, l'autre noble et sublime, s'étaient mises à l'unisson. » (326) Nous sommes en 1828 (327). Presque dix ans ont passé depuis que les deux amis reparaissants, Bianchon et Rastignac se sont échoués « sur le roc de la Maison-Vauquer » (328). L'un est maintenant « médecin célèbre », l'autre « un des hommes les plus élégants de Paris ». Depuis ce temps d'initiation ils en ont « vu, des marionnettes, des poupées et des pantins ! » dans ce monde du Paraître que Rastignac défiait du haut du Père-Lachaise, monde parisien dont l'espace est bien délimité « entre la colonne de la place Vendôme et le dôme des Invalides » (329).

Bien sûr, les deux marginaux, d'Espard et Popinot, n'appartiennent pas à cet espace-là. Comme Goriot, le marquis est retiré sur la Montagne Sainte-Geneviève (330) dans un de ces « antiques monuments bâtis en pierre de taille », plaisir de « l'archéologue » (331) et décor digne de l'habitant « considéré comme un débris de ce grand corps nommé la féodalité ». Débris voué, comme Chabert, Goriot, Pons, au contresens de lecture, à « des sentiments dont la niaiserie n'est comparable qu'à leur bassesse et qui engendraient des commérages de portier, des propos envenimés de porte à porte », mais « ignorés de monsieur d'Espard » muré dans son silence-refuge. Comme Chabert et Pons, on tente de le faire passer pour fou : « le fou était le marquis » (332). Lui aussi pourrait être comparé à Don Quichotte : n'est-il pas un sublime redresseur de torts ? « Hermosa locura » qui lui fait placer le code de l'honneur au-dessus du code de l'argent mais « à Paris, la vertu la plus pure est l'objet des plus sales calomnies » (333) et le marquis doit périr, périra, en dépit du bon juge dont les pensées dessaisonnées sont d'une « égale noblesse » (334). Popinot, habite au pied de cette même Montagne Sainte-Geneviève, dans une des plus vieilles maisons d'une des plus

323. II,222.
324. Cf. II,241.
325. Cf. *L'Interdiction*, II,353.
326. *Ibid.*, II,377.
327. Date de l'action. En fait *1836* si l'on considère la date de rédaction, c'est-à-dire deux ans seulement après *Le Père Goriot.*
328. II,352.
329. II,308.
330. « Rue de la Montagne Sainte-Geneviève n° 22 » (II,359).
331. *L'Interdiction*, II,369. Voir *supra* nos remarques sur ce vieil hôtel Duperron.
332. II,370.
333. II,377.
334. II,373.

vieilles rues de Paris (335), toutes deux dans un état de délabrement en accord avec cet être dont la vie « pleine de travaux secrets cache la vertu d'un saint » (336). Il est aussi insoucieux des modes et des apparences physiques que le brave Pons. L'Etre compte plus que le Paraître et c'est ce qui le perdra. Le narrateur Balzac nous invite, lui, à ne pas commettre de contresens : « l'indifférence en fait de vêtements, qui signalait en Popinot l'homme préoccupé, n'est-elle pas la marque distinctive de la haute science, de l'art cultivé follement, de la pensée perpétuellement active ? » (337) Il est digne du plus grand archéologue de la nature : « Il creusait un procès comme Cuvier fouillait l'humus du globe. Comme ce grand penseur il alliait de déductions en déductions avant de conclure, et reproduisait le passé de la conscience comme Cuvier reconstruisait un anoplothérium. » (338) En vain. Il a, cependant, transformé son espace parisien en vaste jeu de l'oie de la bienfaisance : « Popinot avait le bonheur d'agir sur une *plus vaste circonférence* et dans une sphère plus élevée » (339) (que l'homme au petit manteau) (340). « Toutes les misères du quartier étaient *chiffrées, casées* » (341). Mais il a le malheur suprême de heurter sur l'échiquier mondain la toute-puissante *Dame* du faubourg Saint-Honoré, face à qui il n'est plus qu'un pauvre *pion* perdant, perdu d'avance pour une « niaiserie », une simple tasse de thé certes, mais assez vaste pour les engloutir lui et le marquis d'Espard. Déjà Camusot s'avance et Popinot se retire à l'ombre de la croix de la Légion d'honneur déshonorée, dernière case du jeu sur lequel on le promène depuis si longtemps déjà : « A chaque nouvelle exigence, à chaque nouvelle sollicitation le ministre *reculait Popinot* qui ne mit jamais les pieds ni chez l'Archichancelier ni chez le Grand-juge. » (342) Ces cases prestigieuses ne sont pas faites pour ce pion-là : « De la cour il fut exporté sur les listes du Tribunal, puis *repoussé jusqu'au dernier échelon* par les intrigues des gens actifs et remuants » (343) et il était, jusqu'ici, « du petit nombre des juges du Tribunal de la Seine auxquels la décoration de la Légion d'honneur n'avait pas été donnée » : elle l'attend désormais, hochet dérisoire, au fond des oubliettes où on le pousse avec le « fou ».

C'est d'une autre « sphère » peut-être inattendue ici, celle des commerçants, que nous allons faire descendre, pour clore provisoirement (344) cette liste noire des condamnés, un dernier personnage archéologique. Et ce n'est pas, paradoxalement, le « patriarche de la draperie » que nous choisirons, pourtant bien en relief sur le décor de sa « gothique façade » (345), mais son contraire, César Birotteau. « Voici pourquoi » : le vieux Guillaume, personnage quasi-fossile, n'appartient pas à l'histoire en marche. Il est resté « au milieu de la civilisation nouvelle comme ces débris antédiluviens retrouvés par Cuvier dans les carrières » (346). Il vit au « milieu de la rue Saint-Denis » comme dans une « succursale de la Trappe ». Là, le temps s'est arrêté, même le langage s'est figé : « Jamais il ne parlait d'un jugement du tribunal de commerce

335. La rue du Fouarre.
336. II,354.
337. II,356.
338. II,355.
339. II,356. C'est nous qui soulignons.
340. Edmé Champion (1762-1852).
341. II,356. C'est nous qui soulignons.
342. II,354. C'est nous qui soulignons.
343. II,355. C'est nous qui soulignons.
344. Nous comptons reprendre et approfondir dans le cadre d'une autre étude, cette notion de personnage archéologique.
345. Cf. *La Maison du chat-qui-pelote*, I,67.
346. *La Maison du chat-qui-pelote*, I,62.

sans le nommer *la sentence des consuls.* » (347) Sa prospérité est le fruit d'une expérience répétitive. Son « vaisseau tranquille » navigue « sur la mer orageuse de la place
de Paris » sans risquer de sombrer comme celui de César. Rien de plus logique que la
conclusion de « cette vie agitée quoique sans mouvement, espèce d'existence mécanique et instinctive » : Guillaume et sa femme se retirent dans un vieil hôtel où tout
respire la vieillesse et la médiocrité et « semblent échoués sur un rocher d'or loin du
monde et des idées qui font vivre ». Ce sont des sortes d'automates archéologiques
dignes de figurer aux devantures des marchands de curiosités. « Gloire et malheur » (348) ne peuvent les atteindre qu'à travers leur descendance. « Grandeur et
décadence » sont deux pôles entre lesquels oscille le tragique balancier du Temps qui
s'est immobilisé pour eux, tandis qu'il s'accélère pour César.

César qui ne se « nomme pas César pour rien » (349) et dont l'aventure commence
une dizaine d'années (350) après la retraite de Guillaume-le-non-conquérant est, lui,
immergé dans l'Histoire, une Histoire majuscule qui n'a rien à voir avec une succession
de malheureux hasards. Prenons garde aux considérations qui contiennent les « germes
du malheur » de César, victime exemplaire :

> « L'Histoire, en redisant les causes de la grandeur et de la décadence de tout ce qui fut ici-bas,
> pourrait avertir l'homme du moment où il doit arrêter le jeu de toutes ses facultés ; mais ni les con-
> quérants ni les acteurs, ni les femmes ni les auteurs n'en écoutent la voix salutaire.
> César Birotteau qui devait se considérer comme étant à l'apogée de sa fortune prenait ce point
> d'arrêt comme un nouveau point de départ [...]
> Pourquoi de nouvelles pyramides ne rappelleraient-elles pas incessamment le principe qui doit
> dominer la politique des nations aussi bien que celle des particuliers :
> *Quand l'effet produit n'est plus en rapport direct ni en proportion égale avec sa cause la désor-*
> *ganisation commence ?*
> Mais les monuments existent partout, *c'est les traditions et les pierres qui nous parlent du passé, qui*
> *consacrent les caprices de l'indomptable destin.* » (351)

.e destin de César, c'est bientôt celui d'une pierre au fond d'un gouffre, pierre qui
~arle d'un présent bien peu fait pour un « héros de la probité commerciale ».
                    Voire... Le naïf Birotteau, malgré le songe prémonitoire de Constance la
                    née (vraie gardienne des valeurs du passé) succombe à la tentation de la
s_1 monstre « hideux, effréné » (352) mais habilement travesti par les dou-
teu×   ments de l'Histoire que sont du Tillet et Compagnie.

Pou.ant, en dépit de ce péché qu'il va expier jusqu'à la mort, César croit aux
valeurs de l'Etre, à l'Honneur du nom que le principe Argent ne saurait remplacer.
C'est « sans comprendre la différence des Temps » (353) qu'il s'embarque dans une
aventure dont les épisodes sont symboliquement et étroitement liés à l'espace parisien.

Ses malheurs commencent par un acte sacrilège envers son passé, envers son nom :

> « Je brûle notre enseigne de *la Reine des Roses*, j'efface sur notre tableau *César Birotteau, Mar-*

---

347. *Ibid.*
348. Titre primitif de la nouvelle.
349. *César Birotteau*, IV,136.
350. Action de *La Maison du chat-qui-pelote* : 1810 ; rédaction : 1829. Action de *César Birot-*
teau : 1819 ; rédaction : 1837.
351. *César Birotteau*, IV,148. C'est nous qui soulignons.
352. Comme il est dit au début des *Petits Bourgeois*.
353. IV,194.

hand *Parfumeur, successeur de Ragon*, et mets tout bonnement *Parfumerie* en   grosses   lettres
d'or. » (354)

Ce nom renié sera bientôt un nom prostitué. Constance ne s'y trompe pas :

« Pour te placer plus haut dans la société, tu ne veux plus être en nom, tu veux ôter l'enseigne
de *la Reine des Roses*, et tu vas faire encore tes salamalecs d'affiches et de prospectus qui montre-
ront César Birotteau au coin de toutes les bornes et au-dessus de toutes les planches aux endroits où
l'on bâtit » (355)

c'est-à-dire dans le Paris moderne sous lequel l'ancien disparaît tout comme César-
l'ancien s'apprête à disparaître, à l'instar de Nucingen, sous des prête-noms :

« Oh ! tu n'y es pas. J'aurai une succursale sous le nom de Popinot dans quelque maison autour
de la rue des Lombards, où je mettrai le petit Anselme. » (356)

Hélas ! le nom de Birotteau n'en deviendra pas moins celui d'un failli, entaché de
déshonneur. Pour le reconquérir et être à nouveau digne de le porter, il faudra d'abord
porter la croix que l'on sait, jusqu'à la mort. Belle mort à l'ombre d'une « palme éternelle » (357) certes, mais quelque peu dérisoire comparée à la grande ombre maléfique
que le clan du Tillet jette sur tout le roman.
    Nous avons déjà eu l'occasion d'insister sur la perte d'identité, caractéristique du
personnage archéologique. Ici, le nom de César est littéralement annulé, symbole
même de la néantisation de l'être :

« Une des plus horribles scènes de la vie de César fut sa conférence obligée avec le petit Molineux,
cet être qu'il regardait comme si nul et qui, par une fiction de la loi, *était devenu César Birotteau.* » (358)

Dérisoire transsubstantiation, et signe des temps : tandis que dans « l'ignoble
maison » habitée par Gigonnet « chaque palier offr(e) aux yeux les *noms du fabricant
écrits en or sur une tôle peinte en rouge* » (359), le nom de César s'efface rue Saint-
Honoré, remplacé sur une « nouvelle enseigne » par celui de

CÉLESTIN CREVEL
Successeur de César Birotteau

Sinistre jeu de relais des noms...
    Pourtant, la Providence aidant, celui qui a tant « souffert pour le saint-nom de
Dieu » (360) verra, plus heureux que Chabert, se rouvrir « les portes de la vie sociale »
avant sa mort-apothéose : « la mort du juste », mais aussi du naïf, sacrifié sur l'autel
doré de la spéculation.

---

354. IV,134.
355. IV,135.
356. *Ibid.*
357. IV,232.
358. IV,220. C'est nous qui soulignons.
359. IV,212. C'est nous qui soulignons.
360. IV,211.

Ces êtres, dont nous venons d'étudier ou d'évoquer le destin tragique, appartiennent donc irrémédiablement au passé par les valeurs qu'ils incarnent. Tandis qu'ils s'enfoncent, chacun à leur manière, dans les ténèbres de l'archéologie morale et que leur nom s'efface, d'autres personnages, vivants symboles d'un « présent en marche » avide et trompeur, inscrivent fièrement le leur au fronton de ce gigantesque théâtre que tend à devenir Paris.

C'est maintenant vers cet espace du faux semblant et quelques-uns de ses acteurs que nous allons tourner nos regards.

VI. L'ENVERS DE L'ESPACE ARCHÉOLOGIQUE : LES ESPACES THÉATRALISÉS DE LA VIE ET DE LA MORT A PARIS

MASQUES ET BERGAMASQUES

PARIS-DÉCOR

L'espace du Paris balzacien moderne est théâtralisé par l'architecture à la mode, ses faux-marbres, ses colonnes minces, son carton-pierre, ses stucs dorés, ses kiosques à clochettes, ses pastiches gothico-Renaissance, ses vastes appartements conçus comme chez les Birotteau ou les Rabourdin pour la « représentation ».

Sur ce point l'abondant témoignage de *La Comédie humaine* (1) est amplement confirmé par les historiens : Louis Hautecœur rappelle que :

« l'influence du théâtre, les progrès de l'industrie expliquent l'usage de tous les matériaux de remplacement, de tous les faux-semblants ; les sculptures sont exécutées en carton-pierre, même à l'intérieur des églises » (2)

et constate que :

« certains décors semblent avoir servi de modèles aux architectes : les maisons du troisième acte de *Dom Juan* en 1834 (3) annoncent les hôtels Renaissance, comme le décor d'*Othello* [...] où se mêlent le gothique et le mauresque est une préfigure des salles de bals publics et des cafés » (4).

La remarque vaut aussi pour les appartements : « Séchan (5) décore de nombreux intérieurs où il procède comme au théâtre ».

Ainsi se construit peu à peu — construction plâtreuse et éphémère — un envers de cet espace archéologique qui, par ailleurs, va se réduisant, tel la peau de chagrin, devant la « truelle civilisatrice ».

« Du train dont va Paris » en ces années 1830, « il se renouvellera tous les cinquante ans. Aussi la signification historique de son architecture s'efface-t-elle tous les jours » (6) comme s'efface celle des personnages archéologiques voués, à l'instar de la vieille « chronique de pierre », au mépris et au contresens de lecture.

Dans cette ville-décor, la « comédie humaine » va bon train. On y croise tous les types d'acteurs, des figurants, naïfs « comédiens sans le savoir », aux premiers rôles.

---

1. Voir nos chapitres sur les *Maisons* et *les Espaces intérieurs*.
2. Cf. *Histoire de l'architecture classique en France*, tome VI, p.371.
3. La maquette originale est conservée à la bibliothèque de l'Opéra.
4. *Op.cit.*, pp.370-371.
5. Peintre de décors. C'est lui qui a décoré le *Théâtre historique* du boulevard du Temple où sera montée *La Marâtre*. Il était très lié à l'architecte Charpentier qui a aménagé l'hôtel Dosne, place Saint-Georges et l'hôtel Javal rue Taitbout. C'était, dit L. Hautecœur, « le plus romantique des architectes ».
6. Cf. Victor Hugo, *Notre-Dame de Paris*, livre troisième, chapitre II.

Vue extérieure de l'entrée du café et du jardin Turc (photo B.N.)

De redoutables metteurs en scène aussi. Dissimulés dans les coulisses tel Vautrin, le plus redoutable d'eux tous, ils savent à propos distribuer les noms travestis, les défroques trompeuses et, à l'occasion, souffler le texte aux grands débutants prometteurs comme Eugène de Rastignac ou Lucien de Rubempré, ex-chardon arraché d'Angoulême pour se métamorphoser en fine-fleur parisienne.

D'autres que nous (7) ont insisté sur cette vision du monde essentiellement théâtrale qui est celle de Balzac si souvent tenté par la scène (8) ; déjà auteur de « neuf pièces achevées, dix-huit fragments dont certains fort longs, plus de cent projets (9), il envisage même en 1848 de choisir « délibérément de tout sacrifier au théâtre, de suivre enfin totalement sa vocation. Négligeant le roman, il parle d'une nouvelle carrière littéraire » (10). Familier de toutes les salles de spectacle de Paris, il les introduit à maintes reprises dans La Comédie humaine, avec toute leur faune hiérarchisée du petit rat au lion superbe, et comme le fait pertinemment remarquer René Guise, plusieurs scènes capitales de ses romans se déroulent dans le décor d'une salle de spectacle:

> « C'est au *Théâtre français* que Louis Lambert connaît sa première crise de folie. C'est aux *Variétés* que Calyste retrouve Béatrix et aux *Italiens* que se dénoue leur drame. C'est à la Porte Saint-Martin qu'Esther fait sa rentrée dans le monde, aux côtés de Nucingen. C'est aux *Italiens* que Louise de Chaulieu donne la réponse qui la lie au baron de Macumer. » (11)

Il ne s'agit là que de quelques exemples dont on pourrait à loisir allonger la liste. Nous en ajouterons deux qui, le moment venu, feront dans notre étude l'objet d'une mention spéciale : le théâtre Favart dont le foyer devient, dans *La Peau de chagrin,* non seulement le lieu de rencontre symbolique de tous les protagonistes mais encore le microcosme de toute une époque ; le théâtre du Gymnase dont la scène habituellement réservée à d'aimables vaudevilles est agrandie, dans *Melmoth réconcilié,* aux dimensions fantastiques d'une gigantesque scène tournante qui présente à Castanier terrifié le spectacle de tous les lieux parisiens où se joue son destin.

Notre propos n'est pas d'entreprendre ici un examen de la place faite au théâtre dans *La Comédie humaine* (ce serait l'objet d'une autre thèse), mais simplement de soumettre à notre lecteur quelques remarques étayées d'exemples sur l'entrelacs serré dans le texte balzacien du Théâtre, de l'Histoire et finalement de la Mort. Histoire carnavalisée de la Restauration et de la Monarchie de Juillet, sorte de résidu, d'envers burlesque de l'épopée impériale avec sa cohorte de Césars vaincus issus des catacombes du commerce, ses Hectors pitoyables, tel le « bel Hulot démantelé » et ses Achilles au pied pesant et à l'esprit borné, tel Rivet. Comme il est loin celui « qui avait pris un empire *avec son nom* et qui *perdit son nom* au bord de son empire » (12) : signe fatal. « Oh ! Napoléon, où es-tu ? » (13) Ta grande époque a bien vite rejoint, en effet, cette Antiquité qu'elle se plaisait à ressusciter dans ses exploits comme dans ses décors ; et de toi il ne reste plus que de dérisoires doublures.

---

7. Notamment René Guise auteur de la substantielle *Introduction au Théâtre de Balzac* publié par Les Bibliophiles de l'originale, Paris, 1969, tome 21.

8. Et pas seulement pour de douteuses raisons, sur lesquelles on a trop insisté (« bâcler le *dramorama* pour toucher la monnaie »).

9. *Introduction* citée, p.II.

10. *Introduction* citée, p.X.

11. *Ibid.,* p.XVII, note 2. On consultera aussi avec grand profit l'excellent catalogue rédigé par Jacqueline Sarment, *Le spectacle et la fête au temps de Balzac,* pour l'exposition qui s'est tenue du 23 novembre 1978 au 25 février 1979 à la maison de Balzac.

12. Cf. *Autre étude de femme*, II,440. C'est nous qui soulignons.

13. Cf. *La Cousine Bette*, V,110.

ENVERS-TYPE DU PERSONNAGE ARCHÉOLOGIQUE : L'ILLUSTRE GAUDISSART (14)

> « *Le commis-voyageur,* personnage inconnu dans l'Antiquité, *n'est-il pas une des plus curieuses figures* créées par les mœurs de l'époque actuelle ? » (15)

Il est « anneau » dans l'espace et dans le temps :

> « N'est-il pas destiné, dans un certain ordre de choses, à marquer la grande transition qui [...] soude le temps des exploitations matérielles au temps des exploitations intellectuelles. » (16)

Il appartient à l'Avenir :

> « Notre siècle reliera le règne de la force isolée, abondante en créations originales, au règne de la force uniforme, mais niveleuse, égalisant les produits, les jetant par masses, et obéissant à une pensée unitaire, dernière expression des sociétés. » (17)

Alors que le personnage archéologique se réfugie dans un silence désespéré comme Chabert ou le bon juge Popinot, dédaignant « de relever la mensongère accusation portée contre lui » (18), le commis-voyageur est « doué de l'éloquence d'un robinet d'eau chaude que l'on tourne à volonté », capable de « reprendre sans erreur sa collection de phrases préparées » (19), langage fabriqué, destiné à faire illusion.

> « Il sait avec adresse, en portant les paroles,
>   De la vaillante dupe attraper les pistoles. » (20)

Ce Gaudissart dont le nom est « en harmonie avec la tournure, les manières, la physionomie, la voix, le langage » (21), appartient de plein droit à l'espace théâtral ; mieux, il théâtralise tout espace autour de lui : « Excellent mime, il sait prendre tour à tour le sourire de l'attention, du contentement, de l'obligeance » et, s'il « tranche, il parle en maître des théâtres de Paris, de leurs acteurs et de ceux de la province » (22), ce n'est point hasard. Il obtiendra d'ailleurs le privilège d'un théâtre en faillite et deviendra ainsi directeur de sa propre compagnie théâtrale (23). Privilège bien mérité pour le fervent amateur de théâtre qu'on retrouvera au faîte de sa puissance (et là encore ce n'est point hasard) au moment où le pauvre Pons disparaîtra corps et biens dans l'océan parisien. Rien n'aura pu arrêter dans son irrésistible ascension cet « intrépide marin », qui « s'embarque, muni de quelques phrases » (24) pour la miraculeuse pêche aux écus.

Signe des temps nouveaux, bien compris par cet « illustre » résidu de Napoléon

---

14. Venu au monde balzacien à la fin de l'année 1833.
15. Début de *L'Illustre Gaudissart*, III,192. C'est nous qui soulignons.
16. III,192.
17. *Ibid.*
18. Dernière phrase de *L'Interdiction*, II,378.
19. III,192.
20. Cf. Corneille, *L'Illusion Comique*, acte I, scène III.
21. III,193.
22. III,192.
23. Cf. *Le Cousin Pons.*
24. III,193.

fièrement campé de « trois quarts », « la main passée dans son gilet » (25). « Contraint de sonder les hommes par un seul regard, d'en deviner les actions (26) tout comme l'Empereur, il se livre à d'« admirables manœuvres qui pétrissent l'intelligence des populations » et « au retour de ses marches triomphales, il séjourne à Paris » où il est partout « fêté », menant « une vie de souverain ». Aussi peut-il à juste titre, parlant de lui-même à la troisième personne, proclamer fièrement : « A l'instar de Napoléon, Gaudissart a son étoile et n'aura point de Waterloo. » (27)

Quelle tragique dérision ! Tragique, oui, quand on se prend à songer au terrifiant pouvoir de cette plâtreuse allégorie dont « la figure ronde comme une citrouille » est « semblable à ces *classiques visages adoptés par les sculpteurs de tous les pays pour les statues de l'Abondance, de la Loi, de la Force, du Commerce, etc.* » (28)

Statue en « toc » reproduite à de multiples exemplaires mais qui masque, sous une apparente bonhomie, de bien inquiétants mécanismes, « intelligents pistons de la machine à vapeur nommée Spéculation » (29), ce « monstre hideux » (que nous avons déjà vu à l'œuvre dans les vieux quartiers parisiens) capable de bien maléfiques métamorphoses : « Depuis 1830 plus spécialement (où) les *idées* devinrent des *valeurs* » (30) un jour peut-être cotables en Bourse et :

« S'il ne se trouve pas d'idées à vendre, la spéculation tâche de mettre des mots en faveur, leur donne la consistance d'une idée et vit de ses mots comme l'oiseau de ses grains de mil. Ne riez pas ! Un mot vaut une idée dans un pays où l'on est plus séduit par l'étiquette du sac que par le contenu. » (31)

Non, nous ne rions pas, nous les lecteurs de 1980 qui savons bien le redoutable pouvoir des mots vides ou colorés et voyons nettement en Gaudissart un « héraut du capitalisme naissant » (32) qui va s'approprier l'espace et le temps : « De toutes les richesses sociales, le temps n'est-il pas la plus précieuse et, l'économiser, n'est-ce pas s'enrichir ? » (33) Patience, « encore quelques années » (34), et la province et ses « cités originales » (35) transformées, méconnaissables, auront franchi l'espace-temps qui les sépare de Paris. Gaudissart « déploy(ant) la rubannerie de ses phrases » (36) entre les départements, et la capitale vaut bien une route. Il fraye le chemin qui mène à l'avenir c'est-à-dire à notre présent. Sur ce chemin montant :

« Les titres, les médailles, les diplômes, espèce de Légion d'honneur inventée pour le commun des martyrs, se sont rapidement succédé. Enfin toutes les fabriques de produits intellectuels ont découvert un piment, un gingembre spécial, leurs réjouissances. De là les primes, de là les dividendes *anticipés* ; de là *cette conscription de noms célèbres levée à l'insu des infortunés artistes qui les*

25. III,196.
26. III,192.
27. III,196.
28. III,196. C'est nous qui soulignons.
29. III,192.
30. III,194. C'est nous qui soulignons.
31. *Ibid.*
32. Cf. B. Guyon, « Balzac, héraut du capitalisme naissant », *Europe,* colloque Balzac, janvier-février 1965.
33. III,200.
34. *Béatrix,* II,IX.
35. *Ibid.*
36. III,198.

portent et se trouvent ainsi coopérer activement à plus d'entreprises que l'année n'a de jours car *la loi n'a pas prévu le vol des noms*. » (37)

Perte d'identité reparaissante comme un leit motiv et qui affecte ici les créateurs tout comme les personnages archéologiques. Quand l'Art industriel aura triomphé, quand les Crevel (de Presle) s'enfleront jusqu'aux dimensions ubuesques d'un XXe siècle ici préfiguré dans son envers le plus néfaste, les premiers rejoindront les seconds, l'irrémédiable confusion entre les grandeurs naturelles et les grandeurs d'établissement (38) sera consommée et l'illustre Gaudissart dont on comprendra enfin la vraie dimension (39) aura enfanté une inépuisable dynastie.

Nous voudrions maintenant attirer l'attention de nos lecteurs sur une lutte engagée dès l'aube de la grande Comédie humaine (40) entre deux espaces parisiens opposés l'un déjà théâtral où brille en actrice consommée la Société, avide d'or et de plaisir et l'autre encore naturel, nimbé d'une lumière rousseauiste bientôt éclipsée hélas ! par les feux mortels de la rampe. Exemple privilégié du lien qui unit étroitement en pays parisien le spectacle, l'histoire et la mort.

PERSPECTIVES SUR PARIS DANS LA PEAU DE CHAGRIN

Il ne s'agit pas, dans ce récit (41), d'une ville unitaire, bien circonscrite et autonome, mais d'une ville morcelée en divers espaces parisiens qui s'opposent plus qu'ils ne s'apparentent : quoi de commun, par exemple, entre la studieuse Montagne Sainte-Geneviève où Raphaël, du haut de son sépulcre aérien hanté par l'ombre de Jean-Jacques, contemple les singulières beautés d'un « pays original », et le quai Voltaire où s'ouvre, à « deux pas de la maison où le dieu de l'incrédulité française a expiré » (p.439), l'abîme apocalyptique du magasin d'antiquités ? Quoi de commun entre le Palais-Royal, réduit ici à la sanglante « arène » où l'on vient périr « pour la fortune et pour le luxe » (p.431) et le paisible jardin des Plantes où de naïfs savants, ni décorés ni pensionnés, vivent « dans la Science et pour la Science » (p.501) ? Quoi de commun entre l'espace parisien engendré par la froide Foedora, cœur minéral, être des espaces clos et des décors artificiels : boudoir gothique ou salles de spectacle, et l'espace qui rayonne autour de Pauline, fille du feu, « fleur de la flamme », souvent auréolée de métaphores qui inscrivent en filigrane la nature dans la ville. (Son cœur « s'ouvre à la vie comme le calice d'une fleur lentement dépliée par le soleil » (p.462), son sein bat « comme celui d'une jeune fauvette », son front est « vierge comme la neige qui n'a pas touché terre » (p.482). C'est l'être des espaces ouverts. Elle finira d'ailleurs, dans un agrandissement déjà tout nervalien, par se confondre avec la nature même.

Non, décidément, le Paris des uns n'est pas celui des autres. Chacun semble secréter l'espace qu'il mérite et nous invite à traiter ici la ville dans une perspective non-exclusivement topographique, même si les lieux et itinéraires (d'ailleurs évoqués plus que décrits) sont aisément repérables sur un plan.

Mais alors, peut-être faut-il chercher au-delà de ces espaces contradictoires la

---

37. III,194. C'est nous qui soulignons.
38. Cf. Pour reprendre la distinction pascalienne.
39. Cf. La pertinente introduction de Pierre Barberis à *L'Illustre Gaudissart* au tome IV de la nouvelle édition Pléiade, pp.545 à 560.
40. *La Peau de chagrin* est de 1831.
41. « Est-ce un roman, est-ce un conte ? » demande Pierre Citron dans une Introduction à *La Peau de chagrin*. Garnier-Flammarion, Paris, 1971. En fait, c'est un roman et un conte (lire pp.22 et suivantes). Étant donné l'abondance des courtes citations dans cette étude de *La Peau de chagrin*, les numéros des pages qui figurent entre parenthèses renvoient à l'édition de référence t.VI.

« ténébreuse et profonde unité » parisienne, dans le vaste cercle décrit par le récit, qui s'ouvre sur un tragique désir de mort né à Paris et de Paris, et s'achève par une mort tragique ? Cercle traversé, dès les premières pages, par le fatal diamètre de la Seine, non pas fleuve de vie mais eau sinistre, « sale et froide », prête à engloutir d'indéchiffrables cadavres. Oui, Paris est bien évidemment espace de mort, « scène » tragique aux décors divers et parfois reparaissants, de la sanglante arène initiale du salon de jeu jusqu'au salon de Raphaël, arène du dernier combat Amour/Mort, dont le final baroque annonce celui de *La Fille aux yeux d'or* (42).

Oui, mais cet espace-là non plus n'est pas autonome. Il ne se conçoit bien que par rapport à son contraire, l'espace de la vie, de la santé que Raphaël, promeneur solitaire, va bientôt chercher au sein d'une nature régénératrice. Espèce d'anti-Paris dont les éléments positifs s'opposent, souvent terme à terme, aux négatifs parisiens. Un peu comme s'il s'agissait d'un miroir magique qui renverrait, lumineuses, les sombres images qu'il capte. Si le récit s'ouvre sur un vœu de mort, non exaucé, il est bientôt relayé par un désir éperdu de vivre, non exaucé lui non plus, reflet inverse du premier. De même, au centenaire décharné qui règne sur les témoins hétéroclites des siècles évanouis, s'oppose le vigoureux centenaire auvergnat qui règne sur une « nature plantureuse » (p.515) débordante de vie, tout le contraire des « simulacres de cette nature plastique et vide » (p.436) née de la civilisation et contemplée par Raphaël à la lumière factice du magasin d'antiquité. Nature vraie, illuminée par le soleil, alors que Paris est si souvent rayé de pluie et souillé de fange. « Petit coin de terre ignoré » (p.514) à « mille lieues de nos poésies peignées » (p.515) et que Julie, la nouvelle Héloïse, n'eût certes pas désavoué.

En outre, cet espace naturel plonge dans un temps immémorial, nature qui « n'(a) d'analogie avec aucune idée, ne procède que d'elle-même, vrai triomphe du hasard » (p.515). En d'autres termes, il semble échapper à l'Histoire alors que Paris, « capitale des idées », espace urbain façonné par l'homme est, par excellence, le lieu où se fait l'Histoire, où se déchiffre l'Histoire. Elle est partout présente, depuis les vestiges fossilisés des carrières de Montmartre jusqu'à ces prestigieux monuments : « Le Louvre, l'Institut, les tours de Notre-Dame, celles du Palais, le Pont des Arts » qui jalonnent le cours mugissant de la Seine reflétant les lumières de Paris (p.443). Les « lacs ignorés » des Monts-Dore, eux, ne réfléchissent fidèlement que « les cimes granitiques, les arbres (et) le ciel ». A la « révolution antédiluvienne » (p.514), révolution naturelle, s'opposent des révolutions bien situées historiquement, qui ont pris naissance à Paris. Pas seulement celle de 1830 et ses lendemains désabusés, (au centre du cynique échange de propos de la rue Joubert) mais aussi la grande Révolution française, présente dès l'ouverture funèbre du roman par les réminiscences qui assaillent Raphaël marchant à la mort « perdu dans une engourdissante méditation, semblable à celle dont jadis étaient saisis les criminels qu'une charrette conduisait du Palais à la Grève, vers cet échafaud, rouge de tout le sang versé depuis 1793 ».

Paris est aussi ce lieu de convergence de tous les passés, du plus lointain au plus récent.

Comment, alors, ordonner tous les éléments de ce puzzle qu'est l'espace parisien, pour en proposer un dessin cohérent ou, du moins, lisible ?

---

42. Lui aussi aura lieu dans le champ clos d'un boudoir devenu arène sanglante, et métaphoriquement agrandie aux dimensions de tout Paris : « Elle était trop enivrée de sang chaud, trop animée par la lutte, trop exaltée pour apercevoir Paris entier si Paris avait formé un cirque autour d'elle », dit le texte à propos de la marquise de San-Real.

Tout comme la Seine maléfique traverse Paris, ainsi divisé en deux rives opposées topographiquement et symboliquement, Foedora ou « si vous voulez, la Société » (p.520), traverse la vie de Raphaël, le vouant, après son passage fatal, à une double postulation simultanée : l'une vers la vie et ses visages, l'autre vers la mort et ses masques. Le regard porté sur Paris est tout différent avant et après Foedora. Avant, l'espace parisien, contemplé plus que parcouru, est encore aéré, aérien, villageois à certains égards. Après, il est souvent vu au ras du sol, sol humide, pluvieux, fangeux, sillonné de trajets fiévreux ou désespérés qui entraînent le héros d'une rive à l'autre, d'un hôtel particulier à un théâtre, et de salons dorés en salons de jeu, jusqu'au bas des marches du Pont-Royal. Paris devient ville du travestissement et de la perdition.
Entrons tout d'abord dans le :

Paris d'avant Foedora

Il est évoqué rétrospectivement par Raphaël lui-même, embrassant sa vie « à distance », après l'orgie de la rue Joubert. En 1826, après la mort de son père, le voilà « perdu dans Paris », « sans parents, sans amis, seul au milieu du plus affreux désert, un désert pavé, un désert animé, pensant, vivant, où tout vous est bien plus qu'ennemi, indifférent ! » (p.459) (Comment, ici, ne pas évoquer Saint-Preux : lui aussi, bien des années auparavant, est entré « avec une secrète horreur dans ce vaste désert du monde », en proie à « une solitude affreuse où règne un morne silence » (43). Il décide alors de trouver refuge « dans une sphère inaccessible au milieu de ce Paris » paradoxalement « si tumultueux ». Revenant de l'Estrapade par un beau soir de septembre, il le découvre, sous le signe de Jean-Jacques, à l'angle de la rue des Cordiers et de la rue de Cluny (44) : c'est l'hôtel Saint-Quentin. Cet hôtel existait bien là où le situe Balzac. Il a été effectivement habité par Jean-Jacques Rousseau qui l'évoque au livre VII des *Confessions* : « J'allais loger à l'hôtel Saint-Quentin, rue des Cordiers, proche de la Sorbonne, vilaine rue, vilain hôtel, vilaine chambre, mais où cependant avaient logé des hommes de mérite tels que Gresset, Bordes, les abbés de Mably, de Condillac, et plusieurs autres... » En somme, une espèce de « bocal aux grands hommes » bien fait pour séduire Balzac. La description que Raphaël en donne, sous le signe du délabrement, est conforme aux descriptions du cadastre de 1862 récemment dépouillé par Myriam Lebrun (45). L'hôtel a disparu, englobé à la fin du siècle dernier dans l'agrandissement de la Sorbonne.
Pourquoi ce choix ? Question impertinente peut-être, à coup sûr hasardeuse. Certes, le sépulcre aérien évoque la mansarde de la rue Lesdiguières, aux confins du Marais, où le jeune Balzac a connu le travail acharné et l'honnête frugalité qu'il prête à Raphaël. Mais peut-être faut-il insister davantage sur « le séjour de Jean-Jacques Rousseau dans ce lieu ».
En effet, tout, ici, rappelle l'innocence, la transparence qui lui sont chères. Quartier encore plein de bonhomie villageoise, où « devant chaque porte, des femmes assises devis(ent) comme dans une ville de province par un jour de fête » (p.460), où l'on va chercher l'eau, le matin, à « la fontaine de la place Saint-Michel, au coin de la rue des Grés » (46) (p.459) ; où l'on arrose les capucines de quelque jardin aérien tandis que

---

43. Cf. *La Nouvelle Héloïse*, seconde partie, lettre XIV.
44. Voir les localisations et itinéraires consacrés à *La Peau de chagrin*, première partie, chapitre I.
45. On trouvera le résultat de ses confrontations dans un article intitulé *La vie de l'étudiant au Quartier latin*, paru dans l'*Année Balzacienne*, 1978.
46. Notre actuelle rue Cujas.

de « longues perches chargées de linge », apparaissent aux fenêtres. Raphaël, respirant l'air assis auprès de la sienne, contemple, certes, un paysage de toits parisiens, mais qui renvoie à la nature sauvage par le biais de maintes comparaisons : « couverts de mousse jaunes ouvertes », « nivelés comme une plaine », ils deviennent tour à tour « savane » ou « océan de vagues immobiles ». Notre poète, à défaut d'herboriser comme Jean-Jacques, peut étudier « les mousses, leurs couleurs ravivées par la pluie et qui, sous le soleil, se chang(ent) en un velours sec et brun à reflets capricieux » (p.460). « Pays original » en vérité où, sur la montagne parisienne, on peut encore admirer « les poétiques et fugitifs effets du jour », « les soudains pétillements du soleil, le silence et les magies de la nuit, les mystères de l'aurore [...] tous les accidents de cette singulière nature », tout... comme Saint-Preux dans les montagnes du Valais ! : « Ajoutez à tout cela les illusions de l'optique, les pointes des monts différemment éclairées, le clair obscur du soleil et des ombres et tous les accidents de lumière qui en résultaient le matin et le soir : vous aurez quelque idée des scènes continuelles qui ne cessèrent d'attirer mon admiration », écrivait-il à Julie (47). Et n'oublions pas l'essentiel : l'apparition de Pauline au seuil de cet espace encore baigné de grâce naturelle, « charmante créature » espiègle et tendre, dont les « grâces naïves et secrètes » eussent enchanté Jean-Jacques.

Faut-il rappeler enfin que ce passé heureux, sans doute embelli par le souvenir, est évoqué dans la longue « confession » de Raphaël à Lousteau, qui n'est pas sans analogies avec certaines pages des *Confessions* : « Ici commence le court bonheur de ma vie », disait l'un à propos des Charmettes. « Là s'arrête ma belle vie » (p.461), dit l'autre en évoquant sa Thébaïde.

Elle s'arrête, oui, car voici Foedora et, avec elle, c'est l'espace parisien du luxe et de la civilisation qui apparaît, oserons-nous dire le versant « voltairien » du Paris de *La Peau de chagrin* ? Si Rousseau est indubitablement présent dans le roman, Voltaire l'est aussi, pas seulement à cause du quai qui abrite, tout près de la maison où est mort l'ennemi de Rousseau, des salles gorgées de civilisation, mais plus subtilement, par tous les décors intérieurs des salons, salles à manger, boudoirs, espaces luxueux où peut se lire la provocante revendication d'un *Mondain* encore impénitent.

> « Entrez [...] : la foule des beaux-arts
> Enfants du goût, se montre à vos regards
> De mille mains l'éclatante industrie
> De ces dehors orne la symétrie.
> L'heureux pinceau, le superbe dessin
> Du doux Corrège et du savant Poussin
> Sont encadrés dans l'or d'une bordure ;
> C'est Bouchardon qui fit cette figure,
> Et cet argent fut poli par Germain.
> Des Gobelins l'aiguille et la peinture
> Dans ces tapis surpassent la nature.
> Tous ces objets sont vingt fois répétés
> Dans des trumeaux tout brillants de clartés. » (48)

Ne sommes-nous pas, déjà, chez Foedora ? (49)

---

47. *La Nouvelle Héloïse*, première partie, lettre XXIII.
48. Voltaire, *Le Mondain*, vers 50 à 62.
49. Et chez « L'honnête » Taillefer, dans ce salon « resplendissant de dorure, de lumières », cette salle à manger où « les cristaux répèt(ent) les couleurs de l'iris dans leurs reflets étoilés, où la table est couverte d'un vaste surtout en bronze doré, sorti des ateliers de Thomire ; enfin « toutes les surprises du luxe » (p.112).

L'apparition de Foedora

C'est Rastignac qui persuade Raphaël, dans les premiers jours de décembre 1829, de quitter la rue des Cordiers pour « aller dans le monde ». « Pour commencer, dit-il, sois ici demain soir. Je te présenterai dans une maison où va tout Paris, notre Paris à nous, celui des beaux et des gens à millions. » Cette maison, c'est celle de Foedora dont le nom, d'emblée, fascine Raphaël : « Comment expliquer la fascination d'un nom ? », demande-t-il. Foedora : ce nom, symbole de toute puissance, ne contient-il pas la fatale syllabe *or*, cet or qui est le signe de son Paris à elle. « Le nom de Foedora retentissait en moi-même comme un son », avoue-t-il avant même de la connaître. N'est-ce pas le son de l'or qu'il « entend dans le lointain » (p.464), qui, déjà, « se fait écouter » ? L'idole apparaît, trompeusement vêtue de blanc, « mollement couchée sur une ottomane et tenant à la main un écran de plumes » (p.465). Quel contraste avec la bondissante Pauline jouant au volant ! Tout, autour d'elle, respire le luxe : salons meublés avec un goût exquis, tableau de choix, précieuses tentures, jardinières pleines de fleurs rares. Chaque pièce a « son caractère particulier ». Boudoir gothique à vitraux coloriés (qui atteste le goût de l'époque pour un Moyen Age récemment redécouvert), pièce dorée où revit le goût du siècle de Louis XIV, salon moderne, amoureux et vague comme une ballade allemande.

L'hôtel (dont n'apparaît jamais l'environnement extérieur) est situé sur la rive droite, dans l'aristocratique faubourg Saint-Honoré, à l'opposé du pays latin, et voilà Raphaël, dès ce premier soir, revenant à pied par le rude hiver : « Je revins à pied du faubourg Saint-Honoré où Foedora demeure. Entre son hôtel et la rue des Cordiers, il y a presque tout Paris ; le chemin me parut court et cependant il faisait froid. » (p.466) L'itinéraire qu'il emprunte n'est pas précisé (50) mais, de toute manière, il lui faut franchir le fleuve séparateur des deux univers. « Foedora ou la mort », s'écria-t-il « au détour d'un pont ». Peut-être le pont des Arts, celui que naguère encore, il ne passait jamais (51) (à moins qu'il ne s'agisse du pont Royal, de fatal augure). Il ne voit rien du Paris qu'il traverse, mais en revanche : « le beau boudoir gothique et le salon à la Louis XIV » passent devant ses yeux. Il revoit la comtesse « avec sa robe blanche, ses grandes manches gracieuses et sa séduisante démarche » (p.466). Déjà Paris est comme occulté par cette grande et souveraine image mentale. Dès ce premier soir, elle est douée d'un maléfique pouvoir de métamorphose qui s'exerce sur l'espace parisien d'hier. La « mansarde féconde » n'est plus qu'une « mansarde nue, froide, aussi mal peignée que la perruque d'un naturaliste » (p.466). La fenêtre ne s'ouvrira plus sur la changeante perspective des toits. Mais le visage de Foedora, curieusement, prend le relai, devient lui-même paysage où l'on retrouve, couleurs, ombre et lumière mêlées, les composantes du paysage parisien :

« Quelles fascinations ! Combien d'heures ne suis-je pas resté plongé dans une extase ineffable occupé à *la* voir ! [...] Dans ces moments, si son visage était *inondé de lumière,* il s'y opérait je ne sais quel phénomène qui le faisait resplendir ; l'imperceptible duvet qui dore sa peau délicate et fine en *dessinait* mollement les contours avec la grâce que nous admirons *dans les lignes lointaines de l'horizon quand elles se perdent dans le soleil.* Il semblait que le jour la caressât en s'unissant à elle ; ou qu'il s'échappât de sa rayonnante figure une *lumière plus vive que la lumière* même ; puis une ombre passant sur cette douce figure y reproduisait une *sorte de couleur* qui en variait les expressions en en *changeant les teintes* [...] ses traits *ondulaient,* agités par un sourire [...] je ne sais quel reflet

---

50. Voir localisations, Itinéraire, première partie, chapitre I.
51. C'était un pont à péage.

le ses cheveux jetait des *tons bruns* sur ses tempes fraîches [...] chaque *nuance* de beauté donnait
les fêtes nouvelles à mes yeux » (52) (p.467).

Paysage rêvé, contemplé par l'œil de l'esprit, ce visage de Foedora, dans la réalité,
est souvent glacial et semble alors imprimer sa marque à l'espace parisien, comme
ce soir où, sortant du spectacle :
« La comtesse était glaciale ; moi, j'appréhendais un malheur. – « Vous allez
m'accompagner », me dit-il quand la pièce fut finie. Le temps avait changé *subitement* (53). Lorsque nous sortîmes, il tombait une neige mêlée de pluie » (p.468).
Les « chevaux fendirent l'air » (c'est dire qu'on ne voit rien de l'espace parcouru !)
jusqu'au faubourg Saint-Honoré. Bien cruelle soirée pour le pauvre Raphaël qui voit
« clairement un abîme » entre cette femme et lui. Il revient chez lui (espèce de chemin
de croix reparaissant) « par la pluie et la neige, en marchant sur le verglas des quais
pendant une lieue » (p.469). Il tourne sous les guichets de l'Institut (et emprunte
donc le pont des Arts) sans un denier en poche, le chapeau déformé par la pluie.
Amère dérision, son bonheur, maintenant, dépend de sa promptitude à traverser
les rues de Paris sans se laisser éclabousser d'une « moucheture de fange » sur son
seul gilet blanc. Cette fange obsédante, bien réelle dans le Paris de l'époque (beaucoup
de rues ne sont pas encore pavées) est inséparable de l'espace parisien de Foedora
et prend ainsi déjà, valeur de signe (54). Ce soir-là, quand il arrive enfin à l'hôtel
Saint-Quentin, la porte est entrouverte et « les découpures en forme de cœur pratiquées
dans le volet » (elles aussi à la fois réelles et symboliques) s'ouvrent sur un espace
intimiste, qui « rafraîchit l'âme », exactement l'inverse de l'espace foedorien : la
mère, sourire aux lèvres, « assise au coin d'un foyer à demi-éteint » tricote des bas.
Pauline colorie des écrans, le visage en pleine lumière. Ainsi la double postulation
simultanée est-elle traduite en termes d'espace.
Encore fidèle à sa mansarde (55), c'est là qu'il reçoit un jour (des mains de Pauline) un curieux ordre de Foedora : par un de ces caprices de jolie femme fantasque
comme le ciel parisien, elle, si bien faite pour les espaces capitonnés, veut aller « à
pied et par les boulevards » du Luxembourg au Muséum et au Jardin des Plantes.
« Pleuvra-t-il ? Fera-t-il beau » ? Question vitale pour Raphaël. Ils marchent dans
le Luxembourg, il fait beau ; à la sortie, un gros nuage éclate et c'est en fiacre qu'ils
atteignent le Muséum, empruntant sans doute (56) la rue d'Enfer, les boulevards
Saint-Jacques, des Gobelins et de l'Hôpital. La pluie a cessé mais Foedora refuse de
renvoyer la voiture : « Que de tortures ! » (57) Ils errent dans le Jardin des Plantes,
en parcourant « les allées bocagères » (58) (aménagées pendant la Restauration).
Triste promenade pour Raphaël qui en espérait tant ! Dans ce simulacre de vraie
nature artificiellement créée, la femme sans cœur, aux yeux doublés comme ceux
des tigres « par une feuille de métal », « joue un rôle en actrice consommée » (p.473) ;

---

52. C'est nous qui soulignons.
53. C'est nous qui soulignons.
54. L'or se transforme en boue par une opération alchimique inverse de la transsubstantiation
baudelairienne.
55. Bientôt, Raphaël, après la réussite des louches tractations du Café de Paris, optera pour l'espace parisien de la richesse et, disant « d'éternels adieux à (ses) toits » (p.178), s'installera rue Taitbout non loin de la rue Joubert, en pleine Chaussée d'Antin.
56. Voir l'itinéraire probable, première partie, chapitre I.
57. Un jour aux Bouffons par une « horrible pluie », véritable signe de Paris et du malheur de
Raphaël, elle fait avancer une voiture alors qu'il est « sans un rouge liard ».
58. Elles formaient la « vallée suisse ».

« pateline et non pas affectueuse », elle désespère ce « jouet sans cesse à ses ordes » que devient Raphaël au fil d'autres journées perdues qui s'achèvent le plus souvent au Théâtre : Théâtre des Funambules (59), Théâtre des Italiens (60). Foedora, comédienne de salon, apprécie beaucoup les spectacles (61). Sans doute y puise-t-elle cet art de transformer tout espace autour d'elle en espace du travestissement, notamment ce boudoir gothique où se joue la dernière grande scène à deux personnages, celle qui précède le départ du pauvre Raphaël. Un soir vers huit heures (62) et pour la dernière fois, il peint « sa passion en mots flamboyants ». Elle pleure, mais « ses larmes étaient le fruit de cette émotion factice achetée cent sous à la porte d'un théâtre, j'avais eu le succès d'un bon acteur » (p.480). Son redoutable regard a le pouvoir de tout dénaturer, même les sentiments les plus vrais.

Plus de salut, hors la fuite. Mais fuir où ? Le « fantôme brillant et moqueur de Foedora » sera toujours, désormais, aux côtés de Raphaël dans ce Paris qui devient alors progressivement l'espace de la folie et de la mort.

Paris après Foedora

Avant le talisman

C'est en vain que, quinze jours durant, il se cloître dans sa mansarde. Il ne peut plus travailler. Foedora est partout et Pauline même ne peut chasser le fantôme qui le « possède » (au sens diabolique du terme). « Changé, maigri », il s'avoue vaincu : « je suis fou [...] je sens la folie rugir par moments dans mon cerveau [...] je préfère la mort à cette vie » (p.482). « Les bourbes de la Seine » déjà, le hantent, et la Morgue est évoquée. C'est alors qu'il quitte sa « cellule » de la rue de Cluny après un triste adieu et quelques dernières recommandations à Pauline, en cas de malheur. Il loue (grâce à l'or partagé avec Rastignac) l'appartement de la rue Taitbout et charge le « meilleur tapissier » de le décorer. Le voici désormais prisonnier, lui aussi, de cet espace parisien du décor et de l'argent dans lequel il *s'enfonce* inéluctablement. Les métaphores utilisées ici sont révélatrices de ce Paris-abîme qui s'ouvre à Raphaël: il se lance «dans un tourbillon de plaisirs creux» (p.483), joue, gagne et perd d'énormes sommes, mettant de «l'amour-propre à se tuer promptement». Il devient « entonnoir », « appareil à chyle », victime de ces «monstruosités sociales (qui) possèdent la puissance des abîmes, nous attirent comme Sainte-Hélène appelait Napoléon (63), donnent des vertiges, fascinent » ; « précipices » où, peut-être, existe « la pensée de l'infini » ? Bref, tandis que se profile l'ombre de Sainte-Pélagie (64), il « creuse la vie jusqu'à la fange » (p.486). Cette fange parisienne, ici délibérément métaphorique, signe de cette vertigineuse descente aux enfers dont le dernier cercle est bientôt franchi, quand Raphaël entre dans le Palais-Royal à l'heure où s'ouvrent les tripots.

---

59. Installé sur le boulevard du Temple (On y représentait des pantomines et des vaudevilles dialogués).

60. Traditionnellement appelé Théâtre des Bouffons, il est installé en 1830 salle Favart, rue Feydeau.

61. C'est pour la mener aux Funambules que Raphaël vend le cercle d'or qui entoure le portrait de sa mère.

62. Le surlendemain du jour où, spectateur caché derrière le rideau, il a assisté au déshabiller et au coucher de la comtesse : « elle venait d'ôter son masque, actrice, son rôle était fini » (p.193).

63. Intéressant parallèle établi avec l'*Histoire*, dont l'*histoire* de Raphaël n'est qu'un dérisoire simulacre.

64. La prison pour dettes sise rue... de la Clef !

Jusqu'alors, il avait toujours joué au bal ou chez des amis, « jamais dans les maisons de jeu, pour lesquelles je conservai ma sainte et primitive horreur », a-t-il dit (p.483). Et c'est bien le huis-clos de l'enfer qui l'attend dans le salon de jeu du Palais-Royal où, sous le cercle étincelant de regards implacables, qui « dévorent les cartes » et scrutent son visage, il joue et perd sa dernière chance. Il se trouve « bientôt sous les galeries du Palais-Royal » (p.433). Commence alors ce beau et tragique voyage au bout de la nuit (65) qui ouvre le récit sur un Paris marqué du sceau de la folie et de la mort, itinéraire aux confins des espaces topographique et symbolique, là où tout détail pittoresque devient signe à déchiffrer.

« Assailli par mille pensées [...] qui pass(ent) en lambeaux dans son âme, comme des drapeaux déchirés voltigent au milieu d'une bataille » (p.433), il sillonne un espace parisien tout imprégné d'Histoire, du *Palais-Royal,* jusqu'à la *rue Saint-Honoré* et au *chemin des Tuileries*, qu'il traverse avant de s'acheminer vers le *Pont Royal* (espace veiné, aussi, des souvenirs de sa propre « histoire » récente : pour revenir du faubourg Saint-Honoré à la rue des Cordiers, combien de fois n'a-t-il pas emprunté cet itinéraire !). Des figurants surgissent, silhouettes familières aux parisiens de l'époque : « fort de la halle » (p.433), petit savoyard déguenillé, brun de suie, qui demande « un petit sou pour avoir du pain », vieux pauvre honteux, vieille femme en haillons, jeune femme en brillant équipage. Splendeur et misère de Paris mêlées, reflet d'une réalité, certes, mais ces personnages ne sont-ils pas, ici, symboliquement rassemblés sur le passage de Raphaël ? Ils représentent à la fois tous les âges de la vie, toutes les conditions sociales, toutes les forces et toutes les faiblesses, et certains d'entre eux se haussent au niveau allégorique, telle cette inquiétante vieille au rire étrange : « Mauvais temps pour se noyer, lui dit en riant une vieille femme vêtue de haillons. Est-elle sale et froide, la Seine ! » (p.433), ou cette beauté frivole « dernière image du luxe » qui s'éclipse comme va s'éclipser la vie de Raphaël. Il les voit à peine. Paradoxalement, c'est un figurant absent, mais puissamment évoqué, qui le fait frissonner quand il aperçoit, sur le port des Tuileries, la redoutable baraque du « secours aux asyphxyiés » : monsieur Dacheux (66) armé de ces « avirons qui cassent la tête aux noyés, quand malheureusement ils remontent sur l'eau » (p.434), n'est-il pas le passeur du fleuve infernal et, déjà, sinistre obole, sonnent les écus comptés par le préfet de la Seine pour la tête du futur noyé.

Il continue son chemin et se dirige vers le quai Voltaire ; il descend « les marches qui terminent le trottoir du pont, à l'angle du quai » (p.434), regardant les bouquins étalés sur le parapet. Bientôt, ne pouvant plus « supporter le poignant aspect de la Seine » (p.434), il quitte le trottoir pour aller vers les maisons, arrive à l'étalage d'un marchand d'estampes, longe les magasins « en examinant sans beaucoup d'intérêt les échantillons de marchandises » (p.434). Par contre, il « étudie » ces prestigieux monuments de Paris, « Le Louvre, l'Institut, les tours de Notre-Dame, celles du Palais, le Pont des Arts » qui résument l'histoire de Paris et semblent compatir à la sienne, prenant une « physionomie triste en reflétant les teintes grises du ciel dont les rares clartés prêtaient un air menaçant à Paris » (p.434). Peu à peu cette « nature » parisienne le plonge dans une « extase douloureuse », l'envoûte (67), et il devient lui-même une espèce d'élément liquide comme la Seine : « Il sentait son organisme arriver insensiblement aux phénomènes de la fluidité. Les tourments de cette agonie lui impri-

65. Voir Itinéraire, première partie, chapitre I.
66. Personnage bien réel dont le nom même est attesté. Réels aussi les écus comptés aux bateliers pour tout noyé repêché.
67. Un peu comme Lucien de Rubempré apprêtant son suicide à la Conciergerie.

maient un mouvement semblable à celui des vagues, et lui faisaient voir les bâtiments, les hommes, à travers un brouillard où tout ondoyait. » (68) (p.434)

Au terme de cette errance, il rencontre son destin : la mort tragique mais différée par le talisman, la « lente agonie ». A partir de maintenant, comme la peau de chagrin elle-même, l'espace parisien se resserre inéluctablement autour de Raphaël.

Après le talisman

Tout de suite après l'incroyable vision qui a eu « lieu dans Paris, sur le quai Voltaire, au XIXe siècle, temps et lieu où la magie (devrait) être impossible » (p.439), en s'élançant de la porte du magasin sur la chaussée, il heurte trois jeunes gens, les reconnaît à « la clarté d'un réverbère balancé par le vent ». Et le voilà entraîné dans la pantomine des gueux, dans la sarabande infernale qui le mènera du bruyant hôtel de la rue Joubert où se déroule l'orgie, à celui de la rue de Varennes, enseveli dans un silence claustral, lieu de la mise à mort. Une fois encore, il passe le pont des Arts et regarde la Seine : « Au-dessus de ce fleuve, dans lequel il voulait se précipiter naguère, les prédictions du vieillard (sont) accomplies. » (p.443)

Rue Joubert (en pleine Chaussée d'Antin), c'est du Théâtre en grand qui se prépare: « Nous, véritables sectateurs du dieu Méphistophélès, avons entrepris de badigeonner l'esprit public, de rhabiller les acteurs, de clouer de nouvelles planches à la baraque gouvernementale. » (p.443) Au milieu de ces « masques fatigués de leur danse », Raphaël, fasciné par les contours du talisman, apprend son fabuleux héritage. Le destin est en marche et lui, Raphaël, s'efforçant de le conjurer, va s'immobiliser au sein de sa nouvelle et fastueuse demeure. Il n'est plus un être, mais « une sorte d'automate » (p.491). Il mène « la vie d'une machine à vapeur ». Sort-il de cet espace protégé ? C'est enfermé dans une somptueuse voiture, et il court « à travers Paris comme une fusée pour atteindre un autre lieu clos reparaissant : le Théâtre Favart dont le foyer fait penser à celui d'une lentille convergente : là vient se concentrer, semble-t-il, l'Histoire de Juillet ou plutôt son résidu burlesque : affairés « au milieu du foyer » voici « les jeunes et vieux élégants, d'anciens et de nouveaux ministres, des pairs sans pairie et des pairies sans pair, telles que les a faites la révolution de Juillet, enfin tout un monde de spéculateurs et de journalistes » (p.493) ; monde dominé par l'étrange figure de l'Antiquaire devenu caricature de lui-même, espèce de clown dérisoire avec ses sourcils et ses cheveux teints en noir, ses rides comblées par « d'épaisses couches de rouge et de blanc ». Ainsi, tout Paris semble réduit à cet espace des faux-semblants, des travestissements et du carton pâte.

C'est pourtant sur cette toile de fond que réapparaît miraculeusement l'anti-Foedora, Pauline, dont la rayonnante beauté éclipse l'artificieuse beauté de sa rivale. « Le pacte est rompu, je suis libre, je vivrai », s'écrie le crédule Raphaël. Dès le lendemain et pour la première fois depuis sa claustration, il sort au grand air. Pour aller où ? « à pied à son ancienne demeure » (p.495) : tentative de remontée dans l'espace du passé parisien des jours heureux. Hélas ! tout a changé. Le « seuil usé », la « dalle cassée » de la porte de l'hôtel Saint-Quentin sont fidèles au rendez-vous, certes, mais

---

68. Un autre être à la dérive, hanté lui aussi par le suicide, parcourra, une vingtaine d'années plus tard, le même espace parisien, plus pathétiquement encore marqué du sceau de la folie ; c'est le narrateur d'*Aurélia*, Gérard de Nerval : « Arrivé sur la place de la Concorde, ma pensée était de me détruire. A plusieurs reprises je me dirigeai vers la Seine, mais quelque chose m'empêchait d'accomplir mon dessein [...] Je croyais voir un soleil noir dans le ciel désert et un globe rouge de sang au-dessus des Tuileries [...] Je revins par la rue Saint-Honoré et je plaignais les paysans attardés que je rencontrais. Arrivé vers le Louvre, je marchai jusqu'à la Place... » (Édition Garnier-Flammarion, p.173).

tout est comme métamorphosé par la puissance de l'argent, qui s'est exercée à sa manière sur cet espace (il ne saurait être, désormais, celui du salut) :

« Cet hôtel est-il toujours tenu par Madame Gaudin ?
— Oh ! non, Monsieur. Maintenant madame Gaudin est baronne. Elle est dans une belle maison à elle, de l'autre côté de l'eau. » (p.496) (Hélas ! elle aussi a passé les ponts).
Son mari a rapporté « des mille et des cents. L'on dit qu'elle pourrait acheter tout le quartier Saint-Jacques si elle le voulait ».

En vain Pauline, assise au piano, est-elle modestement vêtue d'une robe de percaline. La façon de la robe et les accessoires de la toilette « révèlent toute une fortune ». C'est qu'elle aussi habite maintenant l'espace parisien de l'argent : rue Saint-Lazare, proche de la rue Joubert et de la rue Taitbout. « Je vais emporter la clef de cette chambre », dit-elle en quittant la mansarde. « N'est-ce pas un palais, notre trésor ? » (p.497). Non, la réalité n'est pas la sœur du rêve ; la mansarde appartient à un passé irrémédiablement révolu : celui de la vie. Aucune puissance humaine n'y saurait rien changer et c'est en vain que Raphaël entreprend, sur un rythme accéléré, sa dernière déambulation parisienne.

Allons voir les savants. « Il arriv(e) bientôt, entre la Halle aux Vins, immense recueil de tonneaux, et la Salpêtrière, immense séminaire d'ivrognerie » (p.499), devant une petite mare où s'ébaudissent des canards et, tout en se dirigeant « vers une assez jolie maison de la rue Buffon », il soumet la peau de chagrin aux investigations de monsieur Lavrille. En vain. Il court alors chez Planchette. En vain. Tous deux se rendent chez le mécanicien Spieghalter, rue de la Santé, « nom de favorable augure ». En vain (mais cette étape nous permet d'entrevoir, fait rare dans *La Comédie humaine*, la vie industrielle d'une forge parisienne, « établissement immense », tout retentissant des « hurlements » des soufflets, des « crescendo » des marteaux, des « sifflements des tours » (p.509), et tout peuplé de « noirs » ouvriers aux puissantes poitrines « poudrées de fer ». « Allons voir Japhet ». Ils trouvent et consultent le célèbre chimiste à son laboratoire (sans doute au Muséum). En vain. Ni Dieu ni Diable n'y peuvent rien et Raphaël, au bord de la folie, regagne son domicile.

Ainsi ce quartier du Jardin des Plantes et ses abords, aux lisières du triste faubourg Saint-Marceau, apparaît-il pour la seconde fois (rappelons-nous la malheureuse promenade avec Foedora) comme l'espace de l'échec.

Reste un suprême espoir : fuir Paris, se réfugier dans la nature. En vain. Bientôt les stigmates de l'espace parisien viennent s'inscrire sur cette belle nature, l'obscurcissant à tout jamais. L'argent impose ses métamorphoses maléfiques à la chaumière auvergnate comme à la mansarde parisienne ; Valentin surprend un jour des propos qui ne laissent aucun doute : la pitié qu'il inspire à son hôtesse est une pitié intéressée. Dès lors, l'heureuse naïveté des débuts devient « la sinistre naïveté de cette femme », vieille sorcière « dont le jupon noir et blanc offre une vague ressemblance avec les côtes desséchées d'un spectre » (p.517). Les Temps sont venus : « Le lendemain, il partit pour Paris » ; devenu lui-même puissance maléfique, il dissipe au passage une fête villageoise heureuse et spontanée, comme les aimait Jean-Jacques, et la pluie torrentielle, signe fatidique, fait sa réapparition tandis qu'il approche de Paris.

Bientôt seul chez lui, il n'en bouge plus, « redevenu machine », enseveli dans une « négation de mouvement et d'intelligence », s'efforçant de survivre en oubliant Paris, espace de perdition, et tous les êtres qui lui appartiennent, même la dernière incarnation de Pauline. En vain : un soir, le dernier de sa vie, dans l'air raréfié, dans l'espace bien clos de son hôtel particulier, tout Paris fait irruption. Jonathas ouvre brusquement une porte et « aussitôt Raphaël, inondé de lumière (est) ébloui, surpris par un spectacle inouï » (p.308). Le reflet même, comme en un miroir concentrique, de celui qu'offrait la salle à manger de la rue Joubert au soir de l'orgie : convives reparaissants, mêmes « lustres chargés de bougies », mêmes fleurs les plus rares, même table étincelante d'argenterie et d'or. Un or vainqueur et rutilant qui fait sa dernière et fulgurante apparition dans la nuit de Raphaël. Il est environ minuit quand Pauline surgit, ange des ténèbres, blanche figure « accompagnée de longs cheveux noirs » qui la rendent « encore plus noire dans l'ombre » : reflet ténébreux de l'être de clarté que nous connaissions, elle devient involontairement l'instrument du destin. Dans un instant, elle n'étreindra plus qu'un cadavre, non pas indéchiffrable, comme celui que le jeune inconnu de la Seine souhaitait livrer à la Société, mais révélateur de la convulsive horreur qu'inspire ce Paris labyrinthique, où tout mouvement ramène, fatalement, la victime à son point de départ.

Nous ne sommes encore qu'en 1831 et *La Peau de chagrin* est le premier roman signé du nom d'Honoré de Balzac, le premier aussi qui, rompant avec l'habitude, de situer les contes philosophiques dans les siècles passés (69), inscrit la fantastique leçon au cœur du Paris immédiatement contemporain (70), la liant ainsi à l'Histoire en train de s'accomplir (71).

Oui, cette œuvre insolite (insolite peut-être parce que trop souvent « l'univers de la norme est aveugle à l'insolite ») (72) est bien le « porche central de l'œuvre de Balzac » comme le souligne Pierre Citron (73). Il ouvre sur le gigantesque bal masqué mené par une puissance satanique et multiforme qui a fait de Paris son lieu d'élection en le marquant du double sceau de l'or et du plaisir. Regardez-le tournoyer sous le fouet, ce Paris qui offre dans le dantesque prologue de *La Fille aux yeux d'or* « un des spectacles où se rencontre le plus d'épouvantement » composé de

« visages contournés, tordus [...] *non pas des visages mais bien des masques* : masques de faiblesse, masques de force, masques de misère, masques de joie, masques d'hypocrisie ; tous exténués, tous empreints des signes ineffaçables d'une haletante avidité » (74).

Non, « ce n'est pas seulement par plaisanterie que Paris a été nommé un enfer : tenez ce mot pour vrai » (75). En ces années décisives pour *La Comédie humaine*, certains de ces masques nous « ont quelquefois fait rêver profondément » (76).

REVERIE SUR DEUX MASQUES

Qui sait ? Peut-être déjà Vautrin perçait-il sous Gaudissart, comme le suggère Bernard Guyon songeant à la fin du récit :

---

69. Cf. *Les Deux Rêves*, l'*Elixir de longue vie, Les Proscrits.*
70. L'action du roman commence en octobre 1830 et s'achève dans l'été 1831 au moment même de la publication du roman (août 1831).
71. Sur le lien qui unit le fantastique comme genre, comme écriture à l'expression du social, on lira avec le plus grand intérêt les études réunies et préfacées par Claude Duchet, publiées par SEDES-CDU en 1979, sous le titre *Balzac et La Peau de chagrin*.
72. Cf. Irène Bessière, *Le Récit fantastique, la poétique de l'incertain*, collection Thèmes et textes, Larousse, 1973, p.58.
73. A la fin de sa notice introductive au roman, VI,430.
74. IV,104 (avril 1834 pour ce début de l'œuvre).
75. *Ibid.*
76. Cf. *Le Neveu de Rameau*, édition Fabre, Droz, 1963, p.405 : « Les folies de cet homme, les contes de l'abbé Galliani, les extravagances de Rabelais m'ont quelquefois fait rêver profondément. Ce sont trois magasins où je me suis pourvu de masques ridicules que je place sur le visage des plus graves personnages. »

« Un jeune homme, un homme mûr qui lui explique les mystères de la vie, Angoulême, la route ⸱e Paris... quel coup au cœur ! Brusquement le masque jovial de Gaudissart tombe, laissant apparaître ⸱infernal visage de l'homme qui, sur la même route, enseignera dix ans plus tard à un autre jeune ⸱omme, les mystères de la vie : Carlos Herrera *alias* Vautrin. » (77)

En attendant, une autre figure a pris, entre 1830 et 1835, par additions successives ⸱u texte primitif, un relief bien inquiétant et bien intéressant pour notre propos.

Les jouissances d'un « masque blanc »

« Croyez-vous maintenant qu'il n'y ait pas de jouissances sous ce masque blanc dont l'immobilité ⸱ous a si souvent étonné ? dit-il en me tendant son visage blême qui sentait l'argent.
Je retournai chez moi stupéfait. Ce petit vieillard sec avait grandi. *Il s'était changé à mes yeux en ⸱ne image fantastique où se personnifiait le pouvoir de l'or.* » (78)

« Je » c'est Derville (que nous avons déjà rencontré lié au destin tragique de Cha-⸱ert et de Goriot...) ; « il », c'est Gobseck, un ex-voyageur aux dimensions épiques ⸱ui laisse loin derrière lui Gaudissart-le-commis. Il a sillonné les continents, il s'est ⸱ jeté [...] dans tous les moules sociaux » et a compris que « les convictions et les ⸱norales ne sont plus que des mots sans valeur », que « seul sentiment vrai » règne ⸱lans nos « sociétés européennes » l'« *intérêt personnel* » (79).
A présent, à l'inverse de Raphaël, il « économise le mouvement vital » tapi dans sa ⸱ellule de la rue des Grès (80), « homme modèle » que « le sommeil remonte » mécani-⸱quement comme un pendule, symbole du temps. « Aussi sa vie s'écoulait-elle sans ⸱aire plus de bruit que le sable d'une *horloge antique* » (81) et on le trouve souvent ⸱ sur son fauteuil, immobile *comme une statue* » (82), le peu de crâne jaune qu'il ⸱nontr(e) achev(ant) *sa ressemblance avec le marbre* » (83). Mais il arrive que la statue ⸱'anime, que cette « figure pâle et blafarde » (84), masque trompeur, se lézarde, « lais-⸱ant échapper par les rides crevassées de son visage une fumée de gaieté » qui sent le ⸱oufre, il arrive aussi que sa conversation ne reste pas, comme à l'ordinaire, « mono-⸱yllabique » et ses lèvres « tirées vers les coins de sa bouche *absolument comme des ⸱ideaux* » (85) (de théâtre ? La comparaison est pour le moins étrange...) laissent ⸱lors échapper un discours bien proche de l'initiateur Vautrin, discours qui l'inscrit ⸱'ailleurs dans un inquiétant pluriel occulte ; écoutons-en quelques fragments dont ⸱es échos retentiront loin dans l'œuvre :

« Mon regard est comme celui de Dieu, je vois dans les cœurs. Rien ne m'est caché. L'on ne ⸱efuse rien à qui lie et délie les cordons du sac. Je suis assez riche pour acheter les consciences de ⸱eux qui font mouvoir les ministres, depuis leurs garçons de bureau jusqu'à leurs maîtresses : n'est-ce ⸱as le Pouvoir ? Je puis avoir les plus belles femmes et leurs plus tendres caresses, n'est-ce pas le Plai-

---

77. Cf. Introduction à l'édition critique de Bernard Guyon, *L'Illustre Gaudissart, La Muse du ⸱épartement*, classiques Garnier, 1970, p.XLIX.
78. *Gobseck*, II,133. C'est nous qui soulignons.
79. *Gobseck*, II,129.
80. Une rue qui appartient, on s'en souvient, au Paris de *La Peau de chagrin*. Il est d'autres échos ⸱'une œuvre à l'autre : le nom de *Sterne* (« par une singularité que Sterne appellerait une prédestina-⸱ion, cet homme se nommait Gobseck » p.128) et les allusions à *Voltaire* (p.136).
81. II,128. C'est nous qui soulignons.
82. II,129. C'est nous qui soulignons.
83. II,136. C'est nous qui soulignons.
84. II,128.
85. II,133.

sir ? Le Pouvoir et le Plaisir ne résument-ils pas tout votre ordre social ? *Nous sommes dans Par* *une dizaine ainsi, tous rois silencieux et inconnus, les arbitres de vos destinées.* La vie n'est-elle pa une *machine* à laquelle l'argent imprime le mouvement ? » (86)

Image récurrente de la vie mécanisée, idée récurrente de « l'or [...] spiritualism de vos sociétés actuelles ». Bourse devenue Temple (même dans son architecture ! où officient les nouveaux prêtres : « Casuistes de la Bourse, nous formons un Sain Office où se jugent et s'analysent les actions les plus indifférentes de tous les gen qui possèdent une fortune quelconque. » (87) Sans jeu de mot, « tout est consommé hélas ! et par une gigantesque inversion des valeurs, c'est l'Avoir qui donne l'Etre e le masque devient plus vrai que le visage.

« *Papa Gobseck* » est l'envers heureux du *Père Goriot* (auquel Derville fait réfé rence : « J'avais beaucoup entendu parler de ce personnage par ce pauvre père Gorio l'un de mes clients » (88). Au seul bruit de son nom, les portes de « Nasie », la joli comtesse aux abois, *doivent* s'ouvrir :

« Je m'appelle Gobseck, *dites-lui mon nom,* je serai ici à midi. Et je m'en vais *en signant m présence* sur le tapis qui couvrait les dalles de l'escalier. J'aime à crotter les tapis de l'homme riche non par petitesse mais pour leur faire sentir la *griffe* de la Nécessité. » (89)

Nom proclamé, signature boueuse mais ferme, l'envers même des noms détrui (tel Chabert) ou ébréchés (tel Goriot, Moriot, Loriot, etc.). Ce Gobseck aux sortie spectaculaires, qui pénètre dans toutes les coulisses et voit l'envers de tous les décor appartient bien à l'espace théâtral. D'ailleurs « Gobseck ressemblait à la statue d Voltaire vue le soir sous le péristyle du Théâtre-Français » (Voltaire déjà subtilemen présent dans *La Peau de chagrin,* lié aux espaces « mondains » et théâtralisés qu'i célébra en son « siècle de fer »...) Mais Gobseck n'a pas besoin de hanter les scène parisiennes. Elles viennent à lui à domicile, et quels spectacles !

« Croyez-vous que ce ne soit rien que de pénétrer ainsi dans les plus secrets replis du cœur hu main, d'épouser la vie des autres et de *la voir à nue* ? Des *spectacles toujours variés* : des plaies hideu ses, des chagrins mortels, des scènes d'amour, des misères que les eaux de la Seine attendent, des joie de jeune homme qui mènent à l'échafaud, des airs de désespoir et des fêtes somptueuses. *Hier un tragédie* : quelque bonhomme de père qui s'asphyxie parce qu'il ne peut plus nourrir ses enfants *Demain, une comédie* : un jeune homme essaiera de me jouer la scène de Monsieur Dimanche, ave les variantes de notre époque [...] Souvent une jeune fille amoureuse, un vieux négociant sur l penchant de sa faillite, une mère qui veut cacher la faute de son fils, un artiste sans pain, un gran sur le déclin de la faveur, et qui, faute d'argent, va perdre le fruit de ses efforts, m'ont fait frissonne par la puissance de leur parole. *Ces sublimes acteurs jouaient pour moi seul et sans pouvoir me trom per.* » (90)

Cette créature semble bien douée des pouvoirs de son créateur : sous son crân panoramique vit déjà l'immense humanité balzacienne.

Nous voilà bien loin des « curiosités » archéologiques pense notre lecteur. Voire..

---

86. II,132. C'est nous qui soulignons.

87. *Ibid.* Le commis-voyageur est, de son côté et à un niveau plus modeste : « Un prêtre incrédu le qui n'en parle que mieux de ses mystères et de ses dogmes » (cf. *L'Illustre Gaudissart,* III,192).

88. II,135.

89. II,130.

90. II,132. C'est nous qui soulignons.

Une dernière ressemblance (d'ailleurs perçue par la critique) (91) mérite d'être soulignée. Ce vieillard omniscient et sans âge, qui a les lèvres minces de ces alchimistes et
de ces petits vieillards peints par Rembrandt ou par Metzu » (92) n'est-il pas né jumeau
de l'Antiquaire qui domine l'ouverture de *La Peau de chagrin* ? (93) Même « blanc
visage », même « joues blêmes », « même rigueur implacable » des petits yeux et
même « don de surprendre les pensées au fond des cœurs les plus discrets » (94).
Même dimension diabolique enfin qui témoigne d'une possible confusion, d'un total contresens :

> « Un peintre aurait, avec deux expressions différentes et en *deux coups de pinceau*, fait de cette
> figure une *belle image du Père Éternel* ou *le masque ricaneur de Méphistophélès.* » (95)

Il s'en faut d'un rien... Attention : Méphisto n'est-il pas traditionnellement spécialiste en usurpation d'identité et en étranges métamorphoses ? Qui a transformé la
prestigieuse ouverture de *La Peau de chagrin* et son « chaos d'antiquités » en leur
image inverse et dégradée : le pestilentiel final de Gobseck et son amas de nourritures
avariées ?
    Gobseck, comme l'Antiquaire, a « brocanté des tableaux » (96) et autres objets
précieux, et comme dans le vaste magasin d'antiquités du quai Voltaire on trouve
chez lui, mais entassés dans une pièce aux dimensions réduites, les résidus de salles
« gorgées de civilisation » :

> « Cette pièce était encombrée de meubles, d'argenterie, de lampes, de tableaux, de vases, de
> livres, de belles gravures roulées, sans cadres, et de curiosités [...] Je vis des écrins armoriés ou chiffrés,
> des services en beau linge, des armes précieuses mais sans étiquettes. » (97)

Mais à l'« espèce de fumier philosophique » (98) qui fascine Raphaël : « débris
des sciences » et « échantillons des arts » « de tous les pays de la terre » (99), se
substitue ici, *intimement mêlé* aux « curiosités » déshonorées, un *véritable fumier*
qui cloue Derville sur place :

> « Dans la chambre voisine de celle où Gobseck était expiré, se trouvaient des pâtés pourris,
> une foule de comestibles de tout genre et même des coquillages, des poissons qui avaient de la barbe
> et dont les diverses puanteurs faillirent m'asphyxier. Partout fourmillaient des vers et des insec-
> tes. » (100)

Répugnante métamorphose des « mille coquillages » aux « couleurs nacrées »,
des « madrépores qui sentaient le varech, les algues et les ouragans atlantiques » (101)
et transportaient Raphaël « exalté » vers les « palais enchantés de l'Extase » (102).

---

91. Cf. au tome II de la nouvelle édition Pléiade, l'introduction de Pierre Citron, p.954, qui
signale la ressemblance *physique* entre ces deux personnages.
92. II,128.
93. Le portrait de *L'Usurier* ne date-t-il pas de 1830 ?
94. *La Peau de chagrin*, VI.
95. *Ibid*. C'est nous qui soulignons.
96. *Gobseck*, II,131.
97. *Gobseck*, II,146.
98. *La Peau de chagrin*, VI.
99. *Ibid*.
100. *Gobseck*, II,146.
101. *La Peau de chagrin*, VI.
102. *Ibid*.

Nous sommes en 1835, l'imprudent Raphaël est mort, consumé par ses désirs
l'avare Gobseck qui économisait plus que tout « le mouvement vital » meurt à son
tour offrant « l'image de ces vieux Romains attentifs que Lethière a peints » (103)
Image dérisoire certes, masque menteur d'un vrai visage de l'Antiquité, mais peut
être prophétique à sa manière : le tableau de référence s'intitule *Brutus condamnant
ses fils à mort* (104).

Prenons garde :

> « Après les Saturnales de l'esprit généralisé, après les derniers efforts de civilisations qui accu
> mulent les trésors de la terre sur un point, les ténèbres de la barbarie ne viennent-elles pas tou
> jours ? » (105)

Ne s'annoncent-elles pas dans les splendeurs et misères mêlées d'un Paris micro
cosme, où « les haillons (d'un) ignoble pan de maisons » côtoient « les splendeurs
du Louvre » (106), où la pourriture du périssable côtoie et entache de mort les objets
témoins d'un passé qui achève de disparaître ?

Patience : Melmoth veille et espère aux portes de « cette ville aux tentations
cette succursale de l'Enfer » (107) : peut-être là (et là seulement) peut-il mourir
« réconcilié » ?

Les tribulations d'un masque errant

En cet an de grâce 1835 (108) qui a vu Gobseck grandir et personnifier le pouvoir
de l'or, peut-être a-t-il ses chances ? Il fait son entrée sous un masque anglais « par
une sombre journée d'automne, vers cinq heures du soir » dans « la partie la plus
sombre d'un entresol » parisien « étroit et bas d'étage » (109). Bon choix : il est
dans la chambre forte du banquier Nucingen rue Saint-Lazare, et moment opportun
Castanier, le caissier-fidèle, vient de « contrefaire » au bas de « plusieurs lettres de
crédit » la signature *Nucingen*, celle-là même qui zèbre tout l'espace parisien de l'ar
gent ! Qui est-il ce faussaire ? Ce caissier qui s'étiole depuis dix ans dans une loge
grillagée, gardée par « le *dragon* de la mécanique » (110) n'est autre qu'un ancien
Dragon de l'Empereur » ; ô dérision ! misère présente qui renvoie à la grandeur pas
sée. Cet « ancien officier » dont la boutonnière est « ornée du ruban de la Légion
d'honneur » a « le grade honoraire de colonel » (111), comme le pauvre Chabert
« Comme c'est bizarre, comme c'est étrange et quelle coïncidence. » (112) Personne,
cependant, ne lui conteste ses titres ni son passé : on a eu égard à son malheur en lui
donnant « cinq cents francs d'appointements par mois » et, peu à peu, le caissier
« a tué » en lui le militaire (113), c'est tout. Mais aujourd'hui il rêve de fuite (il a

---

103. *Gobseck*, II,146.
104. Ce tableau peint par Lethière date de 1812.
105. *L'Illustre Gaudissart*, III,192 (c'est ici le narrateur Balzac qui parle et non encore le com
mis-voyageur Gaudissart).
106. *L'Envers de l'histoire contemporaine*, V,404.
107. *Melmoth réconcilié*, VI,530.
108. *Melmoth réconcilié* a paru en juin 1835 et l'action se situe sous la Restauration.
109. *Melmoth réconcilié*, VI,530.
110. *Ibid.*
111. Cf. VI,531.
112. Phrase leit-motiv de *La Cantatrice chauve,* d'Eugène Ionesco.
113. Cf. VI,531.

« deux passeports et deux déguisements différents, n'est-ce pas à dérouter la police
a plus habile ») (114) et d'usurpation d'identité : « Je me trouverai pour le reste de
mes jours, heureux en Italie, *sous le nom de comte Ferraro, ce pauvre colonel que
moi seul ai vu mourir* dans les marais de Zembin, et de qui je chausserai la pelu-
re » (115) ; l'envers de Chabert, comme on voit. « Il s'est trouvé dans le ramas d'hommes enrégimentés par Napoléon beaucoup de gens qui, semblables à Castanier, avaient
le courage tout physique du champ de bataille sans avoir le courage moral qui rend
un homme aussi grand dans le crime qu'il pourrait l'être dans la vertu. » (116)

La Restauration venue (117), ces « caractères mixtes » auxquels appartient Castanier pourront, sans trop de mal, « remplacer le principe Honneur par le principe
Argent » (118), surtout s'ils sont, comme le caissier, gardien jaloux du nouveau dieu...

Le « courage tout physique » de l'ex-dragon de l'Empereur sera ici employé à
transformer son visage en masque de chair mutilé :

« il espérait [...] gagner Naples, où il comptait *vivre sous un faux nom* à la faveur d'un déguisement si
complet qu'il s'était déterminé à *changer son visage en y simulant à l'aide d'un acide les ravages de la
petite vérole* » (119).

Peut-on aller plus loin dans la tragique confusion du masque et du visage ? Décidément Melmoth a bien choisi sa victime. Victime déjà désignée d'une « civilisation » :
« Fouillez l'histoire de la caisse ? Vous ne citerez pas un seul exemple du caissier
parvenant à ce qu'on nomme *une position*. Ils vont au bagne, ils vont à l'étranger,
ou végètent à quelque second étage rue Saint-Louis du Marais. » (120)

Pour persuader Castanier terrifié de conclure le pacte, le diable usurpe (est-ce
hasard ?) l'espace parisien d'un théâtre (121) et se fait metteur en scène. Ce que
« Melmoth lui montr(e) du doigt » — doigt de Satan et non plus « doigt de Dieu » —
ce sont les décors successifs de sa misérable vie, *tous décors parisiens*, intérieurs et
extérieurs : *Cabinet de Nucingen, appartement d'Aquilina*-l'infidèle (122), « *boulevard* » où le caissier arrête son fiacre et « fait son marché » pour tenter de fuir à
Versailles, « *barrière* » hérissée de gendarmes, *prison de la Conciergerie*, Cour d'Assises,
place du Palais de justice, cour de Bicêtre enfin, cœur du labyrinthe (123). Pas d'espace
de fuite possible. L'unité de lieu du drame *doit* être Paris et Castanier *doit* suivre son
destin préfabriqué :

« Je lui ai vendu mon âme, je le sens, je ne suis plus le même. Il *m'a pris mon être* et m'a donné
le sien. » (124)

Cette fois il ne s'agit pas seulement d'un masque plaqué sur un visage :

114. Cf. VI,532.
115. VI,532.
116. *Ibid.*
117. Les tribulations de *Melmoth* se situent dans les années 1821-1823.
118. VI,530.
119. VI,533. C'est nous qui soulignons.
120. VI,530.
121. En l'occurrence : *Le Gymnase.*
122. Celle qui vient (comme Euphrasie, ici aussi présente) de *La Peau de chagrin.*
123. Cf. VII,537-538 (Bicêtre : un lieu qui rappelle aussi le destin de Chabert).
124. VI,539. C'est nous qui soulignons.

« Le caissier se sentit changé complètement au moral comme au physique [...] *Sa forme intérieu re avait éclaté.* » (125)

Éclatement du moi profond tout à la fois burlesque et tragique. Maintenant, « l ressort est bandé », « cela n'a plus qu'à se dérouler tout seul » (126). Melmoth meur « réconcilié », Castanier, floué malgré ses pouvoirs (« il se sentait démon mais démo à venir tandis que Satan est démon pour l'éternité ») (127) parvient, dans cette vill où tout s'achète, à revendre le pacte : de l'église Saint-Sulpice au temple de la Bours (deux pôles symboliques) la sarabande frénétique se déroule et le trajet des âme cotées comme des valeurs, la vente des « parts de paradis », vont leur train d'enfe en pays parisien. « N'est-ce pas une affaire comme une autre ? Nous sommes tou actionnaires dans la grande entreprise de l'éternité. » (128)

Oui, tout est bien consommé. Ne soyons pas trop vite dupes du dénouemen farcesque de ce *conte philosophique* qui est lever de rideau sur la grande comédi humaine.

Le metteur en scène Balzac n'aura plus besoin désormais de recourir au masqu du fantastique pour nous faire voir le spectacle des mœurs en action, ni à l'écritur masquée — en l'occurrence la parodie (129) du conte du Révérend Maturin — pou délivrer son message. Le fantastique est maintenant intériorisé, et c'est à l'histoir successive de formes intérieures éclatées sous la pression d'une « société lancée dan sa voie métallique avec une vitesse de locomotive » (130) que nous sommes conviés Personne n'est épargné : La Bourse ou la Vie, l'Etre ou le Paraître. Chacun fait se choix en fonction de son propre code. Code de l'Honneur bafoué ou code de l'Argen vainqueur.

Chaque roman parisien de *La Comédie humaine* mériterait d'être étudié dan cette perspective (131), jusqu'au sombre final de *La Cousine Bette*. Tout, dans c grand roman du trompe-l'œil est placé sous le signe du Théâtre et de la Carnavalisatio de l'Histoire. Depuis l'entrée triomphale et rutilante (dans un salon Empire où le tentures et les meubles achèvent de se faner...) du gros Crevel, piriforme « élu d Paris » en costume de la Garde nationale, jusqu'à sa sortie finale qui, déclama tions (132) et calembours mêlés, entache de ridicule la mort même :

« Hulot fils contemplait tristement son beau-père en se demandant si la bêtise et la vanité n possédaient pas une force égale à celle de la vraie grandeur d'âme. » (133)

Tandis que Bette, la belle aragne, tisse en coulisse les fils qui actionneront se marionnettes favorites, Valérie répète ses grandes scènes. Dans des salons dorés d style café, sous les lambris de stuc et de faux marbre, des acteurs en tout genre e des « individus du genre Crevel » dansent leurs pantomimes et prennent des pose

---

125. Voir l'Introduction à notre seconde partie.
126. Cf. Le prologue d'*Antigone* de Jean Anouilh.
127. VI,541.
128. VI,544.
129. Sur cette tentative de réécriture, voir le très intéressant article de Ruth Amossy et Elishev Rosen, *Melmoth réconcilié ou la parodie du conte fantastique. Année balzacienne*, 1978, pp.149 à 167.
130. *Le Cousin Pons*, V,172.
131. Qui se prolonge trop au-delà de notre champ archéologique pour être entreprise ici.
132. Cf. *La Cousine Bette*, V,156 : Crevel clame deux vers de Bajazet et se compare au « grand Montesquieu ».
133. *Ibid.*

apoléoniennes, reflets grimaçants des vraies grandeurs qui achèvent de disparaître avec le vieux maréchal Hulot.

« A cette haute vertu, à cette intacte probité, à cette gloire si pure » (134), rendons, nous aussi, un dernier hommage.

Pourquoi ce retour en arrière vers un personnage archéologique à la fois dans l'histoire de l'œuvre balzacienne (135) et dans l'histoire (intransitive) de l'épopée impériale ? Parce qu'il incarne à sa manière le chœur antique de *La Comédie humaine* qui s'achève.

Ce vieil homme sourd et pathétique, à « l'âme gelée » (136), est peut-être le porte-voix le plus émouvant de tous les humiliés et offensés de l'univers balzacien. Regardez-le, écoutez-le face à ce frère aimé mais ennemi qui a trahi, sali leur nom :

« Il nous a déshonorés tous ! [...] Il a volé l'État ! Il m'a rendu *mon nom odieux* ; il me fait souhaiter de mourir, il m'a tué... Je n'ai de force que pour accomplir la restitution !... » (137)

Paroles gelées en terre parisienne, où « la vie ne va pas sans de grands oublis » (138). Pourtant, n'abandonnons pas ici toute espérance : Germinal viendra peut-être. « De tels hommes sont l'honneur des partis qu'ils ont embrassés » (139) ; certains s'en souviennent. Regardez « la foule immense » qui suit le cercueil du maréchal, « les républicains » en tête et « le vieux marquis de Montauran » fermant la marche : tout Paris réconcilié l'espace d'un dernier parcours... Mais après tout :

« N'a pas, qui veut, le peuple à son convoi. » (140)

---

134. *Ibid.*, p.135.
135. Cf. *Les Chouans*.
136. V,124.
137. V,123. C'est nous qui soulignons. Ces propos signent bien l'appartenance du vieil Hulot à la race des Chabert et des marquis d'Espard « interdits ».
138. V,162.
139. V,124.
140. V,125.

ESPACES DE MORT ET DANSES MACABRES

Le monde des apparences, des faux semblants le carnaval des gueux, aboutit, en fait, à la seule vérité : la Mort, et les cimetières sont des lieux de convergence que nous avons, à dessein, réservés pour la fin de notre étude. « Nous y viendrons tous », dit Phellion qui médite, annuellement, devant le caveau familial (1). La réflexion de l'écrivain est certes plus affinée, mais s'il se penche parfois sur le problème philosophique des fins dernières, la destinée matérielle des corps, leur dégradation rapide (2) et la descente dans « le trou » semblent aussi le fasciner.

Paris est jalonné d'espaces funéraires et, avant même le cimetière, certains lieux paraissent marqués du sceau de la mort. Les salles de jeu du Palais-Royal préludent souvent à la Seine ou à l'Hôpital. De celui-ci on n'entrevoit que par allusions (3) Cochin et l'ancien Hôtel-Dieu, à travers les figures somme toute rassurantes, de Bianchon et Despleins. En revanche, l'« espace sans nom » qu'est l'Esplanade de l'Observatoire, enfermé entre des grilles, cerné d'innombrables couvents et hôpitaux, hanté par le fantôme de Ferragus, paraît plus sinistre que le cimetière auquel il conduit : Montparnasse (4). Sur cette vision lugubre s'achève le récit, de même que *Le Colonel Chabert* se termine sur une évocation très comparable, de « l'avenue qui conduit de la grand'route à Bicêtre » (5). Bicêtre, « hospice de la vieillesse », préfiguration de la mort, où l'on rencontre le fantôme du pseudo-mort d'Eylau.

Une triste promenade de Raphaël de Valentin (6) nous montre la place de Grève, qui garde le souvenir de l'échafaud (7) et la Seine, refuge de maint désespéré. Voici la Morgue, qui reçoit les cadavres en transit. L'oncle Pillerault inquiet y cherche son neveu « failli » (8) et « pour n'être point mise à la Morgue » la pauvre Ida Gruget va se noyer « au-dessous de Neuilly » (9). « Les filets de la Morgue sont bien sales » (10) et la baraque de « secours aux asphyxiés », sur le pont des Tuileries, fait frissonner d'horreur Raphaël candidat au suicide, qui l'aperçoit du Pont-Royal (11). Pour les très anciens morts, voici les « catacombes », génératrices d'effondrements et de fontis (12). Ignorance, défaut d'attention ou plutôt recherche de l'effet macabre, Balzac les situe

1. Cf. *Les Employés*, IV,544.
2. Elle est devenue « pâle avec des teintes violettes » dit-il, par exemple, à propos de Louise (cf. *Les Mémoires de deux jeunes mariées*, I,177).
3. L'étude projetée sur *l'hôpital et le peuple* n'a jamais été réalisée.
4. Cf. *Ferragus*, IV,53.
5. Cf. II,332.
6. Voir supra notre étude sur *Paris dans La Peau de chagrin*.
7. Cf. *La Peau de chagrin*, VI,433.
8. Cf. *César Birotteau*, IV,209.
9. *Ferragus*, IV,44.
10. *La Peau de chagrin*, VI,482.
11. *Ibid.*, p.433.
12. Cf. *Entre savants*, IV,503. « La rue est située sur un point si dangereux des catacombes, que naguère une certaine portion de la chaussée a disparu, laissant une excavation aux yeux étonnés de quelques habitants de ce coin de Paris. »

rue Duguay-Trouin (13), au niveau du Luxembourg, alors que l'ossuaire a été aménag
sous le territoire de la Commune de Montrouge (partie annexée en 1860) c'est-à-dir
beaucoup plus au sud.

Avant cette gigantesque opération sanitaire consécutive à la suppression du cime
tière des Innocents, la Ville, en conflit permanent avec le clergé, n'avait jamais s
résoudre le difficile problème posé par ses morts. Napoléon et le préfet Frochot met
tront enfin un terme à « l'horrible pestilence » par une règlementation précise e
rigoureuse, mais indispensable, contre laquelle Balzac s'insurge dans Ferragus (14)
Un rappel sommaire de cette législation est nécessaire pour contrôler les itinéraire
post-mortem de La Comédie humaine, car, ne l'oublions pas, Balzac a vu le boulever
sement complet de la géographie funéraire de Paris et il pourrait en résulter, dan
l'œuvre, quelques incertitudes. Un décret de 1790 porte interdiction des sépulture
d'église et fermeture des cimetières intra-muros : ce n'est pas le premier de ce genre
mais celui-ci, à la différence des précédents, sera enfin exécuté en vertu de deu
arrêtés préfectoraux, de 1801 à 1804. Celui de 1801 prévoit l'établissement de troi
enclos hors les murs ; au nord, pour desservir les quatre premiers arrondissements
à l'est, les cinquième, sixième, septième, huitième arrondissements ; au sud, les neu
vième, dixième, onzième, douzième (15). Le premier cimetière, créé par l'arrêté d
1804, est le cimetière de l'Est ou Père-Lachaise, dont le préfet Frochot se propos
de faire une manière de campo-santo modèle, puisque tout est à inventer dans c
domaine. Le cimetière du Sud (Montparnasse) sera ouvert le 14 juillet 1824, celu
du Nord (Montmartre) le 1er juillet 1825 (16). Pour donner satisfaction aux notable
nostalgiques des sépultures d'église, l'administrateur inaugure le système des conces
sions perpétuelles. La pratique est mise au point en 1805 au Père-Lachaise, qui e
obtiendra le monopole entre 1813 et 1824 (17) et cela sans condition domiciliaire
tous les riches peuvent faire bâtir leur tombeau et, le snobisme aidant, le cimetière
après des débuts difficiles (18), prend un rapide essor. Même après 1824-1829, quan
il aura perdu le monopole des concessions perpétuelles, le Père-Lachaise restera l
réserve funéraire des privilégiés de la fortune ou des illustrations en tout genre.

A l'aide de ces renseignements nous nous proposons maintenant de contrôle
la localisation des sépultures parisiennes de La Comédie humaine. Pour cela, il nou
faut revenir sur la situation antérieure à 1824-1825, c'est-à-dire telle qu'elle se pré
sente avant la mise en service de Montparnasse et de Montmartre. Dulaure (19) rappel
le que les quatre derniers arrondissements dépendaient de deux cimetières de la rive
gauche. Le premier est le cimetière parisien de Vaugirard qu'il ne faut pas confondre
avec le cimetière communal du « Village » (20). Le second, encore situé intra-muros
est le cimetière Sainte-Catherine (21).

13. Ibid.
14. Cf. IV,49-50.
15. Voir Dulaure, Histoire de Paris, 7e édition, 1847, tome IV.
16. Tous les ouvrages sur les cimetières parisiens cités dans notre bibliographie reprennent cette
chronologie.
17. Cf. Histoire du cimetière du Père-Lachaise par N. Paul-Albert. Gallimard, 1936, p.47.
18. Cf. le chapitre consacré par G. Poisson aux Cimetières et Catacombes dans son ouvrage
Napoléon et Paris, Berger-Levrault, 1964.
19. Cf. op.cit., p.197.
20. Le cimetière parisien de Vaugirard, ouvert en 1783 a été fermé en 1824, date de l'ouvertu
re du cimetière Montparnasse. Il était situé extra-muros sur le boulevard de Vaugirard et a disparu
avec l'aménagement du boulevard Pasteur sous le Second Empire (il occupait l'emplacement du lycée
Buffon).
21. Cf. Dulaure, op.cit., p.205 et J. Hillairet, Les deux cents cimetières du vieux Paris, Édition
de Minuit, 1958, p.314.

C'est au cimetière parisien de Vaugirard, « cimetière de l'Ouest », que se trouvent
es « vingt mètres de terre achetés à perpétuité » de l'employé Phellion. « Cimetière
les pauvres » dit Dulaure, mais où les prix, moins élevés qu'au Père-Lachaise, ont
permis au petit bourgeois de satisfaire sa vanité, entre 1804, mise en place du système
les concessions perpétuelles, et 1813, établissement d'un monopole en faveur du
Père-Lachaise. Le récit (*Les Employés*) se déroule sous Charles X, le caveau renferme
léjà « son père et la mère de sa femme », il demeure rue des Feuillantines : chronologie
et localisation sont donc conformes à la réalité administrative du moment. Par ailleurs,
on ne s'étonne pas que Z. Marcas, compte tenu de sa misère et de sa domiciliation
rue Corneille, dans le onzième arrondissement) soit, en 1838, jeté à la fosse commune
lu cimetière Montparnasse, mais en revanche, dans *Ferragus*, peut-être ledit cimetière
est-il ouvert prématurément aux « chétifs convois du Faubourg Saint-Marceau » (22)
lesquels se dirigeaient encore, à la date du récit (mais non à celle de la rédaction)
vers l'enclos de Sainte-Catherine que *La Comédie humaine* semble ignorer...

Le cimetière Sainte-Catherine était jumelé au vieux cimetière dit de Clamart, au
sud de celui-ci (23). Ouvert en 1783 comme Vaugirard, il a été de même fermé en
1824, et il a succédé à Clamart dans son emploi de cimetière des suppliciés (24).
C'est à Sainte-Catherine qu'ont été inhumés Pichegru, Malet et les quatre sergents
dont il est question dans *La Peau de chagrin* (25). L'amant d'Aquilina n'a donc pas
été « couché dans une fosse à Clamart » mais le nom du vieux cimetière, de résonance
lugubre, convenait sans doute mieux que celui de Sainte-Catherine au discours empha-
tique de Blondet. A moins que Balzac ne reste fidèle au nom de « Clamart », comme il
dit indifféremment place des Vosges ou place Royale et Jardin des Plantes pour Jardin
du Roi.

Sur la rive droite, le « cimetière Montmartre » une seule fois cité semble-t-il,
reçoit les restes d'Augustine de Sommervieux domiciliée rue des Trois-Frères dans
le deuxième arrondissement. Comme elle est décédée sous l'Empire, il ne s'agit pas,
remarquons-le, du cimetière inauguré seulement en 1825, mais d'un enclos plus ancien
ouvert en 1798, au lieu-dit des Grandes Carrières, dénommé « Champ du Repos » ou
cimetière *sous* Montmartre, fermé puis agrandi à peu près au même endroit (26).
Madame de Sommervieux a donc été inhumée au cimetière *sous* Montmartre, à une
époque où les concessions perpétuelles n'existaient pas. Un curieux témoignage contemporain, celui de A. Caillot (27), laisse à penser que l'infortunée jeune femme n'y
est pas seule de son espèce : après avoir constaté qu'il y a beaucoup plus de jeunes
femmes et de jeunes gens enterrés à Montmartre qu'au Père-Lachaise, le narrateur
se livre à un essai d'interprétation :

« Ah ! n'en doutons point, c'est à l'usage habituel des alimens les plus échauffans et les plus
délicats [...] c'est à cette fureur pour les spectacles, pour les fêtes, pour les promenades nocturnes [...]
c'est à ces modes enfin, fruits de l'intérêt, du caprice, de l'imprudence et de la vanité, et fléaux
éternels de la santé et de la fortune, que le Champ du Repos doit cette jeune population, déplorable
ornement de ses tombeaux. » (28)

---

22. Cf. IV,53.
23. Voir Hillairet, *op.cit.*, p.246. « Clamart » a été en service de 1673 à 1793.
24. *Ibid.*, p.314. Sainte-Catherine était situé entre les numéros 58-66 de l'actuel boulevard
Saint-Marcel et donc intra-muros.
25. Cf. VI,451.
26. Cf. J. Hillairet, *Évocation du vieux Paris, Les Villages.* Édition de Minuit, 1954, p.291.
27. A. Caillot, *Voyage religieux et sentimental au Père-Lachaise et au Champ du Repos sous
Montmartre*, Paris, 1808.
28. A. Caillot, *op.cit.*, p.139.

Ah ! si seulement Augustine était demeurée dans le provincial îlot du Chat-qui pelote, au lieu d'unir sa destinée à un peintre épris du Paris « vivant, bruyant, éclairé »...

Monsieur Jules, agent de change, se devait en 1820 de conduire son épouse bien aimée au Père-Lachaise. Comme il est domicilié dans le deuxième arrondissement rue Ménars, madame Jules aurait rejoint madame de Sommervieux *sous* Montmartre s'il n'avait pu faire les frais d'une concession à perpétuité : détail non précisé car dans l'esprit du père et de l'époux il s'agit, nous le savons, d'une inhumation toute provisoire (29).

Donc, le Père-Lachaise, rappelons-le, dessert les cinquième, sixième, septième huitième arrondissements pour les concessions temporaires et la fosse commune, et par ailleurs, de 1813 à 1824, il exerce un monopole pour les concessions à perpétuité Coralie décédée rue de la Lune (cinquième arrondissement) en 1822, accède de droit au Père-Lachaise, mais elle serait jetée à la fosse commune sans le généreux Camusot qui achètera « un terrain à perpétuité » — du moins le promet-il — « Barbet payant un cercueil » en échange d'une « épouvantable » chanson à boire (30). Sans l'héritage de Gobseck et les bons soins de l'exécuteur testamentaire (monsieur de Sérizy) qui assurent à Esther et Lucien un magnifique tombeau au Père-Lachaise (coût : quarante mille francs !) les deux amants eussent été, en 1830, dirigés respectivement sur Montmartre et sur Montparnasse (31), et séparés pour l'éternité en vertu d'implacables règlements administratifs. Jacques Collin saurait, le cas échéant, les enfreindre pour reconstituer, au Père-Lachaise, un harmonieux ménage à trois :

« — Deux créatures qui se sont aimées et qui étaient heureuses ! dit Jacques Collin ; elles sont réunies.

« — C'est encore un bonheur de pourrir ensemble. Je me ferai mettre-là. » (32)

En 1832, les fidèles du Cénacle iront, non sans péril, retirer à Saint-Merry le corps de leur ami Michel Chrétien tué sur la barricade. Ils lui rendront, de nuit, « les honneurs funèbres » dans « un terrain acheté à perpétuité au Père-Lachaise » (33) dans le temps même où, ironie du sort, le gouvernement de Louis-Philippe accordait « les honneurs du Père-Lachaise » aux gardes nationaux défenseurs de l'ordre, tués au cours de cette même insurrection (34). Cibot, Pons, Schmucke, tous citoyens du Marais (sixième arrondissement), trouvent règlementairement asile au Père-Lachaise (fosse commune ou concession temporaire).

Une seule erreur, semble-t-il, dans les domiciliations post-mortem. On voit mal comment, habitant le douzième arrondissement, le père Goriot, en 1820, a pu être inhumé au Père-Lachaise, où les deux étudiants qui assument les frais de l'enterrement ont « acheté un terrain pour cinq ans » (35). Goriot, à cette date, devait être dirigé sur Sainte-Catherine, mais de cet endroit situé au plus creux du faubourg Saint-Marceau, Rastignac n'aurait pu lancer son défi à Paris. La scène méritait bien que

---

29. Leur projet de crémation se réalisera grâce aux « Treize » : voir, dans *Ferragus*, les détails de cette macabre aventure.

30. Cf. *Illusions perdues*, III,546-547.

31. Esther qui demeure rue Saint-Georges (deuxième arrondissement) dépend du cimetière du Nord, Lucien qui demeure quai Malaquais (dixième arrondissement) du cimetière Montparnasse.

32. *Splendeurs et misères des courtisanes*, IV,470.

33. Cf. *Illusions perdues*, III,460 et *Les secrets de la princesse de Cadignan*, IV,479.

34. Cf. N. Paul-Albert, *Histoire du cimetière du Père-Lachaise*, Gallimard, 1936, p.51.

35. Cf. *Le Père Goriot*, II,307.

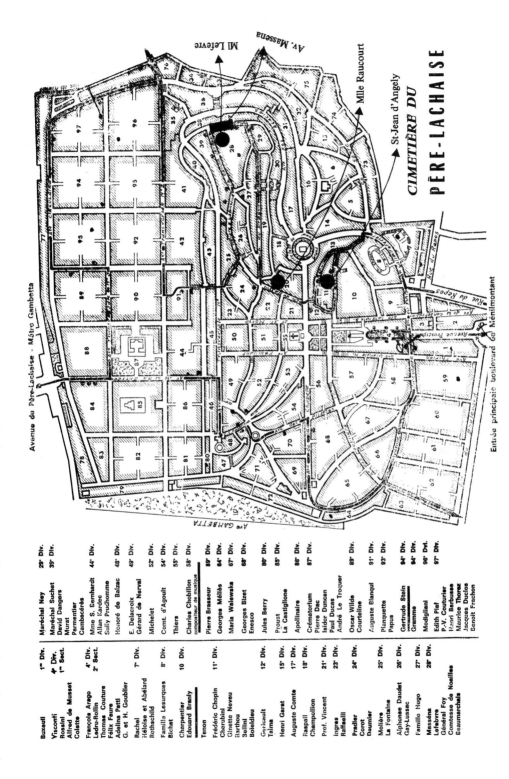

Avenue du Père-Lachaise - Métro Gambetta

Ml Lefevre

Av. Massena

Mlle Raucourt

St-Jean d'Angely

CIMETIÈRE DU

PÈRE-LACHAISE

Entrée principale boulevard de Ménilmontant

Ave GAMBETTA

Buxeuil	1ᵉ Div.	Maréchal Ney	29ᵉ Div.
Visconti	4ᵉ Div.		39ᵉ Div.
Rossini	1ᵉʳ Sect.	Maréchal Suchet	
Alfred de Musset		David Dangers	
Colette		Murat	
		Parmentier	
Francois Arago	4ᵉ Div.	Cambacérés	
Ledru-Rollin	2ᵉ Sect.	Mme S. Bernhardt	44ᵉ Div.
Thomas Couture		Allan Kardec	
Félix Faure		Sully Prudhomme	
Adelina Patti		Honoré de Balzac	46ᵉ Div.
G. et H. Goubier			
		E. Delacroix	49ᵉ Div.
Rachel	7ᵉ Div.	Gérard de Nerval	
Héloïse et Abélard			
Rothschild		Michelet	52ᵉ Div.
Famille Lesurques	8ᵉ Div.	Comt. d'Agoult	54ᵉ Div.
Bichat		Thiers	55ᵉ Div.
Charpentier	10 Div.	Charles Chobillon	58ᵉ Div.
Edouard Branly		compositeur de musique	
Tenon		Pierre Brasseur	59ᵉ Div.
		Georges Méliès	64ᵉ Div.
Frédéric Chopin	11ᵉ Div.	Maria Walewska	67ᵉ Div.
Cherubini			
Ginette Neveu		Georges Bizet	68ᵉ Div.
Barthou		Enesco	
Bellini			
Boieldieu		Jules Berry	80ᵉ Div.
Gericault	12ᵉ Div.	Proust	85ᵉ Div.
Talma		La Castiglione	
Henri Garat	15ᵉ Div.	Apollinaire	86ᵉ Div.
Auguste Comte	17ᵉ Div.	Crématorium	87ᵉ Div.
		Pierre Dac	
Raspail	18ᵉ Div.	Isidor Duncan	
Champollion		Paul Ducas	
Prof. Vincent	21ᵉ Div.	André Le Troquer	
Ingres	23ᵉ Div.	Oscar Wilde	89ᵉ Div.
Raffaeilli		Courteline	
Pradier	24ᵉ Div.	Auguste Blanqui	91ᵉ Div.
Corot			
Daumier		Planquette	93ᵉ Div.
		Papus	
Molière	25ᵉ Div.		
La Fontaine		Gertrude Stein	94ᵉ Div.
		Gramme	94ᵉ Div.
Alphonse Daudet	26ᵉ Div.		
Gay-Lussac		Modigliani	96ᵉ Dvl.
Famille Hugo	27ᵉ Div.	Edith Piaf	97ᵉ Div.
		P.V. Couturier	
Masséna	28ᵉ Div.	Henri Barbusse	
Lafebvre		Maurice Thorez	
Général Foy		Jacques Duclos	
Comtesse de Noailles		Benoit Frachon	
Beaumarchais			

Balzac, volontairement ou non, transgressât une règlementation que N. Paul-Albert(36)
définit minutieuse et sévèrement contrôlée. J. Gaudon, dans son article sur la *Chronologie du Père Goriot* (37), fait remarquer que « primitivement le *Père Goriot* ne se
passait pas en 1819-1820, mais en 1824-1825 » et que « Balzac n'a pas pris la peine
de faire les réajustements qui s'imposaient ». En fait, les « réajustements » effectués
auraient peut-être permis au Père Goriot en 1824, d'étrenner le nouveau cimetière
du sud (38), mais sans lui ouvrir pour autant le Père-Lachaise.

Un certain nombre de personnages de *La Comédie humaine*, vedettes ou comparses
n'émergent du labyrinthe parisien que pour se perdre dans le « dédale » (39) du cimetière de l'Est. S'il est vrai que, pour décrire les obsèques de Dambreuse au Père-Lachaise, Flaubert ait dû faire de Croisset à Paris un voyage spécial de documentation,
Balzac se trouve là, au contraire, en pays depuis longtemps connu. Dès septembre
1819, le jeune reclus volontaire de la rue Lesdiguières écrit à Laure : « Je sors rarement, mais, lorsque je « divague », je vais m'égayer au Père-Lachaise. » Un rien d'hu-
mour noir dans ce propos, mais l'ancien parc des Jésuites conserve encore, à cette
date, assez d'arbres, de pelouses, bosquets et charmilles pour séduire un amateur de
jardins et promeneur infatigable qui, dès cette époque, retient peut-être certains
patronymes (40) dont la sonorité lui plaît et s'amuse d'épitaphes présumées menson-
gères.

Il serait tentant de replacer, à l'intérieur de la partie ancienne du Père-Lachaise
(les cinquante-sept premières divisions, bien visibles sur le plan), les sépultures de
La Comédie humaine. Le seul repère précis concerne la tombe de Clémence Desmarets, « rue du Maréchal Lefebvre allée nº 4, entre Mademoiselle Raucourt, de la Comédie Française, et Monsieur Moreau-Malvin, un fort boucher, pour lequel il y a un
tombeau de marbre blanc de commande », qui sera, selon le concierge, « vraiment
un des plus beaux de notre cimetière » (41). Désir de brouiller les pistes ? ledit maréchal repose, en fait, assez loin de là, avec un certain nombre de ses compagnons, rue
Masséna (vingt-huitième division actuelle). La tombe de la comédienne demeure,
aujourd'hui encore, signalée par un buste (42) ; Balzac peut se souvenir du scandale
d'obsèques religieuses refusées à l'actrice par le curé de Saint-Roch en 1815 (43)
comme elles le seront à Ida Gruget la suicidée. Il est sans doute aussi, comme plusieurs
de ses contemporains, admiratif devant « la tête altière couronnée du diadème théâtral » que N. Richard décrit en 1836 dans le *Véritable conducteur aux cimetières du
Père-Lachaise, Montmartre, du Montparnasse et Vaugirard* (44). Plus tard, en 1853,
un autre « conducteur », Prosper, la trouve « pleine de résolution et d'énergie » (45).
Quant au « fort boucher » Moreau Malvin, c'est sans doute ce boucher Cheval (qua-

36. Cf. *op.cit.*, p.37.
37. Cf. *Année balzacienne*, 1967, p.155.
38. Inauguré le 24 juillet 1824.
39. Cf. *Ferragus*, IV,50.
40. On relève dans la liste alphabétique des noms cités établie par A. Dansel (dans son ouvrage),
Le Père-Lachaise, son histoire, ses secrets, ses promenades, Fayard, 1976) un Topinard (8e dévision)
un Pac(c)ard (22e division) un d'Aig(r)emont (53e division), un Chabert et un Bourgeat dans les 76e
et 85e divisions.
41. *Ferragus*, IV,51.
42. Cf. *Ferragus*, IV,51 : « Vous savez, près de mademoiselle Raucourt, la tombe où il y a un buste ».
43. « Scandale et terreur signalèrent ce jour de honteuse mémoire » précise Viennet dans son ouvrage, *Promenade philosophique au Père-Lachaise*, Paris, Librairie Ponthieu, 1824, pp.226-227.
44. Terry éditeur.
45. Cf. Prosper, *Une voix du Père-Lachaise*, chez l'auteur, 1953.

rante-troisième division actuelle) (46) dont M. Dansel rapporte la description du monument « très admiré au début du XIXe siècle » mais aujourd'hui disparu (47). Il portait des emblèmes corporatifs (Balzac fait allusion « aux emblèmes de mille professions) (48) utilisés comme ornements funéraires : « une tête de bœuf, une tête de mouton et toute une panoplie décorative » ! N. Richard, dans son recensement des tombes en 1836, signale, au côté de mademoiselle Raucourt, non la présence d'un boucher mais celle d'un pharmacien, « bienfaiteur de l'humanité » (49)...

On ne peut que rêver sur l'emplacement supposé de la sépulture Esther-Lucien, surtout compte-tenu d'agrandissements commencés dès 1824. Leur convoi a pénétré par la belle porte semi-circulaire de Brongniart terminée en 1816, « la porte des spectacles » (50), mais on peut présumer que Goriot et autres petites gens sont passés modestement par l'entrée annexe de la rue des Rats ! (actuelle rue du Repos).

Les promenades de Balzac au Père-Lachaise, observe justement A. Prioult (51), ont trouvé une « première utilisation » dans le *Vicaire des Ardennes*, œuvre de jeunesse dont la préface « s'inspire largement du romantisme du XVIIIe siècle et des rêveries sépulcrales de l'âge préromantique ». Très différente est « l'expression des douleurs » dans les œuvres de la maturité où n'apparaît plus aucun souffle ossianique, mais où les vraies souffrances, celles de Desmarets ou de Schmucke, sont empêchées de s'exprimer par une impitoyable armature de contraintes administratives et commerciales, tandis que, par ailleurs, s'exhibent théâtralement la vanité et la richesse. Le Père-Lachaise,

« c'est une infâme comédie ! C'est encore tout Paris, avec ses rues, ses enseignes, ses industries, ses hôtels ; mais vu par le verre dégrossissant de la lorgnette, un Paris microscopique réduit aux petites dimensions des ombres, des larves des morts, un genre humain qui n'a plus rien de grand que sa vanité. » (52)

Sinistre et symbolique envers de ce Paris qui a perdu son âme en confondant Etre et Avoir, Apparence et Réalité. Ce sombre microcosme semble préfigurer sa disparition finale, son retour au néant (53).

Matériellement, la cité des morts apparaît comme un exemple original de spéculation urbaine, effectuée, pour une fois, extra-muros (dans le village de Charonne). Alors que les vivants, nous l'avons vu, se bornent le plus souvent à combler les espaces vides à l'intérieur des barrières, les morts, dans leur élan macabre « envahiss(ent) la campagne et menac(ent) même d'entreprendre un jour sur les terres de la Brie » (54) : vision prophétique si l'on pense aux cimetières parisiens de banlieue, et que confirment

---

46. Si l'espace réservé aux cinquante-sept divisions primitives reste bien visible sur le plan, correspondant au tracé primitif du parc préservé par Brongniart, le numérotage des divisions, à l'intérieur de ces limites, a été profondément modifié. C'est ainsi que mademoiselle Raucourt (et donc madame Jules) a été inhumée dans la trentième division (voir N. Richard, *op.cit.*, pp.137-138) devenue aujourd'hui la vingtième.

47. Voir M. Dansel, *Le Père-Lachaise, son histoire, ses secrets, ses promenades*, Fayard, 1976, p.159.

48. *Ferragus*, IV,51.

49. *Op.cit.*, p.138.

50. *Ferragus*, IV,50.

51. Cf. *Balzac et le Père-Lachaise* dans *L'Année balzacienne*, p.308.

52. *Ferragus*, IV,51.

53. Le thème, déjà ancien, de la destruction de Paris connaît un regain d'intérêt à l'époque romantique. Cf. à ce sujet Pierre Citron, *La Poésie de Paris de Rousseau à Baudelaire*.

54. *Ferragus*, IV,50.

les *Mémoires* du baron Haussmann (55). Les parcelles se montent à des prix exorbitants : « on vend au poids de l'argent la terre des morts » (56). En 1805, cent francs le mètre carré jusqu'à concurrence de seize mètres carrés, dont un quart comptant et, « à la veille de la Révolution de 1830, le premier mètre vaut deux cent cinquante francs ; le second mètre vaut cinq cents francs et, au delà du sixième, il vaut mille francs » (57). C'est le prix acquitté par monsieur de Sérizy pour la sépulture Rubempré (1830). On juge de la plus-value, beaucoup plus rapide que celle des fameux terrains de la Madeleine !

« Cette enceinte divisée comme un damier [...] par d'élégants compartiments où étaient enfermés des tombeaux » (58) n'est pas sans rappeler, réduit aux proportions d'une maquette, l'aspect des quartiers neufs créés sur plan : encore l'écrivain n'a-t-il connu que l'ancien cimetière, à peine augmenté de quelques arpents, où l'architecte Brongniart a respecté le tracé pittoresque du jardin des Jésuites. Les pentes de la colline, « la route escarpée » menant « au faîte du cimetière de l'est » (59) rendent peu perceptible une monotonie qui, en revanche, apparaît dans la partie nord aménagée après 1850. Qu'eût pensé Balzac de ce « lotissement (60) strictement formé par des parallèles et des perpendiculaires rigoureuses, donnant un damier monotone aux cases toutes semblables, sans rien qui rappelle les dispositions variées, capricieuses et si charmantes de l'ancien cimetière » (61).

Ces « dispositions variées » qui ont séduit Horace de Saint-Aubin et qui apparaissent encore en 1831 dans l'évocation des « paisibles cyprès du Père-Lachaise » (62) sont résolument exclues de l'« odieux cimetière » (63) présenté dans *Ferragus* (1833) *Le Père Goriot* (1834) et *Le Cousin Pons* (1846-1847).

La cité des morts, image miniaturisée de la ville, a comme elle ses rues (rue du Maréchal Lefebvre, rue Masséna, place Saint-Jean d'Angely, pour s'en tenir aux noms cités dans *La Comédie humaine*) et, bordant ces rues, des édifices constitués par les tombeaux. Dans « cet élégant cimetière », les beaux quartiers dominent, formant comme une projection des beaux quartiers du Paris de l'ouest « qui déverse ses morts dans ce faubourg de l'est » (64). La noblesse donne le ton : aristocratie du Faubourg (les Maulaincour) et noblesse d'Empire (le Maréchal Lefebvre et Masséna) suivie de la haute finance (Desmarets) et du grand commerce (le « fort boucher » au tombeau de marbre blanc). Des infiltrations populaires, venues des quatre arrondissements de l'est, occupent un secteur bien déterminé : celui des concessions temporaires et des fosses communes où se retrouveront Goriot, Pons et Schmucke. Ségrégation totale, plus absolue au cimetière qu'à la ville (65).

Le thème de l'architecture et de l'épigraphie funéraire paraîtrait assez banal si

---

55. La création du cimetière parisien d'Ivry était résolue dès 1853. Haussmann prévoyait, en outre, l'installation d'une gigantesque nécropole à 30 km de Paris avec voie ferrée spéciale (cf. *Mémoire du baron Haussmann*, tome II, pp.159 et suivantes).

56. *Ferragus*, IV,50.

57. Cf. N. Paul-Albert, *op.cit.*, pp.37 et 50.

58. *Ferragus*, IV,51.

59. *Ibid.*, 50 et *La Femme de trente ans*, II,189.

60. Très visible sur le plan ci-joint.

61. N. Paul-Albert, *op.cit.*, p.53.

62. *La Femme de trente ans*, II,189.

63. *Ferragus*, IV,51.

64. Cf. Marcel Le Clere, *Cimetières et sépultures de Paris,* Les Guides Bleus, Hachette, 1978, p.65.

65. A partir de 1874-1879, le Père-Lachaise sera réservé aux seules concessions perpétuelles.

l'on ne savait qu'il s'agit là d'usages nouveaux (66), en dehors des églises maintenant interdites. Faisant allusion aux inscriptions pompeuses, et à la variété des pyramides, obélisques, cippes, hiboux et vases cinéraires, Dulaure admire « le faste employé à revêtir le néant », tout en observant que dans ce « nouvel Elysée » et « champ sacré », « l'inégalité des fortunes a banni l'égalité parmi les tombeaux » (67).

En 1832, dans un article du *Livre des Cent et un* (68) la comparaison entre la Ville et la Nécropole est esquissée, avec les thèmes repris par Balzac dans *Ferragus* l'année suivante. On y trouve l'énumération complaisante des bronzes, marbres, granits, grilles, fûts, colonnes, ainsi que la présence de mademoiselle Raucourt et les « détours de ce lugubre labyrinthe », dédale où se perdra Jules Desmarets avant de découvrir le morceau de terre « fraîchement remuée » et les « fiches » marquant la tombe de sa bien-aimée (69). Balzac, à son tour, mais sur un ton d'âpre critique, recense les thyrses, fers de lance, urnes égyptiennes, « du clinquant, des guenilles, des paillettes » (70). Il observe que les minuscules constructions de la ville des morts offrent un mélange de « tous les styles, du mauresque, du grec, du gothique, des frises, des oves » tout comme leurs homologues modernes de la Chaussée d'Antin.

Le tombeau Rubempré-Esther, inspiré peut-être de celui d'Héloïse et d'Abélard, sera, avec ses « gisants », résolument gothique : en rédigeant ses dernières volontés (71), Lucien, tout hanté qu'il est de visions historiques (72), a peut-être songé au monument célèbre qui abrite, depuis 1817, cet autre couple d'amants malheureux devenu légendaire... Pour Michel Chrétien, ses amis plantent dans un gazon « une croix en bois noir sur lequel sont gravés en lettres rouges ces deux noms : Michel Chrétien ». C'est le seul monument qui soit dans ce style. Les cinq amis ont pensé qu'il fallait rendre hommage « à cet homme simple par cette simplicité » (73). « En tout l'expression simple est la plus belle », remarquait déjà Balzac en 1825 à propos des *Enterrements* » (74). A Coralie est promise « une colonnette sur laquelle on graverait : *Coralie* et dessous : morte à dix-neuf ans (août 1822) ». Cette colonnette rappelle la cipse d'Augustine de Sommervieux « morte à vingt sept ans » et inhumée au cimetière Montmartre.

Avec le monument de Pons, encore à l'état de projet comme celui de Coralie, on aborde le côté mercantile par lequel la nécropole s'identifie encore davantage à la ville, et « le verre dégrossissant de la lorgnette » n'est pas nécessaire pour juger de l'affreux trafic auquel donne lieu « la mort à Paris ». Le courtier de la maison Sonet « maison qui fait le monument funéraire » (75) tourmente le pauvre Schmucke pour lui imposer un projet que nous avons déjà eu l'occasion d'évoquer (76) : celui qui porte « trois figures en marbre, la Musique, la Peinture et la Sculpture versant des

---

66. Ce n'est qu'à partir de la Restauration que se développe la mode des monuments funéraires : « les premières tombes, la plupart du temps, n'ont qu'un simple entourage de bois, avec une croix ou une pierre dressée. Les grilles apparaissent ensuite, petit à petit, ainsi que les pierres tombales » et les architectes se substituent aux gardiens pour la construction des tombes (cf. N. Paul-Albert, *op.cit.*, p.46).

67. Cf. *op.cit.*, p.199.

68. Cf. Eugène Roch, *Le Père-Lachaise*, tome IV, 1832.

69. *Ferragus*, IV,51.

70. *Ibid.*

71. Cf. *Splendeurs et misères des courtisanes*, IV,416.

72. Cf. notre étude sur La Conciergerie.

73. *Illusions perdues*, III,460-461.

74. Cf. *Le Code des gens honnêtes - Les Enterrements* (passage cité par Prioult dans son article de l'Année balzacienne, 1967).

75. Cf. *Le Cousin Pons*, V,266.

76. Cf. notre étude sur Les personnages archéologiques.

pleurs sur le défunt », simple transposition de l'allégorie des Trois Glorieuses qui devait primitivement orner le tombeau de De Marsay. Coût : sept mille francs, et douze mille francs pour un marbre. Le monument d'Esther, qui sert de référence publicitaire à l'entreprise, a dû coûter beaucoup plus cher.

De nombreux corps de métier participent à la mise en scène du dernier acte de la Comédie. De même qu'on voit Birotteau, aux premiers bruits de faillite, assailli par tous les entrepreneurs qui ont participé à la rénovation de son trop bel appartement, de même les entrepreneurs funéraires viennent-ils, dans la maison mortuaire même, faire le siège des héritiers ou présumés tels. Les Grindot, Lourdois et Chaffaroux qui poursuivent César Birotteau trouvent leurs équivalents dans les serruriers, menuisiers (fournisseurs des bières) marbriers et sculpteurs (Stidmann lui-même le cas échéant) (77). Balzac se plaît à énumérer les agents racoleurs qu'anime, comme ce courtier de chez Sonet, « le génie de la spéculation ».

De « la rue des Tombeaux » (78) (ainsi l'écrivain nomme-t-il la rue de la Roquette) les vautours « sont descendus aujourd'hui dans la ville jusqu'aux abords des mairies » (79). Burlesques et sinistres figures, ils vont et viennent, entrent, sortent et reparaissent comme des personnages de théâtre. A cette cohorte il convient d'ajouter « l'Église dont les prières se paient cher » (80), curé qui bâcle la messe, bedeau et enfants de chœur (81), sans oublier « les pauvres » : les croquemorts de la fosse (82). La puissance de l'Argent, élément moteur de la comédie parisienne, s'affirme avec plus de cynisme encore dans le Paris « réduit aux petites dimensions des ombres » (83): « La mort est un abreuvoir pour bien des gens à Paris » (84).

Après la description de tant de décors intérieurs, élégants ou modestes (85), voici le décor funéraire dont aucun élément n'est omis. Il est présenté méthodiquement, dans chacune des étapes de la cérémonie, avec les différences liées au statut social que les Pompes Funèbres ont codifié en sept classes (86). Le père Goriot est étendu sur des sangles entre deux chandelles (87) tandis que Pons a droit à quatre cierges et flambeaux d'Église (88). Tableau de genre pour madame Jules « sur le lit de mort, belle comme une sainte, les cheveux en bandeau, les mains jointes, ensevelie dans son linceul. Des cierges éclairaient un prêtre en prières... » (89).

Dans une seconde étape, on passe à l'exposition du cercueil, sous « la porte bâtarde de la pension Vauquer » pour Goriot ; « sous la porte cochère » avec chapelle ardente et « brillant catafalque » pour Pons (90) ; « chapelle ardente, à la porte de son hôtel » pour Clémence Desmarets (91). La marche du convoi, de la maison mortuaire à l'église, puis de l'église au cimetière, fait apparaître les corbillards. Grâce à ses amis, Z. Marcas

---

77. Cf. *Le Cousin Pons*, V,262-265-266-267.
78. *Le Cousin Pons*, V,262.
79. *Ibid.*
80. *Ferragus*, IV,50.
81. Voir *Le Père Goriot*, II,307 (le service, bâclé, coûte tout de même soixante dix francs).
82. Cf. *Ferragus*, IV,49 et *Le Père Goriot*, II,309.
83. *Ferragus*, VI,51.
84. *Le Cousin Pons*, V,265.
85. Voir notre chapitre consacré aux Espaces intérieurs et décors.
86. Cf. *Ferragus*, IV,50.
87. Cf. II,307.
88. *Le Cousin Pons*, V,260.
89. *Ferragus*, IV,47.
90. Enterrement de troisième classe.
91. *Ferragus*, IV,48.

échappe à la « honte du char des pauvres » (92). Le « simple char de la dernière classe » de Cibot s'oppose à la « splendeur du char blanc, d'où pendait un écusson sur lequel était brodé un grand P », qui transporte le vieux musicien (93).

S'il faut chercher dans *L'Éducation sentimentale* le corbillard de première classe et les chevaux caparaçonnés (94), les voitures de deuil sont, en revanche, soigneusement dénombrées dans *La Comédie humaine* : treize pour madame Jules, dix pour Lucien de Rubempré, quatre pour Pons, une seule, réservée au curé, pour le père Goriot. Les deux voitures « armoriées mais vides » des Restaud et Nucingen expriment l'indifférence insultante des familles. Beaucoup de ces voitures de deuil, occupées jusqu'à l'église, arrivent vides au Père-Lachaise : (95)

« Dans les enterrements, à Paris, à moins de circonstances extraordinaires, ou dans les cas assez rares de quelque célébrité décédée naturellement, la foule venue à l'église diminue à mesure qu'on s'avance vers le Père-Lachaise. On a du temps pour une démonstration à l'église, mais chacun a ses affaires et y retourne au plus tôt. » (96)

Les églises, espaces « sociaux » plus qu'archéologiques, comme nous l'avons vu, n'apparaissent guère dans *La Comédie humaine* qu'à l'occasion des mariages et des enterrements, et souvent de façon allusive : allusion à Saint-Thomas d'Aquin pour Lord Granville (97), à Saint-François, au Marais, pour Pons et Cibot ; simple absoute dans « une petite chapelle basse et sombre » de Saint-Étienne du Mont pour Goriot ; Saint-Germain-des-Prés pour Rubempré, dont le corps a été ramené de la Conciergerie au quai Malaquais (98). La domiciliation, toujours respectée, explique que la solennelle pompe funèbre de Clémence Desmarets se déroule à Saint-Roch. Dans une mise en scène somptueuse, draperies noires et larmes brodées (99), la cérémonie prend l'allure d'une représentation à grand spectacle, d'un festival de musique sacrée où affluent les curieux : « la grand'messe fut célébrée avec la sombre magnificence des messes funèbres » où les « terrifiants accents » du Dies irae rendent présente « la foudroyante majesté de Dieu » (100).

Cependant, plutôt qu'à l'aspect véritablement impressionnant que peuvent revêtir certains services funèbres, Balzac paraît attentif au côté prosaïque, voire vulgaire, de la mort à Paris : la « mort des pauvres » (101), mais aussi la mort des riches. Les détails s'accumulent, qu'il faut bien qualifier de « réalistes » : « bière à peine couverte d'un drap noir, posée sur deux chaises », « un mauvais goupillon » (102), ouvriers s'apprêtant à souder le couvercle de plomb d'une bière (103), cercueils proposés au chaland comme un meuble ordinaire :

« — Comment monsieur veut-il *cela* ? En sapin, en bois de chêne simple, ou en bois de chêne

---

92. *Z. Marcas*, V,617 (depuis l'Empire, le transport à bras est interdit : cf. M. Le Clere, *op.cit.*, p.53).
93. Cf. *Le Cousin Pons*.
94. Cf. les obsèques de Dambreuse.
95. Cf. *Le Cousin Pons*, V,263 et *Splendeurs et misères des courtisanes*, IV,470.
96. *Splendeurs et misères des courtisanes*, IV,470.
97. Cf. *La Femme de trente ans*, II,173.
98. *Splendeurs et misères des courtisanes*, IV,470.
99. Cf. *Ferragus*, IV,48-49.
100. *Ibid.*, IV,48.
101. *Le Père Goriot*, II,307.
102. *Ibid.*
103. *Ferragus*, IV,48.

doublé de plomb ? Le bois de chêne doublé de plomb est ce qu'il y a de plus *comme il faut* » (104)

sans compter la location éventuelle des « costumes d'héritier » tel cet « ample et horrible manteau noir que l'on met aux héritiers pour suivre le char funèbre de la maison mortuaire à l'église, en le (leur) attachant par des cordons de soie noire sous le menton » (105), et les ridicules cordons du poêle. Contrepoint à tant de brillants décors, tel apparaît l'inventaire fidèle des choses de la Mort.

Le début et la fin de *La Comédie humaine* sont dominés par deux évocations du Père-Lachaise (106) destinées à nous prouver que « la mort, dans Paris, ne ressemble à la mort dans aucune capitale et (que) peu de personnes connaissent les débats d'une douleur vraie aux prises avec la civilisation, avec l'administration parisienne ».

Cette douleur vraie, de *Ferragus* à *Pons*, est allée s'approfondissant. Si la douleur de Jules Desmarets cherchant Clémence au cœur du labyrinthe infernal nous touchait, celle du vieux Schmucke pleurant l'ami au côté duquel il sera bientôt enterré, nous bouleverse : douleur muette, dépouillée, solitaire qui plane comme une grande réprobation sur l'œuvre qui s'achève.

La Colline des morts domine la « vallée de plâtras » où les vivants continuent de s'agiter et de se presser « pour se presser et s'agiter » (107). Dérisoirement. Aucun espoir de survie ne s'exprime dans les évocations funéraires que nous venons d'étudier. Nulle spiritualité, mais une vision purement matérielle d'objets et de décors. Est-ce un hasard si, parmi tant d'accessoires : draperies, cierges et goupillons, on n'aperçoit aucun crucifix ? Seule la sinistre réalité, un instant dissimulée par le faste d'une cérémonie, s'impose : celle de la « fosse creusée » (108), du « trou carré » des tombes, du spectacle des cordes tenant la bière qu'on descend (109), du « léger bruit des pelletées de terre que les fossoyeurs jettent sur le corps pour venir demander leur pourboire » (110). Jacques Collin lui-même, « cet homme si fort », s'évanouit à ce spectacle tout comme le tendre Schmucke (111).

Le rideau tombe lourdement sur ce dernier acte de *La Comédie humaine*, celui qui annule tragiquement la gesticulation parisienne, remplacée par une gigantesque danse macabre.

Regardons-la une dernière fois. Derrière Augustine la mal aimée, voici Ginevra la passionnée, Raphaël, la main crispée sur l'ombre du talisman, le petit Charles d'Aiglemont enlisé dans les eaux boueuses de la Bièvre, Clémence en cendres et Ferragus pétrifié, la pauvre duchesse de Langeais « jadis femme » et « maintenant plus rien », la fille aux yeux d'or assassinée sans confession, le malheureux père Goriot et le triste fantôme Chabert, César le juste-et-martyr, Z. Marcas l'oublié, Coralie la trop dévouée et le républicain floué : Michel Chrétien ; Esther la suicidée et Lucien le pendu, Louise Gaston si « jolie jusque dans (son) cercueil » et la triste Rabouilleuse « rabouillée » dans sa « fosse pleine d'infamies » ; Honorine la solitaire, et Valérie la belle, aux

104. *Le Cousin Pons*, V,263.
105. *Le Cousin Pons*, V,264.
106. Dans *Ferragus* et *Le Cousin Pons*.
107. *Ferragus*, IV,51.
108. *Splendeurs et misères des courtisanes*, IV,470.
109. Cf. *Le Cousin Pons*, V,266.
110. *Splendeurs et misères des courtisanes*, IV,470.
111. Cf. *Splendeurs et misères des courtisanes*, IV,470 et *Le Cousin Pons*, V,266.

chairs décomposées, Crevel putréfié, Adeline foudroyée, Cibot le rabougri et Rémonencq le vitriolé. Les « deux amis » Pons et Schmucke, agneaux de Dieu sacrifiés, ferment la marche.

Tous sont morts à Paris et/ou de Paris. Tous semblent nous redire à leur manière cette phrase prophétique du *Neveu de Rameau* :

« Les choses de la vie ont un prix sans doute ; mais vous ignorez celui du sacrifice que vous faites pour les obtenir. Vous dansez, vous avez dansé et vous continuerez de danser la vile pantomime. » (112)

Mais voici que leur créateur les rejoint à la mi-temps du siècle. Désormais, « tel qu'en lui-même enfin », c'est Balzac, Balzac pétrifié qui contemple du haut du Père-Lachaise, dans le Paris d'aujourd'hui, ce qui subsiste du Paris d'hier : « son » Paris qui achève de disparaître « avec une effrayante rapidité » cependant que nous continuons de danser...

---

112. Cf. Édition Fabre, p.107.

Ce chapitre final, hommage photographique au texte balzacien, se voudrait remontée vers la lumière après cette descente au labyrinthe. Le texte vit, lui, et il engendre, au fil des générations, des regards capables de modifier la perception de l'espace parisien, d'en approfondir les perspectives et de témoigner « pour un avenir qui talonne le siècle actuel ».

Ces photographies prises au fil des dernières années et parfois au *hasard* des rues parisiennes se veulent bien distinctes des documents référentiels qui ont éclairé jusqu'ici mon propos. *Elles ne sont pas des illustrations* systématiques des romans de *La Comédie humaine*. Elles sont nées de leur lecture, c'est vrai, mais *elles témoignent en toute liberté,* de ce que Balzac a légué *d'essentiel* à ses héritiers en matière d'archéologie parisienne : un *certain regard* porté sur ce qui est voué à la proche disparition. Sur la nature de ce regard, son pouvoir d'interrogation, de lecture du « temps humain », je voudrais soumettre au destinataire quelques remarques préalables.

VII. « CECI » NE TUERA PAS « CELA »

DE « L'EXISTENCE TYPOGRAPHIQUE » (1) A
L'EXISTENCE PHOTOGRAPHIQUE (2)

Émouvante coïncidence : c'est au moment où Balzac disparaît que la photographie commence à avoir « droit de cité » à Paris, au sens propre du terme : en 1851, les premières photos entrent au Cabinet des Estampes de la Bibliothèque Nationale par la voie du dépôt légal. Balzac est mort depuis un an, mais il a pu voir les premiers daguerréotypes parisiens. Le tout premier, daté de 1841, représente la Tour Saint-Jacques (3), et de 1841 à 1850 d'autres portraits de monuments parisiens seront proposés à l'attention des amateurs : dès 1842 (4) une série de vues de *Notre-Dame de Paris* commandée par Viollet-le-Duc qui s'apprête à restaurer l'édifice ; en 1845, *La fontaine des Innocents* ; en 1848, une série de six daguerréotypes anonymes représentant la Colonne de Juillet, l'Arc de Triomphe de l'Étoile, le Louvre et le Pont-Neuf, la Barrière des Ternes et l'Hôtel de la Monnaie (5).

En tout cas « la dernière grande découverte, la daguerréotypie » (6) ne laisse pas le romancier indifférent :

« Si quelqu'un fût venu dire à Napoléon qu'un édifice et qu'un homme sont incessamment et à toute heure représentés par une image dans l'atmosphère, que tous les objets existants y ont un spectre saisissable, perceptible, il aurait logé cet homme à Charenton [...] Et c'est là cependant ce que Daguerre a prouvé par sa découverte. » (7)

Découverte rendue officielle en 1839 et quasi contemporaine du regain d'intérêt que suscite en France le patrimoine architectural et les efforts de Mérimée pour le mieux préserver (8).

Dès le 30 mars 1839 Jean Vatout, président de la Commission des Monuments historiques (9), espère que « la découverte de Monsieur Daguerre donnera peut-être les moyens de réaliser une partie du projet » qui consiste « à former la collection des

---

1. Cf. *Les Petits Bourgeois*, V,294.
2. C'est le 3 juillet 1839 qu'Arago présente à l'Institut la découverte de Daguerre. Ce Daguerre inventeur, pour commencer, du *Diorama* auquel Balzac enthousiaste prédit dès 1822, dans une lettre à Laure, un bel avenir ; « c'est la merveille du siècle, une conquête de l'homme à laquelle je ne m'attendais nullement. Ce polisson de Daguerre a fait une libertine d'invention qui va lui donner une partie de l'argent de ces lurons de parisiens. »
3. L'auteur en est Girault de Prangey (1804-1892).
4. L'année même où Balzac se fait « daguerréotyper » pour la première fois.
5. D'origine inconnue, ces daguerréotypes ont été retrouvés ensemble en 1937 et l'on suppose qu'ils ont un auteur commun.
6. *Le Cousin Pons*, V,206.
7. *Le Cousin Pons*, V,206.
8. Rappelons que c'est le 27 mai 1834 que Mérimée est nommé Inspecteur Général des Monuments historiques et entreprend sa tournée.
9. Créée en 1837.

plans et des dessins de tous les monuments historiques de la France ». Comme le fait remarquer Yvan Christ (10) :

> « La photographie était officiellement associée, dès sa naissance, à l'archéologie. C'était, vingt ans avant Charles Baudelaire, affirmer qu'elle avait désormais pour mission de sauver de l'oubli « les ruines pendantes [...] les choses précieuses dont la forme va disparaître et qui demandent une place dans les archives de notre mémoire. » (11)

Ainsi, le rôle tenu par les illustrateurs des *Voyages pittoresques et romantiques dans l'ancienne France* (12) est-il peu à peu dévolu à ce qu'on appelle la « photographie d'architecture » répondant mieux aux exigences scientifiques des « archéologues » (13), mais souvent au détriment de la nostalgie poétique qui s'exprime, dès 1820, dans l'introduction au premier volume des *Voyages pittoresques* (consacré à l'ancienne Normandie) :

> « Les monuments passent : ils passent rapidement, surtout quand ils appartiennent à l'ancienne institution de l'État [...] Le Temps imprime sa trace avec tant de puissance sur ces débris qu'en les voyant pour la seconde fois, nous avons déjà hésité à les reconnaître, et que nos croquis, trahis par la précipitation des démolisseurs, ne sont peut-être aujourd'hui que le portrait de ce qui n'est plus. »

« La photographie créative d'architecture au XIXe siècle est avant tout une photographie qui se veut informative » (14), comme en témoignent les épreuves de la mission héliographique de 1851 (15) commandée par la Commission des Monuments historiques pour photographier les grands monuments français. Trois (16) des cinq photographes choisis (Edouard-Denis Baldus, Hippolyte Bayard, Henri Le Secq, Gustave Le Gray et O. Mestral) ont cependant, comme beaucoup de grands photographes de cette époque, reçu une formation de peintre. Mais leur clientèle est surtout constituée d'architectes, de sculpteurs en quête de modèles, d'historiens d'art, et le souci d'exactitude l'emporte sur « le coin de nature vu à travers un tempérament », sans compter le désir de se démarquer de la horde des « tireurs de portraits » touristiques qui commence à sévir...

Déjà, cependant, et un peu en marge de ce courant officiel, apparaît, semble-t-il, un premier héritier timide du regard balzacien :

CHARLES NEGRE (1820-1880) (17)

Timide car, comme les autres photographes d'architecture (notamment son ami

---

10. Cf. Documents, témoins d'une architecture disparue, article publié dans le n⁰ 110 de la Revue des Monuments historiques : *Photographie et architecture.*

11. Cf. *Le public moderne et la photographie dans les Curiosités Esthétiques* (1859).

12. De Ch. Nodier, J. Taylor et A. Cailleux dont le premier volume paraît en 1820.

13. Après 1840 le genre des « vues pittoresques » se survit à lui-même : cf. l'intéressante mise au point d'Eliane Vergnolle, Les Voyages pittoresques (ch.VIII du catalogue de l'Exposition consacrée au *Gothique retrouvé avant Viollet-le-Duc* en l'Hôtel Sully, du 31 octobre 1979 au 17 février 1980).

14. Cf. Philippe Neagu, *Sur la photographie d'architecture du XIXe siècle* dans le n⁰ 110 de la Revue des Monuments historiques déjà citée.

15. Sur cette mission, on consultera avec profit le catalogue de l'exposition itinérante organisée en 1980 par la Direction des musées de France, *La Mission héliographique, photographies de 1851.*

16. Le Secq, Baldus et Le Gray.

17. On consultera avec intérêt le catalogue de l'Exposition *Charles Nègre photographe* (qui s'est tenue à Paris, au Musée du Luxembourg du 25 novembre 1980 au 17 janvier 1981).

Le Secq avec qui il travaille au cours de l'automne 1850), il s'intéresse d'abord et surtout aux monuments, que Balzac, au contraire, néglige au profit d'une architecture plus éphémère et quotidienne. Soucieux de rigueur objective, il les isole même de leur environnement naturel au moyen d'un cadrage resserré produisant ainsi une vision statique. Mais comme le remarque Françoise Heilbrun il y a « aussi chez lui un goût très fort et très contradictoire pour le pittoresque » et elle va jusqu'à émettre l'hypothèse que

« le refus d'une approche sentimentale et pittoresque, le souci d'objectivité (sont) peut-être de commande. Car dans ses premières images réalisées à Chartres en 1851 et à Paris à la même date [...] Nègre se montrait surtout captivé par l'atmosphère du paysage urbain qui s'offrait à lui, et on pouvait croire, en contemplant ces petites scènes, qu'il avait les dispositions qu'allaient montrer plus tard Marville ou Atget, photographes infatigables des rues de Paris [...] il n'est pas douteux qu'en dépit de sa volonté de rigueur, il aborde l'architecture plus en contemplateur qu'en homme désireux de la comprendre rationnellement. » (18)

Propos que semble confirmer Ch. Nègre lui-même : « Peintre moi-même j'ai travaillé pour les peintres (19) en suivant mes goûts personnels », « partout où j'ai pu me dispenser de faire de la précision architecturale, j'ai fait du pittoresque ». Veine lyrique, exprimée le plus souvent par de beaux « clairs obscurs » qui animent le paysage.

A-t-il lu Balzac ? Pas plus hélas ! que pour Marville et Atget, nous ne sommes en mesure de le prouver. Pourtant certaine parenté de projets laisse rêveur : le rôle qu'il attribue à la photographie ressemble fort à celui que l'auteur de *La Comédie humaine* assignait au roman ; « nul n'a eu plus que Nègre, en théorie du moins, cette conscience du rôle de la photographie comme nouvel instrument de la connaissance, lui qui projetait même de faire une encyclopédie en images des mentalités humaines. » (20) Ajoutons qu'il rêvait de faire par ailleurs une histoire en images de Paris à travers ses monuments.

Encore les monuments, oui ! Mais voici maintenant un véritable « portrait de ce qui n'est plus », du modeste tissu interstitiel et périssable entre les monuments durables : le Paris de Charles Marville (21), admirable contrepoint du Paris de *La Comédie humaine*.

CHARLES MARVILLE (1816-?)

Ses premières photographies connues portent la date de 1851 (date décidément importante pour notre propos). C'est le moment où il s'installe officiellement comme photographe après avoir été, lui aussi, « dessinateur », graveur et peintre (21). Bien qu'il n'appartienne pas à la Société française de photographie, son talent de photographe est vite reconnu et il devient « photographe de la Ville de Paris » sans qu'aucun écrit permette de préciser la date à laquelle il accède à cette fonction : probablement au moment où Haussmann entreprend ses grandes démolitions pour faire de Paris une

---

18. Cf. article consacré à *Charles Nègre et la photographie d'architecture*, revue citée, p.19.
19. Rappelons que plusieurs peintres peignent d'après photographies. Les deux arts ne sont pas indépendants l'un de l'autre.
20. Françoise Heilbrun, article cité, p.18.
21. Sur Charles Marville, sa vie (très mal connue, l'incendie de l'Hôtel de Ville en 1871, ayant détruit toutes les pièces de son état civil) et son œuvre, cf. *Charles Marville photographe de Paris de 1851 à 1879*, Catalogue de l'exposition réalisée par la Bibliothèque historique de la Ville de Paris, 21 novembre 1980-31 janvier 1981.

ville nouvelle et souhaite conserver, grâce à la photographie (qui « s'était fait définiti-vement l'auxiliaire de l'histoire ») (22), un témoignage sûr du Paris pré-haussmannien afin que la postérité puisse juger du grand œuvre accompli. Le Paris de Marville serait donc un Paris « de commande » faisant abstraction de vues personnelles ; « sans doute devait-il s'efforcer de répondre du contrat passé, réalisant des « vues adminis-tratives » qui servent le projet des édiles parisiens » (23). Mais heureusement le Paris qu'il nous a légué transcende, comme celui de Balzac, l'aspect documentaire pour atteindre à la « surréalité » qu'au même moment Baudelaire appelait de ses vœux. Lui aussi semble avoir un « amour au cœur » pour ce Paris qui disparaît.

« Dans quel état d'esprit Marville sillonnait-il, avec son lourd fardeau de plaques de verre, les artères de la capitale ? Lorsque, de nos jours, on contemple ses vues, où le dédale des rues sinueuses semble apporter, à chaque tournant, le plaisir d'une surprise nouvelle, où les boutiques qui s'ouvraient sur la chaussée suggèrent une chaleur humaine à tout jamais disparue, où les jeux fascinants d'une lumière avare forment sur les pavés des reflets séduisants, on se prend à rêver à cette ville démolie en quelques années. Et l'on imagine dans le cœur de Marville l'amère nostalgie d'une perte irrépara-ble »,

écrit la préfacière du catalogue de la récente exposition Marville (24), mais elle tente tout aussitôt de nous détromper :

« L'examen plus approfondi de l'ensemble de ces vues ne suggère pourtant rien de tel, mais plutôt une conscience lucide de l'importance grandiose de la transformation qui affectait Paris » ; (et insiste sur) « la pâture ainsi offerte aux chercheurs, historiens de la capitale », (sur) « l'informa-tion d'une ampleur inégalée, d'une précision beaucoup plus sûre que la plus minutieuse gravure. Non seulement les rues dans leur tracé exact mais aussi dans le détail de leur aménagement, les pavés, les bornes, le caniveau axial, l'allure des maisons, la forme des boutiques et leur décoration, la nature des denrées exposées sur le sol ou devant les échoppes, les nombreuses inscriptions de la publicité constituant une mine de renseignements précieux pour toutes les disciplines du passé. » (25)

Mais ceci doit-il tuer cela ?
Comme l'œuvre littéraire, la photographie peut être « lue » à différents niveaux. Elle est capable d'accueillir des sens nouveaux par des regards renouvelés au fil des époques. Qu'importe au fond, ici comme là, ce que « l'auteur a voulu dire », a « voulu faire ». Son œuvre le dépasse, elle est signe, appel, espace ouvert et comme le dit Yvan Christ, on peut, « l'œil collé à ses fauves images [...] être tour à tour sérieux et futile, archéologue et sociologue, historien et anecdotier » (26) : exactement comme en lisant *La Comédie humaine*...
Pour moi, lorsque j'ai découvert le Paris de Marville il y a environ une décennie, il devint inséparable de celui de Balzac au point que j'ai rêvé d'une édition privilégiée de certains romans parisiens de *La Comédie humaine* illustrés par des photographies de Marville. Je me contenterai ici d'en dédier quelques-unes, à titre d'exemples, aux personnages balzaciens qu'elles semblent attendre encore.
Pour le colonel Chabert, voici la montueuse et déserte rue du Banquier. Elle mène vers cette autre rue plus misérable encore, qui est comme son diminutif : la rue du

22. Cf. Catalogue cité, p.12.
23. Cf. *La Lumière* du 21 juin 1856, p.97.
24. Cf. Catalogue cité, p.20.
25. Catalogue cité, p.22.
26. Yvan Christ, *150 ans de photographie française*, Photo Revue 1979, Paris.

Petit-Banquier, rue non pavée aux ornières profondes où se terre la maison de « Vergniaud nourriceure » (27) proche la barrière d'Italie. Pour monsieur et madame Baudoyer, voici la rue Censier où ils furent « honnêtes mégissiers » et conservèrent un pied à terre dans la maison donnée en dot à Isidore (28).

Pour César Birotteau, voici les fameux Piliers des Halles et la rue de la Tonnellerie : une de ces rues enfermées dans « le labyrinthe » où il erra désespéré (29). Ces Piliers ont intéressé tout particulièrement l'archéologue Balzac car « il existe à peine une longueur de cent pieds des anciens piliers des Halles, les derniers qui aient résisté au temps ; encore, dans quelques jours, le reste du sombre dédale de l'ancien Paris sera-t-il démoli » ; ce sont « fragments de la vieille cité [...] preuves vivantes près de tomber en poussière » (30).

A Ursule Mirouët, dédions Sainte-Pélagie qu'elle voulut voir avec tant d'obstination amoureuse, préférant la rue de la Clef aux « passages, boutiques et boulevards » de la rive droite que son bonhomme de parrain tentait de lui faire découvrir (31). Leur voiture « stationna devant l'ignoble façade de cet ancien couvent transformé en prison. La vue de ces hautes murailles grisâtres dont toutes les fenêtres sont grillées [...] cette masse sombre dans un quartier plein de misères et où elle se dresse entourée de rues désertes comme une misère suprême : cet ensemble de choses tristes saisit Ursule et lui fit verser quelques larmes » (32).

En souvenir du Père Goriot et des autres pensionnaires de la maison Vauquer (voisine et sœur de cette pension, bourgeoise du Puits-de-l'Ermite qu'on aperçoit, sur la photographie, dans l'ombre de Sainte-Pélagie), voici l'une de « ces rues désertes » évoquées au début du roman (33) : la rue Vieille Notre-Dame, près de la rue Censier.

Enfin, dédiée à la mystérieuse Madame de la Chanterie, la rue Chanoinesse — « à l'endroit où, vers la rue de la Colombe, elle finit pour devenir la rue des Marmousets » (34). C'est là qu'un soir où se joue son destin, « Godefroid s'arrêta sous le porche de la maison où demeurait Madame de la Chanterie, le prêtre se retourna vers Godefroid en l'examinant à la lueur d'un réverbère qui sera sans doute un des derniers à disparaître au cœur du vieux Paris » (35). Peut-être, au moment où Marville opère (36), est-il remplacé depuis peu par ce « bec de gaz » ? Peut-être Balzac a-t-il rêvé devant ce porche qui laisse apercevoir « une assez vaste cour » ? Peut-être Marville, « flâneur instruit » (37), a-t-il évoqué Balzac au long de ces rues parisiennes observées avec tant de patient intérêt ? Peut-être n'est-il pas interdit de rêver à des possibles inédits ?

Les années passent, emportant Marville et le vieux Paris, mais nous laissant, après les « descriptions précieuses » de Balzac, des photographies également « précieuses pour l'avenir ». Cet avenir déjà en train de devenir du présent quand un très grand photographe, longtemps méconnu, fait son entrée sur la scène parisienne.

---

27. *Le Colonel Chabert*, II,319.
28. *Les Employés*, IV,532.
29. *César Birotteau*, IV,160.
30. *Sur Catherine de Médicis*, VII,158.
31. *Ursule Mirouët*, II,499.
32. *Ibid.*
33. Cf. *Le Père Goriot*, II,217 « rues serrées entre le dôme du Val-de-Grâce et le dôme du Panthéon ».
34. *L'Envers de l'Histoire contemporaine*, V,408 (on peut déchiffrer, à l'arrière-plan de la photographie, le nom de la rue de la Colombe).
35. *Ibid.*
36. Entre 1852 et 1855.
37. L'expression est employée dans *Valentine et Valentin* (II,453).

Rue du Banquier (photo Marville)

Rue Censier (photo Marville)

Les Piliers des Halles, rue de la Tonnellerie (sans date) (photo Marville)

Prison de Sainte-Pélagie (photo Marville)

Rue Vieille-Notre-Dame (photo Marville)

Rue Chanoinesse (photo Marville)

Eugène ATGET (1857-1927) – LE « PHOTOGRAPHE-ARCHÉOLOGUE » (38)

Ancien comédien nostalgique du théâtre et ex-peintre raté, Atget, grand photographe sans le savoir, est, à bien des égards, un personnage balzacien sous le signe de l'échec. Un de ces personnages archéologiques que nous avons évoqués, méconnus et marginaux, entachés de « naïveté », ce mot bien balzacien revient souvent à son propos, mais « la naïveté prise dans le sens d'une injure » précise son biographe Jean Leroy (39).

Né dans le sud-ouest de la France (40), il monte à Paris et découvre tout jeune encore cette ville qui le fascinera. « Son attrait pour les arts est incontestable » et bientôt la passion du théâtre « l'embrase », elle ne l'abandonnera jamais mais hélas ! c'est le théâtre qui le quitte : après dix-huit ans de tournées ponctuées de demi-échecs, il renonce. C'est en 1899 que le véritable destin d'Atget se dessine enfin, à son insu. Après avoir été comédien, il a tenté de devenir peintre et fréquente les ateliers de Montparnasse. En vain. Il se résigne alors à simplifier la tâche de ces artistes – auxquels décidément il n'appartiendra jamais – en leur proposant des photographies documentaires : *ses* photographies. « Bourreau de travail », il les accumule patiemment dans son appartement de la rue Campagne-Première transformé en laboratoire. Parmi sa clientèle : Foujita, Vlaminck, Dunoyer de Ségonzac, Kisling, Utrillo. « C'est pour eux qu'il recherchera tout ce qui peut les intéresser, les vieilles grilles aujourd'hui disparues, les fleurons, les rinceaux, etc. » mais au hasard de ses randonnées il photographie, pour son agrément, tout ce qui l'inspire.

« Suivons-le à l'œuvre. Il travaille sans discontinuer. Il enregistre patiemment, quotidiennement, le visage d'un Paris qui n'est plus ; avec une sorte d'instinct qui tient du prodige, il prend non seulement ce qui est pittoresque, mais ce qui va disparaître ; nul n'a su comme lui conserver le souvenir de vieilles rues et de lieux que nos temps ont détruits [...] Rien ne lui échappe [...] les boutiques, les brocanteurs [...] les corbillards [...] la voiture cellulaire dite « panier à salade », le coupé du Bois de Boulogne [...] le fiacre [...] les fortifications de Paris, les bastions, les fossés, les portes, la Bièvre à la porte d'Italie, les vieux hôtels, les détails de sculpture, les frises, les macarons, les fontaines, les heurtoirs [...] Dès qu'il pénètre dans une demeure de style, il n'oublie ni rinceaux, ni fleurons, ni pilastres, ni cheminées. Dans la rue, il retrouve les cabarets et les enseignes : La Barbe d'or, A la Grâce de Dieu, Au bon puits [...] Au Soleil d'or, l'Homme armé [...] Sociologue avant la lettre, il laissera de nombreux intérieurs : ceux d'artistes [...] de collectionneurs, d'employés, d'ouvriers [...] Documentation incomparable sur la société du temps. » (41)

Cet hommage aurait déjà pu s'adresser à Balzac dont il semble, à bien des égards, l'héritier. Héritier du regard. Regard porté sur des fragments insolites, méconnus ; il s'appesantit davantage sur le cabajoutis que sur l'hôtel particulier, conscient de l'éphémère. Regard qui révèle aussi un sens de la mise en scène et du décor acquis sans doute au cours de l'expérience théâtrale mais peut-être confirmé par la lecture de Balzac. Il est probable que cet homme, né en 1857, dont on sait qu'il « lisait », et que « son goût pour l'histoire ne s'est jamais démenti » (42), n'a pas ignoré *La Comédie humaine*. Son insistance à photographier la rue Raynouard et la rue Berton

---

38. Atget se désigne ainsi lui-même.
39. Jean Leroy, *Atget, magicien du vieux Paris*, Pierre Balbo éditeur, 1975 (édition non paginée, les citations qui suivent sont extraites de l'Avant-Propos).
40. A Libourne.
41. Cf. *op.cit.*, chapitre : *Le Photographe en marche.*
42. *Op.cit.*, chapitre : *L'Homme et sa vie intime.*

nous semble un discret hommage à l'écrivain (sans compter d'autres rues habitées par Balzac en sa jeunesse : rue Portefoin, rue de Thorigny...)

Quoiqu'il en soit, son « cadrage » de l'espace parisien et le choix de ses sujets rappellent étrangement l'univers balzacien : enseignes naïves, boutiques de brocanteurs et de marchands de curiosités, cours désertes ou encombrées d'objets hétéroclites, escaliers et appuis de fenêtres, mansardes et cabajoutis, belles maisons déshonorées par de honteux commerces, « zones » ambiguës et désolées aux limites de Paris (« Là, Paris n'est plus ; et là, Paris en encore ») (43). Et puis, justifiant pathétiquement ces choix, le sentiment aigu de la fugacité des choses, le désir poignant de léguer à la postérité le fragile témoignage de ce qui *a été* et *n'est plus*.

Plusieurs de ses lettres au directeur des Beaux-Arts (à qui il souhaite vendre sa collection) (44) expriment la même nostalgie convaincante que celle de Balzac au début des *Petits Bourgeois* (45) :

12 novembre 1920 : « J'ai recueilli, pendant plus de vingt ans, par mon travail et mon initiative individuelle, dans toutes les vieilles rues du Vieux Paris des clichés photographiques [...] documents artistiques sur la belle architecture civile du XVIe siècle : les vieux hôtels, maisons historiques ou curieuses, les belles façades, belles portes, belles boiseries, les heurtoirs, les vieilles fontaines, les escaliers de style (bois et fer forgé).
[...]
Cette énorme collection artistique et documentaire est aujourd'hui terminée. Je puis dire que je possède tout le vieux Paris. » (46)

Vieux Paris en grande partie disparu :

22 novembre 1920 : « Les fontaines, les enseignes au nombre de cent, presque toutes disparues. L'intérêt du pittoresque c'est que la collection est aujourd'hui complètement disparue : par exemple le quartier Saint-Séverin est complètement changé. J'ai tout le quartier depuis vingt ans, jusqu'en 1914, démolitions comprises. »

Ces lettres sont bien l'écho maladroit, à trois-quarts de siècle de distance, des propos balzaciens :

« La construction de l'Hôtel de Ville tel qu'il est aujourd'hui, balaya tout un quartier.
En 1830 les passants pouvaient voir le tourniquet peint sur l'enseigne d'un marchand de vin, mais la maison fut depuis abattue. » (47)

Atget vieillissant s'inquiétait d'une seconde disparition possible de ce vieux Paris ; celui qu'il « possédait » :

« Marchant vers l'âge, c'est-à-dire vers soixante-dix ans, n'ayant après moi, ni héritier, ni successeur, je suis inquiet et tourmenté sur l'avenir de cette belle collection de clichés qui peut tomber dans des mains n'en connaissant pas la valeur et finalement disparaître, sans profit pour personne. » (48)

---

43. *Ferragus*, IV,53.
44. Le marché sera conclu le 22 décembre 1920.
45. Cf. V,194.
46. Cf. *op.cit.*, chapitre *Le Photographe en marche*.
47. Cf. *Les Petits Bourgeois*, V,194. Tout le passage est à relire.
48. Extrait de la lettre du 12 novembre 1920 au directeur des Beaux-Arts.

Craintes justifiées : c'est presque miracle si elle a été sauvée d'un injuste oubli (49) que l'attitude même du « bonhomme » Atget semblait autoriser : « Ce ne sont que des documents », répétait-il en faisant sa tournée d'offrandes photographiques dans les ateliers et les cafés en vogue de Montparnasse : « J'en ai des milliers ; c'est cinq francs. » (50) Nous ne pensons pas sans émotion à ce personnage archéologique, frère souffrant de ceux de *La Comédie humaine*, la réalité rejoint ici la fiction. Comme Pons, il est inquiet du sort de sa patiente collection après sa mort et, comme lui, méprisé tant que sa valeur marchande n'est pas reconnue. Il semble être, lui aussi, en marge de son siècle :

« Quand on veut faire le portrait moral d'un individu, il faut le replacer dans son époque. Atget était né en plein XIXe siècle et les gens de son temps évoluaient lentement. On ne rompt pas facilement avec des habitudes devenues séculaires. Atget était réfractaire au progrès comme la plupart des hommes de sa génération, chez qui, à tous points de vue, on pouvait observer de la méfiance, de la prudence avec une crainte continuelle de l'avenir. » (51)

Autre ressemblance, celui qui avait rêvé de se faire un nom (surtout au théâtre) semble perdre son identité à la fin de sa vie. « Pas Chabert ! pas Chabert ! », implorait le pauvre colonel (52), et à Man Ray admiratif lui proposant de faire éditer des reproductions de ses œuvres, Atget « fit cette réponse ahurissante : « si vous le faisiez, ne mettez pas mon nom. » (53)

Quant à sa mort, tout à fait théâtrale, elle l'apparente de façon troublante aux derniers romans de *La Comédie humaine* (54) :

« Un matin, ses souffrances s'accrurent et le torturèrent pendant trois jours. Il se rendit compte que la mort le guettait. Avec peine, il se leva et s'approcha d'une table pour y tracer ces quelques mots : « je meurs, prévenez mon ami Calmette ». Trépasser dans cette chambre était impossible, c'est en scène que meurt un comédien, et la seule qui lui restât : son palier. Au prix d'énormes difficultés, en chancelant, il gagne cette porte si lointaine et dans un ultime effort : « Je meurs ! » s'exclame-t-il. Ses voisins accourent et frappés d'étonnement regardent ce vieil homme livide ; dans la stupéfaction et le silence, on le vit se dresser comme s'il grandissait soudain démesurément. Ses yeux s'ouvrirent, son regard devint fixe comme s'il découvrait déjà les mystères invisibles aux vivants, il sembla grandir encore et tomba comme une masse. On le ramena chez lui. Il tint encore un jour et rendit le dernier soupir le 4 août 1927 à quatorze heures, enveloppé dans son rêve. » (55)

En hommage à cet artiste balzacien méconnu, voici maintenant quelques photographies parmi celles, très nombreuses, qui évoquent le décor parisien de *La Comédie humaine* (56).

---

49. Grâce à Bérénice Abbot, élève de Man Ray, chez qui elle rencontre Atget en 1925 : au terme d'une succession compliquée, elle emporta en Amérique 1 787 plaques et 10 000 épreuves...

50. Cf. *op.cit.*, chapitre *L'Homme et sa vie intime*.

51. *Op.cit.*, chapitre *Le Photographe en marche*.

52. Cf. *Le Colonel Chabert*, II, 332.

53. *Op.cit.*, chapitre *Le Photographe en marche*.

54. Particulièrement *La Cousine Bette* et *Le Cousin Pons*.

55. Jean Leroy (*op.cit.*, chapitre *La fin*) précise : « Nous tenons tous ces détails de ceux-là mêmes qui le relevèrent. Cette narration peut sembler grandiloquente et provoquer quelque scepticisme. Elle est conforme à tous les dires des témoins oculaires ».

56. Au nombre de celles que nous n'avons pu reproduire ici figurent notamment *Le Soleil d'or* mentionné dans le Dictionnaire des Enseignes imprimé par Balzac (le magasin était situé 47 rue de la Verrerie), de nombreuses boutiques de brocanteurs-ferrailleurs du style Rémonencq, de nombreux « angles de deux rues » comme les aimait Balzac, des cours envahies de cabajoutis en tous genres, la plus belle située rue de l'Épée de bois, d'autres rues témoins, en 1900, des persistantes « misères du faubourg Saint-Marceau » : rue de l'Arbalète, rue Mouffetard, rue Saint-Médard, etc.

— Les bords de la Bièvre, aussi champêtres qu'au temps où le narrateur de *La Femme de trente ans* admirait les beautés du paysage « appuyé sur un gros orme qui livrait au vent ses fleurs jaunes » (57).

— Une cour de ferme proche (58) de celle du « nourriceure » Vergniaud et comme elle entourée de bâtiments hétéroclites.

— Quelques enseignes dont les noms ou les décors renvoient au Paris du « batteur de pavés » : quai Conti, *Le Petit Dunkerque* ; il évoque, pour nous, *Le Petit Matelot* dont la boutique, située non loin de là, « à l'encoignure du quai d'Anjou », abritait la belle Constance Pillerault (59). Devant *L'Homme-Armé,* rue des Blancs-Manteaux, est peut-être passé « le monsieur noir » se rendant rue du Tourniquet Saint-Jean toute proche (60).

— Dans une arrière-cour rue Broca, un « escalier droit » et sombre et des « cabajoutis » dignes de madame Gruget et de Ferragus-le traqué. La rue des Feuillantines qui mène dans l'impasse habitée par Phellion (61) est plus engageante avec sa chaussée de pavés propres et son nom tout bruissant de jolis souvenirs hugoliens.

— Enfin, pour terminer cette brève promenade, deux rues privilégiées dans lesquelles Atget aime visiblement à flâner : la rue Raynouard et la rue Berton, devenues parisiennes depuis l'annexion de 1860, mais qui conservent encore le charme campagnard du Passy des années quarante, quand Balzac habitait « sa » maison aujourd'hui encore miraculeusement nichée dans la verdure au cœur de l'ancien village mutilé.

Cette petite rue Berton, ses pavés et ses bornes, son ruisseau axial et les angles de ses vieux murs, Atget les a regardés d'une façon privilégiée : ce regard-là, c'est celui d'un balzacien.

Balzacien sans le savoir ? Qui peut le dire ?

---

57. Cf. II,189.
58. 46, rue Lacépède dans le cinquième arrondissement.
59. Cf. *César Birotteau*, IV,140.
60. Cf. *Une double famille*, II,411 : « Les rues de l'Homme-Armé, des Billettes et des Deux Portes » qui mènent à celle du Tourniquet Saint-Jean.
61. Cf. *Les Petits Bourgeois.*

La Bièvre disparue en 1891 — actuellement : rue Edmond Gondinet
Paris 13e (photo Atget)

Cour de ferme, rue Lacépède (photo Atget)

Au Petit Dunkerque (boutique) (photo Atget)

A l'Homme Armé (photo Atget)

Arrière cour et escalier rue Broca (photo Atget)

Rue des Feuillantines (photo Atget)

▲ Rue Raynouard (photo Atget)

Rue Berton (photo Atget) ▼

Rue Berton (photo Atget)

Rue Berton (photo Atget)

DU RÉEL PASSÉ AU PRÉSENT QUI PASSE

« Les réalistes dont je suis [...] ne prennent pas du tout la photo pour une « copie du réel », mais pour une émanation du *réel passé* : une *magie,* non un art. Se demander si la photographie est analogique ou codée n'est pas une bonne voie d'analyse. L'important, c'est que la photo possède une force constative, et que le constatif de la photographie porte, non sur l'objet, mais sur le temps. »

Je souscris entièrement à ces propos de Roland Barthes dans son ultime ouvrage(1). C'est ainsi que j'ai *regardé* les œuvres de Marville et d'Atget, photographes-archéologues, *lu* les témoignages de Balzac-archéologue de Paris. Deux modes de représentation différents certes, mais qui tous deux invitent à une lecture-méditation sur le « Temps humain ».

Roland Barthes s'interroge, de façon privilégiée pour moi, sur les rapports entre la Mort et la Photographie :

« La photographie, historiquement, doit avoir quelque rapport avec la « crise de mort », qui commence dans la seconde moitié du XIXe siècle ; et je préfèrerais pour ma part qu'au lieu de replacer sans cesse l'avènement de la photographie dans son contexte social et économique, on s'interrogeât aussi sur le lien anthropologique de la Mort et de la nouvelle image. » (2)

Lien que j'ai sans cesse pressenti en regardant les photos de Marville et d'Atget, et en photographiant, à mon tour, les fragments subsistants du Paris de Balzac. Saisie moi aussi du besoin de « posséder » les vestiges du vieux Paris réel en les photographiant, en les métamorphosant − magie noire de la chambre claire − en un « réel passé », ratifié par l'image, où allais-je ? Vers une évidence qui, révélée dans une perspective historique, permet de faire le lien avec *La Comédie humaine*, avec la lecture que j'en propose et ses prolongements photographiques (parfois imprévisibles, même pour moi) (3).

« Les anciennes sociétés s'arrangeaient pour que le souvenir, substitut de la vie, fût éternel et qu'au moins la chose qui disait la Mort fût elle-même immortelle : c'était le Monument. Mais en faisant de la Photographie mortelle, le témoin général et comme naturel de « ce qui a été », la société moderne a renoncé au Monument. Paradoxe : le même siècle a inventé l'Histoire et la Photographie. Mais l'Histoire est [...] un pur discours intellectuel qui abolit le Temps mythique ; et la Photographie est un témoignage sûr, mais fugace (4) ; en sorte que tout, aujourd'hui, prépare notre espèce à cette impuissance : ne pouvoir plus, bientôt, concevoir, affectivement ou symboliquement, la *durée* [...]

---

1. Cf. *La Chambre claire,* Cahiers du Cinéma, Seuil, Gallimard, 1980, p.138.
2. Roland Barthes, *op.cit.*, p.144.
3. Assez vite persuadée de la vanité d'une chasse au référent !
4. Cf. p.145 : « Comme un organisme vivant, elle naît à même les grains d'argent qui germent, elle s'épanouit un moment, puis vieillit. Attaquée par la lumière, l'humidité, elle pâlit, s'exténue, disparaît... »

Et sans doute, l'étonnement du « *ça a été* » disparaîtra, lui aussi. Il a déjà disparu. J'en suis, je ne sais pourquoi, l'un des derniers témoins (témoin de l'Inactuel), et ce livre en est la trace archaïque. » (5)

Cette « crise de mort » que les sociologues font remonter généralement à la seconde moitié du XIXe siècle (6), Balzac (qui meurt juste à la date charnière de 1850) et ses contemporains l'ont pressentie. Ce qui semblait le mieux fait pour durer : le monument, est perçu comme mortel. La mise en perspective du temps humain que permet l'Histoire aide à « voir » que « le Paris gothique sous lequel s'effaçait le Paris roman s'est effacé à son tour ». « Mais peut-on dire quel Paris l'a remplacé ? » (7) Grave question. Paris a, comme un être vivant, perdu son identité, son unité. Il n'est plus que fragments :

> « C'est une collection d'échantillons de plusieurs siècles, et les plus beaux ont disparu [...] Aussi la signification historique de son architecture s'efface-t-elle tous les jours. Les monuments y deviennent de plus en plus rares, et il semble qu'on les voit s'engloutir peu à peu, noyés dans les maisons. Nos pères avaient un Paris de pierre, nos fils auront un Paris de plâtre. » (8)

Cette signification historique qui s'efface justifie l'entrée en littérature de l'archéologie, des « digressions archéologiques » dont Balzac s'excuse parfois. Avant la nouvelle-née : la photographie, ce sont les mots qui portent témoignage. Leur vocation d'origine n'est-elle pas, d'ailleurs, de remplacer l'architecture ? : « le livre tuera l'édifice. » (9) Il faut relire tout ce chapitre de *Notre-Dame de Paris* (10), véritablement « inspiré », où il est écrit, en style flamboyant, que « l'architecture commença comme toute écriture », fut écriture, « accouple(ment) de syllabes de granit » avant de constituer des « livres merveilleux qui étaient aussi de merveilleux édifices » (11), « alors quiconque naissait poète se faisait architecte » et « ainsi, jusqu'à Gutenberg, l'architecture est l'écriture principale, l'écriture universelle » (12). Après quoi, « l'architecture se dessèche peu à peu, s'atrophie et se dénude », s'épuisant en copies grecques et romaines [...] « pseudo-antiques », « misérable architecture qui se survit à elle-même à l'état de spectre et d'ombre ».

C'est donc le livre qui est désormais la mémoire du genre humain, mais de ce livre « indestructible » auquel V. Hugo accordait l'immortalité, qu'en est-il aujourd'hui ? Les plus pessimistes de nos contemporains n'hésitent pas à prédire la fin de la « civilisation du livre », à son tour menacé par le flot sans cesse montant des images. Est-ce « pressentiment que la pensée humaine en changeant de forme [...] chang(e) de mode d'expression, que l'idée capitale de chaque génération ne s'écri(t) plus avec la même matière et de la même façon ? » (13)

Cet engouement pour la photographie dont témoignent actuellement tant de belles expositions, tant d'albums et d'ouvrages spécialisés, voire même d'œuvres littéraires, est un fait de société. Fait nouveau et significatif : certains textes ne sont plus

5. Roland Barthes, *op.cit.*, pp.146-147.
6. Cf. Edgar Morin, *L'Homme et la Mort*, Éditions du Seuil, collection Points, 1970.
7. Victor Hugo, *Notre-Dame de Paris*, Édition Garnier-Flammarion, p.156.
8. *Ibid.*, p.157.
9. *Ibid.*, p.198.
10. Cf. *Ceci tuera cela*, chapitre II du livre cinquième.
11. *Op.cit.*, p.200.
12. *Op.cit.*, p.203.
13. *Notre-Dame de Paris*, édition citée, p.199.

seulement illustrés par des images photographiques, mais engendrés par elles, ainsi des *Clefs et des Serrures* (14) de Michel Tournier à la fois *écrivain et photographe*. Écoutons-le célébrer les pouvoirs magiques de l'appareil (organe vivant) et des images qu'il fait surgir :

> « Merveilleux organe, voyeur et mémorant, faucon diligent qui se jette sur sa proie pour lui voler et rapporter au maître ce qu'il y a en elle de plus profond et de plus trompeur, son apparence !
> Grisante disponibilité du bel objet compact et pourtant mystérieusement creux, balancé à bout de courroie comme l'encensoir de toutes les beautés de la terre ! La pellicule vierge qui le tapisse secrètement est une immense et aveugle rétine qui ne verra qu'une fois − tout éblouie − mais qui n'oubliera plus.
> J'ai toujours aimé photographier, développer, tirer [...] car il est clair que la photographie est une pratique d'envoûtement qui vise à s'assurer la possession de l'être photographié. Quiconque craint d'être « pris » en photographie fait preuve du plus élémentaire bon sens.
> [...]
> Pour moi l'aboutissement de l'acte photographique, sans renoncer aux prestiges de l'envoûtement, va plus loin et plus haut. Il consiste à élever l'objet réel à une puissance nouvelle, la *puissance imaginaire*. L'image photographique, cette émanation indiscutable du réel, est en même temps consubstantielle à mes fantasmes, elle est de plain-pied avec mon univers imaginaire. La photographie promeut le réel au niveau du rêve, elle métamorphose un objet réel en son propre mythe. » (15)

Mais cet exorbitant privilège, n'est-il pas celui de certains textes littéraires et tout particulièrement de *La Comédie humaine* ? Balzac détient aussi ce pouvoir de susciter des images et de les métamorphoser. Puisant dans le vivier du réel quotidien (16) les objets, les maisons, les rues, les quartiers et les transfigurant par l'écriture, il les fait *voir* à ses lecteurs, tels qu'en eux-mêmes enfin.

> « Tous les auteurs sont d'accord, dit Sartre, pour remarquer la pauvreté des images qui accompagnent la lecture d'un roman : si je suis bien pris par le roman, pas d'image mentale. Au *Peu-d'Image* de la lecture, répond le *Tout-Image* de la Photo. » (17)

Tous les auteurs ? peut-être ; mais tous les lecteurs, sûrement pas. Pour certains d'entre eux, le texte balzacien fait naître, au contraire, un foisonnement d'images. Son *écriture* (qui utilise si souvent les références à la peinture) est *visuelle*. Toute une représentation mentale du Paris de Balzac s'est mise en place au fur et à mesure que je rédigeais cet ouvrage et, parallèlement, ma vision du Paris réel, *contemporain*, s'est transformée. Étrange « modification » en vérité, sur laquelle je m'interroge encore. Michel Butor, écrivain fervent lecteur de Balzac, fournit peut-être ici des éléments de réponse ; le romancier, dit-il, est :

> « Celui qui aperçoit que les choses autour de lui commencent à murmurer, qui va mener ce murmure jusqu'à la parole.
> Cette banalité qui est la continuité même du roman avec la vie « courante », se révélant à mesure que l'on pénètre dans l'œuvre comme douée de sens, c'est toute la banalité des choses autour de nous qui va en quelque sorte se renverser, se transfigurer [...]

---

14. *Des Clefs et des serrures*, Images et proses, Chêne/Hachette, 1979.
15. Cf. Michel Tournier, *Le Roi des Aulnes,* Gallimard, 1970, pp.167-168 de l'édition Folio.
16. « Ce ne seront pas des faits imaginaires ; ce sera ce qui se passe partout », écrit-il dans une lettre à Madame Hanska, le 16 octobre 1834 à propos de son œuvre.
17. *La Chambre claire, op.cit.*, p.139.

La poésie romanesque est donc ce par l'intermédiaire de quoi la réalité dans son ensemble peut prendre conscience d'elle-même pour se critiquer et se transformer.

Mais cette ambition est liée à une modestie, car le romancier sait que son inspiration ne vient pas d'un dehors du monde, ce que le « pur » poète a toujours tendance à croire : il sait que son inspiration, c'est le monde lui-même en train de changer, et qu'il n'en est qu'un moment, un fragment situé dans un endroit privilégié, par qui, par où l'accession des choses à la parole va avoir lieu. » (18)

Savoir communicatif. Le lecteur sait aussi que sa lecture — cette fragile et mouvante participation à la création continuée, continuelle de l'œuvre littéraire — est en train de changer le monde autour de lui — « l'espace du roman » s'inscrit dans son espace vécu et le modifie. Est-ce un hasard si Butor illustre ses propos par une référence à Balzac :

« Chez Balzac, la relation du lieu décrit avec celui où le lecteur est installé, revêt une importance particulière. Il a une conscience aiguë du fait que ce dernier est précisément situé, et il organise toute sa construction à partir de cette condition essentielle. Balzac écrit d'abord pour ceux de Paris, et si nous voulons apprécier véritablement ce qu'il nous raconte, il nous faut, même si nous sommes ailleurs, nous reporter à cette ville, point d'origine de toutes les distances qu'il compose. » (19)

Or, le lieu où j'étais et suis encore installée pour lire, déchiffrer ce Paris de Balzac, c'est... Paris ; et il m'est peu à peu apparu, en effet, que les destinataires privilégiés de La Comédie humaine à travers le Temps et l'Espace sont sans doute les parisiens, et plus spécialement les parisiens d'origine dont je suis ; parisiens « intra-muros », protégés dès l'enfance par un Paris qu'ils ont en quelque sorte intériorisé, où les souvenirs de ce qu'il fut se mêlent à ce qu'il est devenu, un Paris palimpseste pour eux seuls vraiment lisible. « Sera-t-elle comprise au delà de Paris » ? se demandait Balzac dès 1834 à propos de l'histoire du Père Goriot (20). On pourrait élargir la question à toute histoire engendrée par l'espace parisien.

Plus qu'à une étude érudite ou à un patient inventaire (21), c'est à un voyage initiatique dans l'Espace-Temps parisien que le tourangeau Balzac — ô paradoxe ! — m'a conduite, me faisant redécouvrir celui de mon enfance et, bien au-delà d'elle, par les pouvoirs conjugués de l'analogie et de l'imagination, celui du lointain passé de mes lointains aïeux, contemporains de La Comédie humaine. De ce voyage, j'ai rapporté quelques photographies, témoignages de mes découvertes. Découvertes de piéton balzacien empruntant des itinéraires de personnages balzaciens, mais souvent aussi leur faussant compagnie pour inventer d'autres trajets, jalonnés de vestiges interchangeables avec les leurs.

Ces images prolongent mes commentaires sur Balzac-archéologue de Paris, tentant d'exprimer ce qui est, pour moi, littéralement *indicible*. Il est un seuil où « les mots pour le dire » se dérobent. Sur ce seuil, je dépose mon offrande d'images, lumière cendrée de la ville-texte balzacienne tout à la fois « frottée de réel » (22) et nimbée de rêve.

---

18. Cf. *Essais sur le roman*, 1964. Collection Idées/Gallimard, p.47.
19. *Op.cit.*, pp.51-52.
20. Cf. II,217.
21. Tel le précieux *Guide to Balzac's Paris* de l'américain G. Raser.
22. « L'image, dit la phénoménologie, est un néant d'objet. Or dans la photographie ce qui se pose n'est pas seulement l'absence de l'objet ; c'est aussi d'un même mouvement, à égalité, que cet objet a bien existé et qu'il a été là où je le vois. C'est ici qu'est la folie ; car jusqu'à ce jour, aucune représentation ne pouvait m'assurer du passé de la chose, sinon par des relais ; mais avec la photographie ma certitude est immédiate : personne au monde ne peut me détromper. La photographie de-

DÉDICACE-ENVOI

« Ceci », cher Balzac, « ne saurait rien ajouter à l'éclat de votre nom [...] mais il n'y a là de ma part ni calcul ni modestie. Je désire attester ainsi l'amitié vraie qui s'est (constituée) entre nous à travers nos voyages » [...] Le Paris qui a « posé » devant moi et que je donne ici à voir est certes moins « fécond » que celui qui est né de votre plume. Mais « si quelque jour l'antiquaire des littératures détruites » venait à retrouver, dans ces fragiles témoignages, un reflet du grand texte qui les engendra, ces images, néants d'objets, n'auraient pas été tout à fait inutiles (23).

---

vient alors pour moi un médium bizarre, une nouvelle forme d'hallucination : fausse au niveau de la perception, vraie au niveau du temps : une hallucination tempérée, en quelque sorte, modeste, partagée (d'un côté « ce n'est pas là », de l'autre « mais cela a bien été ») image folle *frottée* de réel » (Roland Barthes, *op.cit.*, p.177).

23. Toutes les expressions entre guillemets sont de Balzac : elles figurent dans la dédicace des *Mémoires de deux jeunes mariées* à George Sand (juin 1840).

Porte de fonte moulée, style néo-Renaissance, rue Rousselet
(coll. particul.)

Jardin, rue de Sèvres (coll. particul.)

Cour et escalier, rue La Bruyère (coll. particul.)

Haut-reliefs dans une maison de la rue Notre-Dame de Lorette
(coll. particul.)

Escalier d'une maison place Henri Monnier (coll. particul.)

La « belle maison » due à l'architecte Renaud, place Saint-Georges
(coll. particul.)

Maison style « retour d'Égypte », place du Caire (coll. particul.)

Galerie néo-gothique, rue de Fleurus (coll. particul.)

Petit balcon de fonte moulée (rue Broca) (coll. particul.)

Entrée de la galerie Vivienne (coll. particul.)

Galerie Vivienne (vue d'ensemble) (coll. particul.)

Magasin d'antiquités de Robert Capia, Galerie Véro-Dodat (coll. particul.)

Un « marchand de curiosités », 43 rue du Cherche-Midi (coll. particul.)▲

Cité Riverain, Xe arrondissement (coll. particul.)
▾

La rue Mazarine et le dôme de l'Institut (coll. particul.)

Petit « Jardin aérien », rue de Sèvres (coll. particul.)

Fontaine et fenêtre dans une cour, rue Broca (coll. particul.)

Fontaine et « âme » de l'égoût, place de l'école Polytechnique
(coll. particul.)

Sans commentaire... (coll. particul.)

Maison et jardin, rue du Cardinal Lemoine (coll. particul.)

Loge de portier et escalier, galerie Vivienne (coll. particul.)

Les plombs » d'une vieille maison, rue Tournefort
(maison récemment démolie) (coll. particul.)

Vieille cour, rue Tournefort
(maison récemment démolie) (coll. particul.)

Cour, rue Henri Monnier
(maison récemment démolie) (coll. particul.)

Maison néo-gothique à « vitraux de couleur », rue Saint-Blaise
(maison démolie) (coll. particul.)

La petite église Saint-Germain de Charonne entourée de son cimetière
(état actuel) (coll. particul.)

Une « rue » dans le vieux quartier du **Père-Lachaise** (coll. particul.)

Sans commentaire... (coll. particul.)

« Tombeau de deux amis » au Père-Lachaise (coll. particul.)

Petite porte du jardin de Balzac, rue Raynouard (coll. particul.)

CONCLUSION

Notre voyage s'achève avec ce septième chapitre — sept ! le plus significatif des nombres cabalistiques (1) — Le temps est venu de regarder une dernière fois le paysage et les perspectives qui le prolongent vers ses horizons d'attente.

Paysage aux reliefs parfois surprenants. Ainsi, Balzac archéologue de Paris n'est pas là où nous étions légitimement en droit de le chercher : au niveau des descriptions précises et des exactitudes chronologiques, à l'aise dans un passé recomposé pour le donner clairement à lire. Eh ! bien non. Balzac n'est pas un Viollet-le-Duc littéraire. Il n'est pas non plus l'un de ces « poètes modernes » auxquels le Paris du Moyen Age inspire « tant de fausses merveilles » (2). Sa plume hésite entre la pesanteur et la grâce, entre un passé parisien à réveiller et le présent qui passe d'un talon ailé vers un avenir dont son imagination prophétique lui fait entrevoir les splendeurs aux misères conjuguées. Passé, présent, avenir dont les frontières s'effacent pour former le Temps humain qui nous est donné ici à méditer.

Rares sont les vraies « digressions archéologiques », dont l'écrivain s'excuse à l'occasion. C'est le plus souvent par la sorcellerie évocatoire de thèmes ou mots reparaissants (simples noms de rues parfois), qu'il invite le lecteur à « créer à deux » un Paris textuel déjà tout ponctué de ces grands « blancs » suggestifs qui feront rêver Proust sur les textes de Flaubert, délivrés de « leur caractère actif ou documentaire » (3). Souvent, notre lecture nous a menés aux frontières encore mal explorées d'une « modernité » de Balzac, plus affranchie qu'on ne le croit encore du « parasitisme des anecdotes et des scories de l'histoire » (4).

Rares aussi, chez lui, les monuments qui fixent la méditation sur le passé de ses grands contemporains, Hugo ou Michelet. C'est plutôt à l'ombre éphémère d'un cabajoutis, ou sous les jours de souffrance d'une cage d'escalier branlant, qu'il nous convie à la réflexion. Les « belles maisons », les grands hôtels abstraits cèdent le pas, dans son œuvre, aux maisons « les plus humbles », minutieusement décrites.

Les espaces intérieurs et leurs décors occupent par ailleurs, dans le Paris de Balzac, une place beaucoup plus importante qu'on ne pouvait d'abord le supposer, en dépit de son invite à promouvoir au rang archéologique « l'orfèvrerie, la céramique », les tapisseries et l'« art tout moderne » qu'est l'ébénisterie (5). L'objet qu'on peut toucher, investir de souvenirs et d'espoirs, le petit meuble aux secrets, le boudoir gothique retrouvé, le fascinent sans doute autant, sinon plus, que les belles architectures déshonorées ou non.

Dans ses livres comme dans sa vie, Balzac est un rêveur d'espace impénitent et... un grand architecte en petits décors !

---

1. *Z. Marcas*, V,608.
2. *Les Proscrits*, VII,273.
3. Cf. G. Genette, *Figures I*, Seuil, Collection Points, p.238.
4. Cf. Marcel Proust, *Chroniques*.
5. *La Cousine Bette*, V,188.

L'attention portée aux détails ne l'empêche pas, cependant, d'être un « Voyant ». Dans un Espace-Temps en pleine et rapide mutation, il nous montre des hommes sacrifiés, « débris » archéologiques d'une « grande tempête » impitoyablement bannis de ce monde parisien où l'on « s'agite et se presse, pour se presser et s'agiter » (6) parmi les stucs dorés et les façades de carton-pierre. Paris-décor où se confondent l'Etre et l'Avoir, le masque et le visage... Un Paris qui préfigure le nôtre.

Mais la Mort survient, annulant toute gesticulation et interrompant *La Comédie humaine*. « L'archéologue du mobilier social » disparaît, léguant à la postérité un monument inachevé. Fascinés, semble-t-il, en ce XXe siècle finissant, par le fragmentaire et par l'enfoui, nous l'explorons inlassablement.

Chacun d'entre nous s'efforce, à partir des morceaux du puzzle, de composer de nouvelles figures, de faire surgir des sens cachés dans « cet immense assemblage ».

Toutefois, au moment de nous séparer, n'oublions pas, lecteur,

« l'ultime vérité du puzzle : en dépit des apparences, ce n'est pas un jeu solitaire : chaque geste que fait le poseur de puzzle, le faiseur de puzzle l'a fait avant lui ; chaque pièce qu'il prend et reprend, qu'il examine, qu'il caresse, chaque combinaison qu'il essaye et essaye encore, chaque tâtonnement, chaque intuition, chaque espoir, chaque découragement, ont été décidés, calculés, étudiés par l'autre » (7).

Qui donc est ce faiseur de puzzle ? « Je » ou « l'autre » ? *Je et l'autre*, celui qu'il devient par « l'aventure d'une écriture », si modeste soit-elle, et l'autre vers lequel il va, qui saura mieux que lui, peut-être, « développer » ces « innombrables clichés » dont parle Proust, restés inutiles tant que « l'art véritable » » ne les a pas touchés de son « rayon spécial » (8). L'art véritable, seul capable de « révélation » essentielle, seul capable de bousculer « la connaissance conventionnelle que nous lui substituons », de « défaire ce travail qu'avaient fait notre amour-propre, notre passion, notre esprit d'imitation, notre intelligence abstraite, nos habitudes » (9), pour nous inviter à « la marche en sens contraire » : « retour aux profondeurs, où ce qui a existé réellement gît inconnu de nous » (10). Nous, vous, moi, tous ceux qui, ayant bien voulu me suivre jusqu'ici iront seuls désormais vers l'aventure véritable : celle d'une lecture de *La Comédie humaine* toujours recommencée et, pourtant, « ni tout à fait la même, ni tout à fait une autre. »

Il est temps, levons l'ancre...

---

6. *Ferragus*, II,13.
7. Georges Pérec, *La Vie mode d'emploi*, Hachette, 1978, p.18.
8. Cf. *Le Temps Retrouvé*, Gallimard, 1927, p.44.
9. *Ibid.*
10. *Ibid.*

L'ancien et le nouveau Paris juxtaposés près de la rue Saint-Blaise
(dans le XXe arrondissement) (coll. particul.)

– *Balzac*

- *Oeuvres complètes illustrées* publiées sous la direction de J.A. Ducourneau Paris – « Les Bibliophiles de l'Originale » – 1965-1976, 26 volumes parus, in 8⁰, reliés (dont fac-similé de l'exemplaire « Furne corrigé » de l'édition originale de *La Comédie humaine* avec les corrections manuscrites de Balzac)
- *La Comédie humaine*, préface de Pierre-Georges Castex, présentation et notes de Pierre Citron, Éditions du Seuil, 1965-1966, 7 volumes in 8⁰.
- *La Comédie humaine*, édition publiée sous la direction de Pierre-Georges Castex, « Bibliothèque de la Pléiade », Gallimard, 12 volumes, 1976-1981.
- *Correspondance générale* éditée par Roger Pierrot, Paris, Ganier, 1960-1969, 5 volumes, in 16.
- *Lettres à Madame Hanska*, éditées par Roger Pierrot, Éditions du Delta, 1967-1971, 4 volumes in 8⁰.

I – *A propos de Balzac*

- Barberis (Pierre), *Balzac et le mal du siècle,* 2 volumes, Gallimard, 1970.
  Le Monde de Balzac, B. Arthaud, 1973.
- Bonard (Olivier), *La Peinture dans la création balzacienne*, Genève, Droz, 1969.
- Boussel (Patrice), *Le Paris de Balzac*, choix de textes et préface au tome 16 de l'*Oeuvre de Balzac* éditée en 1950 par le Club français du livre (1955 pour ce dernier tome).
- Butor (Michel), *Balzac et la réalité* dans *Répertoire I*. Éditions de Minuit, 1960.
- Cazauran (Nicole), *Catherine de Médicis et son temps dans « La Comédie humaine »*, Genève, Droz, 1976.
- Chollet (Roland), *Balzac journaliste : le tournant de 1830*, Klincksieck, 1983.
- Clouzot (H) et Valensi (R.H.), *Le Paris de la Comédie humaine. Balzac et ses fournisseurs*. Le Goupy, 1926.
- Donnard (Jean-Hervé), *Les Réalités économiques et sociales dans « La Comédie humaine »*, A. Colin, 1961.
- Fargeaud (Madeleine), *Balzac et La Recherche de l'Absolu*. Hachette, 1968.
- Fortassier (Rose), *Les mondains de la Comédie humaine*. Klincksieck, 1974.
- Frappier-Mazur (Lucienne), *L'expression métaphorique dans La Comédie humaine*. Klincksieck, 1976.
- Guise (René)
  – *Balzac et Dante* (article dans l'*Année balzacienne*, 1963).
  – *Introduction au Théâtre de Balzac*, au tome 21 de l'édition des Bibliophiles de l'Originale, Paris, 1969.
  – *Balzac et le roman historique* (article dans la *Revue d'histoire littéraire de la France,* mars-juin 1975)
- Guyon (Bernard), *La pensée politique et sociale de Balzac*. A. Colin, 1968, réédition.

- Laubriet (Pierre), *L'intelligence de l'art chez Balzac. D'une esthétique balzacienne.* Didier, 1961.
- Marceau (Félicien), *Les Personnages de la Comédie humaine.* Gallimard, 1977.
- Michel (Arlette), *Le Mariage chez Honoré de Balzac. Amour et féminisme.* Les Belles Lettres, 1978.
- Mozet (Nicole), *La ville de province dans l'œuvre de Balzac.* CDU-SEDES, 1982.
- Nykrog (Per), *La pensée de Balzac dans la Comédie humaine. Esquisse de quelques concepts-clés.* Copenhague-Munksgaard, 1965.
- Pommier (Jean), *Créations en littérature*, Hachette, 1955.
  - *L'invention et l'écriture dans « La Torpille » d'Honoré de Balzac.* Minard, 1957.
- Pradalie (Georges), *Balzac historien.* P.U.F., 1955.
- Raser (G.B.), *Guide to Balzac's Paris.* Imprimerie de France, 1961.
  - *The heart of Balzac's Paris.* Imprimerie de France, 1964.
- Stevenson (N.W.), *Paris dans « La Comédie humaine »* de Balzac. Courville, 1938.
- Wurmser (André), *La Comédie humaine.* Gallimard, 1964.

III – A propos de Paris

- Appert (B.), *Bagnes, prisons et criminels.* Paris, Guilbert et Roux, 1836.
  - *Journal des prisons.* Paris, 1825.
- Aulanier (Christiane), *Histoire du Palais et du Musée du Louvre.* Édition des Musées nationaux, neuf livraisons de 1947 à 1958.
- Babelon (J.P.), Fleury (M.), Sacy (I.), *Richesses d'art du quartier des Halles, maison par maison.* Paris, 1968.
- Beraud (A.) et Dufey (P.), *Dictionnaire historique de Paris.* Paris, Librairie nationale et étrangère, 1825, 2 volumes, in 8°.
- Boulanger (Jacques), *Le Boulevard sous Louis-Philippe.* Calmann-Lévy, 1933.
- Caillot (A.), *Voyage religieux et sentimental au Père-Lachaise et au Champ du Repos sous Mont-martre.* Paris, 1808.
- Chevalier (Louis), *La Formation de la population parisienne au XIXe siècle.* P.U.F., 1950.
  - *Classes laborieuses et classes dangereuses à Paris pendant la première moitié du XIXe siècle.* Plon, 1958.
  - *L'Assassinat de Paris.* Calmann-Lévy, 1977.
- Christ (Yvan), *Le Louvre et les Tuileries.* Éditions « Tel », 1949.
  - *Métamorphoses de Paris.* Balland, 1967.
  - *Nouvelles métamorphoses de Paris.* Balland, 1976.
- Citron (Pierre), *La Poésie de Paris dans la littérature française de Rousseau à Baudelaire.* Éd. de Minuit, 1961.
- Clarac (comte de), *Musée de sculpture antique et moderne.* Paris, Imprimerie royale (7 volumes parus de 1841 à 1853).
- Corrozet (Gilles), *Les Antiquités, chroniques et singularités de Paris.* Paris, 1568.
- Dansel (A.), *Le Père-Lachaise, son histoire, ses secrets, ses promenades.* Fayard, 1976.
- Daubenton (Inspecteur général de la voirie), « Rapport relatif aux entreprises de construction de Paris de 1821 à 1826 et à l'interruption des travaux depuis cette dernière année » (rapport inséré dans *Rapport statistique sur la ville de Paris, 1823-1829),* Paris, Imprimerie royale, in 4°.
- Daumard (Adeline), *La Bourgeoisie parisienne de 1815 à 1848.* S.E.V.P.E.N., 1963.
  - *Maisons de Paris et propriétaires parisiens au XIXe siècle.* Paris, Cujas, 1965.
  - *Les Bourgeois de Paris du XIXe siècle.* Flammarion, 1970.
- Dulaure (J.A.), *Histoire physique, civile et morale de Paris...* Seconde édition en 10 volumes. Paris, 1823-1826.
- Haussmann, *Mémoires.* 3e édition, Paris, Victor-Havard, 1893.
- Hautecœur (Louis), *Histoire du Louvre.* Paris, 1927.
- Hillairet (Jacques), *Évocation du vieux Paris.* 3 volumes in 8°, Éditions de Minuit, 1951-1954.
  - *Gibets, piloris et cachots du vieux Paris.* Éditions de Minuit, 1956.

— *Les Deux cents cimetières du vieux Paris.* Éditions de Minuit, 1958.
— *Dictionnaire historique des rues de Paris.* 2 volumes gr. in 8°, Éditions de Minuit, 1964.
— Huisman (G.), *Pour comprendre les monuments de Paris.* Hachette, 1925.
— Jaillot, *Recherches critiques, historiques et topographiques sur la Ville de Paris.* Paris, 1772-1775.
— Jouy (Étienne de), *L'Hermite de la Chaussée-d'Antin,* 5 volumes in 12°, Paris, Pillet, 1813-1814.
— Kunstler (Charles), *Paris souterrain.* Flammarion, 1953.
— Lacroix (Paul), dit le bibliophile Jacob, *Physiologie des rues de Paris.* Martinon, 1842, in 32.
— *La Grande Ville* — nouveau tableau de Paris, comique, critique et philosophique Paris, au bureau central des publications nouvelles, 1842, 2 volumes, gr. in 8°.
— Lavedan (Pierre), *Histoire de l'urbanisme à Paris.* Hachette, 1975.
— Lazare (Félix et Louis), *Dictionnaire administratif et historique des rues de Paris et de ses documents.* Paris, chez Felix Lazare, 1844.
— *Collection Lazare.* Archives de la Seine, DQ18.
— Le Clere (Marcel), *Cimetières et sépultures de Paris.* Les Guides Bleus, Hachette, 1978.
— *Le diable à Paris,* Paris et les Parisiens. Mœurs et coutumes, caractères et portraits des habitants de Paris. Paris, Hetzel, 1845-1846, 2 vol. gr. in 8°.
— Lefeuve (M.), *Les anciennes maisons de Paris sous Napoléon III.* Paris, 1863.
— *Les Français peints par eux-mêmes.* Paris, Curtmer, 1840-1842, 9 volumes gr. in 8°.
— Lurine (Louis), *Les rues de Paris.* G. Kugelmann, 1844, 2 tomes en un volume in 4°.
— Mercier (Louis-Sébastien), *Tableau de Paris.* Amsterdam, 1782-1789, 12 volumes in 8°.
— Montigny (L.G.), *Le Provincial à Paris, esquisses de mœurs parisiennes.* Ladvocat, 1825, 3 volumes in 12.
— Nodier (Ch.), Regnier (A.) et Champin, *Paris historique. Promenades dans les rues de Paris* (orné de 200 vues lithographiques), Paris, 1838-1839.
— *Nouveau tableau de Paris au XIXe siècle.* Madame C. Béchet, 1834-1835, 7 tomes en 4 volumes in 8°.
— *Paris ou le livre des Cent-et-un,* Ladvocat, 1831-1834, 15 volumes in 8°.
— *Petit dictionnaire critique et anecdotique des enseignes de Paris par un batteur de Pavé* (d'après Barbier). Paris, Imprimerie de H. de Balzac, 1826, in 8°.
— Piganiol de la Force, *Description de la ville de Paris et de ses environs,* Paris, 1742, 6 volumes in 12.
— Pillement (Georges), *Destruction de Paris.* Grasset, 1941.
— *Paris-Poubelle.* J.J. Pauvert, 1974.
— Poëte (Marcel), *Une vie de cité, Paris, de sa naissance à nos jours.* Picard, 1924-1931, 3 volumes in 8°.
— *Album.* Picard, 1925, 1 volume in 8°.
— Poisson (Georges), *Napoléon et Paris.* Berger-Levrault, 1964.
— Pronteau (Jeanne), *Construction et aménagement des nouveaux quartiers de Paris* (1820-1825). Histoire des Entreprises, 1958.
— Raynaud (Michel), *Figures de la Nécessité.* Étude sur l'espace urbain dans la première moitié du XIXe siècle, A.R.D.U., décembre 1978.
— Rouleau (Bernard), *Le Tracé des rues de Paris.* Éditions du C.N.R.S., 1975.
— Sauval (Henri), *Histoire et recherches des antiquités de la Ville de Paris.* Paris, 1724, 2 volumes in-fol.
— Simond (Charles), *Paris de 1800 à 1900* d'après les Estampes et les Mémoires du Temps. Plon, 1900, 3 tomes in 4°.
— Turpin de Crisse, *Souvenirs du vieux Paris,* exemples de temps et de styles divers. Lemercier, 1833-1834 (2e édition, 1835).
— Viennet, *Promenades philosophiques au Père-Lachaise.* Paris, Librairie Ponthieu, 1824.

Catalogues d'expositions diverses concernant Paris

— *Moi-Paris.* (Exposition organisée pour le centenaire de la mort de Michelet) *Bibliothèque Historique de la Ville de Paris,* mars-mai 1975

- *Paris, la Rue.* Le mobilier urbain du Second Empire à nos jours. *Bibliothèque Historique de la Ville de Paris,* janvier-mars 1976
- *Le Parisien chez lui au XIXe siècle, 1814-1914. Archives Nationales, Hôtel de Rohan,* novembre 1976-février 1977
- *Jardins en France 1760-1820, Pays d'illusions, terre d'expériences. Hôtel Sully,* 18 mai-11 septembre 1977
- *Imagerie parisienne XVIe-XIXe siècles. Bibliothèque historique de la Ville de Paris,* octobre-décembre 1977
- *De Belleville à Charonne.* Promenade historique à travers le XXe arrondissement, *Musée Carnavalet,* 10 avril-27 mai 1979
- *Paris sur Bièvre.* Promenade historique à travers le XIIIe arrondissement, *Musée Carnavalet,* novembre-décembre 1980
- *L'image de Paris au XVIe siècle* (exposition du plan de Bâle), *Hôtel de Ville de Paris.* 16 décembre 1980-15 janvier 1981
- *La Montagne Sainte-Geneviève. Musée Carnavalet,* 24 mars-24 mai 1981

IV – Histoire - histoire de l'art - histoire des mentalités

- Abrantès (Laure Junot, duchesse d'), *Mémoires de Madame la duchesse d'Abrantès ou souvenirs historiques sur Napoléon, la Révolution, le Directoire, le Consulat, l'Empire et la Restauration.* Ladvocat 1831-1835, 18 volumes in-18.
- Adhémar (Jean), *Les lithographies de paysage en France à l'époque romantique.* A. Colin, 1938.
- Benjamin (Walter), *L'Homme, le langage et la culture.* Gonthier-Denoël, 1971.
- Bloch (Marc), *Métier d'historien.* Armand Colin, 1949.
- Braudel (Fernand), *Écrits sur l'Histoire.* Flammarion, 1969.
- Burnand (R.), *La vie quotidienne en France en 1830.* Hachette, 1943.
- Chenavard (Aimé), *Album de l'ornemaniste.* Nouveau recueil de décorations intérieures. Paris 1833-1835.
- Cheronnet (Louis), *Le Gothicisme décoratif* (article paru en 1945 dans la revue *Formes et Couleurs* : Romantisme).
- Duveau (G.), *Histoire du peuple français.* tome IV : *de 1848 à nos jours.* Paris, Nouvelle librairie de France, 1953, in 8°.
- *Encyclopédie ou dictionnaire raisonné des sciences, des arts et des métiers* par une Société de gens de lettres (mise en ordre par D. Diderot). 35 volumes in-folio, Paris, Brisson 1751-1780.
- Foucault (Michel), *Les Mots et les choses.* Gallimard, 1966.
- Hautecœur (Louis), *Histoire de l'architecture classique en France.* Picard, 1943 (le tome VI est consacré à *La Restauration et la Monarchie de Juillet,* 1815-1848).
- Huyghes (René), *Dialogue avec le visible.* Connaissance de la peinture. Flammarion, 1955.
- Laborit (E.), *L'homme et la ville.* Flammarion, 1971.
- Larousse (Pierre), *Grand Dictionnaire universel du XIXe siècle.* Paris, 1866-1878, 16 volumes.
- Lecocq (Raymond), *Objets de la vie domestique.* Berger-Levrault, 1979.
- *Le gothique retrouvé avant Viollet-le-Duc* (Catalogue de l'exposition organisée en l'Hôtel Sully 31 octobre 1979-17 février 1980).
- Mésangère (Pierre de la), *Meubles et objets de goût.* 1802-1835. Paris.
- *Monuments historiques de la France* (les), Numéro spécial consacré à Mérimée, juillet-septembre 1970, n°3.
- Moraze (Charles), *Les Bourgeois conquérants.* A. Colin, 1959.
- Morin (Edgar), *L'Homme et la Mort.* Seuil, 1970.
- Nodier (Ch.), Taylor (J.) et de Cailleux (A.), *Voyages pittoresques et romantiques dans l'ancienne France.* 23 volumes in-folio, Paris, Gide Fils, 1820-1878.
- Praz (Mario), *L'Ameublement, psychologie et évolution de la décoration intérieure.* Éditeur Pierre Tisné, Paris, 1964.
- Réau (Louis), *Les Arts plastiques.* Albin Michel, 1949 (Collection : Évolution de l'humanité).
- — *Dictionnaire illustré d'art et d'archéologie.* Paris, Larousse S.d.

— Robiquet (J.), *L'Art et le goût sous la Restauration.* 1814-1830. Payot, 1928.
— Roux (Simone), *La Maison dans l'Histoire.* Albin Michel, 1976 (collection : L'Aventure humaine).
— Sansot (Pierre), *Poétique de la Ville.* Klincksieck, 1971.
— Starobinski (Jean), *L'Invention de la liberté, 1700-1789.* Skira, 1964.
— Viaux (Jacqueline), *Le Meuble en France.* P.U.F., 1962.
— Viollet-le-Duc, *Dictionnaire raisonné d'architecture française du XIe au XVIe siècle.* 10 volumes in 8°, Paris, Bance, 1854-1868.
— Zeldin (Th.), *Histoire des passions françaises.* tome III : *Goût et Corruption,* Oxford University Press, 1973-1977.

V – Ouvrages critiques généraux

— Auerbach (E.), *Mimesis.* Gallimard, 1968.
— Bachelard (Gaston), *La poétique de l'espace.* P.U.F., 1970.
— Butor (Michel), *Répertoire* I. Éditions de Minuit, 1960.
—   *Répertoire* II. Éditions de Minuit, 1964.
—   *Répertoire* III. Éditions de Minuit, 1968.
—   *Répertoire* IV. Éditions de Minuit, 1974.
—   *Essais sur le roman,* N.R.F., 1964 (collection Idées).
— Dallenbach (Lucien), *Le récit spéculaire. Essai sur la mise en abyme.* Seuil, 1977.
— Genette (Gérard), *Figures* I. Seuil, 1960.
—   *Figures* II. Seuil, 1969.
—   *Figures* III. Seuil, 1972.
— Lukacs (Georges), *La théorie du roman.* Gonthier, 1963.
— Mitterand (Henri), *Le discours du roman.* P.U.F., 1980.
— Poulet (Georges), *Études sur le Temps humain.* Plon, 1950
—   *La distance intérieure.* Plon, 1952 (réédition en 1976).
—   *Mesure de l'instant.* Plon, 1968.
—   *Les métamorphoses du cercle.* Plon, 1961 (réédition Flammarion, 1979).
—   *Trois essais de Mythologie romantique.* Corti, 1971
— Richard (Jean-Pierre), *Études sur le Romantisme.* Seuil, 1971.
— Serres (Michel), *Feux et signaux de brume. Zola.* Grasset, 1975.
— Starobinski (Jean), *L'œil vivant.* Gallimard, 1961.
—   *La relation critique.* Gallimard, 1970.
— Van Rossum Guyon (Françoise), *Critique du roman.* Gallimard, 1970.

INDEX

INDEX DES NOMS DE LIEUX PARISIENS (BANLIEUE COMPRISE)

INDEX DES AUTEURS CITÉS

INDEX DES OEUVRES CITÉES DE BALZAC

(Les titres en italiques correspondent aux œuvres ébauchées et aux fragments insérés par Balzac dans d'autres œuvres ou dans divers recueils)

TABLE DES ILLUSTRATIONS

Nos photographies

TABLE DES MATIÈRES

Composé par C.D.V. et SEDES
Imprimerie NOUVELLE - 45800 Saint-Jean-de-Braye
N° éditeur : 1087 - N° 7879 - Dépot légal : Février 1986

LÉGENDE DE LA CARTE

LÉGENDE DE LA CARTE

● *Maison de Première Catégorie.* Lorsque cette maison est décrite, et pas seulement nommée, le nom de la rue est souligné.

▽ *Maison de Deuxième Catégorie.* Lorsque cette maison est décrite, le nom de la rue est souligné, comme pour la première catégorie.

☆ *Maison de Troisième Catégorie.* Là aussi, comme pour les deux précédentes, le nom de la rue est souligné, s'il y a description.

Le signe ∗ indique des maisons entre la Première et la Deuxième Catégorie.

(Dans les trois cas : il s'agit de *descriptions extérieures*, sont ici exclus des décors intérieurs).

PREMIERE CATÉGORIE

RIVE DROITE

I — *A l'intérieur des grands boulevards, 4 maisons seulement :*
- Rue Saint-Honoré (demeure rénovée de César)   *César Birotteau,*
- Rue Ménars (chez Jules Desmarets, à proximité de la Bourse) *Ferragus,*
- A l'angle de la Vieille rue du Temple et de la rue Saint-François du Marais (chez le juge Granville)   *Une double famille,*
- Rue Payenne – hôtel du comte Octave   *Honorine.*

II — *Sur les grands boulevards ou « à deux pas » d'ouest en est :*
- Rue Duphot (chez les Rabourdin)   *Les Employés,*
- Boulevard des Capucines, ancien hôtel de Verneuil (chez le fils de Hulot)   *La Cousine Bette,*
- À l'angle de la rue de la Michodière et de la rue du Hanovre (chez Malvaux)   *La Femme auteur,*
- Boulevard des Italiens (chez l'usurier Vauvinet),
- Rue d'Artois (= Lafitte) (chez Rastignac)   *Le Père Goriot,*
- Rue Chauchat (Chez Josépha)   *La Cousine Bette,*
- Rue de Bondy (chez Florine)   *Ibid.*
- Rue de Vendôme (chez Coralie)   à proximité des théâtres   *Splendeurs et misères.*

III — *Trois secteurs privilégiés :*

   1) Chaussée-d'Antin
- Rue de la Chaussée-d'Antin   – hôtel de Sérizy,
- Rue Saint-Lazare   – hôtel de Nucingen,
                         – hôtel de San Real (jardin),
- Rue du Helder   – hôtel de Restaud (cour),
- Rue Taitbout – maison de Caroline de Bellefeuille :   *Une double famille,*

              – maison de Raphaël   *La Peau de chagrin.*

2) Secteur de Notre-Dame de Lorette
— Rue Saint-Georges : « petit palais » de Carabine   *Les Comédiens sans le savoir*
—   à laquelle succède Esther   *Splendeurs et misères,*
— Rue Coquenard (chez madame Schontz)
— Rue Fléchier (chez madame Schontz)   *Béatrix,*
— Rue La Bruyère (chez madame Schontz)   *La Muse du département,*
— Rue Neuve Saint-Georges (chez madame Schontz)
— Rue Saint-Lazare (chez Malaga)   *La Fausse Maîtresse,*
— Rue de la Victoire (chez Tullia et Cadine)
— Rue Richer (chez Aquilina)   *Melmoth réconcilié.*

3) Faubourg Saint-Honoré
— Rue du faubourg Saint-Honoré   — hôtels d'Espard, de Cadignan,
                        — hôtel de Foedora,
— Rue d'Anjou Saint-Honoré   — hôtel de Rochefide,
— Rue de Miromesnil   — « l'humble coquille de madame de Cadignan »,
— Rue des Saussaies   — hôtel de Crevel.

IV — *Entre la Chaussée-d'Antin et le faubourg Saint-Honoré :*
     Aux alentours de la Madeleine
   ✱   La « belle maison » des Thuillier, non précisément située.
                                          Les Petits Bourgeois,
— Rue de la Ville l'Evêque (chez Josépha entretenue par le
    duc d'Hérouville)   *La Cousine Bette,*
— Rue Neuve des Mathurins — hôtel du Tillet   *Une fille d'Eve,*
— Rue de l'Arcade : un « placement » du petit la Baudraye
                                          La Muse du département,
— Rue de la Pépinière — hôtel Laginski   *La Fausse Maîtresse,*
— Rue du Rocher (chez Félix de Vandenesse)   *Une fille d'Eve.*

V — *En direction des boulevards extérieurs, sur les collines :*

   ✱ — Rue de Courcelles   *Béatrix,*
— Rue de Berlin, dans les « steppes » européennes, un « pionnier »
    Léon de Lora   *Les Comédiens sans le savoir,*
— Rue de Clichy, à deux pas de chez Léon de Lora, Joseph Bridau, son ami, dans un hôtel
    acheté à des fins spéculatives par son frère   *La Rabouilleuse,*
— Rue Blanche (chez du Ronceret), un rez-de-chaussée à jardin.
                                          Béatrix,
— Rue des Martyrs (chez Lousteau) également un
    rez-de-chaussée à jardin   *La Muse du département,*
   ✱ — Rue Saint-Maur, refuge d'Honorine   *Honorine.*

RIVE GAUCHE

1) Le faubourg Saint-Germain et ses approches

— Rue de Bourbon — hôtel de Maulaincour   *Ferragus,*
                — hôtel de Félicité des Touches   *Béatrix,*
— Quai Malaquais — appartement de Lucien, qui y succède à Beaudenord,
— Rue de l'Université — hôtel du baron Hulot (construit sur une
    portion d'un jardin d'un hôtel ancien)   *La Cousine Bette,*
— Rue Saint-Dominique — hôtels de Navarreins,
                     de Beauséant   *Splendeurs et misères des courtisanes,*
                     de Granlieu

- Rue de Grenelle – hôtel du vicomte de Beauséant   *Le Père Goriot,*
- Boulevard des Invalides – hôtel de Chaulieu,   *Mémoires de deux jeunes mariées,*
- Rue de Varennes – hôtel Ferraud   *Le Colonel Chabert,*
- Rue Vaneau – premier hôtel Marneffe   *La Cousine Bette,*
- Rue Barbet-de-Jouy – deuxième hôtel Marneffe,   *La Cousine Bette,*
- Rue de la Planche – hôtel loué par Beaudenord,   *La Maison Nucingen*
- Rue Plumet – hôtel d'Aiglemont   *La Femme de trente ans,*
     logement de madame Hulot   *La Cousine Bette,*
- Rue du Bac (chez madame Firmiani)   *Madame Firmiani,*
- Rue des Saints-Pères – hôtel de Portenduère

     2) A l'écart du faubourg Saint-Germain

- Rue du Montparnasse – hôtel du maréchal Hulot   *La Cousine Bette.*

DEUXIEME CATÉGORIE

RIVE DROITE

- Rue des Bourdonnais (chez l'oncle Pillerault)   *César Birotteau,*
- Rue d'Orléans (chez le docteur Poulain)   *Le Cousin Pons,*
- Rue de Normandie (chez le Cousin Pons)   *Le Cousin Pons,*
- Place des Vosges (chez les Saillard)   *Les Employés,*
- Rue Louis-le-Grand – hôtel de Jarente   *La Femme auteur,*
     – hôtel meublé convenable pour la Val-Noble
     Splendeurs et misères,
- Rue de Hanovre – hôtel des Camusot de Marville   *Le Cousin Pons,*
✱– Rue de la Lune (chez Esther)   *Illusions perdues,*
- Rue de Ponthieu (chez Bixiou)   *Les Employés,*
- Rue de Suresne (chez Schinner)   *La Bourse,*
✱– Rue Basse du Rempart (chez Nathan)   *Une fille d'Eve,*
- Rue du faubourg du Temple (chez Braulard)   *Illusions perdues,*
- Porte de Courcelles (chez Zélie Minard)   *Les Employés,*
✱– Rue de Navarin   *Pierre Grassou.*

RIVE GAUCHE

- hôtel Minard, rue des Maçons-Sorbonne   *Les Petits Bourgeois,*
- hôtel du Perron, rue de la Montagne Sainte-Geneviève
     L'Interdiction,
- Rue des Marais (maison de Racine)   *Valentine et Valentin,*
- Rue du Cherche-Midi (chez Matifat)   *La Maison Nueingen*
- Rue du Colombier (chez M. et Mme Guillaume)   *La Maison du Chat-qui-pelote,*
- Rue du Petit Bourbon Saint-Sulpice   *César Birotteau,*
- Rue Cassette (maison de prêtre)   *Splendeurs et misères,*
- Rue Duguay-Trouin (chez Marmus)   *Entre savants,*
- Rue Saint-Dominique d'Enfer (chez Thuillier)   *Les Petits Bourgeois,*
- Impasse des Feuillantines (chez Phellion)   *Ibid.*
- Rue Buffon (chez Lavrille)   *La Peau de chagrin.*

TROISIEME CATÉGORIE

RIVE DROITE

— Rue du Tourniquet Saint-Jean	*Une double famille,*
— Rue Perrin Gasselin	*César Birotteau,*
— Rue des Cinq-Diamants	*Ibid.*
— Rue des Lombards	*Ibid.*
— Ilôt du Doyenné (chez la cousin Bette)	*La Cousine Bette,*
— Rue Fromenteau	*Gambara,*
— Rue de Langlade (chez Esther)	*Splendeurs et misères,*
— Rue Coquillière	*Ferragus,*
— Rues Soly et Pagevin	*Ibid.*
— Rue Montmartre (chez Fanny)	*Gobseck,*
— Rue Mandar (chez Vernou)	*Illusions perdues,*
— Rue Saint-Denis	*La Maison du chat-qui-pelote,*
et la mercerie des Rogron :	*Pierrette,*
— Rue Grenétat (chez Gigonnet)	*César Birotteau,*
— Rue des Enfants-Rouges (chez la veuve Gruget)	*Ferragus,*
— Rue Vieille du Temple	*Les Comédiens, sans le savoir,*
	La Rabouilleuse,
— Rue de la Perle (chez le sieur Fraisier)	*Le Cousin Pons,*
— Rue de la Cerisaie (chez madame Clapart)	*Un début dans la vie,*
— Cité Bordin (chez Topinard)	*Le Cousin Pons,*
— Faubourg Saint-Martin	*Un épisode sous la Terreur,*
— Rue du Houssay (intégrée dans la rue Taitbout)	*La Rabouilleuse,*
— Rue de Charonne	*La Cousine Bette,*
— Rue de Charenton (un café)	*Facino Cane,*
— Rue de Montmorency (citée comme exemple de rue populeuse)	
	La duchesse de Langeais.

RIVE GAUCHE

— Rue Mazarine (chez la veuve Bridau)	*La Rabouilleuse,*
	Sœur Marie des Anges,
— Rue de Nevers (chez Schmucke)	*Une fille d'Eve,*
— Cour de Rohan (chez Bourgeat)	*La Messe de l'athée,*
— Rue des Quatre-Vents (le « bocal »)	*La Messe de l'athée,*
	Illusions perdues,
— Rue Corneille	*Z. Marcas,*
— Rue des Cordiers + Cluny (2 hôtels)	*Illusions perdues,*
	La Peau de chagrin,
— Rue des Grès (chez Gobseck)	*Gobseck,*
— Quai Saint-Michel (chez Chaboisseau)	*Illusions perdues,*
— Rue du Fouarre (chez Popinot)	*L'Interdiction,*
— Rue des Bernardins	*La Cousine Bette,*
— Rue Honoré Chevalier (chez Poupillier)	*Les Petits Bourgeois,*
— Rue Férou	*Melmoth réconcilié,*
— Rue des Poules (chez Cerizet)	*Les Petits Bourgeois,*
— Rue Neuve Sainte-Geneviève (la pension Vauquer)	*Le Père Goriot,*
— Boulevard du Montparnasse (chez Bourlac)	*L'Envers de l'histoire contemporaine,*
— Rue de la Santé (une forge)	*La Peau de chagrin,*
— Rue du Petit-Banquier (chez Vergniaud)	*Le Colonel Chabert.*

MAISONS DE ● 1ʳᵉ catégorie ▽ 2ᵉ catégorie ★ 3ᵉ catégorie